国家社科基金后期资助项目
出版说明

后期资助项目是国家社科基金设立的一类重要项目,旨在鼓励广大社科研究者潜心治学,支持基础研究多出优秀成果。它是经过严格评审,从接近完成的科研成果中遴选立项的。为扩大后期资助项目的影响,更好地推动学术发展,促进成果转化,全国哲学社会科学工作办公室按照"统一设计、统一标识、统一版式、形成系列"的总体要求,组织出版国家社科基金后期资助项目成果。

全国哲学社会科学工作办公室

国家社科基金
GUOJIA SHEKE JIJIN HOUQI ZIZHU XIANGMU
后期资助项目

唐代皇帝
行幸礼仪制度研究

Study on the Etiquette System of
Emperor's Activities in Tang Dynasty

张琛 著

上海三联书店

序言一

去年二月初，张琛寄来他的新著《唐代皇帝行幸礼仪制度研究》书稿，希望我能为该书写一篇序。由于我自己平时事情太多，他随后也没再提及，故随着时间的推移，我竟将写序的事忘记了。上周张琛来电话再提写序的事情，说书稿即将在上海三联书店出版，问我的序言写得如何？好在正值寒假，如此才匆忙在工作室找寻，翻阅审视这部以博士论文为基础，又增加了许多新内容沉甸甸的书稿。其实，近三十年前，笔者曾写过一篇《试论唐代帝王的巡幸》的文章，探讨唐代帝王巡幸涉及问题，记得给多届研究生上课时亦曾提到过；后来学界又有探讨唐代帝王的巡狩制度的硕士论文出笼，而查阅期刊网，学界对此问题发表的专题论文却寥寥无几。看来，从事这一问题的研究无疑具备研究之需要和极高的学术价值。应该说，这部书稿堪称有关唐代帝王行幸（巡幸）礼仪制度研究领域最新、最前沿的著作。

全书分六章二十节，系统研究唐代皇帝出行礼仪制度涉及问题。第一章和第二章，从皇帝的出行准备，出行途中的各项排设，到达目的地及返回原地为线索循序展开，生动还原了唐代皇帝出行时的礼仪设计、制度运作的本来面貌，可视为以时间轴线为视角的梳理研究。第三、第四、第五章以皇帝出行为中心，考察了唐代皇帝出行在仪卫、扈从、供置中的制度规定及其现实运作，可视为以空间轴线为视角的挖掘论证。第六章是理论提升部分，即在总结前五章的基础上，将唐代皇帝行幸礼仪制度，放置于隋唐五代国家与社会的大背景下缜密探究，寻求其在唐代国家治理中的实际效用。从总体看，全书主体章节环环相扣、系统完整，内容也较为充实，体例相对完备。鉴于此，我愿意将读过此书的一些感受告诉大家，并以此抛砖引玉，期待学界对此问题投入更多的关注。

首先，作者善于利用零星分散的资料还原制度形式，进而探讨其现实运作。众所周知，所谓制度一般可分为两种，一种是因权力分配需要而有意建构出来的规定，往往存在于政书和法典中，属于无可争议的典章制度；另一种是在特定条件下无意形成的规范，政书和法典中往往语焉不详，其制度身份的认可往往存在争议。有意建构的制度考察得益于政书的记载,无意建构的制度规范则要潜心查找相关记载,并深度挖掘潜藏于史料中的制度元素,进而完成制度设计的还原。张琛书稿中的请行幸制度、行幸决定制度、驾行太庙告祭制度、行幸问起居制度、行幸迎谒制度、驾行夜警晨严制度、驾行警跸制度等均属此。以请行幸制度为例,现存唐史史料中不乏"请"制度的记载,如请赠官、请给谥、请上尊号、请入朝等,一般适用于特定的场合,若不加留意很少会有人关注到请皇帝出行,且能将其提升到制度层面。书稿不仅追溯请制度的源流,梳理其发展脉络,还将"请"制度分为民间群体请驾幸三都,官员请驾幸京师及地方,臣民请行驻跸礼三部分,并逐一考察其制度形态及现实运作,总结"请"制度在"允"与"请"中的意蕴表达,完成了请行幸制度的系统研究,也能为"请"制度研究提供基础。除却请行幸制度外,其它研究成果也是如此。可以说,正是基于这一学术探索,使得唐代皇帝行幸礼仪制度研究突破了礼典的限制,考察了典制之外的制度形态,在某些方面拓展了礼制史的研究领域。

其次,善于参详先秦古礼来考察皇帝出行的礼仪形态与制度设计。众所周知,唐代皇帝在制礼作乐中往往喜欢"师古",即参详先秦古礼。唐太宗修《贞观礼》明确了"准依古礼,旁求异代,择其善者而从之"的原则。唐高宗《显庆礼》因不循古礼最终缺乏广泛认可。《大唐开元礼》的修撰来自于礼经学者对《礼记》的改撰,"师古"特色尤显。不仅如此,典章制度的设计也参详古礼,比《大唐开元礼》修撰稍早的《唐六典》,明确其参详《周礼》予以修撰,唐高宗年间成书的《唐律疏议》也充斥着"师古"特色。唐人的政治生活、社会生活中同样离不开古礼,逢礼仪之争,礼学家往往援引古礼来阐释观点,进而达到特定的政治目的,这些在《旧唐书》《新唐书》《唐大诏令集》《册府元龟》等史书中的记载比比皆是。唐人日常社会生活中亦是如此,因情、因理、因势之变礼常常要比附对照古礼方能得到广泛认可。正是基于此,书稿在先秦古礼与唐代礼制的参照比对上着实下过功夫。具体表现在:其一,考察制度设计与礼仪形态中溯源古礼。如,考察请行幸制度的源流,溯于《周礼》中"朝""宗""觐""遇""会"等六礼;论述问起居制度源流,晚辈对长辈的兴寝问安,来自于《礼记》之"昏定而晨省";下级对上级的问安,来自于《左传》之季治问鲁襄公起居;问疾为中心的问起居,来自于《礼记》周武王帅行文王之法等等。其二,结合先秦古礼阐释礼仪制度的变革。如,行庙告祭制度研究中出现再造神主以立行庙到载主而行的变革。《大唐开元礼·巡狩礼》明确记载要告祭于京庙,基于唐后期銮舆播迁的现实,先是出现了特造神主以祔行庙的故事,后援引古礼出现"载主以行"的呼声。为明确这一问题,作者结合《礼记正义·曾子问》的记载，探究这一古礼在唐末的现实实践，进而揭示其变革的渊源。其三，考察唐代巡狩礼典和礼仪实践与先秦古礼的承继关系，进而探究中国古代社会的"礼治"精神。唐礼的"师古"特色表现为参详礼经，作者将《大唐开元礼·皇帝巡狩》《新唐书·礼乐志四》《通典·皇帝巡狩》与唐列九经进行参照，发现其在"颁告所至""类于上帝、宜于太社、造于太庙""载祭于国门""燔柴告至""望秩于山川""肆觐东后""问百年""考制度""归格于宗祢，用特"等分别因循了《周礼》《礼记》《周礼》《尚书》《尚书》《尚书》《礼记》《礼记》《尚书》等；又参照驾行礼仪实践与唐列九经的具体规定，发现"行必有名"参详《礼记》，"君行以卜"参详《礼记》，"卜日礼"参详《周礼》，"载主以行"参详《礼记》，"向庙哭"参详《左传》，"皇帝升辂礼"参详《礼记》，"问起居仪"参详《礼记》，"郊迎仪"参详《礼记》，"兵马仪仗布列"参详《周礼》，"扈从给养"参详《礼记》等等。基于此，作者对其做了宏观的理论总结，认为这一循古、师古与尚古现象的表达，实则是礼治精神传输的反映，也是唐代行幸礼仪制度在意识形态传输中的表现，从而有效地实现了国家治理的现实需要。这何尝不是中国古代社会生活的实相呢，以礼乐为意识形态的全方位输出来统御芸芸众生，建构稳定的政治、社会秩序。

再次，善于总结归类，系统性强，不乏有重要历史观点的新突破。书稿是在博士论文基础上所做的提升和修订，据他介绍，除却删掉内容之外，新增加的字数在 25 万字以上。问及如此操作的具体原因，他回答说有三点：一是突破了巡狩礼典的限制，多利用潜藏于史籍中的隐性资料来梳理唐代皇帝行幸礼仪制度，空间开阔，架构自如；二是多重专家意见覆盖。据说，自博士论文送审始，到申报国家社科基金后期资助项目结项，至少有 11 位盲审专家提出了诸多切实可行的意见，一再修改，如此字数也就不断攀升，内容相应也持续丰富；三是张琛入门以来一直从事隋唐史研究，尤其是在唐代皇帝行幸礼仪制度方面沉潜多时，发表有多篇习作，故而有较为深入的体会，一些重要历史问题有了更深层次的挖掘。

依据我看完书稿了解的情况，作者似对以下几点有新的突破和收获：一是对现存史料的辨析与进一步考证：以唐赵宗墓志标题补缺字为例，该墓志拓片收于《洛阳出土历代墓志辑绳》《北京图书馆藏墓志拓片目录》《北京大学图书馆藏金石拓片草目》《隋唐五代墓志汇编》《唐代墓志铭汇编附考》等书中，其标题为《大唐万年宫□监农圃监监事赵君墓志铭并序》，毛汉光《唐代墓志铭汇编附考》将缺字补为"宫"。书稿据赵宗由陪戎副尉转任万年宫监事判定其生前为吏，未入流。在厘清万年宫总监与农圃监机构附属关系的基础上，对农圃监监事一职进行考察，发现其品秩低于流外五品。基于此，张琛书稿将其补为"总"，并成功诠释了所有疑问。二是对已有研究提出自己的新看法：以太子监国制度为例，书稿在统计基础上对唐代太子监国制度的实际运作进行了考释，有一些值得深思的新结论：皇帝行幸，太子监国集中在唐高宗及以前诸帝，高宗朝以后几乎没有相关记载。就行幸运行空间而言，太子监国多适用于皇帝长时段的巡幸；太子监国时间要比皇帝行幸时间短得多；国家政务运作的中心在皇帝的驻跸地，监国太子权力受到诸多限制，尤其是留辅官的攫取；太子监国制的运行是以朝臣兼东宫职衔的形式来进行的，兼衔以太子詹事、左右庶子为多等。

当然，该书可推崇之处应该还有很多。如对行幸、巡幸、巡狩各自概念的透彻分析，读者因此会明了其中的意涵；对现存不同时代的各类史料的穷尽挖掘搜集；对海内外已有研究成果及最新研究动态的有效掌握，具体来说对相关英文著作及日韩学界、港台地区研究成果的分析引用等，这些都是有效完成本研究必不可少但也是值得肯定的长点。如果要说还有不足之处的话，笔者认为还应加大对新出土唐人墓志资料的运用分析。进入新世纪之后，西安、洛阳等地大量唐人墓志出土面世，唐人墓志总集陆续出版，作者利用 2020 年之前出版的一些墓志资料，而例如《洛阳流散唐代墓志汇编》《洛阳流散唐代墓志汇编续集》《大唐西市博物馆藏墓志》《陕西省考古研究院入藏墓志》中的一些资料似并未见采用，期待作者在以后的修订中予以关注。

据笔者了解，本书是张琛继《万国来朝—外交篇》（合著），《唐代赠官问题研究》之后出版的又一部著作，作为张琛的导师，对他在教学科研中的成长进步颇感欣慰。期待他再接再厉、奋发图强，为海内外唐史研究领域做出更大的贡献。

拜根兴

2022 年 2 月 24 日

于西安南郊陋室

序言二

张琛的书稿是在博士论文基础上修改完成的,即将付梓,他请我为之作序,因是我指导的论文,责无旁贷,遂应允之。张琛入学是在 2010 年 9 月,距今已有 10 余年,回望师生交往的点点滴滴也颇为感慨。

初见张琛,给人一种踏实感,尽管话少但也能感受到他的纯朴与热情,尤其在学术钻研方面有那么一股子劲。初入学,我建议他研习唐代礼制史,也算听话,将唐代的史料反复阅读,大概是到了 2011 年 3 月份,他选定了"唐代朝会礼仪研究"这一命题找我谈了好久,当时他拿了数张打印纸,将可行性进行一一陈述,限于史料的零星分散,我建议他将时间跨度拉长,能否以"唐宋时期的朝会礼仪研究"为命题展开。可能是对宋代的史料不熟悉,我见他面有难色,建议他再找找。又过了数月,到暑假前夕,他又来找我,告诉我"唐宋朝仪"有人写过博士论文,不过是没有上网而已,他又找了几个题目,依稀记得有唐代皇帝行幸制度、唐代宴享制度等,当时他想还原唐代皇帝出行的礼仪运作,但只是将其作为皇帝行幸制度的一部分进行撰写,看他准备得比较成熟,我感觉这一部分是可以完成一篇博士论文的,遂建议他将题目定为"唐代皇帝行幸礼仪制度研究"。也算听话,他按照这一思路完成了开题报告,开题时他非常兴奋地告诉我里面的东西比较丰富,足以完成一篇博士论文并且有了新的研究思路即不再拘泥于礼典,准备将唐代皇帝出行礼仪分解成若干单元逐一阐释,我看他确实钻进去了也相信他能写好,一再鼓励。

到了 2012 年的 9 月份,当时他在读博士三年级也是论文写作的攻坚期,他找我说可能要延期,问起缘由方知他用眼过度,华侨医院的眼科医生让他半年内不准看电脑。当时我颇为诧异,后来问了问,发现这种情况很多,且后果很严重。我推荐他去了中山眼科医院去复诊,回来后结果也是如此。当时不免有些惋惜,他当时已经拿到了国家奖学金及暨南大学所设的各级各类奖学金,且已发表了多篇论文,正是春风得意之时,想着肯定能找个好工作的,这一搁置有点担心他的前途。我知道他是一个自我要求比较高的孩子,不愿给他压力,遂轻描淡写地说了一下,鼓励他安养身体,延期没问题。后来听说他在宿舍贴资料,也就没再多问。2013 年 3 月初,查看电子邮箱时看到了他的博士论文初稿,有些诧异,依我对张琛的了解也在情理之中。整体看来论文体例还算完备,考据也比较深入,就是史料堆砌过于严重,里面错别字特别多,我提了几点意见让他修改。送外审前夕,他找过我方知他的论文是用原始手段给写出来的,因为不能用电脑,所以将史料打印出来用剪刀和胶棒剪裁黏贴,然后找打印室的工作人员变成电子版,也就明白论文瑕疵为何如此明显了。外审结果回来三位匿名专家评价都是优秀,这也算是对他的一个鼓励,加上年后他已能用电脑,论文修改得也相当成功,答辩时也获得了优秀的评价。工作数年后,他又以博士论文为基础申报了国家社科基金后期资助项目,很快得以立项与结项,可喜可贺,于此我郑重推荐张琛书稿,原因有以下几点:

其一,探索并实践唐代礼制史研究的新思路。唐代专题礼的研究始于西嶋定生、金子修一、章群、高明士等先生对郊祀、宗庙等祭礼的研究,以皇帝出行为中心的专题礼研究则始于美国学者魏候玮先生,其《玉帛之奠:唐代合法化过程中的礼仪与特征》将巡狩礼纳入唐王朝合法性塑造,并分析其历史源流与现实功能。此后,陈成国、任爽、王美华、高文文等先生利用礼典讨论巡狩礼及其运作,推进了这一领域的研究。张琛书稿在承继前贤成果的基础上开始摆脱巡狩礼典的限制,利用零星分散的资料将皇帝出行的礼仪分成若干单元,如卜日礼、告享礼、问起居礼、迎谒礼、銮驾出宫礼、銮驾还宫礼、驾行献食礼等,并对其进行逐一探讨,既还原其礼仪形态也注重研究其实际运作。这一研究思路的产生源于李俊方 2006 年度博士论文《汉代皇帝施政礼仪研究》之"汉代皇帝巡幸礼仪"专题的影响,2015 年出版的李蓉《隋唐军事征伐礼仪》也采取了这一研究思路,其成书虽比张琛博士论文略晚两年,但对他博士论文的修改有很大的启发。可以说,这一研究思路可作为唐代礼制史研究的一种路径,张琛书稿成功探索并实践了这一新思路。

其二,实现了唐代皇帝行幸礼仪制度的系统研究。张琛书稿以唐代皇帝行幸礼仪制度为命题展开,实则是探讨皇帝行幸的制度设计与礼仪运作,即分时间与空间二维度进行解析。就时间维度而言,唐代皇帝行幸礼仪制度由请行幸制度、行幸决定制度、择期、卜日与卜日礼、太庙告祭制度与告享礼、驾行前方人事安排、驾行后方人事调整、銮驾出宫礼、问起居与问起居礼、迎谒制度与迎谒礼、驾行献牛酒与献食礼、驾过蠲免制度、銮驾还宫礼等程式联动而成,系统展现了唐代皇帝行幸礼仪制度的动态运行。就空间维度而言,在研究皇帝行幸礼仪制度动态运作的同时,将与之密切相关的驾行甲仗的"仪"势与"卫"势进行瞭望,关照皇帝行幸卫戍制度、驾行扈从官制、驾行随驾军制、驾行供置制度、驾行夜警晨严制度、驾行宫悬制度、驾行太子监国制度、驾行留守官制度、驾行警跸制度等,明确这些制度形式及运作在皇帝行幸礼仪制度运作中的功用。在综论时间维度与空间维度的基础上,张琛书稿将这一制度形式置于唐代国家和社会的大背景下,审视其在意识形态传输中效用,当属系统性研究成果。

其三,实现了重要历史问题研究的新突破。张琛博士学位论文 20 余万字,该书成稿为 40 余万字,若算上删减部分,其修改幅度之大可见一斑,问其原因方知增加的字数更多的用于历史问题研究的深化。以銮驾出宫礼与銮驾还宫礼为例,张琛书稿在复原礼典的基础上对銮驾出、还宫的礼仪运作进行还原,同时对于学界鲜有关注的驾行夜警晨严之制、驾行警跸之制进行深入考察;又如张琛书稿在考察太庙告祭制度与告享礼时,对学界鲜有关注的五陵九庙之制与唐后期形成的"向庙哭""百官奉慰"等礼仪形式及运作予以还原。又如张琛书稿在考察驾行扈从官与品阶制度演进中关注到唐末靖难扈从的赐授与功臣号独立趋向的演进等。

当然,限于篇幅,张琛的书稿也有尚待提高之处,如唐代行幸礼仪制度的历史地位的阐释还可以再丰富,唐代皇帝行幸礼仪制度在国家治理中的功用方面还可以再挖掘。瑕不掩瑜,相关研究还在继续,希望张琛继续努力,在唐代礼制史研究方面有更多新创获。

勾利军

2022 年 2 月 20 日

于暨南园

目　录

绪　　论

一、研究动机

唐代制度史研究起步较早，在陈寅恪先生、唐长孺先生、严耕望先生、甘怀真先生等前辈学者以及内藤乾吉先生、西嶋定生先生、金子修一先生等日本学者研究的基础上，在职官、礼仪、军事等制度方面，近年都有一些高水平的论著发表。① 皇帝制度的研究也很快进入了学界的视野，在衣、食、住、行等方面均有佳作出现。徐连达与朱子彦先生在研究皇帝制度时说："皇帝在生活上，无论是衣、食、住、行还是婚娶、寿诞，处处都有着一套严格的仪制。"②作为皇帝制度的重要组成部分，唐代皇帝行幸礼仪制度可谓是制度史研究的又一选项，其既顺应了当前专题礼研究的发展趋势，亦能推进皇帝行幸制度的研究进一步走向深入。

大陆学界的礼制史研究起步较晚，但发展迅速，21 世纪以来，综合礼制研究渐少，专题礼研究不断增多，因皇帝身份的特殊性，与之相关的各种礼制及其运作已成为学界的重要关注点。同时，新的研究成果也开始摆脱对礼典的依赖，不囿于礼典，利用各类文献考察各单元的礼仪形态，成为当前礼制研究的新趋向。唐代皇帝行幸礼的研究，尚处在局于礼典用以考察"巡狩礼"的阶段。显然，这一研究范式不再适应当前专题礼研究的新趋向。同时，因唐代"巡狩礼"的设计是在参详"古礼"的基础上完成的，是皇帝出行的特殊形态与理想设计，与实际出行相差甚远。行幸礼中的卜日礼、告享礼、问起居礼、迎谒礼、献食礼、銮驾出宫礼、銮驾还宫礼等各单元礼仪因专注于

---

① 张国刚：《改革开放以来唐史研究若干热点问题述评》，《史学月刊》2009 年 01 期。《二十世纪唐研究》政治卷之第二章《帝制与官制》、第三章《兵制》、第四章《法制》、第五章《礼制》等。（见胡戟、张弓、李斌城、葛承雍主编：《二十世纪唐研究》，北京：中国社会科学出版社，2002 年版。）注释中，凡第一次出现的书，皆注明作者及出版信息，以后再引时均不再标识，径称其书名；凡第一次出现的论文，皆标明作者及期刊情况，以后引时均不再标识，径用其论文名称。

② 徐连达、朱子彦：《中国皇帝制度》，广州：广东教育出版社，1996 年版，第 1 页。

对"巡狩礼"的单一剖析而被搁置。

与之相类,以唐代皇帝行幸为主题的制度研究并不多,当前多集于对皇帝乘舆服御的概述,原因多来自于史料的零星而分散,全面搜集文献资料,挖掘潜存于不成文的规定与隐性史料中制度形态及其运作成为驾行礼仪制度研究的必然。为此,请行幸制度、行幸决定制度、警跸制度、夜警晨严制度、迎谒制度、扈从制度、献食制度等规范性制度形式及其运作得以发掘;唐代皇帝驾行太庙告祭制度、驾行问起居制度、驾行卫戍制度、驾行太子监国制度、驾行留守官制度、驾行供置制度等重要问题得以细化与深入。此亦可视为本文的研究动机。

二、研究综述

"皇帝"这一尊号,自产生之日起,即建立了完整的典章制度用以体现皇权的至高无上,皇帝制度随之产生。经历代儒生的不断诠释与现实需求的改进,皇帝制度已具完备形态。即在名号、用文、用语、车、马、衣服、器械、百物、所在、所居、所至、所进、所用等方面均需独一无二,用以体现皇帝的绝对权威。皇帝出行亦即如此,其不仅是皇帝制度的重要组成部分,亦是礼的需求,同时也能满足政治需要与推进社会变革。基于此,以皇帝出行为中心的研究很早就进入了学界的视野,且呈现出蓬勃发展的趋势,撮其要可归纳如下。

其一,以唐代皇帝巡幸活动为中心的政治史研究。该专题集于政治史的考察,研究对象撮其要可归为整体巡幸,洛阳巡幸,蜀郡巡幸等。

第一,就整体巡幸研究而言,目前最早的专题研究当为拜根兴师的《试论唐代帝王的巡幸》,该文对唐代皇帝巡幸目的予以全面解析,认为皇帝巡幸是廓清吏治,提高皇威的重要手段。并指出唐朝前、后期巡幸频次、威仪与规模均有明显差异。[①] 其后,学界以"旅游""巡游"等不同视角继续对皇帝出行进行整体研究,如王淑良《中国旅游史》[②]、李世龙《中国古代帝王巡游活动述论》[③]、刘菊湘《唐代旅游研究》、[④]李松《唐代旅游研究》、[⑤]王

---

① 拜根兴:《试论唐代帝王的巡幸》,《南都学坛》(哲社版)1997 年 01 期。拜根兴:《唐代朝野政治与文化》,北京:中国社会科学出版社,2016 年版,第 188—196 页。
② 王淑良:《中国旅游史》,北京:旅游教育出版社,1998 年版,第 234 页。
③ 李世龙:《中国古代帝王巡游活动述论》,《齐鲁学刊》2001 年 04 期。
④ 刘菊湘:《唐代旅游研究》,《宁夏社会科学》2005 年 06 期。
⑤ 李松:《唐代旅游研究》,安徽师范大学硕士学位论文,2005 年。

玉成《唐代旅游研究》、①华信辉《唐代帝王旅游活动研究》等。② 此类研究在巡幸活动的实践与意义方面可对前述研究予以补充,但就皇帝出行目的研究而言,无出其右。此外,韩国学者崔珍烈《唐代皇帝巡幸의성격—巡幸빈도기간장소활동의통계적분석을중심으로》则对唐代皇帝行幸时间、行幸地、行幸频次进行统计,以此来展现皇帝的权力空间与政治引导。③ 可谓是这一领域深入研究的成果。

第二,就洛阳巡幸研究而言,陈寅恪先生早有论断,认为唐代皇帝巡幸洛阳更多的来自于关中地区的供给不足。④ 这一主张得到全汉昇《唐宋帝国与运河》⑤、石云涛《唐前期关中灾荒、漕运与高宗、玄宗东幸》⑥、张龙《论唐前期两京联动的应灾机制》⑦等学者的认可,并将其进一步延伸。与之不同的是,岑仲勉先生则认为唐代皇帝幸洛的目的多样化,指出唐玄宗巡幸具有享乐的目的。这一视角推动皇帝巡洛研究的进一步发展。李鸿宾《唐高宗武后东巡及其政治的转化》对唐高宗七次巡幸洛阳的目的进行探析,以此揭示高武政治发展的倾向及其转变。⑧ 梁克敏《隋唐时期皇帝巡幸洛阳探析》则分析隋唐皇帝巡幸洛阳的原因与影响。⑨

第三,就蜀郡巡幸研究而言,梁中效《唐朝皇帝奔蜀浅析》讨论唐朝皇帝三次播越于蜀的原因,将其归为蜀地优越的地理区位。⑩ 随后,梁先生相继发表《唐朝皇帝奔蜀再析》《唐朝皇帝与蜀道》两文对“蜀道”予以关注,并对唐玄宗、唐僖宗三次入蜀的路线予以解析。⑪ 此后,考察皇帝入蜀活动与入

---

① 王玉成:《唐代旅游研究》,河北大学博士学位论文,2009 年。
② 华信辉:《唐代帝王旅游活动研究》,西南大学硕士学位论文,2015 年。
③ 崔珍烈:《唐代皇帝巡幸의성격—巡幸빈도기간장소활동의통계적분석을중심으로》,《大东文化研究》,제72집。
④ 陈寅恪:《隋唐制度渊源略论稿 唐代政治史述论稿》,北京:生活·读书·新知三联书店,2001 年版,第 162 页。
⑤ 全汉昇:《唐宋帝国与运河》,上海:商务印书馆,1944 年版,第 15—32 页。
⑥ 石云涛:《唐前期关中灾荒、漕运与高宗、玄宗东幸》,《魏晋南北朝隋唐史资料》第 13 辑,武汉:武汉大学出版社,1994 年版,第 102—111 页。
⑦ 张龙:《论唐前期两京联动的应灾机制》,《唐史论丛》第 22 辑,西安:三秦出版社,2016 年版,第 77—93 页。
⑧ 李鸿宾、梁民:《唐高宗武后东巡及其政治的转化》,《理论学刊》1992 年 02 期。李鸿宾:《隋唐五代诸问题研究》,北京:中央民族大学出版社,2006 年版,第 214—228 页。
⑨ 梁克敏:《隋唐时期皇帝巡幸洛阳探析》,《乾陵文化研究》第 8 辑,西安:三秦出版社,2014 年版,第 109—117 页。
⑩ 梁中效:《唐朝皇帝奔蜀浅析》,《汉中师院学报》(哲学社会科学版)1990 年 02 期。
⑪ 梁中效:《唐朝皇帝奔蜀再析》,《唐史论丛》第 6 辑,西安:陕西人民出版社,1995 年版,第 241—255 页。梁中效:《唐朝皇帝与蜀道》,《成都大学学报》(社科版)2003 年 04 期。

蜀路线成为巡幸活动的研究关注点之一。王兰兰《唐朝皇帝的避难所》重点考察了唐玄宗幸蜀、唐德宗入梁、唐僖宗两迁等入蜀活动;①王兴锋《唐玄宗奔蜀路线考述》则关注唐玄宗在关内道、山南西道、剑南道的奔蜀路线,以此来揭示蜀道的历史地位与意义。②古怡青先生是该问题研究的集大成者,其所著《唐朝皇帝入蜀事件研究——兼论蜀道交通》对唐玄宗、唐德宗以及唐僖宗四次逃难过程与人事安排等相关问题予以解析,其对诸帝往返日程、行程与交通路线考证尤详;并认为限于中央政府控制力的逐渐减弱,唐朝三位皇帝的四次入蜀路线的选择,反映出一次比一次惊险狼狈;蜀道成为延续唐政权的重要保障。③

其二,以唐大驾卤簿为中心的驾行仪制研究。该研究集于卤簿仪仗、卤簿鼓吹、卤簿服饰、卤簿乘舆等方面。

第一,卤簿仪仗研究。当前卤簿仪仗的研究多以概述性为主,其或存于皇帝制度研究中;④或存于政治制度史研究中;⑤或存于唐代文化史与生活史研究中。⑥研究内容多以大驾卤簿为中心,梳理出唐朝皇帝出行队仗布列,用以凸显唐代帝王出行的盛况。此外,日本学者野田有纪子《日本古代の卤簿と仪式》在论述日本的卤簿仪仗时,曾以唐代卤簿仪仗作为参考予以比较研究,可谓唐代卤簿仪仗研究的关联性成果。⑦唐代卤簿仪仗的专题研究始于韩国学者아주대,其文《唐前期皇帝驾行의威仪》可贵之处在于能够把大驾卤簿分成22个方阵进行分别研究,考察其在皇帝驾行中的仪用或卫用功能,用以营造皇帝行幸的视觉效果。同时,认为皇帝的权威是以仪用的

---

① 王兰兰:《唐朝皇帝的避难所》,《唐都学刊》2011 年 04 期。

② 王兴锋:《唐玄宗奔蜀路线考述》,《唐史论丛》第 19 辑,西安:三秦出版社,2014 年版,第 119—130 页。

③ 古怡青:《唐朝皇帝入蜀事件研究—兼论蜀道交通》,台北:五南图书出版股份有限公司,2019 年版。

④ 《中国皇帝制度》,第 61—69 页。朱诚如:《中国皇帝制度》,武汉:武汉出版社,1997 年版,第 227—235 页。秦海轩、卢路:《中国皇帝制度》,太原:山西古籍出版社,1999 年版,第 804—807 页。周良霄:《皇帝与皇权》,上海:上海古籍出版社,2006 年版,第 135—139 页。

⑤ 左言东:《中国政治制度史》,杭州:浙江古籍出版社,1986 年版,第 281—282 页。张晋藩、王超:《中国政治制度史》,北京:中国政法大学出版社,1987 年版。王惠岩、张创新:《中国政治制度史》,长春:吉林大学出版社,1989 年版,第 229—236 页。韦庆远、柏桦:《中国政治制度史》,北京:中国人民大学出版社,2005 年版。白钢:《中国政治制度史》,北京:社科文献出版社,2007 年版,第 329—336 页。

⑥ 徐连达:《唐朝文化史》,上海:复旦大学出版社,2004 年版,第 130—138 页。吴丽娱、冻国栋、黄正建、李斌城、李锦绣、张泽咸:《隋唐五代社会生活史》,北京:中国社会科学出版社,1998 年版,第 114—116 页。李斌城主编:《唐代文化》,北京:中国社会科学出版社,2002 年版,第 1007 页。黄正建:《唐代衣食住行研究》,北京:中华书局,2013 年版,第 279—281 页。

⑦ 〔日〕野田有纪子:《日本古代の卤簿と仪式》,《史学杂志》107 卷 08 号,1998 年。

包装来完成的,此可为平民服从的最有效方式。① 其后,赵芳军《唐代御驾出行礼仪述论》、张爱麾《唐宋皇帝卤簿研究》均分列方阵予以考察,其成果无出其右。② 罗彤华《唐朝皇帝巡幸之仪卫—以大驾卤簿为中心》则为这一领域研究的新突破。其文创造性地以"仪卫"为主题,考察大驾卤簿的部署方式,瞭望其出行阵仗与安全。同时认为驾行"仪用"亦能宣示至尊无上的皇权,其与"卫用"一起构成强大的威赫力量。③

　　第二,卤簿鼓吹研究。当前这一领域的研究以孙晓晖《唐代的卤簿鼓吹》、曾美月《唐代鼓吹乐研究》的成果为最。孙文先是将唐大驾卤簿分成二十个方阵,明确鼓吹在方阵中的位置后,并对前、后部鼓吹乐器及乐曲予以考释,认为唐代鼓吹之用更多的体现为尊君肃臣的思想,唐代鼓吹之制对后世鼓吹制度影响甚远。④ 如果说孙文研究侧重点在于鼓吹乐器与布设,那么曾文则更多的集中于鼓吹之乐。该文不仅着墨于铙吹部、大横吹部、小横吹部、鼓吹部、羽葆部的乐队编制,还对其乐曲性质及其使用情况予以考察,并认为大驾卤簿鼓吹的强大更多的是为了彰显皇帝无与伦比的威严和显贵。⑤

　　此外,胡倩《论唐代鼓吹乐的兴盛》,⑥杨洁《隋唐排箫初探》,⑦左汉林《唐代宫廷鼓吹乐的用途考论》,⑧黎国韬《汉唐鼓吹制度沿革考》,⑨黎国韬、陈佳宁《隋唐至宋金鼓吹制度沿革考》,⑩刘洋《唐代宫廷乐器组合研究》⑪或着墨于鼓吹乐的应用;或侧重于鼓吹乐制度的沿革;或专于鼓吹乐器的考究可对前述研究予以补充。

　　第三,卤簿服饰研究。除却当前文化史与社会生活史研究论著对其予以概述外,马冬《唐大驾卤簿服饰研究》可谓这一领域的专文研究。该文将唐大驾卤簿参与成员分为诸卫将士,车辇、麾幢诸仪人员,供奉侍臣、四省局

　　① 아주대:《唐前期皇帝驾行의威仪》,《中国中古世史研究》第20辑,第431—453页。

　　② 赵芳军:《唐代御驾出行礼仪述论》,《濮阳职业技术学院学报》2008年02期。张爱麾:《唐宋皇帝卤簿研究》,内蒙古科技大学包头师范学院硕士学位论文,2014年。

　　③ 罗彤华:《唐朝皇帝巡幸之仪卫——以大驾卤簿为中心》,陈俊强主编:《中国历史文化新论—高明士教授八秩嵩寿文集》,台北:元华文创股份有限公司,2020年版,第237—268页。

　　④ 孙晓晖:《唐代的卤簿鼓吹》,《黄钟》(武汉音乐学院学报)2001年04期。

　　⑤ 曾美月:《唐代鼓吹乐研究》,《乐府新声》2009年02期。

　　⑥ 胡倩:《论唐代鼓吹乐的兴盛》,温州大学硕士学位论文,2013年,第15页。

　　⑦ 杨洁:《隋唐排箫初探》,天津音乐学院硕士学位论文,2011年,第47页。

　　⑧ 左汉林:《唐代宫廷鼓吹乐的用途考论》,《江汉大学学报》(人文科学版)2007年02期。

　　⑨ 黎国韬:《汉唐鼓吹制度沿革考》,《音乐研究》2009年05期。

　　⑩ 黎国韬、陈佳宁:《隋唐至宋金鼓吹制度沿革考》,《文化遗产》2020年01期。

　　⑪ 刘洋:《唐代宫廷乐器组合研究》,中国艺术研究院博士学位论文,2008年,第220—231页。

官及殿中侍御史，导驾六引人员等，对其各类人员服饰形制及其主要特征予以考察，并认为大驾卤簿服饰品味众多、序列整齐、制作精良，其可使整个卤簿队伍在视觉上呈现出华丽绚烂的外观效果。① 此外，马冬《唐代服饰专题研究—以胡汉服饰文化交融为中心》还对唐大驾卤簿所见"戎服准式""戎服大袍""襆冒""袍帽""甲骑具装""袴褶"等问题予以考究，并认为唐大驾卤簿服饰表现出"胡汉"交融的制度特征。②

第四，卤簿乘舆研究。这一领域研究，目前主要集中于"三驾卤簿""卤簿车辂"等方面。就"三驾卤簿"而言，周作明《秦汉车马御赐马制度管见》以《后汉书·舆服志》陈说秦汉三驾卤簿之制，并以《西京杂记》所载"甘泉卤簿"论列汉大驾卤簿之胜景。③ 此后，"三驾卤簿"研究逐渐成为学界的重要关注点。田丸祥干《汉代における三驾卤簿の形成》、目黑杏子《前汉武帝の巡幸—祭祀と皇帝权力の观点から》、田丸祥干《魏晋南朝の礼制と三驾卤簿》均有论及。④ 古怡青《试论唐代皇帝巡幸的乘舆制度》则对唐朝三驾卤簿之制予以阐述，并认为无论是"大驾"、"法驾"与"小驾"，南衙十六卫负责保护皇帝与队伍的安全，队伍的规模与数量，基本上没有减少或改变。⑤ 就"卤簿车辂"而言，除却唐代文化史与社会生活史方面的论著对其进行概述外，范淑英《唐墓壁画中所见的仪仗用具》以懿德太子与惠庄太子墓壁画考察唐代的辂车。⑥ 中村裕一《隋唐卤簿令逸文》、⑦倪晨辉《"为邦之道"与唐宋令典研究—以〈卤簿令〉、〈衣服令〉、〈乐令〉复原为中心》借用《卤簿令》逸文与大驾卤簿结合研究，完善大驾卤簿车辂记载。⑧ 高明士《中国中古礼律综论·法文化的定型》指出唐武德以后的卤簿车辂虽是大业制，恐亦是开皇

① 马冬：《唐大驾卤簿服饰研究》，《文史》87 辑，北京：中华书局，2009 年版，第 107—139 页。

② 马冬：《唐代服饰专题研究—以胡汉服饰文化交融为中心》，陕西师范大学博士学位论文，2006 年，第 31—70 页。

③ 周作明：《秦汉车马御赐马制度管见》，《广西师范大学学报》（哲学社会科学版）1988 年 02 期。

④ 田丸祥干：《汉代における三驾卤簿の形成》，《国学院大学大学院纪要—文学研究科》第 43 辑，2011 年，第 171—198 页。目黑杏子：《前汉武帝の巡幸—祭祀と皇帝权力の观点から》，《史林》94 卷 4 号，2011 年，第 577—610 页。田丸祥干：《魏晋南朝の礼制と三驾卤簿》，《古代文化》64 卷 3 号，2012 年，第 418—435 页。

⑤ 古怡青：《试论唐代皇帝巡幸的乘舆制度》，《法制史研究》36 期，2019 年。

⑥ 范淑英：《唐墓壁画中所见的仪仗用具》，陕西历史博物馆编：《唐墓壁画国际学术研讨会论文集》，西安：三秦出版社，2006 年版，第 53—54 页。

⑦ ［日］中村裕一：《唐令逸文の研究》，东京：汲古书院，2005 年版，第 201—225 页。

⑧ 倪晨辉：《"为邦之道"与唐宋令典研究—以〈卤簿令〉、〈衣服令〉、〈乐令〉复原为中心》，吉林大学博士学位论文，2017 年，第 62—69 页。

十四年之制。① 张爱麾《唐宋皇帝卤簿研究》则对唐大驾卤簿所见五辂车属予以论列。② 古怡青《试论唐代皇帝巡幸的乘舆制度》则在论列乘舆车属的基础上重视车舆车驾的卤簿实践研究,并将其与法制相结合,探究皇帝巡幸时卤簿仪卫所呈现的法制意义。③

其三,以皇帝出行为中心的礼制研究。唐代礼制研究的发展脉络已有学者予以梳理,④不复赘述,在此仅对与本文研究内容相关的巡狩礼及当前礼制史发展趋向予以论列。

第一,以礼典考释为中心的巡狩礼。在西岛定生、金子修一等学者对郊祀、宗庙等祭礼研究⑤的影响下,以皇帝出行为代表的巡狩礼很快进入学界的视野。美国学者魏侯玮《玉帛之奠:唐代合法化过程中的礼仪与象征》以西方视角对唐前期即位、郊庙、先代帝王、巡狩、封禅、明堂等重要礼制的历史源流和现实功能进行分析,认为其礼仪运作更多的展现唐王朝统治的合法性,用以巩固自身权力。⑥ 此可谓"巡狩礼"研究的发轫之作,其实证思想对后世学者亦有较深影响。国内巡狩礼研究的起步是以文化史的视角进行的。如,胡戟先生所编《中国古代礼仪》《中国文化通志·礼仪志》对其均有涉及,⑦尤其是后者以礼典为基础,对巡狩礼进行梳理与归纳。其后,随着唐代礼制研究的综合性论著不断出现,巡狩礼研究不断走向深入。如,陈戍

　　① 高明士:《中国中古礼律综论·法文化的定型》,北京:商务印书馆,2017 年版,295—296 页。

　　② 《唐宋皇帝卤簿研究》,第 11—13 页。

　　③ 古怡青:《试论唐代皇帝巡幸的乘舆制度》,《法制史研究》36 期,2019 年。

　　④ 《二十世纪唐研究》,第 178—191 页。朱溢:《隋唐礼制史研究的回顾和思考》,《史林》2011 年 05 期。朱溢:《事邦国之神祇:唐至北宋吉礼变迁研究》,上海:上海古籍出版社,2014 年版,第 9—37 页。李蓉:《隋唐军事征伐礼仪》,北京:国防工业出版社,2015 年版,第 1—4 页。

　　⑤ ［日］西岛定生:《汉代について即位仪礼—とくに帝位继承のはあいについて》,榎博士还历记念编集委员会编:《榎博士还历记念东洋史论丛》,东京:山川出版社,1975 年版,第 403—422 页。［日］金子修一:《中国古代における皇帝祭祀の一考察》,《高知大学学术研究报告·人文科学编》第 25 号,1976 年,第 13—19 页。金子修一:《唐代の大祀·中祀·小祀について》,《高知大学学术研究报告·人文科学编》第 25 号,1976 年,第 13—19 页。金子修一:《魏晋より隋唐に至る郊祀·宗庙の制度について》,《史学杂志》1979 年第 88 编第 10 号,第 1498—1539 页等。后收入金子修一所著《古代中国と皇帝祭祀》《中国古代皇帝祭祀の研究》两书中。(见金子修一:《古代中国と皇帝祭祀》,东京:汲古书院,2001 版。金子修一:《中国古代皇帝祭祀の研究》,东京:岩波书店,2006 年版。汉译本为:［日］金子修一著,肖圣中、吴思思、王曹杰译:《古代中国与皇帝祭祀》,上海:复旦大学出版社,2017 年版。［日］金子修一著,徐璐、张子如译:《中国古代皇帝祭祀研究》,西安:西北大学出版社,2018 年版。)

　　⑥ Howard J. Weehsler. "offerings of Jade and Silk: Ritual and Symbol in the Legitimation of the Tang Dynasty". New Haven: Yale University Press, 1985.

　　⑦ 胡戟:《中国古代礼仪》,西安:陕西人民出版社,1994 年版。胡戟:《中国文化通志·礼仪志》,上海:上海人民出版社,1998 年版。

国《中国礼制史·隋唐五代卷》、任爽《唐代礼制研究》、王美华《唐宋礼制研究》等。陈戍国先生先后完成六卷本的《中国礼制史》,该书为第四卷,内容包括隋唐五代的主要礼仪形式,巡狩礼仪亦在其中。陈先生认为巡狩也叫巡幸,又叫行幸,故将巡狩礼称为巡狩巡察礼。以"大唐开元礼"所载东巡狩礼为基础史料,将其分成十一项仪注予以分列说明。① 任爽先生的专著则专注于唐代的礼制史,其以吉礼、宾礼、军礼、嘉礼、凶礼等顺序进行梳理与考究,并将礼制置于唐代国家社会背景下予以考察,深究礼法关系、礼制与社会关系、礼制与政治关系等。就巡狩礼而言,以礼典为基础将其与亲征礼并列论述,以求两者仪注之同异。② 王美华《唐宋礼制研究》与任爽先生的研究构思颇类,只是将礼制置于唐宋社会变迁背景下予以考察。③ 三位先生对礼制的考究以求全、求通为目标,专题礼制内容稍显单薄,但其确有开创之功。此后,国内专题礼研究始成为唐代礼制研究的方向之一,巡狩礼亦列于其中。

第二,皇帝出行礼的新研究与唐代专题礼制研究的趋向。何平立《巡狩与封禅——封建政治的文化轨迹》可谓是专题礼制研究的较早成果。其文在论述"隋唐巡狩礼"时虽然仍引用巡狩礼典予以解析,但已据相关资料判定唐代巡狩礼中串联出一系列礼仪,本身又是可各自独立的礼典。此可为不囿于礼典的礼制研究提供理论基础。该书的可贵之处还在于试图通过一种研究中国思想文化的新视角,去阐论作为王权政治核心内容的巡狩与封禅的思想内涵与文化轨迹,以及对国家与社会作用的角度去进行典型剖析,并将巡狩和封禅纳入整个中国社会文化思想大背景中去审视、认识。④ 巡狩礼之外,以张葳先生的公主拜舅姑礼研究;⑤吴丽娱先生的公卿巡陵礼或册后礼研究;⑥金相范先生或王瑜先生或王博先生的讲武礼研究;⑦朱溢先

---

① 陈戍国:《中国礼制史·隋唐五代卷》,长沙:湖南教育出版社,1998年版,第224—227页。

② 任爽:《唐代礼制研究》,长春:东北师范大学出版社,1999年版,第96—97页。

③ 王美华:《唐宋礼制研究》,东北师范大学博士学位论文,2004年,第135—136页。

④ 何平立:《巡狩与封禅—封建政治的文化轨迹》,济南:齐鲁书社,2003年版,第309—314页。

⑤ 张葳:《唐代公主出降行拜舅姑礼初探》,《江汉论坛》2005年09期。

⑥ 吴丽娱:《唐宋之际的礼仪新秩序——以唐代的公卿巡陵和陵庙荐食为中心》,《唐研究》第11卷,北京:北京大学出版社,2005年版,第233—258页。吴丽娱:《兼融南北:〈大唐开元礼〉的册后之源》,《魏晋南北朝隋唐史资料》第23辑,武汉:武汉大学出版社,2006年版,第101—115页。

⑦ [韩]金相范:《唐代讲武礼研究》,《宋史研究论丛》第7辑,保定:河北大学出版社,2006年版,第21—34页。王瑜:《关于唐代"讲武礼"的几个问题—以唐代为中心》,《求索》2009年04期。王博:《唐代讲武礼实施背景新考》,《隋唐辽宋金元史论丛》第6辑,上海:上海古籍出版社,2016年版,第218—231页。

生的武庙释奠礼研究；①杨阳先生或李艳丽先生或王贞平先生的宾礼研究；②王博先生或李蓉先生的军礼研究；③周善策先生的封禅礼研究；④高明士先生的皇帝亲征礼研究；⑤彭兆荣先生的藉田礼研究⑥等，这些研究成果或因礼而探究其政治运作，或因礼而讨论国家秩序的建立，或侧重研究礼的渊源，或以多重视角研究礼典规约，⑦或将礼划分为若干单元逐一探讨礼仪形态，或因专题礼而探究礼制的变迁，或以人类学的视角探讨礼的内涵与功能等，此皆为专题礼研究的代表作，也反映了当前礼制史研究的多元趋向。⑧

其四，以皇帝出行为中心的制度史研究。就当前研究成果来看既有整体性研究又有具体研究，其具体研究所涉甚广，集于问起居制度、扈从制度、卫戍制度、供备制度等诸多方面，论列如下。

第一，整体性研究。当前整体性研究成果多趋向于制度史与礼制史的综合研究。杨志刚《中国礼仪制度研究》、高文文《唐代巡狩制度研究》、付婷《隋代巡行制度研究》均为此方面的研究成果。杨先生按照吉、凶、嘉、宾、军的顺序分述历代礼制的内容及变迁，更重要的是其将礼制置于社会文化的背景下审视礼仪制度的内涵、特点与作用。⑨ 与之相较，高、付二文研究对

①　朱溢：《唐代孔庙释奠礼仪新探—以其功能和类别归属的讨论为中心》，《史学月刊》2011年01期。朱溢：《论唐宋时期的武庙释奠礼仪》，余欣主编：《中古时代的礼仪、宗教与制度》，上海：上海古籍出版社，2012年版，第179—193页。

②　杨阳：《唐代宾礼研究》，陕西师范大学硕士学位论文，2014年。李丽艳：《唐代宾礼研究—以〈大唐开元礼〉为研究视角》，辽宁大学硕士学位论文，2015年。王贞平：《唐代宾礼研究：亚洲视域中的外交信息传递》，上海：中西书局，2017年版。

③　王博：《唐・宋军礼の构造とその变容》，《史学杂志》121，2012年。李蓉：《隋唐军事征伐礼仪》，北京：国防工业出版社，2015年版。

④　周善策：《封禅礼与唐代前半期吉礼的变革》，《历史研究》2015年06期。

⑤　高明士：《从军礼论隋唐皇帝亲征》，《隋唐辽宋金元史论丛》第8辑，上海：上海古籍出版社，2018年版，第9—43页。

⑥　彭兆荣：《君仪有方—古代天子藉田礼之人类学研究》，《学术界》2019年09期。

⑦　屈蓉蓉：《王贞平〈唐代宾礼研究〉》，《中国史研究动态》2018年05期。李鸿宾：《礼典规约下多重视角的互动—王贞平教授〈唐代宾礼研究〉书后》，《国学学刊》2019年02期。李效杰、王永平：《唐代宾礼与亚洲格局—读〈唐代宾礼研究：亚洲视域中的外交信息传递〉》，《唐史论丛》第31辑，西安：三秦出版社，2020年版，第392—405页。

⑧　另有，海外学者对礼仪运作政治过程、政治空间与交流方面的研究亦可视为专题礼研究的新趋向。（见 Victor Cun rui Xiong. Sui-Tang Chang'an: A Study in Ubran History of Medieval China, AnnArbor: Center for Chinese Studies, University of Michigan, 2000, pp. 153 - 158. ［日］丸桥充拓：《唐宋变革期の军礼と秩序》，《东洋史研究》64期，2005年。［日］丸桥充拓著，张桦译：《唐代军事财政と礼制》，西安：西北大学出版社，2018年版。［日］妹尾达彦：《唐长安城の礼仪空间—以皇帝礼仪の舞台为中心》，［日］沟口雄三等著，孙歌等译：《中国的思维世界》，南京：江苏人民出版社，2006年，第481—482页。）

⑨　杨志刚：《中国礼仪制度研究》，上海：华东师范大学出版社，2001年版。

象则指向隋、唐二代。高文文先生的论文虽托名制度,实则是礼仪与制度结合研究,其文在论述巡狩制度的文化内涵及其功能之余,还对巡狩礼予以考证,并将巡狩礼的实际运作以及巡狩礼与祭祀礼、封禅礼、讲武田狩礼、朝觐礼、考核制度等的关系进行了探讨。① 付婷先生在论及隋代巡狩制度时亦兼及巡狩礼及其实际运作。② 此外,李俊方《汉代皇帝施政礼仪研究》专辟"汉代皇帝巡幸礼仪"为一专题,对其礼仪形式及制度化趋势予以阐述。③尽管其虽非唐代研究成果,但足以证明"巡幸礼仪制度"这一课题已为学界关注。

第二,巡幸问起居制度与扈从制度研究。就问起居制度而言,杜文玉《五代起居制度的变化及其特点》最早关注到该制度,并对其内涵、内殿起居、外官起居、巡幸起居、外命妇起居等形式予以考释,认为五代起居仍沿袭唐制,且对后世起居制度仍有较大影响。④ 随后,白玉林、曾志华、张新科《五代史解读》则对五代起居制度予以概述。⑤ 唐代起居制度研究则在五代之后,杜文玉、谢西川《唐代起居制度初探》对唐代问起居的形式及其运行情况进行探讨,认为唐代起居制度是建立在礼制完备基础之上,既是礼制的重要组成部分,又能体现皇权的至高无上。⑥ 此外,胡戟、刘后滨《唐代政治文明》还注意到了问起居仪,并有精彩论断。⑦ 可以说,杜文玉老师是唐五代"问起居"制度研究的集成者,对该问题的研究具有开拓之功,更重要的是杜老师利用零星而分散的资料能够梳理出其制度形式与运行情况为规范性制度研究提供了新思路。相对于问起居制度而言,当前扈从制度研究略显单薄,专题研究仅罗祖基的《我国古代扈从制度初探》一文。罗先生认为扈从制度促进王权的产生,据此以上古君臣关系探寻扈从的痕迹,并认定徒御是春秋时期的法定扈从。⑧

---

① 高文文:《唐代巡狩制度研究》,陕西师范大学硕士学位论文,2009 年,第 22—59 页。

② 付婷:《隋代巡行制度研究》,陕西师范大学硕士学位论文,2012 年,第 10—15 页。

③ 李俊方:《汉代皇帝施政礼仪研究》,吉林大学博士学位论文,2006 年,第 26 页。李俊方:《汉代皇帝施政礼仪研究》,北京:中华书局,2014 年版,第 207—220 页。李涛:《汉代皇帝施政礼仪中的儒家本色——评〈汉代皇帝施政礼仪研究〉》,《殷都学刊》2016 年 01 期。

④ 杜文玉:《五代起居制度的变化及其特点》,《陕西师范大学学报》(哲学社会科学版)2005 年 03 期。杜文玉:《五代十国制度研究》,北京:人民出版社,2006 年版,第 280—285 页。

⑤ 白玉林、曾志华、张新科:《五代史解读》,北京:华龄出版社,2006 年版,第 372 页。

⑥ 杜文玉、谢西川:《五代起居制度初探》,《江汉论坛》2010 年 06 期。杜文玉:《论唐代大明宫延英殿的功能与地位—以中枢决策及国家政为中心》,《山西大学学报》(哲学社会科学版)2012 年 03 期。

⑦ 胡戟、刘后滨主编:《唐代政治文明》,西安:西安出版社,2013 年版,第 229 页。

⑧ 罗祖基:《我国古代扈从制度初探》,《史学集刊》1987 年 03 期。

　　第三,驾行卫戍制度与供置制度研究。就驾行卫戍而言主要集中于南北衙禁军与宫禁防卫两个方面。因其所涉甚广,择其要而言,陈寅恪《唐代政治史述论稿》认为北衙禁军是卫宫之军,南衙禁军为卫城之军,同时指出北衙禁军在唐代前期的宫廷政变和中枢集团的政治斗争中具有关键的作用。① 张国刚《唐代禁卫军考略》对南、北衙禁军的建立与势力消长进行探究,认为唐前期存在府兵、禁军、州兵与镇戍兵,后期则出现二元武装力量体制。② 齐勇锋《唐后期的北衙六军、飞龙、金吾、威远和皇城将士》认为唐后期的重要宿卫体制仍是南北衙分治,北衙除神策军外,主要是北衙六军和飞龙兵,南衙为金吾、威远和皇城将士。③ 蒙曼《唐代前期北衙禁军制度研究》则详述左右屯营、飞骑、羽林军、龙武军等禁军体制的流变及其与府兵制的消解关系,更论及君主专制与北衙禁军的走向。④ 与之不同的是仍有学者以不同视角来进行宫禁防卫研究。李训亮、谢元鲁《贞观初年唐太宗宫禁防卫体系构建与道德重建———以唐太宗颁布的惩处隋末叛臣的三道诏书为例》以三道诏书的颁布为切入点,指出了唐太宗布置的宫禁防卫体系的积极作用。⑤ 赵国光《唐律中的关禁制度》则以《唐律·卫禁律》来探讨宫廷禁卫之法。⑥ 两文均对我们研究置顿所的宿卫制度具有指导意义。

　　就驾行供置制度而言,主要集中于驾行后的蠲免政策及其制度形态。蠲免也称蠲复、复除、给复、放免等,是中央政府依据法律或皇帝的临时诏令,免除人们应纳的税收和应服的徭役。皇帝驾行过后,为恢复当地的农业生产往往实行给复制度,相关研究如下:张泽咸《唐五代赋役史草》、郑学檬《中国赋役制度史》、李锦绣《唐代财政史稿》等均有涉及。⑦ 专题性研究要属罗林燕《浅论唐代复除制度》、李俊生《武德贞观年间给复探析》、康春华《唐代蠲免政策研究》等,⑧其以康春华先生的研究为最。该书分唐前期与

---

　　① 陈寅恪:《唐代政治史述论稿》,北京:生活·读书·新知三联书店出版,1956 年版,第 53 页。

　　② 张国刚:《唐代禁卫军考略》,《南开学报》1999 年 06 期。

　　③ 齐勇锋:《唐后期的北衙六军、飞龙、金吾、威远和皇城将士》,《河北学刊》1989 年 02 期。

　　④ 蒙曼:《唐代前期北衙禁军制度研究》,北京:中央民族大学出版社,2005 年版。

　　⑤ 李训亮、谢元鲁:《贞观初年唐太宗宫禁防卫体系构建与道德重建—以唐太宗颁布的惩处隋末叛臣的三道诏书为例》,《西南民族大学学报》(人文社科版)2005 年 06 期。

　　⑥ 赵国光:《唐律中的关禁制度》,《中国历史学会史学集刊》35 期,2004 年,第 1—50 页。

　　⑦ 张泽咸:《唐五代赋役史草》,北京:中华书局,1986 年版。郑学檬:《中国赋役制度史》,上海:上海人民出版社,2000 年版。李锦绣:《唐代财政史稿》,北京:社科文献出版社,2007 年版。

　　⑧ 罗林燕:《浅论唐代复除制度》,云南师范大学硕士学位论文,2004 年。李俊生:《武德贞观年间给复探析》,北京师范大学硕士学位论文,2008 年。康春华:《唐代蠲免政策研究》,北京:中国书籍出版社,2014 年版。

唐后期两个时段对制度性蠲免、临时性蠲免、身份性蠲免、灾害蠲免等予以考察，认为唐前后期之间的差异更多的体现为政治制度与经济制度的变革。

其五，皇帝出行活动的关联性研究与附带性研究。其主要集于扈从与供置两个方面，就扈从而言，学界在研究功臣群体与功臣号时予以涉及。就功臣群体而言，黄楼《唐德宗"奉天定难功臣"、"元从奉天定难功臣"杂考》以出土墓志为中心结合文献资料，对"奉天定难功臣"及"元从奉天定难功臣"的扈从群体的来源、差异予以考究，在此基础上对功臣阶层的形成及其对中晚唐政局的影响予以探讨，并认为功臣号与功臣集团的发展与唐德宗赐授扈从群体的初衷相差甚远。[1] 此外，李怡《唐代文官服饰文化研究》、赖瑞和《唐代中层文官》、吴阳《唐代功臣分类探究》等，或对扈从官穿朝服问题进行考察；或对拾遗、补阙等法定扈从官的职能、官品、文词之美、任官条件、任职以及阶官化等问题进行了探讨；或对唐代宗、唐德宗、唐僖宗、唐昭宗时期靖难功臣的构成予以考析等。[2] 就功臣号而言，胡耀飞《五代十国功臣号研究》、王苗《唐代功臣号研究》对隋唐五代时期功臣号的源流、赐授情况、发展演变及其与唐五代政治关系予以考析，尤为可贵的是两位先生均能认识到功臣号在唐后期已具品阶性质。[3] 此外，胡永启《中国古代功臣名号述略》、侯晓晨《唐代宗朝研究三题》亦有涉及。[4]

就供置而言，古怡青《唐朝皇帝入蜀事件研究——兼论蜀道交通》论及唐德宗播越期间的粮食供应，认为其在梁州仰赖山南西道的供应。[5] 罗彤华《唐朝皇帝巡幸之仪卫—以大驾卤簿为中心》在瞭望大驾卤簿仪卫部署的同时也关注到皇帝行幸的供养问题。[6] 此外，拜根兴《试论唐代的献食》亦注意到巡幸献食问题，认为献食属于礼的范畴，是皇权至高无上的产物。[7]

综上，经中外史学家的努力，以皇帝出行为中心的礼仪制度研究已取得

---

[1] 黄楼：《唐德宗"奉天定难功臣"、"元从奉天定难功臣"杂考》，《魏晋南北朝隋唐史资料》第24辑，武汉：武汉大学人文社会科学学报编辑部编辑出版，2008年版，第150—164页。

[2] 李怡：《唐代文官服饰文化研究》，北京：知识产权出版社，2008年版。赖瑞和：《唐代中层文官》，北京：中华书局，2011年版。吴阳：《唐代功臣分类探究》，西北大学硕士学位论文，2015年。

[3] 胡耀飞：《五代十国功臣号研究》，《魏晋南北朝隋唐史资料》27辑《唐长孺先生百年诞辰纪念专辑》，武汉：武汉大学人文社会科学学报编辑部编辑出版，2011年版，第424—451页。王苗：《唐代功臣号研究》，中央民族大学硕士学位论文，2012年。

[4] 胡永启：《中国古代功臣名号述略》，《兰台世界》2012年25期。侯晓晨：《唐代宗朝研究三题》，西北大学硕士学位论文，2017年。

[5] 古怡青：《唐朝皇帝入蜀事件研究——兼论蜀道交通》，台北：五南图书出版股份有限公司，2019年版，第173页。

[6] 《唐朝皇帝巡幸之仪卫——以大驾卤簿为中心》，第267—268页。

[7] 拜根兴：《试论唐代的献食》，《唐史论丛》第7辑，西安：陕西师范大学出版社，1998年版，第258—267页。

较大进展,以此为选题顺应了当前礼制史研究的发展趋势,表现为:一则,大陆学者对礼制史的研究已完成了由综合性研究向专题性研究的过渡,以唐代皇帝行幸礼仪制度为选题显然是顺应了这一趋势。二则,当前礼制史研究已摆脱礼典的限制,利用各类文献考察各单元的礼仪形态及其与国家社会的关系已成为专题礼研究的趋势。以巡狩礼典为研究对象的巡狩礼,其仅为皇帝行幸礼的某种特定形态与理想设计,与实际的礼仪运行相差甚远。尤其是其间的卜日礼、告享礼、问起居礼、迎谒礼、献食礼等鲜有关注。可以说,不囿于巡狩礼典的行幸礼仪制度研究亦顺应当前礼制史研究的趋势。三则,利用零星而分散的资料完成规范性制度的梳理已有学者予以完成进而形成了问起居制度的系列成果。唐代皇帝行幸礼仪制度所涉请行幸制度、迎谒制度、告庙制度、警跸制度、夜警晨严制度等问题因相关史料零星而分散,学界尚未涉足,顺应这一研究范式,显然能够推进相关研究进一步走向深入。四则,当前皇帝出行为中心的综合研究出现制度史与礼制相结合的趋势,唐代皇帝行幸礼仪制度研究显然顺应这一趋势进行系统研究,且用以推动学界鲜少关注的扈从制度、供置制度、驾行队仗威势等重大问题进一步走向深入与细化。可以说,该选题及其所涉问题可推动制度史与礼制史研究的双向发展。

三、理论方法

1. 运用史料推演法探求潜在制度以及不成文规则条文中的礼仪形态与制度变迁。如,请行幸制度、问起居制度、行庙告祭制度、驾行告庙礼的变迁、迎谒制度、迎谒礼、扈从制度、驾行献食制度、驾行献食礼等。

2. 改变以"巡狩礼典"为中心的单一礼仪研究,将皇帝行幸礼仪分成卜日礼、驾行太庙告享礼、驾行问起居礼、驾行迎谒礼、驾行献食礼、銮驾出宫仪、銮驾还宫仪等若干单元逐一探讨,既还原礼仪形态又研究其实际运作。

3. 改变以往偏重于相对静止的研究,在还原礼仪与制度形态的同时更注重其实际运作,使研究呈现出立体感,显得更为厚重和充实。

4. 运用二重证据法即广泛搜集碑志资料用于证史与补史外,仍以碑志为中心,结合文献资料进行皇帝行幸礼仪制度的纵深研究。如,《万年宫铭碑》碑阴所记48位随驾人员的身份、职官与排序结合文献资料考察政务类扈从官的选任及其职能,在此基础上窥视皇帝置顿地的政务运作。《唐代墓志铭汇编附考》对唐赵宗墓志标题中所存残泐字补遗有误,笔者在考辨基础上对赵宗所任万年宫监与农圃监监事的关系予以厘清,进而发掘皇帝驻跸行宫的机构设置、隶属关系与任职情况。

四、价值与意义

前述,唐代皇帝行幸礼仪制度研究是顺应当前专题礼制研究与制度史研究的发展趋势所进行的选题,该课题可以实现礼制史与制度史研究的双向发展,其具体价值如下:

1. 助推唐代皇帝行幸礼的不断深入与细化。当前的行幸礼研究局于利用礼典来探讨巡狩礼这一特定形态与理想设计,其与行幸礼仪的实际运行相差甚远,尤其是其间的卜日礼、驾行太庙告享礼、驾行问起居礼、驾行迎谒礼、驾行献食礼、銮驾出宫礼、銮驾还宫礼等鲜有关注。本课题不囿于礼典,运用史料推演法探求潜在制度以及不成文规则条文中皇帝行幸中的礼仪形态及其运作,推动行幸礼研究不断走向深入。

2. 实现皇帝行幸礼仪制度的系统研究,助推皇帝制度研究乃至制度史研究不断走向深入。当前来看,舆服制度是皇帝驾行礼仪制度研究的主体,与皇帝行幸密切相关的请行幸制度、行幸决定制度、驾行太庙告享制度、驾行太子监国制度、扈从制度、随驾官制度、乐悬制度、迎谒制度、驾行卫戍制度、警跸制度、驾行献食制度、夜警晨严制度、驾行问起居制度、驾行留守官制度等所涉甚少,对这些制度的考察可以综补当前研究的不足,拓展新的研究领域,还可以实现行幸礼仪制度的系统研究,助推关联问题研究不断走向深入。

3. 推动一些重要问题研究的细化与深入。主要集于驾行卤簿的"威仪"及其意识形态传导,皇帝行幸的政务运作与监国太子的实际权力,皇帝行幸与北衙禁军的嬗变,扈从制度对品阶制度的拉动等方面,因学界或鲜有关注,或脱离驾行而考察制度本身,使其有待进一步深入。

五、行幸释义

行幸语义颇广。石冬梅《再论隋炀帝的巡狩》曰:"巡狩或称巡省、巡幸,一般指帝王的远途巡游,近途的巡游泛称行幸。"[①]石先生所言"远途"和"近途"并无明确距离长短,但就巡幸而言,是在皇帝离京的情况下完成的巡察活动。石先生所谓近途和远途均可视为皇帝在京和离京的活动,也就是说皇帝在京的行程为行幸,离京的行程为巡幸。

郑天挺、吴泽、杨志玖主编《中国历史大辞典》曰:"皇帝出外巡行。汉制,皇帝巡行所到之处,常对当地臣民有所赏赐,或豁免租赋,以示恩泽,故

---

① 石冬梅:《再论隋炀帝的巡狩》,《保定师范专科学校学报》2005 年 03 期。

称行幸,或称幸。"①三位先生虽未明确皇帝外出的范围,但就皇帝巡行活动的内容而言,行幸即巡幸,是指皇帝离京的巡行活动。据此可见,三位作者的观点与石冬梅先生相抵牾。

唐嘉弘《中国古代典章制度大辞典》的观点相对中立,他说:"行幸亦作幸、游幸、驾幸、临幸、行如,旧时指皇帝离开皇宫出外游玩、巡视、狩猎、吊唁、祭祀、督战、聚会等。"②即作者认为无论是在京的出行还是离京的巡幸皆称行幸。

唐嘉弘先生的观点与以上两种观点也不相同。为此,需要对行幸进行重新释义。《说文解字》云:"行,人之步趋也。"③段玉裁注曰:"步,行也。趋,走也。二者一徐一疾,皆谓之行。统言之也。"④据此,趋步行走即为行。《独断》卷上载:"汉天子正号曰皇帝,自称曰朕,臣民称之曰陛下,其言曰制、诏,史官记事曰上,车、马、衣服、器械、百物曰乘舆,所在曰行在所,所居曰禁中,后曰省中,印曰玺,所至曰幸,所进曰御。"⑤历代皇帝在正号、自称、臣民称之、其言等方面与汉天子是一致的,"所至"亦为"幸"。对此,行幸即皇帝趋步至某个地方,且未有距离限制。

这种事例在唐代皇帝行幸中极为常见。如,贞观十一年(637)二月甲子,唐太宗行幸洛阳宫。⑥永徽五年(654)二月,唐高宗曲赦文曰:"行幸所经诸县及岐州,因徒人犯罪者,流降从徒,以下并免之。"⑦麟德元年(664)九月诏:"来年行幸岱宗。"⑧贞观年间,唐太宗行幸洛阳宫的出发地是长安,此次行幸可视为离京的巡幸。永徽五年赦文发生在唐高宗行幸万年宫期间,出发地为长安,岐州、万年宫均在凤翔府,此次行幸可视为离京的巡幸。麟德元年九月唐高宗在长安,诏书中的"岱宗"即泰山,在兖州府乾封县,此处用"行幸",可视为离京的巡幸。可见,唐代皇帝离京的巡幸被称为行幸。

咸通年间,唐懿宗"好音乐宴游,殿前供奉乐工常近五百人……曲江、昆

①　郑天挺、吴泽、杨志玖主编:《中国历史大辞典》上卷,上海:上海辞书出版社,2000年版,第1105页。

②　唐嘉弘主编:《中国古代典章制度大辞典》,郑州:中州古籍出版社,1998年版,第931页。

③　(汉)许慎撰,(宋)徐铉校定:《说文解字》卷二下,北京:中华书局,1963年版,第44页。

④　(汉)许慎撰,(清)段玉裁注:《说文解字注》,上海:上海古籍出版社,1981年版,第138页。

⑤　(汉)蔡邕:《独断》卷上,《文津阁四库全书》第280册,北京:商务印书馆,2005年版,第747页。

⑥　(宋)司马光等:《资治通鉴》卷一百九十四唐太宗贞观十一年二月甲子条,北京:中华书局,1956年版,第6127页。

⑦　(宋)宋敏求:《唐大诏令集》卷七十九《赦行幸诸县及岐州诏》,北京:中华书局,2008年版,第450页。

⑧　(宋)王溥:《唐会要》卷七《封禅上》,上海:上海古籍出版社,2006年版,第113页。

明、灞浐、南宫、北苑、昭应、咸阳，所欲游幸即行，不待供置，有司常具音乐、饮食、幄帟，诸王立马以备陪从。每行幸，内外诸司扈从者十余万人，所费不可胜纪"。① 每行幸是指游幸曲江、昆明、灞浐、南宫、北苑、昭应、咸阳等地。曲江、昆明、灞浐、南宫、北苑均在长安城内，据此可以说明皇帝在长安城内的游幸称行幸。大中十一年（857），"李敬实除授内园栽接使。况此司行幸之所。任使二年，凡卅余度驾幸，供备之礼，不失规程"。② 内园栽接使管理宫廷园苑，园苑在京城内为皇帝行幸之所，也能说明皇帝在京城内出行也为行幸。据此可以判定皇帝在京的出行活动也属于行幸。

由上述事例可知，皇帝在京或离京的出行活动皆称行幸。唐嘉弘先生对行幸的释义比较符合皇帝行幸的实际。但唐先生将行幸归于皇宫之外，他说："旧时指皇帝离开皇宫出外游玩、巡视、狩猎、吊唁、祭祀、督战、聚会等"。③ 其实不然，皇帝在皇宫内的出行活动也称行幸。元和年间，唐宪宗"命中尉彭忠献率徒三百人，修兴唐观，赐钱千万，使壮其旧制。其观北距禁城，因是开复道为行幸之所"。④ 兴唐观在右皇城东第一街之十五坊，北第一长乐坊。皇宫由皇城和宫城组成，兴唐观在皇城中也在皇宫中，皇帝在兴唐观的出行活动称为行幸，可为例证。唐穆宗长庆四年（824）三月庚午，"赐内教坊钱万缗，以备行幸"。胡注："内教坊。武德后，置内教坊于禁中，武后如意元年（692），改曰云韶府，以中官为使。开元二年（714），又置内教坊于蓬莱宫侧。"⑤皇帝在内教坊的出行活动称为行幸，可为例证。可见，唐先生观点与唐代皇帝的"行幸"仍有不合之处。唐氏将行幸归于"游玩、巡视、狩猎、吊唁、祭祀、督战、聚会"等活动，对于唐代皇帝而言可总结为微行、⑥临

---

① 《资治通鉴》卷二百五十唐懿宗咸通七年十二月条，第8117页。

② 周绍良、赵超：《唐代墓志汇编续集》大中078《大唐故器使银青光禄大夫行内侍省内给事赠内侍上柱国陇西县开国男食邑三百户赐紫金鱼袋李府君墓志铭并序》，上海：上海古籍出版社，2001年版，第1028页。

③ 《中国古代典章制度大辞典》，第931页。

④ （宋）宋敏求撰，（清）毕沅校正：《长安志》卷八《右皇城东第一街之十五坊·北第一长乐坊》，台北：成文出版社，1970年版，第196页。

⑤ 《资治通鉴》卷二百四十三唐穆宗长庆四年三月庚午条，第7835页。

⑥ 所谓微行，顾名思义即微服出行，此类出行不需要车驾卤簿与禁卫扈从的护持。汉成帝时，"始为微行出"，张晏曰："于后门出，从期门郎及私奴客十余人。白衣组帻，单骑出入市里，不复警跸，若微贱之所为，故曰微行。"（见（汉）班固撰，（唐）颜师古注：《汉书》卷十《成帝纪》，北京：中华书局，1962年版，第316页。唐因汉制，多有皇帝微行的记载。如武德二年（619）闰二月，唐高祖"微行都邑，以察氓俗，即日还宫。"（见（后晋）刘昫：《旧唐书》卷一《高祖纪》，北京：中华书局，1975年版，第9页。）又，景龙四年（710）正月丙寅，上元夜，唐中宗与皇后微行观灯；丁卯夜，又微行看灯，并驾幸宰相萧至忠之第。（见《旧唐书》卷七《中宗纪》，第149页。）又，大中年间，唐宣宗雅好儒士，留心贡举。有时微行人间，采听舆论，以观选士之得失。（见《旧唐书》卷十八下《宣宗纪》，第617页。）均可为证。

幸、①播迁幸②、蒐狩幸③、游幸、巡幸④等活动。这些都是本文的研究内容。

①　临幸即驾幸，往往指皇帝驾至某地。如，贞观十八年(644)，唐太宗幸李靖第，问疾，赐绢，升授官爵。(见《旧唐书》卷六十七《李靖传》，第2481页。)又，永徽三年(652)冬十月，唐高宗幸同安大长公主第，又幸高阳长公主第，即日还宫。(见《旧唐书》卷四《高宗纪上》，第71页。)又，每逢至宁王李宪生日，唐玄宗必幸其宅，移时宴乐。(见《旧唐书》卷九十五《让皇帝宪传》，第3012页。)均可为证。

②　播迁幸是指皇帝为躲避战乱，被迫出行避难。如，建中四年(783)十月，泾师犯阙，唐德宗苍皇自苑北便门出幸，以避战祸。(见《旧唐书》卷一百三十八《姜公辅传》，第3787页。)长庆四年(824)夏四月，唐敬宗为躲避贼人张韶等人的叛乱，急幸左神策军。(见《旧唐书》卷十七上《敬宗纪》，第509页。)广明元年(880)十二月，黄巢军破潼关，唐僖宗与王、妃、后数百骑自子城由含光殿金光门出幸山南。(见《旧唐书》卷十九下《僖宗》，第709页。)

③　蒐狩幸是指皇帝行幸至某处行校猎之事。如，唐高祖武德六年(623)二月戊午，"校猎于骊山，获白鹿。十月己未，幸华阴，庚申，校猎于白鹿原。十一月丁亥，校猎于华山之阴"。(见《册府元龟》卷一百一十五《帝王部·蒐狩》，第1376页。)又，贞观七年(633)十二月，唐太宗校猎少陵原。(见《资治通鉴》卷一百九十四唐太宗贞观七年十二月甲寅条，第6103页。)又，张说《皇帝马上射赞》载："第一枭泉顿，射飞野鸡一支，走狐二，走兔十四。不隔箭连中五只，一百昭仁，三驱示武。走则发射，伏则不取……第十三是日还宫苑内，用大箭射走鹿四十口，分赐诸王、郡王及从人等帝从灵囿，数百麀鹿。射其四十，颁诸群牧。"(见(唐)张说：《张燕公集》卷十二《皇帝马上射赞》，上海：上海古籍出版社，1992年版，第91页。)均可为证。

④　唐史史料中，皇帝离京的政治活动均称巡幸。如：巡幸、亲征、封禅、銮舆播迁等。《旧唐书·玄宗上》载："(开元十一年正月)己巳，北都巡狩"，(见《旧唐书》卷八《玄宗纪上》，第185页。)《册府元龟·养老》载："(开元)十一年正月，车驾幸北都"，(见(宋)王钦若：《册府元龟》卷五十五《帝王部·养老》，北京：中华书局，1960年版，第619页。)"巡狩"亦称巡幸。《册府元龟·委任第二》载："房玄龄为司空、太傅知门下省事。及太宗亲幸辽东，以玄龄为京城留守。"(见《册府元龟》卷七十八《帝王部·委任第二》，第896页。)唐太宗亲幸辽东即亲征高丽，亲征亦称巡幸。《唐会要·庙灾变》载："光启元年三月，中书门下奏曰：'伏以前年冬月，有震，俄致巡幸，主司宗祐。迫以仓徨，移跸凤翔，未敢陈奏'。"(见《唐会要》卷十七《庙灾变》，第412页。)其"俄致巡幸"系指唐僖宗蒙尘在外，属銮舆播迁之巡幸。

第一章　皇帝行幸前的礼制运作

　　唐立国后,承隋制的同时兼采南北典章制度之精华,进一步改变了汉魏六朝时期"臣强君弱"的局面,中央集权得到进一步加强,皇帝随之成为国家统治的中心。长孙无忌《进五经正义表》以皇帝"得一继明,通三抚运。乘天地之正,齐日月之晖。……照金镜而泰阶平,运玉衡而景宿丽。可谓鸿名轶于轩昊,茂绩冠于勋华"①来展现皇帝在政治上的尊宠。政治之外,皇帝在生活上的一举一动也颇受关注,无论是衣、食、住、行还是婚娶、寿诞,处处都有着一套严格的仪制。作为皇帝"行"的部分,行幸亦是如此。纵然有皇帝为纵欲享乐而出现随心所欲的游幸,但以"省方巡视""观风问俗""忧勤兆庶""安集遐远"等政治意义的行幸有着严格的仪制。也就是说,皇帝的行幸并非一蹴而就,而是由礼仪酝酿期、礼仪运作期、礼仪结束期三个层次来完成。就酝酿期而言,为表达其满满的仪式感与隆重性,仍需对其进行制度设计与礼仪准备,主要集于请行幸制度,行幸决定制度,卜日与卜日礼,太庙告祭制度与告庙礼等诸多方面,现分四节予以解析。

第一节　请行幸制度

　　请行幸是皇帝出行的第一步,也是行幸前的首要需求,符合"行必有名"的古礼要求。为完成这一"古礼"运作,往往会出现父老、僧、道、官员等特定人群,在特定的时间向皇帝请行幸。随着特定人群与特定时间的日趋固定化,请行幸渐成一种较为完备的制度化形态,这一制度在运作中往往将"请"与"行"渐进式剥离,君与臣民在"允"与"请"的博弈中,充分完成一种礼仪表达。当然这一礼仪表达是皇帝在意识形态领域强化皇权的反映。目前学界

---

　　①　(清)董诰等:《全唐文》卷一百三十六长孙无忌《进五经正义表》,上海:上海古籍出版社,1990年版,第604页。

对此鲜少关注，"请行幸"在概念、制度形态及运作等诸多方面均有较大研究空间，解析如下。

一、何谓请行幸

"请，谒也。"[①]"谒，白也。"[②]段玉裁注其为："《广韵》曰：'白，告也。'按谒者，若后人书刺自言爵里姓名，并列所白事。"[③]据此，"请"可诠释为持名帖拜见的意思。在君臣关系方面，"请"则表达为臣民请求、乞求朝见君主。《周礼》曰："春见曰朝，夏见曰宗，秋见曰觐，冬见曰遇，时见曰会，殷见曰同。"[④]引文所见先秦时期已有"朝""宗""觐""遇""会""同"六礼，并无"请"。西汉时期始改"觐"为请。《史记·吴王濞传》载："吴王恐，为谋滋甚。及后使人为秋请。"《集解》："应劭曰：'冬当断狱，秋先请择其轻重也。'孟康曰：'律，春曰朝，秋曰请，如古诸侯朝聘也。'如淳曰：'濞不得行，使人代己致请礼。'"[⑤]改"觐"为"请"后，还要行秋请之礼，吴王濞因其子被杀有怨于中央，由自行秋请之礼改为代行。

到了唐代，六礼中的"朝""觐"二礼得以坚持和适用，但《周礼》中所谓"春朝秋觐"的规范并未得到严格执行，臣民朝、觐君主往往以请入朝和请入觐的形式来完成。如贞观元年（627）十一月，"梁州都督窦轨请入朝"。[⑥] 开元十七年（729）正月，李光弼"表请入朝"。[⑦] 大和二年（828）九月，沧州节度使李寰"请入觐"。[⑧] 元和中，魏博节度使"田弘正请入觐"。[⑨] 请入朝与请入觐均为臣民朝拜君主的一种形式，这种形式是以臣民到皇帝驻跸地来完成的。其实，唐代请行幸也是臣民朝拜君主的一种形式，这种形式是通过君主的行幸来完成的。

前文已述，行幸释为皇帝的出行活动，那么"请行幸"即为臣民请皇帝驾幸，并得以朝见天子的活动。基于此，"请行幸"的主体可以认定为臣、民两种，因由君主出行来完成，行幸的不同类别也能决定"请行幸"的不同划分。诸如以请行幸的目划分，由请驾幸、邀驾和请行驻跸礼等三种；以行幸性质

① 《说文解字》卷三上，第51页。

② 《说文解字》卷三上，第51页。

③ 《说文解字注》，第160页。

④ （汉）郑玄注，（唐）陆德明音义，（唐）贾公彦疏：《周礼注疏》卷十八《春官·大宗伯》，《十三经注疏》，北京：中华书局，2009年版，第1638页。

⑤ （汉）司马迁：《史记》卷一百六《吴王濞》，北京：中华书局，1959年版，第2823页。

⑥ （宋）王溥：《唐会要》卷二十四《诸侯入朝》，上海：上海古籍出版社，2006年版，第535页。

⑦ 《册府元龟》卷七十八《帝王部·委任第二》，第898页。

⑧ 《册府元龟》卷一百七十七《帝王部·姑息第二》，第2133页。

⑨ 《册府元龟》卷七百十六《幕府部·选任》，第8522页。

的划分,则有常态请行幸与靖难请行幸两种。各种分法虽有明显界限,但难以概全,为此,请行幸这一部分拟以民间请行幸、官员请行幸和臣民请行驻跸礼三个方面进行解析。

二、民间群体请驾幸三都

民间群体请行幸三都在唐朝已形成明确的制度规范,诸如《新唐书·百官一》"礼部郎中"条载:"河南、太原府父老,每岁上表愿驾幸,遣使以闻。驾在都,则京兆府亦如之。"①这一制度下请行幸主体是"父老",请行幸时间为"每岁",与皇帝沟通的形式是"上表",请驾幸的地区是河南府、太原府或京兆府。"驾在都"系指驾在东都或北都。按,北都设置的时间有两个,一是武则天长寿元年(692),其将并州改置北都。二是唐玄宗开元十一年(723),史载:"又置北都,改并州为太原府。"②前引史料中有太原府父老参与请行幸的记载,可知《新唐书》所记载的当为开元十一年以后的请行幸制度。

现存史料对于这一制度的最早记载则是唐太宗贞观十五年(641)的请行幸,《旧唐书·太宗纪》载:

> (贞观十五年)五月壬申,并州僧道及老人等抗表,以太原王业所因,明年登封以后,愿时临幸。上于武成殿赐宴,因从容谓侍臣曰:"朕少在太原,喜群聚博戏,暑往寒逝,将三十年矣。……飞鸟过故乡,犹踯躅徘徊;况朕于太原起义,遂定天下,复少小游观,诚所不忘。岱礼若毕,或冀与公等相见。"于是赐物各有差。③

又,《册府元龟·帝王部》载:

> (贞观十五年)五月壬申,并州道士及僧父老等二百人,诣阙上表称太原王业龙兴之地,明年登封礼毕,伏愿时临幸,帝赐宴于武成殿,顾谓侍臣曰:"朕少在太原,喜群聚博戏,暑往寒逝,将三十年矣。"因与旧识者陈说往事,以为笑乐。又谓之曰:"他人之说,或有面陈。卿等朕之故人,以实告朕,即日政教,于百姓何如?人间得无疾苦耶?"故老咸稽首言:"四海太平,百姓欢乐,陛下之力也。臣等余年日惜一日,但眷恋圣

---

① 《新唐书》卷四十六《百官志一》,第1194页。
② 《旧唐书》卷三十九《河东道·北京太原府》,第1481页。
③ 《旧唐书》卷三《太宗纪下》,第52—53页。

化,不知疾苦。因固请幸并州。"帝曰:"飞鸟过故林尚徘徊踯躅;况朕太原起义,遂定天下,永言怀旧,诚所不忘矣。东封还,或与公相见耳。"各赐物而遣之。①

《旧唐书·太宗纪》与《册府元龟·帝王部·求旧二》所记载的均为贞观十五年五月壬申日并州民间群体请行幸并州事,可互为佐证。按,武成殿为东都洛阳宫偏殿,《资治通鉴》卷二百三则天顺圣皇后光宅元年二月甲子"武成殿"条注释为:"《唐六典》洛阳宫南三门中曰应天,左曰兴教,右曰光政。光政之内曰广运,其北曰明福,明福之东曰武成门,其内曰武成殿。"②也就是说,此时唐太宗驻跸于东都洛阳,并州民间群体来朝请驾,已经形成了《新唐书·百官一》"礼部郎中"条所记载的"驾在东都,京兆亦如之"的制度形态。上引《旧唐书·太宗纪》记载参加请行幸的民间团体为僧、道和老人;《册府元龟·帝王部·求旧二》则记载为僧、道、父老等。按,唐代的父老群体主要由"乡土高士、邑里达人""前官人士"、当地豪族等组成,③他们在不同的语境中,有着不同的称谓。《礼记》曰:"天子巡狩,诸侯待于竟。天子先见百年者。八十九十者东行,西行者弗敢过;西行,东行者弗敢过。欲言政者,君就之可也。"④"存问百年"是君主巡幸的重要活动,在此语境下,父老也被称为耆老、老人等。诸如贞观十八年(644)十月,唐太宗下诏征高丽,《唐大诏令集·讨高丽诏》载:"御营非近州县学生、父老等,无烦迎谒。"⑤《新唐书·东夷》记载为:"行在非近州县不得令学生、耆老迎谒"。⑥《册府元龟·帝王部·亲征第二》则记载为:"非近县学生、老人等无烦迎谒。"⑦当然,参照诸书记载可以判定请行幸群体不惟《新唐书·百官一》"礼部郎中"条记载的父老,还有道士、僧侣等人。

上引史料可知,贞观十五年请行幸形式为"诣阙上表"。这种上表形式要求上表人必须往来于京师与东都或北都之间,与《新唐书·百官一》"礼部郎中"条的"遣使以闻"多有相同。此外,此次请行幸还完成了君民之间的礼仪互动,唐太宗不仅在武成殿赐宴、赐物,且允诺贞观十五年封禅礼毕,绕道

---

① 《册府元龟》卷一百七十二《帝王部·求旧第二》,第 2074 页。

② 《资治通鉴》卷二百三则天顺圣皇后光宅元年二月甲子条,第 6419 页。

③ 《旧唐书》卷三《太宗纪下》,第 54 页。

④ 《礼记正义》卷四十八《祭义》,《十三经注疏》,第 3473 页。

⑤ (宋)宋敏求:《唐大诏令集》卷一百三十《讨高丽诏》,北京:中华书局,2008 年版,第 703 页。

⑥ 《新唐书》卷二百二十《东夷传》,第 6190 页。

⑦ 《册府元龟》卷一百十七《帝王部·亲征第二》,第 1398 页。

太原。这种差异可视为民间群体请行幸的变化,现存史料仍可以反映这种变化的脉络。开元七年(719)九月诏:"东都道俗有来请驾者,东西来去,虽则为常,每岁来请,岂能无扰。宜以理告示,仍于朝堂赐食,即发遣。并敕陆象先,莫令更相仿效。"①由此可见,东都民间群体请行幸已经成为制度,每年都要来请一次,与《新唐书·百官一》"礼部郎中"条记载的请行幸频次相合。"道俗"表明请行幸的群体不仅有父老,而且有僧、道人员等,形式仍是诣阙上表,并与皇帝完成礼仪互动。"更相仿效"则表明请行幸的群体是自发组织的,且不是一个群体。出现此类罢请驾之事,并非是请行幸制度的终结。开元七年(719)后,仍有民间群体请行幸的记载,诸如开元十五年(727)六月乙巳,"西京父老诣阙上表请幸,帝手诏许之"。② 唐玄宗自开元十二年(724)十一月至开元十五年(727)闰九月间一直在东都,西京父老请行幸也与《新唐书·百官一》"礼部郎中"条的记载相合,制度仍在执行。

这一制度坚持到何时,史料阙载,仍可从零星史料的梳理中进行推测。《太平御览·职官十五·河南尹》载:"苏震为太常卿,圣岁,东都耆老表乞行幸,上重违其心,选勤旧勋贤为之牧守。遂以震为河南尹兼御史中丞仍充东都畿内观察使。"③按,苏震任河南尹的时间有两个时期。乾元二年(759)八月,十节度围攻史思明失败后"东京留守崔圆、河南尹苏震南奔襄阳"。④ 为此,苏震由河南尹贬为济王府长史。⑤ "广德二年(764)冬十月,河南尹苏震,卒"。⑥ 这两次经历均为在职经历,但缺乏任职时间的判断。又,《资治通鉴》卷二百二十八唐肃宗至德元年秋七月条载:"(崔光远)乃与长安令苏震,帅府县官十余人,来奔。已卯,至灵武,上以光远为御史大夫兼京兆尹,使之渭北招集士民,以震为中丞。"⑦可见,苏震任职原为正五品上的长安令,因与京兆尹崔光远靖难奔赴灵武,才得以升迁为正四品下的御史中丞。苏震由正三品太常卿拜正三品河南尹的时间当在至德元年(756)以后。在此可以推断,东都耆老请行幸的时间大致在至德元年至广德二年(764)之间。说明在肃、代时期仍有民间群体请行幸三都的活动。

请留驾亦是请行幸的一种。天子所至曰幸,之所以为幸,《独断》对其进

① 《册府元龟》卷一百四十七《帝王部·恤下第二》,第 1779 页。

② 《册府元龟》卷一百十三《帝王部·巡幸二》,第 1355 页。

③ (宋)李昉等:《太平御览》卷二百五十二《职官部五十·河南尹》,上海:上海古籍出版社,2008 年,第 393—394 页。

④ 《旧唐书》卷一百十《李光弼传》,第 3306 页。

⑤ 《资治通鉴》卷二百二十一唐代宗乾元二年九月条,第 7082 页。

⑥ 《旧唐书》卷十一《代宗纪》,第 276 页。

⑦ 《资治通鉴》卷二百二十八唐肃宗至德元年秋七月条,第 6987 页。

行了解释,其文曰:

> 幸者宜幸也,世俗谓幸为侥幸,车驾所至民臣被其德泽以侥幸,故曰幸也。先帝故事,所至见长吏、三老、官属,亲临轩作乐,赐食、皂帛、越巾、刀、佩带、民爵有级数,或赐田租之半,是故谓之幸。①

这段史料指出了车驾所至为幸的原因主要来自于臣民可沐皇恩,且可以有赐物、赐食、减免田租以及赏赐民爵之实惠等。为此,唐人对天子驾幸的留恋不减,文人墨客的《望幸赋》对此有着充分的表达。郑馥的《东都父老望幸》:"望幸诚逾邈,怀来意不穷。昔因封泰岳,今仵蹑维嵩。天地心无异,神祇理亦同。翠华翔渭北,玉检候关东。众愿其难阻,明君早勒功。"②李程的《华清宫望幸赋》:"惜翠华之未至,阒紫殿而犹空。则有望幸其中,流睇延慕。希天颜而回瞩,望云阙而屡顾。想恩波之东注,俯瞰渭流;爱佳气之西浮,空瞻秦树。目尽烟末,心驰御路。"③等均表达了父老对皇帝驾幸的留恋。皇帝至曰"幸",不至则曰"不幸",那么在皇帝所至处请留驾,尚属请行幸的另类表达。诸如唐中宗离开长安后,东都僧侣就上请留驾表,其文曰:

> 臣僧某等言:臣伏见某日月敕,以今月十九日,将幸长安,东京道俗,不胜攀恋。……但以先后神寝,夏首方成;太子仙坟,秋中未毕,王主陪奉,更促工徒,虽力以子来,而颇妨农事。倘千官扈辇,同费太仓之粟,万国来庭,共索长安之米;将何给用,以济公私?且东都有河朔之饶,食江淮之利,九年之储已积,四方之赋攸均,诚宜宅幸三川,宽徭八水,稍登稔岁,方事归銮,以欲从人,孰不幸甚?④

这次参与留驾的是东都的僧侣,形式为上表请留驾,原因来自于"先后"陵寝未毕,太子新坟未成。长安城的修建会使百姓耽于劳役。自东都至长安路途遥远,沿途供备不足,且是农忙之际,恳请皇帝农隙再走。当然,也有父老请留驾的记载。诸如"长安四年(704)正月,皇帝将幸西凉……父老抗表留

---

① 《独断》卷上,《文津阁四库全书》第280册,第748页。
② (宋)李昉:《文苑英华》卷一百八十郑馥《东都父老望幸》,北京:中华书局,1966年版,第883页。
③ 《文苑英华》卷四十七李程《华清宫望幸赋》,第213页。
④ 《文苑英华》卷六百五宋之问《为东都僧等请留驾表》,第3139—3140页。

驾,陛下告以吐蕃和亲为词,臣愚以为未得也"。① 此为杨齐哲在上封事中提及东都父老请留驾的事实。留驾成功后,父老等民间群体会以"上贺表"的形式进行表达。诸如唐高宗中止行幸东都,雍州父老极为振奋,请李峤作贺表。内容不过是得以继续"仰慕天颜,沐浴皇恩之语"。② 可以说,这种请留驾仍是民间团体请行幸的表达。

三、官员请驾幸京师及地方

官员请驻跸大致有常态请驻跸与靖难请驻跸两种。常态请驻跸的主体多为朝官,驻跸地有京内与京外之分。京内主要集中于皇宫内苑。如"天授二年(691)腊,卿相欲诈称花发,请幸上苑,有所谋也。许之,寻疑有异图乃遣使宣诏曰:明朝游上苑火急,报春知花,须连夜发,莫待晓风吹,于是凌晨名花布苑,群臣咸服其异,后托术以移唐祚,此皆妖妄不足信也"。③ 唐文宗大和九年(835)十一月,韩约"奏称左金吾厅事后石榴夜有甘露,臣递门奏讫……(李)训、(舒)元舆劝上亲往观之,以承天贶,上许之"。④ 天授二年,武则天在洛阳,卿相请幸的上苑当为东都的皇宫内苑。大和九年唐文宗在长安,"唐朝十六卫除左、右金吾卫外,其余诸卫的廨署皆置在皇城内,唯独左右金吾卫的廨署在宫中"。⑤ 韩约请幸的左金吾仗舍在长安城宫城中。请驾幸者多以祥瑞、奇观等一些离奇事件为诱因,导引皇帝驾幸,其中也不乏有异谋者。前引卿相助武则天"托术以移唐祚",李训引文宗驻跸金吾仗诛杀宦官均是其中的代表。

京外主要集中于京郊离宫别馆,如贞观八年(634),唐太宗"请上皇避暑九成宫,上皇以隋文帝终于彼,恶之"。⑥ 按,九成宫在凤翔府麟游县,属京外的离宫别馆。又,武三思请"创造三阳宫于嵩高山,兴泰宫于万寿山,请(武)则天每岁临幸,前后工役甚重,百姓怨之"。⑦ 按,三阳宫在河南府登封县,兴泰宫在河南府寿安县,均属于东都外的离宫别馆。京郊离宫别馆的请驾幸多为满足皇帝的实际需要,九成宫、三阳宫均为满足避暑需要而建。

銮舆播迁下的请驻跸有请驾还京和邀驾驻跸两种,请驾主体既有朝官

---

① 《唐会要》卷二十七《行幸》,第602—603页。

② 《文苑英华》卷五百六十九李峤《为雍州父老贺銮驾停幸洛邑表一首》,第2923页。

③ (宋)计有功:《唐诗纪事》卷三《武后》,上海:上海古籍出版社,2008年版,第24页。

④ 《资治通鉴》卷二百四十五唐文宗大和九年十一月条,第7911页。

⑤ 杜文玉:《唐大明宫内的几处建筑物的方位与职能—以殿中省、翰林院、学士院、金吾仗院、望仙观为中心》,《唐史论丛》第19辑,西安:三秦出版社,2014年版,第34页。

⑥ 《资治通鉴》卷一百九十四唐太宗贞观八年秋七月条,第6106页。

⑦ 《旧唐书》卷一百八十三《武三思传》,第4735页。

也有地方官。就请驾还京而言，有的皇帝播越离京，因宫室受战火的毁坏，缺乏供备，往往久留于驻地不愿还京。如中和四年（884）九月，唐僖宗"以长安宫室焚毁，故久留蜀未归"。京兆尹王徽"招抚流散，户口稍归，复缮治宫室，百司粗有绪。冬，十月，关东藩镇表请车驾还京师"。[①] 有的皇帝播越后，想行幸其它地方，不愿马上还京。如唐代宗避狄幸陕，吐蕃兵退后，做出了行幸东都的决定。京兆尹第五琦、关内副元帅郭子仪等大臣上表请皇帝还京。

　　乱后，请驾还京的理由几乎一致。正如王徽在请唐僖宗还京时所说：

　　　　昨者狂寇将逃，延灾方甚。而端门凤峙，镇福地而独存；王气龙盘，郁祥烟而不散。足表宗祧降祉，临御非遥。今虽初议修崇，未全壮丽。式示卑宫之俭，更凝驭道之尊。且肃宗才见捷书，便离岐下；德宗虽当盛暑，不驻汉中。故事具存，昌期难缓。愿回銮辂，早复京师。臣谬以散材，叨膺重寄。闭合深念，拜章屡陈。审时事之安危，系庙谋之得失。臣虽随宜制置，竭力抚绥。如或銮驾未回，必恐人心复散。纵成微效，终负殊私。势有必然，理宜过虑。以兹淹驻，转失机宜。实希永挂宸聪，亟还清跸。[②]

王徽劝唐僖宗要习唐肃宗、唐德宗等先王之道，乱后速返京师。若銮驾不回，会导致人心涣散，不利于稳定乱后的局势控制。第五琦在请唐代宗銮驾还京也有"百川有朝宗之所，众星复环拱之方"[③]之语。请銮驾还京者，皆朝廷重臣。中和四年请唐僖宗还京者，不仅有关东藩镇还有时任大明宫留守、权知京兆尹、御史大夫、京畿制置等职的王徽与留司百官。光化元年（898）六月，唐昭宗驻跸华州，请驾还京则为天下藩牧及文武百僚。

　　就邀驾请驻跸而言，大致经历了两个阶段。起初的邀驾驻跸多有邀宠之意，以后的邀驾则有挟天子以令诸侯之嫌。这两个阶段未有明显界限，大致是以唐僖宗行幸为分界点，唐僖宗以前的皇帝大都能自主选择驻跸地，唐僖宗驻跸受制于田令孜，唐昭宗则受制于地方藩镇，驻跸选择权逐步下移。

　　至德二载（757）唐玄宗自蜀还京，沿途官员上表请驻跸，其表文如下：

① 《资治通鉴》卷二百五十六唐僖宗中和四年九月条，第8313—8314页。
② 《全唐文》卷七百九十三王徽《请车驾还京表》，第3683—3684页。
③ 《文苑英华》卷六百于邵《为京兆第五尹请车驾回西京表》，第3119页。

臣某言,臣闻:"葵藿何禀,犹每倾阳,犬马无知,尚能恋主。伏惟陛下回銮巴蜀,指旆咸秦,万乘雷奔,经剑门之险阻;六宫云从,历栈道以崎岖。恐天步有厌于登临,圣躬暂劳于行幸,稍移玉辇,将至金牛。汉水梁城,郡当所守,蜀门秦塞,路则居中,乃微臣厕侍从之时,宜陛下休羽仪之地。伏望小停仙跸,宽一日之程,暂奉宸居,喜千年之遇。臣忝陪宗室,得备藩条,恳款之诚,倍万恒品。无任攀恋屏营之至,奉表陈情以闻。"①

此表为常衮代撰的《李采访请驾停金牛一日表》,李采访为李姓采访使,据"臣忝陪宗室"可知李采访系李唐朝宗室。金牛县系山南西道兴元府辖下,按,开元二十一年(734),"分天下为京畿、都畿、关内、河南、河东、河北、陇右、山南东道、山南西道、剑南、淮南、江南东道、江南西道、黔中、岭南,凡十五道,各置采访使,以六条检察非法;两畿以中丞领之,余皆择贤刺史领之。"②山南西道采访使设置的时间为开元二十一年。又"至德元年(756),置山南西道防御守捉使",③可知李采访当为山南西道采访使,主政金牛县。尽管李采访强调请驾的理由为皇帝自蜀归,道路艰难,暂跸金牛县可为皇帝提供休憩之所,也能满足臣民的望幸之情,但据"稍移玉辇将至金牛"而言,皇帝并非路过金牛县,难避邀宠之嫌。

邀驾胁迫天子的现象在唐僖宗和唐昭宗年间最为突出。大宦官田令孜先后数次胁迫唐僖宗出幸。诸如广明元年(880)十二月,田令孜携帝出幸,于中和元年(881)六月驾幸成都;光启元年(885)十二月乙亥,沙陀逼京师,田令孜奉僖宗出幸凤翔;光启二年(886)正月戊子,田令孜迫乘舆自凤翔请幸兴元,庚寅,车驾次宝鸡。④"携帝""奉僖宗""迫乘舆"均表达皇帝失去了自主选择的能力。唐昭宗朝亦是如此,诸如乾宁三年(896)六月,韩建请唐昭宗驻跸华州,在驻跸地其将天子禁军全部解散,并杀害禁卫将领李筠以及诸王,其僭越之心,昭然可揭。同年九月,朱全忠与河南尹张全义表请唐昭宗迁都洛阳,史载:"(朱)全忠仍请以兵二万迎车驾,且言崔胤忠臣,不宜出外。韩建惧,复奏召(崔)胤为相,遣使谕全忠以且宜安静,全忠乃止。"⑤朱全忠的请驾是为了与韩建争夺控制皇帝的主动权,达到挟天子以令诸侯的

---

① 《文苑英华》卷六百常衮《李采访请驾停金牛一日表》,第3119页。
② 《资治通鉴》卷二百一十三唐玄宗开元二十一年冬十月戊子条,第6803—6804页。
③ 《新唐书》卷六十七《方镇表四》,第1869页。
④ 《旧唐书》卷十九下《僖宗纪》,第709—723页。
⑤ 《资治通鉴》卷二百六十唐昭宗乾宁三年秋七月条,第8493页。

目的。可知,唐僖宗、唐昭宗时期的邀驾驻跸者往往雄藩猛镇的首领或中枢要臣,他们具备挟天子以令诸侯的实力。

四、臣民请行驻跸礼

驻跸礼系指皇帝驾幸某地而举行的祭祀礼。如武德初定令:"每岁冬至,祀昊天上帝于圜丘,以景帝配。其坛在京城明德门外道东二里。夏至,祭皇地祇于方丘,亦以景帝配。其坛在宫城之北十四里。"①南郊祀昊天上帝,北郊祀皇地祇,此为郊祀礼。又如仪凤二年(676)正月,唐高宗"亲耕藉田于东郊,礼毕作藉田赋,以示群臣。"②"藉田于东郊"此为藉田礼。此外,还有封禅礼、讲武礼、献俘礼、射礼等。这些礼仪活动的举办地大多是固定的,并且与皇帝常驻之地有一定距离,需驾行一段时间才能到达祭所。故,请驻跸礼亦为请行幸的一种。

一般来说,郊祀礼、藉田礼、讲武礼、献俘礼、射礼等礼仪活动的举行均需官员陈请。陈请部门一般是"所司"或"有司"等主管部门。如中和元年(881)夏四月,"有司请享太祖以下十一室"。③ 太庙祭祀的主管官员为祠部郎中、员外郎或礼仪使,"所司"当为礼部。《新唐书·礼乐六》载:"前期十有一日,所司奏请讲武。"④"请讲武"是为奏请行讲武礼。一般来说,讲武礼的主管官员为兵部尚书、礼仪使等。史载:"先天二年(713)十月十三日,讲武于骊山之下,征兵二十万,戈鋋金甲,耀照天地,列大阵于长川,坐作进退,以金鼓之声节之,三军出入,号令如一。上体擐戎服,持大枪,立于阵前。兵部尚书郭元振以亏失军容,坐于纛下,将斩之。……乃舍之,配流新州。"⑤兵部尚书郭元振因军容失仪受罚,可知讲武礼是在兵部的主导下进行的,"所司奏请讲武"中的"所司"当为兵部。

封禅是古代皇帝向天地报功的大型祭祀活动,是古代帝王的最高祭祀大典,这就要求皇帝的"德业"能够获得普遍认可。⑥ 为此,唐代皇帝与臣民之间在"请"与"允"之间往往会出现激烈交锋,抗表请封禅者屡见不鲜。

---

① 《旧唐书》卷二十一《礼仪志一》,第 820 页。
② 《册府元龟》卷一百一十五《帝王部·藉田》,第 1371 页。
③ 《旧唐书》卷二十五《礼仪志五》,第 586 页。
④ 《新唐书》卷十六《礼乐志六》,第 386 页。
⑤ 《唐会要》卷二十六《讲武》,第 586 页。
⑥ 《史记·封禅书》载:"自古受命帝王,曷尝不封禅? 盖有无其应而用事者矣,未有睹符瑞见而不臻乎泰山者也。虽受命而功不至,至梁父矣而德不洽,洽矣而日有不暇给,是以即事用希。"《正义》作解为:"此泰山上筑土为坛以祭天,报天之功,故曰封。此泰山下小山上除地,报地之功,故曰禅。"(见《史记》卷二十八《封禅书第六》,第 1355 页。)

　　唐高祖年间,兖州刺史薛胄,上表请封禅泰山,"高祖谦让不许"。① 现存文献资料中,高祖时期的请封禅的史料仅此一条,请封禅者为地方州刺史。唐太宗、唐高宗、武则天、唐玄宗时期请封禅主体均有较大扩展。唐太宗时期的请封禅主体不仅有朝集使、②宗室亲王、③公卿百僚④等官方请封禅群体,还有父老等民间请封禅群体。诸如贞观十五年(641),"百僚及雍州父老诣朝堂,上表请封禅。"⑤唐高宗时,首次出现皇后⑥请封禅的记载。唐玄宗时请封禅的队伍中还出现了僧道⑦、鸿生硕儒、⑧皇亲⑨等群体。

　　与唐高祖朝请封禅相较,唐太宗及以后各朝,请封禅队伍的规模也在不断扩大。诸如唐太宗贞观二十年(639),"司徒长孙无忌与百官及方岳等,同时上表请封禅,不许";⑩武则天天授二年(691)正月,"地官尚书武思文及朝集使二千八百人人表请封中岳";⑪唐玄宗开元十二年(724),"上章请封禅者,前后千百"。⑫ 封禅规模之大可见一斑。值得注意的是,请封禅的形式也发生了变化。上表请封禅得不到批准以后,往往数次上表请封禅,且请封禅除个体上表外,也出现了群体上表的形式。贞观二十年(646),司徒长孙无忌与百僚,连续三表,请封禅泰山;天宝九载(750)正月,礼部尚书崔翘率百僚连续三表请封中岳。请封禅的理由往往是天下一统、四夷宾服,天降皇命、

---

　　① 《唐会要》卷七《封禅上》,第93页。
　　② 《册府元龟·帝王部·封禅》载:"朝集使赵郡王孝恭等诣阙上表请封禅。"(见《册府元龟》卷三十五《帝王部·封禅》,第284页。)《资治通鉴·唐纪九》载:"朝集使利州都督武士彠复上表请封禅。"(见《资治通鉴》卷一百九十三唐太宗贞观五年十二月己亥条,第6090页。)两条史料均记载有朝集使参加请封禅。
　　③ 《册府元龟·帝王部·封禅》载:"贞观十四年(640)十月甲戌,赵王元景表请封禅。"(见《册府元龟》卷三十五《帝王部·封禅》,第386页。)赵王元景系唐高祖第六子,唐太宗李世民同父异母弟。武德三年(620)封赵王,贞观十年(636)徙封荆王。《册府元龟》记载的赵王时已为荆王。故,此次表请封禅是为宗室亲王。
　　④ 《册府元龟·封禅》载:"贞观六年(632)十二月,公卿百僚请封禅。"(见《册府元龟》卷三十五《帝王部·封禅》,第385页。)此为百僚奏请封禅的例证。
　　⑤ 《册府元龟》卷三十五《帝王部·封禅》,第387页。
　　⑥ 《旧唐书》卷四《高宗纪上》,第87页。
　　⑦ 《册府元龟·帝王部·封禅二》载:"开元二十八年(740)九月,邠王(李)守礼率宗子,左丞相裴耀卿率百官、僧道、父老皆于朝堂抗表,以时和年丰,请封嵩、华二山,帝抑而不许。"(见《册府元龟》卷三十六《帝王部·封禅第二》,第404页。)
　　⑧ 《册府元龟·封禅二》载:"开元十二年(724)闰十二月,前此有鸿生硕儒上章奏而请封禅。"(见《册府元龟》卷三十六《帝王部·封禅二》,第396页。)《旧唐书·礼仪三》载:"文武百僚、朝集使、皇亲及四方文学之士请封禅。"这里的四方文学之士当与鸿生硕儒同,故在此不再单独列出。(见《旧唐书》卷二十三《礼仪志三》,第891页。)
　　⑨ 《旧唐书》卷二十三《礼仪志三》,第891页。
　　⑩ 《唐会要》卷七《封禅上》,第105页。
　　⑪ 《资治通鉴》卷二百四则天顺圣皇后天授二年春正月条,第6471页。
　　⑫ 《册府元龟》卷三十六《帝王部·封禅第二》,第397页。

百姓乂安、时和年丰等。这些构成了唐代的请封禅制度。

五、允与请的博弈及其意蕴表达

民间团体请幸三都制度早在贞观年间就已经出现,时间至少持续到肃、代时期,而皇帝实际允请的并不多。以皇帝行幸洛阳为例,唐太宗在位二十四年,仅三次行幸洛阳。除贞观十一年二月至十二年闰二月行幸洛阳目的不详外,贞观十五年正月至十二月,行幸洛阳是为封禅泰山,贞观十八年十月至十九年二月,则是为征伐高丽。唐高宗在位四十五年,有七次行幸洛阳。显庆二年闰正月至显庆三年二月,为摆脱贞观遗臣的势力[1],行幸洛阳;显庆四年闰十月至龙朔二年四月,为削弱关陇势力提高新贵力量行幸洛阳;[2]麟德二年二月至乾封元年四月,东封泰山行幸洛阳;咸亨二年正月至咸亨三年十一月就食于洛阳;上元元年十一月至上元三年四月为削弱武后势力行幸洛阳;[3]永淳元年二月就食于洛阳。唐玄宗在位四十六年有五次行幸洛阳。[4] 开元五年正月至六年十一月,就食于洛阳。开元十年正月至十一年正月目的不详。开元十二年十一月至十五年十月,封禅泰山。开元十九年十月至十一月与开元二十二年正月至二十四年十月目的不详。可见,皇帝行幸洛阳多有政治目的,与东都父老请行幸关系不大。进而推之,三都父老每年请行幸并没有发挥实际的效力。只有请行幸与皇帝政治目的相契合时,才会出现效力。如开元十五年(727)六月,西京父老诣阙上表请幸,"帝手诏许之",[5]不久就下制行幸了。尽管这种制度在实际的政治生活中并没有发挥多大的效力,但仍然兴盛不衰。父老、道士、僧侣等组团前往皇帝驻跸地请行幸,正常情况下皇帝都会设宴款待他们,并赐以绢、帛等物。这恰恰是礼仪发展的需要,是一种君尊臣卑的反映。

臣僚请行幸京师及地方也有礼仪运作。常态下,臣下请行幸适应了天子的巡狩要求。《礼记》曰:"天子五年一巡守。岁二月,东巡守,至于岱宗。……五月南巡守。至于南岳,如东巡守之礼。八月西巡守,至于西岳,如南巡守之礼。十有一月北巡守,至于北岳,如西巡守之礼。"[6]遵循这一古

---

① 李鸿宾:《唐高宗武后东巡及其政治的转化》,李鸿宾:《隋唐五代诸问题研究》,北京:中央民族大学出版社,2006年版,第214页。

② 《唐高宗武后东巡及其政治的转化》,第214页。

③ 《唐高宗武后东巡及其政治的转化》,第214页。

④ 从唐玄宗即位到至德元年。

⑤ 《册府元龟》卷一百一十三《帝王部·巡幸二》,第1355页。

⑥ (汉)郑玄注、(唐)陆德明音义、(唐)孔颖达正义:《礼记正义》卷十一《王制第五》,(清)阮元校刻:《十三经注疏》,北京:中华书局,2009年版,第2875页。

礼要求。天子行幸地方要完成诏告天下,告祀太庙、圜丘及社稷,载于国门,燔柴告至,望秩于山川,肆觐东后等一系列礼仪活动,地方官员则要遵循"天子巡守,诸侯待于竟"①这一古礼的要求,为此,《大唐开元礼·巡狩礼》"銮驾出宫"条记载为:"所经州、县,刺史、县令先待于境。"②天子行幸,父老、僧道、百姓等民间迎谒主体要献牛酒,表达望幸之情,天子要完成存问父老、还其牛酒、赐以绢帛等礼仪活动。

靖难时期,皇帝出奔,地方请驻跸,皇帝诏答请行幸,本身也在完成礼仪运作。例如"乾宁二年(895)八月己酉朔,延王至河中,李克用已发前锋至渭北,又令史俨率五百骑赴行在侍卫。壬寅,李克用遣子存贞奉表行在,请车驾还宫"。③ 唐昭宗诏答:"昨延王回,言卿忧时体国,执礼输忠,接遇之间,周旋尽节。备知肺腑,识我恩荣,静惟尊主之心,果契知臣之分。朕欲取今月二十四日却复都城,冀宁兆庶,倚我勋德,有若长城,速伸剪荡之谋,以慰黔黎之望。"④同样,"乾宁二年(895),秋七月庚辰朔,壬辰,岐军逼京师,诸王率禁兵奉车驾,将幸太原。癸巳,次渭北,华州韩建遣子充奉表起居请驻跸华州"。⑤ 唐昭宗诏答到:"镇国军节度使韩建,忠贯雪霜,义坚金石。十陈章表,备竭忧国之诚;一诣行宫,愈验爱君之志。况华州城垒牢固,粮储赡丰,兵士又免远行,车舆且绝他虑。"⑥这种上下公文运作更多的是为解决实际问题,因此礼仪内涵较少一些。

臣下请封禅,皇帝不允的原因有很多,其中最主要的原因在于"请"制度下的礼仪执行。封禅本是皇帝的告功之举,群臣请封禅实际是对皇帝文治武功的肯定。群臣请封禅,皇帝总是以功德不到、⑦不追求虚名⑧等理由拒绝。皇帝并非不想封禅而是要求群臣不断增强"请"的力度,在这种默契的指引下,群臣不断上书,凡三次及以上才能达到目的。如贞观十四年(640)

---

① 《礼记正义》卷四十八《祭义》,《十三经注疏》,第 3473 页。

② (唐)萧嵩:《大唐开元礼》卷六十二《皇帝巡狩·銮驾出宫》,北京:民族出版社,2000 年版,第 321 页。

③ 《旧唐书》卷二十上《昭宗纪》,第 755 页。

④ 《旧唐书》卷二十上《昭宗纪》,第 755 页。

⑤ 《旧唐书》卷二十上《昭宗纪》,第 755 页。

⑥ 《册府元龟》卷一百七十八《帝王部·姑息三》,第 2140—2141 页。

⑦ 唐玄宗曾以"未能使四海乂安,此治未定也;未能使百蛮效职,此功未成也。焉可以扬景化告成功?"为理由,拒绝群臣封禅之请。(见《册府元龟》卷三十六《帝王部·封禅第二》,第 397 页。)

⑧ 唐太宗曾说:"卿辈皆以封禅为帝王盛事,朕意不然。若天下乂安,家给人足,虽不封禅,庸何伤乎。昔秦始皇封禅,而汉文帝不封禅,后世岂以文帝之不及始皇耶?且事天扫地而祭,何必登泰山之巅,封数尺之土,然后可展其诚敬乎。(见《资治通鉴》卷一百九十四唐太宗贞观六年春正月癸酉条,第 6093 页。)

十月,赵王元景等表请封禅,帝不许,至于再三,唐太宗才下诏封禅。贞观二十年(646)十一月,司徒长孙无忌与百官及方岳等上表请封禅,唐太宗不许。不久,长孙无忌与百僚又请封禅,再次遭到了拒绝,直到十二月,长孙无忌与群臣诣顺天门抗表请封禅,唐太宗方诏许之。开元十二年(724)闰十二月辛酉,文武百官吏部尚书裴漼等上请封东岳,唐玄宗手诏不许,甲子,侍中源乾曜、中书令张说等奏请封禅,当时鸿生硕儒上章奏而请封禅者前后千百圣情,皇帝仍没有封禅的意思。不得已,源乾曜、张说等又上言请封禅,加上儒生墨客献赋颂者已有数百计,帝不得已而从之。天宝九载(750)正月,文武百僚、礼部尚书崔翘等累上表请封西岳,刻石纪荣号,帝固拒不许。翘等又奉表恳请,帝手诏不许,乙卯,群臣又上表请封西岳,凡三上表,上乃许之。皇帝总会在请封禅人群、请封禅的频次达到一定程度后,才会以一种无奈之举来完成自己的告封之礼。贞观二十年(646)十二月,唐太宗在《允群臣请封禅诏》中就这样说到:

> 朕诚寡德,良深景慕。曩昔氓俗凋弊,国步甫安,勉致隆平,日不暇给。而槐卿守阙,请继美于云亭;岳牧叩阍,祈踵武于梁岱。自惟菲薄,至道未凝;抗礼昊穹,寔怀疑惧。缅寻幼齿,运终交丧,忘其家以徇天下,委其体以济寰中。翊戴先皇,削平诸夏,出于万死,首导五横之源;不顾一身,光锡兆人之命。越自炉炭,获返营魂,拔于鬼箓,并登仁寿,窃惟天地之大德,存于施生,朕以径寸之小心,袭于造育,降期体泰,谅或繇兹。不然者何能致于此也?遂得池隍象浦,苑囿龙沙,置一候于鹈林,同六爻于鳒水,寔资天睠,贲以咸亨。岂朕微庸,而能及此?今兹列辟卿士,鸿生硕德,各述灵征,累陈丹款,既迫群议,当事敬从。①

引文所述,唐太宗认为自己功德不到,是迫于群臣的"请"才下诏封禅的。这样群臣请封禅的效果达到了最佳,皇帝找到了自己告功于天地的理由。这样,一种以君尊臣卑为标志的礼仪效果已经完成。

---

① 《唐大诏令集》卷六十六《允群臣请封禅诏》,第368页。

第二节　行幸决定制度

"请行幸"后,"行幸决定"就成了皇帝出行的首要步骤,说明其是皇帝准备出行的重要环节,在皇帝行幸中也居于重要地位。一般来说,意义重大的行幸,皇帝会以诏敕文书的形式晓谕天下,此一举动既是皇权至上的体现,也能满足行幸途中的礼仪表达与物质供置,可以说诏敕文书形式下的行幸决定已形成较为成熟的制度规范与礼仪诉求。当然,行幸决定与实际成行还要间隔一段时间,总会有一些不确定因素的存在,皇帝的行幸决定时常未能付诸实践。鉴于皇帝行幸类型颇多,行幸决定内容繁多,加之学界对其鲜有提及,故将其列为一节加以解析。

一、诏敕文书形式下的行幸决定

为寻求皇权至上的表达,同时满足臣民的望幸之情,皇帝行幸前往往以诏敕文书的形式晓谕天下。这种形式由来已久,据史料记载,汉代时期得以普遍使用。汉文帝十三年(前167)春二月甲寅,诏曰:"朕亲率天下农耕以供粢盛,皇后亲桑以奉祭服,其具礼仪。"①虽然此诏令并未成行,②但足以证明汉代皇帝行耕藉礼是要晓谕臣民的。后,十五年(前165)因有黄龙现于成纪县,再次下诏,其文曰:"有异物之神现于成纪,无害于民,岁以有年。朕亲郊祀上帝诸神。"③此诏书很快付诸实践,史载:"于是天子始幸雍,郊见五帝,以孟夏四月答礼焉。"④汉武帝时期除却祭祀礼诏书外,始出现巡幸诏书。元封元年(前110),冬十月诏曰:"南越、东瓯咸伏其辜,西蛮北夷颇未辑睦,朕将巡边垂,择兵振旅,躬秉武节,置十二部将军,亲帅师焉。"⑤诏令发出后,汉武帝自云阳出发开始巡边之行,历上郡、西河、五原,出长城,北登单于台,至朔方,临北河,达到"勒兵十八万骑,旌旗径千余里,威震匈奴"的效果。⑥

此后历代相沿,诸如东汉明帝永平四年(61)春二月辛亥,诏曰:"朕亲耕

---

① （汉）班固:《汉书》卷四《文帝纪第四》,北京:中华书局,1962年版,第125页。
② 《汉书·文帝纪》载:"(十三年)夏,除秘祝,语在《郊祀志》。"(见《汉书》卷四《文帝纪第四》,第125页。)"除秘祝"可知该年二月甲寅的诏令并未成行。
③ 《史记》卷十《孝文本纪第十》,第430页。
④ 《史记》卷十《孝文本纪第十》,第430页。
⑤ 《汉书》卷六《武帝纪第六》,第189页。
⑥ 《汉书》卷六《武帝纪第六》,第189页。

藉田，以祈农事。"①又，太和十八年（494）十月辛亥，魏孝文帝率众自平城宫南伐，直到太和十九年（495）二月班师，史载："（太和十九年）二月甲辰，幸八公山。……戊申，车驾巡淮而东，民皆安堵，租运属路。……丙辰，车驾至钟离。……辛酉，车驾发钟离，将临江水。……壬戌，乃诏班师。"②"乃诏班师"是为其证。还有，隋文帝于开皇五年（585）正月戊辰日"诏行新礼"③；隋炀帝则于大业三年（607）夏四月庚辰下诏巡幸，其文曰："古者帝王观风问俗，皆所以忧勤兆庶，安集遐荒。自蕃夷内附，未遑亲抚，山东经乱，须加存恤。今欲安辑河北，巡省赵、魏。所司依式。"④亦可为证。与此相较，诏敕文书形式下的行幸决定在唐代表现为运行空间的容扩与行幸决定文书的规范化，具体可由下文阐释。

1. 诏敕文书形式下行幸决定的运行空间

其一，适于皇帝往返京师与地方。现存史料明确记载皇帝往返于西京、东都、北都诏敕晓谕天下的较多。诸如开元九年（721）九月九日，玄宗下诏："以明年正月十五日幸东都"。⑤此时驾在长安，唐玄宗巡幸东都需要诏示天下可为其证。又如开元二十三年（735）十月，驾在东都，唐玄宗下诏"以来年正月七日，取南路，幸西京"；⑥开元二十年（732）七月，驾在东都，唐玄宗制于"今年十月十二日幸北都"⑦等亦可为证。当然，往返三都外，皇帝巡幸地方也会如此。《唐大诏令集·收复西京还京诏》载："缘京城初收，要安百姓，又扫洒宫阙，奉迎上皇，以今月十九日还京，应缘供顿，务须减省，岂忘艰弊，当别优赏。"⑧此为唐肃宗于乱后颁发的回京诏，"今月十九日"系指至德二载（757）十月十九日。按，唐肃宗至德二载二月，自彭原郡至凤翔郡，并以凤翔为行在，指挥平叛工作。十月十九日的回京即自凤翔郡返回长安。此类还京仍要布告天下，是为其证。

作为皇帝离京巡幸的一种，亲征亦是如此。《唐大诏令集·讨高丽诏》载："今欲巡幸幽蓟，问罪辽碣，行止之宜，务存俭节，所过营顿，无劳精

① （南朝　宋）范晔：《后汉书》卷二《显宗孝明帝纪第二》，北京：中华书局，1965年版，第107页。

② （北齐）魏收：《魏书》卷七下《高祖孝文帝纪》，北京：中华书局，1974年版，第176页。

③ （唐）魏徵：《隋书》卷一《高祖纪上》，北京：中华书局，1973年版，第22页。

④ 《隋书》卷三《炀帝纪上》，第67页。

⑤ 《唐大诏令集》卷七十九《幸东都诏》，第450页。

⑥ 《册府元龟》卷一百十三《帝王部·巡幸二》，第1356页。

⑦ 《册府元龟》卷一百十三《帝王部·巡幸二》，第1356页。

⑧ 《唐大诏令集》卷一百二十三《收复西京还京诏》，第657页。

饰。"①此为唐太宗颁布的讨伐高丽的诏书。"巡幸幽蓟,问罪辽碣"系指此次讨伐由皇帝亲征。此诏书颁于贞观十八年(644)十月,此时驾在洛阳,②于此亲征,颁发诏书可为其证。又,《唐大诏令集·史思明再陷洛阳巡幸东京诏》载:"朕为人父母,深念涂炭,是用大整戈矛,方申吊伐,抚绥河洛,以致和平。即以今月十七日幸东京,率六军取路进发。"③此为唐肃宗颁发的讨伐史思明的诏书。"今月十七日"《唐大诏令集》将其记载为乾元二年(759)九月十七日。按,史思明攻陷洛阳时间为乾元二年九月庚寅,④即九月二十七日,亲征诏书发布时间当在其后。又《旧唐书·肃宗》载:"(乾元二年)冬十月丁酉,制亲征史思明,竟不行。"⑤"今月十七日"当为乾元二年十月十七日,此时驾在长安,引文所述"幸东京,率六军取路进发"当指亲征发诏。此例亦可为证。

其二,适于皇帝往返京师与京外的离宫别馆。出于避暑需要,唐太宗常往返于九成宫与长安城之间。贞观六年(632)时任监察御史的马周上封事,用以谏止唐太宗的九成宫之行,其文曰:

> 臣又伏见明敕,以二月二日幸九成宫。臣窃惟太上皇春秋已高,陛下宜朝夕视膳而晨昏起居。今所幸宫去京三百余里,銮舆动轫,严跸经旬,非可以旦暮至也。太上皇情或思感,而欲即见陛下者,将何以赴之?⑥

引文所述"臣又伏见明敕"系指唐太宗行幸九成宫需颁发敕文,晓谕臣民。又,九成宫在凤翔府麟游县,⑦不在京师。马周也说九成宫"去京三百余里"。显然,唐太宗行幸九成宫要以诏敕文书布告天下的。

当然,皇帝自京外离宫别馆返京亦是如此。久视年间,武则天幸三阳宫不回,身为右补阙的张说上封事请皇帝回宫,其文曰:

> 臣闻明王不恶切陈以博览,忠臣不敢隐忠以曲辞。伏愿陛下特加裁察,臣说诚惶诚恐顿首顿首死罪死罪。陛下屯万乘,幸离宫,暑退凉

① 《唐大诏令集》卷一百三十《讨高丽诏》,第703页。
② 《旧唐书》卷三《太宗纪下》,第56页。
③ 《唐大诏令集》卷七十九《史思明再陷洛阳巡幸东京诏》,第455页。
④ 《旧唐书》卷十《肃宗纪》,第257页。《新唐书》卷六《肃宗纪》,第162页。
⑤ 《旧唐书》卷十《肃宗纪》,第257页。
⑥ 《旧唐书》卷七十四《马周传》,第2613页。
⑦ 《新唐书》卷三十七《地理志一·凤翔府》,第966页。

归,未降还旨。愚臣固陋,恐非长策。①

引文所述"陛下屯万乘,幸离宫,暑退凉归,未降还旨",足以说明武则天自三阳宫回京是要诏告天下的,其"未降还旨"当指皇帝并未打算回京。又,"三阳宫在河南府登封县",②"去洛阳城一百余里",③可见,三阳宫是东都外的离宫别馆。武则天自三阳宫返京仍需诏告天下亦为其证。

其三,适于皇帝行驻跸礼。所谓驻跸礼系指皇帝于驻跸地进行的礼仪活动。由于驻跸地与皇宫有一定距离,故行驻跸礼亦可纳入皇帝行幸之列。与前两种形态不同,皇帝行驻跸礼并非限于京外,皇帝在京内举行的礼仪活动仍需诏告天下。诸如唐太宗行藉田礼。史载:

> 贞观三年正月十八日,诏曰:周宣王在位,以坠兹礼,近代以来,弥所多阙。朕祇承大宝,宪章典故,今将履千亩于近郊,复三推于旧制。宜令有司,式遵典礼。④

这一诏令很快付诸实践,唐太宗于该月二十一日,"亲祭先农,躬御耒耜,藉于千亩之间"。⑤ 按,先农坛在长安万年县县东北一十五里,浐水东。⑥ 可知,唐太宗所行藉田礼在京城内,可以证明在京内行驻跸礼仍需布告天下。另,天宝元年(742)玄宗下制:"以来月十五日祔玄元皇帝庙,十八日享太庙,二十日有事于南郊。宜令中书门下与礼官等,即详定礼仪,具录闻奏。"⑦现存史料并未明确唐玄宗所祭玄元皇帝庙的具体位置,但据该庙的设定来说,仍能判断其在京内。按,玄元皇帝庙始建于开元二十九年(741),该年春正月,唐玄宗制"两京、诸州各置玄元皇帝庙并崇玄学,置生徒,令习老子、庄子、列子、文中子,每年准明经例考试"。⑧ 天宝元年,驾在长安,其所祭祀的玄元皇帝庙当为西京所置,庙在京师可以证明。又,南郊坛在万年县南一十五里,启夏门外,⑨仍在京师。太庙在承天门街之东第七横街之北,从西第

---

①《文苑英华》卷六百张说《谏则天幸三阳宫表》,第3118页。
②《新唐书》卷三十八《地理志二·河南府》,第983页。
③《文苑英华》卷六百张说《谏则天幸三阳宫表》,第3118页。
④《册府元龟》卷一百十五《帝王部·藉田》,第1371页。
⑤《旧唐书》卷二十四《礼仪志四》,第912页。
⑥《长安志》卷十一《县一·万年》,第256页。
⑦《册府元龟》卷三十三《帝王部·崇祭祀第二》,第361页。
⑧《旧唐书》卷九《玄宗纪下》,第213页。
⑨《长安志》卷十一《县一·万年》,第256页。

一太常寺,寺东安上门街,街东第一。① 亦在京师。三例驻跸礼皆在京内且要诏示天下,即可为证。

当然,京外行驻跸礼与京外巡幸活动一样,仍要晓谕臣民。如唐玄宗祭祀后土。唐玄宗先后于开元十一年(723)和开元二十年(732)两次于汾阴祭祀后土,其中开元十一年祭祀有明确的诏令记载,史称:

> 玄宗开元十年,将自东都北巡,幸太原,便还京,乃下制曰:"王者承事天地以为主,郊享泰尊以通神。盖燔柴泰坛,定天位也;瘗埋泰折,就阴位也……行幸至汾阴,宜以来年二月十六日祠后土,所司准式。"②

引文所述"宜以来年二月十六日祠后土"说明这一诏令的付诸实践当在开元十一年。现存史料也有相关记载:开元二十年,中书令萧嵩与唐玄宗言及"(开元)十一年,亲祠后土为祈谷"③事,取得了"累年丰登"④的效果,劝诫唐玄宗再行祭祀礼,是可为证。又,后土祠"在(汾阴)县西北一十一里",⑤地处河东道河中府,远离京师。此类行礼需诏告天下可为证。又,唐玄宗开元十二年(724)十二月下诏:"以开元十三年十一月十日,式遵故事,有事于泰山。"⑥这一诏令准时于开元十三年十一月丙戌日付诸实践。又,泰山"一曰岱宗,在(乾封)县西北三十里",⑦地处河南道兖州府,远离京师,此类行礼仍需晓谕天下,亦可为证。值得注意的是,此类驻跸礼均为吉礼,且为皇帝亲祭的大祀,⑧方以诏敕文书的形式来完成。

其四,适于皇帝行程的更改。此处行程系指上述三类情形,即当皇帝因事需要临时更改行程时,仍须诏告天下。永淳二年(683),秋七月庚辰,"诏以今年十月有事于嵩山;寻以上不豫,改用来年正月"。⑨ 同年十一月,唐高宗再次停封中岳,《唐大诏令集·永淳二年停封中岳诏》保留了该诏书的原

---

① 《长安志》卷七《唐皇城》,第152页。
② 《旧唐书》卷二十四《礼仪志四》,第928页。
③ 《旧唐书》卷二十四《礼仪志四》,第928页。
④ 《旧唐书》卷二十四《礼仪志四》,第929页。
⑤ (唐)李吉甫:《元和郡县图志》卷十二《河东道·河中府·宝鼎》,北京:中华书局,1983年版,第328页。
⑥ 《唐大诏令集》卷六十六《开元十三年封禅山诏》,第370页。
⑦ 《元和郡县图志》卷十《河东道·兖州·乾封》,第267页。
⑧ 唐代将祭祀分为大祀、中祀和小祀三类。所谓大祀系指祭祀昊天上帝、五方上帝、皇地祇、神州、宗庙等。(见《大唐开元礼》卷一《序例上·择日》,第12页。)
⑨ 《资治通鉴》卷二百三唐高宗弘道元年秋七月庚辰条,第6415页。

文,停封原因记述为河南、河北有十余州的水旱灾害,边关危机等诸多方面。① 元和五年(810)十一月十九日,唐宪宗以江淮水旱灾害以及河朔兵起,不愿劳民为由,停元和六年(811)正月十八日的藉田礼,而诏告天下。② 开元年间,张九龄上《西幸改期请宣付史馆状》,其文曰:

> 右:臣今日面奉进止:"西幸有日,般运已去,仍闻京畿百姓,犹有未安。倘来岁非熟,下人无向,朕虽至彼,复有何情? 欲延期至来冬,待看谷麦。卿等商度,以为何似?"……又敕臣等商量进来者,湛恩至德,焉可使朝臣不知? 圣君鸿名,不可令史官无述。臣望宣圣旨,改用来年十月幸西京。仍望具将本状,遍示朝列,并宣付史官等,臣不胜踊跃之至。③

引文反映的是唐玄宗就食于洛阳,当时已经确定返回长安的时间即"西幸有日"。"倘来岁非熟,下人无向,朕虽至彼,复有何情? 欲延期至来冬,待看谷麦"系指唐玄宗恐关中粮谷收入不济,难以供备,又怕劳于民役,让诸臣商量,更俟后期。张九龄所言"臣望宣圣旨,改用来年十月幸西京",说明行幸改期且诏告天下,亦可为证。

2. 诏敕文书形式行幸决定的内容

其一,行必有名。"行必有名"起源于先秦古礼。《礼记》有云:"吴侵陈,斩祀杀厉。师还出境,陈大宰嚭使于师,夫差谓行人仪曰:'是夫也多言,何尝问焉? 师必有名,人之称斯师也者,则谓之何?'大宰嚭曰:'古之侵伐者,不斩祀,不杀厉,不获二毛。'"④引文中,吴王夫差所谓"师必有名"说明先秦时期已重视出师之名。陈大宰嚭对"师"解释为"不斩祀,不杀厉,不获二毛"已表明当时已有明确的规范。孔子也说"名不正则言不顺",对其影响说明为"言不顺,则事不成;事不成,则礼乐不兴;礼乐不兴,则刑罚不中;刑法不中,则民无所错手足。故君子名之必可言也,言之必可行也。君子于其言,无所苟而已矣"。⑤ 此一思想为后世所沿袭,《白虎通义·德论》载:"人必有

---

① 《唐大诏令集》卷六十六《永淳二年停封中岳诏》,第 370 页。

② 《唐大诏令集》卷七十四《元和五年罢藉田敕》,第 415 页。

③ (唐)张九龄撰,熊飞校注:《张九龄集校注》卷十三《西幸改期请宣付史馆状》,北京:中华书局,2008 年版,第 739 页。

④ 《礼记正义》卷九《檀弓下》,《十三经注疏》,第 2825 页。

⑤ (曹魏)何晏集解,(宋)邢昺疏:《论语注疏》卷十三《子路》,(清)阮元校刻:《十三经注疏》,北京:中华书局,2009 版,第 5445 页。

名何？所以吐情自纪，尊事人者也。"①此后，"必有名"已成为古代的礼仪规范。唐睿宗改元时，曾引用这一古礼用以叙说缘由，其文曰："朕又闻之，人必有名者，所以吐情自纪，尊事天人。"②此为唐代沿袭这一古礼的例证。行幸亦是如此。开元五年（717）正月十日，唐玄宗幸东都，时任右散骑常侍的褚无量上封事，其文曰："陛下将幸东都，仍从北路，岂不观览圣迹，想象遗风？且人主行幸，礼必有名，请下制书，晓示天下，知取北路之意。"③引文所述"人主行幸，礼必有名"可为其证。开元二十七年十二月，宰臣牛仙客、李林甫劝唐玄宗巡幸渭北，帝手诏报曰："顷欲渭北近游，梦中有命，神不守职，事不可行，出必有名，何容易也？"④引文所述"出必有名"亦为其证。

"行必有名"既是古礼要求，又能满足现实需求，其在诏敕文书中居于首要部分，往往所占篇幅较大。先天二年（713）七月，唐玄宗所下《行幸东都诏》，其文如下：

> 咸洛京师，建都惟旧，乃眷时迈，卜征斯在。朕承天纂历，恭己临人。鼎俎虽甘，念疲甿之不足；宫室信美，惕浮户之未安。事内攒于千虑，心外周于万物，则知帝业初起，崤函乃金汤之地；天下大定，河洛为会同之府。周公测景，是曰土中。总六气之所交，均万方之来贡，引鱼盐于淮海，通秔纻于吴越，瞻彼洛汭，长无阻饥。自中宗入关，于今八载，省方之典，久而莫修。遂使水漕陆挽，方春不息，劳人夺农，卒岁何望？关东嗟怨，朕实悯焉。思欲宁人而休转运，馆谷而就敖庾。加以暑雨作害，灾沸秦川，岁星有福，祥归豫野。朕情深救弊，身岂怀安。博考灵心，审听舆语，上奉天以为孝，下利人以为忠，顺时而动，从众之愿，宜以今年十一月行幸东都。凡厥有司，各恭乃事。至于行从兵马，供顿贮积，务在撙节，勿使烦劳。考使选人，咸令都集，东都官殿，应须修理，量加补葺，不得烦人。朕本为人而行，非拟劳人自奉，所过州县，无费黎元，亦不得辄有差科，旁求进献。宣布退迩，知朕意焉。⑤

据引文所见，唐玄宗行幸东都的诏书大致有两部分组成，第一部分为行幸缘

---

① （清）陈立撰，吴则虞点校：《白虎通义疏证》卷九《姓名·右论氏》，北京：中华书局，1994版，第406页。
② 《唐大诏令集》卷四《改元载初赦》，第19页。
③ 《唐会要》卷二十七《行幸》，第604—605页。
④ 《册府元龟》卷五十三《帝王部·尚老》，第593页。
⑤ 《唐大诏令集》卷七十九《行幸东都诏》，第451页。

由，第二部分则为行幸安排。就篇幅来说，行幸缘由所占极多。其内容大致可分为三部分：一则，重塑洛京地位。唐玄宗认为京师与洛阳的两京设置，其实是唐代东西格局的反映，能够决定国家的政治布局与经济发展。二则，就食于洛阳。关中地区受自然灾害的侵扰，出现粮食危机，东都洛阳仓粮丰厚，可以去就食。三则，顺应天意。行幸东都在唐玄宗看来是顺天利民之举，责无旁贷。此诏书可以为证。又，开元四年（716）十二月三日，唐玄宗行幸东都的制书如下：

> 黄门：朕闻遂物之宜，上则听其和乐；违人之欲，下则生于怨思：一物安可弗遂？万人安可固违？且先王卜征，观乎风俗；大易顺动，应乎天地：由是巡以五载，尚遍于人寰；设于为两京，况称于帝宅？东幸西顾，乃其常也。然朕以行必清道，不为无事；至而供帐，是则有劳，故恤人之隐，忧人不足，于今四年矣。遂使东土耆老，倾心而徯予；中朝公卿，屡言以沃朕。或谓国之中洛，王者上地，均诸侯之赋，当天下之枢，陆行漕引，方舟击舷，费省万计，利踰十倍，更知夫便于物者，非自奉以怀安；嗟于人者，岂不诚而阻愿？于是乎见品会之阜，因京坻之饶，则无夺农矣；陈太师之言，献史臣之颂，则无缺政矣。信可以备法驾，乘阳春，归于成周，布我时令。以来年正月五日行幸东都，仍取北路，所司准式，主者施行。[①]

开元四年的制书与先天二年诏书在内容布局上极为相似，大致有两部分组成。第一部分仍为行幸缘由，所占比例较大。第二部分则为行幸安排。就第一部分而言，开元四年的制书大致可分为四部分。一为，巡幸洛阳实为治国之道。唐玄宗认为上下通达，方能政通人和，顺应先代帝王五载一巡之例，方为治国之理，巡幸洛阳即是如此。二为，满足东都父老的望幸之心。在唐玄宗看来，东土耆老与朝中公卿的劝促成为其东幸的动力。三为，就食洛阳。洛阳实则为东西格局下，东部的统治中心，交通便利，粮储丰盈，可以减缓关中的压力。四为，不违农时。唐玄宗选择春季出发，并缩小千乘万骑的规模，减少对农业的破坏。其行幸缘由亦可为证。

其二，行幸安排。上引先天二年的诏书除却行幸缘由外，则为行幸安排的内容了。就该诏书而言，其行幸安排主要有四方面内容：一为行幸时间，即先天二年十一月；二为行幸供备，即行从兵马的供顿、所经州县的献食与

---

① 《文苑英华》卷四百六十二《幸东都制》，第 2351 页。

驻跸宫殿的修缮；三为迎谒人员的安排即考选人员的都集。与其相较，开元四年的制书在行幸安排方面的内容要简单的多，大致可分为：行幸时间，即开元五年(717)正月五日；行幸路线，取北路幸洛；四为准式，即行幸的惯例安排。据此可以总结诏敕文书中的行幸安排主要有行幸时间、路线、兵马扈从与行幸供备、迎谒安排等内容。此类总结适用于常态下的巡幸，也有行驻跸礼或行幸更改情况下的行幸状态。

皇帝行驻跸礼与常态下巡幸一样也是由行幸缘由和行幸安排两部分组成，且行幸缘由仍占首要地位与较大篇幅，其行幸安排则有不同。诸如，贞观年间，唐太宗的封禅诏书，其行幸安排部分如下：

> 可以贞观二十有二载，仲春之月，式遵故实，有事于泰山。诸内外臣僚，岳牧卿士，既相敦喻，将事告成。各罄乃心，无亏政道，恪居所职，务协时邕。所司宜与缙绅先生，载笔圆冠之士，详求通典，裁其折中，深加严敬，称朕意焉。其今年朝集使，宜集洛阳宫，应朝集依十五年三月八日敕，诸王并听来朝。其北蕃自碛以南大首领赴会。仍令天下诸州，明扬仄陋，其有学艺优洽，文材蔚瞻，政术甄明，才膺国器者，并宜申送，限以来年二月一日，总集泰山。庶令作赋掷金，不韫天庭之掞；被褐怀玉，无溺屠钓之间，务得英奇。当加不次，主者施行。①

此诏令中的行幸安排更多的关注封禅的内容，主要集中于以下三点。一则，封禅时间，基本选定为贞观二十二年二月。二则，内外臣僚的职责，是为各安其职，无亏政道。三则，陪位官的期集，具体包括朝集使、诸王、蕃夷首领、考选人才等。此类诏令的行幸安排更多的关注驻跸礼本身，与常态下的行幸安排确有不同。

行幸更改情况下的诏敕文书，与常态下行幸内容类似，亦是由行幸缘由与行幸安排两部分组成，且行幸缘由具于首位且篇幅较大。与其相较，不同的是其行幸安排更多的集中于方案的变更。开元十五年(727)六月，唐玄宗下制"以今年闰九月十日，取北路幸长安"，②因同州有暴水，于同年八月再次下制改从南路幸长安，其文曰：

> 朕君临区宇，子育黎元，每怀勤恤，不欲劳烦。而镐京之地，陵寝所

---

① 《唐大诏令集》卷六十六《封禅诏》，第368—369页。
② 《唐大诏令集》卷七十九《北路幸长安制》，第454页。

在。自展义河洛，已历岁年，所以式遵卜征，有事时迈，抑惟常典，宁敢
惮劳。将欲西巡，元取北路。今同州有暴水，浸于邑居，载怀忧惕，无忘
鉴寐，且从南路幸长安，所司准式。①

此诏令叙事逻辑如下：皇帝在洛一年有余，西京的祖辈陵寝未能及时拜谒，
决定从北路进发行幸长安，因北路遭遇水灾，需选择南路方案，有司仍以惯
例准备。可以看出，其行幸安排既有叙前事的内容亦有变更后的新安排，此
与常态下行幸安排确有不同。

二、非诏敕文书形式下的行幸决定

其一，京内的临幸。与诏敕文书形式下的行幸决定不同，非诏敕文书行
幸决定多指皇帝京师内的活动。皇帝临幸大臣宅即是如此。一般来说，皇
帝幸臣僚的宅院虽不需晓谕天下，仍要通知所司供置。诸如贞观二十一年
(647)正月壬辰，高士廉薨于京师崇仁里私第，时年七十二。为表达哀悼之
情，"太宗又命驾将临之，司空(房)玄龄以上饵药石，不宜临丧，抗表切谏，上
曰：'朕之此行，岂独为君臣之礼，兼以故旧情深，姻戚义重，卿勿复言也。'太
宗从数百骑出兴安门，至延喜门，长孙无忌驰至马前谏曰：'饵石临丧，经方
明忌。陛下含育黎元，须为宗社珍爱。'"②"驾将临之"，说明唐太宗临幸高
士廉宅是要事先通知的，正是基于此，才有了房玄龄与长孙无忌的劝止行
为。又，"天宝中，玄宗在华清宫，乘马出宫门，欲幸虢国夫人宅，(陈)玄礼
曰：'未宣敕报臣，天子不可轻去就。玄宗为之回辔。'"③按，陈玄礼时主管
宫廷宿卫，担负皇帝卫戍工作。"未宣敕报臣"说明皇帝驾临大臣宅地是要
通知禁军提前安排警卫的。现存史料中也有不通知临幸对象前来迎驾，皇
帝随性驾幸的情况。贞观二十年(646)十二月，"上幸芙蓉园，(房)玄龄敕子
弟汛扫门庭，曰：'乘舆且至！'有顷，上果幸其第，因载玄龄还宫"。④ 引文所
述"上果幸其第"可为例证。"德宗时，以左补阙为翰林学士，密政多所参逮。
帝常幸其院，韦妃从，会韦绥方寝，学士郑絪欲驰告之，帝不许，时大寒，以妃
蜀襈袍覆而去，其待遇若此"。⑤ 引文所述"会韦绥方寝"亦可为证。

皇帝微行也是京内临幸的一种，与幸臣僚宅院相较，更具随机性和灵活

---

① 《册府元龟》卷一百十三《帝王部·巡幸二》，第 1355 页。
② 《旧唐书》卷六十五《高士廉传》，第 2444—2445 页。
③ 《旧唐书》卷一百六《王毛仲传》，第 3255 页。
④ 《资治通鉴》卷一百九十八唐太宗贞观二十年十一月条，第 6243 页。
⑤ 《新唐书》卷一百六十八《韦绥传》，第 5157 页。

性,亦不需晓谕臣民。史载:"上微行至德观,女道士有盛服浓妆者,赫怒,急归宫。立宣左街功德使宋叔康,令尽逐去,别选男道士七人住持,以清其观。"①上即指唐宣宗,其尽逐至德观盛服浓妆的女道士可为其证。又,《旧唐书·宣宗》载:"帝雅好儒士,留心贡举。有时微行人间,采听舆论,以观选士之得失。"②微行方可"采听舆论"亦为其证。

其二,长安城内外的游幸。与巡幸不同,游幸的政治意义极弱,更多的指向玩乐,其行幸决定随意性极强。长安城内的游幸几乎可以随心所欲。史载:

> 上好音乐宴游,殿前供奉乐工常近五百人,每月宴设不减十余;水陆皆备,听乐观优,不知厌倦,赐与动及千缗。曲江、昆明、灞浐、南宫、北苑、昭应、咸阳,所欲游幸即行,不待供置,有司常具音乐、饮食、幄帟,诸王立马以备陪从。③

"上"即指唐懿宗,其所游曲江池、昆明池、灞浐、南宫、北苑均在长安城内,昭应、咸阳则在长安城外。"所欲游幸即行,不待供置"说明其游幸可随心所欲。当然,并非所有皇帝都这样随性,一般来说,长安城外的游幸是要经群臣同意并通知所司,以备供置的。史载:

> 元和十五年(820)十一月,上将幸华清宫,戊午,宰相率两省供奉官诣延英门三上表切谏,且言:"如此,臣辈当扈从。"求面对,皆不听。谏官伏门下,至暮,乃退。己未,未明,上自复道出城,幸华清宫,独公主、驸马、中尉、神策六军使帅禁兵千余人扈从,晡时还宫。④

此条史料为我们传达的信息如下:唐穆宗幸华清宫已知会群臣,引发"宰相与两省供奉官"的劝谏。这次劝谏君臣双方并未达成协议,君臣对峙情形也非常激烈。为躲避麻烦,唐穆宗此次游幸采用躲避群臣的措施。胡三省作注时也说:"自复道至兴庆宫,因而出城,不欲出皇城,使百官知之而扈从也。"⑤又,戊午日的上谏与己未日皇帝游幸华清宫,仅隔一日,说明皇帝并

---

① (唐)裴庭裕撰,田廷柱点校:《东观奏记》卷上,北京:中华书局,1994年版,第92页。
② 《旧唐书》卷十八下《宣宗纪》,第617页。
③ 《资治通鉴》卷二百五十唐懿宗咸通七年十二月条,第8117页。
④ 《资治通鉴》卷二百四十一唐宪宗元和十五年十一月条,第7786—7787页。
⑤ 《资治通鉴》卷二百四十一唐宪宗元和十五年十一月条胡三省注"华清宫",第7786—7787页。

未下诏已成事实。尽管如此,唐穆宗的逃避行为显然不符合常态需求,也就是说长安城外的游幸受到诸多限制,仍需知会群臣,并完成所司供置方可。

其三,銮舆播迁。前文已述,銮舆播迁具有突发性,皇帝来不及完成常态下的行幸步骤,行幸诏书来不及起草,皇帝已遁形于长安城外。诸如广德元年(763)十月,吐蕃兵临长安城下,唐代宗出幸的事件。史载:"上方治兵,而吐蕃已度便桥,仓猝不知所为,丙子,出幸陕州,官吏藏窜,六军逃散。郭子仪闻之,遽自咸阳归长安,比至,车驾已去……丁丑,车驾至华州,官吏奔散,无复供拟,扈从将士不免冻馁。"[①]引文所述"仓猝不知所为""官吏藏窜""六军逃散""官吏奔散""无复供拟"已充分展现唐代宗幸陕州与幸华州的仓皇图景。尽管唐代宗幸陕、华二州当属巡幸京外地方,迫于仓促,来不及下达诏令,仍属非诏敕文书的行幸活动。又,建中四年(783)十月的泾原兵变,亦即如此。史载:"泾师犯阙,德宗苍黄自苑北便门出幸。"[②]其仓皇出幸亦可为证。

三、行幸决定的中断

前文已述,行幸决定由诏敕文书形式下的行幸决定与非诏敕文书形式下的行幸决定两种,相较于前者,非诏敕文书形式下的行幸决定更具有灵活性和随意性,不容易被中断,也就是说行幸中断更多的指向诏敕文书形式下的行幸决定。影响这一行幸决定的因素较多,大致可分为两类,一类是人为因素,另一类则为非人为因素。

1. 人为因素

其一,皇帝主动中断行幸。此类行幸的中断有多方原因:第一,皇帝因健康问题而中断行幸。史载:"弘道元年(683)七月,庚辰,诏以今年十月有事于嵩山;寻以上不豫,改用来年正月。"[③]同年"十一月,丙戌,诏罢来年封嵩山,上疾甚故也"。[④]"上不豫""上疾甚"均表明唐高宗因健康问题,再三中断行程。

第二,皇帝思谏而中断行幸。史载:

　　(魏)徵状貌不逾中人,而有胆略,善回人主意,每犯颜苦谏;或逢上

①　《资治通鉴》卷二百二十三唐代宗广德元年冬十月条,第7151页。
②　《旧唐书》卷一百三十八《姜公辅传》,第3787页。
③　《资治通鉴》卷二百三唐高宗弘道元年七月庚辰条,第6415页。
④　《资治通鉴》卷二百三唐高宗弘道元年十一月丙戌条,第6415页。

怒甚,徵神色不移,上亦为霁威。尝谒告上冢,还,言于上曰:人言陛下欲幸南山,外皆严装已毕,而竟不行,何也? 上笑曰:初实有此心,畏卿嗔,故中辍耳。①

此为贞观二年(628)唐太宗因思魏徵之谏,而中止行幸山南,可为其证。又,《李相国论事集·宪宗出游田猎中罢》载:

> 上因暇欲近出畋猎,行至蓬莱池西,谓左右曰:"李绛尝谏我畋猎,云亏损政事,今虽不远,近出苑中,必有章疏上陈,不如且休",遂却罢归。其思理从谏,如是之至也。②

"上"系指唐宪宗,引文所述即宪宗则思李绛之谏,中途放弃畋猎。此亦可为证。

第三,皇帝缅怀故臣而中断行幸。史载:"开元十五年(727),苏颋卒。其葬日,帝游咸宜宫,将出猎,闻颋丧出,怆然曰:'苏颋今日葬,吾宁忍娱游',遂中路还宫。"③"帝"系指唐玄宗,引文所述即指苏颋葬日,玄宗为缅怀他而中断行幸,其可为证。

第四,皇帝因供置不足而中断行幸。史载:

> 省表具知,朕初闻三辅之间,今岁善熟,朕缘陵寝,诚欲西幸。然积累虚年,乍得小稔,即又聚食,心所重难。傥夏麦不登,未免匮乏;百姓不足,君孰与安? 所以再三痛怀,欲去不忍。至于宫苑所乐,气候非宜,苟得人安,终不以此为念,卿可宣前旨意,更俟后期。所请遍示朝列,及宣付史官。④

此为张九龄所上《西幸改期请宣付史馆状》的诏答。在《西幸改期请宣付史馆状》中有"改用来年十月幸西京"⑤之语,此与开元二十四年(736)正月敕文所载:"前取今年十月幸西京"⑥相合,说明魏知古代作诏答当在开元二十

---

① 《资治通鉴》卷一百九十三唐太宗贞观二年冬十月条,第6059页。
② (唐)李绛:《李相国论事集》卷五《宪宗出游田猎中罢》,北京:中华书局,1985年新1版,第33页。
③ 《册府元龟》卷一百四十一·帝王部·念良臣,第1710页。
④ 《文苑英华》卷四百六十七魏知古《答张九龄贺西幸延期表》,第2383页。
⑤ 《张九龄集校注》卷十三《西幸改期请宣付史馆状》,第739页。
⑥ 《册府元龟》卷一百十三·帝王部·巡幸二,第1356页。

三年(735)。唐玄宗曾于开元二十三年(735)十月颁发敕文"宜以来年正月七日取南路幸西京"。① 后又改为"来年十月",原因来自于"傥夏麦不登,未免匮乏;百姓不足,君孰与安?"即西京的供置不足。其后,唐玄宗在开元二十四年的敕文中所列"今稼渐熟,漕运复多"②用以作为其年十月西幸的依据,亦可为证。

其二,群臣谏止皇帝行幸。群臣劝谏范围较广,有谏止游幸离宫别馆、谏行畋猎事、谏行幸东都、谏行驻跸礼等诸多情况。第一,谏幸离宫。诸如唐太宗将幸九成宫,姚思廉谏曰:"离宫游幸,秦皇、汉武之事,固非尧、舜、禹、汤之所为也。言甚切至。"太宗谕曰:"朕有气疾,热便顿剧,固非情好游赏也。"③九成宫在凤翔府麟游县,④属京师外的离宫,姚思廉纳谏唐太宗游幸,可为其证。

第二,谏止皇帝游猎。史载:

> 贞观十四年(640),太宗将幸同州校猎,属收获未毕,(刘)仁轨上表谏曰:"臣伏知四时蒐狩,前王恒典,事有沿革,未必因循。今年甘雨应时,秋稼极盛,玄黄亘野,十分纔收一二,尽力刈获,月半犹未讫功,贫家无力,禾下始拟种麦。直据寻常科唤,田家已有所妨。今既供承猎事,兼之修理桥道,纵大简略,动费一二万工,百姓收敛,实为狼狈。臣愿陛下少留万乘之尊,垂听一介之言,退近旬日,收刈总了,则人尽眼豫,家得康宁。舆轮徐动,公私交泰。"太宗特降玺书劳曰:"卿职任虽卑,竭诚奉国,所陈之事,朕甚嘉之。"寻拜新安令累迁给事中。⑤

引文所述,刘仁轨谏止的理由直指皇帝游猎有违农时,这一建议得到太宗的认可,将其由正八品下的栎阳县丞⑥升迁为正六品下的新安县令,⑦后来再次升任正五品上的清官给事中。

---

① 《唐大诏令集》卷七十九《南路幸西京敕》,第454页。

② 《册府元龟》卷一百十三《帝王部·巡幸二》,第1356页。

③ 《旧唐书》卷七十三《姚思廉传》,第2593页。

④ 《新唐书》卷三十七《地理志一·凤翔府》,第966页。

⑤ 《旧唐书》卷八十四《刘仁轨传》,第2790页。

⑥ 栎阳县属京兆府,是畿县,栎阳县丞品秩当为正八品下。(见《元和郡县志》卷二《关内道·京兆府》,第27页。)新安县属河南府,同样是畿县,品秩当为正六品下。(见《元和郡县志》卷五《河南道·河南府》,第142页。)

⑦ 《册府元龟·纳谏》载:"(唐太宗)常欲行幸,属收获未毕。栎阳县丞刘仁轨,上切谏,深被嘉纳,超授新安令。"引文中有"嘉纳焉",系指皇帝接受了刘仁轨的纳谏。刘仁轨曾任栎阳县丞,于此可补《旧唐书》本传之缺。(见《册府元龟》卷一百一《帝王部·纳谏》,第1206页。)

第三，谏止皇帝行驻跸礼。史载：

> 贞观中，百官上表请封禅，太宗许焉。惟魏徵切谏，以为不可。太宗谓魏徵曰："朕欲封禅，卿极言之，岂功不高耶，德不厚耶，远夷不服耶，嘉瑞不至耶，年谷不登耶，何为不可？"徵对曰："陛下功则高矣，而人未怀惠；德虽厚矣，而泽未滂流。诸夏虽安，未足以供事；远夷慕义，无以供其求。符瑞虽臻，扊罗犹密。积岁一丰，仓廪尚虚。此臣所以窃谓未可。臣未能远譬，但喻于人。今有人，十年长患疮，理且愈，皮骨仅存，便欲使负米一石，日行百里，必不可得。隋氏之乱非止十年，陛下之良医除其疾苦，虽已乂安，未甚充实。告成天地，臣窃有疑。且陛下东封，万国咸集，要荒之外，莫不奔走。自今伊洛，泊于海岱，灌莽巨泽，茫茫千里，人烟断绝，鸡犬不闻，道路萧条，进退艰阻。岂可引彼夷狄，示之虚弱。殚府竭财，未厌远人之望；加年给复，不偿百姓之劳。或遇水旱之灾，风雨之变，庸夫横议，悔不可追。岂独臣言，兆人咸尔。"太宗不能夺，乃罢封禅。①

引文所述，魏徵力排众议，反对皇帝的封禅决定。原因是隋亡百业凋敝的创伤还没有抚平，皇帝冒然行幸，会使百姓耽于劳役，建议皇帝中止行封禅礼，唐太宗接受了他的建议，罢行封禅事。

第四，谏止皇帝巡幸。史载：

> 时昭愍欲行幸洛阳，宰相李逢吉及两省谏官，累疏论列，帝正色曰："朕去意已定。其从官宫人，悉令自备糇粮，不劳百姓供馈。"逢吉顿首言曰："东都千里而近，宫阙具存，以时巡游，固亦常典。但以法驾一动，事须备仪，千乘万骑，不可减省。纵不费用绝广，亦须丰俭得宜，岂可自备糇粮，顿失大体？今干戈未甚戢，边鄙未甚宁，恐人心动摇，伏乞稍回宸虑。"帝不听，令度支员外郎卢贞往东都已来检计行宫及洛阳大内。朝廷方怀忧恐，会度自兴元来，因延英奏事，帝语及巡幸。度曰："国家营创两都，盖备巡幸。然自艰难已来，此事遂绝。东都宫阙及六军营垒、百司廨署，悉多荒废。陛下必欲行幸，亦须稍稍修葺。一年半岁后，方可议行。"帝曰："群相意不及此，但云不合去。若如卿奏，不行亦得，

---

① （唐）刘肃，许德楠、李鼎霞点校：《大唐新语》卷十三《郊禅三十》，北京：中华书局，1984 年版，第 196—197 页。

何止后期。"旋又朱克融、史宪诚各请以丁匠五千,助修东都,帝遂停东幸。①

　　唐敬宗欲行幸东都,当时唐朝的国力已经不能支持皇帝行幸了。宰相李逢吉及两省谏官集体劝谏皇帝。以战事未息,政局不稳,乱后百业待兴,行幸过于扰民,实属不易为理由劝诫敬宗,唐敬宗不听,决然行幸。后来裴度用一种比较和缓的方式,以东都修缮尚需时日为由劝诫敬宗,敬宗才决定罢行幸东都事。谏亲征与谏行幸东都一样,都属于谏皇帝远行。开元二年(714)十二月玄宗下诏亲征吐蕃,②引起了群臣的恐慌。苏颋一日之内连上三表,劝谏皇帝以大局为重,不要轻出,③不久皇帝就下诏中止亲征了。

　　2. 非人为因素

　　其一,天气突变。现存史料明确记载因天气突变未能完成的行幸多指向暴雨。永淳二年(683)五月庚寅,唐高宗打算行幸芳桂宫,至合璧宫时"属大雨却还东都"。④《旧唐书》将其记载为"阻雨,还东都"。⑤ 均将未能成行的原因指向暴雨。

　　其二,自然灾害。旱灾是为其一,天宝九载(750),唐玄宗打算于其年十一月有事于华山,时关中久旱,诏曰:"自春以来,颇愆时雨,登封告禅,情所未遑。所封西岳宜停。"⑥此为因旱停封的例证。又,会昌六年(846)壬辰,以旱,停上巳曲江赐宴;⑦大和年间,文宗以"郊畿亢旱自夏讫冬",下令停来年南郊祭祀。⑧ 亦可为证。

　　也有因涝未成行的情况。贞观二十一年(647)春正月,唐太宗下诏准备以来年二月有事泰山,八月则因河北大水,不得已下诏停封禅了。⑨ 唐高宗《永淳二年停封中岳诏》曰:"河南河北,尚有十余州旱涝,加以朔方寇盗,时复侵边,关内流民,未能复业。一物失所,犹甚纳隍,数郡不宁,岂宜备礼?前欲以来年正月封中岳者,宜停之。"⑩引文所述"河南河北,尚有十余州旱

---

① 《旧唐书》卷一百七十《裴度传》,第 4428 页。
② 《旧唐书》卷九十三《薛讷传》,第 2985 页。
③ 《文苑英华》卷六百十四苏颋《谏銮驾亲征吐蕃表》,第 3186—3188 页。
④ 《册府元龟》卷一百十三《帝王部·巡幸二》,第 1351 页。
⑤ 《旧唐书》卷五《高宗纪下》,第 111 页。
⑥ 《册府元龟》卷三十六《帝王部·封禅第二》,第 405 页。
⑦ 《旧唐书》卷十八上《武宗纪》,第 609 页。
⑧ 《唐大诏令集》卷六十七《以旱停南郊敕》,第 378 页。
⑨ 《太平御览》卷一百九《皇王部三十四·唐太宗皇帝》,第 159 页。
⑩ 《唐大诏令集》卷六十六《永淳二年停封中岳诏》第 370 页。

涝"亦可为证。

其三,国家战事。上引《永淳二年停封中岳诏》所谓"朔方寇盗,时复侵边,关内流民,未能复业"可为其证。又,龙朔二年(662)十二月,唐高宗下诏"以方讨高丽、百济,河北之民,劳于征役,其封泰山、幸东都并停"。① "仪凤元年(676)闰三月,吐蕃寇鄯、廓、河、芳等州,敕左监门卫中郎将令狐智通发兴、凤等州兵以御之。己卯诏以吐蕃犯塞,停封中岳。"②亦可为证。

其四,星象异常。史载:"贞观中,太宗将封禅泰山,有彗星现,薛颐因言考诸玄象,恐未可东封。会褚遂良亦言其事,于是乃止。"③此事发生于贞观十五年(641)④,引文所述唐太宗当年中断行幸的原因来自于"有彗星现",可为其证。此次星象异常,唐太宗极为恐慌,其在《停封禅诏》中也有解释,其文曰:

> 今太史奏:有彗星出于西方。抚躬自省,深以战栗。良由功业之被六合,犹有未著,德化之覃八表,尚多所阙。遂使神祇垂祐,警戒昭然。朕畏天之威,寝兴靡措……前以来年二月有事泰山,宜停。⑤

引文所述,唐太宗认为之所以出现星象异常,来自于自己德化不高,冒然封禅泰山,遭遇上天警示,只能停封。

其五,庙灾异象。先天二年(713),唐玄宗打算东幸洛阳,时太庙屋坏,唐玄宗颇为犹豫。宋璟奏言:"陛下三年之制未毕,诚不可行幸。凡灾变之发,皆所以明教诫。陛下宜增崇大道,以答天意,且停幸东都。"⑥而姚崇不以为然,他说:"太庙殿本是苻坚时所造,隋文帝创立新都,移宇文朝故殿造此庙,国家又因隋氏旧制,岁月滋深,朽蠹而毁。山有朽坏,尚不免崩,既久来枯木,合将摧折,偶与行期相会,不是缘行乃崩。且四海为家,两京相接,陛下以关中不甚丰熟,转运又有劳费,所以为人行幸,岂是无事烦劳? 东都百司已作供拟,不可失信于天下。以臣愚见,旧庙既朽烂,不堪修理,望移神

---

① 《资治通鉴》卷二百一唐高宗龙朔二年十二月戊申条,第6332页。
② 《资治通鉴》卷二百二唐高宗仪凤元年闰三月条,第6379页。
③ 《旧唐书》卷一百九十一《薛颐传》,第5089页。
④ 《新唐书·礼乐四》载:"至(贞观)十五年(641),(唐太宗)将东幸,行至洛阳,而彗星见,乃止。""彗星现",唐太宗未能成行的时间当为贞观十五年。(见《新唐书》卷十四《礼乐志四》,第350页。)
⑤ 《唐大诏令集》卷六十六《停封禅诏》,第367页。
⑥ 《旧唐书》卷九十六《姚崇传》,第3025—3026页。

主于太极殿安置,更改造新庙,以申诚敬。车驾依前径发。"①姚崇的客观分析得到了唐玄宗的认同,改立新庙后如期东幸了。尽管如此,唐玄宗的犹豫与宋璟的言论已能证明庙灾已成为皇帝能否成行的重要因素。又,开元六年(718)七月辛酉,唐玄宗下诏回京,其文曰:

> 观俗省方,所以爱人治国,崇尊庙貌,所以事神享亲。钦若昔典,此惟大义。朕祗膺鸿业,积稔咸泰,去岁欲幸洛京,已发成命,旋属重营太庙,因将中止,未即展辂劾驾,信弗可违,终肆觐于东方,当载驰于西土,流暑不驻……十月甲寅还京,十一月辛未至自东都。②

引文所述,开元五年(717)唐玄宗曾欲东幸洛京,已发成命,"旋属重营太庙,因将中止"是可为证。还有,天宝九载(750)三月,唐玄宗因"华岳庙灾"③乃停封华岳,亦可为证。

第三节　行幸择期、卜日与卜日礼

为体现皇帝行幸的隆重,并考虑到农隙、气候等方面的问题,皇帝行幸日的选择往往需要由择期与卜日两个步骤完成。择期与皇帝出行的形式密切相关,其实际运作中往往受多方面的影响。卜日则是在择期基础上进行的时间选定,其往往以卜日礼的形式来完成。现分择期,卜日与卜日礼两部分予以解析。

一、行幸择期

所谓择期即为选定期限。常态下皇帝出发日期的选择与皇帝的行幸距离密切有关。一般来说,行幸距离越长,皇帝对行幸日期的选择越重视。今据相关史料进行考释。

1. 择期的运作空间

其一,皇帝往返三都的日期选择。唐代皇帝的远行是以往返三都为代

---

① 《旧唐书》卷九十六《姚崇传》,第3025—3026页。
② 《册府元龟》卷一百一十三《帝王部·巡幸二》,第1353页。
③ 《新唐书》卷三十四《五行志一》,第886页。

表的，在此进行列表解析。①

表1-1　皇帝行幸京师、洛阳与太原往返日期一览表

行幸皇帝	出发时间	到达时间	行幸起止地	文献来源
唐太宗	贞观十一年二月甲子	贞观十一年三月丁亥	长安至洛阳	《旧唐书·太宗纪下》
唐太宗	贞观十二年二月乙卯	贞观十二年闰二月丙戌	洛阳至长安	《旧唐书·太宗纪下》《资治通鉴·唐纪十一》
唐太宗	贞观十五年正月辛巳	不详	长安至洛阳	《旧唐书·太宗下》《册府元龟·帝王部·庆赐二》
唐太宗	贞观十五年十一月壬申	贞观十五年十二月戊子朔	洛阳至长安	《旧唐书·太宗纪下》
唐太宗	贞观十八年十月甲寅	贞观十八年十一月壬寅	长安至洛阳	《旧唐书·太宗纪下》《资治通鉴·唐纪十三》
唐太宗	贞观十九年十一月壬辰	贞观十九年十二月戊申	定州至并州	《资治通鉴·唐纪十四》
唐太宗	贞观二十年二月乙未	贞观二十年三月乙巳	并州至长安	《旧唐书·太宗纪下》
唐高宗	显庆二年正月庚寅②	显庆二年二月辛酉	长安至洛阳	《资治通鉴·唐纪十六》《旧唐书·高宗纪上》
唐高宗	显庆三年二月丁巳	显庆三年二月甲戌	洛阳至长安	《旧唐书·高宗纪上》《资治通鉴·唐纪十六》
唐高宗	显庆四年闰十月戊寅	显庆四年闰十月戊戌	长安至洛阳	《资治通鉴·唐纪十六》
唐高宗	显庆五年正月甲子	显庆五年二月辛巳	洛阳至并州③	《旧唐书·高宗纪上》

---

①　统计说明：(1)史料来源为《旧唐书》《新唐书》《资治通鉴》《册府元龟》《文苑英华》《全唐文》《全唐诗》等文献史料。(2)皇帝行幸往返日期有明确记载的，计入统计表。未有明确记载的则引入相关史料进行推测，史料缺乏者则计为不详。皇帝行幸往返日期在史料中记载有出入者，引相关史料进行考证。有的日期，现存史料无法完成考证，其对表格统计与解析没有影响的，则以注释进行说明。

②　《旧唐书·高宗纪上》载："显庆二年(657)春正月庚寅，幸洛阳。"(见《旧唐书》卷四《高宗纪上》，第76页。)又，《资治通鉴·唐纪十六》载："显庆二年闰正月，壬寅，上行幸洛阳。'"(见《资治通鉴》卷二百唐高宗显庆二年春正月壬寅条，第6301页。)按，显庆二年并非闰年，故显庆二年闰正月壬寅行幸洛阳不取。

③　《唐会要·行幸》载："调露元年(679)九月七日，幸并州，以度支郎中狄仁杰为知顿使。"(见《唐会要》卷二十七《行幸》，第602页。)按，其它史料中未载其事，仅有此处一条，其它文献资料均无记载，且仅有出发时间，没有返回时间。又，《资治通鉴·唐纪十八》载："调露元年秋七月己卯朔，诏以今年冬至有事于嵩山。"(见《资治通鉴》卷二百二唐高宗调露元年秋七月条，第6390页。)说明早在该年的七月份皇帝就下诏封禅，皇帝应该用更多的时间来准备这次封禅之行，而不会有绕道太原之事。此处存疑，暂且存目。

行幸皇帝	出发时间	到达时间	行幸起止地	文献来源
唐高宗	显庆五年四月戊寅	显庆五年四月癸亥①	并州至洛阳	《资治通鉴·唐纪十六》《旧唐书·高宗纪上》
唐高宗	龙朔二年三月甲午	龙朔二年四月庚申朔	洛阳至京师	《资治通鉴·唐纪十六》《旧唐书·高宗纪上》
唐高宗	麟德二年二月壬午②	麟德二年闰三月壬申朔	长安至洛阳	《资治通鉴·唐纪十七》
唐高宗	乾封元年三月丁丑	乾封元年四月甲辰	洛阳至长安	《册府元龟·帝王部·巡幸二》《旧唐书·高宗纪上》
唐高宗	咸亨二年正月乙巳	咸亨二年正月甲子	长安至洛阳	《旧唐书·高宗纪下》
唐高宗	咸亨三年十月壬戌	咸亨三年十一月甲辰	洛阳至长安	《旧唐书·高宗纪下》
唐高宗	上元元年十一月丙午朔	上元元年十一月戊辰	长安至洛阳	《旧唐书·高宗纪下》
唐高宗	仪凤元年闰三月庚寅	仪凤元年四月戊申	洛阳至长安	《资治通鉴·唐纪十八》《旧唐书·高宗纪下》
唐高宗	不详	调露元年正月己酉	长安至洛阳	《旧唐书·高宗纪下》《资治通鉴·唐纪十八》
唐高宗	永隆元年十月己酉	不详	洛阳至长安	《旧唐书·高宗纪下》
唐高宗	永淳元年四月丙寅	永淳二年四月乙酉	长安至洛阳	《旧唐书·高宗纪下》
武则天	长安元年十月壬寅	长安元年十月辛酉	洛阳至长安	《新唐书·则天顺圣皇后》《资治通鉴·唐纪二十三》
武则天	长安三年十月丙寅	长安三年十月乙酉	洛阳至长安	《旧唐书·则天皇后纪》
唐中宗	神龙二年十月乙卯	神龙二年十月戊戌	洛阳至长安	《旧唐书·中宗纪》
唐玄宗	开元五年正月辛亥	开元五年二月甲戌	长安至洛阳	《旧唐书·玄宗纪上》

① 《旧唐书·高宗纪上》载："（显庆五年）夏，四月戊寅，车驾还东都。癸亥，至自并州。"（见《旧唐书》卷四《高宗纪上》，第80页）《资治通鉴·唐纪十六》载："（显庆五年）夏，四月，丙寅，上发并州；癸巳，至东都。"（见《资治通鉴》卷二百高宗显庆五年夏四月丙寅条，第6320页。）因其对统计结果影响不大，均在四月，故，在此注出。

② 《旧唐书·高宗纪上》载："（麟德二年）春正月壬午，幸东都。"（见《旧唐书》卷四《高宗纪上》，第86页）按，麟德元年（664）十二月丙戌上官仪被贬，丙戌至壬午有五十六天，正月没有壬午。故，从《资治通鉴》载。

（续表）

行幸皇帝	出发时间	到达时间	行幸起止地	文献来源
唐玄宗	开元六年十月丙申	开元六年十一月辛卯	洛阳至长安	《旧唐书·玄宗纪上》
唐玄宗	开元十年正月丁巳	开元十年二月戊寅	长安至洛阳	《旧唐书·玄宗纪上》
唐玄宗	开元十一年正月己巳	开元十一年正月辛卯	洛阳至太原	《旧唐书·玄宗纪上》
唐玄宗	开元十一年二月①	开元十一年三月庚午	太原至长安	《旧唐书·玄宗纪上》
唐玄宗	开元十二年十一月庚午	开元十二年十一月戊寅	长安至洛阳	《旧唐书·玄宗纪上》
唐玄宗	开元十五年闰九月庚申	开元十五年十月己卯	洛阳至长安	《册府元龟·帝王部·巡幸》
唐玄宗	开元十九年十月丙申	开元十九年十一月丙辰	长安至洛阳	《旧唐书·玄宗纪上》
唐玄宗	开元二十年十月壬午	开元二十年十月辛丑	洛阳至太原	《资治通鉴·唐纪二十九》
唐玄宗	开元二十年十一月②	开元二十年十二月辛未	太原至长安	《资治通鉴·唐纪二十九》
唐玄宗	开元二十二年正月己巳	开元二十二年正月己丑	长安至洛阳	《旧唐书·玄宗纪上》
唐玄宗	开元二十四年十月戊申	开元二十四年十月丁卯	洛阳至长安	《资治通鉴·唐纪三十》

　　上表共记载了 37 次皇帝往返长安、洛阳、太原的记录，有明确出发时间记载则有 36 次，其中正月有 8 次，二月有 6 次，三月有 3 次，四月有 2 次，九月有 1 次，十月有 11 次，十一月有 5 次。由此，皇帝出发日期大致在十月、十一月、正月、二月、三月、四月、九月这七个月份，十二月、五月、六月、七月、八月则不见记载，说明这五个月皇帝行幸的时间稀见。在皇帝行幸的七个月中，十月出现 11 次，频次最高；其次是正月，8 次；二月，6 次，居第三位；十

---

　　①　开元十一年(722)二月壬子，(唐玄宗)"祭祀后土于汾阴之上"。(见《旧唐书》卷八《玄宗纪上》，第 185 页。)后土祠祭实则为唐玄宗在晋州举行的祭祀活动。当时，唐玄宗离开并州去晋州祭祀，并未返回并州而是继续前行。可以说当时唐玄宗已离开并州，在去往长安的路上。晋州离并州并不远，且玄宗是正月辛卯日到达的并州，故在此可判断唐玄宗离开并州时间大致是二月份。

　　②　唐玄宗开元二十年(731)十月辛丑，"至北都，癸丑，曲赦太原，给复三年"。(见《旧唐书》卷八《玄宗纪上》，第 198 页。)按：是月辛未朔，并无辛丑日、癸丑日。此处，当从《新唐书》所记载的"十一月"。

一月,5次,位列第四;九月最少,仅1次;四月次之,有2次。其正月、二月、三月、十月、十一月共出行33次,占91.67%,四月、九月共出行3次,则占8.33%。

上述统计中,九月的一次行幸系指开元十五年(727)闰九月庚申日,车驾发东都,并于当年十月己卯日至自东都。初,唐玄宗打算于当年闰九月十五日取北路幸长安,后因同州暴水,沿途供置尚缺,只得推迟到闰九月庚申日。唐玄宗之所以选择九月西幸,《唐大诏令集·北路幸长安制》给出了解释,其文曰:

> 朕粤自鄷镐,省方瀍洛。属九服宁晏,四时顺成,殊征庞殷,景福纷委。遂荷灵睠,登于介丘,居厥成功,允答休祐。盖敬天之命,不敢以宁也。我来于东,岁亦数稔,而西土耆老,徯予多怨。况关辅之地,比则有年,宜叶卜征之祥,式展时巡之义。可以今年闰九月十日取北路幸长安。①

引文所述,唐玄宗西幸长安的理由有三:第一,已完成泰山告功大典,已得上天的庇佑;第二,东幸已有数年,关中父老望幸之情极为强烈;第三,关辅粮食大丰收,足以供置,不需于东都就食。此一理由符合"行必有名"的古礼要求,因需晓谕天下,行幸缘由的设定要冠冕堂皇一些。除此之外,唐玄宗此次西幸恐与吐蕃寇边有关。开元十五年正月,凉州都督"王君㚟破吐蕃于青海之西,虏辎车、马羊而还"。② 此一战开启了新的一年唐与吐蕃的争夺战。九月丙子日,"吐蕃寇瓜州,执刺史田元献及王君㚟父寿,杀掠人吏,尽取军资仓粮而去"。③ 闰九月庚子日,"突厥骑施苏禄、吐蕃赞普围安西,副大都护赵归贞击走之"。④ 又,唐玄宗驾离东都的"庚申日"已是闰九月二十二日,可以说唐玄宗行幸日期选择并非突兀。

两次四月行幸的实践者均为唐高宗。显庆五年(660)四月车驾巡幸洛阳的出发地为并州。早在其年正月甲子,唐高宗已离开洛阳行幸并州,在并州呆了三个月,于四月返回洛阳。⑤ 如果说此次出行属常态下的巡察活动,那么,永淳元年(682)四月的巡洛之行则极为仓促。史载:

① 《唐大诏令集》卷七十九《北路幸长安制》,第454页。
② 《旧唐书》卷八《玄宗纪上》,第190页。
③ 《旧唐书》卷八《玄宗纪上》,第191页。
④ 《旧唐书》卷八《玄宗纪上》,第191页。
⑤ 《旧唐书》卷四《高宗纪上》,第80页。

夏,四月,甲子朔,日有食之。上以关中饥馑,米斗三百,将幸东都;丙寅,发京师,留太子监国,使刘仁轨、裴炎、薛元超辅之。时出幸仓猝,扈从之士有饿死于中道者。上虑道路多草窃,命监察御史魏元忠检校车驾前后。①

引文所述"上以关中饥馑,米斗三百",可为唐高宗行幸洛阳的原因。甲子日至丙寅日仅隔二十日,准备时间稍显仓促,引文也有"出幸仓猝,扈从之士有饿死于中道者"的记载。故,可判定永淳元年的四月之行当属非常态下的行幸状态。综合前述,可判定皇帝行幸出发日期基本在十月至次年三月之间,不含十二月。

皇帝到达时间则有 35 次,其中正月有 4 次,二月有 6 次,三月有 4 次,四月有 5 次,十月 7 次,十一月 6 次,十二月有 3 次。由此可以判定皇帝到达日期在正月、二月、三月、四月、十月、十一月、十二月等七个月份,其余五月、六月、七月、八月、九月则不见记载。另,永隆元年(680)十月己酉,唐高宗自洛阳西幸至长安的日期,现存史料未见记载。"开耀元年(681)春正月庚辰,以初立太子,敕宴百官及命妇于宣政殿,引九部伎及散乐自宣政门入"。② 足以判定开耀元年正月,高宗已至长安,到长安的日期大致在十一月到正月之间,也符合上述结论。皇帝到达时间频次较为平均,最高是十月,7 次;最低是十二月,3 次。其余正月、二月、三月、四月、十一月也是皇帝到达时间的集中点。

综上,皇帝出发日期的集中点在十月、十一月、正月、二月、三月,到达日期的集中点在正月、二月、四月、十月、十一月、十二月,可以推测皇帝远距离行幸时间段大致在十月至次年四月之间。

其二,皇帝往返京郊的离宫别馆则为其行幸日期选择的第二种情况。今以九成宫、温泉宫为例来探讨其行幸的日期选择。具体解析如下:第一,唐代皇帝往返九成宫日期选择。其文献资料梳理如下:

往返时间	停留时间	文献来源
贞观六年三月戊辰——十月乙卯	六个月又十二天	《资治通鉴·唐纪十》

---

① 《资治通鉴》卷二百三唐高宗永淳元年夏四月条,第 6407 页。
② 《资治通鉴》卷二百二唐高宗永隆元年春正月庚辰条,第 6399 页。

贞观七年五月癸未— 十月庚申	四个月又二十七天	《旧唐书·太宗纪下》
贞观八年三月庚辰— 十月甲子	七个月又十五天	《新唐书·太宗皇帝纪》
贞观九年三月戊辰— 十月乙卯	七个月又十七天	《旧唐书·太宗纪下》
贞观十三年四月戊寅— 十月甲申	六个月又六天	《旧唐书·太宗纪下》
贞观十八年四月辛亥— 八月甲子	四个月又十三天	《旧唐书·太宗纪下》
永徽五年三月戊午— 九月丁酉	五个月又二十一天	《唐会要·行幸》
麟德元年二月癸卯— 八月丙子朔	五个月又十二天	《册府元龟·帝王部· 巡幸二》
总章元年二月戊寅— 八月癸酉	五个月又二十五天	《旧唐书·高宗纪下》
总章二年四月己酉朔— 九月己亥	五个月又二十天	《资治通鉴·唐纪十七》
咸亨元年四月庚午— 八月丁巳	三个月又二十天	《新唐书·高宗纪》
咸亨四年四月丙子— 十月庚子	六个月二十五天	《册府元龟·帝王部· 巡幸二》
仪凤元年四月戊午— 九月甲子朔	四个月又六天	《新唐书·高宗纪》
仪凤三年五月壬戌— 九月丁巳	三个月又二十五天	《册府元龟·帝王部· 巡幸二》

据以上材料可知,唐朝皇帝行幸九成宫的记录集中在唐太宗和唐高宗两个
时期。唐太宗在位期间有 6 次行幸九成宫,唐高宗则有 8 次,唐朝皇帝行幸
九成宫的次数为 14 次。出发时间可考者也有 14 次,其中二月 2 次,三月 4
次,四月 6 次,五月 2 次。由此可见,皇帝行幸九成宫集中在二、三、四、五四
个月,其余的正月、十二月、十一月、十月、九月、八月、七月、六月八个月未见
记载。离开九成宫的时间可考者也有 14 次。十月 6 次,八月 4 次,九月 4
次。可见,皇帝离开九成宫的时间集中在八月、九月和十月三个月,以十月

尤多。与出发时间相较,可以得出以下结论:皇帝在二、三、四、五、六、七、八、九、十,九个月内都有可能行幸九成宫,或在行幸的路上。如果皇帝行幸九成宫,那么六月、七月一定会呆在那里。皇帝在正月、十一月、十二月是绝对不会行幸九成宫的,皇帝最有可能行幸九成宫的时间是四月,最有可能离开的时间是十月。皇帝在九成宫的时间来看,三个月的有 2 次,四个月的有 3 次,五个月的有 4 次,六个月的有 3 次,七个月的则有 2 次。最短的是三个月又二十天,呆的最长的是七个月又十二天。可见,九成宫不是皇帝临时游幸的离宫而是充分发挥了它的避暑功能。正是因为九成宫避暑功能的发挥使得皇帝行幸九成宫往返时间在特定时间段上。

第二,皇帝往返温泉宫日期选择。新丰温泉以及由此建立的温泉离宫是唐朝皇帝经常光顾的地方。有唐一代,先后有唐高祖、唐太宗、唐高宗、唐中宗、唐玄宗、唐宪宗、唐穆宗、唐敬宗等先后有八位皇帝时常光顾。其文献资料梳理如下:

往返时间	停留时间	文献来源
武德六年二月庚戌— 二月甲寅	四天	《新唐书·高祖纪》
贞观四年二月己亥— 二月丙午	八天	《旧唐书·太宗纪上》
贞观五年十二月壬寅— 十二月戊申	六天	《旧唐书·太宗纪下》
贞观十四年二月壬午— 二月辛卯	九天	《旧唐书·太宗纪下》
贞观十六年十二月癸卯— 十二月乙巳	二天	《旧唐书·太宗纪下》
贞观十七年十二月庚申— 十二月庚午	十天	《新唐书·太宗皇帝纪》
贞观二十二年正月戊戌— 正月戊申	十天	《册府元龟·帝王部·巡幸二》
贞观十八年正月壬寅— 不详	不详	《新唐书·太宗皇帝纪》
永徽四年十月庚子— 十月乙巳	五天	《旧唐书·高宗纪上》

龙朔二年十月丁酉— 十月丁未	十天	《旧唐书·高宗纪上》
调露二年二月癸丑— 二月甲子	十一天	《册府元龟·帝王部·巡幸二》
景龙三年十二月甲子— 十二月己巳	六天	《旧唐书·中宗纪》
先天元年十月癸卯— 不详	不详	《资治通鉴·唐纪二十六》
开元元年十一月己亥— 十一月乙巳	六天	《资治通鉴·唐纪二十六》
开元二年九月戊申— 十月戊午	十天	《旧唐书·玄宗纪上》
开元三年十一月乙酉— 十一月甲午	九天	《新唐书·玄宗纪》
开元四年二月丙辰— 二月丁卯	十一天	《旧唐书·玄宗纪上》
开元四年十二月乙卯— 十二月乙丑	十天	《旧唐书·玄宗纪上》
开元七年十月辛卯— 十月癸卯	十二天	《旧唐书·玄宗纪上》
开元八年十月庚寅— 十一月乙卯	二十四天	《新唐书·玄宗纪》
开元九年正月丙寅— 正月乙亥	九天	《新唐书·玄宗纪》
开元九年十二月乙酉— 十二月壬辰	七天	《新唐书·玄宗纪》
开元十一年十月丁酉— 十月甲寅	十七天	《资治通鉴·唐纪二十九》
开元十五年十二月乙亥— 十二月丙戌	十一天	《旧唐书·玄宗纪上》
开元十六年十月乙卯— 十月乙丑	十天	《旧唐书·玄宗纪上》

开元十六年十二月丁卯——十二月丁丑	十天	《旧唐书·玄宗纪上》
开元十七年十二月辛酉——十二月壬申	十一天	《旧唐书·玄宗纪上》
开元十八年四月乙巳——四月丁未	二天	《册府元龟·帝王部·巡幸二》
开元十八年十一月丁卯——十一月丁丑	十天	《新唐书·玄宗纪》
开元二十一年正月丁巳——正月丁亥	三十天	《册府元龟·帝王部·巡幸二》
开元二十一年十月庚戌——十月己未	九天	《册府元龟·帝王部·巡幸二》
开元二十五年十一月壬申——十一月乙酉	十三天	《新唐书·玄宗纪》
开元二十六年十月戊寅——十月壬辰	十四天	《新唐书·玄宗纪》
开元二十七年十月丙戌——十一月辛丑	十五天	《新唐书·玄宗纪》
开元二十八年正月癸巳——庚子	七天	《旧唐书·玄宗纪下》
开元二十八年十月甲子——十月辛巳	十七天	《旧唐书·玄宗纪下》
开元二十九年正月癸巳——正月庚子	七天	《新唐书·玄宗纪》
开元二十九年十月丙申——十一月辛酉	二十五天	《旧唐书·玄宗纪下》
天宝元年十月丁酉——十一月己巳	六天	《旧唐书·玄宗纪下》
天宝二年十月戊寅——十一月乙卯	八天	《旧唐书·玄宗纪下》
天宝二年十二月戊申——十二月丙辰	三十七天	《旧唐书·玄宗纪下》

天宝三载正月辛丑—— 二月庚午	二十九天	《资治通鉴·唐纪三十一》
天宝三载十月癸巳—— 十一月丁卯	三十四天	《资治通鉴·唐纪三十一》
天宝四载十月丁酉—— 十二月戊戌	六十一天	《旧唐书·玄宗纪下》
天宝五载十月戊戌—— 十一月乙巳	七天	《新唐书·玄宗纪》
天宝六载冬十月己酉—— 十二月癸丑	六十四天	《资治通鉴·唐纪三十一》
天宝七载十月庚戌—— 十二月辛酉	七十天	《旧唐书·玄宗纪下》
天宝八载十月乙丑—— 九载正月己亥	九十三天	《资治通鉴·唐纪三十二》
天宝九载十月庚申—— 十二月乙亥	七十五天	《册府元龟·帝王部·巡幸二》
天宝十载十月壬子—— 十一载正月丁亥	九十五天	《新唐书·玄宗纪》
天宝十一载十月戊寅—— 十二月丁亥	五十八天	《新唐书·玄宗纪》
天宝十二载十月戊寅—— 十三载正月丙午	八十八天	《新唐书·玄宗纪》
天宝十三载十月乙酉—— 十三载十二月戊午	九十二天	《资治通鉴·唐纪三十三》
天宝十四载十月庚寅—— 十一月丙子	四十七天	《册府元龟·帝王部·巡幸二》
乾元元年十月甲寅—— 十一月丁丑	二十三天	《旧唐书·玄宗纪下》
元和九年十一月	即日	《册府元龟·帝王部·纳谏》
元和十五年十一月己未	即日	《资治通鉴·唐纪五十七》
长庆二年十一月癸酉	即日	《旧唐书·穆宗纪》
宝历元年十一月庚寅	即日	《旧唐书·敬宗纪》

据史料记载唐朝皇帝行幸温泉宫共有 59 次。皇帝出发时间二月 5 次,十二月 10 次,正月 7 次,十月 27 次,十一月 8 次,九月 1 次,四月 1 次。由此可见,皇帝行幸新丰温汤的时间集中在九月、十月、十一月、十二月、正月、二月、四月等七个月,其余三月、五月、六月、七月、八月等五个月均不见皇帝行幸记载。皇帝行幸温汤以十月居多有 27 次,其次是十二月 10 次,再次是十一月 8 次。九月和四月最少,各仅 1 次。十月、十一月、十二月、正月、二月这样的冬季性季节里,皇帝行幸新丰温汤有 57 次占 96.6%。皇帝离开新丰温汤的时间记录共有 57 次。其中二月 6 次,十二月 17 次,正月 9 次,十月 8 次,十一月 16 次,四月 1 次。由此可见,皇帝从新丰温汤返回的时间大致在十月、十一月、十二月、正月、四月。其余时间没有返回记录。皇帝从新丰温汤返回时间以十一月与十二月最多,都在 16 次以上,四月最低仅 1 次。据此可判断皇帝行幸华清宫的时间为十月至次年二月。就皇帝行幸新丰往返时间来看,皇帝行幸温汤与皇帝出发离开温汤间隔期并不明显,说明皇帝呆在温汤时间并不长。59 次新丰温汤之行,十日以下的有 32 次;十一日至二十日 10 次;二十日至三十日 4 次,三十日至四十 3 次,四十至五十日 1 次,五十日到一百日 9 次。行幸时间最短的是当天,时间最长的是九十三天。如果仔细探究不难发现,行幸新丰温汤时间在五十次以上的是都在天宝六载以后,行幸温汤超过二十天的则都在开元十一年(723)以后。开元十一年新丰温汤建设成温泉宫,这时的温汤不再是供皇帝一时游玩的地方,开始建成能用于办公的离宫。天宝六载(747)以后温泉宫改建华清宫,里面的建设更加完备,皇帝不仅在此可以办公还可以参加一些礼仪活动,这些成了皇帝常驻的原因。安史乱后华清宫一再遭到破坏,唐后期已无力建设华清宫,新丰温汤又成为皇帝暂跸之地,返程时间大都是当天。新丰温汤的驱寒性质决定了皇帝出发日期大都在冬季,随着温汤的建设完备,则皇帝的往返时间也在发生着变化。

可见,皇帝游幸离宫别馆的日期选定与离宫别馆的性质息息相关。皇帝游幸避暑离宫出发时间集中在春季,一般来说,都要在避暑离宫住几个月,等暑退后秋季才会离开。新丰温汤则不然。新丰温汤起初有驱寒的性质,更多的是用于暂跸之所。故,皇帝往往在秋末深冬游幸温汤,在那里逗留几天就回去。等新丰温汤建设成,皇帝游幸的温泉宫后,温泉宫开始建成驱寒离宫,皇帝在那里的时间开始变长。华清宫的出现是新丰温汤建设的最高阶段,皇帝行宫、祭祀之所、百司廨,扈从宅第,市场建设,供备体系进一步完备以后。华清宫成为政务中心兼驱寒离宫的功用,这样,玄宗每年十月例行华清宫,直至到春季返回长安。

其三,皇帝行幸礼的日期安排。现存唐代史料中对驻跸礼的举行期限有着明确的记载,诸如:

> 凡岁之常祀二十有二:冬至、正月上辛,祈穀;孟夏,雩祀昊天上帝于圆丘;季秋,大享于明堂;腊,蜡百神于南郊;春分,朝日于东郊;秋分,夕月于西郊;夏至,祭地祇于方丘;孟冬,祭神州、地祇于北郊;仲春、仲秋上戊,祭于太社;立春、立夏、季夏之土王、立秋、立冬,祀五帝于四郊;孟春、孟夏、孟秋、孟冬,腊,享于太庙;孟春吉亥,享先农,遂以耕籍。①

引文所述,二十二常祀均为时祀,其祭祀时间分布于春、夏、秋、冬四季的重要节点,有些具体到月,诸如孟夏、季秋、腊、季夏、孟春、孟秋、孟冬、仲春、仲秋等;有些具体到日,诸如冬至、正月上辛、春分、秋分、夏至、立春、立夏、立秋、立冬等。对于非常祀的行幸驻跸礼而言,古礼也有规定,史载:

> 天子五年一巡守:岁二月,东巡狩至于岱宗,柴而望祀山川,觐诸侯,问百年者就见之。命太师陈诗以观民风,命市纳贾以观民之所好恶,志淫好辟。命典礼考时月,定日,同律,礼乐制度衣服正之。山川神祇,有不举者为不敬,不敬者,君削以地。宗庙,有不顺者为不孝;不孝者,君绌以爵。变礼易乐者为不从,不从者,君流;革制度衣服者为叛,叛者君讨。有功德于民者加地进律。五月,南巡守至于南岳,如东巡守之礼。八月,西巡守至于西岳,如南巡守之礼。十有一月,北巡守至于北岳,如西巡守之礼。归,假于祖祢,用特。②

引文为《礼记·王制》篇关于天子巡守的记载。"守"通"狩","巡守"即"巡狩。"该篇对天子巡狩时间进行了界定。二月,巡狩岱宗即泰山;五月,巡狩南岳即衡山;八月,巡狩西岳即华山;十一月,巡狩北岳即衡山。此为四岳封祀。同时,中岳封祀的理念在先秦时期业已形成。《礼记·孔子闲居》载:"其在《诗》曰:嵩高维岳,峻极于天。维岳降神,生甫及申。维申及甫,惟周之翰。"③又,《礼记·王制》亦有"天子祭名山大川,五岳视三公,四渎视诸侯"④的记载,兹可为证。对于中岳封祀期限,史书并未有明确记载。司马

---

① 《新唐书》卷十一《礼乐志一》,第310页。
② 《礼记正义》卷十一《王制第五》,《十三经注疏》,第2874—2875页。
③ 《礼记正义》卷五十一《孔子闲居》,《十三经注疏》,第3510页。
④ 《礼记正义》卷十二《王制》,《十三经注疏》,第2891页。

迁在对《尚书》虞舜巡狩四岳名目的诠释中说:"中岳,嵩高也。五载一巡狩。"①所谓"五载一巡狩"并未指向月份。

就五岳封祀而言,唐以前已有秦始皇、汉武帝、汉光武帝、王莽(计划)进行泰山封祀,秦始皇封禅月份不详,②汉武帝于四月封禅③外,王莽④、光武帝均遵循"二月,东巡狩至于岱宗"的古礼。作为中古时期较为强盛的唐代而言,皇帝封祀五岳的活动较为频繁。其资料列表如下:

表 1－2　唐代皇帝封祀五岳一览表

皇帝	封禅年月	是否成行	封禅地	史料来源
唐太宗	贞观十六年二月	否	泰山	《新唐书·太宗纪》
唐太宗	贞观二十二年二月	否	泰山	《新唐书·太宗纪》
唐高宗	乾封元年正月	是	泰山	《旧唐书·高宗纪下》
唐高宗	上元三年冬	否	嵩山	《资治通鉴·唐纪十八》
唐高宗	调露元年冬至	否	嵩山	《旧唐书·高宗纪下》
唐高宗	永淳二年十一月	否	嵩山	《旧唐书·高宗纪下》
武则天	万岁登封元年腊月	是	嵩山	《旧唐书·礼仪志三》
唐玄宗	开元十三年十一月	是	泰山	《旧唐书·礼仪志三》
唐玄宗	天宝九载十一月	否	华山	《唐会要·封禅下》

据上表可知,皇帝封禅对象不再囿于泰山一岳,还延及中岳嵩山与西岳华山。在封祀泰山的四例中,唐太宗两次下诏有事于泰山的时间均定在二月,虽未成行,就其计划的时间而言,符合古礼的要求。唐高宗成行的封禅时间为正月初一到初五;唐玄宗则为十一月十日至十三日,有违于古礼的要求。封祀嵩山的四例中,唐高宗、武则天均将时间定为冬季。囿于古礼并未对嵩山封祀的年月予以确认,故此无法判断行礼日期的参考。封祀华山仅一例,源于唐玄宗特殊的华山情结,其封祀时间定为十一月,此与古礼所述"八月,西巡守至于西岳"差异甚大。可以说,唐代五岳封祀并未完全遵循古礼的要求,多是自主选择良辰吉日。总体说来,除却上元三年(676)封禅月份不具体外,其主要分布在十一月、腊月、正月、二月四个阶段。

2. 择期的原因

唐代皇帝行幸的时间基本选在十月至次年四月之间是有原因的,主要如下:其一,避开暑天。一般来说,天气过热,不利于皇帝及扈从人员出行。史载:

① 《史记》卷二十八《封禅书》,第 1356 页。
② 《史记》卷六《秦始皇本纪第六》,第 242 页。
③ 《史记》卷二十八《封禅书》,第 1398 页。
④ 《汉书》卷九十九《王莽传》,第 4131—4134 页。

伏惟天皇大帝……爰降恩旨,行幸东都。然以星见苍龙,日躔朱鸟,清风用事,庶汇且繁,桑翳叶而眠蚕,麦飞芒而雏雉。详求《易纬》,是君无发众之辰;博访《礼经》。当人急劝农之月:固未可陈诗展义,拜洛观河。况序属亢阳,时方避暑,露台风馆,尚多薰灼之劳;帐殿帷宫,将有郁蒸之弊。天皇昔尝服饵,近更躬亲,睿情勤苦,天仪憔悴,若何以万乘之重,四海之尊,暴露而行,旰日而食者也?加以官僚扈从,或少资粮,程期迫促,未遑周办。必若事应巡狩,务从宽恤,犹望白露凉风,然后清畿洒道,下不违于人欲,上无隔于天心,可举而行,庶几于此。臣又闻关中属县,畿内傍州百姓驱驰,颇多饥馁。天皇仁深覆育,并令赈赡:求转徙者,任其逐粮;欲宁居者,加其廪食:家怀再造,人得安全,乞至秋来,不烦圣虑,特乞少留。[1]

此为《代皇太子请停幸东都表》,作者为崔融。按,崔融曾为唐中宗的太子侍读,史载其"兼侍属文,东朝表疏,多成其手"。[2] 故,此时的皇太子当为唐中宗。又,"天皇大帝"系指唐高宗,其于调露二年(680)八月乙丑日册封英王哲为皇太子,此处的东都巡幸当在永隆元年(680)[3]后。现存史料明确记载,唐高宗在永隆元年以后仅于永淳元年(682)四月巡幸东都。史载:

永淳元年,夏,四月,甲子朔,日有食之。上以关中饥馑,米斗三百,将幸东都;丙寅,发京师,留太子监国,使刘仁轨、裴炎、薛元超辅之。时出幸仓猝,扈从之士有饿死于中道者。上虑道路多草窃,命监察御史魏元忠检校车驾前后。"[4]

前引《代皇太子请停幸东都表》所述"天皇仁深覆育,并令赈赡,求转徙者,任其逐粮"与引文所述"关中饥馑,米斗三百"的记载内容相合。又,"加以官僚扈从,或少资粮程期,迫促未遑周办"与"时出幸仓猝,扈从之士有饿死于中道者"的记载相合。还有"然以星见苍龙,日躔朱鸟……帐殿帷宫,将有郁蒸之弊"与永淳元年夏四月天气情况的记载相合。可见,皇太子上表劝谏唐高

---

① 《文苑英华》卷六百五崔融《皇太子请停幸东都表》,第3136页。
② 《旧唐书》卷九十四《崔融传》,第2996页。
③ 唐高宗于调露二年八月乙丑,册立英王哲为皇太子后,改元永隆。(见《旧唐书》卷五《高宗纪下》,第106页。)
④ 《资治通鉴》卷二百三唐高宗永淳元年夏四月条,第6407页。

宗停幸东都当为永淳元年四月之行。此处,皇太子劝谏的理由为"属亢阳时,方避暑露台风馆,尚多薰灼之劳,帐殿帷宫,将有郁蒸之弊"系指天气过热,不利于出行。为此,还建议皇帝"必若事应巡狩,务从宽恤,犹望白露凉风,然后清畿洒道,下不违于人欲,上无隔于天心,可举而行,庶几于此"。即等待秋后天气凉爽后方行。虽然此建议并未得到唐高宗的采纳,但据引文所述"时出幸仓猝,扈从之士有饿死于中道者"来说,足以表明皇帝远行,一般要考虑天气因素。四月出行尚是如此,五至八月可想而知。

其二,俟农隙日行幸。开元二十四年(736)正月敕:

> 以前议西幸,属岁不登,关辅之间,且欲无扰。今稼渐熟,漕运复多,而陵寝久违,蒸尝永感。农隙顺动,得非其时。前取今年十月幸西京者,以其月三日发东都,取南路。应缘顿所要,务从节减。所司明为条例,勿有烦劳。①

此为唐玄宗自东都西幸长安的敕文,此后唐玄宗不再东幸洛阳。敕文所列此行原因颇多,其中"农隙顺动,得非其时"是其选择十月西幸的重要原因。可见,"农隙顺动"可谓唐代皇帝行幸的原则。现存史料所列甚多。诸如李峤在扈从皇帝还洛时写道:"孟冬霜霰下,是月农功毕。天道向归余,皇情美阴骘。"②引文所述"是月农功毕"当指皇帝行幸在农隙日,兹可为证。又,唐玄宗先天元年(712)九月将幸新丰之温汤,时任左拾遗的张九龄、韩朝宗以"时属收获恐妨农事"上疏切谏,得到了唐玄宗的褒奖,各赐衣一副。③亦可为证。

同时,皇帝外出校猎也关注农收情况。史载:

> 贞观十四年(640),太宗将幸同州校猎,属收获未毕,(刘)仁轨上表谏曰:"今年甘雨应时,秋稼极盛,玄黄亘野,十分才收一二,尽力刈获,月半犹未讫功,贫家无力,禾下始拟种麦。直据寻常科唤,田家已有所妨。今既供承猎事,兼之修理桥道,纵大简略,动费一二万工,百姓收敛,实为狼狈。臣愿陛下少留万乘之尊,垂听一介之言,退近旬日,收刈总了,则人尽暇豫,家得康宁。舆轮徐动,公私交泰。"太宗特降玺书劳

---

① 《册府元龟》卷一百十三《帝王部·巡幸第二》,第1356页。
② 《文苑英华》卷一百七十一李峤《扈从还洛呈侍从群臣》,第829页。
③ 《册府元龟》卷五百四十九《谏诤部·褒赏》,第6594—6595页。

曰："卿职任虽卑，竭诚奉国，所陈之事，朕甚嘉之。"①

引文所述，"玄黄亘野，十分才收一二，尽力刈获，月半犹未讫功，贫家无力，禾下始拟种麦"当指唐太宗校猎的时间为农时。刘仁轨认为于农时校猎不仅迫于劳役还不利于农业生产，极为不便。他还建议皇帝稍退旬日，待农忙过后再行校猎。可以说，刘仁轨的上表符合"农隙顺动"的原则。唐太宗予以嘉之，也是对此一原则的认可。当然，皇帝行驻跸礼也会选在农隙期进行。史载：

> 敕朕自迁徙，旋于京师，将欲请罪祖宗，告谢天地，所司选日，行有期矣。议者多以大盗之后，人劳靡居，惧愆岁功，请俟农隙，若俯顺群议，则私怀不安，将祗率典章，又疲氓重扰，夙夜忧惕，罔知所裁，宜令常参官集议中书门下详其折衷闻奏。②

此为陆贽代写的敕文，③据此"朕自迁徙，旋于京师"当指唐德宗于兵变平息后回京。"请罪祖宗，告谢天地"系指郊庙告祀，无论是南郊告祭昊天上帝、北郊告祭皇地祇还是太庙告祭皆为行驻跸礼。此时的告祀对于唐德宗而言不仅限于请罪，更多的着力于皇权正统的确认与统治秩序的新塑，意义重大。故，唐德宗欲尽快举行告祭礼，囿于群臣所谓"人劳靡居，惧愆岁功，请俟农隙"的困扰。其"请俟农隙"当指行驻跸礼对"农隙顺动"原则的坚持。

其三，群臣的议定。一般来说，皇帝行幸要参考宰相与群臣的建议。史载：

> 开元二十年(732)冬，十月，戊申，车驾发东都。先是，敕以来年二月二日行幸西京，会宫中有怪，明日，上召宰相，即议西还。裴耀卿、张九龄曰："今农收未毕，请俟仲冬。"李林甫潜知上旨，二相退，林甫独留，言于上曰："长安、洛阳，陛下东西宫耳，往来行幸，何更择时！借使妨于农收，但应蠲所过租税而已。臣请宣示百司，即日西行。"上悦，从之。④

①《旧唐书》卷八十四《刘仁轨传》，第2790页。
②《唐大诏令集》卷六十七《百官议大礼期日敕》，第378页。
③（唐）陆贽撰，王素点校：《陆贽集》卷五《令百僚议大礼期日诏》，北京：中华书局，2006年版，第159页。
④《资治通鉴》卷二百一十四唐玄宗开元二十年冬十月条，第6822页。

引文所述,"上召宰相"当指裴耀卿、张九龄、李林甫当时皆值政事堂。尽管,李林甫技高一筹,裴耀卿与张九龄的对答未称上意,足以证明皇帝行幸日期的确定仍要找宰相商议。

宰相之外,群臣亦有参议权。前引《唐大诏令集·百官议大礼期日敕》反映的是唐德宗乱后返京,欲祭祀郊庙以谢罪的事实。唐德宗急于举行告祀礼,"所司"选期过晚并不满意。引文所述的"议者"与"常参官集议"相合,其身份当为"常参官"。所谓常参官系指"五品以上职事官,八品以上供奉官,员外郎、监察御史、太常博士"①等日常朝参的官员,范围极广。"朝参集议"后则由中书门下详其折衷闻奏,此处的"中书门下"已不再指中书省与门下省,而是指宰相处理机关。② 据此可为其证。又,《唐大诏令集·罢告谢郊庙敕》载:

> 朕一经迁徙,久旷礼仪,不唯霜露之感,实贻失坠之忧。赖先泽在人,上帝临我,克平大难,载复旧京,方欲展礼郊丘,请罪宗庙,而乃左右股肱卿士,询谋金同,明孝敬之大端,陈古今之正议。三省章表,深体乃诚,以义制心,允从众请,予之不德,愧叹良深,其来年告谢郊庙,百僚请俟后期者,可之。③

此为兴元元年(784)十二月甲午日唐德宗颁发的敕文。④ 引文所述,唐德宗本欲因銮舆播迁告罪于郊庙,时间业已决定。无奈,左右股肱卿士、三省官员同议其不可,不得已允请。其后又有"百僚"请俟后期者均可证明行幸日期是群臣同议的结果。⑤

二、驾行卜日与卜日礼

择期后的具体出发时间的确定要以卜日的形式来完成。因其在传统社会中承担着行事结果的发展方向,卜日的使用范围极广,且充满着仪式感。

---

① 《唐六典》卷二《尚书礼部》,第33页。

② 开元十一年(723),张说改政事堂为中书门下后,中书门下正式成为国家政务运作中心,随着中书门下体制的发展和三省地位的削弱,中书门下成为超然于三省之上的相府。(刘后滨:《唐代中书门下体制下的三省机构和职权》,《历史研究》2001年02期。)因此可以说中书门下在作为职官性质时即称为宰相。

③ 《唐大诏令集》卷六十七《罢告谢郊庙敕》,第378页。

④ 《册府元龟》卷三十《帝王部·奉先第三》,第329页。

⑤ 《册府元龟·帝王部·奉先第三》载:"李晟自镇上表请权停郊庙之礼,百僚议与晟协,故有是诏。"(见《册府元龟》卷三十《帝王部·奉先第三》,第329页。)亦可佐证。

皇帝行幸亦即如此,且仪式规格最高,故在此予以解析。

1. 驾行卜日

所谓卜日即以占卜的形式用以确定行事日期的吉凶。这一形式由来已久。《周礼》曰:"凡国之大事,先筮而后卜。"①郑玄注曰:"当用卜者先筮之,即事渐也。于筮之凶,则止不卜。"②"卜"前先"筮",再次强调卜的重要性。又,《尚书·君奭》云:"惟兹惟德称,用乂厥辟。故一人有事于四方,若卜筮,罔不是孚。"③孔传曰:"一人,天子也。君臣务德,故有事于四方而天下化服,如卜筮,无不是而信之。"④亦凸显了"卜"的地位。"君行"也是先秦时期的大事,亦要卜筮。《礼记》云:"天子无筮,诸侯有守筮,天子道以筮。"郑玄注曰:"谓征伐出师若巡守也。天子至尊,大事皆用卜也。"⑤《左传》曰:"先王卜征五年,而岁习其祥,习祥则行。不习则增,修德而改卜。"⑥"先王卜征五年"系指古先王出行前五年就开始占卜,年年有吉兆,则外出;若有一年不是吉兆,则要修德,重新占卜。

这种"君行以卜"的传统在中古时期得以延续,大明三年(459),竟陵王刘诞坐罪贬为侯爵,为保命,刘诞于广陵起兵。为此,世祖孝武帝命老将沈庆之率军伐叛。时值久雨,城不得克,"上怒,命太史择日,将自济江讨诞,太宰(刘)义恭固谏,乃止"。⑦ 此处太史属卜筮之官,此官早在东汉时期已负责卜奏吉日。其文曰:"后汉太史令掌天时、星历;凡岁将终,奏新年历;凡国祭祀、丧葬之事,掌奏良日及时节禁忌。"⑧晋、宋、齐则将太史并入太常寺,主要掌天文地动,风云气色,律历卜筮等事。⑨ 据此可以说太史"择日"当为卜日。进而推论宋孝武帝欲亲征刘诞,仍要卜日成行,是可为证。

作为典章制度的完备期,唐代在"君行以卜"的传统中,也得以发展与完备:其一,礼典中君行卜日的范围确立。《大唐开元礼》卷一"择日条"已明确卜日的范围,其文曰:

> 凡大祀、中祀应卜日者及册命大事加元服,纳后、巡狩、亲征、封禅、

① 《周礼注疏》卷二十四《春官·筮人》,《十三经注疏》,第 1739 页。
② 《周礼注疏》卷二十四《春官·筮人》,《十三经注疏》,第 1739 页。
③ (汉)孔氏传,(唐)陆德明音义,(唐)孔颖达疏:《尚书正义》卷十六《周书·君奭》,(清)阮元校刻:《十三经注疏》,北京:中华书局,2009 年版,第 476 页。
④ 《尚书正义》卷十六《周书·君奭》,《十三经注疏》,第 476 页。
⑤ 《礼记正义》卷五十四《表记》,《十三经注疏》,第 3569 页。
⑥ 《春秋左传正义》卷三十二鲁襄公十三年条,《十三经注疏》,第 1955 页。
⑦ 《资治通鉴》卷一百二十九宋世祖孝武皇帝大明三年六月条,第 4047 页。
⑧ 《通典》卷二十六《职官八·秘书监》,第 738 页。
⑨ 《隋书》卷二十七《百官志中》,第 755 页。

　　太子纳妃、出师命将并前七日，卜日于太庙南门之外。①

　　引文所述的"大祀""中祀""巡狩""亲征""封禅"均属皇帝行幸的范畴。"大祀"系祭祀"昊天上帝、五方上帝、皇地祇、神州宗庙"；中祀系祭祀"日月星辰、社稷、先代帝王、岳镇海渎、帝社、先蚕、孔宣父、齐太公诸太子庙"。②大祀、中祀皇帝均可参与，故，此种驻跸地祭祀活动可视为皇帝行幸。当然，并非所有的"大祀"与"中祀"均需要卜日。《新唐书·礼乐一》对其进行了界定。其文曰："凡大祀、中祀无常日者卜，小祀则筮，皆于太庙。"③

　　引文所述，"巡狩"实为"巡狩礼"，其属吉礼的一种，《大唐开元礼·巡狩礼》具体由"皇帝巡狩告于圜丘""皇帝巡狩告于太社""皇帝巡狩告于太庙""皇帝巡狩"等程式组合而成。其告祀圜丘、告祀太社、告祀太庙皆曰"将告有司卜日如别仪"④"皇帝巡狩"由銮驾出宫、燔柴告至、望秩于山川、肆觐东后、考制度等程式，并未明确记载需卜日，原因多来自于礼典的制作需参详先秦古礼。即二月东巡狩至岱宗；八月西巡狩至于西岳；十一月北巡狩至于北岳。⑤"二月""八月""十一月"时间相对固定，且巡狩前皇帝已将诏令颁告诸州，诏敕文书中已有时间选项，故礼典中未载卜日内容。

　　引文所述，亲征即行亲征礼，其属于军礼的一种，《大唐开元礼·亲征礼》主要由"皇帝亲征类于上帝""皇帝亲征宜于太社""皇帝亲征造于太庙""皇帝亲征祃于所征之地"等程式。⑥一如巡狩礼，皇帝祀上帝、太社、太庙均需卜日；祃祭亦是如此。⑦此乃亲征"卜日"的反映。

　　引文所述"封禅"其实分为两部分：一则为封，祭于大山祀天；二则为禅，即于小山祀地。《大唐开元礼》"封禅礼"属吉礼内容，指向东岳泰山的封

① 《大唐开元礼》卷一《择日》，第12页。
② 《大唐开元礼》卷一《择日》，第12页。
③ 《新唐书》卷十一《礼乐志一》，第311页。
④ 《大唐开元礼》卷五十六《皇帝巡狩告于圜丘》，第307页。《大唐开元礼》卷五十八《皇帝巡狩告于太社》，第311页。《大唐开元礼》卷六十《皇帝巡狩告于太庙》，第316页。
⑤ 《大唐开元礼》卷六十二《皇帝巡狩》，第321—328页。其参详古礼如下："天子五年一巡守：岁二月，东巡守至于岱宗……五月，南巡守至于南岳，如东巡守之礼。八月，西巡守至于西岳，如南巡守之礼。十有一月，北巡守至于北岳，如西巡守之礼。"（见《礼记正义》卷十一《王制第五》，《十三经注疏》，第2874—2875页。）
⑥ 其"亲征及巡狩郊祀有司载于国门""亲征及巡狩告祭山川""平荡贼寇宣露布""遣使劳军将"非皇帝亲祭，不列入其中。（见《大唐开元礼》卷八十四《亲征及巡狩郊祀有司载于国门》，第403—405页。《大唐开元礼》卷八十四《亲征及巡狩告祭山川》，第406—407页。《大唐开元礼》卷八十四《平荡贼寇宣露布》，第407页。《大唐开元礼》卷八十四《遣使劳军将》，第407页。）
⑦ 《大唐开元礼·皇帝亲征祃于所征之地》载："将祭，有司卜日如别仪。"（见《大唐开元礼》卷八十四《皇帝亲征祃于所征之地》，第403页。）是为其证。

禅,其分"皇帝封祀于泰山""皇帝禅于社首山"两种制礼。其中,"皇帝封祀
于泰山"已明确卜日内容,其文曰:"皇帝将有事于泰山,有司卜日如别仪"①
是为其证。"皇帝禅于社首山"虽未明确说明,但据其所载可以推演。第一,
封与禅本为一体,"封"的卜日其实也是"封禅"一体的卜日。诸如麟德三年
(666)正月唐高宗于泰山行封禅礼,其年正月初一,唐高宗于泰山下封祀坛
祭祀昊天上帝;初二,于泰山之巅行登封礼;初三则禅社首,祭祀皇地祇。万
岁登封元年(696)腊月武则天于嵩山行封禅礼。其年甲申日即十一日封祀
神岳;丁亥日即十四日禅于少室。第二,"皇帝禅于社首山"曰:"前祭七日,
太尉誓百官于行从尚书省,曰某月某日皇帝禅于社首山,各扬其职,不供其
事,邦有常刑。"②按,前引《大唐开元礼·序例》"择日"条载:"前七日,卜日
于太庙南门之外。"那么,上引"前祭七日"太尉宣布的禅祀时间当为卜日后
的时间。又,《大唐开元礼·孟冬祭神州于北郊有司摄事》载:"将祭有司卜
日如别仪。前祭七日,平明,太尉誓百官于尚书省,曰某月某日祭神州地祇
于北郊,各扬其职,不供其事,国有常刑。"③引文所述的"将祭有司卜日如别
仪"恐为《大唐开元礼·皇帝禅于社首山》记载中的疏漏。

其二,"君行卜日"实践的注重。祭祀之外,唐代皇帝的常态行幸是要卜
日的。生活在唐玄宗时期的吕令问著有《驾幸天安宫赋》,其文曰:

> 卓哉有唐之开元也,拉五帝而轶三皇,洒云雨之霈泽,炯日月之重
> 光……于是乎,天子乃命群僚考吉日,升玉辇,驰清跸……东都士庶扶
> 轮送,西土诸侯扫地迎。君之德兮德无有,路旁劳赏皆牛酒。乘舆一至
> 长安城,千秋万岁南山寿。④

按,唐朝没有天安宫,有大安宫。《长安志·宫室四》载:"此宫在城之
西,垂拱前殿、戢武殿、文殿、翠华殿、祭酒台。"⑤"天"恐为"大"之谬。引文
所述,"东都士庶扶轮送,西土诸侯扫地迎""乘舆一至长安城,千秋万岁南山
寿"皆说明此次驾幸的出发点为东都。"乃命群僚考吉日",说明唐玄宗此行
是要卜日的。

与吕令问生活在同一时期的王諲,著有《花萼楼赋》,其文曰:

①　《大唐开元礼》卷六十三《皇帝封祀于泰山》,第328页。
②　《大唐开元礼》卷六十三《皇帝禅于社首山》,第328页。
③　《大唐开元礼》卷三十二《孟冬祭神州于北郊有司摄事》,第183页。
④　《文苑英华》卷五十八吕令问《驾幸天安宫赋》,第264—265页。
⑤　《长安志》卷六《宫室四·唐上》,第131页。

六合清朗，天地静谧；明主垂裳，贤臣屈膝。龙舆亲览，珠旗晓出；言羽卫以清帐，敕太史之择日。点翠幕而夹道，列云影而竟术；万国争驰而骈会，千官毕扈而咸秩。①

引文所述的当为唐玄宗驾幸花萼楼的盛景：仪仗壮观，羽卫森严，扈从千万等。其"敕太史之择日"当指皇帝驾幸花萼楼需要卜日。又，《唐开元占经》曰："苍白云气入轸王者，不可行幸宫观，"②亦可说明吉日驾幸宫观的重要性。

又，《翰苑集·收复京师遣使宣慰将吏百姓诏》载：

宜令吏部侍郎班宏充上都宣慰使，劳问将士，抚绥烝黎，招辑流亡，慰安反侧。朕续整饬法驾，择日还京，告谢于祖宗，请罪于天地，策勋行赏，大报忠烈，铭功永代。与国同休。明宣朕怀，咸使知悉。③

此为陆贽代唐德宗起草的诏书。按，兴元元年（784）五月，驾在梁州，李晟收复京师，此诏当颁发于其年五月后。引文所述"择日还京"当为卜日，可为"君行卜日"的例证。又，《旧唐书·德宗纪上》载："（六月）戊午，车驾还京，发兴元"，④其六月戊午日当为所卜的还京日。

当然，皇帝游幸仍要卜日。《中朝故事》卷上载：

宫苑之间八节游从，固多名目。每岁樱桃熟时，两军各择日排宴祇侯行幸，谓之行从，盛陈歌乐以止。尽日倡优百戏水陆无不具陈，在处堆积樱桃以充看玩也。⑤

引文所述，"两军"系指左右神策军。其"择日"排宴祇侯行幸说明皇帝游幸当选择良辰吉日。皇帝亲征亦是如此。史载：

今亲总六师，率众百万铺敦元恶，巡幸洛阳，将以观风，因之扫

---

① 《文苑英华》卷四十九王諲《宫室三·花萼楼赋第二》，第221页。
② （唐）瞿昙悉达撰，常秉义点校：《唐开元占经》卷九十五《云气犯二十八宿占·轸宿云气干犯占》，北京：中央编译出版社，2006年版，第702页。
③ 《陆贽集》卷五《收复京师遣使宣慰将吏百姓诏》，第136—137页。
④ 《旧唐书》卷十二《德宗纪上》，第343页。
⑤ 《中朝故事》卷上，第5页。

珍……宜令所司,即择日进发。其河西、陇右、朔方,除先发番汉将士及守军郡城堡之外,自馀马步军将兵健等,一切并赴行营,各委节度使统领,仍限今月二十日齐到。①

此为天宝十五载(756)六月,唐玄宗颁发的《亲征安禄山诏》。尽管此次亲征未能成行,但其诏书足以表达皇帝亲征所需的内容。其"宜令所司,即择日进发"当属由所司卜日出行,其可为皇帝亲征卜日的例证。

其三,君行卜日的灵活运行。不惟礼典,君行卜日在实际运行中得以灵活运用。现行礼典《大唐开元礼·卜日》《新唐书·礼乐一》均对皇帝行幸卜日时间予以界定。《大唐开元礼·卜日》载:

> 凡大祀、中祀应卜日者,及册命大事、加元服、纳后、巡狩、亲征、封禅、太子纳妃、出师命将,并前七日,卜日于太庙南门之外。②

《新唐书·礼乐一》载:

> 凡大祀、中祀无常日者卜,小祀则筮,皆于太庙卜日,前祀四十有五日,卜于庙南门之外,布卜席阴西闑外。③

一种是祀前七日卜,一种则为祀前四十五日卜。两种观点优劣难辨,据此予以解析。皇帝诏令行幸有两种情况。一种是诏令行幸时间具体到月,一种则具体到日。具体到月的就留给太常寺择日的时间。《资治通鉴·唐纪十七》载:"咸亨元年(671)九月,丁丑,诏以明年正月幸东都。"④《资治通鉴·唐纪十八》载:"咸亨二年(672)春,正月,甲子,上幸东都。"⑤又,《册府元龟·帝王部·巡幸二》载:"开元六年(718)七月辛酉诏曰:去岁欲幸洛京,已发成命,旋属重营太庙,因将中止……以今年十月取北路,幸长安,所司准式,务在节省,无得劳费。"⑥《旧唐书·玄宗上》载:"开元六年冬十月丙申,车驾还京师。十一月辛卯,至自东都。"⑦引文所述,唐高宗于咸亨元年下

---

① 《唐大诏令集》卷一百一十九《亲征安禄山诏》,第 626 页。
② 《大唐开元礼》卷一《择日》,第 12 页。
③ 《新唐书》卷十一《礼乐志一》,第 311 页。
④ 《资治通鉴》卷二百一唐高宗咸亨元年九月丁丑条,第 6365 页。
⑤ 《资治通鉴》卷二百二唐高宗咸亨二年春正月甲子条,第 6366 页。
⑥ 《册府元龟》卷一百七十三《帝王部·巡幸二》,第 1353 页。
⑦ 《旧唐书》卷八《玄宗纪上》,第 179 页。

诏,以来年正月幸东都,咸亨二年正月甲子就如期出行了。开元六年七月唐玄宗下诏,以今年十月幸东都。到了十月丙申得以付诸实践。可以说,咸亨二年正月甲子日与开元六年十月丙申日出发时间的确定,显然是在诏令下达后进行卜日的。

另有一种是诏令行幸时间能够具体到日,也就是说卜日的时间在行幸之前。通过卜行日时间与诏令时间的间隔可以辨别到底在行前几日卜。另外,考证卜行日与预行日之间的关系亦可探讨行前是否需要卜日。其史料梳理如下:

> 开元九年(721)九月甲戌,诏曰:"以明年正月十五日,幸东都。"①
>
> 开元十年(722)春正月丁巳,幸东都。②
>
> 开元十五年(727)六月甲寅,制曰:"以今年闰九月十日取北路幸长安。"③
>
> 开元十五年闰九月庚申,发东都幸京师。十月己卯,至京师。十一月丙寅,幸宁王宪之第。④
>
> 开元十九年(731)六月丁卯制曰:"宜以今年十月四日幸东都,所司准式。"十月丙申,幸东都,敕:"供顿州县百姓,所缘料及充木匠杂祇供人等宜放今年地租,自余户等免今年地税半,应定供顿县官各与一中上考,庚辰至东都。"⑤
>
> 开元二十四年(736)正月敕:"以前议西幸,属岁不登,关辅之间,且欲无扰。今稼渐熟,漕运复多,而陵寝久违,蒸尝永感。农隙顺动得非其时,前取今年十月幸西京者,以其月三日发东都,取南路。应缘顿所要,务从节减,所司明为条例,勿有烦劳。十月戊申,发东都幸京师。甲子,至陕州,丁亥至京。"⑥
>
> 至德二载(757)冬十月乙巳朔,以崔光远为京兆尹。诏曰:"缘京城初收,要安百姓,又洒扫宫阙,奉迎上皇。以今月十九日还京,应缘供顿,务从减省。"⑦
>
> 至德二载冬十月癸亥,上自凤翔还京,仍遣太子太师韦见素入蜀迎

---

① 《册府元龟》卷一百十三《帝王部·巡幸二》,第 1354 页。
② 《旧唐书》卷八《玄宗纪上》,第 183 页。
③ 《册府元龟》卷一百十三《帝王部·巡幸二》,第 1355 页。
④ 《册府元龟》卷一百十三《帝王部·巡幸二》,第 1355 页。
⑤ 《册府元龟》卷一百十三《帝王部·巡幸二》,第 1355 页。
⑥ 《册府元龟》卷一百十三《帝王部·巡幸二》,第 1356 页。
⑦ 《旧唐书》卷十《肃宗纪》,第 247 页。

上皇,凤翔郡给复五载。丙寅,至望贤宫,得东京捷书至,上大喜。丁
卯,入长安。士庶涕泣拜忭曰:"不图复见吾君!"上亦为之感恻。入居
大明宫,是日上皇发蜀郡。①

上述史料可列表如下:

表 1-3　诏令时间与出发时间对比一览表

诏令颁发时间	预出发时间	时间间隔	实际出发时间	时间间隔
开元九年九月甲戌	开元十年正月十五日	四个月又九天②	开元十年正月丁巳	当日③
开元十五年六月甲寅	开元十五年闰九月十日	三个月又二十八天④	开元十五年闰九月庚申	十一天⑤
开元十九年六月丁卯	开元十九年十月四日	两个月又十三天⑥	开元十九年十月丙申	十七天⑦
开元二十四年正月	开元二十四年十月三日	九个月左右	开元二十四年十月戊申	一天⑧
至德二载十月乙巳朔	至德二载十月十九日	十八天	至德二载十月癸亥	当日⑨

上表可得结论如下:诏令时间与诏令出发时间差距最长的为九个月,
最短的则为十八天,其间有四个月又九天;三个月又二十八天;两个月又十
三年天几个时间段,均在七天之上,这《大唐开元礼·卜日》的记载"七日卜
于太庙外"不合。其时间差距也不会是四十五天,与《新唐书·礼乐一》的记
载"四十五日"卜于太庙门外也有差距。据此说明,皇帝诏令行幸日的确定
并非完全按卜日礼规定进行卜日。

---

① 《旧唐书》卷十《肃宗纪》,第248页。
② 《二十五史干支通检》载:"开元九年(721)九月乙巳日为九月初一。"(见王双怀、贾云编:
《二十五史干支通检》,西安:三秦出版社,2011年版,第439页。)则九月甲戌日为九月初六,与开元
十年(722)正月十五日差四个月又九天。
③ 开元十年正月丁巳日为正月十五日。(见《二十五史干支通检》,第439页。)
④ 开元十五年(727)五月癸酉日为五月初一,(见《二十五史干支通检》,第440页。)则开元十
五年六月甲寅日为六月十二日,与开元十五年闰九月十日相差三个月又二十八天。
⑤ 开元十五年闰九月庚申日为闰九月二十二日。(见《二十五史干支通检》,第441页。)
⑥ 开元十九年(731)六月乙酉日为六月初八,(见《二十五史干支通检》,第441页。)则六月无
丁卯日,当为七月丁卯日即七月二十。
⑦ 开元十九年十月丙申日为十月二十一日。(见《二十五史干支通检》,第441页。)
⑧ 开元二十四年(736)十月戊申日为十月初二。(见《二十五史干支通检》,第442页。)
⑨ 至德二载(757)十月癸亥日为十月十九日。(见《二十五史干支通检》,第446页。)

又，行幸预出发时间与实际出发时间，有两次是同一天出发的，有相差一日的，有相差十一日的，也有相差十七日的。这说明预出发时间与实际出发时间并不完全一致。在皇帝出发前可能会有一次卜日活动。卜吉日与预出发日相合则在当日，不合则会有差距。相差十一天与相差十七天，时间相差并不大。说明卜日时间不会以七天为限。出发时间都是在当月，卜日时间也不会在预出发四十五日内进行。可以说，皇帝实际行幸中卜日时间并非严格遵循卜日礼的规定进行。

2. 驾行卜日礼

《周礼》曰："凡国之大事，先筮而后卜。"①对此郑玄注曰："当用卜者先筮之，即事渐也。于筮之凶，则止不卜。"②"卜"前先"筮"，强调了"卜"与"筮"的关系。唐代并未沿用古礼的做法，而是将"卜"与"筮"予以分离。史载：

> 凡大祀、中祀应卜日者及册命大事加元服，纳后、巡狩、亲征、封禅、太子纳妃、出师命将并前七日，卜日于太庙南门之外。小祀应筮日者及诸王冠婚、公主降嫁等，并筮日于太庙南门之外。③

引文所述，"大祀""中祀"与册命大事等皆用"卜日"；"小祀"与诸王公主婚嫁事宜皆用"筮日"。于此，将"卜"与"筮"的范围予以等级排列，可视为对古礼的一大变革。

无论是"卜日礼"还是"筮日礼"均载于《大唐开元礼》，由于皇帝行幸皆用"卜日"，故此可对卜日礼仪予以解析。

"卜日"仪应用范围甚广，《大唐开元礼·择日》对其有详细记载，该书其余礼仪运作所需"卜日"皆作"将祀，有司卜日如前仪"或"将享，有司卜日如别仪"等。④《大唐开元礼·择日》"卜日条"引文如下：

---

① 《周礼注疏》卷二十四《春官·宗伯·筮人》，《十三经注疏》，第1739页。
② 《周礼注疏》卷二十四《春官·宗伯·筮人》，《十三经注疏》，第1739页。
③ 《大唐开元礼》卷一《择日》，第12页。
④ 见《大唐开元礼》卷八《皇帝孟夏雩祀于圜丘》，第62页。《大唐开元礼》卷八《孟夏雩祀圜丘有司摄事》，第68页。《大唐开元礼》卷十《皇帝季秋大享于明堂》，第73页。《大唐开元礼》卷十一《季秋大享于明堂有司摄事》，第79页。《大唐开元礼》卷三十一《皇帝孟冬祭神州于北郊》，第178页。《大唐开元礼》卷三十二《孟冬祭神州于北郊有司摄事》，第183页。《大唐开元礼》卷三十七《皇帝时享于太庙》，第203页。《大唐开元礼》卷三十八《时享于太庙有司摄事》，第214页。《大唐开元礼》卷三十九《皇帝祫于太庙》，第220页。《大唐开元礼》卷四十《祫享于太庙有司摄事》，第230页。《大唐开元礼》卷四十一《皇帝禘于太庙》，第236页。《大唐开元礼》卷四十二《禘享于太（转下页）

前一日,右校扫除太庙南门之外。守宫设太常卿以下次于门外之东,皆西向。其日平明,太卜令、卜正、占者,俱就次,各服公服。守宫布卜席于阑西阈外,西向。谒者告事具。谒者引太常卿升立于门东,西向;赞引引太卜令、卜正、占者立于门西,东面。卜正先抱龟奠于席上,西首,灼龟之具奠于龟北。执龟立于席东,北面。太卜令进受龟,诣太常卿前示高。太常卿受视讫,太卜令受龟,少退俟命。太常卿曰:皇帝来日某,祇祀于某神,尚享。太卜令曰诺,遂述命。还即席西面坐,命龟曰:假尔太龟,有常。兴,授卜正龟,负东扉。卜正坐,作龟讫,兴。太卜令进授龟,示太常卿。卿受视,反之。太卜令退复位,东面,与众占之讫,不释龟,进告于太常卿:占曰某日从。授卜正龟。谒者进太常卿之左,曰:礼毕。谒者引太常卿下还次。卜者撤龟,守宫撤席以退。若上旬不吉即卜中旬,中旬不吉即卜下旬,皆如初仪。若卜吉日及非大事,皆太卜令莅卜,卜正、占者视高,命龟,作龟。[1]

上引史料在《通典》中亦有记载,其内容与《大唐开元礼》相差无几。故,今以《大唐开元礼·卜日》予以解析:其一,卜日礼的承担机构与职官运作。引文所述,卜日活动由太常寺、将作监、卫尉寺共同合作完成,其中太常寺是主要执行机构,将作监与卫尉寺皆为协同机构。太常寺的主要参与者为太常卿、太卜令、卜正、谒者、赞引等。唐制"太常卿掌邦国礼乐、郊庙、社稷之事。燕会,亦如之。若大祭祀,则先省牲器。凡太卜占国之大事及祭祀卜日,皆往莅之于太庙南门之外"。[2] 可见,太常卿当为卜日仪式的引领者。

(接上页)庙有司摄事》,第246页。《大唐开元礼》卷四十三《肃明皇后庙时享有司摄事》,第252页。《大唐开元礼》卷四十四《孝敬皇帝庙时享有司摄事》,第255页。《大唐开元礼》卷五十六《皇帝巡狩告于圜丘》,第307页。《大唐开元礼》卷五十七《皇帝巡狩告于太社》,第311页。《大唐开元礼》卷五十七《巡狩告于太社有司摄事》,第315页。《大唐开元礼》卷六十《皇帝巡狩告于太庙》,第316页。《大唐开元礼》卷六十一《巡狩告于太庙有司摄事》,第319页。《大唐开元礼》卷六十三《皇帝封祀于泰山》,第328页。《大唐开元礼》卷六十五《时旱祈雨于太庙》,第345页。《大唐开元礼》卷七十四《诸太子庙时享》,第372页。《大唐开元礼》卷八十二《皇帝亲征宜于太社》,第396页。《大唐开元礼》卷八十三《皇帝亲征告于太庙》,第399页。《大唐开元礼》卷八十四《皇帝亲征祃于所征之地》,第403页。《大唐开元礼》卷八十七《制遣大将出征有司宜于太社》,第415页。《大唐开元礼》卷八十八《制遣大将出征有司告于太庙》,第417页。《大唐开元礼》卷八十九《制遣大将出征告于齐太公庙》,第419页。《大唐开元礼》卷九十一《皇帝加元服上》,第425页。《大唐开元礼》卷九十二《皇帝加元服下》,第430页。《大唐开元礼》卷九十三《纳后上》,第435页。《大唐开元礼》卷一百五《临轩册命皇后》,第496页。《大唐开元礼》卷一百六《临轩册命皇太子》,第500页。《大唐开元礼》卷一百七《内册皇太子》,第504页等。
① 《大唐开元礼》卷一《序例上·择日·卜日》,第12页。
② 《旧唐书》卷四十四《职官三·太常卿》,第1872页。

太卜令、卜正同属于太常寺的太卜署。唐制，"太卜令掌卜筮之法，以占邦家动用之事；丞为之贰"。① 又，"凡国有祭祀，则率卜正、占者卜日于太庙南门之外，命龟既灼而占之。先卜上旬，不吉，次卜中旬、下旬。若卜国之大事，亦如卜日之仪"。② 可以说，太卜令、卜正是卜日礼式的实际执行者。引文仍有"卜者撤龟"的记载。按，应劭曰："龟曰兆，筮曰卦。卜者以荆灼龟，文正横也。"③ 唐代卜正负责"作龟"。④ 故，引文所述"卜者撤龟"当为"卜正撤龟"。

占者，《通典·序例上·卜日礼》注其曰："其占者，以太卜官之明卜者为之。"⑤ 说明占者并非常设职官，而是出于现实的需要所设的临时性岗位，事了则罢。另，引文所述"以太卜官之明卜者为之"，说明其遴选仍来自于太卜署的官员。尽管如此，现存史料仍有其他人选来源的记载。诸如景云元年（710）冬至，唐睿宗打算祀圜丘，当时"阴阳人卢雅、侯艺等奏请，从冬至就十二日甲子，以为吉会"。⑥ 此一观点遭到时任侍御史唐绍的强烈反对，未能成行。尽管如此，足以说明阴阳人可参与卜日。又，"冬至祀圜丘于南郊"是为常祀，太常寺及其协同机构皆不需卜日，卢雅、侯艺等所奏时间当为亲卜，加之其阴阳人的身份，故可判断其在卜日中充当占者角色。

谒者、赞引均属太常寺机构下设的吏职，常设谒者十人、赞引十五人，其主要职责是协助太常博士赞相礼仪。⑦

将作监的主要参与者为"右校"。将作监右校署有校署令二人、丞三人、监作十人组成。右校令掌"版筑、涂泥、丹臒之事"，"凡料物支供皆有由属，审其制度而经度之"。⑧ 基于此，右校在卜日仪式中充当供置任务。

卫尉寺的主要参与者为"守宫"。卫尉寺守宫署有令一人、丞二人、监事二人组成。守宫令掌"邦国供账之属，辨其名物，会其出入"，"凡大祭祀、大朝会、大驾巡幸，则设王公、百官位于正殿南门外"。⑨ 其在卜日仪式中承担供置任务。

其二，卜日的礼仪运作。卜日礼主要由准备工作、龟卜程式、撤龟礼毕等程式综合而成。准备工作主要分两个时间段：第一为"前一日"，其工作

---

① 《唐六典》卷十四《太常寺》，第412页。
② 《唐六典》卷十四《太常寺》，第413页。
③ 《资治通鉴》卷十三高皇后八年九月条胡三省注"大横"，第437页。
④ 《唐六典》卷十四《太常寺》"太卜令"条注释，第413页。
⑤ 《通典》卷一百六《礼六十六·序例上·卜日礼》，第2764页。
⑥ 《唐会要》卷九上《杂郊议上》，第190页。
⑦ 《唐六典·太常寺》曰："大祭祀，卿省其牲器，谒者为之导。若小祀及公卿大夫有嘉礼，亦命谒者以赞相焉。"（见《唐六典》卷十四《太常寺》，第396页。）
⑧ 《唐六典》卷二十三《将作监》，第596页。
⑨ 《唐六典》卷十六《卫尉寺》，第464页。

内容为右校于太庙南门外进行扫除；守宫供设太常卿以下"次"位。第二为"其日平明"，其工作内容为太卜令、卜正、占者均到"次"位，服公服①；守宫布置卜席；谒者通告准备工作完毕，礼仪准备开始。

其准备工作中，"公服"已有成果关注，囿于研究侧重点不同，仅予以一笔带过。② 故，今在前人基础上予以考释。按，"公服"始制于北魏孝文帝太和十年（486）四月辛酉（初一日）。其年正月癸亥日（初一日）皇帝服"服衮冕，朝享万国"；二月甲戌（十三日）"初立党、里、邻三长，定民户籍"；三月丙申（初五日）柔然国遣使朝贡；三月庚申（二十九日）南齐萧赜遣使朝贡；四月甲子（初四），"帝（高祖孝文帝）初以法服御辇，祀于西郊"；"是月，高丽、吐谷浑国并遣使朝贡"；九月辛卯（初三日），"诏起明堂、辟雍"；十月癸酉（十六日），"有司议依故事，配始祖于南郊"；十二月癸未（二十七日）"勿吉国遣使朝贡"。③ 纵观太和十年呈现出万国来朝的盛景，其年亦是定礼乐、立制度的关键年份，四月初一所制"公服"实为"制礼"的一部分，是为其产生的背景。其所定公服，即有"朱、紫、绯、绿、青"五等。④ 北周以降，"诸命秩之服曰公服，其余常服曰私衣。"⑤隋唐沿用之，并加以改进。胡三省说："隋、唐以下，有朝服，有公服。朝服曰具服，公服曰从省服。"⑥所谓"从省服者，五品以上公事、朔望朝谒、见东宫之服也，亦曰公服。冠帻缨，簪导，绛纱单衣，白裾、襦，革带钩䚢，假带，方心，韈、履，纷，鞶囊，双佩，乌皮履。六品以下去纷、鞶囊、双佩。三品以上有公爵者，嫡子之婚，假絺冕。五品以上子孙，九品以上子，爵弁。庶人婚，假绛公服"。⑦ 其与朝服相较，公服当属供奉之服，其式样上也少了中单、蔽膝、大带等饰物。⑧

那么太常卿、太卜令、卜正、占者、谒者、赞引所服公服又是何种样式呢？按，太常卿，正三品；太卜令，从八品下；卜正，从九品下。其所服公服皆从职品，亦即太卜令、卜正公服与太常卿公服相较少了纷与鞶囊。前文已述"占者"为临时岗位，其所服公服当与明卜之人的职事品级相吻合。谒者、赞引皆为流外官，对于其公服，唐代有其完备的典章制度，史载："其非行署者，太

---

① 服公服者还包括谒者、赞引等。按，《通典·卜日礼》"各服公服"注曰："谒者、赞引各绛公服。"（见《通典》卷一百六《礼六十六·序例上·卜日礼》，第2764页。）兹为其证。
② 《隋唐军事征伐礼仪》，第13页。《中国历史大辞典》上卷，第1694页。
③ 《魏书》卷七《高祖纪下》，第161—162页。（唐）李延寿《北史》卷三《高祖孝文皇帝纪》，北京：中华书局，1974年版，第101—103页。
④ 《资治通鉴》卷一百三十六齐武帝永明四年夏四月辛酉条胡三省注"公服"，第4272页。
⑤ 《资治通鉴》卷一百七十四陈高宗大建十二年三月乙未条胡三省注"公服"，第5406页。
⑥ 《资治通鉴》卷一百七十四陈高宗大建十二年三月乙未条胡三省注"公服"，第5406页。
⑦ 《新唐书》卷二十四《车服志》，第522—523页。
⑧ 《新唐书》卷二十四《车服志》，第523页。

常寺谒者、卜博士、医助教、祝史、赞引,鸿胪寺掌仪、诸典书、典学,内侍省内典引,太子门下坊典仪、内坊导客舍人、诸赞者,王公以下舍人,公主谒者等,各准行署,依品服。"①即谒者、赞引服黑介帻,绛公服,方心,革带,钩䚢,假带,韤,乌皮履等。②

卜日仪式实则为龟卜。龟卜之外,唐代还有兆、易、式等卜筮之法。其之所以选择龟卜,当与龟卜的特定寓意密切相关。史载:"龟,上员,象天;下方,法地。甲有十三文,以象十二月,一文象闰。边下甲有二十八匡,法二十八宿。骨有六间,法六府。匡有八间,法八卦。文有十二柱,法十二时。故象天地,辨万物者矣。"③早在先秦时期已形成陈龟、贞龟、定龟、视高、命龟、作龟、占龟、系币等内容的天子庙享卜日礼。④ 在龟卜之前,有学者曾于《周礼》中钩稽"取龟、选龟、衅龟、攻龟、开龟五项整治卜龟的工序"。⑤ 所谓取龟即纳取各地进贡的活龟;选龟即辨别龟的色、形、类;衅龟即杀牲以血涂龟;攻龟即杀龟取壳,并完成龟壳的锯削、刮磨等;开龟即于龟甲背凿出方形小孔以备施灼。唐代则具辨龟之环节。⑥ 史载:"凡龟占辨龟之九类、五色,依四时而用之。"⑦其九类分别为石龟、泉龟、蔡龟、江龟、洛龟、海龟、河龟、淮龟与旱龟。"五色依四时"是为其春用青灵,夏用赤灵,秋用白灵,冬用黑灵,四季之月用黄灵。其辨龟之术为:"欲知龟神,看骨白如银;欲知龟圣,看龟千里径正;欲知龟志,看龟十字。"⑧辨龟之外,唐代也有衅龟的记载。唐人王起有《寅月衅龟赋》,其文曰:"国家谨时以授人,敬卜以事神。每杀牲以献岁,用衅龟于孟春。法于天,不失建寅之正位。涂以血,而皆祀骨之至珍。是尊是奉,必躬必亲。"⑨"每杀牲以献岁,用衅龟于孟春"是为其证。

---

① 《旧唐书》卷四十五《舆服志》,第 1946 页。
② 《旧唐书》卷四十五《舆服志》,第 1945 页。
③ 《唐六典》卷十四《太常寺》"太卜令"条注释,第 412 页。
④ 董作宾:《商代龟卜之推测》,《董作宾全集》(甲编),台北:艺文印书馆,1977 年版,第 856 页。吴土法、秦佳慧:《〈周礼〉天子庙享卜日礼仪考》,《浙江大学学报》(人文社会科学版)2009 年 01 期。张雁勇:《〈周礼〉天子宗庙祭祀研究》,吉林大学博士学位论文,2016 年,第 233 页。
⑤ 吴土法、秦佳慧:《〈周礼〉天子庙享卜日礼仪考》,《浙江大学学报》(人文社会科学版)2009 年 01 期。
⑥ 用龟的来源,《周礼》云:"春献鳖蜃,秋献龟鱼",郑玄注曰:"此其出在浅处可得之。"(《周礼注疏》卷四《天官·冢宰·龟人》,《十三经注疏》,第 1429 页。)现存唐史史料并未明确用龟之来源,相关史料也有"献龟"的记载,但并未指向用龟占。诸如:永贞元年(805)八月庚戌"荆南献龟二。"据此,唐宪宗下诏:"自今以后,所有祥瑞,但令准式申报有司,不得上闻。其奇禽异兽,亦宜停进。"(《旧唐书》卷十四《宪宗纪上》,第 411 页。)故,在此存目。
⑦ 《唐六典》卷十四《太常寺》,第 412 页。
⑧ 《唐六典》卷十四《太常寺》"太卜令"条注释,第 412 页。
⑨ 《文苑英华》卷一百四十王起《寅月衅龟赋》,第 648 页。

唐代"卜日礼"亦参详周天子庙享卜日礼的龟卜运作进行设计。第一，陈龟。所谓陈龟即"将卜甲陈设于宗庙大门口外西塾的席上，并在卜甲的东面置以灼龟所用的燋和契"。[①] "卜日礼"所述"卜正先抱龟奠于席上，西首，灼龟之具奠于龟北"当比附陈龟环节。第二，贞龟。所谓贞龟"即将龟甲端正地奠放于占卜的位置"。[②] "卜日礼"所述"执龟立于席东，北面"可视为贞龟。第三，视高。所谓视高即将待灼龟甲请主祭者验看。"卜日礼"所述"诣太常卿前示高"当为视高。其礼仪运作为：先由卜正执龟于席待命；接着由太卜令进受龟并于太常卿前视高；最后太常卿受视毕，太卜令受龟待命。第四，命龟。所谓命龟即将所卜之事祈于待灼之甲。"卜日礼"所述，"太常卿曰：'皇帝来日某，祗祀于某神，尚享。'"可视为命龟。其礼仪运作为：先由太常卿禀明祈语；再由太卜命龟。第五，作龟。所谓作龟即以燋或契灼烧龟甲。"卜日礼"所述"卜正坐，作龟讫，兴"可视为作龟。其礼仪运作为：先由太卜令受卜正龟，再由卜正作龟。其作龟亦有讲究，史载："分四时所灼之体而用之，春灼后左足，夏灼前左足，秋灼前右足，冬灼后右足。"[④]第六，占龟。根据灼甲后的裂纹判断祈告之事的吉凶。"卜日礼"所述，"进贡于太常卿：占曰某日从"当为占龟。其礼仪运作如下：先由太卜令进呈太常卿验看龟甲裂纹；再由太卜令与占者行验占事；最后由太卜令向太常卿汇报卜日结果，并将授卜正龟。

卜日结果上报后，则要完成礼毕工作，其礼仪运作如下：先由谒者宣布"礼毕"，并引太常卿还"次"；再由卜者撤龟，守宫撤席，完成收敛工作。如果所卜上旬不吉利则卜中旬，中旬不吉即卜下旬，其所卜仪式皆如初仪。

① 吴土法、秦佳慧：《〈周礼〉天子庙享卜日礼仪考》，《浙江大学学报》（人文社会科学版）2009年01期。

② 吴土法、秦佳慧：《〈周礼〉天子庙享卜日礼仪考》，《浙江大学学报》（人文社会科学版）2009年01期。

③ 皇帝来日某，祗祀于某神，尚享注："若将有策命大事及国有冠婚之礼，则曰：'来日某有某事，庶乎从之。'"（见《通典》卷一百六《礼六十六·序列上·卜日礼》，第2764页。）

④ 《唐六典》卷十四《太常寺》"太卜令"条注释，第412页。

第四节　驾行太庙告祭制度与告享礼

《礼记·王制》云："天子将出，类乎上帝、宜乎社、造乎祢。"①引文中的"上帝""社""祢"系指"天""地""祖"。这一古礼在中古时期得以沿袭。《新唐书·礼乐志》保留了唐代皇帝"巡狩礼"的告祭内容，其文曰："将发，告于圜丘。前一日，皇帝斋，如郊祀。告昊天上帝，又告于太庙、社稷。"②业已明确唐代皇帝巡狩告祭对象仍为天、地、庙三类。但在实际运行中，巡狩礼典并未在皇帝行幸活动中得以充分遵循。就告祭对象而言，皇帝行幸前的告祭对象直指太庙，此乃本节仅选取太庙告祭加以解析的原因。

此外，太庙祭祀在皇帝政治生活中扮演着重要角色，也是当前中外学者的重要关注点。金子修一、户崎哲彦、甘怀真、章群、高明士、任爽、李衡眉、陈成国、郭善兵等学者在唐代皇帝即位礼、郊祀礼、太庙的禘祫大祭及四时祭等方面均取得了极为丰硕的成果。③因研究的侧重点不同，郊庙告祭制度所涉不多。近年来，已有学者关注到太庙告祭制度，如董芬芬、雷富饶、朱丹丹、李媛、张小李等分别对先秦、北朝、辽代、明代、清代的告祭形式、告祭仪等内容进行探讨。④唐代太庙告祭是郊庙祭祀的重要组成部分，与国家

---

① 《礼记正义》卷十二《王制》，第1332页。

② 《新唐书》卷十四《礼乐志四》，第353页。

③ ［日］金子修一：《从魏晋至隋唐的郊祀、宗庙制度》，《史学杂志》第87编，1978年第2号。［日］户崎哲彦：《唐代太庙制度之变迁》，《彦根论丛》1989年第262、263号。李衡眉：《唐朝庙制及其昭穆次序述评》，《人文杂志》1993年01期。［日］金子修一：《关于魏晋到隋唐的郊祀、宗庙制度》，刘俊文主编：《日本中青年学者论中国史》（六朝隋唐卷），上海：上海古籍出版社，1995年版。章群：《唐代祠祭论稿》，台北：学海出版社，1996年版。陈成国：《中国礼制史·隋唐五代卷》，长沙：湖南教育出版社，1998年版。任爽：《唐代礼制研究》，长春：东北师范大学出版社，1999年版。甘怀真：《皇权、礼仪与经典诠释—中国古代政治史研究》，台北：台湾大学出版社，2003年版。郭善兵：《中国古代帝王宗庙礼制研究》，北京：人民出版社，2007年版。高明士：《礼法意义下的宗庙—以中国中古为主》，高明士主编：《东亚传统家礼、教育与国法一家族、家礼与教育》，上海：华东师范大学出版社，2008年版。［日］沟口雄三、小岛毅主编，孙歌等译：《中国的思维世界》，南京：江苏人民出版社，2006年版。余欣主编：《中古时代的礼仪、宗教与制度》，上海：上海古籍出版社，2012年版。［日］金子修一著，肖圣中、吴思思、王曹杰译：《古代中国与皇帝祭祀》，上海：复旦大学出版社，2017年。［日］金子修一著，徐璐、张子如译：《中国古代皇帝祭祀研究》，西安：西北大学出版社，2018年版。

④ 董芬芬：《〈春秋〉的文本性质及记事原则》，《文学遗产》2016年06期。雷富饶：《北朝宗庙祭祀制度研究》，兰州大学硕士学位论文，2011年。朱丹丹：《辽代告庙仪与谒庙仪探微》，《辽宁工程大学学报》2016年06期。李媛：《明代告祭仪略论》，《古代文明》2018年01期。张小李：《清代太庙祭祀礼仪略论》，《明清论丛》2016年01期。

的重要政治生活密切相连,对其进行研究有着积极的意义。故,本节拟以行幸告庙为主题,加以解析。

一、何谓行幸告庙

前文已述,行幸类型颇多,由巡幸、微行、行驻跸礼、临幸、播迁幸、畋狩幸、游幸等诸多内容组成。但就告庙而言,适于皇帝的巡幸活动。对于巡幸,有学者将其诠释为"泛指皇帝巡行各地的活动"[①]。巡幸区域定为"各地"。严格说来,巡幸区域不包括京城。皇帝在京的出行一般称为行幸、驾幸、游幸等,不为巡幸。唐穆宗长庆四年(824)三月庚午,"赐内教坊钱万缗,以备行幸"。[②] 大中十一年(857)李敬实除授内园栽接使,极为尽责,史称:"况此司行幸之所。任使二年,凡卅余度驾幸,供备之礼,不失规程。"[③]内教坊、园苑均在京城之内,皇帝驾临称为行幸、驾幸等。

唐史史料中,皇帝离京的政治活动均称巡幸。如巡狩、亲征、封禅、銮舆播迁等。《旧唐书·玄宗上》载:"(开元十一年正月)己巳,北都巡狩",[④]《册府元龟·养老》载:"(开元)十一年正月,车驾幸北都",[⑤]"巡狩"亦称巡幸。《册府元龟·委任第二》载:"房玄龄为司空、太傅知门下省事。及太宗亲幸辽东,以玄龄为京城留守。"[⑥]唐太宗亲幸辽东即亲征高丽,亲征亦称巡幸。《唐会要·庙灾变》载:"光启元年三月,中书门下奏曰:'伏以前年冬月,有震,俄致巡幸,主司宗祐。迫以仓惶,移跸凤翔,未敢陈奏'。"[⑦]"俄致巡幸"系指唐僖宗蒙尘在外,属銮舆播迁之巡幸。

庙,"尊先祖皃也。"[⑧]注曰:"尊其先祖而以是仪皃之,故曰宗庙。"[⑨]实为古代天子、诸侯的祀祖之所。天子宗庙又称为太庙。何承天云:"将营宫室,宗庙为先。庶人无庙,故祭于寝。帝者行之,非礼甚矣。"[⑩]可以说,太庙祭祀不仅是礼的要求,也是政权合法性的确立及王朝延续的需要。《文献通

① 李俊方:《两汉皇帝巡幸礼仪的政治属性》,《理论界》2008 年 04 期。

② 《资治通鉴》卷二百四十三唐穆宗长庆四年三月庚午条,第 7835 页。

③ 周绍良、赵超:《唐代墓志汇编续集》大中 078《大唐故军器使银青光禄大夫行内侍省内给事赠内侍上柱国陇西县开国男食邑三百户赐紫金鱼袋李府君墓志铭并序》,上海:上海古籍出版社,2001 年版,第 1028 页。

④ 《旧唐书》卷八《玄宗纪上》,第 185 页。

⑤ 《册府元龟》卷五十五《帝王部·养老》,第 619 页。

⑥ 《册府元龟》卷七十八《帝王部·委任第二》,第 896 页。

⑦ 《唐会要》卷十七《庙灾变》,第 412 页。

⑧ 《说文解字》卷九下,第 193 页。

⑨ 《说文解字注》,第 446 页。

⑩ (梁)沈约:《宋书》卷十六《礼志三》,北京:中华书局,1974 年版,第 445 页。

考·宗庙考》载:"古者宗庙之祭,有正祭,有告祭,皆人主亲行。其礼:'正祭则时享,禘祫是也,告祭则国有大事,告于宗庙是也'。"①宗庙告祭即告庙。据此,巡幸告庙系指古代君主因离京出行而告祭于太庙。

这一制度由来已久,先秦时期天子及诸侯外出均要告庙。《礼记·王制》曰:"天子将出,类乎上帝,宜乎社,造乎祢。诸侯将出,宜乎社,造乎祢。"②"天子将出",孔颖达疏曰:"将出,谓初时也。知此是巡守者。""类""宜""造"皆祭名,"祢"本指父殡宫之主,孔颖达疏"祖祢"为宗庙的意思。造,"就也"。③ 造祢即到宗庙行告庙礼。可见,天子巡狩要行告庙礼。亲征亦是如此。《礼记·王制》曰:"天子将出征,类乎上帝,宜乎社,造乎祢,祃于所征之地。"此处"造乎祢",孔颖达疏为:"受命于祖者,谓出时告祖,是不敢自专,有所禀承。"④亦为告庙之意。

天子返行亦要告庙。孔子曰:"反必亲告于祖、祢,乃命祝史告至于前所告者,而后听朝而入。"此处"反"指朝聘回国,祖、祢系宗庙。可以说,诸侯朝聘回,必亲告宗庙,还要派祝史逐一告于出境时祭告过的神灵,方可进行朝治之事。这一制度在实际生活中得以广泛使用。如鲁襄公于十二年(前561)冬,到晋国朝聘,回国后,举行告庙仪式。史称:"十三年(前560)春,公至自晋,孟献子书劳于庙,礼也。""书劳于庙",系告庙时对有功者予以嘉奖。鲁桓公于二年(前710)九月与戎在唐盟会,冬季回国,史称:"公至自唐,告于庙也。"据此,《左传》总结说:"凡公行,告于宗庙,反,行饮至,舍爵,策勋焉。"⑤王者诸侯返行,不仅要告庙还要行饮至,舍爵,策勋等朝务。亲征回师亦是如此。如城濮战后,晋文公帅师凯旋,史称:"振旅,凯以入于晋,献俘、授馘、饮至、大赏。"⑥亲征返行告庙,除饮至、舍爵、策勋外,还有献俘、授馘等内容。杜预总结为:"凡反,行饮至必以嘉会昭告于祖祢,有功则舍爵、策勋,无勋无劳,告成事而已。"⑦

《白虎通义·巡狩》曰:"王者出必告庙何?"又"曾子问曰:王者诸侯出,称告祖祢,使祝遍告五庙尊亲也。王者将出,告天者示不专也。"⑧说明告庙

①《文献通考》卷九十九《宗庙考九》,第906页。
②《礼记正义》卷十二《王制》,《十三经注疏》,第2884页。
③《说文解字》卷二下,第39页。
④《礼记正义》卷十二《王制》,《十三经注疏》,第2885页。
⑤《春秋左传注》卷四鲁桓公二年条,第98页。
⑥《春秋左传注》卷十五鲁僖公二十八年求七月丙申条,第515页。
⑦(西晋)杜预:《春秋释例》,《文渊阁四库全书》146册,台北:台湾商务印书馆,1986年版,第58页。
⑧《白虎通义疏证》卷六《巡狩》,第293页。

在汉代已经普遍使用,并得以广泛阐释。

魏晋南北朝时期,告庙在皇帝亲征中也得以体现。如元嘉三年(426)十二月甲寅,宋文帝"西征谢晦,告太庙、太社。晦平,车驾旋轸,又告"①。"车驾旋轸"说明此次西征当为亲征。其出师和凯旋均告祭太庙。北魏皇帝亲征亦如此。始光四年(427)八月,北魏太武帝至自西伐"饮至策勋,告于宗庙"②;正平元年(451)三月,北魏太武帝至自南伐"饮至策勋,告于宗庙"③;皇兴四年(470)九月,北魏献文帝至自北伐"饮至策勋,告于宗庙"④等。北魏诸帝的亲征反行告庙,行饮至、舍爵、策勋等朝务均符合古礼的要求。

隋代亦是如此,隋制,"行幸所过名山大川,则有司致祭。岳渎以太牢,山川以少牢。亲征及巡狩,则类上帝、宜社、造庙,还礼亦如之"⑤。这一制度规定皇帝亲征及巡狩的"将行"及"返行"均要告庙,先秦古礼得以坚持。《隋书·斛斯政》载:"明年,帝复东征,高丽请降,求执送政。帝许之,遂锁政而还。至京师,以政告庙⑥。"炀帝亲征高丽,凯旋后以斛斯政告祭太庙可为例证。

唐因隋制,又得以发展,《大唐开元礼·巡狩》《大唐开元礼·亲征》均予充分阐释。因唐西京和东都均有太庙,京庙告祭呈现不同特色。此外,唐后期銮舆播迁频仍,行庙建设及"载主祔庙"成为礼学家争论的焦点。还有,蒙尘回京,皇帝为解决现实需求,又要比附古礼,完成了奏告礼的变革。基于此,拟分京庙告祭、行庙告祭和奏告礼三部分来探讨唐代巡幸告庙的制度形态及其礼仪实践。

二、行幸之京庙告祭制度

唐代的太庙祭祀不外乎正祭和告祭两种。正祭主要有时祭、禘祭、祫祭三种。时祭"凡一岁五享于太庙,谓四孟月及腊"。⑦ 禘祭"宗庙五年一禘,以孟夏"。⑧ 祫祭"宗庙三年一祫,以孟冬"。⑨ 四孟月指孟春、孟夏、孟秋、孟

① 《宋书》卷十七《礼志四》,第461页。
② 《魏书》卷四上《世祖纪上》,第73页。
③ 《魏书》卷四下《世祖纪下》,第105页。
④ 《魏书》卷六《显祖纪》,第130页。
⑤ 《隋书》卷八《礼仪志三》,第159—160页。
⑥ 《隋书》卷七十《斛斯政传》,第1622页。
⑦ 《大唐开元礼》卷三十八《吉礼·时享于太庙有司摄事》,第214页。《大唐开元礼》卷三十七《皇帝时享于太庙》,第203页。
⑧ 《大唐开元礼》卷四十二《吉礼·禘享于太庙有司摄事》,第246页。《大唐开元礼》卷四十一《吉礼·皇帝禘享于太庙》,第236页。
⑨ 《大唐开元礼》卷三十九《吉礼·皇帝祫享于太庙》,第220页。《大唐开元礼》卷四十《吉礼·祫享于太庙有司摄事》,第230页。

冬,为四季的第一月,即农历的正月、四月、七月和十月。腊即农历十二月。说明太庙正祭是因时而祭。

太庙告祭则为因事而祭。《大唐开元礼》"巡狩礼"和"亲征礼"皆有太庙告祭的记载。说明巡狩和亲征是要告庙的。告庙的主导者有两种,一种为皇帝亲祭,一种为有司摄事。《大唐开元礼》"有司摄事"的主祭者为告官,并未明确为何官。《新唐书·百官三》载:"(太常寺)卿一人,正三品;少卿二人,正四品上。凡巡幸,出师、克获,皆择日告太庙。"①可以推断,太常卿或太常少卿往往承担有司摄事中的告官角色。

巡狩和亲征外,皇帝的其它离京活动仍要告庙。《旧唐书·玄宗上》载:

> 开元十七年(729)十一月庚申,亲享九庙。辛卯,发京师。丙申,谒桥陵。上望陵涕泣,左右并哀感。制奉先县同赤县,以所管万三百户供陵寝,三府兵马供宿卫,曲赦县内大辟罪已下。戊戌,谒定陵。己亥,谒献陵。壬寅,谒昭陵。乙巳,谒乾陵。戊申,车驾还宫。大赦天下,流移人并放还,左降官移近处。百姓无出今年地税之半。每陵取侧近六乡供陵寝。②

按,桥陵在蒲城县;定陵在富平县;献陵在三原县;昭陵在醴泉县;乾陵在奉天县,唐玄宗拜谒五陵均属离京活动。又唐玄宗祭祀太庙的时间为十一月,非孟月和腊月,说明此次祭祀并非正祭,是为告祭。唐玄宗亲告太庙时间为十一月庚申日,离京时间为辛卯日,相差 31 天。《大唐开元礼·皇帝拜五陵》记载为:"前发二日,太尉告太庙如常仪,将作预修理拜谒之所及寝宫,务极洁敬,不得喧杂。"③此处太庙的告祭者为太尉,告祭时间为"前发二日"。此处"亲享九庙",并非是谒陵礼的一部分,而是因为离京谒陵,不敢自专,所以告庙。据此可以推断,皇帝离京谒陵是要告享太庙的。

又,《旧唐书·韦见素》载:

> 上至扶风郡,从驾诸军各图去就,颇出丑言。陈玄礼不能制,上闻之忧惧。……上谓之曰:"卿等皆国之功臣,勋劳素著,朕之优赏,常亦不轻。逆胡负恩,事须回避,甚知卿等不得别父母妻子,朕亦不及辞九

---

① 《新唐书》卷四十八《百官志三》,第 1241 页。
② 《旧唐书》卷八《玄宗纪上》,第 194 页。
③ 《大唐开元礼》卷四十五《皇帝拜五陵》,第 259 页。

庙。"言发涕流。①

《唐语林·伤逝》载：

> 天宝十五载(756)正月，安禄山反，陷洛阳。王师败绩，关门不守。
> 车驾幸蜀，次马嵬驿，六军不发，赐贵妃死，然后驾发。行至骆谷，上登
> 高平，马上谓力士曰：吾苍皇出狩，不及辞宗庙。此山绝高，望见秦川，
> 吾今遥辞陵庙。下马东向再拜，呜咽流涕，左右皆泣。②

按，两段史料均反映了天宝十五载唐玄宗携众逃往蜀郡途中的图景。"关门
不守"系指该年六月安禄山攻破潼关。由此引发玄宗"仓皇出狩"。"朕亦不
及辞九庙""不及辞宗庙"均说明皇帝离京是要告庙的，"朕亦不及辞九庙"的
语境是唐玄宗劝慰扈从将士，地点为扶风郡；"不及辞宗庙"的语境则为唐玄
宗要"遥辞陵庙"，地点为骆谷道也就是扶风至汉中的路上。唐玄宗一直强
调未告庙，且还要补行告庙礼，说明即便仓促离京，仍要行告庙礼方可。

一如古礼，唐代皇帝巡幸返京仍要告祭太庙。《旧唐书·则天皇后》载：

> 万岁登封元年(696)腊月甲申，上登封于嵩岳，大赦天下，改元，大
> 酺九日。丁亥，禅于少室山。己丑，又制内外官三品以上通前赐爵二
> 等，四品以下加两阶。洛州百姓给复二年，登封、告成县三年。癸巳，至
> 自嵩岳，甲午亲谒太庙。③

按，嵩山、少室山均在登封县，武则天自洛阳出发封禅嵩岳当属离京巡幸。
返京后，武则天亲谒太庙以告祭。尽管此次太庙祭祀是在腊月，由于癸巳日
与甲午日仅隔了五日，显然不是时祭而是告祭。同时，《旧唐书·礼仪五》记
载为："万岁登封元年(696)腊月，封嵩山回，亲谒太庙"④，再次表明封禅嵩
岳与亲谒太庙的关系。

唐后期銮舆播迁频仍，乱后返京，皇帝是要告祭京庙的。如至德二载
(757)十二月，唐玄宗至京师，"即日御大明宫之含元殿，见百僚，上皇亲自抚
问，人人感咽。时太庙为贼所焚，权移神主于大内长安殿，上皇谒庙请罪，遂

---

① 《旧唐书》卷一百八《韦见素传》，第 3277 页。
② 《唐语林校证》卷四《伤逝》，第 386—387 页。
③ 《旧唐书》卷六《则天皇后传》，第 124—125 页。
④ 《旧唐书》卷二十五《礼仪志五》，第 945 页。

幸兴庆宫"。① 天复三年(903)十一月己巳,"入京师,天子素服哭于太庙,改服冕旒,谒九庙,礼毕,御长乐楼,大赦"。② 唐玄宗、唐昭宗于乱后还京均要告祭京庙的,可为例证。

　　现行史料中有皇帝巡幸告祭"陵庙"的记载。前引《唐语林·伤逝》条载:"行至骆谷,上登高平,马上谓力士曰:吾苍皇出狩,不及辞宗庙。此山绝高,望见秦川,吾今遥辞陵庙。下马东向再拜,呜咽流涕,左右皆泣。"唐玄宗告祭对象为"陵庙"。前文有述,陵即指唐玄宗于开元十七年(729)拜谒的献陵、昭陵、乾陵、定陵、桥陵等五陵,庙指九庙,即献祖、懿祖、太祖、世祖、高祖、太宗、高宗、中宗、睿宗等九室神主。③ 又《资治通鉴》卷二百二十三唐代宗广德元年十二月条载:"丁亥,车驾发陕州。左丞颜真卿请上先谒陵庙,然后还宫,元载不从,真卿怒曰:'朝廷岂堪相公再坏邪!'载由是衔之。"④此处仍有"陵庙"的记载。《唐语林·补遗》载:"颜真卿为尚书左丞。代宗车驾自陕府还,真卿请先谒五陵、孔庙,而后还宫。宰相元载谓真卿曰:公所见虽美,其如不合时宜何? 真卿怒而前曰:用舍在相公,言者何罪? 然朝廷事岂堪相公再破除耶! 载深衔之。"⑤将《资治通鉴》所载"陵庙"解释为五陵和孔庙。《旧唐书·颜真卿传》载:"车驾自陕将还,真卿请皇帝先谒五陵、九庙而后还宫。宰相元载谓真卿曰:'公所见虽美,其如不合事宜何?'真卿怒,前曰:'用舍在相公耳,言者何罪? 然朝廷之事,岂堪相公再破除耶!'载深衔之。"⑥将《资治通鉴》所载"陵庙"解释为五陵和九庙。按,《大唐开元礼·序例上》载:"凡国有大祀、中祀、小祀。昊天上帝、五方上帝、皇地祇、神州、宗庙皆为大祀。日月星辰、社稷、先代帝王、岳镇海渎、帝社、先蚕、孔宣父、齐太公、诸太子庙并为中祀。司中、司命、风师、雨师、灵星、山林、川泽、五龙祠等并为小祀。州县社稷、释奠及诸神祀并同为小祀。"⑦释奠孔庙为中祀,一般由皇太子、国子监官员、州县官员来完成,不由皇帝亲祭。⑧《唐语林·补遗》所载"孔庙",今不取。宝应二年(763),唐代宗重定太庙神主,分别是太

① 《旧唐书》卷九《玄宗纪下》,第235页。

② (宋)李昉:《太平御览》卷一百一十六《皇王部四十一·唐昭宗景文皇帝》,上海:上海古籍出版社,2008年,第2册,第223页。

③ 《旧唐书》卷二十五《礼仪志五》,第953页。

④ 《资治通鉴》卷二百二十三唐代宗广德元年十二月条,第7157—7158页。

⑤ 《唐语林校正》卷五《补遗》,第502页。

⑥ 《旧唐书》卷一百二十八《颜真卿传》,第3592页。

⑦ 《大唐开元礼》卷一《序例上》,第12页。

⑧ 《旧唐书·玄宗上》载:"(唐玄宗)幸孔子宅亲设奠祭"。(见《旧唐书》卷八《玄宗纪上》,第189页)此条史料记载的是开元十三年(725)十一月,唐玄宗封禅泰山回,路过孔宅,亲祭孔子。玄宗亲祭孔子的条件是"幸孔子宅",这种奠祭当属特殊情况,特此说明。

祖、世祖、高祖、太宗、高宗、中宗、睿宗、玄宗、肃宗等九室。故《旧唐书·颜真卿传》所载"九庙"可取。

《唐语林·补遗》《旧唐书·颜真卿传》皆载拜谒"五陵",《唐会要·庙灾变》也有:"广德初,代宗自陕将还,尚书右丞颜真卿请皇帝先谒五陵庙,然后还宫"的记载。① 颜真卿请唐代宗"先谒陵庙"之陵当为五陵。

"五陵"之说起于唐玄宗。唐立国以来,多有皇帝谒陵的记载。如贞观十三年(639)春,唐太宗亲"谒献陵"②;永徽五年(654)十二月唐高宗"发京师谒昭陵"③;永徽六年(655)春,唐高宗"亲谒昭陵"④。自唐太宗拜谒父陵始,唐高宗继之,形成了后继之君拜谒父陵的格局。唐玄宗时出于情势的变化,改变了这一格局。开元十七年(729),唐玄宗亲谒唐高祖的献陵、唐太宗的昭陵、唐高宗的乾陵、唐中宗的定陵、唐睿宗的桥陵等五陵,形成拜谒"五陵"的故事。此次谒陵始于开元十七年十一月的辛卯日,终于戊申日,历时四十天,时间之长,前所未有。《大唐开元礼》也将此收入礼典之中,形成了"皇帝拜五陵"和"皇后拜五陵"礼,拜谒"五陵"已深入人心。

"九庙"之说起于唐玄宗。《礼记》曰:"天子七庙,三昭三穆,与大祖之庙而七。"⑤关于七庙的构成,中古时期主要有郑玄说和王肃说两种观点。郑玄认为天子七庙主要有太祖庙、二祧庙和四亲庙组成,太祖庙和二祧庙万世不祧,四亲庙则分列昭穆,亲尽迭毁。王肃认为七庙由太祖庙和六亲庙组成,太祖庙为不迁之庙,六亲庙分列昭穆,亲尽迭毁。唐初,高祖袭北朝故事,沿用郑玄说,列四亲庙。太宗时,开始接纳王肃说,列六亲庙。唐高宗时期仍为六亲庙,中宗神龙二年将义宗神主迁祔太庙始成七庙,唐玄宗开元四年初定太庙神主为懿王、太祖、世祖、高祖、太宗、高宗、睿宗七室,由于中宗神主不合迁毁,引发礼官的质疑。开元十一年,唐玄宗重定太庙神主为献祖、懿祖、太祖、世祖、高祖、太宗、高宗、中宗、睿宗九室。其中,太祖、高祖、太宗为祧庙。其余献祖、懿祖、世祖、高宗、中宗、睿宗则亲尽迭毁。开元十一年的礼制变革对郑玄说和王肃说均有继承和改变,是玄宗为满足皇权伸张的需要进行的礼制改革。以后,代宗、德宗、顺宗、宪宗、穆宗、敬宗、文宗、武宗等朝仍沿用"九庙"之说。

皇帝亲谒五陵九庙始于唐玄宗开元十七年。前引史料,当年十一月庚

---

① 《唐会要》卷十七《庙灾变》,第411页。
② 《旧唐书》卷三《太宗纪下》,第49页。
③ 《旧唐书》卷四《高宗纪上》,第73页。
④ 《旧唐书》卷四《高宗纪上》,第73页。
⑤ 《礼记正义》卷十二《王制》,《十三经注疏》,第2890页。

申,唐玄宗亲享太庙,以后又遍谒五陵,进而形成"五陵九庙"的祭祀格局。所以,唐玄宗于骆谷道要补行告祭陵庙之礼。颜真卿为精通礼仪之官,史书称其"中旨宣劳,以为名儒,深达礼体"。[1] 颜真卿请"上先谒陵庙"不过是想沿袭"玄宗"故事。殊不知,唐代宗时期由于唐玄宗和唐肃宗相继去世,九庙也发生变化,五陵也会随之变更。恰逢乱后回京,皇帝告庙更多的是稳定社会秩序,加快乱后重建的步伐。故,很难式遵玄宗朝故事,元载才有"公所见虽美,其如不合时宜何?"之语。此后,唐朝天子多蒙尘,回京后告祭太庙,并未有谒陵的记载。

这里的京庙既指西京太庙也指东都太庙。武周革命之前,皇帝离京出行,均告祭西京太庙。尽管武则天于垂拱四年(688)"于东都立高祖、太宗、高宗三庙,四时祭享,如京庙之仪"。[2] 但此时东都太庙祭祀方式为"时祭"。武周革命后,"改大唐京太庙为享德庙,四时惟享高祖以下三室,余四室闭其门,废享祀之礼"。[3] 西京太庙已丧失告祭功能。天授元年(690)九月始,承担告祭功能的为东都武氏太庙。史载:"丙戌,立武氏七庙于神都。"[4]也就是说武周时期的巡幸告庙为东都武氏太庙。

唐中宗神龙元年(705)正月"甲辰,命地官侍郎樊忱往京师告庙陵",[5]此时西京太庙得复告祭功能。五月,东都武氏太庙得迁后,在故庙基础上,"创置太庙"。[6]"其年八月,崇祔光皇帝、太祖景皇帝、世祖元皇帝、高祖神尧皇帝、太宗文武圣皇帝、皇考高宗天皇大帝、皇兄义宗孝敬皇帝于东都之太庙,亲行享献之礼。"此时东都太庙已为七室,并得中宗亲行"享献之礼",承担国家太庙功能。此时西京太庙亦七室。

中宗崩,"中书令姚元之、吏部尚书宋璟以为:'义宗追尊之帝,不宜列昭穆,而其葬在洛州,请立别庙于东都,而有司时享,其京庙神主藏于夹室。'由是祔中宗,而光皇帝不迁,遂为七室矣。"[7]由此判断,唐中宗时期,西京太庙七室与东都太庙同。两京太庙并存,同时承担国家祭祀功能,告祭亦是如此。

唐玄宗朝,东都太庙地位略有下降,但仍能承担国家祭祀功能。《张九龄集·敕幸西京》载:

① 《旧唐书》卷一百二十八《颜真卿传》,第3592页。
② 《旧唐书》卷二十五《礼仪志五》,第944页。
③ (唐)杜佑:《通典》卷四十七《天子宗庙·大唐》,北京:中华书局,1988年版,第1312页。
④ 《旧唐书》卷六《则天皇后纪》,第121页。
⑤ 《旧唐书》卷七《中宗纪》,第135页。
⑥ 《册府元龟》卷三十《帝王部·奉先三》,第324页。
⑦ 《新唐书》卷十三《礼乐志三》,第340页。

敕：朕所时迈，皆顺物情。顷属关辅无年，遽尔东幸，固非为已，将以息人。今百谷既成，庶务皆省，而五陵所奉，诚在京师，安可更留周南，有阙时荐？宜以来年正月七日，取南路幸西京。所司准式，应缘行幸所须，务从节减，所由明为条例，勿使劳烦。[1]

据《唐大诏令集·南路幸西京敕》记载，此条敕文发布时间为开元二十三年（735）十月。按，"顷属关辅无年，遽尔东幸"系指长安粮食不济，就食于洛阳。唐玄宗开元二十二年（734）正月自长安至洛阳，直到开元二十四年（736）十月方离开洛阳返回长安。据敕文所发布时间来看，可能会因某种原因改变了开元二十四年正月西幸长安的行程。唐玄宗返京的理由"五陵所奉，诚在京师"，并没有提及宗庙，说明皇帝巡幸东都期间是在东都行宗庙告享礼的。又《唐大诏令集·令两京各日享庙诏》载："朕肃承宗祀，不敢怠遑，诚有未安，夙夜祗惕。顷四时有事太庙，两京同日告享。虽虔卜吉辰，但遵上日，而义深如在，祀或有乖。自今以后宜各别择吉日告享。"[2]此为天宝三载（744）四月诏书。虽未提及东都太庙的告祭功能，但就"两京同日告享"而言，东都太庙仍会承担告祭功能。开元二十四年后，唐玄宗不再巡幸洛阳，东都地位开始下降，东都太庙也在"亚太庙"化，两京太庙"各别择吉日告享"即为其反映，因其国家太庙地位仍存在，仍能承担告祭功能，皇帝不再亲行告享礼，而是由告官完成。

安史乱后，东都太庙屋室并在，惟神主弃于街巷。唐德宗贞元元年（785）四月十三日敕："准建中三年（782）二月二十三日敕，东都祠祭既停。其郊社斋郎，不合更置并停者，其东都太庙斋郎、室长，请准郊社例停废。"[3]建中三年二月国家以法令的形式确实东都太庙不再承担祭祀功能，皇帝巡幸也不再告祭东都太庙了。其实早在建中元年（780）三月，就已出现对东都太庙存废的争论，这一争论持续到唐宣宗大中元年（847），已经说明京庙的告祭对象专指西京太庙了。

三、行幸之行庙告祭制度

行庙不同于京庙，多是皇帝在巡幸途中临时设置的祖庙以备祭享。行庙建设，由来以久。晋成帝咸和三年（328）"苏峻覆乱京都，温峤等立行庙于

---

① 《张九龄集校注》卷七《敕幸西京》，第486页。
② 《唐大诏令集》卷七十五《令两京各日享庙诏》，第425页。
③ 《唐会要》卷十七《缘庙裁制上》，第415页。

白石,复行其典"①。魏孝文帝太和十七年(493)十月"乙未,解严,设坛于滑台城东,告行庙以迁都之意"。② 唐初也有告祭行庙的记载。《文苑英华·谏则天幸三阳宫表》载:

> 臣说言……陛下屯万乘,幸离宫,暑退凉归,未降还旨。愚臣固陋,恐非长策,请为陛下陈其不可。三阳宫去洛阳城一百余里,有伊水之隔。……告成褊小,万方辐凑,填城溢郭,并锸无所,排斥居人,蓬宿草次,风雨暴至,不知庇托,孤惸老疾,流转衢巷,陛下作人父母,将若之何? 此不可止之理二也。③

久视年间,武则天幸三阳宫不回,时任右补阙的张说上封事,请武则天回京。三阳宫在河南登封县,不在京师,张说所上封事也有"三阳宫去洛阳城一百余里"的记载。可以说,武则天幸三阳宫属离京的巡幸活动。为打动武则天,张说列举了四条理由,其中第二条理由为:"告成褊小,万方辐凑,填城溢郭,并锸无所"等。④ 所谓"告成褊小"当指三阳宫用于告祭的庙宇狭小。

有明确行庙建设的记载始于安史乱后。由于銮舆播迁频繁,唐后期的行庙建设开始增多。《册府元龟·奏议第二十一》载:

> 将作监王俭、太子宾客李文、虞部员外郎袁皓、谏议同异及左丞崔厚为太常卿,遂议立行庙,以玄宗幸蜀时道宫玄元殿之前,架幄幕为十一室,义无神主,题神版位而行事,达礼者非之,以为止之可也。⑤

此条史料记载的是:中和年间,唐僖宗幸蜀召集礼官议立行庙事。礼官引唐玄宗幸蜀立行庙故事进行劝谏,足以表明唐玄宗幸蜀时,已有行庙建设。此时的行庙完成选址、列室、题版、告祭等内容,但并未造神主。以后,行庙建设形成故事,皇帝蒙尘,多有行庙建设。限于情势和礼制束缚,行庙建设由再造神主以立行庙和载主而行以祔行庙两种情况。

再造神主以立行庙在唐肃宗朝已形成故事。至德二载(757)"十一月,上之在彭原也,更以粟为九庙主;上皇幸蜀,九庙之主委之贼手,故彭原更以

① 《晋书》卷十九《礼志上》,第 609 页。
② 《魏书》卷七下《高祖纪下》,第 173 页。
③ 《文苑英华》卷六百张说《谏则天幸三阳宫表》,第 3118 页。
④ 《文苑英华》卷六百张说《谏则天幸三阳宫表》,第 3118 页。
⑤ 《册府元龟》卷五百九十三《掌礼部·奏议第二十一》,第 7093—7094 页。

栗为之。庚寅,朝享于长乐殿"。[①] 安史乱后,唐玄宗幸蜀,唐肃宗于灵武即
位为帝,当时长安仍在叛军控制之下,至德年间唐肃宗在彭原所立之庙当为
行庙。史料称"九庙之主委之贼手"说明彭原行庙的九庙神主为新造神主。
《春秋公羊传·文公二年》云:"虞主用桑,练主用栗。用栗者,藏主也。"[②]唐
肃宗所造行庙以"栗"为之,说明行庙的建造是符合古礼要求的。尽管唐肃
宗已称帝,而玄宗并未驾崩,九庙主仍为献祖、懿祖、太祖、世祖、高祖、太宗、
高宗、中宗、睿宗等九室。中和二年(882)唐僖宗幸蜀,有司请享太祖以下十
一室,"乃特造神主以祔行庙",[③]继续唐肃宗朝故事。

"载主而行"以祔行庙,更多的顺应古礼的要求。《礼记正义·曾子
问》载:

> 曾子问曰:"古者师行,必以迁庙主,行乎?"孔子曰:"天子巡守以迁
> 庙主行,载于斋车,言必有尊也。今也,取七庙之主以行,则失之矣。当
> 七庙、五庙无虚主。虚主者,唯天子崩,诸侯薨,与去其国,与祫祭于祖,
> 为无主耳。"又曾子问曰:"古者师行,无迁主,则何主?"孔子曰:"主命"。
> 问曰:"何谓也?"孔子曰:"天子诸侯将出,必以币帛、皮圭告于祖祢,遂
> 奉以出,载于斋车以行。每舍奠焉,而后就舍注以脯醢,礼神乃敢即安
> 也。所告而不以出,即埋之,反必告设奠,卒敛币玉藏诸两阶之间,乃出
> 盖贵命也。"[④]

引文中,孔子与曾子的对话,解释了"天子巡狩,载主以行"的礼仪规范。孔
子明确了所载神主为迁庙主,不为在庙主,原因来自于"庙无虚主"的礼仪需
求。如无迁庙主,孔子认为可将币帛、皮圭等降神之物,奉之以出,以便告
祭。天子亲征,载主数量还要增加。《周礼·春官·小宗伯》载:"若大师,则
帅有司,立军社,奉主车。"郑玄注:"王出军,必有事于社。及迁庙,而以其主
行。社主曰军社。迁主曰祖。"[⑤]古礼明确记载主为迁庙主和社主。胡三省
所谓"奉神主而行,故有行庙",[⑥]再次明确了载主与行庙的关系。

---

① 《资治通鉴》卷二百二十唐肃宗至德二载十一月条,第 7044 页。
② (汉)何休学、(唐)陆德明音义:《春秋公羊传注疏》卷十三鲁文公二年二月条,(清)阮元校
刻:《十三经注疏》,北京:中华书局,2009 年版,第 4921 页。
③ 《旧唐书》卷二十五《礼仪志五》,第 962 页。
④ 《礼记正义》卷十八《曾子问》,《十三经注疏》,第 3016—3017 页。
⑤ 《周礼注疏》卷十九《小宗伯》,《十三经注疏》,第 1656 页。
⑥ 《资治通鉴》卷一百三十八齐世祖武皇帝永明十一年冬十月条胡三省注"行庙",第 4341
页。

《大唐开元礼》"巡狩礼"和"亲征礼"皆未有"载主以行"的明确记载,说明这一古礼在唐前期使用较少。安史乱后,适应情势需要,这一古礼重新启用,用来解决现实问题。《旧唐书·礼仪六》载:

> 建中元年(780)三月,礼仪使上言东都太庙缺木主,请造以祔……于是议者纷然,而大旨有三:其一曰,必存其庙,遍立群主,时享之。其二曰,建庙立主,存而不祭,若皇舆时巡,则就享焉。其三曰,存其庙,瘗其主,驾或东幸,则饰斋车奉京师群庙之主以往。议者皆不决而罢。①

安史乱后,唐政府势微,对东都的控制力也趋于微弱,东都太庙存废的三种观点,代表了唐政府对东都的不同经营策略。盖金伟认为:"第三种看法,实际上是放弃东都的实际控制与经营,这是唐朝中央政府不愿意接受的。"②显然,"载主以行"古礼是满足现实需要而提出的。以后,贞元十五年(799)、会昌五年(845)、大和年间仍有不少礼官持议东都不合置神主,车驾东幸即载主而行的观点。可以说,这一古礼的重新提议,为唐后期的行庙建设提出了新的解决方案。

又,《旧唐书·礼仪五》载:

> 黄巢犯长安,僖宗避狄于成都府。中和元年(881)夏四月,有司请享太祖以下十一室,诏公卿议其仪。太常卿牛丛与儒者同议其事。或曰:王者巡狩,以迁庙主行。如无迁庙之主,则祝奉币帛皮珪告于祢祖,遂奉以出,载于斋车,每舍奠焉。今非巡狩,是失守宗庙。夫失守宗庙,则当罢宗庙之事。丛疑之。……明年,乃特造神主以祔行庙。③

中和元年就是否建行庙之事产生辩论。辩论一方已提出遵循天子巡狩,载迁庙主以行的古礼,说明这一古礼当时已得到不少礼官接纳。由于误判形势及皇帝立行庙的初衷,所谓"失守宗庙,则当罢宗庙之事",并未得到认可。唐僖宗朝曾有一次循古礼"载主而行"之事。《旧唐书·礼仪五》载:

> 光启元年(885)十二月二十五日,僖宗再幸宝鸡。其太庙十一室并

---

① 《旧唐书》卷二十六《礼仪志六》,第979页。
② 盖金伟:《论东都太庙与唐代政治》,《新疆师范大学学报》(哲学社会科学版)2001年04期。
③ 《旧唐书》卷二十五《礼仪志五》,第962页。

桃庙八室及孝明太皇太后等别庙三室等神主，缘室法物，宗正寺官属奉之随驾鄠县，为贼所劫，神主、法物皆遗失。三年(887)二月，车驾自兴元还京，以宫室未备，权驻凤翔。礼院奏：皇帝还宫，先谒太庙。今宗庙焚毁，神主失坠，请准礼例修奉者。①

光启元年，权宦田令孜为获池盐之利，诱发王重荣叛乱，进而叛军进逼长安，田令孜奉唐僖宗幸宝鸡。这次巡幸，唐僖宗完成了"载主以行"的礼仪实践。其所载神主为"太庙十一室并桃庙八室及孝明太皇太后等别庙三室"。太庙十一室即僖宗乾符元年(874)所定太祖、高祖、太宗、顺宗、宪宗、穆宗、敬宗、文宗、武宗、宣宗、懿宗等。桃庙八室即为藏于桃庙的毁庙神主，是为顺宗即位以来，相继迁出的世祖、高宗、中宗、睿宗、玄宗、肃宗、代宗、德宗等八室神主。别庙指未能迁祔太庙，独建庙宇以享祭祀。孝明太皇太后即宣宗母，宪宗妃，因穆宗母郭氏祔宪宗室，孝明皇后只能立别庙祭祀。可以说，此处所载神主为"在庙主"、"迁庙主"和"别庙主"，似与"载迁庙主"的礼制不合。其实，早在孔子生活的时代，就已经出现"行载在庙主"的情况，所以孔子说："今也，取七庙之主以行，则失之矣。"建中元年(780)三月，礼官所谓"存其庙，瘗其主，驾或东幸，则饰斋车奉京师群庙之主以往"。均未坚持载"迁庙主"以行的古礼。僖宗播迁，为防止神主被叛军所得，载"群主以行"为乃情势所迫。此次实践，足以说明载主以行亦是唐后期行庙建设的一种形式。

当然，所建行庙在皇帝驻跸地承担了太庙的职能。例如"中和四年(884)六月，徐州献黄巢首，献于行庙"②。此时唐僖宗在蜀，行庙为中和二年(882)所立，黄巢首级"献于行庙"说明行庙承担了献俘功能。乾宁四年(897)二月，"立德王裕为皇太子，大赦，享于行庙"③。此时唐昭宗在华州，行庙时为王建所立，立太子告行庙，说明行庙承担告祭功能。也就是说，行庙成为皇帝巡幸告庙的场所。但当皇帝返京后，行庙就不再存在，皇帝重修太庙，会重造神主。《册府元龟·奏议第二十一》载："宝应元年(762)，肃宗还京师，以宗庙为贼所焚，于光顺门外设次，向庙哭……下诏：委少府监择日依礼新造列圣神主，如此方似合宜。伏缘采栗，须十一月渐恐迟晚，修奉使宰相郑延昌具议申。"④巡幸告庙的中心再次转向京庙。

---

① 《旧唐书》卷二十五《礼仪志五》，第 963 页。
② (宋)王应麟辑：《玉海》卷一百九十四《兵捷·唐献俘太清宫》，扬州：广陵书社，2003 年版，第 3552 页。
③ 《新唐书》卷十《昭宗纪》，第 294 页。
④ 《册府元龟》卷五百九十三《掌礼部·奏议第二十一》，第 7094 页。

四、行幸之太庙告享礼

行奏告礼的第一步为"择日"。《曲江集·敕择日告庙》载:"敕:边境为患,莫甚于林胡;朝廷是虞,几烦于将帅。……幽州节度使副大使张守珪等,乘间电发,表里奋讨,积年捕逃,一朝翦灭,则东北之寝,便以廓清,河朔之人,差宽征戍:此皆上凭九庙之略,下仗群帅之功。今其凯旋,敢不以献,宣择吉日告九庙,所司准式。"①此文为张九龄所作,内容指向献俘告庙。敕文中所谓"宣择吉日告九庙",说明告庙的前提为择日。择日即卜日,《大唐开元礼·巡狩告庙礼》之"卜日如别仪",前文有述,兹不再叙。

择日后,即可于约定日期行太庙告享礼。现存史料明确规定,皇帝巡幸行告庙礼有两种情况,一种是皇帝亲行告庙礼,另一种则是有司摄事。皇帝亲行告庙礼见《大唐开元礼·皇帝巡狩告于太庙》,内容由斋戒、陈设、銮驾出宫、晨裸、馈食、銮驾还宫等六环节。②有司告庙则见《大唐开元礼·巡狩告于太庙有司摄事》,仪式没有皇帝告庙礼那么隆重,更多的是告官代行告祀礼。

所谓"斋戒"即指沐浴更衣、凝聚神思、杜绝娱乐以与鬼神完成精神相交。《大唐开元礼·皇帝巡狩告于太庙》记载参加斋戒者有皇帝、预告官、近侍官应从者、群官、客使、诸卫、太乐工人等。其斋戒地与斋戒方式均有明确记载。皇帝斋戒于巡狩前一日,清斋于太极殿;预告之官清斋于庙署;近侍之官应从者及群官,客使等各于本司及公馆清斋一宿;诸卫与太乐工人清斋一宿。

所谓陈设,即于庙中摆设布置,《大唐开元礼·皇帝巡狩告于太庙》记载的陈设有四个时间段,分别为告前三日、告前二日、告前一日、告日。告前三日,由殿中省尚舍局官员和卫尉卿守宫署共同承担"次"的布置。何为次?《周礼》曰:"朝日、祀五帝,则张大次、小次,设重帟、重案。合诸侯,亦如之。"郑玄注曰:"次谓幄也。大幄,初往所止居也。小幄,谓接祭退俟之处。"③据郑玄注,大次亦即指大幄。尚舍直长置大幄于太庙东门之外道北,南向;尚舍奉御铺御座;守宫设文、武侍臣、告官、随驾群臣之幄。告前二日,由太常寺太乐署和将作监右校署共同承担布置工作。其中,太乐令主设宫悬之乐,④登

---

① 《张九龄集校注》卷七《敕择日告庙》,第507页。

② 《大唐开元礼》卷六十《皇帝巡狩告于太庙》,第316—319页。

③ 《周礼注疏》卷六《天官·冢宰·掌次》,《十三经注疏》,第1456页。

④ 悬,即悬挂。乐悬则是将钟、磬等乐器悬挂于特制的架子上。《周礼·春官·小胥》云:"正乐悬之位,王宫悬,诸侯轩悬,卿大夫判悬,士特悬,辨其声。"郑玄注曰:"乐悬,谓钟、磬之属悬于笋、簴者。"(见《周礼注疏》卷二十三《春官·宗伯·小胥》,《十三经注疏》,第1716页。)

歌①与举麾②；右校负责清扫内外。告前一日，由太常寺奉礼郎和太庙令、太庙斋郎等协同完成。奉礼郎主皇帝御位、告官及从驾群官版位、酒尊之位、太庙各室所需的尊、罍、篚、幂之具等；太庙令则带领太庙署吏员清理夹室神幄及祭器的清洁。告日未明，由光禄寺太官令带领太官署的吏员、宰夫将准备的太庙各室祭品置入祭器中。

皇帝巡狩之"銮驾出宫礼"与"銮驾还宫礼"如常仪，后篇有专文解析，此处略过。所谓晨祼，即清晨以酒祭祀祖先。③ 其程序如下：第一，驾将至前的准备。此部分分未明三刻、未明二刻、未明一刻三个时间完成。未明三刻，预告官各服其服；光禄寺太官署、良醢署各由太官令或良醢令带领下摆放或充实祭器。未明二刻，奉礼、赞者、御史、太祝等导礼官、监礼官与出纳神主官到位。未明一刻，太庙令、太祝、宫闱令在导礼官的引导下奉出九庙神主。第二，驾自门外大次至版位。其程式为：导引官引告官、从告群臣、客使于门前位；皇帝于大次门外降辂乘舆至大次；告官、从驾官也由导引官引就位；太乐令帅工人就位；太常卿导引皇帝至版位等。第三，皇帝与众官行晨祼礼。其程式为：皇帝于版位初拜，众官随拜；协律郎行举麾乐，乐止，皇帝再拜，众官续随拜；太和乐起，皇帝在黄门侍郎的协助下洗拭圭、瓒；登歌乐起，皇帝依次于九庙神主圭瓒酌郁鬯之酒灌祭。

所谓馈食是为献熟食。④ 与时祭"馈食"相较，《大唐开元礼·皇帝巡狩告于太庙》"馈食"条记载相对简要。其程式如下：第一，前期准备。皇帝行晨祼礼之时，太官令领太官署吏员奉馔而待；赞引官引司徒奉先皇帝祭俎以待。第二，皇帝进献礼。乐起，先皇帝俎⑤入庙门；经太祝、司徒辗转，皇帝

---

① 登歌又云"升歌"。《周礼·春官·大师》曰："大祭祀，帅瞽登歌，令奏击拊。"（见《周礼注疏》卷二十三《春官·宗伯·大师》，《十三经注疏》，第1719页。）《周礼·天官·小师》曰："大祭祀，登歌击拊。"（见《周礼注疏》卷二十三《春官·宗伯·大师》，《十三经注疏》，第1722页。）

② 举麾指鼓、柷之类的乐器。《唐六典·太常寺·协律郎》载："若大祭祀、飨燕，奏乐于庭，则升堂执麾以为之节：举麾，鼓柷，而后乐作；偃麾，戛敔，而后止。"（见《唐六典》卷十四《太常寺》，第399页。）

③ 祼，"灌祭也"。（见《说文解字》卷一上，第8页。）又，《周礼·春官·大宗伯》载："以肆献祼享先王，以馈食享先王，以祠春享先王，以禴夏享先王，以尝秋享先王，以烝冬享先王。"郑玄注曰："祼之言灌，灌以郁鬯，谓始献尸求神时也。"孔颖达疏曰："以圭瓒酌郁鬯之酒以献尸，尸祭received而灌于地，因奠不饮，谓之祼。"（见《周礼注疏》卷十八《春官·宗伯·大宗伯》，《十三经注疏》，第1636页。）故，晨祭可释为清晨以圭瓒酌郁鬯之酒享祀先王。

④ 《礼记》曰："君有馈焉曰献。"郑玄注曰："君有馈，有馈于君。"（见《礼记正义》卷十《檀弓下》，《十三经注疏》，第2841页。）又，《仪礼》曰："特牲馈食之礼，不诹日。"郑玄注曰"祭祀自孰始曰馈食。馈食者，食道也。"（见（汉）郑氏注、（唐）陆德明音义、（唐）贾公彦疏《仪礼注疏》卷四十四《特牲馈食礼》，（清）阮元刻：《十三经注疏》，北京：中华书局，2009年版，第2554页。）故，馈食可释为向先王进献熟食。

⑤ 此时，俎已装三牲胙骨。另，与俎同时转呈的另有稷黍充实的笾豆。

受俎进献;谒者、司徒赞引皇帝跪取爵,饮卒爵,俛伏,兴,再拜,乐止。第三,皇帝行赐胙礼。先是,太常卿引皇帝还版位。接着,登歌起,太祝各入室撤豆,还罇①所,登歌止;奉礼郎、太常卿赞引皇帝与众官行赐胙礼。最后,礼毕燔烧祝版。先是,太常卿引皇帝还大次。接着,陪位官依次出;御史、太祝、赞引、乐工依次出。最后,太庙令、太祝、宫闱令纳神主;燔烧祝版于斋坊。

唐后期銮舆播迁频仍,皇帝乱后返京,举行告庙仪式因情、势所需,在礼仪上往往会发生一些变化。《旧唐书·礼仪五》载:

> 宝应元年(762),肃宗还京师,以宗庙为贼所焚,于光顺门外设次,向庙哭。历检故事,不见百官奉慰之仪。然上既素服避殿,百官奉慰,亦合情礼。窃循故事,比附参详,恐须宗正寺其宗庙焚毁及神主失坠事由奏,皇帝素服避殿,受慰讫,辍朝三日,下诏委少府监择日依礼新造列圣神主。如此方似合宜。伏缘采栗须十一月,渐恐迟晚。修奉使宰相郑延昌具议,中书门下奏曰:伏以前年冬再有震惊,俄然巡幸,主司宗祝,迫以苍黄。伏缘移跸凤翔,未敢陈奏。今则将回銮辂,皆举典章,清庙再营,孝思咸备。伏请降敕,命所司参详典礼修奉。敕曰:朕以凉德,祗嗣宝图,不能上承天休,下正人纪,兵革竞兴于寓县,车舆再越于藩垣,宗庙震惊,悉尝废阙。敬修典礼,倍切哀摧。宜付所司。②

此为乱后唐肃宗返京告庙场景。按,宝应元年是唐代宗的年号,此处记载为"肃宗还京"尚有不妥。就内容而言,这段文字记载的是唐肃宗自凤翔还京的史实,只因引文为光启元年(885)礼院引《国史》所作的转述,便出现了"宝应元年,肃宗还京"的矛盾记载,在此予以辩证。

唐肃宗还京所行告庙礼中,"向庙哭""百官奉慰"不见《大唐开元礼·告庙》,实乃因时而需,附会古礼所成。唐肃宗返京的"向庙哭"实为"三日哭",《新唐书·肃宗》载:"至德二载(757)十月癸亥,给复凤翔五载,版授父老官。遣太子太师韦见素迎上皇天帝于蜀郡。丁卯,至自灵武,享于太庙,哭三日。"③引文所述,唐肃宗"享于太庙,哭三日",实乃比附古礼:《左传》云:"(鲁成公三年)二月甲子,新宫灾,三日哭。"所谓新宫即"三年丧毕,宣公神

---

① 原文作"尊",此处指放置祭器的场所,当为"罇"。
② 《旧唐书》卷二十五《礼仪志五》,第963页。
③ 《新唐书》卷六《肃宗纪》,第159页。

主新入庙,故谓之新宫"。① 新宫灾即为庙灾。为何要三日哭,疏曰:"庙灾三日哭,礼也。"注曰:"善得礼,痛伤鬼神无所依归,故君臣素缟哭之。"②这一古礼在唐肃宗以前并未得到重视。《旧唐书·礼仪五》载:

> 开元五年(717)正月,玄宗将行幸东都,而太庙屋坏,乃奉七庙神主于太极殿。玄宗素服避正殿,辍朝三日,亲谒神主于太极殿,而后发幸东都。乃敕有司修太庙。明年,庙成,玄宗还京行亲祔之礼。时有司撰仪注,以祔祭之日车驾发宫中。玄宗自斋宫步诣太庙,入自东门,就立位。乐奏九成,升自阼阶,行祼献之礼。③

面对开元五年的庙灾,唐玄宗虽采取"素服避正殿,辍朝三日"等举措,但并未有向庙"三日哭"的记载,也未因此停幸东都。初,这一礼仪最早是由颜真卿提出的。史载:至德二载(757)四月,颜真卿"朝于凤翔,授宪部尚书,寻加御史大夫。虽天子蒙尘,典法不废。泊銮舆将复宫阙,遣左司郎中李巽先行,陈告宗庙之礼,有司署祝文,称嗣皇帝。真卿谓礼仪使崔器曰:上皇在蜀,可乎? 器遽奏改之。中旨宣劳,以为名儒深达礼体。时太庙为贼所毁,真卿奏曰:'春秋时,新宫灾,鲁成公三日哭。今太庙既为盗毁,请筑坛于野,皇帝东向哭,然后遣使。'竟不能"。④ 颜真卿的主张符合古礼要求,但由于期待值与当时情势不合,故有"竟不能"的结局。

乱后返京,肃宗所谓"向庙三日哭"已成故事。以后各朝皇帝返京告庙亦有"三日哭"的礼仪实践。《册府元龟·掌礼部》载:"殷盈孙为太常博士,光启三年(887)二月,僖宗自兴元还京,以宫室未备,权驻凤翔,礼院奏皇帝还宫先谒太庙,今宗庙焚毁,神主失坠,请准礼例,修奉者,礼院献议曰:案春秋新宫灾三日哭,传曰:新宫宣公庙也,三日哭礼也。"⑤唐僖宗自兴元还京,"三日哭礼"又被礼官重提。《太平御览·皇王部》载:"天复元年(901)十一月己巳,入京师,天子素服哭于太庙,改服冕旒,谒九庙,礼毕,御长乐楼,大赦。"⑥又,《新唐书·昭宗》载:"天复三年(903)正月甲子,幸朱全忠军。己巳,至自凤翔,哭于太庙,大赦。"⑦天复年间,唐昭宗两次返京,均向庙哭,

---

① 《春秋左传正义》卷二十六鲁成公三年二月甲子条,《十三经注疏》,第4145页。
② 《春秋公羊传注疏》卷十七鲁成公三年二月甲子条,《十三经注疏》,第4974页。
③ 《旧唐书》卷二十五《礼仪志五》,第952页。
④ 《旧唐书》卷一百二十八《颜真卿传》,第3592页。
⑤ 《册府元龟》卷五百九十三《掌礼部·奏议第二十一》,第7094页。
⑥ 《太平御览》卷一百十六《皇王部四十一·唐昭宗景文皇帝》,第223页。
⑦ 《新唐书》卷十《昭宗纪》,第300页。

可为例证。

"百官奉慰"多适于皇帝、功勋贵戚的丧礼及忌辰。《大唐元陵仪注》之"启殡朝庙""虞祭""祔祭""小祥变""大祥变""礼变"条均有"百官奉慰"的记载,此为皇帝丧,百官奉慰的记载。天祐元年(904)八月唐昭宗遇弒,"九月壬戌朔,百官素服赴西内临,进名奉慰。戊辰,大行皇帝大祥,百官素服赴西内临"。[①] 天祐二年(905)十二月,积善太后遇弒,"己酉,敕以太后丧,废朝三日。百官奉慰讫"。[②] 又"郑太后厌代而蔬素悲咽,同士人之礼。公卿奉慰者无不动容,以至酸鼻"。[③] 此为皇太后丧,百官奉慰的记载。(贞元)十五年(799)十二月二日,浑瑊"薨于镇。废朝五日,群臣于延英奉慰"[④]。此为朝廷重臣丧,百官奉慰的记载,由此形成故事,以后王武俊丧、郑光丧仍有百官奉慰之事。皇帝忌日,仍需奉慰。贞元十二年(796)五月,"代宗忌辰,驸马诸亲,悉诣银台奉慰"。[⑤] 又《翰林志》载:"凡正冬至不受朝,俱入进名奉贺。大忌,进名奉慰。其日尚食,供素馔,赐茶十串。"[⑥]忌日,百官奉慰已形成惯例。宋代帝后忌日,百官奉慰亦是如此。《燕翼诒谋录·国忌行香》载:"国忌行香,本非旧制,真宗皇帝大中祥符二年(1009)九月丁亥,诏曰:'宣祖昭武皇帝、昭宪皇后,自今忌前一日不坐,群臣进名奉慰,寺观行香,禁屠,废务,著于令。"[⑦]《汉语大词典》对"奉慰"的解释为:"唐宋礼制,逢帝、后忌辰,百官列班进名拜慰天子或皇太后,称'奉慰'"。[⑧] 基于奉慰在丧礼中多重使用,《汉语大词典》的定义仍嫌不足。

《大唐元陵仪注》所见百官奉慰有多种形式,如进名奉慰、延英奉慰、立班奉慰等,在仪式书写中,均注其为"如常仪"。其仪式则在《大唐开元礼》中有明确记载。《大唐开元礼·凶礼·为外祖父母举哀》载:

> 皇帝为外祖父母举哀。本司散下其礼,所司随职供办。……典仪于举哀殿门外布百官位,亦如常。又于殿前设诸王三品以上哭位,文东武西,重行北面,相对为首。诸亲位于文武官五品之下,又于阶下当御

① 《旧唐书》卷二十下《哀帝纪》,第 787 页。

② 《旧唐书》卷二十下《哀帝纪》,第 804 页。

③ (唐)苏鹗:《杜阳杂编》卷下,北京:中华书局,1958 年版,第 53 页。

④ 《旧唐书》卷一百三十四《浑瑊传》,第 3709 页。

⑤ 《唐会要》卷二十三《忌日》,第 524 页。

⑥ (唐)李肇:《翰林志》,《文渊阁四库全书》595 册,台北:商务印书馆,1986 年版,第 300 页。

⑦ (宋)王栐撰,朱杰人点校:《燕翼诒谋录》卷二《国忌行香》,北京:中华书局,1981 年版,第 19 页。

⑧ 汉语大词典编纂委员会:《汉语大词典》,上海:上海辞书出版社,2007 年版。

位北向设太尉奉慰位,文武百官到,入次改服素服。……舍人引诸王为
首者一人进诣奉慰位,跪奉慰,俛伏,兴,舍人引退还本位。又舍人次引
百官文武行首一人进诣奉慰位,跪奉慰,俛伏,兴,舍人引退还本位。舍
人赞拜,在位者皆再拜,舍人引三品已上退出。其四品以下位于门外
者,典谒赞哭、赞止、引退如殿庭之仪。[①]

引文所述"为外祖父母举哀"礼由诸王奉慰仪式和百官奉慰仪式两种形式。
就百官奉慰仪而言,三品以上官于殿门内行奉慰仪,实际执行者为文武行首
一人;四品以下官则于殿门外由典谒赞相行奉慰仪。其具体流程如下:先
是由通事舍人引百官文武行首一人进诣奉慰位;接着文、武行首一人跪行奉
慰,行"跪奉慰""俛伏""兴"等礼;最后由舍人引退至本位。由礼典所载"奉
慰如常仪"来看,百官奉慰礼在凶礼中不受礼仪性质限制。此处由凶入吉,
多因情势所需,皇帝告庙,百官奉慰仪当是如此。

---

① 《大唐开元礼》卷一百三十三《凶礼·为外祖父母举哀》,第629页。

第二章　皇帝行幸进发礼仪制度

当前皇帝行幸礼仪研究多集中于巡狩礼的阐释,原因来自于《大唐开元礼·巡狩礼》的资料支撑。有学者将巡狩礼分为将巡狩,颁敕诏告天下;驾将发,告圜丘、太庙、社稷;出宫,大备卤簿;軷于国门,祭所过山川;燔柴告至;望秩于山川;肆觐东后;考制度;归格用宗祢,用特等九项。[①] 这些内容并未涉及到銮驾进发礼仪,使得这一问题成为学界关注的薄弱环节。利用零星而分散的资料,考察銮驾进发礼仪制度的设计及其实践成为本章研究的重点。一般来说,在銮驾进发前、后,皇帝会对驾行前、后方的人事进行安排,以保障安全与政务顺畅。行进途中,亦有礼仪设计与制度运作,以展皇威。其主要包括銮驾出宫礼、銮驾还宫礼、问起居礼、迎谒礼等主要内容。这些仪制的存在,需要相应的制度协作才能更好的完成。这些制度包括问起居制度、迎谒制度、夜警晨严制度、警跸制度、乐悬制度等内容。为更好地诠释其制度内容与礼仪形态,本章拟分四节予以解析。

第一节　驾行前、后方的人事安排

为保障行幸正常运行,皇帝会对京师、沿途临幸地及最终驻跸地进行人事安排,以维系国家机器的正常运转。京师的人事安排体现为太子监国制度和留守官制度的运作;沿途行幸地由前驱官、置顿使等解决供顿、安全以及宣化四方;驻跸地由朝廷重臣和亲信担任保卫、供顿、助祭工作,完成皇帝行幸目标。具体解析如下。

---

① 高文文:《唐代巡狩制度研究》,陕西师范大学硕士学位论文,2009年,第9—11页。于俊利:《唐代礼制文化与文学》,北京:中国社会科学出版社,2014年版,第227—229页。

一、驾行前方的人事安排

为保证皇帝行幸的顺利进行,不仅要在行幸中呈现前驱后殿之势,其行幸前、后对出行安全和驻跸所需予以安排。就驾行前方而言,皇帝往往派前驱官承担清道和供备给养的工作,以保证行幸的顺利进行。此外,还会对驾行前方的驻跸地予以人事调整,以保证皇帝在顿置地的安稳。目前学界鲜有涉及,具体解析如下。

1. 前驱官的选任及职能

前述,唐大驾卤簿金吾卫承担前驱功能,貌似此处前驱官与金吾卫的职能重叠。其实不然,金吾卫所行之任出现在皇帝行幸途中,目的更多的集中于皇帝的驾行预警,前驱官则不然。其出现在皇帝驾行之前,目的是保证銮驾行幸顺利完成与驻跸供备所需的前期准备。尽管不同的行幸形态对前驱官的职任要求不同,但总结起来不外乎以下几点:

其一,驾行顿置地的建设。前述,皇帝行幸外置"排城"以为"捍蔽"即为行幸途中的临时顿置地建设,属御营建设的一种。其实,皇帝顿置地建设更多的指向行宫和祭坛。唐敬宗打算行幸洛阳,宰相李逢吉及两省谏官皆上疏劝谏,敬宗以行幸途中不扰民并自备口粮予以回绝。并令度支员外郎卢贞先行前往东都"检计行宫及洛阳大内"。[①] 后因裴度的婉转劝诚,唐敬宗中止了东都之行。值得肯定的是,度支员外郎卢贞承担的是前驱官的职任,目的是修缮行宫与东都宫殿以备驻跸。唐玄宗封华山事。华山与唐玄宗渊源颇深,被称为本命,早在开元初年就封华山神为金天王。天宝年间,众臣上书请封,天宝九载(750)唐玄宗允其所请。为保证封禅的顺利进行,同年三月,唐玄宗命御史大夫王鉷开凿华山路,并"设坛场于其上"。[②] 尽管因春旱和岳祠灾,封禅事未能成行,但就御史大夫王鉷的职任来说,其所修坛场以备驻跸,可为其证。

其二,提供置顿服务。置顿的范围较广,有给养置顿,修道造桥等。安禄山叛军攻破潼关后,唐玄宗仓促幸蜀,为保证沿途给养供备,玄宗令宦者王洛卿"先行",其职任在于"告谕郡县置顿"。[③] "先行"系指其为前驱官。"告谕郡县置顿",则是为皇帝提供给养供备。又如:

---

① 《旧唐书》卷一百七十《裴度传》,第 4428 页。
② 《资治通鉴》卷二百一十六唐玄宗天宝九载三月条,第 6898 页。
③ 《资治通鉴》卷二百一十八唐肃宗至德元年六月条,第 6972 页。

天宝十五载(756)六月戊戌，次扶风县。己亥，次扶风郡。庚子，以司勋郎中、剑南节度留后崔圆为蜀郡长史、剑南节度副大使以颖王璬为剑南节度大使。以监察御史宋若思为御史中丞充置顿使，韦谔充巡阁道使，并令先发。①

引文所述，颖王璬、宋若思、韦谔三人并令先发，即为前驱官。史载"玄宗至，璬视事两月，人甚安之"。② 即李璬赴郡的目的是安排蜀郡驻跸地的供备及安全。御史中丞充置顿使宋若思则负责安排沿路供顿。巡阁道使韦谔则负责修建桥道让皇帝顺利通过。

其三，清除道路与行宫内的威胁。就清除道路威胁而言，唐史史料中有不少记载。诸如，兴元年间唐德宗乱后返京事。史载：

德宗至咸阳县，李公以金商、同华、神策等军马，自丹凤桥至于便门六十余里，御路两旁，前后鱼贯；锦绣交错，朱紫相辉。铁马排空，霜戈曜日。工部尚书浑公、嗣郇王寓、京师都防城使侯仲庄、灵盐节度杜希全、渭北节度李建徽、驸马都尉郭暧、邠宁节度韩游环、羽林军使令孤建、金吾将军论惟明等五十余人，并是柳营上将，麟阁功臣，为前驱焉。③

引文所述，李晟以兵马迎谒，浑瑊、李寓、侯仲庄等武将五十余人为前驱官，其职在于清理路途危险，保卫皇帝安全。唐人李义有诗云："清跸幸禅楼，前驱历御沟。还疑九日豫，更想六年游。圣藻辉缨络，仙花缀冕旒。所欣延亿载，宁祇庆重秋。"④其"清跸幸禅楼，前驱历御沟"，足以表明前驱官先行探路来保障皇帝的安全。

就清宫而言，亦为前驱之职。史载："帝幸芙蓉园，薛万均坐清宫不谨，下狱，忧愤卒。帝惊悼，为举哀，诏陪葬昭陵。"⑤显然，薛万均清宫是在皇帝驾幸前完成的，其扮演前驱官的角色。引文所述，"清宫不谨，下狱"即表明前驱官具清理行宫之职任。唐太宗时亦有一例，其文曰："朕昔从幸未央宫，辟仗既过，有横刀伏草中者，先帝敛辔却，谓朕曰：'事发，当死者数十人，汝

---

① 《旧唐书》卷九《玄宗纪下》，第233页。
② 《旧唐书》卷一百七《颖王璬传》，第3263页。
③ (唐)赵元一：《奉天录》卷四，北京：中华书局，1985年版，第34页。
④ 《文苑英华》卷一百七十八李义《闰九月九日幸揔持寺登浮图应制》，第868页。
⑤ 《新唐书》卷九十四《薛万均传》，第3831页

可命出之。'史臣惟叙此为实。"①其"横刀伏草中者"即清宫不谨,"当死者数十人"即其惩罚。唐肃宗时亦有一例。肃宗与与山人李泌少交好,肃宗灵武即位后,李泌自行北上辅之,深为倚重。史载:"及肃宗南幸扶风,每顿,必令泌领元帅,兵先发,清行宫,收管钥奏报。"②其"兵先发"说明李泌扮演先驱官角色,其"每顿""清行宫"即可证明其担任清宫责任。

当然,前驱官的任命并没有严格要求,带有随意性,其主要体现在身份的选择上。前引唐玄宗幸蜀,遣宦者王洛卿前行,告谕郡县置顿。唐玄宗驾至咸阳望贤宫时,王洛卿已与咸阳县令逃跑。③ 此为史书关于王洛卿的记载,史料并不多,可知王洛卿为中下层级的宦官。王洛卿任前驱官的时间为天宝十五载(756)六月十三日,由于其未完成置顿工作,同月十八日,唐玄宗再次任命前驱官负责沿途置顿与顿置所的建设。这次前驱官的任命如下:以司勋郎中、剑南节度留后崔圆为蜀郡长史、剑南节度副大使,以颖王璬为剑南节度大使。以监察御史宋若思为御史中丞充置顿使,韦谔充巡阁道使,并令先发。④ 前驱官身份为亲王、朝廷官员等。仅隔五天,前驱官的任用与身份相差甚大。又如唐宣宗大中年间,将幸华清宫,命左军中尉"王宗实治道",两省供奉官反对皇帝游幸,纷纷拜疏极谏。⑤ 王宗实身居左神策军中尉之职,已具大宦官的身份。唐宣宗驾崩后更是主导立懿宗为皇帝,可谓权倾朝野。可以说,其得具位高权重的大宦官身份。与之相异的是唐僖宗年间曾派小宦官为前驱官,史载:

> 黄巢乱,僖宗幸奉天,(陈)敬瑄夜召监军梁处厚,号恸奉表迎帝,缮治行宫,(田)令孜亦倡西幸,敬瑄以兵三千护乘舆。冗从内苑小儿先至,敬瑄知素暴横,遣逻士伺之。诸儿连臂欢咋行宫中,士捕系之,呼曰:我事天子者!敬瑄杀五十人,尸诸街,由是道路不哗。⑥

---

① 该文原载于《资治通鉴》,其文曰:"尝幸未央宫,辟仗已过,忽于草中见一人带横刀,诘之,曰:'闻辟仗至,惧不敢出,辟仗者不见,遂伏不敢动。'上遽引还,顾谓太子:'兹事行之,则数人当死,汝于后速纵遣之。'"(见《资治通鉴》卷一百九十八唐太宗贞观二十年二月条,第6348页。)其史源来自于许敬宗所修《国史》。唐高宗认为许敬宗修史失实,故有《新唐书·郝处俊传》的勘正。在此从《新唐书》所载。(见《新唐书》卷一百一十五《郝处俊传》,第4216—4217页。)
② 《太平广记》卷三十八《神仙三十八·李泌》,第240页。
③ 《资治通鉴》卷二百一十八唐肃宗至德元年六月条,第6972页。
④ 《旧唐书》卷九《玄宗纪下》,第233页。
⑤ 《东观奏记》卷下,第133页。
⑥ 《新唐书》卷二百二十四下《陈敬瑄传》,第6406—6407页。

引文所述,"内苑小儿先至"系指唐僖宗任其为前驱官。就任职名称而言当是负责行宫内苑建设的小宦官。其与王宗实虽同为宦官,身份相差极大,可谓前驱官任命带有随意性的又一例证。

综上,前驱官系指在皇帝行幸前,为满足皇帝出行需求而委派的先行官吏。其职责集中于宫室建设、置顿服务、清宫与道路建设等诸多方面。因行幸形态多样化,其前驱官的委派也具随意性,尤体现在前驱官身份的多样化。

2. 驻跸地官员的选任及职能

为满足驾行安全及供置的需要,皇帝往往会对前方驻跸地官员进行一番人事调整。为方便研究,在此予以列表统计。[①]

表 4-1　驾幸前方官员选用一览表

选任者	驾幸方向	选任时间	选前职务	前方驻跸职务	驾幸后任职情况	驻跸职内事迹	文献来源[②]
崔玄籍	高宗封泰山	行幸前	陇州长史	兖州都督府长史	加中散大夫守归州刺史	专知坛壝及储峙事	《汇编》圣历 010
樊文	高宗封中岳	行幸前	广州浈安县令	检校洛州阳城县令	加朝请大夫,徙授定州司马	岳下营建离宫	《续集》长安 002
卢承庆	高宗幸汝州	行幸前	洪州长史	汝州刺史	光禄卿	不详	《旧唐书·卢承庆传》
韦安石	武则天还洛	行幸前	鸾台侍郎同平章事兼左庶子	神都留守兼判天官、秋官二尚书事	纳言	不详	《旧唐书·韦安石传》
李朝隐	玄宗幸洛	行幸前[③]	同州刺史[④]	河南尹	岐州刺史	政甚清严,豪右屏迹	《旧唐书·李朝隐传》

---

① 本表以《旧唐书》《新唐书》《资治通鉴》《册府元龟》等文献资料为史料来源,记载相同的并取一处。墓志主要以《唐代墓志汇编》《唐代墓志汇编续集》《全唐文补遗》(1—8 辑)《全唐文补遗·新千唐志斋专辑》为史料来源。此处重新选任驻跸地长官系指因皇帝行幸而重新任命者。

② 为方便制表,《唐代墓志汇编》简称为《汇编》,《唐代墓志汇编续集》简称为《续集》,《全唐文补遗》简称为《补遗》。

③ 《旧唐书·宋璟传》载:"开元初,宋璟征拜刑部尚书。四年,迁吏部尚书,兼黄门监。明年,官名改易,为侍中,累封广平郡公。其秋,驾幸东都,次永宁之崤谷,驰道隘狭,车骑停拥,河南尹李朝隐、知顿使王怡并失于部伍,上令黜其官爵。"(见《旧唐书》卷九十六《宋璟传》,第 3031 页。)可见,皇帝在长安至东都的路上,并没有到达东都。此时李朝隐已经是河南尹,可以推测,李朝隐任河南尹的时间是在皇帝驾幸至东都之前。

④ 《旧唐书·李朝隐传》载:"(开元)四年春,以授县令非其人,出为滑州刺史,转同州刺史。驾幸东都,路由同州,(李)朝隐蒙旨召见赏慰,赐衣一副,绢百匹。寻迁河南尹。"(见《旧唐书》卷一百《李朝隐传》,第 3126 页。)

（续表）

选任者	驾幸方向	选任时间	选前职务	前方驻跸职务	驾幸后任职情况	驻跸职内事迹	文献来源
陆璪	玄宗幸洛	不详	兵部郎中	洛阳令	太原少尹	摧勒奸豪，人不敢犯	《新唐书·陆璪传》
崔藏之	玄宗幸新丰温汤	行幸中	太府丞知库	蓝田令	不详	属驾幸温汤，时遇霖潦。储供所给，实在近郊	《补遗·新千唐志斋》
王晙	玄宗幸太原	行幸前	太子詹事	吏部尚书兼太原尹	兵部尚书、同中书门下三品	不详	《旧唐书·王晙传》
颖王璬	玄宗幸蜀	行幸前	不详	剑南节度大使	不详	在蜀视事两月，人甚安之	《旧唐书·玄宗纪下》《旧唐书·颖王璬传》
李峘	玄宗幸蜀	行幸中	襄阳太守	蜀郡长史、剑南节度使	户部尚书	李峘讨平蜀郡军人郭千仞谋逆，从上皇还京	《旧唐书·肃宗纪》《旧唐书·李峘传》
李麟	玄宗幸蜀	行幸中	河东太守、河东道采访使	户部侍郎，兼左丞。迁宪部尚书	金紫光禄大夫、刑部尚书、同中书门下三品	行在百司，麟总摄其事，从上皇还京	《旧唐书·李麟传》
李岘	肃宗幸扶风	行幸中	长沙郡太守	扶风郡太守兼御史大夫	礼部尚书守京兆尹兼御史大夫	从皇帝还京	《旧唐书·李岘传》《册府元龟·世官》
嗣虢王巨	肃宗还京	行幸前	银青光禄大夫守太子少傅	西京留守兼御史大夫	加太子少师兼河南尹充东京留守判尚书省事充东畿采访等	不详	《旧唐书·李巨传》
韦伦	玄宗幸蜀	行幸中	大理评事	监察御史、剑南节度行军司马	遭中官毁谮，贬衡州司户	内官禁军所在侵暴，号为难理，伦清俭率身以化之，蜀川咸赖其理	《旧唐书·韦伦传》
王愦	僖宗在蜀	行幸前	司封郎中	万年令兼御史中丞	返京后右散骑常侍	不详	《灵异记·忠》
王廷范	昭宗幸洛	行幸前	不详	金吾卫将军、河南尹	不详	不详	《新唐书·王廷范传》

上表内容可考释如下：

首先，驻跸地方长官的选任空间。据统计表所示：崔玄籍、樊文、卢承庆、韦安石、李朝隐、王晙、李巨、王愦、王廷范等九人属皇帝行幸前任命为驻跸地方长官。而崔藏之、李峘、李麟、李岘、韦伦五人则为皇帝行幸中任命的。可以说，皇帝行幸驻跸地方长官的重新选任未有固定的时间限制，行幸前与行幸中均有重新选任情况的发生。驻跸地长官重新选任往往发生在皇帝离开京师的行幸状态中。这种行幸状态既包括皇帝巡幸还有皇帝离开京城行驻跸礼的情况；既有皇帝离京的记载也有皇帝还京的记载。诸如唐高宗幸汝州温汤、武则天还洛、唐玄宗幸洛、唐玄宗幸新丰温汤均为皇帝常态巡幸下更改驻跸地长官的情况。而唐高宗封中岳、封祀西岳则属于皇帝离开京师行驻跸礼的情况。此外，唐玄宗幸蜀、唐肃宗幸扶风、唐肃宗还京、唐僖宗还京、唐昭宗幸洛则是皇帝在銮舆播迁的情况下予以任命的。当然，皇帝离京巡幸表现为对驻跸地方长官的选择，车驾还京的则表现为对京城留守官的选择。

其次，驻跸地方官的任职形式与选任标准。据上表统计，其驻跸地长官的任职形式不外乎三种：一是任州、府最高长官。武则天还洛，任命韦安石任神都留守；唐肃宗还京，李巨任西京留守；唐高宗驾幸汝州温汤，卢承庆任汝州刺史；唐玄宗幸洛，李朝隐任河南尹；唐玄宗幸太原，王晙任太原尹；唐肃宗幸扶风，李岘任扶风郡太守；唐昭宗幸洛，王廷范任河南尹。二是任地方县令。唐高宗欲封中岳，樊文检校洛州阳城县令；唐玄宗驾幸洛阳，陆璪任洛阳令；唐玄宗幸新丰温汤，崔藏之任蓝田令；唐僖宗还京，王愦任万年令兼御史中丞。三是任驾幸地的军政长官。唐高宗封祀泰山，崔玄籍任兖州都督府长史；唐玄宗幸蜀，颖王璬任剑南节度大使，李峘任蜀郡长史、剑南节度使，韦伦任监察御史、剑南节度行军司马，兼充置顿使判官。值得注意的是，此三种任职形式并非孤立，皇帝在选择驻跸地方长官往往是同时任命的。唐玄宗幸蜀期间，李峘任蜀郡长史、剑南节度使；韦伦任监察御史、剑南节度行军司马，兼充置顿使判官；李麟任户部侍郎，兼左丞迁宪部尚书。[①] 可以说，州府长官、节度使职及州府僚官予以同时任命。

当然，驻跸长官的选任并非是任意的，而是得具一定的标准。一般来说，驻跸长官选择有两种情况：一种是在地方官中选任，另一种则由中央官直接任命。若从地方官中选任，其标准不外乎两条：一是得具较强的治理能

---

① 《旧唐书》卷一百一十二《李麟传》，第 3339 页。

力。崔玄籍,史载其"精于吏职,清畏人知";①樊文任职广州洊安县令期间,史载其"训之以忠贞,敷之以诚恕。化清北地,誉动南溟";②卢承庆任职期间,史载其以"忠清文行致位枢要,恪恭匪懈以保名位";③李朝隐任长安令期间拒绝宦官请托,受到睿宗的赞赏,其任职河南尹期间,史载其"政甚清严豪右屏迹"④诸如此类,均可为证。

二是,深得皇帝信任。唐玄宗幸蜀,时任襄阳太守的李峘转任蜀郡长史、剑南节度使;时任河东太守李麟转任宪部尚书;时任长沙太守李岘转任凤翔太守。此三人中,李峘、李岘均为唐太宗第三子吴王恪之孙;⑤李麟则是唐太宗之从孙,史载其"时扈从宰相韦见素、房琯、崔涣已赴凤翔,俄而崔圆继去,玄宗以麟宗室子,独留之,行在百司,麟总摄其事"。⑥可以说,三人均为唐宗室,与在朝皇帝有血缘关系,深得皇帝信任,故得以转任驻跸地长官。宗室之外,驻跸地长官亦由中央官选任,一般是在中央任职的清官,皇帝的近侍。诸如韦安石由鸾台侍郎转任;陆璪由兵部郎中转任;崔藏之由太府丞转任;王晙由太子詹事转任;李巨由太子少傅转任;韦伦由大理评事转任;王愭由司封郎中转任。其所任职的鸾台侍郎、兵部郎中、太府丞、太子詹事、太子少傅、大理评事、司封郎中均为清官,属皇帝供奉官。不仅深得皇帝信任,还能更好的满足皇帝置顿需求。

最后,驻跸地方长官的职责及任职走向。据上表周知,驻跸地方长官的职责不外乎二点:一是满足皇帝的供备需求。崔玄籍于皇帝驻跸地,专知坛壝及储峙事;樊文于皇帝驻跸地,负责在岳下营建离宫;崔藏之于皇帝驻跸地,负责储供温汤等。显然均为满足皇帝的给养所需。二是维系皇帝驻跸地的稳定。李朝隐任职期间,史载其"政甚清严,豪右屏迹";陆璪任职期间,史载其"摧勒奸豪,人不敢犯";颖王璬任职期间,史载其"在蜀视事两月,人甚安之"。韦伦任职期间,史载其"清俭率身以化之,蜀川咸赖其理";李巨任职期间,史载其"固我维城,殿兹邦国"。⑦显然,此五人的治理,均达到了

---

① 《唐代墓志汇编》圣历020《大周故银青光禄大夫使持节利州诸军事利州刺史上柱国清河县开国子崔君墓志铭并序》,第930页。

② 《唐代墓志汇编续集》长安002《大周银青光禄大夫司卫少卿上柱国新城郡开国公樊公墓志铭并序》,第388页。

③ 《旧唐书》卷八十一《史臣曰》,第2759页。

④ 《旧唐书》卷一百《李朝隐传》,第3126页。

⑤ 《旧唐书》卷一百一十二《李峘传》,第3342页。

⑥ 《旧唐书》卷一百一十二《李麟传》,第3339页。

⑦ 《唐大诏令集》卷三十八《嗣虢王巨西京留守制》,第176页。

稳定驻跸地的效果。此外,保卫皇帝的安全亦属其列。诸如唐玄宗幸蜀期间,蜀郡健儿郭千仞谋逆,李峘讨平之。

因行幸驻跸地长官多由皇帝临时驻跸而得任,其亦随皇帝驻跸点的转移而离任。唐高宗完成封禅泰山大典后,崔玄籍加中散大夫、归州刺史;唐高宗停封中岳后,樊文加朝请大夫、定州司马;唐玄宗自太原还京后,王晙扈从还京,任兵部尚书、同中书门下三品;唐玄宗自蜀还京,李峘、李麟二人均扈从而离任,李岘则扈从肃宗皇帝还京离任。由此可见,驻跸地官员随皇帝驻跸点的转移而离任,当然也不排除皇帝在驻跸点重新选任驻跸官的情况。如颖王璬因崔圆排斥,而"罢居内宅。后令宣慰肃宗于彭原,遂从归京师"。[①] 接任颖王璬的则是李峘。

综上,驻跸地官员为满足皇帝的置顿需求而临时调任。此类官员在驻跸地可任州、府、县等地方长官亦可任军政长官。其职任往往是满足皇帝安全需要、给养需要、驻跸建设需要等内容,官员的选拔并非随意而是要具备较强的治理能力且深得皇帝信任方可。其驻跸长官因皇帝离开而调任,流动性较强。

二、驾行后方的人事安排

前述,驾行前方的人事安排集中于前驱官与驻跸长官的选任,那么驾行后方的人事安排则集中于监国太子与留守官的选任。当前学界对监国太子与留守官问题多有涉猎,集中于对东宫制度、留守制度或政治运作的考察。[②] 尽管如此,太子监国与留守官制度在皇帝巡幸中的政务运作鲜有涉及,下文将予以解析。

1. 驾行太子监国制度的运作

《左传》曰:"冢子君行则守,有守则从,从曰抚军,守曰监国,古之制

① 《旧唐书》卷一百七《颖王璬传》,第 3264 页。

② 唐代"太子监国"问题的代表性研究成果有:朱慈尧、张新济、张新弱:《中国东宫制度考析》,《南京师大学报》1987 年 03 期。郭锋:《试论唐代的太子监国制度》,《文史》40 辑,1994 年,第 101—114 页。贾如银:《唐代东宫制度研究》,西北师范大学硕士学位论文,2004 年,第 11—19 页。赵英华:《唐前期东宫官研究》(公元 618 年—713 年)》,北京师范大学博士学位论文,2008 年。孙晓晨:《试论唐代的太子监国》,《湖州师范学院学报》2010 年 06 期等。唐代"留守"问题的代表性研究成果有:程存洁:《唐代东都留守考》,《魏晋南北朝隋唐史资料》13 辑,1994 年。苏小华:《文献所见的唐东都制度考略》,陕西师范大学硕士学位论文,2002 年,第 26—36 页。勾利军:《唐代东都分司官研究》,上海:上海古籍出版社,2007 年版。陆冰:《唐代留守研究》,上海师范大学硕士学位论文,2013 年,第 60—71 页等。

也。"①可以说,君王出行,嗣君监国是古礼的要求。此古制为历代传承,唐朝亦为如此。为方便研究唐代皇帝巡幸时期的太子监国制度的运作,现列表如下:

表 4 - 2　唐代皇帝行幸太子监国一览表②

皇帝行幸地	行幸时间	监国太子	监国时间	留辅官	监国地点	文献来源
唐高祖幸仁智宫	武德七年六月辛丑	李建成③	不详	不详	西京长安	《旧唐书·隐太子建成传》
唐太宗幸洛	贞观十五年正月辛巳—十二月戊子朔	李承乾	不详	尚书右仆射摄太子少师高士廉④	西京长安	《册府元龟·帝王部·委任第二》

---

①　《春秋左传正义》卷十一鲁闵公二年十一月条,《十三经注疏》,第 3881 页。

②　统计说明:(1)本表以《旧唐书》《新唐书》《资治通鉴》《册府元龟》等文献资料为史料来源,材料记载相同的则取一处史料来源。(2)这里的太子监国专指皇帝行幸条件下的监国形式,对于表格所需内容有明确记载的则直接计入表格,未有明确记载的,则以考证形式计入。表格所需内容考证不出的,则以不详计入。(3)皇帝行幸未能成行,虽有诏令太子监国,实际上这种监国形式是不存在,故在此不计入统计。诸如:天宝十四载(755)十二月,唐玄宗下诏亲征安禄山叛军,后因杨国忠与韩、虢、秦三夫人所阻而罢。(见《资治通鉴》卷二百十七唐玄宗天宝十四载十二月条,第 6940 页。)(4)皇帝行幸是否成行难以判断,太子监国状态亦不能判断,故暂且则存目。诸如:《旧唐书·杜正伦传》载:"(贞观)六年(632),(杜)与御史大夫韦挺、秘书少监虞世南、著作郎姚思廉等咸上封事称旨,太宗为之设宴……寻加散骑常侍,行太子右庶子兼崇贤馆学士。太宗谓曰:'国之储副,自古所重,必择善人为之辅佐。今太子年在幼冲,志意未定,朕若朝夕见之,可得随事诫约。今既委以监国,不在目前,知卿志怀贞悫,能敦直道,故辄辍卿于朕,以匡太子,宜知委任轻重也。'十年,复授中书侍郎赐爵南阳县侯,仍兼太子左庶子。"(见《旧唐书》卷七十《杜正伦传》,第 2542—2543 页。)可见,杜正伦在贞观六年至贞观十年(636)的某个时期曾奉命以中书侍郎行太子左庶子兼崇贤馆学士佐太子监国。至于这次监国是否成行,无从考究,故,暂且存目。

③　《旧唐书·隐太子建成传》载:"及高祖幸仁智宫,留建成居守。"(见《旧唐书》卷六十四《隐太子建成传》,第 2416—2417 页。)其"居守"实为监国。又,《旧唐书·恒山王承乾传》载:"太宗居谅闇,庶政皆令听断,颇识大体。自此太宗每行幸,常令居守监国。"(见《旧唐书》卷七十六《恒山王承乾传》,第 2648 页。)此"居守监国"并为一词,即居守与监国同意,亦可为证。此外还有《旧唐书·裴炎传》载:"永淳元年(682),高宗幸东都,留太子哲守京师,命炎与刘仁轨、薛元超为辅。"(见《旧唐书》卷八十七《裴炎传》,第 2843 页。)《新唐书·高宗纪》载:"永淳元年四月丙寅,如东都,皇太子监国。"(见《新唐书》卷三《高宗》,第 77 页。)《旧唐书》与《新唐书》记载同一件事,《旧唐书》用"守",《新唐书》用"监国。""居守"当为"监国。"那么,唐高祖行幸仁智宫,太子李建成居守即监国。

④　《旧唐书·高士廉传》载:"(贞观)十二年,与长孙无忌等以佐命功,并代袭刺史,授申国公。其年,拜尚书右仆射。士廉既任遇益隆,多所表奏成辄焚稿,人莫知之。摄太子少师,特令掌选。十六年,加授开府仪同三司,寻表请致仕,听解尚书右仆射,令以开府仪同三司依旧平章事。"(见《旧唐书》卷六十五《高士廉传》,第 2444 页。)贞观十二年(638)至贞观十六年(642)高士廉一直是尚书右仆射,可见,贞观十五年(641)高士廉任职仍为尚书右仆射摄太子少师。

（续表）

皇帝行幸地	行幸时间	监国太子	监国时间	留辅官	监国地点	文献来源
唐太宗自洛征辽	贞观十九年二月庚戌—十一月丙戌	李治	贞观十九年二月乙卯—十月丙辰①	摄太子太傅仍典朝政高士廉;②侍中兼太子左庶子检校民部尚书③刘泊;中书令兼太子右庶子④马周;刑部侍郎兼太子少詹事张行成;⑤吏部侍郎兼太子右庶子高季辅;⑥太子右庶子检校黄门侍郎许敬宗⑦等	定州	《旧唐书·太宗纪下》《资治通鉴·唐纪十四》

① 《资治通鉴·唐纪十四》载:"(贞观十九年)十月丙辰,上闻太子奉迎将至,从飞骑三千人驰入临渝关,道逢太子,上之发定州也。"(见《资治通鉴》卷一百九十八唐太宗贞观十九年十月丙辰条,第6230页。)引文所述,贞观十九年(645)十月丙辰,太子李治已迎谒太宗皇帝,说明监国结束。故将监国结束时间定为贞观十九年十月丙辰。

② 《旧唐书·高士廉传》:"(贞观)十九年,太宗伐高丽,皇太子定州监国,士廉摄太子太傅,仍典朝政。"(见《旧唐书》卷六十五《高士廉传》,第2444页。)可见,高士廉在贞观十九年的任职为摄太子太傅仍典朝政。

③ 《旧唐书·刘泊传》载:"太宗征辽,令(刘)泊与高士廉、马周留辅皇太子定州监国,仍兼左庶子检校民部尚书。"(见《旧唐书》卷七十四《刘泊传》,第2611页。)可见,刘泊留辅太子的任职为侍中兼太子左庶子。

④ 《旧唐书·马周传》"贞观十八年(644),马周迁中书令依旧兼太子右庶子。既职兼两宫,处事精密,甚获当时之誉。"(见《旧唐书》卷七十四《马周传》,第2619页。)可见,贞观十九年(645)马周留辅太子的任职为中书令兼太子右庶子。

⑤ 《旧唐书·张行成传》载:"(张行成)转刑部侍郎,太子少詹事。太宗东征,皇太子于定州监国,即行成本邑也。太子谓行成曰:'今者送公衣锦还乡。'于是令有司祀其先人墓。"(见《旧唐书》卷七十八《张行成传》,第2704页。)可见,张行成佐太子监国时期的职官为刑部侍郎兼太子少詹事。

⑥ 《旧唐书·高季辅传》载:"(贞观)十七年(643)授太子右庶子……十八年,加银青光禄大夫,兼吏部侍郎,凡所铨叙,时称允当。太宗尝赐金背镜一面,以表其清鉴焉。"(见《旧唐书》卷七十八《高季辅传》,第2703页。)可见,高季辅贞观十九年监国时期的职官是吏部侍郎兼太子右庶子。

⑦ 《旧唐书·许敬宗传》载:"(贞观)十七年,以修武德、贞观实录成,封高阳县男,赐物八百段,权检校黄门侍郎。高宗在春宫,迁太子右庶子。十九年,太宗亲伐高丽,皇太子定州监国,敬宗与高士廉等共知机要。中书令岑文本卒于行所,召敬宗以本官检校中书侍郎。"(见《旧唐书》卷八十二《许敬宗传》,第2761—2762页。)可见,许敬宗曾以太子右庶子检校黄门侍郎的身份留辅太子,后来被唐太宗召赴行在。在此,有必要将其列出。

皇帝行幸地	行幸时间	监国太子	监国时间	留辅官	监国地点	文献来源
唐高宗幸洛	显庆四年闰十月戊寅—龙朔二年四月庚申朔	李弘	显庆四年闰十月戊寅—十月戊戌之间①	不详	西京长安	《资治通鉴·唐纪十六》《旧唐书·高宗纪上》
唐高宗幸温汤	龙朔二年冬十月丁酉—丁未	李弘	不详	不详	西京长安	《旧唐书·高宗纪上》
唐高宗幸东都	咸亨二年正月乙巳—咸亨三年十一月甲辰	李弘	咸亨三年冬十月己未—壬戌	户部尚书知政事戴至德;②黄门侍郎兼左庶子知政事张文瓘;③右庶子萧德昭;吏部侍郎、太子右庶子、同中书门下三品④李敬玄	西京长安	《旧唐书·高宗纪下》《旧唐书·孝敬皇帝弘传》
唐高宗幸洛	永淳元年四月丙寅—永淳二年十二月丁巳	李显	永淳元年十一月辛丑—永淳二年秋八月己丑	太子太傅知政事刘仁轨;⑤侍中裴炎;中书令兼太子左庶子薛元超	西京长安	《旧唐书·高宗纪下》《册府元龟·帝王部·委任第二》《资治通鉴·唐纪十九》

① 《资治通鉴·唐纪十六》载:"(显庆四年)闰十月,戊寅,上发京师,令太子监国。太子思慕不已,上闻之,遽召赴行在。戊戌,车驾至东都。"(见《资治通鉴》卷二百唐高宗显庆四年闰十月戊寅条,第6318页。)可见,太子李弘的监国时间当在闰十月戊寅—戊戌之间。

② 《资治通鉴·唐纪十八》载:"(咸亨三年)秋,八月壬午,特进高阳郡公许敬宗卒……户部尚书戴至德谓福畤曰:高阳公任遇如是,何以谥之为缪?"(见《资治通鉴》卷二百二唐高宗咸亨三年八月壬午条,第6369页。)按,咸亨三年(672)八月许敬宗卒,戴至德以民部尚书身份参与议谥。那么,咸亨三年戴至德佐太子监国可为民部尚书。又,戴至德早在乾封中就西台侍郎、同东西台三品后转户部尚书依旧知政事。(见《旧唐书》卷七十《戴至德传》,第2535页。)那么,咸亨三年留辅太子当为民部尚书知政事。

③ 《旧唐书·张文瓘传》载:"龙朔年,累受东西台舍人、参知政事。寻迁东台侍郎、同东西台三品,兼知左史事。咸亨三年,改授黄门侍郎,兼太子左庶子。俄迁大理卿,依旧知政事。"(见《旧唐书》卷八十五《张文瓘传》,第2815页。)说明,张文瓘在咸亨三年的任职为黄门侍郎,兼太子左庶子知政事。

④ 《旧唐书·李敬玄传》载:"咸亨三年,加银青光禄大夫,行吏部侍郎,依旧兼太子右庶子、同中书门下三品。"(见《旧唐书》卷八十一《李敬玄传》,第2754页。)由此可见,李敬玄留辅太子职官为吏部侍郎、太子右庶子、同中书门下三品。

⑤ 《旧唐书·刘仁轨传》载:"永隆二年(681),兼太子太傅。未几,以老乞骸骨,听解尚书左仆射,以太子太傅依旧知政事。永淳元年,高宗幸东都,皇太子京师监国,遣仁轨与侍中裴炎、中书令薛元超留辅太子。"(见《旧唐书》卷八十四《刘仁轨传》,第2795—2796页。)可见,刘仁轨任职为太子太傅知政事。

上表内容考释如下：

（1）从时间上来看。首先，唐代皇帝行幸，太子监国早在唐高祖时期就已经出现。显然，唐立国初就继承了"君行嗣守"的古制。太子监国频次最多的在高宗朝，有 6 次之多。高宗以后就不再有监国的事件发生。说明太子监国制度并没有得到很好的坚持。也预示着在皇帝行幸条件下，一种新的后方安置措施的出现。[①]

其次，龙朔二年（662）十月丁酉至丁未之间，唐高宗行幸温汤，皇太子李弘于长安监国，时长仅为 1 天。永淳元年（682）十一月辛丑至永淳二年（683）秋八月己丑，唐高宗幸洛，皇太子李显于长安监国，监国时长达 289 天。说明皇帝长时间巡幸与短时间的游幸，均有可能让太子监国。

再次，皇太子监国时间与皇帝行幸的时间并不一致。诸如唐太宗征辽，往返定州的时间为贞观十九年（645）二月庚戌至十一月丙戌，共计二百七十六天，而皇太子实际监国时间为贞观十九年二月乙卯至十月丙辰共计二百四十一天，少了三十五天。显庆中，唐高宗行幸洛阳时间为显庆四年闰十月戊寅至龙朔二年四月庚申朔，有两年之多，而皇太子实际监国时间为显庆四年（659）闰十月戊寅至十月戊戌之间，不足二十天。咸亨中，唐高宗驾幸东都的时间为咸亨二年（671）正月乙巳至咸亨三年（672）十一月甲辰，有一年又十个月之多，而皇太子实际监国时间为咸亨三年十月己未—十月壬戌，仅四天。永淳年间，唐高宗行幸东都时间为永淳元年四月丙寅至永淳二年十二月，有一年又八个月之多，而皇太子实际监国时间则为永淳元年（682）十一月辛丑至永淳二年（683）秋八月己丑，不足十一个月。可见，皇太子实际监国的时间要比皇帝行幸时间短的多。

最后，太子监国开始时间与皇帝出发时间并不一致，有时候甚至要晚得多。太宗贞观十九年二月庚戌从洛阳出发征辽，太子则于二月乙卯监国，监国时间比皇帝出发时间晚五天；咸亨年间高宗行幸洛阳出发时间为咸亨二年正月乙巳，太子开始监国的时间为咸亨三年十月己未，相差九个多月；唐高宗调露元年（679）正月己酉已到东都，太子五月丙戌才开始监国，相差三个多月；高宗永淳元年四月丙寅从长安出发去洛阳，太子永淳元年十一月辛丑才开始监国，相差七个多月，与李重福永淳二年八月己丑监国相比，则相

---

① 唐玄宗时期设十王宅，百孙院并让太子随驾用以防微杜渐。具体论述见黄永年：《说唐玄宗防微杜渐的两项新措施》，《燕京学报》新 15 期，2003 年。后该文相继收入黄永年先生所著《文史存稿》《六至九世纪中国政治史》等，其间略有改动。（见黄永年：《文史存稿》，西安：三秦出版社，2004 年版，第 193—197 页。黄永年：《六至九世纪中国政治史》，上海：上海书店出版社，2004 年版，第 221—225 页。）

差一年又四个多月。皇帝返回的时间与太子停止监国的时间也相差较大，往往是太子监国结束的时间比皇帝返回时间早的多。太宗征辽返回的时间是贞观十九年十一月丙戌，太子监国结束的时间是十月丙辰，相差二个月。高宗龙朔二年四月庚申朔返回长安，早在显庆四年闰十月太子监国就已经结束，相隔两年之久。咸亨三年十一月甲辰高宗自东都还京，咸亨三年十月壬戌太子已经结束监国，相差四十二天，永淳二年十二月丁巳高宗病死于洛阳行幸结束，永淳二年八月己丑太子已经完成监国，相差二百三十九天。

（2）从运行空间上来看。并不是所有的皇帝行幸都需要太子监国。一般来说，其适于皇帝离开京城的巡幸状态。当然，皇帝行幸京郊离宫别馆及皇帝远幸郊外也可能要求太子监国。唐高祖武德七年(624)六月幸仁智宫；唐高宗龙朔二年十月幸新丰温汤均属于皇帝行幸离宫别馆的情况。按，仁智宫于武德七年(624)五月造于宜州之宜君县。① 尽管宜州废置不定，但其属京兆府管辖，②故，仁智宫在京郊得以证明。新丰温汤在京兆府昭应县，③亦属长安城近郊。可以说，皇帝行幸需要太子监国的范围是在长安城外。除却贞观十九年为便于运送战备物资的需要，皇太子于定州监国外，其余太子监国基本都在西京长安。皇太子于京城监国，可为皇帝行幸免去后顾之忧。

（3）从辅佐官员来看。上表周知，李承乾监国的辅佐官为高士廉，时任尚书右仆射摄太子少师。李治的辅佐官为高士廉，时摄太子太傅仍典朝政；刘洎，时任侍中、检校民部尚书兼左庶子；马周，时任中书令兼太子右庶子；张行成，时任刑部侍郎、太子少詹事；高季辅，时任吏部侍郎兼太子右庶子；许敬宗，时任太子右庶子。李弘的辅佐官为戴至德，时任户部尚书知政事；张文瓘，时任黄门侍郎兼左庶子知政事；萧德昭，时任右庶子；李敬玄，时任吏部侍郎、太子右庶子、同中书门下三品。李显的辅佐官为刘仁轨，时任太子太傅；裴炎，时任侍中；薛元超，时任中书令兼太子左庶子。据此可以得出两条结论。一是，佐太子之官皆为高官重臣。12 例职官中，高士廉、刘洎、马周、戴至德、张文瓘、李敬玄、刘仁轨、薛元超 8 人以宰相身份辅佐太子，其余几人职官也在正四品以上且均为清望官。二是，佐太子官员职官性质多是实任官＋兼职东宫官的形式存在。高士廉、刘洎、马周、张文瓘、李敬玄、刘仁轨、薛元超等 7 人以宰相职任＋东宫官的形式存在。张行成、许敬宗、

---

① 《旧唐书》卷一《高祖纪》，第 15 页。
② 《旧唐书》卷三十八《地理志一》，第 1395 页。
③ 《元和郡县志》卷一《京兆府》，第 7 页。

高季辅 2 人则以清望官＋东宫官的职任存在。他们所任东宫官以太子左、右庶子居多，13 例职官中有 10 人之多。太子左、右庶子属太子左、右春坊，定制 2 人。贞观十九年留辅官马周、高季辅、许敬宗三人同时以兼左庶子的身份辅佐太子。这已经打破了左庶子为 2 人的定制。由此可见，佐太子任的东宫职官并非是专任性质，兼职东宫官特色更为明显。

当然，统计表中的信息未能涵盖巡幸太子监国制度的全部内容。巡幸太子监国制度中留辅官的权限，监国太子的权限，太子监国后方的政务运行等内容仍需探讨。

留辅官的职责不外乎两条，一是规谏太子。诸如《新唐书·薛元超传》载：

> 帝幸东都，留辅太子监国，手敕曰："朕留卿，若失一臂。顾太子未习庶务，关中事，卿悉专之。时太子射猎，诏得入禁御，故太子稍息政事。"元超谏曰："内苑之地，缭丛薄，冒翳荟，绝磴险涂。殿下截轻禽，逐狡兔，衔厥之变，讵无可虞？又户奴多反逆余族，或夷狄遗丑，使凶谋窃发，将何以御哉？夫为人子者，不登高，不临深，谓其近危辱也。天皇所赐书戒丁宁，惟殿下罢驰射之劳，留情坟典，岂不羡欤！"帝知之，遣使厚赐慰其意，召太子还东都。①

引文所述的是永淳元年（682）高宗东幸洛阳，留皇太子李显于西京长安监国，以中书令兼太子左庶子薛元超为留辅官。时，太子李显颇喜游猎，懈怠于政事，薛元超深虑之，予以劝谏。唐高宗得知其事后，先诏太子还东都，后对薛元超予以褒奖，说明留辅官具规谏之责。又，《新唐书·杜正伦传》载：

> 太子监国，诏（杜）正伦行左庶子，兼崇贤馆学士。帝谓正伦："吾儿幼，未有就德，我常物物戒之。今当监国，不得朝夕见，故辍卿于朝以佐太子。慎之勖之。"它日又言："朕年十八，犹在人间，情伪无不尝；及即位，处置有失，必待谏，乃释然悟，况太子生深宫不及知邪？且人主不可自骄，今若诏天下，敢谏者死，将无复发言矣。故朕孜孜延进直言。卿其以是晓太子，冀裨益之。"②

---

① 《新唐书》卷九十八《薛元超传》，第 3892—3893 页。
② 《新唐书》卷一百六《杜正伦传》，第 4038 页。

引文所述的是贞观年间,唐太宗行幸,以左庶子,兼崇贤馆学士佐太子监国事。引文不仅表达唐太宗对杜正伦监国寄予厚望,还鼓励其"敢谏"以正太子之失。

二是总揽政务,参掌机要。贞观十五年(641),唐太宗驾幸洛阳,皇太子李承乾奉命监国。时任尚书右仆射、摄太子太师的高士廉留辅,为保证国家政务运作的正常进行,唐太宗手诏曰:"端拱三州,不忧关中者,唯卿是属,萧何之镇。"①其足以表明唐太宗对高士廉的信任,并折射出高士廉得具参掌机要之任。当然高士廉的佐政之功得到太宗的认可,贞观十九年(645)车驾问罪辽阳,皇太子于定州监国,仍以高士廉为辅。②《旧唐书·许敬宗传》载:"贞观十九年(645),太宗亲伐高丽,皇太子定州监国,(许)敬宗与高士廉等共知机要。"③其"共知机要"即可为证。又,永隆二年(681),唐高宗驾幸洛阳,皇太子李显奉命监国。时任中书令、兼太子左庶子的薛元超留辅,唐高宗对其寄予厚望。其对薛元超说:"朕之留卿,如去一臂。但吾子未闲庶务,关西之事,悉以委卿。所寄既深,不得默尔。"④其"关西之事,悉以委卿"亦可为证。

基于留辅官的重任,其在太子监国政务运作中对监国太子权力多有削夺。贞观十五年(641),唐太宗驾幸洛阳,皇太子李承乾监国,时任尚书右仆射、摄太子少师的高士廉留辅。唐太宗手诏士廉曰:"端拱三州不忧关中者,唯卿是属,萧何之镇,寄情非浅。后加开府仪同三司、平章政事,车驾问罪辽阳,皇太子于定州监国,以士廉摄太子太傅,仍典朝政。玺书劳问不绝。"⑤可见,高士廉以宰相身份留辅太子,在助理太子以东宫僚属为依托的行政事务的同时,也在以宰相身份参与皇帝的政务运行。其"玺书劳问不绝"即为其参与皇帝政务的例证。《资治通鉴·唐纪十三》载:

(贞观十九年)三月,上将发,太子悲泣数日,上曰:"今留汝镇守,辅以俊贤,欲使天下识汝风采。夫为国之要,在于进贤退不肖,赏善罚恶,至公无私,汝当努力行此,悲泣何为!"命开府仪同三司高士廉摄太子太傅,与刘洎、马周、少詹事张行成、右庶子高季辅同掌机务,辅太子。⑥

①　《册府元龟》卷七十八《帝王部·委任第二》,第896页。
②　《册府元龟》卷七十八《帝王部·委任第二》,第896页。
③　《旧唐书》卷八十二《许敬宗传》,第2762页。
④　《旧唐书》卷七十三《薛元超传》,第2590—2591页。
⑤　《册府元龟》卷七十八《帝王部·委任第二》,第896页。
⑥　《资治通鉴》卷一百九十七唐太宗贞观十九年三月条,第6218页。

据引文可见,高士廉、刘洎、马周、张行成、高季辅既是东宫官署又同掌机务处理全国政务,这样监国太子的权力则大打折扣了。还有,《旧唐书·刘洎传》载:"太宗征辽,令洎与高士廉、马周留辅皇太子定州监国,仍兼左庶子、检校民部尚书。太宗谓洎曰:'我今远征,使卿辅翼太子,社稷安危之机,所寄尤重,卿宜深识我意。'洎进曰:'愿陛下无忧,大臣有愆失者,臣谨即行诛。'"①由刘洎与唐太宗对话足见留辅官的权力之大。

(4)从监国太子权限来看。就目前唐史史料来看,监国太子的权限不一。如贞观十九年正月,唐太宗下诏太子监国,其文曰:

> 皇太子治,温文表德,睿哲日跻,仁孝之诚,彰于温凊,铉诵之美,着于胶庠,礼义既茂,徽猷弥远,委以赏罚之权,任以军国之政,详诸前载,实惟令典,发定州巡辽左之后,宜令太子治监国,其宗庙社稷百神,咸令主祭,军国事务并取决断。②

引文所述,唐太宗征辽已明确皇太子的权力在于祭祀宗庙、社稷、百般神祇且处断军国政务。显然,监国太子部分充任了皇帝的身份,权力极大。唐高宗时期,监国太子权力趋于萎缩。如咸亨二年(671),高宗驾幸东都,太子李弘于京师监国。史载:"时属大旱,关中饥乏,令取廊下兵士粮视之,见有食榆皮蓬实者,乃令家令等各给米使足。"③"又请以同州沙苑地,分借贷人,诏许之。"④可以说,太子李弘监国期间,令太子家令分给士兵米粟,权力限制在东宫内。其欲以同州沙苑分给借贷人,仍需得到皇帝允许方可。又,仪凤元年(676),皇太子李贤监国,因为政得体,受到手敕褒奖,其文曰:

> 皇太子贤自顷监国,留心政要。抚字之道,既尽于哀矜;刑网所施,务存于审察。加以听览余暇,专精坟典。往圣遗编,咸窥壶奥;先王策府,备讨菁华。好善载彰,作贞斯在,家国之寄,深副所怀。可赐物五百段。⑤

引文所述,唐高宗褒奖李贤监国能力集中于他能"留心政要,审察刑狱,专于

---

① 《旧唐书》卷七十四《刘洎传》,第2612页。
② 《唐大诏令集》卷三十《太宗征辽命皇太子监国诏》,第111页。
③ 《旧唐书》卷八十六《孝敬皇帝弘传》,第2829页。
④ 《册府元龟》卷二百五十八《储宫部·令德》,第3070页。
⑤ 《旧唐书》卷八十六《章怀太子传》,第2832页。

考收史籍。"此类政务已让唐高宗很满意了，为此获赐物五百段。说明其监国权力已萎缩得很厉害，没有决断权，更多的是一种形式。之所以会出现这种现象，原因来自于监国太子权力受到多方限制。首先，监国太子权力的行使是通过东宫僚属来完成的。唐制："右庶子二人，正四品下；中舍人二人，正五品下。掌侍从、献纳、启奏，中舍人为之贰。皇太子监国，下令书则画日，至春坊则庶子宣传，中舍人奉行。"①由此可见，太子令书的传递是由太子庶子及中舍人来完成的。又，《新唐书·百官志》载："司直一人，正七品上。掌纠劾宫僚及率府之兵。皇太子朝，则分知东西班。监国，则詹事、庶子为三司使，司直一人与司议郎、舍人分日受理启状。"②据此，可以说监国太子实际的行政运行是由太子詹事及太子庶子提调完成。当然，其他僚属也会参与其中。唐制："司议郎二人掌侍从规谏，驳正启奏。凡皇太子出入、朝谒、从祀、释奠、讲学、监国之命，可传于史册者，录为记注。"③可以说，司议郎掌记注太子监国之命。如"咸亨二年(671)，驾幸东都，留太子于京师监国。时属大旱，关中饥乏，令取廊下兵士粮视之，见有食榆皮蓬实者，乃令家令等各给米使足"。④ 其"乃令家令等各给米使足"，表明太子监国行政命令也有通过太子家令来完成的。

值得注意的是，东宫官员在太子监国中，实际由太子左右庶子来负责完成。唐制："左庶子掌侍从赞相，驳正起奏"；⑤"右庶子掌侍从左右，献纳启奏，宣传令言"。⑥ 可见，太子左庶子具规谏功能，而留辅官多兼左庶子，不难理解留辅官劝谏功能是制度规定的。值得注意的是，太子监国期间东宫僚属中传达命令与行政权力"太子庶子"充当太子监国运行的核心角色。诸如贞观十九年(645)正月太宗征辽，太子监国"其年五月十日，高士廉、刘泊等表称：皇太子与百官书疏，先无体式，请定其仪"。诏："凡是处分论事之书，皇太子并画令，太子左右庶子已下署姓名，宣奉行书案画日，其余与亲友师傅等，不在此限。"⑦留辅官兼太子左、右庶子也就参与监国太子的政令及运行的核心部分，大大削弱了监国太子的权力。

此外，皇太子调动兵马之权同样受到制度性限制。《唐令拾遗》据《唐六典》卷八"符宝郎"条的记载复原唐令如下："车驾巡幸、皇太子监国，有兵马、

---

① 《新唐书》卷四十九上《百官志四上》，第1296页。
② 《新唐书》卷四十九上《百官志四上》，第1293页。
③ 《新唐书》卷四十九上《百官志四上》，第1293页。
④ 《旧唐书》卷八十六《孝敬皇帝弘传》，第2829页。
⑤ 《旧唐书》卷四十四《职官志三》，第1907页。
⑥ 《唐六典》卷二十六《太子右春坊》，第670—671页。
⑦ 《唐会要》卷二十六《笺表例》，第587页。

受处分者,为木契,畿内左右各三,畿外左右各五。若王公以下在京留守,及诸州有兵马、受处分,并行军所及领兵五百人以上、马五百匹以上征讨,亦各给木契。其在内在外及行用诸武,并准鱼符。"①据此可见,皇太子监国的兵马调动受到严格限制。

(5)从太子监国的实际运行效果来看。据崔珍烈考证,唐高祖巡幸19次,唐太宗巡幸45次,唐高宗巡幸29次。②有太子监国记录的,唐高祖朝1次,唐太宗朝2次;唐高宗朝4次。可见,皇帝行幸太子监国情况的并不多。正常情况下,皇帝行幸太子是要扈从的。诸如咸亨四年(673)秋七月庚午,九成宫太子新宫成,上召五品以上诸亲宴太子宫,极欢而罢。③唐高宗有8次往返九成宫,是长安京郊离宫是往返频率最高的。九成宫太子新宫的建立说明九成宫原来就有太子宫,太子经常扈从皇帝往来九成宫。新宫建立后皇帝赏赐颇丰,说明皇帝更愿意太子扈从。太子监国以后,皇帝也会经常以各种理由召回太子,改变已有的监国格局。唐高祖幸仁智宫,李建成监国。唐高祖听说杨文干叛乱,遂"托以他事,手诏追建成诣行在所"。④显庆三年(658)闰十月戊寅,唐高宗发京师,令太子监国。"太子思慕不已,上闻之,遽召赴行在。戊戌,车驾至东都。"⑤"永淳二年(683)八月,己丑,以将封嵩山,召太子赴东都;留唐昌王重福守京师,以刘仁轨为之副。"⑥唐高祖因内乱召太子赴行在;唐高宗从长安出发幸洛,还没到洛阳,就因"太子思慕不已"而中止太子监国事;唐高宗永淳二年以"封中岳"为由,召太子赴行在。正是因为如此,太子监国制度没有得到很好的实施。太子监国制度的中断使好多大臣不明白,这样出现了请监国的现象。诸如贞观二十年(646)唐太宗行幸灵州,皇太子扈从。"(张)行成上疏曰:'伏承皇太子从幸灵州。臣愚以为皇太子养德春宫,日月未几,华夷远迩,伫听嘉音。如因以监国,接对百僚,决断庶务,明习政理,既为京师重镇,且示四方盛德。与其出陪私爱,曷若俯从公道?'太宗以为忠,进位银青光禄大夫。"⑦可见,张行成的上书得到了皇帝的认可,并赐以散阶。但并没有使皇帝改变主意。唐高宗以后不再有太子监国事件,太子监国制度的执行情况可见一斑。

---

①　《唐令拾遗》,第518页。

②　崔珍烈:《唐代皇帝巡幸의성격—巡幸빈도기간장소활동의통계적분석을중심으로》载:《大东文化研究》,제72십。

③　《旧唐书》卷五《高宗纪下》,第98页。

④　《旧唐书》卷六十四《隐太子建成传》,第2417页。

⑤　《资治通鉴》卷二百唐高宗显庆三年闰十月戊寅条,第6318页。

⑥　《资治通鉴》卷二百三唐高宗弘道元年八月己丑条,第6415页。

⑦　《旧唐书》卷七十八《张行成传》,第2704页。

2. 驾行留守制度的运作

《文献通考·留守》载："唐太宗贞观十八年（644）①亲征辽东，置京城留守以房玄龄充，萧瑀为副。其后车驾不在京都，则置留守，以右金吾大将军为副。"②马端临认为贞观十八年开始，车驾离京才出现的京都留守一职。其实不然。《通典·职官十五》载：

> 留守，周之君陈，似其任也。此后无闻。后汉和帝南巡，祠园庙。张禹以太尉兼卫留守。晋张方劫惠帝幸长安，仆射荀藩等与其遗官在洛阳为留台，承制行事，号为东西台。至安帝时，刘裕置留台，具其百官。又后魏孝文南伐，以太尉元丕、广陵王羽留守京师，并加使持节。大唐留守之制，盖因此也。③

可见，"留守"一职始于先秦时期，历汉、晋、北魏、隋至唐相沿不改。唐代留守制并非唐太宗创建，而是承前制。"京城留守"最早亦不是出现于贞观十八年。史载：

> 周范为左卫将军，太宗幸九成宫，常与房玄龄统留事。范为人严正有威，所在之职人皆敬惮，一心奉上，至死不亏。及至疾笃，不肯出外，竟终于内省与玄龄相抱而诀曰："所恨不获再奉圣颜，若死而有知，谨以幽魂奉卫宫阙。"④

引文所述"统留事"即指唐太宗驾幸九成宫期间，房玄龄与周范分列留守与副留守事。唐代皇帝行幸以文官为留守，武官为副留守，故有此任。按，《资治通鉴·唐纪十》载："（贞观七年）秋，八月，乙丑，左屯卫大将军谯敬公周范卒。上行幸，常令范与房玄龄居守。范为人忠笃严正，疾甚，不肯出外，竟终于内省。与玄龄相抱而诀曰：所恨不获再奉圣颜！"⑤周范卒于贞观七年，那么唐代皇帝行幸京城置留守的时间当在贞观七年以前。

上引《文献通考》除却留守所置时间有误外，留守者与职官所任与其它史籍记载也有出入。《资治通鉴·唐纪十三》载："（贞观十八年）冬十月，甲

---

① 《文献通考》作"贞观十七年"，《旧唐书》《资治通鉴》卷一百九十七等均作"贞观十八年"，今据它书改之。
② （元）马端临：《文献通考》卷六十三《留守》，北京：中华书局，1986年版，第567页。
③ 《通典》卷三十三《职官十五·州郡下》，第904页。
④ 《册府元龟》卷六百二十七《环卫部·忠节》，第7530页。
⑤ 《资治通鉴》卷一百九十四唐太宗贞观七年秋八月乙丑条，第6102页。

寅,车驾行幸洛阳,以房玄龄留守京师,右卫大将军、工部尚书李大亮副之。"①也就是说贞观十八年(644)副留守是工部尚书、右卫大将军李大亮,②并非是萧瑀。李大亮任职为右卫大将军不为右金吾大将军。尽管马端临的论述有诸多问题,但足以证明唐代皇帝驾幸京郊的离宫别馆需要在京城设留守官。其留守官的设置分留守与副留守两种。此类案例在唐史史料中仍有不少记载,诸如《旧唐书·徐坚传》载:"圣历中,车驾在三阳宫,御史大夫杨再思、太子左庶子王方庆为东都留守,引坚为判官,表奏专以委之。"③按,三阳宫在河南府登封县,圣历三年置。④ 属京师郊外的离宫。其任杨再思与王方庆为留守亦可为证。

前述,皇帝驾幸京郊的离宫别馆当置留守官,那么远离京师的巡幸任职留守则更顺应情势所需。唐史史料中亦有相关记载。咸亨二年(671)正月,唐高宗驾幸洛阳,以雍州长史李晦为西京留守。⑤ 结合前论,在此可得出结论如下,即皇帝离京的行幸均要设置京师留守。

当然,京师留守的任命不是任意的,而是有所选择的。为方便研究,今据相关史料进行列表分析。

表4-3　驾行西京留守任职一览表⑥

皇帝行幸 活动	皇帝行幸 出发时间	京师 留守官	京师 副留守	任命 留守时间	留守地	文献来源
唐太宗幸 九成宫	贞观七年 前	房玄龄	左卫将军 周范	贞观七年 以前	西京	《资治通鉴·唐纪 十》《册府元龟· 环卫部·忠节》

① 《资治通鉴》卷一百九十七唐太宗贞观十八年冬十月甲寅条,第6213页。

② 《资治通鉴》卷一百九十七唐太宗贞观十八年冬十月甲寅条,第6213页。

③ 《旧唐书》卷一百二《徐坚传》,第3175页。

④ 《新唐书》卷三十八《地理志二·河南府》,第983页。《元和郡县志》卷五《河南府·登封县》,第139页。

⑤ 《旧唐书》卷六十《李晦传》,第2350页。

⑥ 统计说明:(1)本表以《旧唐书》《新唐书》《资治通鉴》《册府元龟》等文献资料为史料来源。(2)统计中的留守是指皇帝离京后的京师留守。唐在东都和北都设有留守,其实是一套常制性机构,(见程存洁:《唐代东都留守考》,载《魏晋南北朝隋唐史资料》,第13辑,武汉大学出版社,1994年版,第112页。)与皇帝行幸关系不大,在此不列入考虑范围。(3)统计中任用的京师留守因皇帝未能成行或皇帝行前改任的则不计入统计表中。诸如:唐玄宗决定开元五年正月辛亥日行幸东都。早在开元四年十二月就下诏以宋璟为刑部尚书、西京留守,后因情况有变,其年闰十二月己亥日下诏改换西京留守为源乾曜。故,宋璟为西京留守不当计入统计中。(见《资治通鉴》卷二百一十一唐玄宗开元四年十二月条,第6724页。)乾元中,唐肃宗决定行幸东都,以御史大夫贺兰进明为西京留守。后来因群臣劝谏,未能成行。(见《册府元龟》卷一百一《帝王部·纳谏》,第1209页。)故,贺兰进明不计入统计数据中。(4)对于表格所需内容有明确记载的则计入表格,没有明确记载的则进行考证计入,并将考证情况以注文标出。表格所需内容考证不出的则以"不详"计入。

皇帝行幸活动	皇帝行幸出发时间	京师留守官	京师副留守	任命留守时间	留守地	文献来源
唐太宗幸洛	贞观十八年十月甲寅	司空仍总朝政太子太傅知门下省事监修国史房玄龄①	右卫大将军、工部尚书李大亮	贞观十八年冬十月甲寅	西京	《旧唐书·李大亮传》《资治通鉴·唐纪十二》
唐高宗幸洛	咸亨二年正月乙巳	右金吾卫将军兼雍州长史李晦②	不详	咸亨二年正月七日	西京	《旧唐书·李晦传》《唐会要·留守》
唐高宗幸洛	永淳元年四月丙寅	李重照皇太孙	太子太傅知政事刘仁轨③	永淳二年八月己丑	西京	《旧唐书·刘仁轨传》
武则天幸三阳宫	圣历三年四月戊申	御史大夫杨再思	太子左庶子王方庆	圣历中	东都	《旧唐书·徐坚传》
武则天幸长安	长安元年十月壬寅	不详	敬晖以洛州长史知副留守事	不详	东都	《旧唐书·敬晖传》
武则天幸长安	长安元年十月壬寅	鸾台侍郎同平章事兼判天官、秋官尚书韦安石④	不详	长安三年闰四月丁丑	东都	《资治通鉴·唐纪二十三》
唐玄宗幸洛	开元五年正月辛亥	源乾曜以京兆尹仍西京留守	不详	开元四年闰十二月己亥	西京	《旧唐书·源乾曜传》《资治通鉴·唐纪二十七》
唐玄宗幸洛	开元十年正月丁巳	刑部尚书王志愔为西京留守	不详	开元十年春正月丁巳	西京	《旧唐书·王志愔传》《资治通鉴·唐纪二十八》

---

① 《旧唐书·房玄龄》载："贞观十六年（642）任司空，仍综朝政，依旧监修国史。十七年（643）加太子太傅，仍知门下省事，监修国史如故。"（见《旧唐书》卷六十六《房玄龄传》，第 2462—2463 页。）那么贞观十八年当为此任。

② 《旧唐书·李晦传》载："孝恭次子晦，乾封中，累除营州都督，以善政闻，玺书劳问，赐物三百段。转右金吾将军，兼检校雍州长史，纠发奸豪，无所容贷，为人吏畏服。"（见《旧唐书》卷六十《李晦传》，第 2350 页。）可见，李晦生前任职为右金吾卫将军兼检校雍州长史。

③ 《旧唐书·刘仁轨传》载："上元二年（675），（刘仁轨）拜尚书左仆射、同中书门下三品，兼太子宾客，依旧监修国史。永隆二年（681），兼太子太傅。未几，以老乞骸骨，听解尚书左仆射，以太子太傅依旧知政事。永淳元年（682），高宗幸东都，皇太子京师监国，遣仁轨与侍中裴炎、中书令薛元超留辅太子。二年（683），太子赴东都，又令太孙重照京师留守，仍令仁轨为副。"（见《旧唐书》卷八十四《刘仁轨传》，第 2796 页。）由此可见，刘仁轨监国时，任职为太子太傅知政事。

④ 《旧唐书·韦安石传》载："长安元年（701）十一月丁巳，以文昌左丞（韦安石）为鸾台侍郎同平章事兼判天官、秋官尚书。"故知其所任。（见《旧唐书》卷九十二《韦安石传》，第 2965 页。）

皇帝行幸活动	皇帝行幸出发时间	京师留守官	京师副留守	任命留守时间	留守地	文献来源
唐玄宗幸洛	开元十二年十一月庚申	开府仪同三司宋璟	不详	开元十二年十一月壬寅	西京	《旧唐书·宋璟传》《资治通鉴·唐纪二十八》《旧唐书·玄宗纪上》
唐玄宗幸洛	不详	杜暹	不详	开元二十年以后	西京	《旧唐书·杜暹传》
唐玄宗幸蜀	天宝十五载六月乙未	京兆尹、兼御史中丞，充西京留守采访使崔光远	不详	天宝十五载六月甲午	西京	《旧唐书·崔光远传》《资治通鉴·唐纪三十四》

由上表可作以下考释：

（1）驾行留守官的选任标准。据上表周知，留守一般为二人，即留守官一人、副留守一人。[1] 上表统计与马端临的观点相合。那么留守与副留守的人选是怎样确定的呢？有什么样的选拔标准呢？统计中的留守的选拔标准主要有二，一是亲勋重臣，二是有较强的治理能力。就其身份而言，其例如下：房玄龄早在贞观元年（627）就代萧瑀为中书令，三年（629）任太子詹事兼礼部尚书，四年（630）为尚书左仆射，直到贞观十三年（639）才听解仆射。[2] 说明房玄龄在贞观七年（633）以前留守京师，官品皆在正三品以上。贞观十八年的监国亦是如此。按，贞观十八年（644），房玄龄的任职为司空仍总朝政太子太傅知门下省事监修国史，品秩为正一品，身份为宰相。咸亨二年、永淳元年的留守官亦是如此。按，李晦为金吾将军检校雍州长史，品秩也在三品以上。李晦是河间王孝恭的儿子，李重照为皇太孙，两人均为唐宗室，身份极为特殊。圣历年间留守的杨再思亦如此。其早在延载初，就守"鸾台侍郎同凤阁鸾台平章事"，后来官拜"内史"两次入相，[3] 任留守时则为正三品的御史大夫。还有长安元年留守的韦安石，其任职为鸾台侍郎同平章事兼判天官、秋官尚书，品秩为正三品，身份为宰相；开元五年留守的源乾

---

① 驾行京师留守不仅有留守和副留守，还有其它职官系统。《旧唐书·韦坚传》载："圣历中，车驾在三阳宫，御史大夫杨再思、太子左庶子王方庆为东都留守，引坚为判官，表奏专以委之。"（见《旧唐书》卷一百二《徐坚传》，第3175页。）可见在留守官、副留守官外，还有留守判官等职官设置参与留守事务。因现存史料记载较少，难以考究，暂且存目，不计入考察对象。

② 《旧唐书》卷六十六《房玄龄传》，第2461—2462页。

③ 《旧唐书》卷九十《杨再思传》，第2919页。

曜,早在"开元四年(716)冬擢拜黄门侍郎同紫微黄门平章事",①是为宰相,后以京兆尹为西京留守,品秩为正三品;开元十年留守的王志愔,以刑部尚书为西京留守,品秩为正三品;开元二十年以后留守的杜暹,早在开元十四年(726)为宰相,二十年(732)拜户部尚书,②二十年以后留守京师,品秩当在正三品以上;天宝十五载留守的崔光远,任职为京兆尹,品秩为正三品。综上,留守官10人中,官品均在三品以上。10人中除李晦、李重照、崔光远、王志愔四人外,其余皆为宰相。李重照是皇太孙身份极为特殊,李晦是河间王李孝恭的儿子,是唐宗室。可以说,留守官多为亲勋重臣,品秩多在三品以上。

就其能力而言,其例如下,咸亨二年任职留守的李晦,其具过强的执政能力。史载:"乾封中,累除营州都督,以善政闻,玺书劳问,赐物三百段。转右金吾将军兼检校雍州长史,纠发奸豪,无所容贷,为人吏畏服。"③开元十年任职留守的王志愔亦即如此。其任扬州大都督府长史间,史载:"所在令行禁止,奸猾屏迹,境内肃然。"④天宝十五载任职留守的崔光远,早在天宝十一载(752)为长安令,十四载(755)迁京兆少尹,十五载(756),玄宗幸蜀,诏留光远为京兆尹、兼御史中丞,充西京留守采访使。⑤崔光远由任职正五品上的长安县令很快就做到正三品的京兆尹,升迁之快,与他的能力密切相关。史载:"天宝十五载五月,崔光远使回。十余日,潼关失守,玄宗幸蜀,诏留光远为京兆尹、兼御史中丞,充西京留守采访使。驾发,百姓乱入宫禁,取左藏大盈库物,既而焚之,自日及午,火势渐盛,亦有乘驴上紫宸、兴庆殿者。光远与中官将军边令诚令百姓救火,又募人摄府县官分守之,杀十数人方定。"⑥陷贼后"八月,光远闭府门,斩为盗曳落河二人,遂与长安令苏震等同出。至开远门,使人前谓门官曰:尹巡诸门。门官具器仗以迎,至则皆斩之。领府县官十余人,于京西号令百姓,赴召者百余人,夜过咸阳,遂达灵武"。⑦长安陷贼前崔光远系列操作很快稳定了长安的局势,陷贼后又纠集臣民奔赴行在保存后续力量,可见其能力非凡。

与留守官的选拔相较,副留守往往选择五品以上的忠贞强干之士。上

---

① 《旧唐书》卷九十八《源乾曜传》,第3071页。
② 《旧唐书》卷九十八《杜暹传》,第3076页。
③ 《旧唐书》卷六十《李晦传》,第2350页。
④ 《旧唐书》卷一百《王志愔传》,第3123页。
⑤ 《旧唐书》卷一百一十一《崔光远传》,第3317—3318页。
⑥ 《旧唐书》卷一百一十一《崔光远传》,第3318页。
⑦ 《旧唐书》卷一百一十一《崔光远传》,第3318页。

表统计的副留守有五人,周范、李大亮、刘仁轨有武官特色,敬晖、王方庆则为文官。周范以左卫将军充副留守,品秩为从三品;李大亮以右卫大将军、工部尚书充副留守,品秩为正三品;刘仁轨以太子太傅知政事身份为副留守,品秩为从一品;王方庆以太子左庶子充副留守,品秩为正三品;敬晖以洛州长史知副留守事,品秩为从五品上。可见,副留守的选择多以武将为主,品秩均在五品以上。此外,在执政能力方面亦有要求。诸如贞观初年任职副留守的周范,其与房玄龄共统留事间"为人严正有威,所在之职,人皆敬惮,一心奉上,至死不亏"。①贞观十八年任职副留守的李大亮,史载:"太宗每有巡幸,多令居守。房玄龄甚重之,每称大亮有王陵、周勃之节,可以当大位。"②永淳元年任职副留守的刘仁轨曾四度入相,武则天称其为"忠贞之操,终始不渝;劲直之风,古今罕比"。③圣历年间任职副留守的王方庆,其在任广州都督间,史称:"议者以为有唐以来治广州者,无出方庆之右。"④长安元年任职副留守的敬晖,史载:"在职以清干著闻,玺书劳勉,赐物百段。"⑤可见,副留守的选拔标准均为忠贞强干之士。

(2) 驾行留守官的选任时间。就现存唐史史料来看,留守官的任命较为随意,一般来说留守官的任命与皇帝出发时间是一致的,或者稍微早一些。诸如贞观十八年(644),唐太宗驾幸洛阳的时间与房玄龄、李大亮任职留守官的时间一致,均在十月甲寅这一天;开元十年(722)唐玄宗幸洛与王志愔任西京留守的时间均在当年正月丁巳日;开元五年(717)正月辛亥日,唐玄宗驾幸洛阳,开元四年(716)闰十二月己亥日,源乾曜已任命为西京留守,西京留守的任命要比皇帝行幸早十二天;开元十二年(724)十一月壬寅,宋璟为东都留守,十一月庚申,唐玄宗幸洛,其时间上要早上十八天;天宝十五载(756)六月甲午,唐玄宗任命崔光远为西京留守,同月己未日,唐玄宗就出发幸蜀了,时间上早了一天。可见,皇帝任命西京留守的时间不晚于皇帝出发的时间。

当然也有因情况有变,皇帝临时改换留守官的事。诸如长安元年(701)十月壬寅,武则天从洛阳出发幸长安,长安三年(703)闰四月丁丑,任命韦安石为东都留守;唐高宗永淳元年(682)四月丙寅幸洛,永淳二年(683)八月己丑因太子幸洛,改任李重照为留守。此可为留守官在任命时间选择上的一

---

① 《册府元龟》卷六百二十七《环卫部·忠节》,第 7530 页。
② 《旧唐书》卷六十二《李大亮传》,第 2389 页。
③ 《旧唐书》卷八十四《刘仁轨传》,第 2796 页。
④ 《旧唐书》卷八十九《王方庆传》,第 2897 页。
⑤ 《旧唐书》卷九十一《敬晖传》,第 2932 页。

种形态。

（3）驾行留守官的职权。皇帝行幸，留守官居守，因政务运作仍以皇帝驻跸地为中心，留守官权力往往会受到多方限制。贞观十八年（644）唐太宗征辽，房玄龄被任命为西京留守。时太宗谓玄龄曰："公当萧何之任，朕无西顾之忧矣。"①"得以便宜从事，不复奏请。"②据此可见，西京留守提调西京事务，特殊情况下皇帝授以便宜之权方可。又，咸亨二年（671）唐高宗驾幸洛阳，以李晦为西京留守，高宗谓李晦曰："关中之事，一以付卿。"③看似赋予极大权力，但其后又有警示之语，其文曰："但令式局人，不可以成官政，令式之外有利于人者，随事即行，不须闻奏。晦累有异绩。"④也就是说，唐高宗要求李晦按"令式"办事，不可越界。"令式"之外，利民者随事即行，是皇帝给与的便宜之权。其"不须闻奏"说明西京留守在令式之外的行政仍要奏请皇帝方可。其与唐太宗授以房玄龄"便宜从事，不复奏请"相合。同时也能表达唐高宗所谓的"关中之事，一以付卿"是有条件的。又，《旧唐书·房玄龄》载："太宗亲征辽东，命玄龄京城留守，手诏曰：公当萧何之任，朕无西顾之忧矣。军容器械，战士粮廪，并委令处分发遣。玄龄屡上言敌不可轻，尤宜诚慎。"⑤《资治通鉴·唐纪十三》载："（贞观十九年）二月，上之发京师也，命房玄龄得以便宜从事，不复奏请。或诣留台称有密，玄龄问密谋所在，对曰：公则是也。玄龄驿送行在。上闻留守有表送告密人，上怒，使人持长刀于前而后见之，问告者为谁，曰房玄龄。上曰：果然。叱令腰斩。玺书让玄龄以不能自信，更有如是者，可专决之。"⑥按，上引《旧唐书》房玄龄留守京师，具提调西京事务，发遣兵马战备的权力。《资治通鉴》则载唐太宗授其以便宜之权。尽管如此，其仍将告谋者驿送行在，说明其行为是合乎留守规则的。"便宜之权"并未得到充分的运用。西京政务仍随时听候离京皇帝的指令。如，唐玄奘求法返京，"时帝在洛阳，敕西京留守梁国公玄龄备有司迎待。是日宿于漕上。十九年春正月景子，留守自漕奉迎于都亭"。⑦此时正是太宗征辽玄龄便宜行事之时，临时受皇帝指派迎接玄奘还京。正是如此，留守官在国家政务运行中并未有多大建树。

杜暹任留守时，史载其"抽当番卫士，缮修三宫，增峻城隍，躬自巡检，未

---

① 《旧唐书》卷六十六《房玄龄传》，第2462—2463页。

② 《资治通鉴》卷一百九十七唐太宗贞观十九年二月条，第6217页。

③ 《旧唐书》卷六十《李晦传》，第2350页。

④ 《旧唐书》卷六十《李晦传》，第2350页。

⑤ 《旧唐书》卷六十六《房玄龄传》，第2462—2463页。

⑥ 《资治通鉴》卷一百九十七唐太宗贞观十九年二月条，第6217页。

⑦ 《唐代墓志汇编》开成026《大唐三藏大遍觉法师塔铭》，第2186页。

尝休懈。城隍宫室,随事修营,且有成功,不疲人力。甚善慰朕怀也"。① 说明其未将精力置于朝廷的政务运作,而是专注于营建,并得到皇帝奖拔。又,开元十年(722)王志愔为西京留守"有京兆人权梁山伪称襄王男,自号光帝,与其党及左右屯营押官谋反。夜半时拥左屯营兵百余人自景风、长乐等门斩关入宫城,将杀志愔,志愔踰墙避贼。俄而屯营兵溃散,翻杀梁山等五人,传首东都,志愔遂以骇卒"。② 左屯营兵百余人谋反,王志愔束手无策,反而骇卒。对于王志愔的个人经历,史载:

> 神龙年,累除左台御史,加朝散大夫。执法刚正,百僚畏惮,时人呼为皁雕,言其顾瞻之吏,如鹏鹗之视燕雀也。……景云二年制依汉置刺史监郡,于天下冲要大州置都督二十人,妙选有威重者为之,遂拜志愔齐州都督。……太极元年,又令以本官兼御史中丞、内供奉,特赐实封一百户。寻加银青光禄大夫,拜户部侍郎。出为魏州刺史,转扬州大都督府长史,俱充本道按察使。所在令行禁止,奸猾屏迹,境内肃然久之。③

引文所述,王志愔在神龙初就以执法刚正闻名;景云二年(711)是唐睿宗妙选"威重者"二十人之一;任魏州刺史、扬州大都督府长史期间"境内肃然"。可见,王志愔有较强治理能力。唐制:"凡幸三京,即东都南北衙,皆置左右屯营,别立使以统之。若在都,则京城亦如之。"④皇帝幸洛京师有左右屯营守卫,京师几百人变乱,王志愔完全可以派兵镇压。不至于因束手无策,而骇卒。事件发生后"八月壬午,遣河南尹王怡如京师,按问宣慰"。⑤ 并没有斥责王志愔有管制不严之罪。可见,王志愔并没有调动留守地兵马的权力,才会有如此惨剧,也得到了玄宗的宽慰。据此可见,京师留守没有调动兵马的权力。

综上,承先秦古礼,唐代皇帝行幸往往实行太子监国制度。理想状态下的监国太子当充任国家政务运行的核心,实际运行远非如此。首先,监国太子的任命与皇帝离京时间并非一致,往往在皇帝离京后;其次,监国太子监当政务的时间与皇帝在外的时间并非一致,监国时间远低于皇帝离京时间,

---

① 《旧唐书》卷九十八《杜暹传》,第3076—3077页。
② 《旧唐书》卷一百《王志愔传》,第3123页。
③ 《旧唐书》卷一百《王志愔传》,第3118—3123页。
④ 《旧唐书》卷四十三《职官志二》,第1835页。
⑤ 《资治通鉴》卷一百一十二唐玄宗开元十年八月壬午条,第6752页。

经常出现监国太子到皇帝顿置地团聚的情况;再次,监国留辅官往往任用宰相重臣,其以现任官＋东宫官的形式来完成,用以协助太子监国。最后,国家政务运作的中心仍在皇帝的驻跸地,监国太子不过是受皇帝的指令行事,其在京的权力受诸多限制。

一如监国制度,留守官制度亦承古礼而行。理想中的留守官应为一文一武,文官充任留守,武官任副留守,两者相协,完成国家政务运作,实际运行远非如此。首先,皇帝并非遵循一文一武原则,经常在数量、文武性质等方面进行变换;其次,留守官的选任标准是多样的,留守官往往是勋亲贵戚或宰相重臣,且具有较强的治理能力;副留守则更多的指向忠贞强干;再次,一如监国太子,留守官的任命亦较为随意,或晚于皇帝离京时间,或随时改用,或招之入朝等;最后,留守官所在的京师并非是政务运作的中心,中枢决策仍在皇帝驻跸地,其在京的行政权、兵马调动权、钱谷使用权受到诸多限制,不过是遵行皇帝指令的中转站。

第二节　行幸问起居制度与问起居礼

皇帝驾行途中,为体现皇权至上的崇重,满足臣民的望幸之情,唐政府也在不断完善问起居制度。尽管现存的唐史史料并未将问起居作为制度进行专门论述,其制度形式与制度运作散见在不成文的史料中,零星而分散,但其已形成较为系统的制度规范。杜文玉、白玉林、曾志华、张新科、谢西川、胡戟、刘后滨等先生均注意到了问起居制度与问起居仪,并有精彩论断。[①] 因侧重点不同,行幸问起居在起居渊源,起居形式及起居人员,起居表及制度变迁,问起居礼等方面仍有较大的研究空间,在此予以解析。

---

① 杜文玉:《五代起居制度的变化及其特点》,《陕西师范大学学报》(哲学社会科学版)2005年03期。杜文玉:《五代十国制度研究》,北京:人民出版社,2006年版,第280页。白玉林、曾志华、张新科:《五代史解读》,北京:华龄出版社,2006年版,第372页。杜文玉、谢西川:《五代起居制度初探》,《江汉论坛》2010年06期。杜文玉:《论唐大明宫延英殿的功能与地位—以中枢决策及国家政治为中心》,《山西大学学报》(哲学社会科学版)2012年03期。胡戟、刘后滨主编:《唐代政治文明》,西安:西安出版社,2013年版,第229页。

一、问起居的源流

以问起居的目的而言，其源可据三端：其一，晚辈对长辈的兴寝问安。《说文解字》曰："起，能立也"；[①]"居，蹲也"。[②] 也就是说，起居的本意可释为起卧，其与"兴寝"相通。又，《汉书·张禹传》载："（张）禹每病，辄以起居闻，车驾自临问之。"颜师古注曰："起居，谓其食饮寝卧之增损"[③]。其实，早在先秦时期已形成以兴寝问安为目的的问起居形式。据说，周文王为世子时曾向其父王季问起居，其文曰：

> 文王之为世子，朝于王季日三。鸡初鸣而衣服，至于寝门外，问内竖之御者曰："今日安否何如？"内竖曰："安。"文王乃喜。及日中又至，亦如之；及暮又至，亦如之。其有不安节，则内竖以告文王。文王色忧，行不能正履，王季复膳，然后亦复初。食上，必在视寒暖之节；食下，问所膳。命膳宰曰："末有原！"应曰："诺。"然后退。[④]

引文所述，文王向王季问起居分鸡鸣、日中、日暮三个时段，问起居内容指向安寝与膳食。其后，随着制礼作乐的兴起，晚辈向长辈所行旦夕问起居始成一整套完整的礼仪规范。《礼记》曰："凡为人子之礼，冬温而夏清，昏定而晨省，在丑夷不争。"[⑤]所谓"昏定而晨省"郑玄注为"安定其床衽也，省问其安否何如。"[⑥]孔颖达疏其曰：

> 昏定而晨省者，上云：冬温夏清，是四时之法，今说一日之法。定，安也。晨，旦也。应卧，当齐整床衽，使亲体安定之后，退。至明旦，既隔夜早来，视亲之安否？何如？先昏后晨，兼示经宿之礼。熊氏云：晨省者，案《内则》云，同宫则鸡初鸣，异宫则昧爽而朝。[⑦]

与文王问起居不同，凡人"昏定而晨省"指向旦夕两个时段，礼学家又对"旦"进行阐释，即同居为鸡初鸣，异居则昧爽。问起居内容指向"齐整床衽""省

---

① 《说文解字》卷二上，第 36 页。
② 《说文解字》卷八上，第 174 页。
③ 《汉书》卷八十一《张禹传》，第 3350—3351 页。
④ 《礼记正义》卷二十《文王世子》，《十三经注疏》，第 3040 页。
⑤ 《礼记正义》卷一《曲礼上》，《十三经注疏》，第 2667 页。
⑥ 《礼记正义》卷一《曲礼上》，《十三经注疏》，第 2667 页。
⑦ 《礼记正义》卷一《曲礼上》，《十三经注疏》，第 2667 页。

问其安否何如"等内容。

此类以家礼为中心的旦夕问起居在后世得以沿袭。汉制,皇太子五日一朝,其非朝日即"遣仆及中允旦入请问起居"。① 其"仆""中允"即东宫的太子仆、太子中允。其"旦入请问起居"系指太子仆、太子中允代皇太子于凌晨问皇帝起居。此虽为遣使起居,仍为旦夕问起居的一种。同时也能说明皇太子旦夕问起居在汉代已形成制度。汉哀帝被立为太子后,上书汉成帝曰:"臣愿且得留国邸,旦夕奉问起居,俟有圣嗣,归国守藩。"②其"旦夕奉问起居"即可为证。又,《宋书·武帝纪》载:"诸子旦问起居,入阁脱公服,止着裙帽,如家人之礼。"③其"旦问起居"亦可为证。贞观六年(632),唐太宗欲幸九成宫,时任监察御史的马周上表反对,其理由即为"臣窃惟太上皇春秋已高,陛下宜朝夕视膳而晨昏起居。今所幸宫去京三百余里,銮舆动轫,严跸经旬,非可以旦暮至也"。④ 其"晨昏起居""非可以旦暮至也"则可表明唐朝仍沿袭这一制度。

当然这一制度并非局于诸王、皇太子与皇帝之间。亦适于母子之间。齐临川王萧宏为躲避战乱与其生母陈太妃异处,为表达孝道,其"每遣使参问起居。或谓宏曰:'逃难须密,不宜往来'。宏衔泪答曰:'乃可无我此事不容。'"⑤即可为证。因其为家礼,亦适于叔侄之间。齐郡王元简系北魏孝文帝五叔,孝文帝以"诸父零落,存者唯简。每见,立以待之,俟坐,致敬问起居"。⑥ 因孝文帝身份特殊,虽未执行旦夕问起居,此处仍有"致敬问起居"足以说明其适于叔侄之间。

当然,此并非皇室所有,官僚阶层与平民的晚辈与长辈之间亦适用。北魏时的卢度世,世代为官,其外舅母傅氏因战乱无所依,度世深恤之。史称:"每觐见傅氏,跪问起居,随时奉送衣被食物。"⑦此处"跪问起居"即可为证。又,白居易的《蜀路石妇》讲述的是一位平民妇女,在其夫出征后,守贞侍候公婆的事迹。其文曰:"其夫有父母,老病不安宁。其妇执妇道,一一如礼经。晨昏问起居,恭顺发心诚。"⑧其"晨昏问起居"即可为证。同时,所谓

---

① 《宋书》卷四十《百官志下》,第1253页。
② 《汉书》卷十一《哀帝纪》,第333—334页。
③ 《宋书》卷三《武帝纪下》,第60页。
④ 《旧唐书》卷七十四《马周传》,第2613页。
⑤ 《梁书》卷二十二《临川静惠王宏传》,第340—341页。
⑥ 《魏书》卷二十《齐郡王简传》,第528页。
⑦ 《魏书》卷四十七《卢度世传》,第1062页。
⑧ (唐)白居易撰,顾学颉校点:《白居易集》卷一《蜀路石妇》,北京:中华书局,1979年版,第11页。

"——如礼经"亦能表达"晨昏问起居"这一礼仪规范在唐代得以普遍使用。

综上，晨昏问起居亦称旦夕问起居，实则是晚辈向长辈朝夕问安的一种制度，此制度早在先秦时期已形成，直至唐代相沿不改。由于其适于家礼，并有明确的礼仪规范，无论是皇室内部、官僚贵族还是平民百姓皆适用。

其二，多来自于下级对上级的问安。家礼之外，上下级之间的问起居始于先秦时期。《左传》曰："公还，及方城。季武子取卞，使公冶问。"①其"公"即鲁襄公。时鲁襄公参加完楚康王的葬礼还至方城山，鲁大夫季武子派遣季冶问候鲁襄公。其"问"杜预注其为"问公起居"。② 显然，此为大夫向诸侯问起居的例证，问起居的表达为"问"。又，《左传》曰："臧氏老将如晋问，会请往。昭伯问家故，尽对。"杜预注"问"曰："问昭伯起居"。③ 此处是为家臣向卿大夫问起居，问起居的表达仍为"问"。

西汉时期仍出现以"请"或"请问"来指代问起居的情况。诸如吕后当政时，王诸吕，危刘氏。时任右丞相的陈平患之，恐祸及已，不能争。此时"陆生往请，直入坐，而陈丞相方深念，不时见陆生。"④裴骃集解"请"曰："请，若问起居。"⑤陆贾曾任太中大夫，时因诸吕擅权，赋闲在家。其向陈平问起居可谓下级向上级问安，其时问起居以"请"来指代。又，刘建嗣江都王后，其遣"谒者吉请问共太后"。⑥ 颜师古注曰："谓请问起居也。"⑦此处问起居则以"请问"来指代，可为其证。

东汉以降，"问起居"一词已明确出现，问起居范围也在不断扩大。诸如建武三十年(54)二月，光武帝刘秀封祀泰山后"命人立所刻石碑，乃复道下"。⑧《封禅仪》注曰："其中老者气劣不行，正卧岩石下。明日太医令复遵问起居。"⑨太医令复遵"问起居"可为其证。又，延光四年(125)春三月，汉安帝崩于巡幸途中，扈从者"秘不敢宣，所在上食问起居如故"。⑩ 引文所述，问起居亦已明确出现，兹可为证。同时也能表明皇帝行幸，群臣仍要问起居。问起居范围的容扩还表现为长吏向处士、外家向皇太后的问起居。诸如庐江毛义以孝行闻，数辟公府，因丧去官，其事得上闻，汉章帝予以褒

---

① 《春秋左传正义》卷三十九鲁襄公二十九年夏四月条，《十三经注疏》，第4353页。
② 《春秋左传正义》卷三十九鲁襄公二十九年夏四月条，《十三经注疏》，第4353页。
③ 《春秋左传正义》卷五十一鲁昭公二十五年条，《十三经注疏》，第4584页。
④ 《史记》卷九十七《陆贾传》，第2700页。
⑤ 《史记》卷九十七《陆贾传》，第2701页。
⑥ 《汉书》卷五十三《江都易王非传》，第2415页。
⑦ 《汉书》卷五十三《江都易王非传》，第2415页。
⑧ 《后汉书》卷十七《祭祀志七》，第3169页。
⑨ 《后汉书》卷十七《祭祀志七》，第3170页。
⑩ 《后汉书》卷五《孝安帝纪》，第241页。

宠,赐谷千斛,"常以八月长吏问起居"。① 可为其证。又如马皇后素以俭德闻,对外戚掌权略加抑制,史载:"前过濯龙门上,见外家问起居者,车如流水,马如游龙,仓头衣绿褠,领袖正白,顾视御者,不及远矣。"②其"外家问起居"亦可为证。

唐代是中古时期典章制度全面发展期,此类问起居已形成完备的制度。群臣向皇帝问起居已形成日常起居、巡幸起居、外官起居、延英起居等诸多形式,杜文玉老师已有深刻诠释,在此不再赘述。官僚集团内部,下级向上级问起居亦已形成故事。诸如韩愈的《送郑尚书序》所记载的岭南节度使逢新帅至,邕管经略使所辖四府均要向新入岭南节度使问起居,其文曰:"岭之南,其州七十,其二十二隶岭南节度府,其四十余分四府。府各置帅,然独岭南节度为大府。大府始至,四府必使其佐启问起居。"③其"四府必使其佐启问起居"即可为证。又,《唐语林》记载杜牧曾在淮南节度使牛僧孺任幕职,其恃才喜酒色,僧孺爱慕其才并未怪罪。史载:"逾年,因朔望起居,公留诸从事从容……(杜)牧初拒讳,僧孺顾左右取一箧至,其间牓子百余,皆厢司所申。牧乃愧谢。"④其"朔望起居"当指节度使府官吏于朔望日向节度使问起居。结合唐后期,群臣于朔望日向皇太后、皇帝问起居的记载,可以判定唐代官僚集团内部,下级向上级朔望问起居已形成制度规范。此外,还有"对太上皇、皇太后、太子的起居,也是唐朝起居制度的重要组成部分",⑤杜文玉老师已予以考释,不再赘述。值得一提的是,也有文人雅士向官僚问起居的记载。唐人符载的《寄赠于尚书书》叙述其与某尚书的书信往来,进而论说自己的高雅生活,文后提到了问起居,史称:"今故特差祗承人昌及,自浔阳专往奉状,尘献铃阁,伏惟鉴察愚朴,不责狂瞽,幸甚幸甚! 候问起居之礼,谨俟异日,此无多谈。"⑥其"候问起居之礼"当指符载要向某尚书问起居,且起居形式已具明确礼仪规范。

综上,以皇室和官僚系统内部为中心的上下级之间的问起居仍起源于先秦时期,以卿大夫向诸侯和家臣向卿大夫问起居为代表,问起居的形式为"问"。秦汉以降,问起居先以"请""请问"的形式进行表达,问起居者开始指向官僚集团与皇室内部。东汉时期是此类问起居的重要发展期,先是问起

---

① 《后汉书》卷三十九《刘赵淳于江刘周赵列传二十九》,第1294页。

② 《后汉书》卷十上《明德马皇后纪》,第411页。

③ (唐)韩愈:《昌黎先生文集》卷二十一《送郑尚书序》,上海:上海古籍出版社,1994年版,第515页。

④ 《唐语林校正》卷七《补遗》,第621—622页。

⑤ 《唐代起居制度初探》,《江汉论坛》2010年06期。

⑥ 《文苑英华》卷六百七十九清昼《寄赠于尚书书》,第3500页。

居一词开始独立出现,问起居者也在官僚集团与皇室内部延展。唐代在继承东汉问起居的基础上,将此类问起居进一步制度化,并延展出诸多问起居类型。

其三,以问疾为中心的问起居。此类问起居亦始于先秦时期。《礼记》曰:"武王帅而行之,不敢有加焉。文王有疾,武王不说冠带而养,文王一饭亦一饭,文王再饭亦再饭。旬有二日乃间。"①其"帅而行之"系武王循文王的晨昏问起居之法。文王有疾,武王侍疾即"文王一饭亦一饭,文王再饭亦再饭",可谓创设先王问疾之法,被纳入礼的范畴。

秦汉以降,以问疾为中心的问起居的范围得以延展。由下问上而言,出现较多的为群臣问皇帝起居,下级官员向上级官员问起居。汉制:

> 不豫,太医令丞将医入,就进所宜药。尝药监、近臣中常侍、小黄门皆先尝药,过量十二。公卿朝臣问起居无间。太尉告请南郊,司徒、司空告请宗庙,告五岳、四渎、群祀,并祷求福。疾病,公卿复如礼。②

此为皇帝、公卿染疾后,侍疾汤药、问起居、告祀求福的记载。皇帝病,"公卿朝臣问起居无间"已形成制度,并以礼的形式确定下来。其"疾病,公卿复如礼"系指公卿患病亦有问起居,且以礼仪规范的形式得以确立。诸如《宋书·百官志》有汉代丞相染疾,百僚问起居的记载,史称:"丞相有疾,御史大夫率百僚三旦问起居,及瘳,诏遣尚书令若光禄大夫赐养牛,上尊酒。"③此可为丞相患病,侍疾与问起居的礼仪规范。结合前述,可以说皇帝与官僚集团内部成员有疾,已有以问疾为目的的问起居制度。此外,史料中也有百姓向郡守问起居的记载。诸如宋均出任河内太守,政化大行,深受百姓爱戴。史称:"(宋均)尝寝病,百姓耆老为祷请,旦夕问起居。"④百姓耆老"旦夕问起居"其可为证。宋均因为民所爱得问起居,此处应属个例。

由上问下而言,多出现皇帝向有疾的官员问起居的记载。诸如王莽篡国,征召龚胜,胜以病推而不就。莽因胜病诏"使者五日一与太守俱问起居"。⑤此为遣使起居,问起居原因则为"问疾"。又,东平宪王刘苍系汉明帝同母弟,汉章帝叔父,有贤名,其于建初七年(82)于封地染疾,章帝"驰遣

---

① 《礼记正义》卷二十《文王世子》,《十三经注疏》,第 3040 页。
② 《后汉书》志第六《礼仪志下》,第 3141 页。
③ (南朝梁)沈约:《宋书》卷三十九《百官志上》,北京:中华书局,1974 年版,第 1220 页。
④ 《后汉书》卷四十一《宋均传》,第 1413 页。
⑤ 《汉书》卷七十二《龚胜传》,第 3085 页。

名医,小黄门侍疾,使者冠盖不绝于道。又置驿马千里,传问起居"。① 此亦为遣使起居,目的仍为问疾,形式亦由上及下。当然亦有皇帝亲幸问起居的记载。桓荣曾为汉明帝的老师,其晚年有疾,明帝皆派人问疾,太官、太医相望于道。及笃,"帝幸其家问起居,入街下车,拥经而前,抚荣垂涕……良久,乃去"。② 其"幸其家问起居"即可为证。

汉代以后,这一形式得以沿袭。就自下而上言之,以皇帝疾,问起居者多。诸如大和七年(833),唐文宗得疾,"王涯呼李德裕奔问起居,德裕竟不至"。③ 由此李德裕被贬为袁州长史。可以说皇帝有疾,臣僚必须要问起居。又,长庆二年(822)十一月,唐穆宗于禁中击鞠患疾就床,由于宦官封锁消息,史称"自是外不闻上起居者三日"。④ 所谓不闻上起居并非说明皇帝得疾不能问起居,实际是群臣候问起居没有音讯。就自上而下言之,仍以大臣得疾,皇帝遣使起居为多。东晋王敦专权,中央式微,会"(王)敦疾,(司马)绍屡遣大臣讯问起居,迁(王)含骠骑大将军、仪同三司"。⑤ 其"屡遣大臣讯问起居"即可为证。又,房玄龄晚年多病,唐太宗"命尚医临候,尚食供膳,日奏起居状。少损,即喜见于色"。⑥ 其"日奏起居状"亦可为证。

综上,以问疾为中心的问起居始于先秦时期,汉代皇帝得疾,群臣问起居已形成制度,并有完整的礼仪运作。官僚集团内部,上级官员得疾,下级官员仍有问起居,且已形成制度,并伴有礼仪运作。另一方面,官僚得疾,皇帝也会问起居,其形式以遣使起居为主,偶有亲问起居出现。汉代以后,历代沿之,以唐代尤甚。

总之,问起居源于三端,分别为:晚辈对长辈的兴寝问安;多来自于下级对上级的问安;以问疾为中心的问起居等。此三端皆源于先秦时期,且有明确礼仪记载。经汉代调整与运作,其已完成制度化,唐代在继承汉代的基础上,加以完备,此为中古时期问起居发展的脉络。目前学界所涉甚少,对此进行梳理,可为行幸问起居制度研究提供基础。

二、行幸问起居制度

行幸问起居适于皇帝巡幸的状态,即皇帝在离京时,皇室成员、朝臣、地

---

① 《后汉书》卷四十二《东平宪王苍传》,第 1441 页。
② 《后汉书》卷六十七《桓荣传》,第 1253 页。
③ 《资治通鉴》卷二百四十五大和九年四月庚子条,第 7903 页。
④ 《旧唐书》卷十六《穆宗纪》,第 501 页。
⑤ 《魏书》卷九十六《僭晋司马叡传》,第 2095 页。
⑥ 《新唐书》卷九十六《房玄龄传》,第 3855 页。

方官、父老等群体向皇帝进行的一种探视和问候。故,行幸起居又称巡幸起居。因其是皇帝行幸途中的礼仪表达,在行幸礼仪制度研究中占有重要地位。加之,目前学界对此虽有涉及,但仍有较大研究空间,故,在此予以解析。

1. 行幸问起居人与问起居形式

唐制:

> 凡车驾巡幸及还京······行从官每日起居,两京文武职事五品以上三日一奉表起居,三百里内刺史朝见。东都留司文武官每月于尚书省拜表,及留守官共遣使起居,皆以月朔日,使奉表以见,中书舍人一人受表以进。北都留守每季一起居。[①]

上述起居制度规定了车驾巡幸期间,问起居人员构成及其形式。其人员构成主要有行从官、在京留职官以及行幸所经地方州刺史组成。其实不惟如此,史料中仍有皇太子、公主等问起居记载。贞观十九年(645)正月,太宗征辽发定州,"皇太子奏请飞驿递表起居,又请递敕垂报,许之。飞驿奏事,自此始也"。[②] 按,其年太子李治于定州监国,其向远在高丽作战的唐太宗问起居,可为皇太子问起居的例证,起居形式为奉表起居。其"飞驿递表起居""又请递敕垂报"则说明此类问起居既是家礼运作的需要亦为政务运作的需求。唐高宗巡幸时,亦有太子奉表问起居的记载。其文曰:

> 臣某言:今月某日,起居舍人某至,伏承圣躬顷稍不安,今已痊复,手舞足蹈,庆跃兼深。臣闻孝于事亲,为子之方已极;恭于奉上,为臣之道则先。臣自违侍轩墀,已淹时序。周储故事,一日三至于寝门;晋室旧仪,一月五朝于左阁。今之望古,臣独何人?日者沥胆陈祈,焦心觐谒。伏惟天皇以关河镇重,监守务殷,睿旨冲邈,未垂矜亮。今既十月筑场,三农事隙,特乞暂息恩召,俯念丹诚,遂以起居,假以时月,得晨拜旒扆,遂臣私情;则暮辞阙庭,在臣无恨。不胜恋慕之至,谨遣某官奉表陈请以闻。[③]

---

① 《唐六典》卷四《尚书礼部》,第 114 页。
② 《唐会要》卷二十六《笺表例》,第 587 页。
③ 《文苑英华》卷六百五崔融《皇太子请起居表》,第 3137 页。

该起居表的作者是崔融。史载："崔融，中宗在春宫，制融为侍读，兼侍属文，东朝表疏，多成其手。"①故，其所作《皇太子请起居表》中的太子当为唐中宗李显，那么李显问起居的对象则是唐高宗李治。李显是在永隆元年（680）八月被立为皇太子的，说明唐高宗这次巡幸的时间当在永隆元年八月以后。据此可以推断唐中宗的奉表起居发生在唐高宗巡幸洛阳期间，时间是永淳元年（682）四月丙寅至永淳二年（683）十二月丁巳之间。此次问起居原因有三：第一，为承先代晨昏问起居的故事。其"周储故事，一日三至于寝门""晋室旧仪，一月五朝于左阁"即为其证。第二，皇帝有疾新痊。当时，唐高宗确实患有严重的头痛病，并因此一再推迟封禅中岳大典，后来被侍医秦鸣鹤给治愈了。其"伏承圣躬顷稍不安，今已痊复，手舞足蹈，庆跃兼深"即可为证。第三，思念皇帝。唐高宗此次巡幸洛阳多达 289 天，且洛阳与长安距离遥远，方俟农隙尚可巡幸。其"自违侍轩墀，已淹时序""今既十月筑场，三农事隙，特乞暂息恩召，俯念丹诚，遂以起居，假以时月，得晨拜旒扆，遂臣私情"即可为证。

作为皇室重要成员，此类晨昏问起居亦适于公主。史载：

> 贞观初，圣皇避暑甘泉，公主随傅京邑，载怀温情，有切晨昏，乃□□表起居，兼手缮写。圣皇览之欣然，以示元舅长孙无忌曰：朕女年小，未多习学，词迹如此，足以慰人。②

引文节选自《大唐故临川郡长公主墓志铭并序》，志主是唐太宗的女儿临川公主。志文记载临川公主卒于唐高宗永淳元年（682）五月，春秋五十有九，可以推断她生于唐高祖武德六年（623），贞观初也就七八岁的样子。年幼的公主仍向在甘泉山避暑的唐太宗上起居表，可以作为公主向巡幸在外的皇帝问起居的例证。问起居的理由与前述相类，即满足家礼所需，其"有切晨昏"即可为证。

当然，宗室皇亲亦要向皇帝问起居。诸如唐高宗初即位，晋州地震不息，朝野震动，时任监修国史的张行成认为此为天象对人事的警告，提醒高宗要杜其萌患。他曾提及问起居，其文曰："诸王、公主参承起居，或伺间隙，宜明设防闲。"③虽未明确皇帝是否处于行幸状态，足以表明诸王、公主等宗

---

① 《旧唐书》卷九十四《崔融传》，第 2996 页。
② 《唐代墓志汇编》永淳 025《大唐故临川郡长公主墓志铭并序》，第 703 页。
③ 《新唐书》卷一百四《张行成传》，第 4013 页。

室皇亲皆为问起居人。又,《旧唐书·凉王璇传》曰:

> 东封年,以渐成长,乃于安国寺东附苑城同为大宅,分院居,为十王宅。令中官押之,于夹城中起居,每日家令进膳……天宝中,庆、棣又殁,唯荣、仪等十四王居院,而府幕列于外坊,时通名起居而已。外诸孙成长,又于十宅外置百孙院。每岁幸华清宫,宫侧亦有十王院、百孙院。宫人每院四百,百孙院三四十人。又于宫中置维城库,诸王月俸物,约之而给用。诸孙纳妃嫁女,亦就十宅中。①

"东封年"即开元十三年(725),因为这一年的十一月,唐玄宗封禅泰山。自开元十三年始,十六王宅制度正式成立,通名问起居成了十六王宅制度的一部分。"每幸华清宫诸王百孙皆行从,宫侧亦有十王院、百孙院。"说明这种制度适用于皇帝巡幸地,可以作为亲王皇孙向巡幸在外的皇帝问起居的例证。

唐制对京师留守官、东都留守官、地方州刺史的起居形式均有明确规定,行从官的起居形式仅规定为"每日起居",具体形式缺乏说明,需要进行考察。史载:

> (贞观)十九年(645),太宗辽东还,发定州,在道不康。泊与中书令马周入谒。泊、周出,遂良传问起居,泊泣曰:"圣体患痈,极可忧惧。"遂良诬奏之曰:"泊云:国家之事不足虑,正当傅少主行伊、霍故事,大臣有异志者诛之,自然定矣。"太宗疾愈,诏问其故,泊以实对,又引马周以自明。太宗问周,周对与泊所陈不异。遂良又执证不已,乃赐泊自尽。②

唐太宗巡幸定州,侍中刘泊、中书令马周、黄门侍郎褚遂良等人均是行从官。其"泊、周出,遂良传问起居"系指刘泊与马周入谒出,储遂良得以传问起居,这种传问起居也是以入谒的形式来完成的。因此可以断定入谒问起居是行从官问起居的一种形式。

当然,叩头起居也是行从官问起居的一种形式,史载:

---

① 《旧唐书》卷一百七《凉王璇传》,第 3271—3272 页。
② 《旧唐书》卷七十四《刘泊传》,第 2612 页。

开元改为天宝年，十月后今腊月前。办有司之供具，道驾行于温泉。……百官叩头而起居，四夷搢额而再拜。亦曾见没量时来游猎，不得似这回最快。既而到温汤，登会昌，历严帐，巡殿堂。①

此为刘瑕的《驾幸温汤赋》，其文记载的是唐玄宗驾幸温汤的场景。其"百官叩头起居"中的百官当指行从官。其"四夷搢额再拜"中"四夷"亦指行从人员，问起居形式亦为叩头起居。可以说，叩头起居是行从官问起居的形式，其以跪拜皇帝的形式来完成。

2. 行幸问起居表

"起居制度作为国家的一种典章制度，是指下对上的一种探视和问候的制度。"②那么巡幸起居表的内容则表现为臣下对皇帝的探视与问候。诸如武则天将幸长安，富嘉谟的《驾幸长安起居表》曰：

> 臣某言：伏奉车驾以今月二十二日西至长安。臣闻咸秦奥壤，河洛旧区，王者是宅，因时顺动。故睿情载仁，西眷邦土，玉轫金根，天旋云被。皇舆凯入，在藻知归。臣忝葭莩，谬膺垣翰，尹京靡托，陪銮遂阻，紫宸渐遥，丹悃空积。伏惟祁寒在候，辇路逶迤，法驾就跸，圣躬多祜。然后辟天陛而临旧都，巡卜征而考元吉者也。无任悦豫之至，谨遣某官奉表以闻。③

按，武则天从洛阳出发，预计到达长安的时间是"今月二十二日"，具体年月不详。《旧唐书·富嘉谟传》载："长安中，累转晋阳尉，与新安吴少微友善，同官。"④直到武则天长安年间，富嘉谟才官至从九品上的晋阳尉，具有上表问起居的资格，故武则天这次巡幸长安的时间当在长安元年（701）之后。又，天授元年（690）武则天在洛阳称帝后，只在长安元年回过一次长安，因此富嘉谟所上《驾幸长安起居表》的时间当为长安元年，《新唐书·则天皇后纪》则将时间具体到了十月壬寅。⑤故《驾幸长安起居表》中的"今月"也就是十月。十月壬寅是十月二十三日，与"今月二十二日"的记载不一致。当

① 吴钢主编：《全唐文补遗》第9辑，西安：三秦出版社，2007年版，第2—3页。
② 杜文玉：《五代起居制度的变化及其特点》，《陕西师范大学学报》（哲学社会科学版）2005年03期。
③ 《文苑英华》六百九富嘉谟《驾幸长安起居表》，第3159页。
④ 《旧唐书》卷一百九十中《富嘉谟传》，第5013页。
⑤ 《新唐书》卷四《则天皇后纪》，第102页。

然武则天诏令巡幸长安,打算十月二十二日到达,路上耽搁一天,十月二十三日才到,亦属正常。

其"故睿情载伫,西眷邦土,玉轪金根,天旋云被"是说皇帝因怀念旧土才驾幸长安的。武则天晚年,在"立子"与"立侄"的问题上一直处于摇摆之中,直到圣历二年(699)才决心立自己的儿子李显为皇太子。为了加强李显的太子之位,增加与李氏子孙的情感交流,武则天决定巡幸长安。其"臣忝葭莩,谬膺垣翰,尹京摩托,陪銮遂阻,紫宸渐遥,丹慊空积",富嘉谟对于自己因公务不能扈从皇帝驾幸长安深为自责。其"伏惟祁寒在侯,辇路逶迤,法驾就跸,圣躬多祜"则是富嘉谟对皇帝的问候,希望皇帝注意身体,因为当时已经是农历的十月下旬了,天气已经非常寒冷,对于已经高达78岁的皇帝来说是非常辛苦的,这是富嘉谟所上《驾幸长安起居表》的主旨。

唐德宗车驾幸梁州、洋州,于公异的《代人行在起居表》曰:

> 臣某言:自中使至,伏奉手诏后,行在所未有人至。伏以巴梁既远,信使全希,路有豺狼,时当否塞。东征西怨,彼虽幸于南巡;捧日望云,臣独瞻于北极。伏惟陛下以重慎为意,以社稷为心,每于寝膳,必尽颐摄。况朱明启夏,小暑届时。曾观蜀汉之风,小异函秦之气。尚衣侍膳之分,莫敢侵官;资父事君之诚,空思入面。违奉既久,涕恋无从。不任之至。①

泾原兵变之后直到兴元元年(784)李晟收复长安,于公异一直是李晟的掌书记。又,掌书记掌"表笺书翰",②具体为"朝觐、聘慰、荐祭祀、祈祝之文,与号令、升绌之事"。③ 兴元元年,李晟收复长安,命令于公异为他露布行在,才引起唐德宗的注意。据此可见,《代人行在起居表》是于公异代李晟所作。其"自中使至,伏奉手诏后,行在所未有人至。伏以巴梁既远,信使全希,路有豺狼,时当否塞"是指唐德宗经历奉天之难后,逃至梁州、洋州的事情。建中四年(783)十月,开赴河南战场的泾原士卒在途径长安时发生哗变,京城空虚,唐德宗仓皇出奔到奉天。哗变士卒拥戴原幽州节度使朱泚为帝,并围攻奉天城。奉天守军日夜苦斗,城几倾陷。十一月,朔方节度使李怀光千里赴难,解了奉天之围,但被宰相卢杞所间,与神策军矛盾逐渐激化,遂与朱泚

---

① 《文苑英华》卷六百九《代人行在起居表》,第3159—3160页。
② 《资治通鉴》卷二百五十二唐僖宗乾符元年春正月条胡三省注"掌书记",第8169页。
③ 《资治通鉴》卷二百六十唐昭宗乾宁二年十二月丙申条胡三省注"掌书记",第8480—8481页。

潜相连和,德宗被迫再次南迁梁州。朔方军叛,奉天城内朔方将士本其旧部,德宗惧为内应,仓促南奔梁州,扈从者主要是宦官所统左右禁军。德宗一行进入骆谷后,适逢霖雨,道途泥泞,六军溃散,很多卫士亡归朱泚。唐德宗安全没有保障,引起了李晟的担心。其"东征西怨,彼虽幸于南巡;捧日望云,臣独瞻于北极"指当时李晟屯兵东渭桥,为李怀光所阻,不能救驾,只能遥祝皇帝平安。其"伏惟陛下以重慎为意,以社稷为心,每于寝膳,必尽颐摄。况朱明启夏,小暑届时。曾观蜀汉之风,小异函秦之气。尚衣侍膳之分,莫敢侵官;资父事君之诚,空思入面。违奉既久,涕恋无从。不任之至"。用以关切皇帝的安全,且对皇帝的饮食起居进行关注,希望皇帝以重慎为意,以社稷为心,善自珍摄,表示了对皇帝的忠心和惦念,这也是《起居表》的内容主旨。

值得注意的是,并不是所有的《起居表》都表现为对皇帝的探视和问候,还有一些《起居表》表现为述职报告。如羊士谔的《代人行在起居表》曰:

> 臣某言:臣以菲才,亲奉昌运,受藩隅之重任,效犬马之微诚。惟君知臣,特受恩奖。夙兴夜惕,荣惧积中。臣某中谢。伏以租税之殷,江乡为重;闾井之化,水旱是虞。臣职在分忧,期于富庶。宣陛下雨露之惠,令获小康;守朝廷刑赏之规,敢思中立。条赋敛以办集,除疾苦而均安。闭阁斋心,仰思元造。窃以圣慈广被,每念退方。臣忝守官,合具闻达。①

行在乃是皇帝的驻跸地,是指天子外出巡幸居止之处。② 那么,羊士谔的《代人行在起居表》可视为巡幸起居表。羊士谔,两《唐书》无传,《全唐文》辑前代文献附一小传,曰:"(羊)士谔,泰山人。贞元元年进士,元和初官监察御史,擢户部郎中,出为资州刺史。"③其记载尤简,经历也语焉不详,所代之人亦难以考究。其"臣以菲才,亲奉昌运,受藩隅之重任,效犬马之微诚,惟君知臣,特受恩奖"。可以判断其所代之人的身份当为地方官,而且是任命不久的地方官。受命以来,"宣陛下雨露之惠,令获小康;守朝廷刑赏之规,敢思中立。条赋敛以办集,除疾苦而均安",职在清身心、敦教化、尽地利、擢贤民、恤狱讼、均赋役,取得了物质生产丰厚,百姓安阜的局面。这种巡幸起

① 《文苑英华》卷六百九羊士谔《代人行在起居表》,第3159—3160页。
② 吕宗力:《中国历史官制大辞典》,北京:北京出版社,1994年版,第371页。
③ 《全唐文》卷六百一十三《羊士谔小传》,第2741页。

居表显然是地方官述职问起居形态，更多的展现自己的政绩，以赢得皇帝的关注。

3. 行幸问起居制度的变迁

关于皇帝行幸问起居制度，《唐六典》《唐会要》《大唐开元礼》《新唐书》诸书均有记载，且差异较大，这反映了皇帝行幸起居制度的变化。其文如下。

《唐六典·礼部郎中》载：

> 凡车驾巡幸及还京，百官辞迎皆于城门外，留守官内者在殿门外，行从官每日起居，两京文武职事五品以上，三日一奉表起居，三百里内刺史朝见。东都留司文武官每月于尚书省拜表，及留守官共遣使起居，皆以月朔日，使奉表以见，中书舍人一人受表以进。北都留守每季一起居。①

《大唐开元礼·杂制》载：

> 凡车驾巡幸，每月朔，两京文武官职事五品以上，表参起居。州界去行所在三百里内者，刺史遣使起居。若车驾从比州及州境过，刺史朝见，巡幸还去京三百里内刺史，遣使起居。②

《唐会要·笺表例》载：

> （开元）十一年（723）七月五日敕：三都留守，两京每月一起居，北都每季一起居，并遣使。即行幸未至所幸处，其三都留守及京官五品以上，三日一起居。若暂出行幸，发处留守亦准此并递表。③

《新唐书·百官一》载：

> 皇帝巡幸，两京文武官职事五品以上，月朔以表参起居；近州刺史，遣使一参；留守，月遣使起居；北都，则四时遣使起居。④

---

① 《唐六典》卷四《尚书礼部》，第 114 页。
② 《大唐开元礼》卷三《杂制》，第 32—33 页。
③ 《唐会要》卷二十六《笺表例》，第 589 页。
④ 《新唐书》卷四十六《百官志一》，第 1194 页。

《唐六典》卷四是开元七年(719)唐令,[1]为方便叙述,以开元七年唐令为代称。《唐会要》所载行幸起居制是开元十一年(723)唐令,则以开元十一年唐令为代称。《大唐开元礼》成书于开元二十年(732),可看作开元二十年及以前形成的唐令,暂且以开元二十年唐令为代称;《新唐书》成书于宋代,是宋人在唐代遗存资料的基础上精心加工而成,是对唐代巡幸制度的总结。考校诸书,巡幸起居制度的变化主要表现在以下几个方面。

第一,明确了行从官问起居。前述侍中刘洎、中书令马周、黄门侍郎褚遂良扈从唐太宗巡幸定州,作为行从官之一的褚遂良需要问起居,说明行从官问起居最迟在贞观十九年已经出现。开元七年唐令所规定的行从官每日一问起居将其制度化。尽管开元十一年唐令、开元二十年唐令均未有行从官问起居的制度性记载,但可以推断其大致沿袭了开元七年的唐令。前引刘瑕《驾幸温汤赋》所载"开元改为天宝年,十月后兮腊月前",说明唐玄宗巡幸温汤的时间为天宝元年(742)十月到十二月之间,《旧唐书》将时间明确为天宝元年十月丁酉至十一月己巳之间。[2]"百官叩头而起居,四夷搤额再拜",说明行从官起居制度在天宝元年仍得到了很好的坚持。这一制度坚持到何时,难以确定,宋人所修《新唐书》时并未将其列入其中。

第二,地方州刺史问起居制度的变革。这种变革主要表现在两个方面:一方面是所经三百里内刺史朝见制度的断层。开元七年唐令规定所经三百里内以刺史朝见的形式问起居,这一制度坚持到何时难以判定,开元十一年唐令没有相关制度记载。其实,这一起居形式更多的是对古礼的遵循和发展。《新唐书·姚崇传》载:"先天二年(713),玄宗讲武于新丰。'故事,天子行幸,牧守在三百里者,得诣行在。'时帝亦密召崇,崇至,帝方猎渭滨,即召见,帝曰:'公知猎乎?'对曰:'少所习也。'"[3]引文"天子行幸,牧守在三百里者,得诣行在的故事",难以判断源于何时。但足以证明,玄宗正是援引此"故事"才将身为同州刺史的姚崇召至行在的。说明早在先天二年,开元七年的唐令已经在执行。开元二十年唐令则规定皇帝巡幸三百里内刺史遣使起居,所过州境刺史朝见。朝见起居得到了保留,但限于所过州境的刺史。开元二十年唐令虽然打破了"天子行幸,牧守在三百里者,得诣行在"古礼的要求,但是保留了"所过州境刺史朝见"的制度也符合"天子巡狩,诸侯待于境"的古礼要求。另一个方面是地方刺史遣使起居制度的发展。开元二十

---

① [日]仁井田升辑,栗劲、霍存福、王占通、郭延德编译:《唐令拾遗》,长春:长春出版社,1989 年版,第 403 页。

② 《旧唐书》卷九《玄宗纪下》,第 216 页。

③ 《新唐书》卷一百二十四《姚崇传》,第 4383 页。

年唐令规定的皇帝巡幸三百里内刺史遣使起居,这种制度得到了很好的坚持。兴元元年(784)二月,唐德宗移幸梁州。山南东道节度使贾耽派行军司马樊泽"奉表起居"。乾宁三年(896)七月,李茂贞大兵压境,唐昭宗欲往太原李克用处避难。车驾行至渭北,华州节度使韩建遣使奉表起居,请暂跸华州。可见,直到唐末,皇帝巡幸,地方长官奉表起居的制度仍在执行。故,宋人对其总结为"近州刺史,遣使一参"。

第三,留守官问起居制度的完善。开元七年唐令、开元十一年唐令均记载东都留守每月一起居,起居形式是遣使奉表起居。开元七年唐令记载较为详细,问起居者不仅限于东都留守,还包括东都分司官,起居表在每月的初一,由中书舍人转呈给皇帝等内容,东都留守巡幸起居制度得以完善。北都留守每季一起居在开元七年唐令、开元十一年唐令中均有记载。值得注意的是《唐六典·礼部郎中条》所载:"北都留守每季一起居",不存于开元七年令,①是开元十一年以后的唐令。因为开元十一年的正月二十八日,唐政府改太原尹为留守,真正意义的三都留守才算出现。开元十一年唐令记载北都留守遣使起居,使得北都留守巡幸起居制度得以完善。京师留守每月一起居则见于开元十一年唐令。因此,宋人在总结时,概括为"留守,月遣使起居;北都,则四时遣使起居"。

第四,两京文武职事官五品以上问起居制度的变革。开元七年唐令为每三日一起居,开元二十年唐令规定五品以上每月朔上表参起居,《新唐书》并没有沿袭开元七年唐令的记载,完全承继了开元二十年唐令的记载。可视为两京文武官职事五品以上问起居形式的变革。

第五,东都分司官问起居的特别规定。开元十一年唐令、开元二十年唐令与《新唐书》均未记载,只见于开元七年唐令。其规定东都留司官每月向尚书省上起居表,并于月朔日交与中书舍人。其亦可反映唐代问起居的变换。

综上,巡幸起居制度是建立在礼制基础上的典章制度,具有高下尊卑的等级特色。巡幸起居中,皇太子、公主、宗室皇亲、在京官员等都要定期向皇帝问起居,起居内容集中在对皇帝探视和问候,起居形式有叩头起居、遣使起居、通名起居等不同形式,这些都是君尊臣卑的反应。除此之外,巡幸起居制度还具有政务运行的特色。前引羊士谔《代人行在起居表》,问起居者向皇帝述职,介绍自己的工作成绩,引起皇帝的注意,是政务特色的反应。

---

① 《唐令拾遗》,第403页。

三、行幸问起居礼

目前学界对起居礼所涉无多,胡戟、刘后滨先生曾对"唐代皇帝出行时的起居仪"这一专题进行了概述,其内容指向《唐六典》《大唐开元礼》所规定的行幸问起居制度,礼仪方面鲜有提及。那么,就出现了第一个问题即行幸问起居乃至问起居到底有没有问起居礼? 前文所述,先秦时期已具问起居的礼仪规范,汉代亦有发展,作为中古时期典章制度完备的唐代来说,其理应如此。尽管唐代政书体史书对其记载较少,史料零星而分散,但仍是可以通过史料分析,得出确切结论的。诸如《大唐开元礼》"讲武礼"已明确记载讲武礼结束后"明日群官奉参起居如别礼"。[①] 所谓奉参即参加、参与的意义,奉参起居即参与问起居。其"如别礼"已明确群官向皇帝问起居已具礼仪规范。又,《大唐开元礼·杂制》云:

> 凡车驾巡幸,每月朔,两京文武官职事五品以上,表参起居。州界去行所在三百里内者,刺史遣使起居。若车驾从比州及州境过,刺史朝见,巡幸还去京三百里内刺史,遣使起居。皇太子欲行未发,前一日,在京文武官职事五品以上,诣宫奉辞。还日明朝,诣宫奉参。凡京文武职事五品以上假使者,去皆奉辞,还皆奉见。六品以下奉敕差使,亦如之。[②]

按,引文以皇帝、皇太子、在京五品以上职事官、六品以下职事官四个层次展开制度论列。虽仅明确皇帝问起居的制度规定,但就其逻辑论列来说,皇太子、在京五品以上职事官、六品以下职事官应具问起居的内容。结合前文所述的"奉参",可以断定群臣对皇太子的"诣宫奉参";五品以上职事官的"还皆奉见";六品以下职事官的"亦如之"。皆可断定其为问起居。据前文皇帝讲武礼后"群臣奉参起居如别仪"来说,皇太子、在京职事官的"奉参"或"奉见"当具礼仪形态。又,僧皎然在与于尚书通信时,亦有"候问起居之礼,谨俟异日,此无多谈"[③]之语。其"问起居"之礼已行于僧侣与士大夫的交往之中。那么,群臣与皇太子之间,官僚集团内部为表达严格的等级关系,其问起居礼的需求更甚,问起居礼亦当存于其中。

---

① 《大唐开元礼》卷八十五《军礼·皇帝讲武》,第 410 页。
② 《大唐开元礼》卷三《杂制》,第 32—33 页。
③ 《文苑英华》卷六百七十九清昼《寄赠于尚书书》,第 3500 页。

此外,史料中亦已明确皇室成员问起居和陵寝起居皆具起居礼,皆可证明唐代存有完备的问起居礼。就皇室成员而言,主要集中于向太皇太后、皇太后问起居。长庆四年(824),礼仪使奏:"外命妇正旦及四始日旧行起居之礼,伏以礼烦则渎,请停。"①外命妇问起居的对象为皇太后王氏或太皇太后郭氏。其所谓"正旦""四始日"问起居系指已具制度,"起居礼"即向皇太后或太皇太后问起居已具礼仪形态。又,大和中,太皇太后郭氏居于兴庆宫,宝历太后王氏居于义安殿,皇太后萧氏居大内,"上五日参拜,四节献贺,皆由复道幸南内,朝臣命妇诣宫门起居,上尤执礼,造次不失。"②唐文宗"五日参拜"实则仿晋制"五日一上东阁"来向三宫太后问起居。加之,朝臣命妇于宫门外向三位太后问起居。那么"上尤执礼,造次不失"指向文宗对三宫太后行问起居之礼。就陵寝起居而言,指向公卿巡陵问起居。景龙二年(708)三月,时任右台御史的唐绍上书言及诸陵起居之仪。他指出陵寝起居旧无起居之礼,只是尊从贞观式文以春秋仲月命使巡陵问起居;武则天当政时期,以每年四季之月及忌日、降诞日遣使巡陵问起居,以后形成故事。鉴于天授以后的巡陵之法不合礼制,建议唐中宗予以改之。唐中宗手敕答曰:"乾陵每岁正旦、冬至、寒食遣外使去,二忌日遣内使去,其诸陵并依来表。"③其后,开元十五年、开元二十七年、天宝八载、贞元四年、长庆元年相继予以改制,均可证明陵寝问起居已具完备礼仪。

既然问起居乃至行幸问起居皆具问起居礼,那么问起居礼的礼仪程式又是如何呢? 前引《大唐开元礼》"讲武礼"所谓"明日群官奉参起居如别礼"系指奉参起居礼。该礼存于《大唐开元礼·群臣奉参起居》中,其文曰:

> 前一日,守宫设文武群官次于朝堂如常仪。其日,依时刻文武群官九品以上俱集朝堂次。奉礼设文武群官位于东朝堂之前,文左武右,重行北面,相对为首。又设奉礼位于文武官东北,赞者二人在南,少退,俱西向。又设通事舍人位于文官为首者之北,少东,西向并如常。奉礼帅赞者先就位。舍人各引文武群官俱就位。立定,舍人引为首者少进,通起居讫,退复位。奉礼唱:再拜。赞者承传,群官在位者皆再拜。舍人入奏讫,舍人承旨出,复位,西面称:敕旨。群官在位者皆再拜,宣敕讫,又再拜。舍人及群官俱退。④

---

① 《旧唐书》卷十七上《敬宗纪》,第508页。
② 《旧唐书》卷五十二《穆宗贞献皇后萧氏传》,第2202—2203页。
③ 《唐会要》卷二十《公卿巡陵》,第466页。
④ 《大唐开元礼》卷一百二十九《嘉礼·群臣奉参起居》,第609页。

《群臣奉参起居》属嘉礼,且其问起居于朝堂,群臣来朝者或在朝者皆可问起居,故,其问起居地并非固定,亦适于皇帝行幸驻跸地,亦可视为行幸起居礼。又,此礼并未有皇帝现身互动,其起居形式类似通名起居。就起居程式而言,大致可分为四个层次。一则为礼前准备阶段。即奉参前一日,由卫尉寺守宫署设文武百官次于朝堂。二则为行礼者就位阶段。奉参之日,文武群官咸集于朝堂。先是太常寺奉礼郎设文武群官位;其次设奉礼位,其于文武官位东北;复次设通事舍人位,其于文官为首者北;最后,奉礼、赞者等导礼官吏皆就位。三则行礼阶段。先是文官首者少进,通名起居,礼毕还位;其次接着奉礼导唱,赞者承传,群官在位者皆拜;复次,通事舍人承旨出,并称:敕旨,群官皆拜;最后,通事舍人宣敕,群官再拜。四则礼毕阶段。宣敕拜毕,通事舍人与群官俱退。

当然,起居礼亦存于吉礼与凶礼中。杜文玉老师曾据《五代会要》的记载论证唐代皇帝南郊祭祀判定唐代群臣"集行宫于朝堂"实则是为了向皇帝问起居,其言甚确。宋代皇帝郊庙大祀,车驾至太庙或祭坛,从祀群臣均要问起居,[①]可能是对这一制度的继承与发展。前引《大唐开元礼·讲武礼》所谓"明日群官奉参起居如别礼"亦可证明其存于吉礼中。吉礼中的问起居形式因史料缺载难以考据。宋代郊庙祭祀中,车驾动,从祀群臣需问起居,起居形式为"凡起居者,止奏圣躬万福",[②]此类形式是否与唐代有承继关系,目前来看尚不能确认,暂且存疑。嘉礼与吉礼外,凶礼中亦有问起居的记载。史载:"其小祥内,百官并无假日,每日平明,诣延英门,进名起居,不入正衙。"[③]此类问起居对象当为唐代宗,可视为陵寝起居的一种,其实质仍为已故天子服。小祥后,其问起居对象则为现任皇帝唐德宗。《大唐元陵仪注》曰:"(大祥)近侍扶帝还次。通事舍人引群官序立太极门,百僚奉慰讫,以素服诣延英门起居。"[④]又"(禫变)近侍扶皇帝还次。通事舍人引百僚序出至太极门外,进名奉慰讫,各服惨公服,便诣延英门起居"。[⑤] 大祥与禫变阶段,群臣得以释服,其赴延英问起居实则为奉慰礼的延伸。

综上,唐代不仅存有起居礼,还有行幸问起居礼。其奉参礼因举行地方不固定,故可适于行幸问起居礼,其礼仪程式由备次、备位、行礼与礼毕四个

---

① 《文献通考》卷九十九《宗庙考九·车驾自斋殿诣太庙》,第 899 页。《文献通考》卷九十九《宗庙考九·车驾自大庆殿诣景灵宫》,第 899 页。

② 《文献通考》卷九十九《宗庙考九·车驾自斋殿诣太庙》,第 899 页。

③ 《通典》卷八十一《礼四十一·诸侯及公卿大夫为天子服议》,第 2207 页。

④ 《通典》卷八十七《礼四十七·大祥变》,第 2384 页。

⑤ 《通典》卷八十七《礼四十七·禫变》,第 2385 页。

步骤。奉参礼外,问起居礼仍存于吉礼与凶礼中,就其吉礼而言,问起居形式可能为奏圣躬万福。凶礼中的问起居更多的是奉慰礼的延伸。

第三节　行幸迎谒制度与迎谒礼

迎谒是皇帝行幸的重要环节,其既能满足皇帝"省风俗"的现实需求,亦能完成"存问百年"的礼仪表达,在建构社会秩序中起着重要作用。由于现存典章制度并未予以明确记载,其制度形式与运作机制散存于相关史料中零星而分散,其制度形态与礼仪运作目前学界也鲜有关注。故,本节拟对迎谒制度与迎谒礼予以解析。

一、何谓迎谒制度

"迎,逢也。"①清人段玉裁注其为:"逢,遇也,其理一也。"②"谒,白也。"③颜师古在《汉书·袁盎传》中曾为"上谒"作注,其文曰:"若今通名也。"④后,清人段玉裁注"谒"为:"《广韵》曰:'白,告也。'按谒者,若后人书刺自言爵里姓名,并列所白事。"⑤综上可知,迎即迎接,谒即持名帖拜谒,迎谒亦即迎接谒见之意。

迎谒制度由来已久,先秦已有相关记载,但其多以"郊迎"的形式而存在。《礼记》曰:

> 君使士迎于竟,大夫郊劳,君亲拜迎于大门之内,而庙受,北面拜贶,拜君命之辱,所以致敬也。敬让也者,君子之所以相接也。故诸侯相接以敬让,则不相侵陵。卿为上摈,大夫为承摈,士为绍摈;君亲礼宾,宾私面,私觌;致饔饩,还圭璋,贿、赠、飨、食、燕,所以明宾客君臣之义也。⑥

此为君臣"聘义"之礼,内容指向国君"郊迎"外来宾客,其礼仪运行程式如

---

① 《说文解字》卷二下,第40页。
② (汉)许慎撰,(清)段玉裁注:《说文解字注》,上海:上海古籍出版社,1981年版,第71页。
③ 《说文解字》卷三上,第51页。
④ 《汉书》卷四十九《爰盎传》,第2272页。
⑤ 《说文解字注》,第90页。
⑥ 《礼记正义》卷六十三《聘义》,《十三经注疏》,第3675—3676页。

下：首先，国君遣使将宾客迎入境内；其次，遣使劳于郊外；最后，国君与宾客行迎劳之礼。这种郊迎制度也存在于国君与士、大夫之间。诸如秦、晋崤山（今河南洛宁县东）之战，秦国战败，秦将孟明视、西乞术、白乙丙被俘，在文嬴斡旋下，晋襄公许归秦三将。史载："三将至，（秦）缪公素服郊迎，向三人哭曰：'孤以不用百里傒、蹇叔言以辱三子，三子何罪乎？子其悉心雪耻，毋怠。'遂复三人官秩如故，愈益厚之。"①引文所述"素服郊迎"即指秦穆公就是以"郊迎"的形式迎归三位将军的。其迎劳之礼，亦以成行，史载："大夫、士见于国君，君若劳之，则还辟，再拜稽首。君若迎拜，则还辟，不敢答拜。"②"君若劳之""君若迎拜"系指天子迎劳的两种不同形式，为此，大夫要以不同的礼仪进行互动。

先秦时期的郊迎不仅存在于上层社会中，民间亦有相关记载。生活在战国时期的苏秦，其早年不专营农业生产，逞口舌之利，出外游历多年，穷困潦倒，一无所获，回到家后"妻不下纴，嫂不为炊，父母不与言"。③其游说赵国成功后，路过洛阳，"父母闻之，清宫除道，张乐设饮。妻侧目而视，倾耳而听；嫂蛇行匍伏，四拜自跪而谢"。④引文所述"郊迎三十里"当指苏秦家人迎谒的形式，其可为民间迎谒的例证。

汉代以降，迎谒制度得以新发展。其最突出的表现是为"迎谒"一词的出现。史载：

> （陈）平曰："古者天子巡狩，会诸侯。南方有云梦，陛下第出伪游云梦，会诸侯于陈。陈，楚之西界，信闻天子以好出游，其势必无事而郊迎谒。谒，而陛下因擒之，此特一力士之事耳。"高帝以为然，乃发使告诸侯会陈，"吾将南游云梦"。上因随以行。行未至陈，楚王信果郊迎道中。高帝豫具武士，见信至，即执缚之，载后车。⑤

此为汉高祖刘邦伪游云梦，诈捕韩信的经典故事。引文所述，"会诸侯于陈"系指天子巡幸，诸侯皆来拜谒。按，陈州在楚国西界，会于陈，韩信必郊迎，则说明天子过境，地方长官郊迎业已成为制度。对于"郊迎谒"的解释，颜师

---

① 《史记》卷五《秦本纪第五》，第 192 页。
② 《礼记正义》卷四《曲礼下》，第 2725 页。
③ （西汉）刘向撰，何建章注释：《战国策》卷三《秦策一》，北京：中华书局，1990 年版，第 76 页。
④ 《战国策》卷三《秦策一》，第 76 页。
⑤ 《史记》卷五十六《陈丞相世家》，第 2057 页。

古注其曰:"出其郊,远迎谒也",①仍是郊迎的意思。尽管如此,"迎谒"开始成为独立词语出现于史籍中,为其进而突破"郊迎"的藩篱,成为一种广泛意义的制度形式打下基础。

同为伪游云梦,诈捕韩信事,《汉书·高帝纪》则有不同记载。其文曰:"(汉高祖)六年(前201)冬十月,令天下县邑城。人告楚王信谋反,上问左右,左右争欲击之。用陈平计,乃伪游云梦。十二月,会诸侯于陈,楚王信迎谒,因执之。"②可见,《汉书·高帝纪》用的是"迎谒"而非《史记·陈丞相世家》所载的"郊迎谒"。

又,《汉书·疏广传》载:"宣帝幸太子宫,受迎谒应对,及置酒宴,奉觞上寿,辞礼闲雅,上甚欢悦。"③《后汉书·任光传》载:"(任光)闻世祖至,大喜,吏民皆称万岁,实时开门,与李忠、万修率官属迎谒。"④汉宣帝幸太子宫受"迎谒";信都郡官员任光、李忠、万修及僚属、民众"迎谒"刘秀。此类史料足以说明"迎谒"在汉代业已成为广泛意义上的迎接谒见形式。

唐代是迎谒制度全面发展时期,迎谒范围较广,既有自上而下的迎谒,也有自下而上的迎谒。自上而下的迎谒主要是指唐天子对诸侯、蕃国主、蕃国使者、官员的迎谒活动。遣使迎劳诸侯、蕃国主及其使者,属于宾礼的范畴,《大唐开元礼·宾礼》有详细记载。遣使迎劳官员亦有较多例证,诸如李密战败,欲投奔唐高祖李渊,史载"(高祖)遣使迎劳,相望于道"。⑤又,徐世勣与郭孝恪摆脱了窦建德的控制,"驰数十骑来奔,高祖大喜,遣使者迎劳之"。⑥还有,开元十四年(726),唐玄宗拜杜暹为黄门侍郎、同中书门下平章事,史载"(玄宗)遣中使往迎"⑦等。当然,也有天子亲自迎劳官员的例证,唐高祖武德六年(623)十一月"(高祖)迎劳秦王(李)世民于忠武顿"。⑧又,魏元忠归乡拜扫还,唐中宗"幸白马寺以迎劳之"⑨等。

自下而上的迎谒范围较广,既有百姓、下属对上司的迎谒也有百姓、官员对天子的迎谒。百姓、下属对上司迎谒例证较多,裴行俭护送泥涅师回波

① 《汉书》卷四十《陈平传》,第 2044 页。
② 《汉书》卷一下《高帝纪第一下》,第 59 页。
③ 《汉书》卷七十一《疏广传》,第 3039 页。
④ 《后汉书》卷五十一《任光传》,第 751 页。
⑤ 《旧唐书》卷五十三《李密传》,第 2223 页。
⑥ 《册府元龟》卷一百二十六《帝王部·纳降》,第 1512 页。
⑦ 《新唐书》卷一百二十六《杜暹传》,第 4421 页。
⑧ 《资治通鉴》卷一百九十唐高祖武德六年十一月己丑条,第 5974 页。
⑨ 《旧唐书》卷九十二《魏元忠传》,第 2953—2954 页。

斯途中,路过西州,史载:"人吏郊迎。"①按,裴行俭曾任西州都督府长史、安西大都护,西州"人吏郊迎"当为百姓、下属对上司的迎谒。又,《资治通鉴·唐纪三十五》载:"颖王璬之至成都也,崔圆迎谒,拜于马首。"②按,崔圆时任为"蜀郡长史、剑南节度副大使",颖王李璬则任"剑南节度大使"是崔圆的上司,颖王李璬至成都,崔圆当行迎谒礼。还有,《旧唐书·李晟传》载:"(李晟)至凤翔,托以巡边,至泾州,(田)希鉴迎谒,于坐执而诛之。"③按,李晟时任凤翔尹、凤翔陇右节度使,仍充陇右泾原节度,兼管内诸军及四镇、北庭行营兵马副元帅,田希鉴时任泾原节度使,治所在泾州(今甘肃泾川北),是李晟的下属。李晟至泾州,田希鉴当行迎谒礼。

百姓、官员对天子的迎谒分京内和京外两种情况。京内迎谒多以朝参礼进行,京外迎谒则复杂的多。就迎谒者来说,主要包括士庶群体、地方长官、朝廷百官、皇室成员等。就迎谒对象而言是天子,可以是即将称帝的君主,可以是在任皇帝,也可以是太上皇。就迎谒形式来说,有班迎、郊迎、得诣行在等。就迎谒礼来说,有伏于道左、夹道欢呼、捧足、控辔、拜舞等。这些均是这一部分的研究内容。

二、士庶迎谒

所谓士庶迎谒系指非官方的民间群体为主体迎谒皇帝的活动,其有正式迎谒与非正式迎谒两种。正式迎谒是指士庶群体参加官方组织的迎谒活动,这种迎谒活动往往带有一定的强制性。贞观十八年(644)十月,唐太宗下诏亲征高丽,其文曰:"御营非近州县学生、父老等,无烦迎谒。"④引文所述,"无烦迎谒"当指"御营非近州县"的士庶群体皆有迎谒任务。因皇帝开恩,免除了其迎谒任务,但"御营近州县"的士庶群体仍要参与迎谒。为此,《新唐书》将其记载为:"行在非近州县不得令学生、耆老迎谒。"⑤又,贞观十二年(638)二月十日,唐太宗巡幸蒲州,"刺史赵元楷课父老服黄纱罩衣,迎谒路左",⑥引文所述,"课父老"当指其强制色彩极为浓厚。

当然,参与正式迎谒的士庶群体范围较广,前引史料中的"父老"是这一群体的重要组成部分。"父老"一词由来已久,一般指古时职掌管理乡里事

① 《旧唐书》卷八十四《裴行俭传》,第2802页。
② 《资治通鉴》卷二百一十九唐肃宗至德元年十月条,第7003页。
③ 《旧唐书》卷一百三十三《李晟传》,第3671页。
④ 《唐大诏令集》卷一百三十《讨高丽诏》,第703页。
⑤ 《新唐书》卷二百二十《东夷传》,第6190页。
⑥ 《唐会要》卷二百一十七《行幸》,第598页。

务的年长者,也指对老年人的尊称。他们在不同的语境中,有着不同的称谓,如耆寿、耆旧、耆老、耆宿、乡望、邑老、村老等。作为老年人,父老参与迎谒符合礼制要求。

《礼记》云:"天子五年一巡守。岁二月,东巡守至于岱宗,柴,而望祀山川。觐诸侯,问百年者,就见之。命大师陈诗,以观民风。"[①]又,《册府元龟·帝王部·巡幸一》载:"汉制曰:'巡狩之制,以宣声教。'如此,则王者巡幸之礼,有自来矣。是故,省风俗、见高年,所过必给复,所至必赦宥。"[②]引文所述,"问百年者,就见之""见高年"皆为"存问百年",其是天子巡狩的重要目的,亦是行巡幸古礼的重要内容。

唐天子巡幸亦承继了这一古礼,总章二年(669)八月一日,唐高宗诏以十月巡幸凉州,其文曰:

> 时陇右虚耗,议者咸云车驾西巡不便,上闻之,召五品以上谓曰:帝王五载一巡狩,群后四朝,此盖常礼。朕欲暂幸凉州,今闻在外咸谓非宜,何也? 宰臣以下,莫有对者。详刑大夫来公敏曰:陛下巡幸凉州,诞宣王略,求之故实,未亏令典。……上曰:卿等既有此言,我止渡陇,存问父老,蒐狩即还。[③]

引文所述,唐高宗欲巡幸凉州,遭到群臣反对,几经较量,唐高宗放弃凉州之行改为止于渡陇,尽管如此,仍要行"存问父老"之礼,可为其证。又,唐玄宗封祀泰山回,车驾次上党,史载:

> 潞之父老,负担壶浆,远近迎谒。上皆亲加存问。受其献馈,锡赉有差。父老有先与上相识者,上悉赐以酒食,与之话旧。故所过村部,必令询访孤老丧疾之家,加吊恤之。父老欣欣然,莫不瞻戴,叩乞驻留焉。[④]

按,潞州曾是唐玄宗的龙潜之地,其幸潞也受到当地父老的迎谒,盛况空前。引文所述,"受其献馈,锡赉有差"系指父老迎谒献食,玄宗赐以酒食,从而完成了"存问百年"的礼仪互动。

这种互动往往是以父老献食,天子抚慰的形式完成的,献食内容为牛

① 《礼记正义》卷十一《王制》,《十三经注疏》,第 2874—2875 页。
② 《册府元龟》卷一百一十二《帝王部·巡幸》,第 1327 页。
③ 《唐会要》卷二十七《行幸》,第 602 页。
④ (宋)李昉:《太平广记》卷二百一十二《金桥图》,北京:中华书局,1961 年版,第 1628 页。

酒,抚慰形式则为赐以绢帛。所谓牛酒是"牛与酒的并称,用于赏赐、慰劳和馈赠"。①《周礼注疏·地官·牛人》载:"凡宾客之事,共其牢礼、积、膳之牛。"②郑玄注曰:"牢礼飧饔也,积所以给宾客之用。"③可见,牛是为主人款待宾客之资,亦是一种待客之礼。这一古礼在唐代得以很好的继承。开元十三年(725)八月,唐玄宗"发东都巡狩,庚午至濮州,河南百五里内父老皆献牛酒,还其牛,各赐帛一匹,遣之"。④ 此次巡幸,献牛酒的主体是父老,范围延至河南五百里内。引文所述,"还其牛"当为现实中的牛,并非代指。又,开元十三年十一月壬辰"封禅礼毕,大赦天下……丁酉,徐、曹、亳、汴、许、仙、豫等州父老献牛酒,还其牛酒,各赐帛二匹"。⑤ 此次巡幸,献食的主体仍是父老,其所献物亦为牛酒,献食范围则为徐、曹、亳、汴、许、仙、豫等州,规模也比较大。综上,开元十三年的两次巡幸迎谒,天子均还其牛酒,赐以绢帛,并完成"存问百年"的互动。

学生、僧尼、道士、致仕官等也是士庶迎谒的重要组成部分。前引唐太宗讨高丽诏:"御营非近州县学生、父老等,无烦迎谒。"⑥迎谒的主体不仅有父老还有学生。开元十一年(723)正月幸潞州,以历试旧宅为飞龙宫诏曰:"今停跸潞州,劳以牛酒,其外州刺史及迎驾父老、道士、女道士、僧尼等远来至此,颇以艰辛,宜并令预会。"⑦民间迎谒的主体不仅有父老,还有男道士、女道士、僧人、尼姑等。又,开元十三年(725)十二月己巳,唐玄宗"至东都,京兆父老及道士、僧尼三百余人,诣阙拜贺,共赐帛三百段,遣之"。⑧ 这里诣阙拜贺其实是迎谒的一种形式,迎谒者仍有道士、僧尼。开元二十二年(734)驾幸东都,宋璟"于路左迎谒,上遣荣王亲劳问之,自是频遣使送药饵"。⑨ 按,开元二十年(732)宋璟已致仕,在东都静养,开元二十二年其参与迎谒,足以说明致仕官亦是士庶迎谒群体之一。

非正式迎谒是指士庶群体自愿或者自发参与的迎谒活动,既有群体迎谒亦有个体迎谒。就群体迎谒而言,百姓是其重要的迎谒者。贞观十九年(645),唐太宗攻打高丽,诸军所俘高丽民一万四千口,先集于幽州,将以赏

---

① 《中国历史大辞典》(上卷),第 491 页。
② 《周礼注疏》卷十三《地官·司徒·牛人》,《十三经注疏》,第 1559 页。
③ 《周礼注疏》卷十三《地官·司徒·牛人》,《十三经注疏》,第 1559 页。
④ 《册府元龟》卷三十六《帝王部·封禅第二》,第 399 页。
⑤ 《册府元龟》卷八十《帝王部·庆赐二》,第 937 页。
⑥ 《唐大诏令集》卷一百三十《讨高丽诏》,第 703 页。
⑦ 《册府元龟》卷一百七十二《帝王部·求旧二》,第 2079 页。
⑧ 《册府元龟》卷八十《帝王部·庆赐二》,第 932 页。
⑨ 《旧唐书》卷九十六《宋璟传》,第 3036 页。

给军士。唐太宗悯其父子夫妇离散,命有司平其直,悉以钱布赎为民。基于此,当其驾抵幽州之时,高丽民迎于城东,"拜舞呼号,婉转于地,尘埃弥望"。①唐太宗的仁义之举,得到了高丽百姓的拥戴,方有高丽民众迎谒的壮举,此类迎谒是自发的或自愿的。又,至德二载(757)十月,唐肃宗乱后返京,史载:"百姓出国门奉迎,二十里不绝,舞跃呼万岁,有泣者。"②天祐元年(904)正月,唐昭宗至华州,史载:"民夹道呼万岁,上泣谓曰:勿呼万岁,朕不复为汝主矣!"③引文所述,至德、天祐年间百姓均为迎谒的主体,且都是自愿或自发行为。

就个体迎谒而言,因迎谒目的不同,身份各异。大唐建国时,为分享胜利果实,于路迎谒唐高祖李渊者较多。诸如窦轨迎谒于长春宫,伏挺迎谒于新林,长孙敞迎谒于新丰,韦云起迎谒于长乐宫等,这些人后来都成了大唐立国的支柱。唐后期战乱不断,銮舆播迁,于路迎谒皇帝,有扈卫之意。诸如天宝末,唐玄宗幸蜀,罗公远"于剑门奉迎銮辂,卫至成都,拂衣而去,及玄宗自蜀还京。方悟蜀当归之寄矣"。④ 迎谒者身份是道士,迎谒目的是护送玄宗至蜀。天宝末年,安禄山构难。唐肃宗北巡至灵武,山人李泌"自嵩、颍间冒难奔赴行在,至彭原郡谒见,陈古今成败之机,甚称旨"。⑤ 迎谒者身份是隐士,迎谒目的是助肃宗戡平叛乱。又,圣历三年(700)七月,武则天驾幸三阳宫"有西僧邀驾,看葬舍利,上许之"。⑥ 引文所述,迎谒者的身份是西域僧人,迎谒目的是邀驾看葬舍利。还有,《太平广记·孙思邈》载:"及玄宗避羯胡之乱,西幸蜀。既至蜀,梦一叟须鬓尽白,衣黄襦,再拜于前,已而奏曰:'臣孙思邈也,庐于峨眉山有年矣。今闻銮驾幸成都,臣故候谒。'玄宗曰:'我熟识先生名久矣。今先生不远而至,亦将有所求乎?'思邈对曰:'臣隐居云泉,好饵金石药,闻此地出雄黄,愿以八十两为赐。'脱遂臣请,幸降使赉至峨眉山。'"⑦迎谒身份是道士孙思邈,迎谒目的是求得地黄。

三、地方官迎谒

《礼记》曰:"天子巡守诸侯待于竟。"⑧巡守即巡狩,竟通境。《白虎通

---

① 《资治通鉴》卷一百九十八唐太宗贞观十九年十一月辛未条,第6231页。
② 《资治通鉴》卷二百二十唐肃宗至德二载十月丙寅条,第7042页。
③ 《资治通鉴》卷二百六十四唐昭宗天祐元年春正月甲子条,第8627页。
④ 《太平广记》卷二十二《神仙二十二·罗公远》,第150页。
⑤ 《旧唐书》卷一百三十《李泌传》,第3621页。
⑥ 《唐会要》卷二十七《行幸》,第602页。
⑦ 《太平广记》卷二十一《孙思邈》,第141页。
⑧ 《礼记正义》卷四十八《祭义》,《十三经注疏》,第3473页。

义》对其解释曰："巡狩诸侯待于境者何？诸侯以守蕃为职也。"①这一礼仪范本在唐代礼制书写中得以承继。成书于开元二十年（732）的《大唐开元礼·巡狩礼》"銮驾出宫"条载："所经州、县，刺史、县令先待于境。"②迎谒的主体是州、县的刺史、县令，参与迎谒的地方官是"所经州、县"。这一理想化的礼仪规范，与实际的巡幸活动有着较大的差异。诸如开元十一年（723）正月，唐玄宗幸潞州，以历试旧宅为飞龙宫，诏曰：

> 朕巡狩晋阳，观风问俗，肆觐群后，存问百年，诸侯于境者仰为故事。今停跸潞州，劳以牛酒，其外州刺史及迎驾父老、道士、女道士、僧尼等远来至此，颇以艰辛，宜并令预会。刺史赐物四十匹，父老以下各赐物三匹。③

唐玄宗巡幸潞州诏书强调"诸侯于境"的古礼，但仍有外州刺史远来迎谒，并非是所经州、县的刺史，迎谒的主体也并非是刺史、县令，而是组成了一个以地方官为中心，父老、道士、女道士、僧、尼等人参加的迎谒团队。

《唐六典》《大唐开元礼》均对于皇帝巡幸，参与迎谒的地方官及迎谒形式进行了规定。《唐六典》卷四"礼部郎中"条载：

> 凡车驾巡幸及还京，百官辞迎皆于城门外，留守官内者在殿门外，行从官每日起居，两京文武职事五品以上，三日一奉表起居，三百里内刺史朝见。④

《大唐开元礼》卷三《杂制》载：

> 凡车驾巡幸，每月朔，两京文武官职事五品以上，表参起居。州界去行所在三百里内者，刺史遣使起居。若车驾从比州及州境过，刺史朝见，巡幸还去京三百里内刺史，遣使起居。⑤

《唐六典》《大唐开元礼·杂制》均规定地方官迎谒的形式为"刺史朝见"，但

---

① （清）陈立撰，吴则虞：《白虎通疏证》卷六《巡狩》，北京：中华书局，1994年版，第295页。
② 《大唐开元礼》卷六十二《皇帝巡狩·銮驾出宫》，第321页。
③ 《册府元龟》卷一百七十二《帝王部·求旧二》，第2079页。
④ 《唐六典》卷四《尚书礼部》，第114页。
⑤ 《大唐开元礼》卷三《杂制》，第32—33页。

参与迎谒的地方官与行在的距离略有不同。《唐六典》强调"三百里内",《大唐开元礼·杂制》规定"比州及过境州",均比《大唐开元礼·巡狩礼》中"所经州县"要宽泛得多。按,《唐六典》"礼部郎中"条的记载是开元七年(719)的唐令,①《大唐开元礼》则成书于开元二十年(732),其是对开元二十年及以前唐令的总结。尽管有时间上的差异及表述上的不同,但两者没有阶段性的存在,在皇帝巡幸的实际生活中都适用。先天二年(713),唐玄宗讲武于新丰。"故事,天子行幸,牧守在三百里者,得诣行在。时帝亦密召崇,崇至,帝方猎渭滨,即召见,帝曰:'公知猎乎?'对曰:'少所习也。'"②又,《旧唐书·姚崇传》载:"(姚崇)俄除同州刺史,先天二年,玄宗讲武在新丰驿,召元之代郭元振为兵部尚书、同中书门下三品复迁紫微令。"③此时,唐玄宗是为强调式尊"故事"才将身为同州刺史的姚崇召至行在的。按,新丰在京兆府,与同州相邻属于比州,说明开元二十年唐令也适用。不过是强调式尊故事的情况下,才会将范围限制在"三百里"的虚数内,实际运行要随意得多。

《唐六典》"礼部郎中"条、《大唐开元礼·杂制》均规定地方官的迎谒形式为"刺史朝见",但实际情况并非如此。前引史料"故事,天子行幸,牧守在三百里者,得诣行在。时帝亦密召崇,崇至,帝方猎渭滨,即召见"。④ 引文所述,"得诣行在"系指参与迎谒,已至行在所,并未有朝见的内容。故,引文所述的"密召崇",才得以朝见皇帝。又,开元四年(716)春,李朝隐出为滑州刺史,后转同州刺史。开元六年(718)唐玄宗"驾幸东都,路由同州,朝隐蒙旨召见赏慰,赐衣一副、绢百匹。寻迁河南尹,政甚清严,豪右屏迹"。⑤ 唐玄宗驾过同州,刺史李朝隐参与迎谒,但没有朝见资格。"蒙旨召见"才得以朝见,说明李朝隐也是以"得诣行在"的形式迎谒唐玄宗的。还有,《唐六典》卷九"通事舍人"条载:"通事舍人十六人,从六品上。通事舍人掌朝见引纳,及辞谢者,于殿廷通奏。"⑥注曰:"京官文武职事五品以上,假使去皆奏,辞来皆奏。见其六品以下,奉敕差使亦如之。外官五品以上,假使至京及经京过,若新授及驾行在三百里内过,并听辞见。"⑦可见,通事舍人主管驾行三百里内外官的辞见通传,足以表明三百里内五品以上的外官是以"得诣行在"的形式迎谒巡幸天子的。

---

① 《唐令拾遗》卷十八《仪制令》,第403页。
② 《新唐书》卷一百二十四《姚崇传》,第4383页。
③ 《旧唐书》卷九十六《姚崇传》,第3023页。
④ 《新唐书》卷一百二十四《姚崇传》,第4383页。
⑤ 《旧唐书》卷一百《李朝隐传》,第3126页。
⑥ 《唐六典》卷九《中书省》,第278页。
⑦ 《唐六典》卷九《中书省》,第278—279页。

　　唐后期，"三百里内"或"驾从比州及州境过"地方官迎谒的制度仍在坚持。天宝十五载（756）秋七月，唐玄宗"次巴西郡，太守崔涣奉迎。即日以涣为门下侍郎、同中书门下平章事"。① 又，李遵，天宝末为彭原太守。时唐肃宗幸灵武，至乌氏顿，"（李）遵至谒见，进奉衣服、器械、资粮以助军"。② 朱泚之乱，唐德宗仓猝出幸，"县令杜正元上府计事，闻大驾至，官吏惶恐，皆欲奔窜山谷。（苏）弁谕之曰：'君上避狄，臣下当伏难死节。昔肃宗幸灵武，至新平、安定二太守皆潜遁，帝命斩之以徇，诸君知其事乎！'众心乃安。及车驾至，迎扈储备无阙，德宗嘉之，就加试大理司直"。③ 唐肃宗斩杀兴平、安定二太守，说明这种制度带有律令性质。苏弁所言则说明这一制度在德宗朝也适用。中和元年（881）春正月，唐僖宗幸蜀，"西川节度使陈敬瑄迎谒于鹿头关，东川节度使杨师立迎谒于绵州"。④ 鹿头关在成都府"汉州德阳县万胜堆"⑤《资治通鉴》卷二百五十四中和元年春正月辛未绵州条胡注："东川治梓州北至绵州一百六十八里。"绵州和梓州属于比州，距离也在三百里内，说明中和元年的迎谒对于开元七年、开元二十年的唐令都适用。

　　值得注意的是，唐后期銮舆播迁决定了地方长官迎谒的性质带有迎卫色彩，参与迎谒的地方官的范围也会随之扩大。宝应元年（762）冬十月吐蕃寇京，代宗仓皇行幸，"鱼朝恩领神策军自陕迎驾。"⑥兴元元年（784）二月，德宗迫幸梁州，山南节度使严震"遣大将张用诚，将兵五千至盩厔，以来迎卫。"⑦广明元年（880）义武节度使王处存闻长安失守，遣二千人，"间道诣兴元卫僖宗车驾"。⑧ 乾宁二年（895）八月，李克用"发骑军三千赴三桥屯驻，以备昭宗回銮"。⑨ 可见，在銮舆播迁的情况下，地方长官的迎谒具有浓厚的迎卫色彩。由前所记神策军迎驾唐代宗，山南军迎谒唐德宗，义乌军迎谒唐僖宗，太原军迎谒唐昭宗来看，军队成为迎谒者的重要组成部分，参与迎谒的地方官也超出了"三百里"或"比州及过境州"的范围。晋高祖天福二年（937）诏："宜取今月二十七日巡幸汴州，诸道州府节度防御团练使刺史，不计远近，并不得辄离州城，来赴朝觐。"⑩五代时期出现的"不计远近"皆来朝

① 《旧唐书》卷九《玄宗纪下》，第234页。
② 《册府元龟》卷六百八十六《牧守部·忠第二》，第8179页。
③ 《旧唐书》卷一百八十九下《苏弁传》，第4976页。
④ 《资治通鉴》卷二百五十四唐僖宗中和元年春正月条，第8245页。
⑤ （宋）郭允蹈：《蜀鉴》卷七《高崇文讨刘辟》，上海：商务印书馆，1937年版，第86页。
⑥ 《旧唐书》卷十一《代宗纪》，第273页。
⑦ 《资治通鉴》卷二百三十唐德宗兴元元年二月条，第7408页。
⑧ 《资治通鉴》卷二百五十四唐僖宗广明元年十二月条，第8243页。
⑨ 《旧唐书》卷二十上《昭宗纪》，第755—756页。
⑩ 《册府元龟》卷一百一十四《帝王部·巡幸》，第1364页。

觐的局面,是唐后期迎谒地方官范围不断扩大的缩影。

四、朝廷百官迎谒

《唐六典》卷四"礼部侍郎"条载:"凡车驾巡幸及还京,百官辞迎皆于城门外,留守宫内者,在殿门外。"①"辞"即指"辞送"。"迎"当指"迎谒"。《新唐书·百官三》载:"守宫署掌供帐帟。祭祀、巡幸,则设王公百官之位。"②引文所述,"王公百官之位",即班位。《礼记》曰:"班,次也;朝,朝廷也。次,谓司士正朝仪之位次也。"③班即班次、班序,具体指按一定的资序排班。所以守宫署要陈设王公百官之位。可以说,朝廷百官迎谒巡幸天子是以排班的形式进行的,故谓之班迎。

一般来说,班迎的对象是唐天子,当然,有重大贡献的皇室成员或强藩重臣有时也会得到朝廷百官班迎的待遇。会昌三年(843)三月,太和公主回京,"百官班于章敬寺迎谒"。④ 按,太和公主曾和亲回鹘,为唐王朝的稳定做出了巨大贡献,故唐武宗令百官班迎。又,乾元元年(759)七月,郭子仪"破贼河上,擒伪将安守忠以献,遂朝京师,敕百僚班迎于长乐驿,帝御望春楼待之,进位中书令"。⑤ 按,郭子仪因在黄河边击败叛军,擒获叛将安守忠,献俘至京师,唐肃宗因其有大功勋才令百官班迎。还有,天复元年(901)十一月,朱全忠至长安,"宰相百官班迎于长乐坡;明日行,复班辞于临皋驿"。⑥ 按,天复元年朱全忠率军进入关中,控制了唐王朝的中央政权,宰相崔胤为讨好朱全忠故有班迎之举,这一举动有些违制,也得到了胡三省的批评,他说:"班迎、班辞,非藩臣所得当。"⑦

据仁井田升考察,《唐六典》"礼部侍郎"条的唐制是开元七年的唐令。⑧这是对开元七年以前迎谒制度的总结。显然,班迎制度由来已久。永淳二年(683)九月癸亥,唐高宗幸奉天宫。十一月丁未,自奉天宫至东都,史载:"文武百官见于天津桥南路左。"⑨奉天宫在河南府登封县,⑩显然,皇帝是在离京巡幸的情况下受到百官班迎的。《资治通鉴》卷二百二唐高宗永隆元年

---

① 《唐六典》卷四《尚书礼部》,第114页。
② 《新唐书》卷四十八《百官志三》,第1250页。
③ 《礼记正义》卷一《曲礼上》,《十三经注疏》,第2664页。
④ 《旧唐书》卷十八《武宗纪上》,第595页。
⑤ 《旧唐书》卷一百二十《郭子仪传》,第3452页。
⑥ 《资治通鉴》卷二百六十二唐昭宗天复元年十一月条,第8563页。
⑦ 《资治通鉴》卷二百六十二唐昭宗天复元年十一月条胡三省注"班迎",第8563页。
⑧ 《唐令拾遗》卷十八《仪制令》,第403页。
⑨ 《册府元龟》卷一百一十三《帝王部·巡幸二》,第1351页。
⑩ 《新唐书》卷三十八《地理志·河南府》,第1423页。

八月甲子的"东都"条下所作注文："东都北据邙山,南对伊阙,洛水贯都,有河汉之象,跨洛为桥曰天津桥。"①天津桥是东都城门外洛河之桥,符合百官迎谒于城门外的规定。

开元七年以后,班迎制度得以坚持。广德元年(763)十二月,唐代宗返回至长安,"郭子仪帅城中百官及诸军迎于浐水东,伏地待罪"。②《资治通鉴》卷二百一十唐玄宗先天元年春正月戊子的"浐水"条下所作注文："《水经注》,霸水北历蓝田川,又左合浐水。浐水径长乐坡西,是后韦坚引为广运潭在京师苑城之东,此地又在浐水之东。"③浐水东理想的迎谒地是长乐坡。它地处要冲,东出潼关南向荆楚,交通便利,再加上附近有长乐驿,既方便驻足休憩也方便摆开迎谒大军。又,天复三年(900)春正月,唐昭宗自凤翔还京,"次兴平,宰臣崔胤率百官迎谒。戊辰,次咸阳。己巳,入京师"。④唐代宗和唐昭宗是因为战乱被迫离京,返京的班迎不仅出于礼仪需要,而且出于扈卫需要,所以"迎于城门外"的制度得到了灵活运用。

五、皇室成员迎谒

唐代皇室成员迎谒主要有亲王迎谒、皇太子迎谒和皇帝迎谒三种,迎谒形式均为郊迎。所谓郊迎即"出其郊,远迎谒也"。⑤ 距离不一,重视程度也不同。苏秦游说赵国成功后,路过洛阳,"父母闻之,清宫除道,张乐设饮,郊迎三十里,妻侧目而视,倾耳而听;嫂蛇行匍伏,四拜自跪而谢"⑥可谓重视。司马相如"至蜀,太守以下郊迎,县令负弩矢先驱,蜀人以为宠"。⑦ 郊迎地点为"迎于郊界之上也"。⑧ 巴蜀大小官员迎谒司马相如于"郊界","蜀人以为宠"也能表现出重视。但与苏秦的"郊迎三十里",妻、嫂的异常行为相比,重视程度要弱一些。

唐代亲王迎谒仅秦王李世民郊迎唐高祖李渊一例。《旧唐书·刘武周》载:"高祖亲幸蒲津关,太宗自栢壁轻骑谒高祖于行在所。"⑨蒲津关在"蒲州

① 《资治通鉴》卷二百二唐高宗永隆元年八月甲子条胡三省注"东都",第6397页。
② 《资治通鉴》卷二百二十三唐代宗广德元年十二月条,第7158页。
③ 《资治通鉴》卷二百一十唐玄宗先天元年春正月戊子条胡三省注"浐水",第6671页。
④ 《旧唐书》卷二十上《昭宗纪》,第775页。
⑤ 《汉书》卷四十《陈平传》颜师古注,第2044页。
⑥ 《战国策》卷三《秦策一》,第76页。
⑦ 《汉书》卷五十七下《司马相如传下》,第2581页。
⑧ 《汉书》卷五十七下《司马相如传下》颜师古注,第2582页。
⑨ 《旧唐书》卷五十五《刘武周传》,第2254页。

河东县县西四里"，①属同州。"柏壁则在正平县西南二十里"，属绛州。② 秦王自绛州去往同州迎谒高祖，其重视程度可见一斑。

皇太子迎谒皇帝的明确记载仅一次。即贞观十九年（645）冬十月丙辰，皇太子李治自定州迎谒唐太宗李世民于临渝关。顾炎武说："丙辰，皇太子迎谒于临渝关。关在今抚宁之东，则柳城又在其东。太宗之行迟，故十日而后至也。"③皇太子提前十日先到临渝关，唐太宗后到迎谒地。《资治通鉴》卷一百九十八唐太宗贞观十九年冬十月丙辰条的临渝关注文："临渝关在平州卢龙县城东百八十里。"④定州在河北道，在"京师东北二千九百六里至东都一千二百里"。⑤ 平州在"京师东北二千六百五十里至东都一千九百里"。⑥ 两州虽同为河北道，相距较远。可见，皇太子要到很远的地方迎谒巡幸皇帝，以示重视。

皇帝迎谒太上皇则有两例均发生在唐肃宗朝。其一为：至德二载（757）十一月，唐玄宗至凤翔郡。"肃宗遣精骑三千至扶风迎卫。十二月丙午，肃宗具法驾至咸阳望贤驿迎奉。……丁未，至京师，文武百僚、京城士庶夹道欢呼，靡不流涕。"⑦"望贤宫在咸阳县东数里，玄宗幸蜀还京，肃宗至望贤宫奉迎。"⑧咸阳县在京师"正东微南四十里"。⑨ 说明唐肃宗是在去京四十余里的地方迎谒唐玄宗的，郊迎距离较长，重视程度非常高。

其二为："乾元元年（758）十月甲寅，上皇幸华清宫，上送于灞上。十一月丁丑，上皇至自华清宫，上迎于灞上。"⑩这里有辞送和迎谒两部分组成。肃宗辞、迎之地均在灞上。灞上即白鹿原，在万年县东南二十里。⑪灞上距京距离难考，但可以证明肃宗是在离京较远的地方行迎谒礼的。

六、行幸迎谒礼

迎谒礼虽不存于礼典，但其与在京的朝参礼有诸多共通之处，表现为朝

---

① 《元和郡县图志》卷十二《河东道·河中府》，第 326 页。

② 《资治通鉴》卷一百八十八唐高祖武德二年十一月己卯条，第 5872 页。

③ （清）顾炎武撰，黄汝成集释：《日知录集释》卷三十一《柳城》，上海：上海古籍出版社，2006 年版，第 1754—1755 页。

④ 《资治通鉴》卷一百九十八唐太宗贞观十九年冬十月丙辰条，第 6231 页。

⑤ 《旧唐书》卷三十九《河北道·定州》，第 1510 页。

⑥ 《旧唐书》卷三十九《河北道·平州》，第 1519 页。

⑦ 《旧唐书》卷九《玄宗下》，第 235 页。

⑧ （宋）程大昌撰，黄永年点校：《雍录》卷四《望贤宫》，北京：中华书局，2002 年版，第 70 页。

⑨ 《元和郡县图志》卷一《关内道·京兆府·咸阳》，第 12 页。

⑩ 《旧唐书》卷十《肃宗纪》，第 253—254 页。

⑪ 《长安志》卷十一《县一·万年》，第 260 页。

拜天子的蹈舞礼、趋步礼等，①其原因多来自于迎谒中有朝参的内容。但是，伴随着迎谒者身份、迎谒形式、迎谒环境的多变，迎谒礼要比朝参礼丰富得多。

1. 迎于道左

《资治通鉴大辞典》将"道左"解释为"道边，路旁"。②《诗经》曰："有杕之杜，生于道左。彼君子兮，噬肯适我？中心好之，曷饮食之？有杕之杜，生于道周。彼君子兮，噬肯来游？中心好之，曷饮食之？"引文所述，"道左"系指道路的左边，"道周"则指道路的右边，合乎道边，路旁的解释。但在古代典籍中，道左更多的是用来表示尊卑关系的方位。对此，道左有"道东"之说。《毛诗正义·国风·有杕之杜》载："有杕之杜，生于道左。"③毛亨作传曰："兴也。道左之阳，人所宜休息也。"④郑玄笺云："道左，道东也。"⑤可见，"道左"即"道东"。《因话录·征部》载："人道尚右，以右为尊。礼先宾客，故西让客，主人在东，盖自卑也。"⑥就迎谒客人来说，道左位是主人位，是卑位。胡三省还对道左具体方位进行阐发，他说："郑玄曰。道左，道东也。余按古者乘车尚左，故迎拜于车下者皆拜于道左。盖自北而来者以道东为左，自南而来者以道西为左，自东西而来者亦随车之所向而分左右也。郑玄举一隅耳。"⑦

皇帝巡幸，迎谒道左，自古有之。西晋惠帝幸邺，司马颖"率群官迎谒道左"。⑧隋炀帝巡幸燕支山，"高昌王、伊吾设等，及西蕃胡二十七国，谒于道左"。⑨唐人因之，终唐一世皆有相关记载。唐太宗幸蒲州，刺史赵元楷课父老服黄纱单衣迎谒路左，说明早在贞观年间这种迎谒礼就已经普遍存在。开元二十二年(734)，唐玄宗驾幸东都，宋璟"于路左迎谒。"⑩开元年间这种迎谒礼得到了很好的继承。建中四年(783)泾原兵变，唐德宗仓促逃脱，"郭

---

①　李斌城：《唐代上朝礼仪初探》，郑学檬、冷敏述：《唐文化研究论文集》，上海：上海人民出版社，1994 年版，第 122 页。

②　施丁、沈志华主编：《资治通鉴大辞典·上编》，长春：吉林人民出版社，1994 年版，第 388 页。

③　《毛诗正义》卷六《国风·有杕之杜》，《十三经注疏》，第 777 页。

④　《毛诗正义》卷六《国风·有杕之杜》，《十三经注疏》，第 777 页。

⑤　《毛诗正义》卷六《国风·有杕之杜》，《十三经注疏》，第 777 页。

⑥　(唐)赵璘：《因话录》卷五《征部》，上海：上海古籍出版社，1978 年版，第 107 页。

⑦　《资治通鉴》卷二四十唐宪宗元和十二年辛巳条胡三省注"道左"，第 7743 页。

⑧　《晋书》卷四《惠帝纪》，第 103 页。

⑨　《隋书》卷六十七《裴矩传》，第 1580 页。

⑩　《旧唐书》卷九十六《宋璟传》，第 3036 页。

曙与家仆数十人于苑中猎射，闻晔，伏谒道左"。① 兴元元年（784）七月，唐德宗至自梁州，李晟"以戎服见三桥，帝驻马劳之。……伏道左，帝为掩涕，命给事中齐映起之，使就位"。② 郭曙、李晟迎于道左说明这种迎谒礼在唐朝后期得到了很好的坚持。

2. 夹道欢呼

夹道欢呼亦是唐代皇帝巡幸迎谒礼的一种。至德二载（757）十二月丙午，唐肃宗"具法驾至咸阳望贤驿迎奉。……丁未，至京师，文武百僚、京城士庶夹道欢呼，靡不流涕"。③ 初，唐肃宗在望贤宫已经完成了对唐玄宗的迎谒仪式，唐玄宗至京师，文武百僚、京城士庶二次迎谒，迎谒礼就有"夹道欢呼"。兴元元年（784）七月十三日，唐德宗"至自兴元，浑瑊、韩游环、戴休颜以其兵扈从，晟与骆元光、尚可孤以其兵奉迎。时元从禁军及山南、陇州、凤翔之众，步骑凡十余万，旌旗连亘数十里，倾城士庶，夹道欢呼"。④ 天祐元年（904）正月甲子，唐昭宗至华州，"民夹道呼万岁，上泣谓曰：'勿呼万岁，朕不复为汝主矣！'"⑤唐德宗自至兴元，唐昭宗至华州的迎谒礼中都有"夹道欢呼"。这些都可以说明"夹道欢呼"是巡幸迎谒礼的一种。

3. 拜舞礼

拜舞礼又称舞蹈礼、蹈舞礼，是"蹈舞"者"舞蹈，手舞足蹈之礼也"。⑥其礼仪来源最早可溯至帝喾所制乐舞，⑦汉代时期的"以舞相属"的宴会礼节及南北朝舞蹈风尚可视为其承继与发展。⑧ 到了隋代，蹈舞礼正式成为朝参礼。《隋书·礼仪三》曰：

> 开皇中，乃诏太常卿牛弘、太子庶子裴政撰宣露布礼。及（开皇）九年（589）平陈，元帅晋王，以驿上露布。兵部奏，请依新礼宣行。承诏集百官、四方客使等，并赴广阳门外，服朝衣，各依其列。内史令称有诏，在位者皆拜，宣讫，拜，蹈舞者三，又拜，郡县亦同。⑨

① （唐）赵元一：《奉天录》卷一，北京：中华书局，1985年版，第3页。
② 《新唐书》卷一百五十四《李晟传》，第4868—4869页。
③ 《旧唐书》卷九《玄宗纪下》，第235页。
④ 《旧唐书》卷一百三十三《李晟传》，第3670页。
⑤ 《资治通鉴》卷二百六十四唐昭宗天祐元年春正月甲子条，第8627页。
⑥ 《唐代上朝礼仪初探》，第122页。
⑦ 夏国强：《唐代舞蹈礼仪考源》，《中华文史论丛》2016年03期。
⑧ 夏自金：《小议古代"舞蹈"》，《重庆科技学院学报》2008年01期。
⑨ 《隋书》卷八《礼仪志三》，第170页。

这样原本用于宣布露布的礼仪很快成为臣下对皇帝的朝参之礼。有唐一代,拜舞礼成为"最尊贵、也是最具特色的礼仪"。① 它不仅是朝参礼还是迎谒礼,在皇帝巡幸期间广泛使用。贞观十九年(645),唐太宗攻打高丽,诸军所俘高丽民一万四千口,先集于幽州,将以赏给军士。唐太宗悯其父子夫妇离散,命有司平其直,悉以钱布赎为民。当他抵幽州,高丽民迎于城东,"拜舞呼号,婉转于地,尘埃弥望"。②

泾原兵变,唐德宗"至于奉天,丞、尉惶惧,拜舞于县门。其日,上幸县令宅,宰臣、近侍各居廨署"。③ 兴元元年(784)七月,"德宗自兴元还长安,晟以戎服谒见于三桥,上驻马劳之。晟再拜稽首,初贺元恶殄灭,宗庙再清,宫闱咸肃,抃舞感涕"。④ 奉天县署以拜舞礼迎谒德宗皇帝;德宗还京师至三桥,李晟以拜舞礼迎谒皇帝,说明唐朝后期拜舞礼仍是皇帝巡幸迎谒礼的一种。

4. 捧足、控辔

捧足也是一种巡幸迎谒礼。胡三省说:"夷礼以拜跪捧足为敬。"⑤捧足礼被认为是"夷礼"。其实并非如此,唐代宫廷里早就流行捧足礼。《册府元龟·帝王部·孝德》载:"中宗为皇太子,大足元年(701)从则天幸京师,时属凝寒,亲捧天后足,步从一里余。天后大悦,下制褒美,宣付史官。"⑥引文所述,唐中宗"捧足而行"虽不是用于迎谒,但足可以说明捧足是一种礼节。又,唐宣宗晏驾,道宗实"叱居方等下,责以矫宣,皆捧足乞命。遣宣徽北院使齐元简迎郓王于藩邸,即位,是为懿宗"。⑦ 引文所述,"捧足乞命"说明这种礼节在唐后期仍然沿用。

这种礼节也用于巡幸迎谒。至德二载(757)十二月,上皇自蜀至咸阳,肃宗"备法驾迎于望贤宫。上皇在宫南楼,上释黄袍,着紫袍,望楼下马,趋进,拜舞于楼下。上皇降楼,抚上而泣,上捧上皇足,呜咽不自胜"。⑧ 又,长庆四年(824)四月,宫内匠张韶等叛乱,穆宗幸左神策军避难。"左神策中尉河中马存亮闻上至,走出迎,捧上足涕泣,自负上入军中,遣大将康艺全将骑

① 《唐代上朝礼仪初探》,第122页。
② 《资治通鉴》卷一百九十八唐太宗贞观十九年十一月辛未条,第6231页。
③ 《奉天录》卷一,第3页。
④ 《旧唐书》卷一百三十三《李晟传》,第3670—3671页。
⑤ 《资治通鉴》卷二百二十唐肃宗至德二载九月条胡三省注"捧足",第7034页。
⑥ 《册府元龟》卷二十七《帝王部·孝德》,第297页。
⑦ (唐)裴庭裕撰,田廷柱点校:《东观奏记》卷下,北京:中华书局,1994年版,第135页。
⑧ 《资治通鉴》卷二百二十唐肃宗至德二载十二月丙午条,第7044页。

卒入宫讨贼。"①唐肃宗迎谒唐玄宗,行捧足礼;马存亮迎谒唐穆宗行捧足礼。可见,捧足礼亦是巡幸迎谒礼的一种。

控辔是针对皇帝乘马的迎谒礼。上元元年(760)六月,李辅国"诈言皇帝请太上皇按行宫中,至睿武门,射生官五百遮道,太上皇惊,几坠马,问何为者,……力士复曰:辅国可御太上皇马!辅国靴而走,与力士对执辔还西内,居甘露殿,侍卫才数十,皆尫老。"②唐玄宗迁西内,李辅国与高力士行控辔礼。这种迎谒礼对于巡幸迎谒也适用。又,乾元元年(758)十一月,唐玄宗幸华清宫还。唐肃宗"至灞上,迎候下马,趋进百余步,再拜舞蹈,前抱玄宗足。玄宗抚帝背,帝又控辔行数十步,有命乃止"。③ 唐肃宗迎谒唐玄宗"控辔行数十步",可见"控辔"亦是巡幸迎谒礼的一种。

5. 迎谒礼仪程式的运作

唐代巡幸迎谒制度是围绕"皇权至上"展开的。为保证皇帝权威,举办隆重的迎谒仪式是必不可少的。首先是遣使奉迎。至德二载(757)九月郭子仪收复京师,"十月丁未,肃宗遣中使啖廷瑶入蜀奉迎"。④ 因太上皇身份未定,唐玄宗未能成行。同年"十月癸亥,肃宗遣太子太师韦见素入蜀,奉迎上皇",⑤"丁卯,上皇发蜀郡"。⑥ 兴元元年(784)二月,唐德宗"将幸梁州,山南节度使盐亭、严震闻之,遣使诣奉天奉迎"。⑦

出于扈卫的需要,迎谒者还会发遣迎卫军。至德二载十一月丙申,唐玄宗行至凤翔郡。"肃宗遣精骑三千至扶风迎卫。"⑧兴元元年二月,唐德宗将幸梁州,山南节度使严震闻之,"遣大将张用诚将兵五千至盩厔以来迎卫"。⑨ 广明元年(880)黄巢乱京师,"义武节度使王处存闻长安失守,号哭累日,不俟诏命,举军入援,遣二千人间道诣兴元卫车驾"。⑩"陈敬瑄闻车驾出幸,遣步骑三千奉迎,表请幸成都。时从兵浸多,兴元储偫不丰,田令孜亦劝上;上从之"。⑪

其次是组织迎谒团队。地方官会组织以刺史、县令为核心,父老、道士、

---

① 《资治通鉴》卷二百四十三唐穆宗长庆四年夏四月条,第7836页。
② 《新唐书》卷二百八《李辅国传》,第5881页。
③ 《册府元龟》卷二十七《帝王部·孝德》,第299页。
④ 《旧唐书》卷九《玄宗纪下》,第234页。
⑤ 《资治通鉴》卷二百二十唐肃宗至德二载冬十月癸亥条,第7041页。
⑥ 《旧唐书》卷九《玄宗纪下》,第234页。
⑦ 《资治通鉴》卷二百三十唐德宗兴元元年二月条,第7408页。
⑧ 《旧唐书》卷九《玄宗纪下》,第235页。
⑨ 《资治通鉴》卷二百三十唐德宗兴元元年二月条,第7408页。
⑩ 《资治通鉴》卷二百五十四唐僖宗广明元年十二月条,第8243页。
⑪ 《资治通鉴》卷二百五十四唐僖宗广明元年十二月条,第8245页。

僧尼、致仕官、学生等参加的迎谒团队,团队的迎谒者有强制性。其间,还会有百姓参加,增加迎谒团队的隆重性。朝廷百官以班迎的形式来迎谒巡幸的皇帝。一般来说,班迎只对皇帝负责,终唐一世得到了很好的坚持,这是皇帝权威至上的体现。以皇室成员为主导的迎谒,因迎谒者和迎谒对象之间具有身份的特殊性和关系的紧密性,迎谒者往往选择郊迎的形式,来增加迎谒的隆重性。

再次是行迎谒礼。迎谒者基本以伏于道左、夹道欢呼、拜舞、捧足、控辔等形式完成迎谒的。有时候为显示迎谒的隆重,几种礼节并用。至德二载(757)十二月,唐玄宗自蜀至咸阳,唐肃宗"备法驾迎于望贤宫。上皇在宫南楼,上释黄袍,着紫袍,望楼下马,趋进,拜舞于楼下。上皇降楼,抚上而泣,上捧上皇足,呜咽不自胜"。① 唐肃宗为显示对太上皇迎谒的隆重,先后以拜舞礼、捧足礼进行迎谒。"乾元元年十一月,唐玄宗幸华清宫,还,帝至灞上迎候。下马,趋进百余步,再拜,舞蹈,前抱玄宗足,玄宗抚帝背,帝又控辔行数十步,有命乃止。"② 唐肃宗迎谒唐玄宗自还京,行拜舞礼、捧足礼、控辔礼三种礼仪形式。兴元元年(784)七月,唐德宗还京。李晟"以戎服谒见于三桥,上驻马劳之。晟再拜稽首,初贺元恶殄灭,宗庙再清,宫闱咸肃,抃舞感涕,跪而言曰:'臣忝备爪牙之任,不能早诛妖逆,至銮舆再迁。及师于城隅,累月方珍贼寇,皆臣庸懦不任职之责,敢请死罪。'伏于路左"。③ 李晟迎谒德宗还朝行拜舞礼、伏于道左两种礼仪形式。

最后是皇帝慰抚。面对百姓献牛酒之礼,皇帝会赐以绢帛进行抚慰。开元十一年(723)正月唐玄宗幸潞州下诏曰:

> 朕巡狩晋阳,观风问俗,肆觐群后,存问百年,诸侯待于境者,仰为故事。今停跸潞州,劳以牛酒,其外州刺史及迎驾父老、道士、女道士、僧尼等远来至此,颇以艰辛,宜并令预会刺史赐物四十匹,父老以下各赐物三匹。④

开元十三年(725)十二月己巳,唐玄宗至东都"京兆父老及道士、僧尼三百余人,诣阙拜贺,共赐帛三百段,遣之"。⑤ 面对皇室成员及官员的迎谒礼,皇

---

① 《资治通鉴》卷二百二十唐肃宗至德二载十二月丙午条,第7044页。
② 《册府元龟》卷二十七《帝王部·孝德》,第297页。
③ 《旧唐书》卷一百三十三《李晟传》,第3670—3671页。
④ 《册府元龟》卷一百七十二《帝王部·求旧二》,第2079页。
⑤ 《册府元龟》卷八十《帝王部·庆赐二》,第932页。

帝也会进行抚慰,推动迎谒礼顺利进行。

隆重的迎谒仪式不仅符合唐代礼制发展的要求还满足了唐代皇帝的政治诉求。就礼制而言,"存问百年"与父老迎谒;"诸侯待于境"与地方官迎谒,符合巡狩礼的要求,是对古礼的继承和发展。以拜舞礼和趋步礼为核心的朝参礼不能满足巡幸迎谒的需要,进而发展了伏于道左、拜舞、夹道欢呼、捧足、控辔等多种礼仪形式。这些都是"君尊臣卑"的反应,对于维护皇权至上的权威有积极意义。就皇帝的政治诉求而言,"问百年"父老迎谒满足了皇帝德化天下的诉求,"刺史朝见"到"得诣行在"的变革满足了皇帝考察政绩的诉求,参与迎谒地方官范围不拘于三百里或过境州、比州的规定,满足了皇帝供备及扈卫的诉求,班迎制度的坚持及皇室成员高规格的郊迎谒,是皇权至上的反映。这些对于维护社会的稳定,强化唐王朝的统治有积极意义。

第四节 銮驾出宫礼与銮驾还宫礼考

銮驾进发礼仪是以銮驾出太极宫为开端的,又以銮驾还太极宫为终结的,故其在銮驾进发礼仪中占据着重要地位。常态下,其适于皇帝巡狩、封禅、讲武、耕藉、告庙等各种行幸形态。尽管礼典中诸礼均有记载,囿于其在传抄刊印中的失误,各行幸状态下的"銮驾出宫礼"与"銮驾还宫礼"均有不少错谬,故本节拟对其进行还原。又,銮驾出宫礼与銮驾还宫礼由殿中省、卫尉寺、太常寺、太乐署、中书省、门下省等机构赞相礼仪来完成的,其礼仪程式是皇权至上的反映。但由于其过于复杂繁琐,衍生出备车仪、皇帝升辂仪、驾停行侍臣上马仪、銮驾复行驾发仪、銮驾出入嘉德门仪、銮驾出入太极门仪、銮驾出入太极宫东上阁仪、銮驾停行宫仪等诸多形式,实际运行中往往多不遵守,銮驾出宫礼与銮驾还宫礼的礼仪运作及其制度表达,目前学界鲜有关注,故予以解析。

一、銮驾出宫礼复原

《大唐开元礼》"銮驾出宫礼"条见该书的卷四《皇帝冬至祀圜丘》、卷六《皇帝正月上辛祈谷于圜丘》、卷八《皇帝孟夏雩祀于圜丘》、卷十《皇帝季秋大享于明堂》、卷十二《皇帝立春祀青帝于东郊》、卷十四《皇帝立夏祀赤帝于南郊》、卷十六《皇帝季夏土王日祀黄帝于南郊》、卷十八《皇帝立秋祀白帝于西郊》、卷二十《皇帝立冬祀黑帝于北郊》、卷二十二《皇帝腊日蜡百神于南郊》、卷二十四《皇帝春分朝日于东郊》、卷二十六《皇帝秋分夕月于西郊》、卷二十九《皇帝夏至日祭方丘》、卷三十一《皇帝孟冬祭神州于北郊》、卷三十三《皇帝仲春仲秋上戊祭太社》、卷三十七《皇帝时享于太庙》、卷三十九《皇帝袷享于太庙》、卷四十一《皇帝禘享于太庙》、卷四十六《皇帝孟春吉亥享先农》、卷五十二《皇帝皇太子视学》、卷五十六《皇帝巡狩告于圜丘》、卷五十八《皇帝巡狩告于太社》、卷六十《皇帝巡狩告于太庙》、卷六十二《皇帝巡狩》、卷六十三《皇帝封祀于泰山》、卷六十四《皇帝禅于社首山》、卷八十一《皇帝亲征类于上帝》、卷八十二《皇帝亲征宜于太社》、卷八十三《皇帝亲征告于太庙》、卷八十五《皇帝讲武》、卷一百三《皇帝于明堂及太极殿读五时令》、卷一百四《皇帝养老于太学》等共计三十二项记载。其中，卷八、卷十、卷十二、卷十四、卷十六、卷十八、卷二十、卷二十二、卷二十四、卷二十六、卷二十九、卷八十三均作"銮驾出宫如圜丘之仪"；卷三十一、卷三十三则为"銮驾还宫如方丘之仪"；卷五十二、卷五十六、卷五十八、卷六十、卷六十二、卷八十一、卷八十二均作如"常仪"。由此可见，皇帝銮驾出宫礼待考者只有卷四、卷六、卷二十九、卷三十七、卷三十九、卷四十一、卷四十六、卷五十二、卷六十三、卷八十五、卷一百三、卷一百四等十二项。

　　1. 祀圜丘，銮驾出宫礼复原

　　《大唐开元礼》卷四、卷六均为圜丘祭祀礼，在此可先做比较。《大唐开元礼》卷四《皇帝冬至祀圜丘》载：

　　　　前出宫三日，本司宣摄内外，各供其职。尚舍设行宫于坛东，南向，随地之宜。守宫设从祀官五品以上次于承天门外东西朝堂如常。前二日，太乐令设宫悬之乐于殿庭，如常仪。驾出悬而不作其日昼漏上水五刻，銮驾发引。发引前七刻，挝一鼓，为一严。三严时节，前一日侍中奏裁也。侍中奏开宫殿门及城门。未明五刻，挝二鼓，为再严。侍中版奏：请中严。奉礼设从祀群官五品以上位，文官于东朝堂之前，西向，武官于西朝堂之前，东向，俱重行北上。介公、酅公位于武官北，东向。从祀群官五品以上依时刻俱集朝堂次，各服其服。其六品以下及介公、酅公、褒圣侯、朝集使、诸方客使等，并驾出之日便赴祀所。所司陈大驾卤簿于朝堂。发前二刻，挝三鼓，为三严。诸卫之属各督其队与钑戟，以次入陈于殿庭。通事舍人引从祀群官各就朝堂前位。诸侍卫之官各服其器服。侍中、中书令以下，皆诣西阶奉迎。侍中负宝如式。乘黄令进玉辂于太极殿西阶之前，南向。千牛将军一人执长刀于辂前，北向。黄门侍郎一人在侍臣之前，赞者二人又在黄门之前。侍中版奏：外办。

太仆卿摄衣而升,正立执辔。皇帝服衮冕,乘舆以出,降自西阶,称警跸如常仪。千牛将军前执辔,皇帝升辂,太仆卿立授绥,侍中、中书令以下夹侍如常。黄门侍郎进,当銮驾前跪,奏称:黄门侍郎臣某言,请銮驾进发。俛伏,兴,退复位。凡黄门侍郎奏请,皆进銮驾前,跪,奏称某官臣某言,讫,俛伏,兴。銮驾动,又称警跸,黄门侍郎与赞者夹引以出,千牛将军夹辂而趋。驾出承天门,至侍臣上马所,黄门侍郎奏称:请銮驾权停,敕侍臣上马。侍中前承制,退称:制曰可。黄门侍郎退称:侍臣上马。赞者承传,文武侍臣皆上马。诸侍卫之官各督其属,左右翊驾,在黄麾内。符宝郎奉六宝与殿中监后,部从在黄钺内。侍中、中书令以下夹侍于辂前,赞者在供奉官人内。侍臣上马毕,黄门侍郎奏称:请敕车右升。侍中前承制,退称:制曰可。黄门侍郎退复位。千牛将军升讫,黄门侍郎奏称:请銮驾进发。退复位。銮驾动,称警跸,鼓传音如常。不鸣鼓吹,不得喧哗。其从祀之官,在玄武队后如常仪。驾将至,诸祀官俱朝服结佩,谒者引立于次前,重行,北面向西上。驾至行宫南门外,回辂南向。将军降,立于辂右。侍中进,当銮驾前跪,奏称:侍中臣某言,请降辂。俛伏,兴,还侍位。皇帝降辂,乘舆入行宫,伞扇华盖侍卫警跸如常仪,宿卫如式。谒者、赞引各引祀官,通事舍人分引文武群官,集行宫朝堂,文左武右,舍人承旨敕群官等各还次。

行十一,①卷四作"通事舍人",卷六则为"谒者"。

行十五,卷四作"摄",卷六则为"奋"。

行二十八,卷四"北面向西上"后,卷六补"驾过引还斋所"之语。

行三十一,卷四"通事舍人分引文武群官";卷六则为"通事舍人各引从祀文武群官五品以上"。

按,唐制:通事舍人"掌朝见引纳及辞谢者,于殿廷通奏……凡近臣入侍,文武就列,则引以进退,而告其拜起出入之节"。② 引文所述,"文武就列并引以进退"与行十一卷四"通事舍人引从祀群官各就朝堂前位"的职能记载相契合。可以说,从职官职能来看,通事舍人充当了参引从祀官就朝堂的角色。又,谒者、赞引均为太常寺的吏员。唐制:"凡大祭祀及有大礼,则与

---

① 这里的"行"是以卷四的记载为基准的,且以竖排的形式来计数。如果比较内容出现在数行内,则以首字出现的"行"数来计。没有特殊说明,"行"均是以《大唐开元礼》卷四《皇帝冬至祀圜丘》的记载为标准,下文不再重复说明。

② 《唐六典》卷九《中书省》,第278—279页。

太常卿以导赞其仪。"①此为太常博士的职任介绍,其在大祭祀与大礼时与太常卿赞相礼仪,特定时刻,太常博士亦充当太常卿的导引官。那么谒者、赞引与太常博士是什么关系呢?史载:"省其牲器,谒者为之导。若小祀及公卿大夫有嘉礼亦命谒者,以赞相焉。"②此为谒者、赞引的职任介绍,其在小祀与公卿大夫的嘉礼中赞相礼仪,特定时刻,谒者、赞引亦充当太常卿、太常博士的导引官。

综上,通事舍人导从官员就位,谒者与赞引则导从官员赞相礼仪。上引"銮驾出宫礼",行三十一卷四作"谒者、赞引各引祀官,通事舍人分引文武群官,集行宫朝堂。"亦能说明问题。故,行十一,卷四导从文武群臣就位者当为卷四所记载的"通事舍人"不为卷六所记载的"谒者"。

行二十八,卷四"驾将至,诸祀官俱朝服结佩,谒者引立于次前,重行,北面向西上。驾至行宫南门外,回辂南向。"祀官由谒者引立到驾至行宫显然少了一个驾行至行宫的叙述,卷六在此补加"驾过引还斋所"当合乎情理。

按,《礼记》曰:"君车将驾,则仆执策立于马前。已驾,仆展軨效驾,奋衣由右上取贰绥,跪乘。"③郑玄注曰:"奋,振去尘也。贰,副也。"④天子将驾,侍官"奋衣"授绥,显然是符合古礼要求的。

那么何谓"摄"呢?《资治通鉴·秦纪三》载:"(秦二世)三年(前207)春二月,沛公辍洗,起摄衣,延郦生上坐,谢之。"⑤胡三省注"摄衣"曰:《史记正义》曰:'摄,敛着也。'余谓摄衣,起而持其衣也。"⑥此为目前所见史料中关于"摄衣"的最早记载。其与"奋衣"一样,均有"整衣"之意。但就其语境而言,多用于会客的嘉礼中。故,行十四,卷六用"奋"比卷四用"摄"符合古礼的要求。

行三十一,前引行二,卷四作"守宫设从祀五品以上,次于承天门外,东西朝堂如常"。守宫设朝堂班次,官员品秩均在五品以上,行三十一,卷四通事舍人分引文武官集于朝堂的品秩当在五品以上。行三十一卷六在卷四"通事舍人分引文武群官"后补"五品以上"是有必要的。

综上,《大唐开元礼》卷四与该书卷六的记载差别并不大,仅限于行文中的小部分改动或漏记。可以说,《冬至圜丘祭礼》与《正月圜丘祭礼》"銮驾出

---

① 《唐六典》卷十四《太常寺》,第396页。
② 《唐六典》卷十四《太常寺》,第396页。
③ 《礼记正义》卷三《曲礼上》,《十三经注疏》,第2711页。
④ 《礼记正义》卷三《曲礼上》,《十三经注疏》,第2711页。
⑤ 《资治通鉴》卷八秦二世皇帝三年春二月条,第288页。
⑥ 《资治通鉴》卷八秦二世皇帝三年春二月条胡三省注"摄衣",第288页。

宫礼"的记载具有一致性。

2. 祀方丘,銮驾出宫礼还原

《大唐开元礼》卷二十九《皇帝祀方丘礼》与卷四《祀圜丘礼》相校如下。

行三,卷四驾悬不作后载"其日昼漏上水五刻,銮驾发引。"卷二十九则未载。

行七,卷四俱重行北上后载"介公、鄫公位于武官北,东向。"卷二十九则未载。

行八,卷四载"其六品以下及介公、鄫公、褒圣侯、朝集使、诸方客使等,并驾出之日便赴祀所。"卷二十九则未有"介公、鄫公、褒圣侯"的记载。

行十五,卷四作"摄";卷二十九则为"奋"。

行二十六,卷四作"称警跸,鼓传音如常";卷二十九则为"称跸,如常"。

行二十七,卷四"玄武队后如常仪"后有"驾将至,诸祀官俱朝服结佩,谒者引立于次前,重行,北面向西上……谒者、赞引各引祀官,通事舍人分引文武群官,集行宫朝堂,文左武右,舍人承旨敕群官等各还次。"卷二十九则未载。

该书卷二十九载"昼漏上水一刻,侍中版奏:请中严。诸卫之属,各督其队入陈于殿庭,如常仪。"[1]"昼漏上水一刻"已表明皇帝行祀方丘礼要以"昼漏"来计时。按,中国古代计时,实行漏箭制度。即白天于漏壶中装满水,壶中有一根带有刻度的箭会随之漂浮起来。若壶水下漏,浮箭亦随之下沉。无论上浮还是下沉,均可以就时刻箭上的刻数予以报时。一般来说,人们通常在一根时刻箭的中间作出标记,将上下一分为二,在上之时则报昼漏上水某刻或夜漏上水某刻;在下之时则报昼漏下水某刻或夜漏未尽某刻。当然,其漏刻会因节气和季节的依次交替而发生变化,故漏刻仍要与十二时辰配合使用方可。故,行三,卷四"其日昼漏上水五刻"可补卷二十九之缺。

该书卷二十九载:"文官九品以上,于祭官之东,北向,西上。介公、鄫公于南壝之外道西,东向。诸州使人东方、南方于王东南西向,西方北方于介公、鄫公西南东向,皆北上。"[2]祭祀方丘陈设介公、鄫公之位,可见,介公、鄫公是参与祭祀的。谢元鲁先生也说:"几乎所有皇帝主持的祭祀礼典,介公、鄫公都必须参加,并且其地位大体与大享明堂相似,成为唐代皇帝祭祀礼仪中不可缺少的道具。"[3]又,该书卷二十九载:"诸州使人之南,西向。西方、

①　《大唐开元礼》卷二十九《皇帝夏至日祭方丘·斋戒》,第165页。
②　《大唐开元礼》卷二十九《皇帝夏至日祭方丘·陈设》,第165页。
③　谢元鲁:《隋唐五代的特殊贵族—二王三恪》,《中国史研究》1994年02期。

北方于诸州使人之南,东向皆北上。武官三品以下,七品以上于西壝之外道南,北向。东上注曰:其褒圣侯,若在朝于文官三品以下。"①即可说明褒圣侯也是要参与祭祀礼仪的。故,行七、行八卷四所载介公、酅公、褒圣参与驾行礼仪可以补入卷二十九记载。

行十五,卷四载"摄"与卷二十九载"奋",其记载内容明显不同,前文有证,兹不再叙。行二十六,卷四显然可对卷二十九予以补充。

综上,行二十七,卷四所载内容在卷二十九则未载的,多为皇帝驾行至目的地的礼仪运作。其中也包括了待祀官的迎谒与皇帝的降辂之礼。显然,该书卷四要比卷二十九的记载要完备的多。尽管如此,皇帝祀方丘与祀圜丘礼仪亦具有一致性。

3. 祀太庙,銮驾出宫礼还原

该书卷三十七为皇帝时享太庙礼仪;卷三十九为皇帝袷享太庙礼仪;卷四十一则为皇帝禘享太庙礼仪。三者同为太庙祭祀礼,可以进行比较。

《大唐开元礼》卷三十七《皇帝时享于太庙》载:

> 前出官三日,本司宣摄内外,各供其职。守官设从享官五品以上次于承天门外东西朝堂如常。前二日,太乐令设宫悬之乐于殿庭,如常仪。驾出悬而不作享日未明七刻,挝一鼓,为一严。三严时节,前一日侍中奏裁也。侍中奏开宫殿门及城门。未明五刻,挝二鼓,为再严。侍中版奏:请中严。奉礼设从享群官五品已上位,文官于东朝堂之前,西向,武官于西朝堂之前,东向,俱重行北上。介公、酅公位于武官北,东向。从祀群官五品已上依时刻俱集朝堂次,各服其服。其六品以下及介公、酅公、褒圣侯、朝集使、诸方客使等,并驾出之日便赴祀所。所司陈大驾卤簿于朝堂。未明前二刻,挝三鼓,为三严。诸卫之属各督其队与钑戟,以次入陈于殿庭。通事舍人引从享群官各就朝堂前位。诸侍卫之官各服其器服。侍中、中书令以下,皆诣西阶奉迎。侍中负宝如式。乘黄令进玉辂于太极殿西阶之前,南向。千牛将军一人执长刀于辂前,北向。黄门侍郎一人在侍臣之前,赞者二人又在黄门之前。侍中版奏:外办。太仆卿奋衣而升,正立执辔。皇帝服衮冕,乘舆以出,降自西阶,称警跸如常仪。千牛将军前执辔,皇帝升辂,太仆卿立授绥,侍中、中书令以下夹侍如常。黄门侍郎进,当銮驾前跪,奏称:黄门侍郎臣某言,请銮驾进发。俛伏,兴,退复位。凡黄门侍郎奏请,皆进銮驾

---

① 《大唐开元礼》卷二十九《皇帝夏至日祭方丘·陈设》,第165—166页。

前,跪,奏称某官臣某言,讫,俛伏,兴。銮驾动,又称警跸,黄门侍郎与赞者夹引以出,千牛将军夹辂而趋。驾出承天门,至侍臣上马所,黄门侍郎奏称:请銮驾权停,敕侍臣上马。侍中前承制,退称:制曰可。黄门侍郎退称:侍臣上马。赞者承传,文武侍臣皆上马。诸侍卫之官各督其属,左右翊驾,在黄麾内。符宝郎奉六宝与殿中监后,部从在黄钺内。侍中、中书令以下夹侍于辂前,赞者在供奉官人内。侍臣上马毕,黄门侍郎奏称:请敕车右升。侍中前承制,退称:制曰可。黄门侍郎退复位。千牛将军升讫,黄门侍郎奏称:请銮驾进发。退复位。銮驾动,称警跸,鼓传音如常。不鸣鼓吹,不得喧哗。其从祀之官,在玄武队后如常仪。

卷三十七皇帝时享太庙与卷三十九皇帝祫享太庙出宫礼仪记载完全相同;皇帝禘享太庙礼仪与之相校,则有一处不同。

行十,①卷三十七作"通事舍人";卷三十九则为"谒者"。行十,卷三十九"谒者"可更为"通事舍人"。卷三十七、卷三十九、卷四十一均为皇帝祭享太庙礼仪。三种礼仪形式的文字记载几同,说明这种礼仪形式具有一致性。

卷三十七与卷四圜丘祭祀"銮驾出宫礼"相较如下。

行一,卷四各供其职后载"尚舍设行宫于坛东,南向,随地之宜";卷三十七则未载。

行三,卷四驾悬而不作后载"其日昼漏上水五刻,銮驾发引";卷三十七则未载。

行十五,卷四作"摄";卷三十七则为"奋"。

行二十七,卷四玄武队后如常仪后载:"驾将至,诸祀官俱朝服结佩,谒者引立于次前,重行,北面向西上。驾至行宫南门外,回辂南向……谒者、赞引各引祀官,通事舍人分引文武群官,集行宫朝堂,文左武右,舍人承旨敕群官等各还次。"卷三十七则未载。

按,冬至祭圜丘行斋戒礼,皇帝要"散斋四日于别殿,致斋三日:其二日于太极殿,一日于行宫。"②皇帝享太庙则"皇帝散斋四日于别殿,致斋三日于太极殿"。③显然皇帝祭圜丘仍要斋戒行宫,而太庙祭祀则没有。皇帝享太庙礼在"太庙内"完成,祀圜丘则在祭坛中完成。可见,皇帝享庙不需要设

① 《大唐开元礼》卷三十七与该书卷三十九、卷四十一比较时,所列"行"均以该书卷三十七为准。

② 《大唐开元礼》卷四《吉礼·皇帝冬至祀圜丘·斋戒》,第35页。

③ 《大唐开元礼》卷三十七《吉礼·皇帝时享于太庙·斋戒》,第203页。

行宫。故,行一,卷四载:"守宫设行宫于坛东,南向,随地之宜"不适于卷三十七享庙礼仪。行三,卷四可补入卷三十七,前文有证。行十四,卷四"摄"当更为卷三十七"奋"。行二十七卷四补入卷三十七时,需将"行宫"更为"太庙"方可。

4. 祀先农,銮驾出宫礼还原

《大唐开元礼》卷四十六《皇帝祀先农》与该书卷四相较如下。

行五,卷四作"侍中奏开宫殿门及城门";卷四十六则未载。

行六,卷四作"侍中版奏:请中严";卷四十六则未载。

行七,卷四作"介公、酅公位于武官北,东向";卷四十六则未载。

行十一,卷四作"通事舍人";卷四十六为"谒者"。

行十三,卷四作"玉辂";卷四十六则为"耕根车"。

行十五,卷四作"摄";卷四十六则为"奋"。

行十五,卷四作"皇帝服衮冕";卷四十六则为"斋服"。

行十六,卷四"侍中中书令以下夹侍如常"后卷四十六加"乘黄令进耒耜,太仆卿受之,载于御者之间"。

行二十八,卷四"北面向西上"后卷四十六补加"驾过引还斋所"。

行三十一,卷四"宿卫如式"后卷四十六补加"乘黄令受耒耜掌之"。

行三十一,卷四"通事舍人分引文武群官"后卷四十六加"五品以上"。

综上,第一,行五、行六,卷四记载可对卷四十六进行补充。第二,行七,卷四十六没有介公、酅公的位次记载,仍难以否认介公、酅公参加祭祀。按,行八,卷四、卷四十六均作"其六品以下及介公、酅公、褒圣侯、朝集使、诸方客使等,并驾出之日便赴祀所"。又,卷四十六皇帝耕藉礼中介公、酅公、褒圣侯等均参与祭祀。据此,行七,卷四可对卷四十六予以补遗。第三,行十一、行十五有关"通事舍人"与"谒者";"摄"与"奋"之间的关系前文有证。第四,行二十八,前文卷六对卷四已予以补充,卷四十六在卷四后加"驾过引还斋所"即可佐证。行三十一的补遗亦是如此。第五,行十三,卷四"玉辂,"卷四十六则为"耕根车"。史载:"玉辂,青质,以玉饰诸末。重舆……祭祀、纳后则供之"。[①] 又,"耕根车,青质,盖三重,余与玉辂同,耕籍则供之"。[②] 显然,玉辂与耕根车的功用不同。故,卷四与卷四十六的记载相异是有原因的。另,史载:"衮冕者,践祚、享庙、征还、遣将、饮至、加元服、纳后、元日受

---

① 《旧唐书》卷四十五《舆服志》,第 1932 页。

② 《旧唐书》卷四十五《舆服志》,第 1933 页。

朝、贺临轩册拜王公之服也。"而大裘冕则为"祀天地之服"。① 故,行十五,卷四"冠冕"可具体为"大裘冕"。那么卷四十六,皇帝祀先农当为"絺冕"。②第六,现存唐史史料仍有不少皇帝耕藉田亩的记载。诸如贞观三年(629)正月,唐太宗"亲祭先农,躬御耒耜,藉于千亩之甸";开元二十三年(735)二月,唐玄宗"亲祀神农于东郊,以勾芒配,礼毕,躬御耒耜于千亩之甸";乾元三年(760)春正月,行藉田礼,唐肃宗"秉耒耜而九推焉"。③ 基于此,行十六、行三十一卷四十六对卷四的补充"乘黄令进耒耜",显然符合皇帝耕藉礼的要求,这种改动是合乎情理的。

5. 视学,銮驾出宫礼还原

《大唐开元礼》卷五十二《皇帝皇太子视学礼》"銮驾出宫"条载:

> 前出宫三日,本司宣摄内外,各供其职。其日,应从驾文武官依时刻俱集朝堂,诸卫陈设伏卫,侍中版奏:外办。皇帝乘马,文武侍从并如常行幸之仪。驾将至,祭酒帅监官、学官学生等奉迎于路左。驾至大次门外,降入如常。④

与前引诸礼"銮驾出宫礼"相较,皇帝视学行幸礼仪的记载并不完整。引文所述,"如常行幸之仪"当銮驾出宫礼的重点,但引文并未载入。卷五十六、卷五十八、卷六十、卷六十二均作"銮驾出宫如常仪"在此有必要比较探讨。《新唐书·仪卫志上》关于"銮驾出宫礼"的记载并未特指,其礼仪运作可视为常仪。其文曰:

> 天子将出,前二日,太乐令设宫县之乐于庭。昼漏上五刻,驾发。前发七刻,击一鼓为一严。前五刻,击二鼓为再严,侍中版奏请中严。有司陈卤簿。前二刻,击三鼓为三严,诸卫各督其队与钑、戟以次入陈殿庭。通事舍人引群官立朝堂,侍中、中书令以下奉迎于西阶,侍中负宝,乘黄令进辂于太极殿西阶南向,千牛将军一人执长刀立辂前北向,黄门侍郎一人立侍臣之前,赞者二人。既外办,太仆卿摄衣而升,正立执辔。天子乘舆以出,降自西阶,曲直华盖,警跸,侍卫,千牛将军前执辔,天子升辂,太仆卿授绥,侍中、中书令以下夹侍。黄门侍郎前奏请

---

① 《新唐书》卷二十四《车服志》,第514—515页。
② 《新唐书》卷二十四《车服志》,第515页。
③ 《旧唐书》卷二十四《礼仪志四》,第914页。
④ 《大唐开元礼》卷五十二《皇帝皇太子视学》,第291页。

发。銮驾动,警跸,鼓传音,黄门侍郎与赞者夹引而出,千牛将军夹辂而趋。驾出承天门,侍郎乘马奏驾少留,敕侍臣乘马。侍中前承制,退称:制曰可。黄门侍郎退称:侍臣乘马。赞者承传,侍臣皆乘。侍卫之官各督其属左右翊驾,在黄麾内。符宝郎奉六宝与殿中后部从,在黄钺内。侍中、中书令以下夹侍辂前,赞者在供奉官内。侍臣乘毕,侍郎奏:请车右升。侍中前承制,退称:制曰可。侍郎复位,千牛将军升,侍郎奏:请发。①

《新唐书》卷二十三上《仪卫志上》,与卷四相较,结论如下。

行一,卷四作"前出宫三日,本司宣摄内外,各供其职。尚舍设行宫于坛东,南向,随地之宜。守宫设从祀官五品以上次于承天门外,东、西朝堂如常"。卷二十二则未载。

行三,卷四作"殿庭",卷二十三上则为"庭"。卷四"驾出悬而不作",卷二十三上则未载。卷四"其日昼漏上水五刻",卷二十三上作"昼漏上五刻"。

行四,卷四作"銮驾发引,发引前,发前七刻"卷二十三上则为"驾发,前七刻"。卷四作"三严时节,前一日,侍中奏裁也",卷二十三上则未载。

行五,卷四作"侍中奏开宫殿门及城门"卷二十三上则未载。卷四作"未明前五刻"卷二十三上则载"前五刻"。

行六,卷四作"奉礼设从祀群官五品已上位,文官于东朝堂之前,西向,武官于西朝堂之前,东向,俱重行北上。介公、酅公位于武官北,东向。从祀群官五品已上依时刻俱集朝堂次,各服其服。其六品以下及介公、酅公、褒圣侯、朝集使、诸方客使等,并驾出之日便赴祀所"。卷二十三上则未载。

行九,卷四作"所司陈大驾卤簿于朝堂。发前二刻"。卷二十三上则未载"大驾"与"发"。

行十一,卷四作"通事舍人引从祀群官各就立朝堂前位"。卷二十三上则为"通事舍人引群官立朝堂"。卷四作"诸侍卫之官各服其器服"卷二十三上则未载。

行十二,卷四作"侍中负宝如式",卷二十三上则为"侍中负宝"。卷四作"玉辂",卷二十三上则为"辂"。

行十四,卷四作"侍中版奏:外办"。卷二十三上则未载。

行十五,卷四作"皇帝服衮冕";卷二十三上则未载。卷四作"降至西阶";后卷二十三上作"曲直华盖"。卷四作"称警跸如常仪";卷二十三上则

---

① 《新唐书》卷二十三《仪卫志上》,第489—490页。

作"警跸侍卫"。

行十七,卷四作"如常";卷二十三上则未载。卷四作"黄门侍郎进,当銮驾前跪,奏称:黄门侍郎臣某言,请銮驾进发。俛伏,兴,退复位。凡黄门侍郎奏请,皆进銮驾前,跪,奏称某官臣某言,讫,俛伏,兴"。卷二十三上则为"黄门侍郎前奏请发"。

行十九,卷四作"又称警跸";卷二十三上则为"警跸"。卷四"警跸"后,卷二十三上作"鼓传音"。卷四作"驾出承天门,至侍臣上马所,黄门侍郎乘马奏称:请銮驾权停,驾少留,敕侍臣上马"。卷二十三上作"驾出承天门,侍郎奏:敕侍臣上马"。

行二十二,卷四作"文武侍臣皆上马";卷二十三上则为"侍臣皆乘"。

行二十三,卷四作"部从在黄钺内";卷二十三上则为"部从"。卷四作"于辂前";卷二十三上作"辂前"。卷四作"供奉官人内";卷二十三上作"供奉官内"。卷四作"侍臣上马毕";卷二十三上作"侍臣乘毕"。

行二十四,卷四作"请敕车右升";卷二十三上作"请车右升"。

行二十六,卷四作"退复位";卷二十三上作"复位"。卷四作"升讫"卷二十三上作"升"。卷四作"黄门侍郎奏称请:銮驾进发";卷二十三上作"侍郎奏:请发"。

行二十六,卷四作"退复位。銮驾动,称警跸,鼓传音如常。不鸣鼓吹,不得喧哗……谒者、赞引各引祀官,通事舍人分引文武群官,集行宫朝堂,文左武右,舍人承旨敕群官等各还次"。卷二十三上则未载。

综上,《大唐开元礼》卷四与该书卷五十二的差别,可归论如下。

行一,卷四作"尚舍设行宫于坛东,南向,随地之宜";卷五十二则未载。

行八,卷四作"从祀群官五品已上依时刻俱集朝堂次,各服其服"。卷五十二则为"其日,应从驾文武官,依时刻俱集朝堂"。

行二十七,卷四作"驾将至,诸祀官俱朝服结佩"。卷五十二作"将至,祭酒帅监官、学官、学生等奉迎于路左,学生青衿服"。其余,则与《新唐书》卷二十二不同之处相似。

按,皇帝行幸常仪与皇帝冬至祀圜丘礼的差别重点表现在皇帝行幸常仪记载过简,圜丘礼可对其常仪的记载进行补遗。《大唐开元礼》卷五十二载:"前出宫三日,本司宣摄内外,各供其职。其日,应从驾文武官,依时刻俱集朝堂,诸卫陈设仗卫,侍中版奏:外办,皇帝乘马,文武侍从并如常行幸之仪。"[1]这里"并如常行幸之仪"说明"前出宫三日,本司宣摄内外,各供其职"

---

① 《大唐开元礼》卷五十二《皇帝皇太子视学》,第291页。

符合行幸常仪,行幸常仪当有此条记载。皇帝行幸常仪并非需要行祭祀礼,因此不置祭坛,不用设行宫行斋戒礼,故,"尚舍设行宫于坛东,南向,随地之宜"等记载在此稍显多余。又,"从驾官员依时刻俱集朝堂"那么"守宫设从驾官班位"显然是必要的,故,行一,卷二十三常仪可复原为"前出宫三日,本司宣摄内外各供其职。守宫设从驾五品以上于承天门外东西朝堂,如常"。

行三、行四、行五、行六、行七、行十一、行十三、行十四、行十五、行十九、行二十三、行二十四、行二十六、行二十七、行二十八、行二十九卷四均可对行幸常仪进行补遗。

行十八卷四常仪可以复原为:"奉礼设从驾群官五品以上位,文官位于东朝堂之前,西向,武官于西朝堂之前,东向,俱重行北上。从驾群官五品以上依时刻俱集朝堂次,各服其服。"二王三恪后、褒圣侯、朝集使、客使则不列于常仪中。

行十三,卷四"从祀"更为卷二十三"从驾"。皇帝行幸活动不同,其所需乘舆亦有较大差别。诸如皇帝祭祀、纳后一般乘玉辂;享、射、祀还、宴饮则乘金辂;行道乘象辂;临兵、巡狩则乘革辂;狩田则乘木辂;耕藉乘耕根车;临幸乘安车;拜陵、临吊乘四望车。[①] 行十五,卷四记载为"玉辂",卷二十三则为"辂"是合理的。天子之服有十四,祀天地则服大裘冕;践祚、享庙、征还、遣将、饮至、加元服、纳后、元日受朝、贺临轩册拜王公则服衮冕;接待远主服鷩冕;祭海岳服毳冕;祭社稷享先农服絺冕;讲武、出征、搜狩、大射、禡、类、宜社、赏祖、罚社、纂严服武弁。[②] 行十八,卷四皇帝"服衮冕";卷二十三则为"服冠冕"。

行二十六,卷四作"銮驾动,称警跸,鼓传音如常",此处有"鼓传音"记载,那么行二十二,卷四作"銮驾动,又称警跸"后卷二十二补"鼓传音"是合理的。行二十九,卷二十三"黄门侍郎奏请发",其后仍有许多礼仪形式未得以充分表达。故,卷四"退复位,銮驾动,称警跸,鼓传音如常",亦可补遗。参考《大唐开元礼》所载"皇帝读时令及养老礼",其后又可补为"鼓吹振作而行,其从驾之官在玄武队后,如常仪"。其后所载即为前文所述的迎谒礼,正如该书卷五十二记载的那样"将至,祭酒帅监官、学官、学生等奉迎于路左,学生青衿服";这是国子监官员学生迎谒于道左的礼仪形式。其它迎谒形式前文有述,兹不再举。

---

① 《新唐书》卷二十四《车服志》,第511—512页。
② 《新唐书》卷二十四《车服志》,第514—515页。

6. 祀泰山,銮驾出宫礼还原

《大唐开元礼》卷六十三《皇帝封祀泰山》与该书卷四相较。

行一,卷四作"前出宫三日";卷六十三则为"前祀三日"。卷四作"尚舍设行宫于坛东,南向,随地之宜"。卷六十三则未载。

行二,卷四作"守宫设从祀官五品以上次于承天门外东西朝堂如常";卷六十三则为"卫尉设祀官五品以上便次于行宫朝堂如常"。卷八十五"前二日"后载:"尚舍直长施大次于圜台……设御史位于圜台,东、西如祀礼。设奉礼、赞者位,于群官东北,西面。设执事位,于东门之内,道南,西面皆北上。"卷四则未载。

行三,卷四前二日后作"太乐令设宫悬之乐于殿庭,如常仪。驾出悬而不作其日昼漏上水五刻,銮驾发引";卷八十五则未载。

行五,卷四作"侍中奏开宫殿门及城门"。卷八十五则未载。

行六,卷四作"奉礼设从祀群官五品已上位,文官于东朝堂之前,西向,武官于西朝堂之前,东向,俱重行北上。介公、鄫公位于武官北,东向"。卷八十五则未载。

行八,卷四作"其六品以下及介公、鄫公、褒圣侯、朝集使、诸方客使等,并驾出之日便赴祀所。"卷八十五则未载。

行九,卷四作"所司陈大驾卤簿于朝堂";卷六十三作"所司陈大驾卤簿"。

行十一,卷四作"以次于行宫门外入陈于殿庭";卷六十三作"以次于行宫门外"。卷四作"通事舍人引从祀群官各就朝堂前位"。卷六十三作"谒者赞引各引祀官通事舍人分引从祀群官"。卷四作"诸侍卫之官各服其器服。侍中、中书令以下,皆诣西阶奉迎";卷六十三作"诸侍臣结佩俱诣行宫门外奉迎"。

行十二,卷四作"乘黄令进玉辂于太极殿西阶之前,南向。千牛将军一人执长刀于辂前,北向。黄门侍郎一人在侍臣之前,赞者二人又在黄门之前"。卷六十三则未载。

行十四,卷四作"侍中版奏:外办";卷六十三作"侍中版奏:请登山"。卷四作"太仆卿摄衣而升,正立执辔";卷六十三则未载。

行十五,卷四作"皇帝服衮冕,乘舆以出,降自西阶,称警跸如常仪"。卷六十三作"皇帝服衮冕,乘舆以出,警跸如常仪"。卷四作"千牛将军前执辔,皇帝升辂,太仆卿立授绥,侍中、中书令以下夹侍如常",卷六十三则未载。

行十七,卷四作"銮驾";卷六十三载"辇"。

　　行十八，卷四作"凡黄门侍郎奏请，皆进銮驾前，跪，奏称某官臣某言，讫，俛伏，兴"。卷六十三则未载。

　　行二十，卷四作"驾出承天门，至侍臣上马所"；卷六十三则作"驾至侍臣上马所"。

　　行二十三，卷四作"侍中、中书令以下夹侍于辂前，赞者在供奉官人内；"卷六十三则未载。卷六十三"在玄武队后如常仪"，后加"若须先置则听临时节度"。卷四则未载。

　　行二十四，卷四作"黄门侍郎奏称：请敕车右升。侍中前承制，退称：制曰可。黄门侍郎退复位。千牛将军升讫"；卷六十三则未载。

　　行二十八，卷四"北面向西上"后，卷六十三加"车辂鼓吹待于山下，御史大夫、刺史、县令前导如式至中道，止息大次前，回辇南向"。

　　行二十九，卷四作"侍中进，当銮驾前跪，奏称：侍中臣某言，请降辂。俛伏，兴，还侍位。皇帝降辂，乘舆入行宫，伞扇、华盖，侍卫警跸如常仪，宿卫如式。谒者、赞引各引祀官，通事舍人分引文武群官，集行宫朝堂，文左武右，舍人承旨敕群官等各还次"。卷六十三则为"侍中奏：请降辇如常，皇帝降辇之大次。群官则随便而舍，停大次三刻，顷，侍中进，当驾前跪奏称：侍中臣某言请降辂，俛伏，兴，还侍立。皇帝降辇之大次如常仪，通事舍人承旨，敕从祀群官退就门外位"。

　　行三、行五、行六、行八、行十八、行二十三、行二十四卷四可对卷六十三补遗。卷六十三"皇帝封祀泰山銮驾上山礼"与卷四"祭祀圜丘礼"多有不同。中间多了皇帝上山以及由辇换成辂的过程。其不同之处如下：行九，卷六十三少"朝堂"二字；行十一则缺"入陈殿庭"；行十四侍中版奏：由卷四的"外办"变成"请登山。"行十五，卷四多出"西阶"二字。行十七卷四"銮驾"卷六十三则为"辇"；行二十八卷四"北面西上"后加"车辂鼓吹待于山下御史大夫刺史县令……回辇南向"。行二十九，卷四皇帝降辂，卷六十三则为皇帝降辇乘辂。

7. 讲武，銮驾出宫礼还原

　　卷八十五《皇帝讲武礼仪》与卷四相较如下。

　　行一，卷四作"前出宫三日"；卷八十五则为"前三日。"卷四作"本司宣摄内外，各供其职。"卷八十五则不载。卷四作"尚舍设行宫于坛东，南向，随地之宜"；卷八十五作"尚舍奉御设大次及御座于其中，如常仪"。后卷八十五载前一日，讲武将帅及士卒集于坛所……銮驾出宫如例程。卷四则未载。

　　行二，卷四作"守宫设从祀官五品以上次于承天门外东西朝堂如常"。卷八十五则未载。卷四作"前二日，太乐令设宫悬之乐于殿庭，如常仪。驾出悬而不作,其日,昼漏上水五刻,銮驾发引"。卷八十五未载。

行六,卷四作"奉礼设从祀群官五品已上位……所司陈大驾卤簿于朝堂";卷八十五则为"文武官应从者,俱先至,文武官皆公服。所司为小驾,依图陈设"。

行十一,卷四作"通事舍人引从祀群官各就朝堂前位";卷八十五则未载。卷四作"侍中、中书令以下,皆诣西阶奉迎。侍中负宝如式";卷八十五则载"诸侍臣俱诣西阶下,奉迎侍中,负玺如式"。

行十二,卷四作"乘黄令进玉辂",卷八十五则为"乘黄令进革辂"。

行十五,卷四作"摄",卷八十五则为"奋"。卷四作"皇帝服衮冕,乘舆以出,降自西阶,称警跸如常仪"。卷八十五则未载。

行二十三,卷四作"符宝郎奉六宝与殿中监后,部从在黄钺内。侍中、中书令以下夹侍于辂前";卷八十五则未载。

行二十六,卷四作"鼓传音如常。不鸣鼓吹,不得喧哗";卷八十五则未载。卷四作"称警跸"后卷八十五载:"至坛所,兵部尚书介胄乘马,奉引至讲武所。入自都埒之北,和门至两步军之北,当空南向,黄门侍郎奏称请降辂,还侍位,皇帝降辂入大次。"

行二十七,卷四作"其从祀之官,在玄武队后如常仪……文左武右,舍人承旨敕群官等各还次"。卷八十五则未载。

按,行一卷四作"本司宣摄内外,各供其职"。行二,卷四作"前二日,太乐令设宫悬之乐于殿庭,如常仪。驾出,悬而不作,其日,昼漏上水五刻,銮驾发引";行二十六"鼓传音如常。不鸣鼓吹,不得喧哗";行十五,卷四作"皇帝服衮冕,乘舆以出,降自西阶,称警跸如常仪"。行二十三,卷四作"符宝郎奉六宝与殿中监后,部从在黄钺内。侍中、中书令以下夹侍于辂前"均可对卷八十五予以补遗。

讲武礼为军礼,皇帝行讲武礼不需要斋戒,行一,卷四载"尚舍设行宫"当更为卷八十五"尚舍设大次"。卷四"从祀群官"亦可成为卷八十五"从驾群官与讲武将帅"。行一,卷四守宫设从官班次后,卷八十五当补"前一日,讲武将帅及士卒集于坛所……銮驾出宫如例程"。行二十六,卷四"称警跸后"加"至坛所,兵部尚书介胄乘马……至两步军之北当空,南向"。行六,卷四所载"大驾卤簿"当更为卷八十五所载"小驾卤簿"。行十一,卷四载"侍中、中书令以下,皆诣西阶奉迎",与卷八十五所载"诸侍臣俱诣西阶奉迎"表达内容相似。行十二,卷四载"玉辂"当更为卷八十五所载"革辂";行十五,卷四载"摄"当更卷八十五所载"奋"。行二十七卷四补遗卷八十五,"祀"当更为"从";"行宫"当更为"殿"。

8. 读时令，銮驾出宫礼还原

《大唐开元礼》卷一百三《皇帝于明堂及太极殿读五时令礼仪》与卷四相较。

行一，卷四作"尚舍设行宫于坛东，南向，随地之宜"；卷一百三则未载。

行二，卷四作"从祀官"；卷一百三则作"从驾之官"。

行三，卷四作"驾出，悬而不作，其日，昼漏上水五刻，銮驾发引"；卷一百三则未载。

行七，卷四作"介公、鄘公位于武官北，东向。从祀驾群官五品已上，依时刻俱集朝堂次，各服其服"。卷一百三则为"从驾群官五品以下俱集朝堂次，各服其服"。

行八，卷四作"其六品以下及介公、鄘公、褒圣侯、朝集使、诸方客使等，并驾出之日便赴祀所"。卷一百三则为"其六品以下，驾发前，预赴朝堂所俱就次各服其服"。

行九，卷四作"所司陈大驾卤簿于朝堂"；卷一百三则为"所司陈小驾卤簿"。

行十一，卷四作"通事舍人"；卷一百三则为"谒者"。"从祀"则为"从驾"。

行十二，卷四作"玉辂"；卷一百三则为"金辂"。

行十五，卷四作"摄"；卷一百三则为"奋"。卷四作"皇帝服冠冕"；卷一百三则为"皇帝服通天冠，青纱袍，夏绛纱，季夏土王之日黄纱，秋白纱，冬黑纱，佩仓玉，夏佩赤玉，季夏土王之日佩黄玉，秋佩白玉，冬佩玄玉"。卷四作"乘舆以出，降自西阶，称警跸如常仪"。卷一百三则为"曲直华盖警跸侍卫如常仪"。卷四"如常仪"后卷一百三加"皇帝将出仗，动太乐令，令撞黄钟之钟，右五钟，皆应。协律郎跪，俛伏，举麾，鼓柷，奏太和之乐"。

行二十，卷四作"驾出承天门"；卷一百三则为"驾出太极门"。卷四"驾出承天门"后卷一百三补载"偃麾戛敔。凡乐皆协律郎，举麾鼓、柷而后作。偃麾戛敔，而后止。至顺天门外"。

行二十七，卷四作"不鸣鼓吹，不得喧哗"；卷一百三则未载。卷四作"从祀之官"；卷一百三为"从驾之官"。卷四"如常仪"后有"驾将至，诸祀官俱朝服结佩，谒者引立于次前，重行，北面向西上……谒者、赞引各引祀官，通事舍人分引文武群官，集行宫朝堂，文左武右，舍人承旨敕群官等各还次"。卷一百三则未载。

按，皇帝读时令礼是嘉礼，在明堂或太极殿进行，不需要斋戒于行宫，礼仪运行亦需要祭坛。故行一，卷四载"尚舍设行宫于坛东"卷一百三则不载；

行二、行七、行十、行二十七,卷四"从祀官"也就更为卷一百三"从驾官"。行四、行二十七卷四作"不鸣鼓吹,不得喧哗"可为卷一百三补遗。

卷一百三作"从驾群官五品以下俱集朝堂次,各服其服"。后又注曰:"其六品以下驾发前,预赴朝堂所俱就次,各服其服。"显然是矛盾的。这里从驾群官五品以下当更为五品以上,否则下面六品以下的注解则毫无意义。且卷四为五品以上,卷一百三当为五品以上。行七,卷四五品以上,卷一百三当更为五品以上。

卷一百三未载二王、褒圣侯、客使、朝集使参加礼仪,这与卷四的记载明显不同。嘉礼皇帝读时令礼,皇帝用小驾卤簿,因此行九,卷四"大驾卤簿";卷一百三则载为"小驾卤簿"。行十一,卷四"通事舍人"与卷一百三"谒者";行十五,卷四"摄"与卷一百三"奋"关系前文有考,兹不再证。

史载:"玉辂者,祭祀、纳后所乘也,青质,玉饰末;金辂者,享、射、祀还、饮至所乘也,赤质,金饰末。"行十二,卷四"玉辂"当更为卷一百三"金辂"。当然,皇帝行用太和之乐符合礼仪要求。贞观年间冬至祀昊天,有"太和乐章"八首;则天时有十二首;中宗时十首;玄宗时十一首。① 又,"天子将出,撞黄钟之钟,右五钟皆应。入则撞蕤宾之钟,左五钟皆应"。② 天子黄钟之钟,右五钟皆应符合周礼要求。唐制,"太和,以为行节。亦以黄钟为宫。凡祭祀,天子入门而即位,与其升降,至于还次,行则作,止则止。其在朝廷,天子将自内出,撞黄钟之钟,右五钟应,乃奏之。其礼毕,兴而入,撞蕤宾之钟,左五钟应,乃奏之。皆以黄钟为宫"。③ 不仅皇帝祀昊天用"太和之乐",皇帝祀五方上帝、祀百神、祀泰山、祀地祇、祀北郊、太社、太庙等皆行用"太和之乐"。④ 故,卷一百三补遗可以扩展至前述其它礼仪形态。

唐制"协律郎,掌和六吕六律,辨四时之气,八风五音之节。凡太乐,则监试之,为之课限。若大祭祀享宴奏于廷,则升堂执麾以为之节制,举麾工鼓柷而后乐作,偃麾戛敔而后止"。⑤ 行十五,卷四"称警跸如常仪"后卷一百三加"皇帝将出仗,太乐令令撞黄钟之钟……奏太和之乐。"是合理的。

行二十,卷四承天门即太极门,不过是各时段的称呼不同罢了。行二十七,卷四补遗卷一百三"行宫"当更为"殿"。

---

① 《旧唐书》卷三十《音乐志三》,第 1090—1096 页。
② 《周礼注疏》卷二十三《春官宗伯第三·乐师》,《十三经注疏》,第 1714 页。
③ 《新唐书》卷二十一《礼乐志十一》,第 465—466 页。
④ 《旧唐书》卷三十《音乐志三》,第 1098—1136 页。
⑤ 《旧唐书》卷四十四《职官志三》,第 1874 页。

9. 养老,銮驾出宫礼还原

《大唐开元礼》卷一百四为《皇帝养老太学》与该书卷四相较。

行一,卷四作"尚舍设行宫于坛东,南向,随地之宜";卷一百四则未载。

行二,卷四作"从祀官";卷一百四则作"从驾之官"。卷四作"承天门";卷一百四则为"顺天门"。

行三,卷四作"驾出悬而不作其日昼漏上水五刻,銮驾发引";卷一百四则未载。

行四,卷四作"发引前七刻";卷一百四则为"前七刻"。

行六,卷四作"从祀群官";卷一百四则为"从驾群官"。

行七,卷四作"介公、酅公位于武官北,东向";卷一百四则未载。

行八,卷四作"其六品以下及介公、酅公、褒圣侯、朝集使、诸方客使等,并驾出之日便赴祀所";卷一百四则为"其六品以下及诸方客使等,并驾出之日预赴太学俱就次,各服其服"。

行九,卷四作"所司陈大驾卤簿于朝堂"。卷一百四则作"所司陈小驾卤簿"。

行十一,卷四作"通事舍人";卷一百四则作"谒者"。

行十二,卷四作"西阶";卷一百四则作"西上阁"。卷四作"玉辂";卷一百四则为"金辂"。卷四作"太极殿西阶之前";卷一百四则为"西上阁"。

行十五,卷四作"摄;"卷一百四则为"奋。"卷四作"皇帝服衮冕";卷一百四则为"通天冠绛纱袍"。卷四作"降至西阶";卷一百四则未载。卷四作"称警跸如常仪";卷一百四则为"曲直华盖警跸如常仪"。卷四"警跸如常仪"后卷一百四作"皇帝将出,仗动,太乐令令撞黄钟之钟,右五钟皆应,协律郎跪,俛伏,举麾、鼓柷奏太和之乐"。

行二十,卷四作"承天门";卷一百四则为"太极门"。卷四"承天门"后卷一百四作"偃麾,戛敔。凡乐皆协律郎举麾工柷而后作,偃麾,戛敔而后止,至顺天门外";卷四则未载。

行二十七,卷四作"不鸣鼓吹,不得喧哗";卷一百四则为"鼓吹振作而行"。卷四作"从祀之官";卷一百四则为"从驾之官"。卷四作"驾将至,诸祀官俱朝服结佩,谒者引立于次前,重行,北面向西上……谒者、赞引各引祀官,通事舍人分引文武群官,集行宫朝堂,文左武右,舍人承旨敕群官等各还次"。卷一百四则未载。

皇帝养老礼非吉礼,为嘉礼,是在太学里举行的。故,无需设行宫。行一,卷四"尚舍设行宫于坛东";卷一百四则未载可为其证。行二、行六、行十、行二十七,卷四"从祀官"当更为卷一百四"从驾官"。行二,卷四"承天门"与卷一百四"顺天门"系同门异名,无须改动。行三、行四,卷四可对卷一百四补遗。行七、行八,卷四载二王后、褒圣侯、朝集使参与圜丘礼,卷一百四则未载。

皇帝行养老礼用小驾卤簿,行四,卷四"大驾卤簿"、卷一百四卤簿当更为"小驾卤簿"。唐制"玉辂者,祭祀、纳后所乘也,青质,玉饰末;金辂者,享、射、祀还、饮至所乘也,赤质,金饰末"。[①] 行十二,卷四载"玉辂"当更为卷一百四"金辂"。行十一,卷四"通事舍人",卷一百四"谒者";行十五,卷四"摄",卷一百四"奋"前文已证,兹不再证。行十五,卷四所载"降至西阶"可对卷一百四补遗。行十五,卷四"警跸如常仪"后当补载"皇帝将出仗……奏太和之乐"等,前文有证,兹不再证。

按,"太极门为太极殿的殿门,南直承天门"。[②] 卷四补遗后其文为"驾出承天门,偃麾,戛敔至顺天门外,侍臣上马所"。承天门即顺天门,驾出承天门至顺天门门外显然没有皇帝行走的过程,也不必变换音乐。"驾出承天门外"之前的记载均为皇帝在太极殿所做的礼仪准备,此处承天门可更为太极门。当然,如果不予以补载,则直接为"驾出承天门外,侍臣上马所",亦可。行二十,卷四"承天门"后应加"偃麾戛敔……至顺天门外"。行二十七,卷四从祀之官"不鸣鼓吹"与卷一百四从驾之官"鼓吹振作而行"凸显了"吉礼"与"嘉礼"的不同要求。

10. 銮驾出宫礼复原结果

综上,銮驾出宫礼在吉礼、嘉礼与"常仪"中的记载有些出入,这些差别与皇帝所行礼仪的性质有关,但更多的集中于礼典传抄中的错、别、脱、衍、记载讹误,顺序颠倒等问题,上述考证已对其进行一一校正,其"銮驾出宫礼"可复原为。

前出宫三日,[一]本司宣摄内外,各供其职。[二]尚舍设行宫于坛东,南向,随地之宜。[三]守宫设从祀官[四]五品以上次于承天门外东西朝堂如常。[五]前二日,太乐令设宫悬之乐于殿庭,[六]如常仪。驾出悬而不作[七]。其日昼漏上水五刻,銮驾发引。[八]发引前七刻,[九]捶一鼓,为一严。三严时节,前一日侍中奏裁也[十]。侍中奏开宫殿门及城门。[十一]未明五刻[十二],捶二鼓,为再严。侍中版奏:请中严[十三]。奉礼[十四]设从祀[四]群官五品已上位,文官于东朝堂之前,西向,武官于西朝堂之

① 《新唐书》卷二十四《车服志》,第511页。
② (清)徐松:《唐两京城坊考》卷一《宫城》,北京:中华书局,1985年新1版,第3页。

前,东向,俱重行北上。<u>介公、酅公位于武官北,东向</u>[十五]<u>从祀</u>[四]群官五品以上依时刻俱集朝堂次,各服其服。其六品以下及<u>介公、酅公、褒圣侯、朝集使、诸方客使等</u>,[十五]并驾出之日便赴<u>祀所</u>[四]。所司陈卤簿[十六]于朝堂。<u>发前二刻</u>[十七],搥三鼓,为三严。诸卫之属各督其队与钑戟,以次于行宫门外,入陈于殿庭[十八]。<u>通事舍人</u>[十九]引<u>从祀</u>[四]群官各就朝堂前位。诸<u>侍卫之官各服其器服</u>[二十]。侍中、中书令以下,皆诣西阶奉迎。侍中负宝如式[二十一]。乘黄令进<u>辂</u>[二十二]于太极殿西阶之前,南向。千牛将军一人执长刀于辂前,北向。黄门侍郎一人在侍臣之前,赞者二人又在黄门之前。<u>侍中版奏:外办</u>[二十三]。太仆卿<u>奋</u>[二十四]衣而升,正立执辔。皇帝服<u>冠冕</u>,[二十五]乘舆以出,降自西阶,<u>曲直华盖</u>[二十六],<u>称警跸如常仪</u>[二十七]。<u>皇帝将出</u>,仗动。太乐令令撞黄钟之钟,右五钟皆应。协律郎跪,俛伏,举麾柷奏太和之乐。[二十八]千牛将军前执辔,皇帝升辂,太仆卿立授绥,侍中、中书令以下夹侍如常。[二十九]<u>黄门侍郎进</u>,当銮驾前跪,奏称:黄门侍郎臣某言,请銮驾进发。俛伏,兴,退复位。凡黄门侍郎奏请,皆进銮驾前,跪,奏称某官臣某言,讫,俛伏,兴。[三十]銮驾动,又称警跸,<u>鼓传音</u>,[三十一]黄门侍郎与赞者夹引以出,千牛将军夹辂而趋。驾出承天门,至太极门,偃麾,戛敔,乐止。出太极门,鼓柷,奏采茨之乐;出嘉德门,戛敔,乐止。凡乐,皆协律郎举麾,工鼓柷而后作,偃麾戛敔而后止。<u>驾出承天门,至侍臣上马所,黄门侍郎奏称:请銮驾权停,敕侍臣上马</u>。[三十二]侍中前承制,退称:制曰可。黄门侍郎退称:侍臣上马。赞者承传,<u>文武侍臣皆上马</u>。[三十三]诸侍卫之官各督其属,左右翊驾,在黄麾内。符宝郎奉六宝与殿中监后,[三十四]<u>部从在黄钺内</u>。[三十五]侍中、中书令以下夹侍<u>于辂前</u>,[三十六]赞者在<u>供奉官人</u>[三十七]内。<u>侍臣上马毕</u>,[三十八]黄门侍郎奏称:<u>请敕车右升</u>。[三十九]侍中前承制,退称:制曰可。黄门侍郎<u>退复位</u>[四十]千牛将军升讫,[四十一]黄门侍郎奏称:请銮驾进发。[四十二]退复位。銮驾动,称警跸,鼓传音如常。[四十三]<u>不鸣鼓吹,不得喧哗</u>。[四十四]其<u>从祀</u>[四]之官,在玄武队后如常仪。<u>驾将至</u>,[四十五]诸祀官俱<u>朝服结佩</u>,[四十六]谒者引立于次前,重行,北面向西上。<u>驾过引还斋所</u>[四十七]<u>驾至行宫</u>[四]南门外,回辂南向。将军降,立于辂右。<u>侍中进</u>,当銮驾前跪,奏称:侍中臣某言,请降辂。俛伏,兴,还侍位。皇帝降辂,乘舆入行宫,伞扇华盖侍卫警跸如常仪,宿卫如式。[四十八]谒者、赞引各引<u>祀官</u>[四],<u>通事舍人</u>分引文武群官五品以上,[四十九]集<u>行宫</u>[四]朝堂,文左武右,舍人承旨敕群官等各还次。

注①：［一］：有的"銮驾出宫礼"（吉礼）载"前三日"，是为脱漏，当为"前出宫三日"，予以补遗。

［二］：有的"銮驾出宫礼"（吉礼）未载"本司宣摄内外，各供其职"，是为脱漏，予以补遗。

［三］：常仪、嘉礼及非祭祀性质的礼仪则不载。另，此句若不载于"銮驾出宫礼"（吉礼），当为脱漏，应予以补遗。

［四］：吉礼一般为从祀，从享；常仪、嘉礼则为从驾官。讲武礼则有从驾官和讲武将帅及士卒组成。吉礼用祀所，嘉礼、常仪可用为"行所"。"养老礼"行所则为"太学"。

［五］：某些"銮驾出宫礼"（吉礼）未载："守宫设从祀官五品以上次于承天门外，东、西朝堂如常。"此为脱漏，予以补遗。

［六］："殿庭"于某些"銮驾出宫礼"中载为"庭"，是为脱漏，此处予以补遗。

［七］："驾出悬而不作"不载于某些"銮驾出宫礼"，是为脱漏，此处予以补遗。

［八］："其日昼漏上水五刻，銮驾发引"不载于某些"銮驾出宫礼"，是为脱漏，此处予以补遗。另，某些"銮驾出宫礼"将其载为"昼漏上五刻，驾发"亦为脱漏，亦予以补遗。

［九］："发引前，发前七刻"，某些"銮驾出宫礼"将其载为"前七刻"，是为脱漏，此处予以补遗。

［十］：某些"銮驾出宫礼"不载"三严时节，前一日侍中奏裁也"，其为脱漏，此处予以补遗。

［十一］："侍中奏开宫殿门及城门"不载于某些"銮驾出宫礼"，是为脱漏，此处予以补遗。

［十二］：某些"銮驾出宫礼"将"未明五刻"载为"前五刻"，是为脱漏，此处予以补遗。

［十三］："侍中版奏：请中严"不载于某些"銮驾出宫礼"，是为脱漏，此处予以补遗。

［十四］：某些"銮驾出宫礼"（吉礼）未载"奉礼设从祀群官……并驾出之日便赴祀所"，是为脱漏，此处予以补遗。

［十五］：二王三恪后，褒圣侯参与吉礼的祭祀，尤其是大祭祀。一般不

---

① 注，仅用于标明各种礼仪用语及礼仪行为的独特要求；补遗、更改在前文已有考据，此处不再重复标注。

会出现在常仪中,在嘉礼中出现的也不多。另,"介公、酅公位于武官北,东向"不载于某些"銮驾出宫礼",是为脱漏,此处予以补遗。

[十六]:卤簿有大驾、小驾之分。大祭祀用大驾卤簿,常仪、嘉礼、一般性祭祀则用小驾卤簿。

[十七]:某些"銮驾出宫礼"将"发前二刻"载为"前二刻",是为脱漏,此处予以补遗。

[十八]:某些"銮驾出宫礼"载为"以次于行宫门外",是为脱漏,当为"以次于行宫门外,入陈于殿庭",此处予以补遗。

[十九]:此处当为"通事舍人",不为"谒者"。

[二十]:某些"銮驾出宫礼"未载"诸侍卫之官各服其器服",是为脱漏,此处予以补遗。

[二十一]:某些"銮驾出宫礼"将"侍中负宝如式"载为"侍中负宝",是为脱漏,此处予以补遗。

[二十二]:祭祀纳后乘玉辂;享、射、祀还、宴饮则乘金辂;行道乘象辂;临兵、巡狩则乘革辂;狩田则乘木辂;耕藉田乘耕根车;临幸乘安车;拜陵、临吊乘四望车。

[二十三]:某些"銮驾出宫礼"未载"侍中版奏:外办",是为脱漏,此处予以补遗。封禅礼"銮驾出宫礼"载为"侍中版奏:请登山"。

[二十四]:"奋"比"摄"更合"古礼",一般用"奋"。

[二十五]:祀天地服大裘冕;践祚、享庙、征还、遣将、饮至、加元服、纳后、元日受朝、贺临轩册拜王公则服衮冕;接待远主服鷩冕;祭海岳服毳冕;祭社稷享先农服絺冕;讲武、出征、搜狩、大射、祃、类、宜社、赏祖、罚社、纂严服武弁。

[二十六]:某些"銮驾出宫礼"未载"曲直华盖",是为脱漏,此处予以补遗。

[二十七]:某些"銮驾出宫礼"载为"警跸侍卫",今将其更为"称警跸如常仪"。

[二十八]:某些"銮驾出宫礼"未载"皇帝将出,仗动。太乐令令撞黄钟之钟,右五钟皆应,协律郎跪,俛伏。举麾鼓、枊,奏太和之乐"。此为脱漏,予以补遗。

[二十九]:藉田礼加"乘黄令进耒耜太仆卿受之载于御者之间"。另,某些"銮驾出宫礼"未载"如常"二字,今予以补遗。

[三十]:某些"銮驾出宫礼"未载"黄门侍郎进……退复位",是为脱漏,此处予以补遗。

[三十一]：某些"銮驾出宫礼"未载"鼓传音"，是为脱漏，此处予以补遗。

[三十二]：某些"銮驾出宫礼"载为"驾出承天门，侍郎奏：敕侍臣上马"脱漏严重，其当为"驾出承天门，至侍臣上马所，黄门侍郎乘马奏称：请銮驾权停，驾少留敕侍臣上马"。在此，予以补之。

[三十三]：某些"銮驾出宫礼"载为"侍臣皆乘"，是为脱漏与错抄，其当更为"文武侍臣皆上马"。

[三十四]：某些"銮驾出宫礼"未载"符宝郎奉六宝与殿中监后"，是为脱漏，予以补遗。

[三十五]：某些"銮驾出宫礼"载为"部从"，是为脱漏，当为"部从在黄钺内"，予以补之。

[三十六]：某些"銮驾出宫礼"载为"辂前"，是为脱漏，当为"于辂前"，予以补之。

[三十七]：某些"銮驾出宫礼"载为"供奉官内"，是为脱漏，当为"供奉官人内"，予以补之。

[三十八]：某些"銮驾出宫礼"载为"侍臣乘毕"，是为错抄，当为"侍臣上马毕"。

[三十九]：某些"銮驾出宫礼"载为"请车右升"，是为脱漏，当为"请敕车右升"，予以补之。

[四十]：某些"銮驾出宫礼"载为"复位"，是为脱漏，当为"退复位"，予以补之。

[四十一]：某些"銮驾出宫礼"载为"升"，是为脱漏，当为"升讫"，予以补之。

[四十二]：某些"銮驾出宫礼"载为"侍郎奏：请发"，是为脱漏，当为"黄门侍郎奏称：请銮驾进发"，予以补之。

[四十三]："称警跸，鼓传音如常"于某些"銮驾出宫礼"中载为"称跸，如常"，此处是为脱漏，予以补遗。

[四十四]：嘉礼、常仪则为"鼓吹振作而行"。

[四十五]："驾将至……舍人承旨敕群官等各还次"不载于某些"銮驾出宫礼"，是为脱漏，在此予以补遗。

[四十六]：常仪、嘉礼则有迎谒者。如皇帝养老于太学则加"祭酒、帅监官、学官、学生等奉迎于路左"。

[四十七]："北面西上"后其所载"驾过引还斋所"不载于某些"銮驾出宫礼"，是为脱漏，在此予以补遗。

[四十八]：封禅礼，皇帝銮驾还宫，加"皇帝下辇乘辂礼仪"，见前文考证。籍田礼，"宿卫如式"后则加"乘黄令受末耕掌之"。

[四十九]：某些"銮驾出宫礼"载为"通事舍人分引文武群官"，是为脱漏，在此予以补遗。当然吉礼为从祀文武群官，嘉礼与常仪皆作"文武群官"。

二、銮驾还宫礼复原

"銮驾还宫礼"一如"銮驾出宫礼"，其待考者为该书的卷四、卷六、卷二十九、卷三十七、卷三十九、卷四十一、卷四十六、卷五十二、卷六十三、卷八十五、卷一百三、卷一百四等十二项礼仪，其考析如下。

1. 祀圜丘，銮驾还宫礼复原

为方便"銮驾出宫礼"的复原，以该书卷四《皇帝冬至祀圜丘》"銮驾还宫礼"为对象，加以对校考据。其引文如下：

> 皇帝既还大次，侍中版奏：请解严。将士不得辄离部伍。皇帝停大次一刻顷，挝一鼓，为一严，转仗卫于还途，如来仪。三刻顷，挝二鼓，为再严，将士布队仗。侍中版奏：请中严。皇帝服通天冠，绛纱袍，诸祀官朝服。乘马者服袴褶。五刻顷，挝三鼓，为三严，通事舍人分引群官、客使等序立于大次之前，近南。文武侍臣诣大次奉迎。乘黄令进金辂于大次门外，南向。千牛将军立于辂右。侍中版奏：外办。太仆卿升，执辔。皇帝乘舆出次，伞扇侍卫警跸如常仪。皇帝升辂，太仆卿立授绥。黄门侍郎奏称：请銮驾进发。退复位。銮驾动，称警跸如常仪。黄门侍郎、赞者夹引，千牛将军夹辂而趋。至侍臣上马所，黄门侍郎奏称：请銮驾权停敕侍臣上马。侍中前承制，退称：制曰可。黄门侍郎退称：侍臣上马。赞者承传，文武侍臣皆上马毕，黄门侍郎奏称：请敕车右升。侍中前承制，退称：制曰可。黄门侍郎复位。千牛将军升讫，黄门侍郎奏称：请銮驾进发。退复位。鼓传音，銮驾动，鼓吹振作而还。文武群官导从如来仪。诸方客使便还馆。驾至承天门外侍臣下马所，銮驾权停，文武侍臣皆下马，千牛将军降立于辂右。讫，銮驾动，千牛将军夹辂而趋。驾入嘉德门，太乐令令撞蕤宾之钟，左五钟皆应，鼓柷，奏采茨之乐，至太极门，戛敔，乐止。入太极门，鼓柷，奏太和之乐，驾至横街北，当东上阁，回辂南向。侍中进銮驾前跪，奏称：侍中臣某言，请降辂。俛伏，兴，还侍位。皇帝降辂，乘舆以入，伞扇侍卫警跸如常仪，侍臣从。至阁，戛敔，乐止。初，文武群官至承天门外，通事舍人

承旨敕群官并还。皇帝既入,侍中版奏:请解严。叩钲,将士各还其所。①

与该书卷六《皇帝正月上辛祈谷于圜丘》相较如下。

行四,卷四作"乘马者服袴褶,"卷六则未载。卷四作"通事舍人分引",卷六则载为"谒者、赞引各引"。

行十六,卷四作"左五钟皆应";卷六则为"左、右五钟皆应"。

《周礼》云:"天子将出撞黄钟之钟,右五钟皆应。入则撞蕤宾之钟,左五钟皆应。"②引文所述,入则"撞蕤宾之钟,左五钟"皆应符合周礼要求。卷四行十六,卷六左、右五钟在此当更为左五钟。卷四"乘马者服袴褶"可补卷六记载不足。

2. 祀方丘,銮驾出宫礼复原

《大唐开元礼》卷二十九《祭方丘礼》与卷四相较。

行四,卷四作"乘马者服袴褶",卷二十九则未载。卷四作"通事舍人分引",卷二十九则载"赞引各引"。

行五,卷四作"近南",卷二十九则未载。

行七,卷四作"皇帝乘舆出次,伞扇侍卫警跸如常仪",卷二十九则为"皇帝出次,警跸如常仪"。

行十二,卷四作"升讫",卷二十九则为"升"。

行十三,卷四作"鼓传音,銮驾动",卷二十九则未载。

行十六,卷四作"左五钟皆应",卷二十九则为"左、右五钟皆应"。

按,行四、行五、行七、行十二、行十三卷四均可对卷六补遗。行四"通事舍人"与"赞引";"行十六"左五钟"与"左右五钟"前文均有论证,兹不再证。

3. 祀太庙,銮驾还宫礼复原

《大唐开元礼》卷三十七、卷三十九、卷四十一均为皇帝祭祀太庙礼仪。以卷三十七《皇帝时享太庙礼仪》"銮驾还宫礼"为样本,予以相较,其引文如下。

皇帝既还大次,侍中版奏:请解严。将士不得辄离部伍。皇帝停大次一刻顷,捶一鼓,为一严,转仗卫于还途,如来仪。三刻顷,捶二鼓,为再严,将士布队仗。侍中版奏:请中严。皇帝服通天冠,绛纱袍,诸

① 《大唐开元礼》卷四《皇帝冬至祀圜丘》,第43—44页。
② 《周礼注疏》卷二十三《春官宗伯第三·乐师》,《十三经注疏》,第1714页。

享官朝服。五刻顷,搥三鼓,为三严,通事舍人赞引各引群官、客使等序立于大次之前,近南。文武侍臣诣大次奉迎。乘黄令进金辂于大次门外,南向。千牛将军立于辂右。侍中版奏:外办。太仆卿升,执辔。皇帝乘舆出次,伞扇侍卫警跸如常仪。皇帝升辂,太仆卿立授绥。黄门侍郎奏称:请銮驾进发。退复位。銮驾动,称警跸如常仪。黄门侍郎、赞者夹引,千牛将军夹辂而趋。至侍臣上马所,黄门侍郎奏称:请銮驾权停敕侍臣上马。侍中前承制,退称:制曰可。黄门侍郎退称:侍臣上马。赞者承传,文武侍臣皆上马毕,黄门侍郎奏称:请敕车右升。侍中前承制:制曰可。黄门侍郎复位。千牛将军升讫,黄门侍郎奏称:请銮驾进发。退复位。鼓传音,銮驾动,鼓吹振作而还。文武群官导从如来仪。诸方客使便还馆。驾至承天门外侍臣下马所,銮驾权停,文武侍臣皆下马,千牛将军降立于辂右。讫,銮驾动,千牛将军夹辂而趋。驾入嘉德门,太乐令令撞蕤宾之钟,左五钟皆应,鼓柷,奏采茨之乐,至太极门,戛敔,乐止。入太极门,鼓柷,奏太和之乐,驾至横街北,当东上阁,回辂南向。侍中进銮驾前跪,奏称:侍中臣某言,请降辂。俛伏,兴,还侍位。皇帝降辂,乘舆以入,伞扇侍卫警跸如常仪,侍臣从。至阁,戛敔,乐止。初,文武群官至东朝堂,通事舍人承旨敕群官并还。皇帝既入,侍中版奏:请解严。叩钲,将士各还其所。[①]

《大唐开元礼》卷三十九与卷三十七相较:

行四,卷三十七作"通事舍人赞引各引群官、客使等序立于大次之前,近南",卷三十九则记为"谒者、赞引"。

行五,卷三十七作"文武侍臣",卷三十九则为"侍臣"。

《大唐开元礼》卷四十一与卷三十七相较。

行四,卷三十七作"通事舍人",卷四十一则为"谒者"。

卷三十七、卷三十九、卷四十一的不同均在"通事舍人"与"谒者"功能的比较上,前文所证虽为"銮驾回宫礼",但同为太庙祀礼,在记载上具有一致性。

《大唐开元礼》卷三十七《皇帝时享太庙礼仪》与该书卷四相较。

行四,卷四作"乘马者服袴褶",卷三十七则未载。卷四作"通事舍人分引",卷三十七作"通事舍人、赞引各引"。

行十二,卷四作"退称",卷三十七则未载。

---

① 《大唐开元礼》卷三十七《皇帝时享太庙礼仪》,第213页。

行二十,卷四作"承天门外",卷三十七则为"东朝堂"。

按,行四,卷四载"乘马者服袴褶";行十二,卷四载"退称"均可对卷三十七所载予以补遗。行四,卷四所载通事舍人与赞引前文有证,兹不再证。《大唐开元礼》卷四"銮驾还宫礼"载"守宫设从祀五品以上次于承天门外,东、西朝堂如常"。可见,东、西朝堂均在承天门外。那么,行十二,卷四载"承天门外"与卷三十七所载"东朝堂",并不冲突。

4. 祀先农,銮驾还宫礼还原

《大唐开元礼》卷四十六《皇帝耕籍礼》与该书卷四相较:

行四,卷四作"乘马者服袴褶",卷四十六则未载。

行六,卷四作"立于辂右",卷四十六则载为"立于车右"。

行七,卷四作"皇帝升辂",卷四十六则载为"皇帝升车"。

行二十,卷四作"承天门外",卷四十六则载为"东朝堂"。

按,行四,卷四对卷四十六可予以补遗。行六、行七,卷四"辂"与卷四十六"车"的变换,前文有证,兹不再证。行二十,卷四"承天门外";与卷四十六"东朝堂"实为同地异名。

5. 视学,銮驾还宫礼复原

《大唐开元礼》卷五十二、卷五十六、卷五十八、卷六十、卷六十二均作銮驾还宫如常仪。所谓常仪当指皇帝行幸銮驾还宫礼仪。其行幸常仪见于《新唐书》卷二十三《仪卫上》。今将其与卷四相较,结论如下:

行一,卷四作"皇帝既还大次,侍中版奏:请解严。将士不得辄离部伍。皇帝停大次";卷二十三则未载。卷四作"皇帝停大次",卷二十三则未载。

行二,卷四作"转仗卫于还途,如来仪";卷二十三则为"转仗卫于还途"。

行三,卷四作"皇帝服通天冠,绛纱袍,诸祀官朝服。乘马者服袴褶";卷二十三则未载。

行四,卷四作"通事舍人分引群官、客使等序立于大次之前,近南……皇帝升辂,太仆卿立授绥";卷二十三则未载。

行八,卷四作"退复位。銮驾动,称警跸如常仪……千牛将军升讫,黄门侍郎奏称:请銮驾进发。退复位";卷二十三则未载。

行十四,卷四作"文武群官导从如来仪。诸方客使便还馆。驾至承天门外侍臣下马所,銮驾权停,文武侍臣皆下马,千牛将军降立于辂右。讫,銮驾动,千牛将军夹辂而趋";卷二十三则未载。

行十六,卷四作"驾入嘉德门",卷二十三则为"入门"。

行十七,卷四作"入太极门",卷二十三则为"既入"。卷四作"驾至横街北,当东上阁";卷二十三则未载。

行十八，卷四作"侍中进銮驾前跪，奏称：侍中臣某言，请降辂"；卷二十三则载为"侍中请降辂"。

行十九，卷四作"（侍中）俛伏，兴，还侍位。皇帝降辂，乘舆以入，伞扇侍卫警跸如常仪，侍臣从"。卷二十三则载"乘舆以入，伞扇侍御警跸如初"。

行二十，卷四作"至阁"，卷二十三则为"至门"。卷四作"初，文武群官至承天门外，通事舍人承旨敕群官并还"；卷二十三则未载。

行二十一，卷四作"将士各还其所"；卷二十三则载为"将士皆休"。

行一、行二、行四、行八、行十四、行十六、行十七、行十八、行十九、行二十、行二十一，卷四均可对卷二十三补遗。行三，卷四作"皇帝服通天冠，绛纱袍"可更为卷二十三"皇帝服冠冕"。卷四作"诸祀官朝服"可更为"从驾官朝服"。卷四作"乘马者服袴褶"在此补遗。

《大唐开元礼》卷五十二《皇帝皇太子视学》与卷四相较：

行一，卷四作"皇帝既还大次，侍中版奏"；卷二十三则载为"皇帝即还大次侍中量时刻版奏。"卷五十二作"驾出国子祭酒帅监官、学官、学生等奉辞于路左，如例程"；卷四则不载。

行一，卷四"侍中版奏"出现在七刻、五刻、三刻三个时间点。这与卷五十二记载的"量时刻版奏"相契合。另，该书卷五十二比卷四多出迎谒皇帝的记载。

6. 祀泰山，銮驾还宫礼还原

《大唐开元礼》卷六十三《皇帝封祀泰山》与该书卷四相比较。

行一，卷四作"皇帝停大次一刻顷，搥一鼓，为一严"；卷六十三则未载。

行二，卷四作"搥二鼓，为再严，将士布队仗"；卷六十三则未载。

行四，卷四作"五刻顷，搥三鼓，为三严"；卷六十三则未载。卷四作通事舍人分引群官、客使等序立于大次之前，近南。侍臣诣大次奉迎；卷六十三则为"谒者赞引各引祀官，通事舍人分引从祀群臣，文武侍臣诣大次奉迎"。

行五，卷四作"乘黄令进金辂于大次门外，南向"。卷六十三则为"乘黄令进辇左"。卷四作"千牛将军立于辂右"，卷六十三则未载。卷四作"太仆卿升，执辔"；卷六十三则未载。

行七，卷四作"皇帝乘舆出次"，卷六十三则为"皇帝升辇降山"。卷四作"伞扇侍卫警跸如常仪"，卷六十三则未载。卷四作"皇帝升辂，太仆卿立授绥。黄门侍郎奏称：请銮驾进发。退复位。銮驾动，称警跸如常仪"。卷六十三则未载。

行九，卷四作"黄门侍郎、赞者夹引，千牛将军夹辂而趋"；卷六十三则为"千牛将军夹辂而趋"。卷四作"至侍臣上马所，黄门侍郎奏称：请銮驾权停敕侍臣上马。侍中前承制,退称:制曰可。黄门侍郎退称:侍臣上马。赞者承传,文武侍臣皆上马毕,黄门侍郎奏称:请敕车右升。侍中前承制,退称:制曰可。黄门侍郎复位。千牛将军升讫,黄门侍郎奏称:请銮驾进发。退复位。鼓传音,銮驾动,鼓吹振作而还";卷六十三则未载。

行十四,卷四作"文武群官导从如来仪"。卷六十三则为"警跸导从如常"。卷四作"导从如来仪"后,卷六十三加"皇帝下至圜坛所……驾至行宫门外,回辂南向,领左、右将军降立于辂右,侍臣下马讫"。卷四作"诸方客使便还馆……入太极门,鼓枻,奏太和之乐,驾至横街北,当东上阁,回辂南向"。卷六十三则未载。

行十九,卷四作"皇帝降辂,乘舆以入,伞扇侍卫警跸如常仪,侍臣从";卷六十三则为"皇帝降辂,入,侍臣从"。

行二十,卷四作"戛敔,乐止。初,文武群官至承天门外";卷六十三则未载。

行一、行二、行九、行十四、行十九、行二十,卷四均可对卷六十三予以补遗。行四,卷四所载"乘马者服袴褶。五刻顷,挏三鼓,为三严"可对卷六十三予以补遗。卷四所载"通事舍人"与卷六十三载"谒者、赞引"的变更,前文有证,兹不再证。祭祀泰山与祀圜丘有上山、下山的问题。该书卷六十三载"乘黄令进辇于行宫门外,侍中版奏请登山,皇帝服衮冕,乘辇以出,警跸如常仪。"銮驾上山时皇帝乘辇,下山时仍乘辇。故,行五,卷四"金辂"当更为卷六十三"辇"。行七,卷四"乘舆出次;"也就成了"皇帝升辇降山"。行十四,卷四"导从如来仪"卷六十三加"皇帝下至圜坛所……右侍臣下马讫"。两者相较,实际是多了一个皇帝乘辇至山下换乘辂的过程。

7. 讲武,銮驾还宫礼还原

《大唐开元礼》卷八十五《讲武礼》与卷四相较:

行一,卷四作"皇帝既还大次,侍中版奏:请解严……皇帝乘舆出次,伞扇侍卫警跸如常仪";卷八十五则为"讲武罢,侍中跪奏称:侍中臣某言,讲武礼毕,请还,俛伏,兴。皇帝降御舆,侍卫如常仪"。

行七,卷四作"皇帝升辂,太仆卿立授绥"后卷八十五加"升讫,敕车右升,千牛将军升辂陪乘"。

行九,卷四作"千牛将军夹辂而趋",卷八十五则未载。

行十三,卷四作"黄门侍郎奏称:请敕车右升。侍中前承制,退称:制曰可。黄门侍郎复位。千牛将军升讫";卷八十五则未载。卷四作"鼓传音,銮驾动;"卷八十五则未载。

行十六,卷四作"驾入嘉德门,太乐令令撞蕤宾之钟,左五钟皆应,鼓枻,奏采茨之乐,至太极门";卷八十五则为"驾入太极门"。

行十七,卷四作"戛敔,乐止。入太极门,鼓枛,奏太和之乐,驾至横街北";卷八十五则为"至横街北"。

行十九,卷四作"伞扇侍卫警跸如常仪",卷八十五则未载。

按,讲武礼为军礼与祭祀礼不同,在还宫前出发地不同。行一,卷四出发地为"大次";卷八十五则为"讲武罢,请还。"行一,卷八十五"侍卫如常仪"记载与卷四"伞扇侍卫如常仪"相契合。行七,卷八十五"千牛将军升辂陪乘"是讲武礼的特色,其它礼制不见记载。行九、行十三、行十六、行十七、行十九均为卷四对卷八十五的补充。

8. 读时令,銮驾还宫礼复原

《大唐开元礼》卷一百三《皇帝读时令》与卷四相较:

行三,卷四作"皇帝服通天冠,绛纱袍,诸祀官朝服。乘马者服袴褶";卷一百三则未载。

行四,卷四作"通事舍人分引群官、客使等序立于大次之前,近南";卷一百三则为"谒者赞引各引群官、客使等序立于大次之前"。

行十四,卷四作"诸方客使便还馆",卷一百三则未载。

行二十,卷四作"承天门外",卷一百三则为"东朝堂"。

卷一百三作"皇帝服通天冠青纱袍佩仓玉,御舆以出"。按,銮驾出宫与銮驾回宫装束应一致,那么,行三,卷四作"皇帝服通天冠,绛纱袍";卷一百三则可为"皇帝服通天冠,青纱袍"。行三,卷四"诸祀官朝服。乘马者服袴褶";卷一百三可补为"从驾官朝服,乘马者服袴褶"。行四,通事舍人与谒者赞引关系前文有证。行十四,卷四对卷一百三补遗。行二十,卷四"承天门外"与"东朝堂"并未冲突。

9. 养老,銮驾还宫礼复原

《大唐开元礼》卷一百四《皇帝养老于太学》与卷四相较:

行三,卷四作"诸祀官",卷一百四则为"百官"。

行四,卷四作"通事舍人分引群官、客使等序立于大次之前,近南。文武侍臣诣大次奉迎";卷一百四则为"文武侍臣奉迎如式"。

行六,卷四作"大次",卷一百四则为"太学"。

行十四,卷四作"承天门",卷一百四则为"顺天门"。

按,皇帝养老于太学礼是为嘉礼,行三,卷四为"诸祀官",卷一百四为"百官"则合乎情理。卷一百四作"通事舍人引群官客使入就位"。[1] 此处,

---

[1]　《大唐开元礼》卷一百四《皇帝养老于太学》,第 494 页。

客使是参与皇帝养老礼仪的。行四,卷四"通事舍人分引群官、客使等序立于大次之前,近南"可对卷一百四补遗。行六,卷四"大次"与卷一百四"太学";行十四,卷四作"承天门"与"顺天门"并不冲突。

10. 銮驾还宫礼复原结果

銮驾还宫礼在吉礼、嘉礼与"常仪"中的记载有些出入,这些差别与皇帝所行礼仪的性质有关,但更多的集中于礼典传抄中的错,别,脱,衍,记载讹误,顺序颠倒等问题,上述考证已对其进行逐一校正,其"銮驾还宫礼"可复原为。

皇帝既还大次[一],侍中量时刻版奏:请解严[二]。将士不得辄离部伍。皇帝停大次[三]一刻顷,挝一鼓,为一严[四],转仗卫于还途,如来仪[五]。三刻顷,挝二鼓,为再严,将士布队仗[六]。侍中版奏:请中严。皇帝服冠冕,[七]诸祀[八]官朝服[九]。乘马者服袴褶[十]。五刻顷,挝三鼓,为三严[十一],通事舍人[十二]分引群官、客使等序立于大次[一]之前,近南。[十三]谒者、赞引各引祀官,通事舍人分引从祀群臣[十四],文武侍臣[十五]诣大次[一]奉迎。乘黄令进金辂于大次[一]门外,南向。千牛将军立于辂右[十六]。侍中版奏:外办。太仆卿升,执辔[十七]。皇帝乘舆出次,伞扇侍卫警跸如常仪[十八]。皇帝升辂[十九],太仆卿立授绥[二十]黄门侍郎奏称:请銮驾进发。退复位。銮驾动,称警跸如常仪。黄门侍郎、赞者夹引以出[二十一],千牛将军夹辂而趋。至侍臣上马所,黄门侍郎奏称:请銮驾权停敕侍臣上马。侍中前承制,退称:制曰可。黄门侍郎退称:侍臣上马。赞者承传,文武侍臣皆上马毕,黄门侍郎奏称:请敕车右升[二十二]。侍中前承制,退称[二十三]:制曰可。黄门侍郎复位。千牛将军升讫[二十四],黄门侍郎奏称:请銮驾进发。退复位[二十五]。鼓传音,銮驾动[二十六],鼓吹振作而还[二十七]。文武群官导从如来仪。[二十八]诸方客使便还馆[二十九]。驾至承天门外侍臣下马所,銮驾权停,文武侍臣皆下马,千牛将军降立于辂右。讫,銮驾动,千牛将军夹辂而趋[三十]。驾入嘉德门[三十一],太乐令令撞蕤宾之钟,左五钟[三十二]皆应,鼓柷,奏采茨之乐,至太极门,戛敔,乐止。入太极门[三十三],鼓柷,奏太和之乐,驾至横街北,当东上阁[三十四],回辂南向[三十五]。侍中进銮驾前跪,奏称:侍中臣某言,请降辂[三十六]。俛伏,兴,还侍位。皇帝降辂,乘舆以入,伞扇侍卫警跸如常仪,侍臣从[三十七]。至阁,戛敔,乐止[三十八]。初,文武群官至承天门外,通事舍人承旨敕群官并还[三十九]。皇帝既入,侍中版奏:请解严。叩钲,将士各还其所[四十]。

注：[一]："大次"一般用于吉礼。其它则据礼仪性质而定，如"皇帝养老太学"则用"太学"而非"大次"。

[二]：有的"銮驾还宫礼"未载"皇帝既还大次，侍中量时刻版奏：请解严"，是为脱漏，予以补遗。

[三]：有的"銮驾还宫礼"未载"皇帝停大次"，是为脱漏，予以补遗。

[四]：有的"銮驾还宫礼"未载"皇帝停大次，一刻顷，搥一鼓，为一严"，是为脱漏，予以补遗。

[五]：有的"銮驾还宫礼"未载"如来仪"，是为脱漏，予以补遗。

[六]：有的"銮驾还宫礼"未载"搥二鼓，为再严，将士布队仗"。此为脱漏，予以补遗。

[七]：冠冕，则视情况而定。皇帝冬至祀圜丘则服通天冠、绛纱袍。皇帝读时令服通天冠；春令青纱袍；夏令绛纱；季夏令黄纱；秋白纱，冬则黑纱。

[八]："祀"用于吉礼，嘉礼及常仪则用"从"。

[九]：有的"銮驾还宫礼"（吉礼）未载"皇帝服通天冠，绛纱袍，诸祀官朝服。乘马者服袴褶"，是为脱漏，予以补遗。

[十]：有的"銮驾还宫礼"未载"乘马者服袴褶"，是为脱漏，予以补遗。

[十一]：有的"銮驾还宫礼"未载"五刻顷，搥三鼓，为三严"，是为脱漏，予以补遗。

[十二]：有的"銮驾还宫礼"载"谒者、赞引"，是为讹误，当更为"通事舍人"。

[十三]：有的"銮驾还宫礼"未载"近南"，是为脱漏，予以补遗。"近南"后，迎谒者随礼仪性质的不同而发生变化。如皇帝养老于太学，迎谒者与迎谒礼为："驾出，国子祭酒帅监官、学官、学生等奉辞于路左，如例程。"

[十四]：有的"銮驾还宫礼"（吉礼）未载"谒者、赞引各引祀官，通事舍人分引从祀群臣"。此为脱漏，予以补遗。

[十五]：有的"銮驾还宫礼"载"侍臣"，是为脱漏，当更为"文武侍臣"。

[十六]：有的"銮驾还宫礼"未载"千牛将军立于辂右"，是为脱漏，予以补遗。另，有的"銮驾还宫礼"载"立于车右"，是为讹误，当更为"立于辂右"。

[十七]：有的"銮驾还宫礼"未载"太仆卿升，执辔"，是为脱漏，予以补遗。

[十八]：有的"銮驾还宫礼"载"皇帝出次，警跸如常仪"是为脱漏，当为"皇帝乘舆出次，伞扇侍卫警跸如常仪。"有的"銮驾出宫礼""銮驾还宫礼"未载"伞扇侍卫警跸如常仪"亦为脱漏，予以补遗。另，"乘舆出次"不适于封禅

泰山,封禅有一个乘辇下山的过程,即为"升辇降山。"

[十九]:有的"銮驾还宫礼"未载"皇帝升辂",是为脱漏,予以补遗。

[二十]:有的"銮驾还宫礼"载"通事舍人分引群官、客使等序立于大次前……皇帝升辂,太仆卿立授绥"。此为脱漏,予以补遗。

[二十一]:有的"銮驾还宫礼"未载"黄门侍郎、赞者夹引以出",是为脱漏,予以补遗。有的"銮驾还宫礼"载"黄门侍郎、赞者夹引",是为脱漏,当更为"黄门侍郎、赞者夹引以出"。

[二十二]:有的"銮驾还宫礼"未载"黄门侍郎奏称:请敕车右升。侍中前承制,退称:制曰可。黄门侍郎复位,千牛将军升讫"。此为脱漏,予以补遗。

[二十二]:讲武礼有"千牛将军升辂陪乘",其它礼制形态则不载。

[二十三]:有的"銮驾还宫礼"未载"退称",当为脱漏,予以补遗。

[二十四]:有的"銮驾还宫礼"载"升",是为脱漏,当更为"升讫"。

[二十五]:有的"銮驾还宫礼"未载"退复位,銮驾动,称警跸如常仪……黄门侍郎奏称:请銮驾进发。退复位"。此为脱漏,予以补遗。

[二十六]:有的"銮驾还宫礼"未载"鼓传音,銮驾动",当为脱漏,予以补遗。

[二十七]:有的"銮驾还宫礼"未载"至侍臣上马所,黄门侍郎奏称……鼓传音,銮驾动,鼓吹振作而还"。此为脱漏,予以补遗。

[二十八]:有的"銮驾还宫礼"未载"文武群官导从如来仪",是为脱漏,予以补遗。

[二十九]:有的"銮驾还宫礼"未载"诸方客使便还馆",此为脱漏,予以补遗。

[三十]:有的"銮驾还宫礼"未载"文武群官导从如来仪……讫,銮驾动,千牛将军夹辂而趋。"此为脱漏,予以补遗。

[三十一]:有的"銮驾还宫礼"载"入门",是为脱漏,当更为"驾入嘉德门"。

[三十二]:有的"銮驾还宫礼"载"左、右五钟",是为讹误,当更为"左五钟"。

[三十三]:有的"銮驾还宫礼"载"既入",是为脱漏,当更为"入太极门"。有的"銮驾还宫礼"未载"驾入嘉德门,太乐令令撞蕤宾之钟,左五钟皆应,鼓柷,奏采茨之乐,至太极门,戛敔,乐止。入太极门"。此为脱漏,予以补遗。

[三十四]:有的"銮驾还宫礼"未载"驾至横街北,当东上阁"。此为脱

漏,予以补遗。有的"銮驾还宫礼"载"至横街北",是为脱漏,当更为"戛敔,乐止。入太极门,鼓枞,奏太和之乐,驾至横街北。"

[三十五]:有的"銮驾还宫礼"未载"诸方客使,便还馆……入太极门,鼓枞,奏太和之乐,驾至横街北,当东上阁,回辂南向"。此为脱漏,予以补遗。

[三十六]:有的"銮驾还宫礼"载为"侍中请降辂",是为脱漏,当更为"侍中进銮驾前跪,奏称:侍中臣某言,请降辂"。另,"封禅礼"有降辇升辂的记载。

[三十七]:有的"銮驾还宫礼"载"乘舆以入,伞扇侍御警跸如初",是为脱漏,当更为"(侍中)俛伏,兴,还待位……乘舆以入,伞扇侍卫警跸如常仪,侍臣从"。有的"銮驾还宫礼"载"皇帝降辂,入,侍臣从",是为脱漏,当补为"皇帝降辂,乘舆以入,伞扇侍卫警跸如常仪,侍臣从"。有的"銮驾还宫礼"未载"伞扇侍卫警跸如常仪",是为脱漏,予以补遗。

[三十八]:有的"銮驾还宫礼"未载"戛敔,乐止。初,文武群官至承天门外"。此为脱漏,予以补遗。

[三十九]:有的"銮驾还宫礼"未载"初,文武群官至承天门外,通事舍人承旨敕群官并还"。此为脱漏,予以补遗。

[四十]:有的"銮驾还宫礼"载"将士皆休",是为讹误,当更为"将士各还其所"。

三、銮驾出、还宫礼的制度解析

《大唐开元礼》诸礼"銮驾出宫礼"与"銮驾还宫礼"已有学者予以关注,主要集中于对"属车八十一乘"与"承天门"的概述,[①]其礼仪程式运作及其所见制度均未涉及,在此予以解析。

1. 驾出宫与还宫的礼仪运作

兹据复原《大唐开元礼》诸礼"銮驾出宫礼",撮述其要如下。第一,前出宫三日,各司供置銮驾驻跸之所。即殿中省尚舍局设行宫于坛东;卫尉寺守宫署设从祀官五品以上次于承天门外。

按,唐制,行宫、次的设置皆由尚舍局负责,[②]守宫所设"五品以上次"即"五品以上位",在此予以说明。唐代皇帝行幸常仪亦有"大次""小次"的记载,囿于唐史史料语焉不详,"次"在銮驾出宫礼与銮驾还宫礼中的设置与功用显得模糊不堪,今参校古礼予以解析。那么何谓次呢?《周礼》云:"掌次,

---

① 《隋唐军事征伐礼仪》,第 20—21 页。
② 《唐六典》卷十一《殿中省·尚舍局》,第 329 页

掌王次之法,以待张事。"孔颖达疏曰:"次者,舍也。言次谓止;言舍谓舍息。"①即次谓止息之所。次有大、小之分,郑玄谓其为大、小丈尺以予区分。为方便国君与臣下止息,大、小次的供置亦是有讲究的。《周礼》云:"幕人掌帷、幕、幄、帟、绶之事。"②郑玄注曰:"王出宫则有是事。在旁曰帷,在上曰幕。幕或在地,展陈于上。帷幕皆以布为之。四合象宫室曰幄,王所居之帷也。"又,"帟,平帐也。绶,组绶,所以系帷也"。③即帷、幕、幄、帟、绶有特定之置,其皆为王出,行宫所用。凡朝觐、会同、军旅、田役、祭祀等活动皆由幕人供于掌次。掌次依法待张。国君出行的性质不同,其供置设计与功用均有差异。《周礼》曰:"王大旅上帝,则张毡案,设皇邸。"即非常之祭,则以毡为床置于幄中。以凤凰羽饰于屏风之上,置于床后。又,"朝日祀五帝,则张大次、小次,设重帟、重案"。此处"次",郑玄注其为"幄",大次即大幄,小次即小幄。对于大次与小次的功能区分,郑玄曰:"大幄,初往所止居也。小幄,谓接祭退俟之处。"④所谓"初往所止居也",孔颖达认为大次置于祭坛的远处,皇帝欲往祭坛,因时间未至,需先于大次内止居。对于"退俟之处"时,郑玄认为周人祭祀之时,从早到晚,安排紧密,即使强有力之人也难以支持,国君与臣下交替行礼之时,国君可退俟于小幄中。此处"重帟"谓帷幕中设置的承尘,即承接尘土的帐幕。此处"重案"谓床上的重席。此外,《周礼·天官·掌次》又云:"师田则张幕,设重帟、重案。"⑤所谓师田系指出师、征伐及田猎。张幕则张设帷幕,重帟、重案则如上所释,并未言及大次、小次之设。

第二,出宫前二日,太乐令设宫悬之乐于殿庭;发引前七刻,侍中奏开宫殿门及城门;发引前五刻,从祀官、陪位官并赴祀所;发前二刻,挝三鼓,为三严。

按,发前引七刻、前五刻、前二刻挝鼓三通即三严,此为三严三通之制。如果算上夜警之曲,即为夜警晨严之制。其所挝之鼓,《大唐开元礼》诸礼"銮驾出宫礼"与"銮驾还宫礼"并未予以说明,今予以考释。唐代鼓吹五部:鼓吹、羽葆、铙吹、大横吹、小横吹。其鼓吹部即有㧰鼓、大鼓、金钲小鼓、长鸣、中鸣。其大鼓有十五曲即严用三曲和警用十二曲。其曲种记载与《唐六典·鼓吹署》所载大驾夜警晨严之曲相契合,故,晨严三通所挝之鼓当为大

---

① 《周礼注疏》卷六《天官·冢宰·掌次》,《十三经注疏》,第1456页。
② 《周礼注疏》卷六《天官·冢宰·幕人》,《十三经注疏》,第1455页。
③ 《周礼注疏》卷六《天官·冢宰·幕人》,《十三经注疏》,第1455页。
④ 《周礼注疏》卷六《天官·冢宰·掌次》,《十三经注疏》,第1456页。
⑤ 《周礼注疏》卷六《天官·冢宰·掌次》,《十三经注疏》,第1457页。

鼓。又，《新唐书·仪卫下》亦载"小鼓九曲：一《渔阳》，二《鸡子》，三《警鼓》，四《三鸣》，五《合节》，六《覆参》，七《步鼓》，八《南阳会星》，九《单摇》。皆以为严、警，其一上马用之"。① 其"皆以为严、警"亦指夜警晨严之制。又，《唐六典·鼓吹署》载："皇太子夜警九曲，公卿以下夜警七曲，晨严并三通。"是否可以说明皇太子或公卿晨严所挝之鼓为小鼓呢？其实并非如此。夜警之曲肇始于隋代。《隋书·音乐下》载：

> 椆鼓一曲，十二变，夜警用一曲俱尽，次奏大鼓。大鼓，一十五曲供大驾，一十二曲供皇太子，一十曲供王公等。小鼓，九曲供大驾，三曲供皇太子及王公等。②

引文所见大鼓、小鼓之曲皆供大驾、皇太子、王公等。又，唐代大鼓亦十五曲，小鼓亦九曲，可以说明在曲种与功能方面仍沿袭隋制。后宋朝人陈旸所著《乐书》将《隋书·音乐下》的记载纳入其中，认定其记载同样适于唐、宋，③亦可为证。据此，其结论可为：大驾、皇太子、王公晨严夜警之曲皆用大鼓、小鼓。前文已述，大鼓十五曲与《唐六典·鼓吹署》所载一致，那么大驾所用小鼓当属何曲呢？《唐六典·鼓吹署》亦载"中警六曲"，如前证明唐因隋制，此处即可说明"中警六曲"的演奏当为小鼓。

第三，三严三通后，诸卫警戒队、从祀群官、侍中皆就位。黄门侍郎进辂、千牛将军执长刀就位后，侍中版奏："中严"始，皇帝行登辂仪。其登辂仪的程式如下：先是皇帝乘舆出，太常寺、太乐署负责撞钟，协律郎举麾祝奏太和之乐；皇帝升辂，太仆寺太仆卿行授绥礼；黄门侍郎赞引驾发，銮驾得出。

按，《大唐开元礼》诸礼"銮驾出宫礼"皇帝行登辂仪多参详先秦古礼，表现在两个方面。一为君行奏乐。《周礼·春官·乐师》云："（乐师）教乐仪：行以《肆夏》，趋以《采荠》，车亦如之。环拜以钟鼓为节。"郑玄引《尚书》作注，其文曰：《尚书传》曰："天子将出，撞黄钟之钟，右五钟皆应。入则撞蕤宾之钟，左五钟皆应。"④其与"銮驾出宫礼"所载"皇帝将出，仗动。太乐令

---

① 《新唐书》卷二十三下《仪卫志下》，第 509 页。
② 《隋书》卷十五《音乐志》，第 382 页。
③ 《乐书·乐图论·俗部·大鼓》载："隋制：大驾用大鼓，饰以葆羽。工人皂地苣文，皇太子王公亦得用之。故大驾十五曲，皇太子十二曲，王公十曲，今教坊用焉。"（见（宋）陈旸《乐书》一百三十九《乐图论·俗部·大鼓》，《文渊阁四库全书》第 211 册，台北：台湾商务印书馆，1986 年版，第637 页。）"今教坊用焉"即可为证。
④ 《周礼注疏》卷二十三《春官·宗伯·乐师》，《十三经注疏》，第 1713 页。

令撞黄钟之钟,右五钟皆应"相契合,《大唐开元礼》于此参详古礼尤显。二为天子乘辂驾发仪。《礼记·曲礼上》曰:"君车将驾,则仆执策立于马前。已驾,仆展軨,效驾。奋衣,由右上,取贰绥,跪乘,执策分辔,驱之五步而立。"①其"銮驾出宫礼"载:"太仆卿奋衣而升,正立执辔……千牛将军前执辔,②皇帝升辂,太仆卿立授绥"相契合,《大唐开元礼》于此参详古礼亦为明显。

第四,銮驾发,先至太极门,次至嘉德门,后至太极宫南门承天门,遇门则偃麾,戛敔,乐止;出门举麾、鼓枻,奏乐。驾出承天门,至侍臣上马所,銮驾停,侍臣上马。侍臣上马毕,銮驾复行,驾动称警跸,不鸣鼓吹,不得喧哗。驾将至,谒者引从祀官于次前,驾至行宫先行降辂礼,后乘舆入行宫。此时,从祀官亦由导引官引至行宫,分列朝堂两侧。后,通事舍人传敕群官还次。

兹据复原《大唐开元礼》诸礼"銮驾还宫礼",撮述其要如下:第一,皇帝还停大次仪:皇帝停大次一刻为一严,搥一鼓,仗卫还途;皇帝停大次三刻为再严,将士布仗,皇帝、从祀官易服;皇帝停大次五刻为三严,赞引官引从祀官、文武侍臣诣大次奉迎皇帝。

第二,大次备车仪:乘黄令进辂;千牛将军立于辂右;侍中版奏外版;太仆卿升辂执辔。

第三,皇帝升辂仪:皇帝乘舆出大次;皇帝升辂;太仆卿受绥;黄门侍郎请驾发。銮驾动:警跸如常仪;黄门侍郎、赞者夹引出;千牛将军夹辂趋从。

第四,銮驾至侍臣上马所,驾停行侍臣上马仪:黄门侍郎奏称权停銮驾侍臣上马;侍中前承制,退称:制曰可;黄门侍郎奏称侍臣上马。

第五,侍臣上马毕复行驾发仪:黄门侍郎奏称请敕车右升;侍中前承制,退称:制曰:可;黄门侍郎复位,千牛将军升辂右;黄门侍郎奏请驾发;鼓吹音起,驾动,驾伴鼓吹振作而还。

第六,驾至承天门外侍臣下马所,驾停行侍臣下马仪:黄门侍郎奏称权停銮驾侍臣下马;侍中前承制,退称:制曰可;黄门侍郎奏称侍臣下马。

第七,銮驾复行驾发仪:黄门侍郎奏称请敕车右升;侍中前承制,退称:制曰:可;黄门侍郎复位,千牛将军升辂右;黄门侍郎奏请驾发;鼓吹音起,驾动,驾伴鼓吹振作而行。

第八,銮驾入嘉德门仪:驾至嘉德门,偃麾,戛敔,乐止;驾入嘉德门,太

---

① 《礼记正义》卷三《曲礼上》,《十三经注疏》,第2711页。
② 千牛将军执长刀、执辔仪与《礼记·少仪》记载相合,其文曰:"执君之乘车则坐。仆者右带剑,负良绥申之面,拖诸幦。以散绥升,执辔,然后步。"按,执君之"执",郑玄注为执辔,谓守之也。又"仆者右带剑"皆可为证。(《礼记正义》卷三十五《少仪》,《十三经注疏》,第3277页。)

乐署撞蕤宾之钟,左五钟皆应,鼓柷,奏乐。

　　第九,銮驾入太极门仪:驾至太极门,偃麾,戛敔,乐止;驾入太极门,太撞钟,鼓柷,奏乐。

　　第十,銮驾入太极宫东上阁仪:驾至东上阁,回辂南向;皇帝降辂如常仪;皇帝乘舆以入;至阁,偃麾,戛敔,乐止。

　　2. 驾行夜警晨严之制

　　前述,驾发前的准备是以时间为序有条不紊地进行。銮驾发引当日,未明前七刻、前五刻、前二刻均要搥鼓,分别称为一严、二严、三严等,此为晨严之制。銮驾还亦是如此。一刻、三刻、五刻均要搥鼓,序称一严、二严、三严,此亦为晨严之制。一般来说,晨严往往与夜警一起使用,被称之为夜警晨严。那么何谓夜警晨严?夜警晨严之制运作模式又是怎样的呢?下文将予以解析。

　　其一,何谓夜警晨严。《说文解字》曰:"警,戒也",夜警可释为夜间警戒。"严,教命急也",①段玉裁注其曰"敦促之意"。② 故,晨严可释为凌晨戒严。夜警晨严只适于特定对象。《旧唐书·岑文本传》即有"夜警"的记载,其内容大致为岑文本深得唐太宗的重用,其随征高丽,凡所筹度一一委之。及至幽州,文本暴疾,唐太宗深为悲痛。史载"其夕,太宗闻严鼓之声,曰:'文本殒逝,情深恻怛。今宵夜警,所不忍闻。'命停之。"③此信息有三,一则夜警晨严之"严"即严鼓;二则夜警晨严适于皇帝行幸;三则"今宵夜警"与"严鼓之声"相应,即所停"夜警"实乃停夜警之音也。《隋书·音乐志下》将夜警之音定为夜警之曲,并将其适用对象扩至皇太子与王公。④《唐六典》"鼓吹令"条则详细记载了大驾、皇太子、公卿以下的晨严夜警使用范围。故,夜警晨严还适于皇太子、皇室成员、高级官员等。综上,夜警晨严可释为皇帝、皇室成员与高级官员出行时,夜间或凌晨均以演奏警曲或击戒严鼓的方式用以警戒的行为。

　　其二,夜警晨严的源流。早在先秦时期已有用"警鼓"以警戒之说。史载:

　　　　楚厉王有警鼓,与百姓为戒。饮酒醉,过而击,民大惊。使人止,

---

①　《说文解字》卷二上,第35页。
②　《说文解字注》,第62页。
③　《旧唐书》卷七十《岑文本传》,第2539页。
④　《隋书》卷十五《音乐志下》,第383页。

曰："吾醉而与左右戏而击之也。"民皆罢。居数月，有警，击鼓而民不赴。①

引文着于论说楚厉王失信于民，但其所设"警鼓"已具警戒之用。其击鼓已与击戒严鼓相类，可视为夜警晨严之雏形。其后，随鼓吹尤其是随着横吹曲的不断完善而出现。初，鼓吹乐以汉代《鼓吹铙歌二十二曲》为主，并为曹魏、孙吴、晋、梁、陈沿袭。北魏时期，横吹鲜卑曲蔚然得兴，并得以南传。隋以降，将其与汉传鼓吹融合，列为栖鼓、铙鼓、大横吹、小横吹四部。其中，栖鼓部由栖鼓、金钲、大鼓、小鼓、长鸣角、次鸣角、大角七种乐器，其栖鼓一曲，夜警用之。② 小横吹部，"十二曲供大驾，夜警则十二曲俱用。其乐器有角、笛、箫、笳篥、笳、桃皮笳篥"。③ 唐代鼓吹得以全面发展，其夜警晨严亦已形成完备制度，下文将予以解析。

其三，唐代的夜警晨严之制。《旧唐书·职官三》载："凡大驾行幸，有夜警晨严之制。"注曰："大驾夜警十二部，晨严三通。太子、诸王、公卿以下，警严有差。"④第一，其"夜警十二部"即夜警十二曲，具体来说即有《元咳大至游》《阿列乾》《破达析利纯》《贺羽真》《鸣都路跋》《他勃鸣路跋》《相雷析追》《元咳赤赖》《赤咳赤赖》《吐咳乞物真》《贪大讦》《贺粟胡真》等曲目。此外，还有"中警"，此为唐代之新创，《唐六典》载"中警七曲"；《新唐书》则为"中警三曲"。按，《新唐书·仪卫志下》载："伶工谓夜警为严，凡大驾严，夜警十二曲，中警三曲，五更严三遍。天子谒郊庙，夜五鼓过半，奏四严；车驾至桥，复奏一严。元和初，礼仪使高郢建议罢之。"⑤此为"中警三曲"记载的语境。前述《大唐开元礼》郊祀礼与庙祀礼中"銮驾出宫礼""銮驾还宫礼"均记载为晨严三通，而上引《新唐书》则载为"奏四严"。即《新唐书》的"晨严"记载与《大唐开元礼》亦有不同。其实，这种记载的差异并非来自于文献本身的错误，而是典章制度与实际运行的差异。《新唐书》所载"元和初，礼仪使高郢建议罢之"之语，其在《唐会要·缘庙裁制下》有详细记载，其文曰：

> 元和元年（806）十二月，礼仪使高郢奏："《六典》，凡驾行幸，有夜警

① （清）王先慎撰，钟哲点校：《韩非子集解》卷十一《外储说左上第三十二》，北京：中华书局，1998 年版，第 287 页。

② 《隋书》卷十五《音乐志下》，第 382 页。

③ 《隋书》卷十五《音乐志下》，第 383 页。

④ 《旧唐书》卷四十四《职官志三》，第 1875 页。

⑤ 《新唐书》卷二十三《仪卫志下》，第 509—510 页。

> 晨严之制。今署司所申，是并警亦呼为严，相承已久，乐官不能辨。伏奏《开元礼》，皇帝时享太庙，及上辛祈谷于圜丘，皆于正殿致斋，第三日欲赴行宫，前七刻、五刻、二刻，有三严之仪，并无五更三点以前四严，及驾至桥一严之文。伏请勒停，准礼依时刻三严。又其时所设宫悬，悬而不作，銮驾进发，不鸣鼓吹。至祀日，太庙享礼毕，銮驾欲发，及南郊行事，銮驾还宫之时，然后各有三严。皇帝既还大次，停一刻须搥一鼓为严；三刻须搥二鼓为再严；五刻须搥三鼓为三严。往例仪注，皆准此礼。鼓吹署所申，并与礼文不同，又都不知准礼，是行事毕有三严之制。伏以立礼之旨，务于精诚。銮驾出宫，在祀前之日，犹悬而不作，不鸣鼓吹，况祠所斋洁，明发行事，此夜诚合清净，不应钲鼓喧哗。其鼓吹署所申四严及临上坛一严，伏请勒停。其行事毕后，南郊回，请准礼依时刻三严，太庙宿其后不严。"及南郊回，于明德门里鼓吹，引驾至丹凤门。①

引文，高郢明确指出，唐后期夜警晨严的行事与《唐六典》《大唐开元礼》所载有明显不同，其变化有二：一是，警、严不分，由此造成乐官不能辨识演奏；二是，四严之制的出现。"晨严三通"中"四严"的出现。在"七刻""五刻""二刻"后五更三点以前出现了四严；驾还，在"一刻""三刻""五刻"后皇帝登坛又多出"一严"；驾至桥亦多出有一严之制。高郢所指出的问题已涉及到《新唐书》《唐六典》《大唐开元礼》记载的差异，其反映的是典章制度与实际运行的差异。既如此，回到问题不难找出答案。《唐六典》记载的"中警七曲"实为唐代典制的规定；《新唐书》所载的"中警三曲"当为实际运行的差异。前文《新唐书》所载："伶工谓夜警为严"与高郢所指出的"并警亦呼为严"的错误亦相合。又，高郢"乐官不能辨"也能说明《新唐书》的"伶工"之言皆为实际运作的结果，亦可为证。

第二，其"晨严三通"即驾发与驾还的三严之制。唐制：驾发"前七刻"击一鼓为"一严"；发"前五刻"击二鼓为"二严"，侍中版奏"请中严"，有司陈卤簿；发"前二刻"，诸卫各督其队与钑戟以次人陈殿庭，击三鼓为"三严"。②驾还亦有三严之制。驾还一刻，击一鼓为"一严"，仗卫还于途；三刻，击二鼓为"再严"，将士布队仗，侍中奏"请中严"；五刻，三鼓为"三严"，黄门侍郎奏请驾发。③ 除三个时刻对应三严外，另有三种严曲与之对应，分别为一严

---

① 《唐会要》卷十八《缘庙裁制下》，第422—423页。

② 《新唐书》卷二十三上《仪卫志上》，第489—490页。

③ 《新唐书》卷二十三上《仪卫志上》，第496页。

《元驎合逻》,二严《元驎他固夜》,三严《元驎跋至虑》。

第三,其"太子、诸王、公卿以下,警严有差"系指因警戒对象有差,其严鼓与警曲略有差别。唐制,太子、诸王、公卿以下皆为晨严三通,其夜警之曲则有差异。皇太子夜警九曲,公卿已下夜警七曲,[①]是为其差异。

综上,夜警晨严是为皇帝与王公大臣以演奏予以警戒的行为,其可溯源于先秦时期的警鼓,后融入鼓吹发展之中,直至隋朝夜警晨严方有严鼓与警曲。唐代时期即有晨严三通之制,其实际运作中亦有夕严、四严、过桥严等异变。夜警"中曲"有"七曲"与"三曲"的记载差异,实则为制度与实际运作之变。

3. 驾行宫悬制度考

上引"銮驾出宫礼"皆具"太乐令设宫悬之乐"的记载,说明宫悬之乐用于郊祀、宗庙、朝会等重要场合,可以说其为最高级别的雅乐乐队。那么何为宫悬呢?宫悬在皇帝行幸中又是如何运作呢?下文将予以解析。

"宫悬"系"乐悬"的一种,明白了"乐悬"即通"宫悬"之意。"乐悬"一词最早见于《周礼》,其文曰:"正乐悬之位,王宫悬,诸侯轩悬,卿大夫判悬,士特悬,辨其声。"[②]郑玄注曰:"乐悬,谓钟盘之属悬于簨虡者。"[③]贾公彦则曰:"乐悬,谓钟盘之属悬于簨虡者。凡悬者,通有鼓镈,亦悬之。"[④]贾公彦认为郑玄"直言钟盘不言鼓镈者,周人悬鼓与镈之大钟,惟悬一而已,不编悬,故不言"。[⑤]可以看出,贾公彦认为《周礼》所载"乐悬"不仅包括用于编悬的编钟、编磬,还有"悬于簨虡"的鼓与镈。清人江藩对贾公彦的观点有所继承与发展。他认为《周礼》所载"乐悬"有编悬的钟、磬,也包括"悬于簨虡"之上"惟悬一而已"的鼓、镈和特磬。例如,人射乐悬的鼓包括:鼙、鼖、建鼓。[⑥]郑玄、贾公彦、江藩三人观点的差异集中体现为陈悬乐器的增损。可以说,《周礼》所载"乐悬",其本意是指必须悬挂起来才能进行演奏的钟磬类大型编悬乐器。[⑦]宫悬系因帝王挂于四面,象征宫室四面墙壁得名。

明白了宫悬之意,那么唐代的宫悬之乐又是如何陈设呢?唐制"乐县之制。宫县四面,天子用之。若祭祀,则前祀二日,太乐令设县于坛南内壝之外北向。东方、西方,磬虡起北,钟虡次之;南方、北方,磬虡起西,钟虡次之。

---

① 《唐六典》卷十四《太常寺·鼓吹署》,第 408 页。
② 《周礼注疏》卷二十三《春官·宗伯·小胥》,《十三经注疏》,第 1716 页。
③ 《周礼注疏》卷二十三《春官·宗伯·小胥》,《十三经注疏》,第 1717 页。
④ 《周礼注疏》卷二十三《春官·宗伯·小胥》,《十三经注疏》,第 1717 页。
⑤ 《周礼注疏》卷二十三《春官·宗伯·小胥》,《十三经注疏》,第 1717 页。
⑥ (清)江藩学:《乐县考》卷下《乐悬说》,北京:中华书局,1985 年版,第 18 页。
⑦ 王子初:《中国音乐考古学》,福州:福建教育出版社,2003 年版,第 143 页。

镈钟二十架,在十二辰之位。置柷、敔于县内,柷在右,敔在左。设歌钟、歌磬于坛上,南方北向。磬虡在西,钟虡在东。琴、瑟、筝、筑皆一,当磬虡之次,匏、竹在下"。① 可见,宫县之器有:簨虡、磬、钟、镈、柷、敔、琴、瑟、筝、筑、匏、竹等编悬乐器。当然,行幸类型不同,其所陈乐器亦有变化。唐制:祭祀"天神之类,皆以雷鼓;地祇之类,皆以灵鼓;人鬼之类,皆以路鼓"。②尽管用鼓不同,其陈设均要"鼓于四隅,当乾、坤、艮、巽之位,以象二十四气"。③ 皇帝朝会,则要加"钟磬十二虡,设鼓吹十二案于建鼓之外。案设羽葆鼓一,大鼓一,金錞一,歌、箫、笳皆二。登歌,钟、磬各一虡,节鼓一,歌者四人,琴、瑟、筝、筑皆一,在堂上;笙、和、箫、篪、埙皆一,在堂下"。④ 皇帝朝会加羽葆鼓、大鼓、节鼓、金錞、歌、箫、笳、笙、和、箫、篪、埙等乐器才能达到标准。皇帝祭祀时,这些乐器则要分两组摆放,一组置于祭坛内壝外,另一组则于坛上。当然,坛上、坛下均有磬虡与钟虡。

既具制度设定,那么其实际运作又是如何呢? 唐制:"凡横者为簨,植者为虡。虡以县钟磬,皆十有六,周人谓之一堵,而唐人谓之一虡"。⑤ 磬虡为悬于磬的簨虡,钟虡为悬于钟的簨虡。古礼"陈镈钟二十架当十二辰之位。甲、丙、庚、壬,各编钟一架;乙、丁、辛、癸,各设编磬一架,合为二十架"。⑥钟磬二十架在唐代并没有得到很好的坚持。史载:"自隋以前,宫县二十虡。及隋平陈,得梁故事用三十六虡,遂用之。唐初因隋旧,用三十六虡。"⑦武则天时期出现变革,史载:"(唐)高宗成蓬莱宫,充庭七十二架。武后迁都,乃省之。"⑧唐玄宗时期"开元定礼,始依古著为二十虡"。⑨ "广明初,巢贼干纪,舆驾播迁,两都覆圮,宗庙悉为煨烬,乐工沦散,金奏几亡。及僖宗还宫,购募钟县之器,一无存者。昭宗即位,将亲谒郊庙,有司请造乐县,询于旧工,皆莫知其制度。"⑩直到乐县使张浚检核古礼,才将钟磬二十架这一古礼正式确定下来。

4. 驾行"警跸"与"称警跸"之辨

《大唐开元礼》诸礼在"銮驾出宫礼"与"銮驾还宫礼"中,对"警跸"一词

---

① 《新唐书》卷二十一《礼乐志十一》,第 462—463 页。

② 《新唐书》卷二十一《礼乐志十一》,第 463 页。

③ 《旧唐书》卷二十九《音乐志二》,第 1083 页。

④ 《新唐书》卷二十一《礼乐志十一》,第 463 页。

⑤ 《新唐书》卷二十一《礼乐志十一》,第 463 页。

⑥ 《旧唐书》卷二十九《音乐志二》,第 1082 页。

⑦ 《新唐书》卷二十一《礼乐志十一》,第 463 页。

⑧ 《旧唐书》卷二十九《音乐志二》,第 1083 页。

⑨ 《新唐书》卷二十一《礼乐志十一》,第 463 页

⑩ 《旧唐书》卷二十九《音乐志二》,第 1081 页。

有着不同的表达。"銮驾出宫礼"中,出现了四次警跸的记载:"称警跸如常仪""又称警跸""称警跸""警跸如常仪"。"銮驾还宫礼"中,出现三次警跸的记载:"警跸如常仪""称警跸如常仪""警跸如常仪"。以上记载皆有"警跸"与"称警跸"之分。按,在"銮驾出宫礼""銮驾还宫礼"的复原中,经常发现一些脱漏现象。那么此次警跸与称警跸是否也存有"称"字的脱漏呢? 这要从"警跸"一词的内涵讲起。

其一,何谓警跸?《说文解字》云:"警,戒也。从言从敬,敬亦声。"①"戒,警也。从廾持戈,以戒不虞。"②故,"警"具"警戒"之意。"从言从敬"即警通儆,故警跸又称儆跸。郑玄在对"(隶仆)掌跸宫中之事"作注时,也曾说"若今时儆跸",③是为其证。跸,初为趩,警跸亦作"警趩"。《说文解字》释"趩"曰:"止行也。"④即跸止行人之意。⑤ 那么,警跸可释为:因警戒所需而跸止行人也。现存史料明确记载"警跸"颇多,其涵义也多指向于此。汉桓帝行幸河南尹梁胤府舍,时值天有异象,大风拔树,昼昏。基于此,时任侍中的杨秉上书切谏,认为灾异源于皇帝行幸并未按照制度行事所致,他说:"王者至尊出入有常,警跸而行,静室而止。自非郊庙之事,则銮旗不驾。"⑥此"警跸而行"是为其证。又,大和三年(829)四月,中书舍人李启上封事,指斥官员相见之仪的乱象,他说:"惟车驾出入,警跸行人,事关严上,不属臣下。"⑦其已明确指出,皇帝行幸需"警跸行人"。

在某种语境中,"警跸"亦可释为卫戍。太和年间,魏孝文帝巡幸洛阳,时任中书侍郎的韩显宗上封事言及皇帝巡幸的安全问题,其文曰:"窃闻舆驾还洛阳,轻将数千骑。臣甚为陛下不取也。夫千金之子,犹坐不垂堂,况万乘之尊,富有四海乎? 警跸于闱闼之内者,岂以为仪容而已,盖以戒不虞也。"⑧引文所述,"警跸于闱闼之内者"系指于宫内卫戍。又,元和十五年(820)十二月,唐穆宗欲幸温汤。两省供奉官群谏,其文曰:"右,臣等伏以驾幸温汤,始自玄宗皇帝。乘开元致理之后,当天宝盈羡之秋,葺殿宇于骊山,

---

① 《说文解字》卷三上,第53页。
② 《说文解字》卷三上,第59页。
③ 《周礼注疏》卷三十一《夏官·司马·隶仆》,《十三经注疏》,第1842页。
④ 《说文解字》卷二上,第37页。
⑤ 止行对象为人。史载:"光武略地颍川,闻(铫)期志义,召署贼曹掾,从徇蓟,时王郎檄书到蓟,蓟中起兵应郎,光武趋驾出,百姓聚观,喧呼满道,遮路不得行,期骑马奋戟,瞋目大呼左右曰:'趩',众皆披靡。"(见《后汉书》卷二十《铫期传》,第731页。)引文所述,百姓"遮路不得行",铫期瞋目大呼"趩",行人得散,其所跸者是为行人。
⑥ 《后汉书》卷五十四《杨秉附传》,第1769—1770页。
⑦ 《唐会要》卷五十七《尚书省诸司上·左右仆射》,第1165页。
⑧ 《魏书》卷六十《韩显宗传》,第1339页。

置官曹于昭应,警跸于缭垣之内,周行于驰道之中,万乘齐驱,有司尽去,无妨朝会,不废戒严。"①引文所述,"警跸于缭垣之内"系指于围墙内卫戍。

其二,何谓称警跸?"称警跸"又名为"唱警跸"。南齐萧宝卷即位后昏庸无能,荒唐残暴,朝中正直大臣欲拥立建安王萧宝寅取而代之,史载:"(萧)宝卷昏狂,其直后刘灵运等谋奉(萧)宝寅,密遣报宝寅,宝寅许之。遂迎宝寅率石头文武向其台城,称警跸,百姓随从者数百人。"②与上述事件记载内容相同的是《南齐书·张欣泰传》,其文曰:"(王)灵秀③仍往石头迎建安王(萧)宝寅,率文武数百,唱警跸,至杜姥宅。"④可见,"称警跸"亦称"唱警跸"。"唱,导也",⑤"唱警跸"当理解为导从警跸之仪。又,《说文解字》曰:"偁,扬也";⑥"扬,飞举也"。⑦ 又,"偁"通"称",故"称警跸"亦可释为导从警跸之仪。

当然,这种导从是以"传呼"的形式存在的。梁武帝与范云同朝为臣时相交甚好,名定君臣之份后感情甚笃。史载:"永明末梁武与兄懿卜居东郊之外,云亦筑室相依。梁武每至云所,其妻常闻跸声。"⑧引文所述,"其妻常闻跸声"可为其证。又,侯景占领建康后,迎豫章王萧栋即皇帝位,不久,其欲篡位,矫诏自立,其因"警""景"同声,恐其不祥,予以改之,其文曰:"既唱警跸,识者以为名景而言警跸,非久祥也。景闻恶之,改为备跸。人又曰,备于此便毕矣。有司乃奏改云永跸。"⑨引文所述,"名景而言警跸"当指"唱警跸"亦具传呼之声,且其声中有警,方引起侯景的不悦,故有将"警跸"改为"永跸"之举。

在某种语境中,"称警跸"亦可释为天子卫仗。梁王刘武协助汉景帝平定七国之乱,倚仗战功及窦太后、汉景帝的宠爱,"得赐天子旌旗,从千乘万骑,出称警,入言趋,拟于天子"。⑩ 其"拟于天子"的标志为"天子旌旗""从

①　(唐)元稹:《元氏长庆集》卷三十四《两省供奉官谏驾幸温汤状》,上海:上海古籍出版社,1994年版,第181页。

②　《魏书》卷五十九《萧宝寅传》,第1313页。

③　按,参与此次拥立者,史料记载如下:"(张)欣泰与弟前始安内史(张)欣时密谋结太子右率胡松、前南谯太守王灵秀、直阁将军苟选、含德主帅苟励、直后刘灵运等十余人,并同契会。"(见(南朝梁)萧子显:《南齐书》卷五十一《张欣泰传》,北京:中华书局,1972年版,第884页。)故,《魏书》所载奉迎者为刘灵运,《南齐书》则载为王灵秀,两种记载并不冲突。

④　《南齐书》卷五十一《张欣泰传》,第884页。

⑤　《说文解字》卷二上,第32页。

⑥　《说文解字》卷八上,第164页。

⑦　《说文解字》卷十二上,第254页。

⑧　(唐)李延寿:《南史》卷五十七《范云传》,北京:中华书局,1975年版,第1418页。

⑨　《南史》卷八十《贼臣·侯景传》,第2011—2012页。

⑩　《汉书》卷四十七《梁王刘武传》,第2208页。

千乘万骑""出称警，入言趋"，可知"警跸"当为天子专称。又，曹操势大，不可制，汉献帝为表达其荣宠，于建安二十二年（217）夏四月，命"（魏）王设天子旌旗，出入称警跸"。[1] 与前述梁王僭越同，曹操所行"天子旌旗""出入称警跸"亦可为天子专称的指代。

其三，"称警跸"到"警跸"的制度运作。首先，"称警跸"发生在銮驾驾发之时。《大唐开元礼》诸礼"銮驾出宫礼"出现了多次称警跸的记载，分别为：乘舆出，其云"称警跸如常仪"；"銮驾动，又称警跸"；"銮驾动，称警跸"；"乘舆入行宫，伞、扇、华盖侍卫警跸如常仪"。该书"銮驾还宫礼"则为"皇帝乘舆出次，伞扇侍卫警跸如常仪"；"乘舆以入，伞扇侍卫警跸如常仪。"以上记载均可证明"驾动"与"称警跸"的关系，即銮驾动，称警跸。

其次，"称警跸"的运作。《古今注》云："警跸，所以戒行徒也。周礼跸而不警。秦制出警入跸，谓出军者皆警戒，入国者皆跸止也。故云出警入跸也。至汉朝梁孝王，王出称警，入称跸，降天子一等焉。"[2]引文所述，崔豹将警跸分为两端，即出警入跸。在此基础上，其以梁王刘武所行，指出了"称警跸"实则为"出称警、入称跸"。前文已证，此乃梁王有大功于朝廷，又深得窦太后与汉景帝的宠信，方有此僭越之举。"出称警、入称跸"实乃皇帝所行之举。胡三省在为汉和帝永元元年（89）条"警跸"作注时说："（李）贤曰：三时，夏、秋、冬也。天子出警入跸。沈约曰：汉制曰：出称警，入称跸，而今则并之。"[3]胡三省转引李贤注《汉书》所言"天子出警入跸"亦可说明皇帝行幸当"出称警，入称跸"。沈约所谓"而今则并称之"系指出、入皆称"警跸"。其史源来自于《宋书·礼五》，其文曰："《汉仪》曰：'出称警，入称跸。'说者云，车驾出则应称警，入则应称跸也，而今俱唱之。"[4]其"俱唱之"系指皇帝出、入皆称"警跸"。《大唐开元礼》诸礼"銮驾出宫礼""銮驾还宫礼"俱作"称警跸"，可能是对南朝"皆称警跸"的承继。

最后，警跸运作。《汉官旧仪》卷上载："辇动则左右侍帷幄者称警，车驾则卫官填街，骑士塞路，出殿则传跸，止人清道。"[5]显然，其与"传跸"之间，会有卫官与骑士出外警戒的过程。不同时期，因禁卫角色的不同，承担警戒的卫队也有较大差异。汉代以羽林军为之。汉昭帝时，霍光专权，燕王刘旦

---

① （晋）陈寿撰，（宋）裴松之注：《三国志·魏书》卷一《武帝纪》，北京：中华书局，1959年版，第49页。

② （西晋）崔豹撰，牟华林注：《古今注校笺》，北京：线装书局，2015年版，第38页。

③ 《资治通鉴》卷四十七汉和帝永元元年条胡三省注"警跸"，第1519页。

④ （南朝 梁）沈约：《宋书》卷十八《志第八·礼五》，北京：中华书局，1974年版，第500页。

⑤ （汉）卫宏：《汉官旧仪》，上海：商务印书馆，1939年版，第10页。

常怀怨望,后诈令人上书言光事,曰:"(霍)光出都肄郎羽林,道上称趋。"①
显然,燕王刘旦目的是参劾霍光的僭越之罪,尽管其非属实,但足以证明皇
帝行幸则以羽林军为警戒卫队。也有参引古礼将警戒卫队称为虎贲,负责
皇帝仪仗的。大成二年(579),周宣帝宇文赟欲行幸同州,史载:"增候正,前
驱戒道,为三百六十重,自应门至于赤岸泽,数十里间,幡旗相蔽,鼓乐俱作。
又令武贲持马上,称警跸,以至于同州。"②唐废虎贲之名,其警跸卫队有
了新的诠释。《通典·礼九十五·除外祖父母丧服》载:"除服前一刻,侍中
版奏:外办。皇帝仍服缞服,御舆出,左右直卫钑、戟警跸并如初。皇帝升
别殿,降舆,即哭位,侍卫如初。"③其"左右直卫钑、戟"即持钑队与持戟队。
唐制,南衙十六卫中,左右武卫设有持钑队。史称:(左右武卫)"跸称长唱
警,持钑队应跸,为左右厢仪仗。"④可见,左右武卫当属警跸卫队。持戟队,
诸卫基本皆有,即左、右武卫,左、右骁卫,左、右卫,左、右金吾卫,左、右领军
卫,左、右威卫,左、右千牛卫等各设执戟各五人,正九品下。即诸卫所属执
戟队均可承担警跸任务。按,左右卫挟门队于承天嘉德二门之内,列东、西
廊下;左、右骁卫挟门队于承天门外,列东、西廊下;左、右武卫挟门队于嘉德
门内、外,列东、西廊下;左、右威卫挟门队于长乐永安二门内,列东、西廊下;
左、右领军卫挟门队于长乐永安二门外,列东、西廊下。亦即,銮驾出宫礼、
銮驾还宫礼在不同区域承担警跸任务的禁卫军有差别。

　　出殿则传跸,进入止人清道的环节,至于如何跸止行人,史料并未明确
记载,可据相关资料推测。史载:"两汉京兆、河南尹及执金吾、司隶校尉,皆
使人导引传呼,使行者止,坐者起。四人皆持角弓,违者则射之,有乘高窥阙
者,亦射之。"⑤此为汉代官吏清道之法,其规格虽远低于皇帝行幸清道,仍
可以窥其一二,即导引传呼、行者止步、坐者起、违者受罚等内容。魏文帝称
帝后,颇喜游猎,或昏夜还宫不行警跸之法,为此,司空王郎上封事,其文曰:

　　　　夫帝王之居,外则饰周卫,内则重禁门,将行则设兵而后出幄,称警
　　而后践墀,张弧而后登舆,清道而后奉引,遮列而后转毂,静室而后息
　　驾,皆所以显至尊,务戒慎,垂法教也。近日车驾出临捕虎,日昃而行,

①　《汉书》卷六十八《霍光传》,第2935页。
②　(唐)令狐德棻:《周书》卷七《宣帝纪》,北京:中华书局,1971年版,第123页。
③　《通典》卷一百三十五《礼九十五·除外祖父母丧服》,第3463页。
④　《唐六典》卷二十四《尚书兵部》,第620页。
⑤　《古今注校笺》,第22页。

> 及昏而反，违警跸之常法，非万乘之至慎也。①

引文中，王朗已描绘了君行警跸之法。即警戒队出卫，皇帝始出行宫；次由左右引者称警，皇帝下阶；进而警戒者张弧，皇帝登舆；警戒队跸止行人，导驾官奉引，皇帝在仪仗的遮拦下驾动；于清宫后的静室而息驾。故，可概括为：陈设仪卫，导引传呼，张弧登舆，清道奉引，遮列转毂，静室息驾等内容。结合前引汉代官吏清道规范，基本能厘清皇帝行幸警跸运作。现存零星史料亦能反映其运作模式。诸如汉文帝时的犯跸记载，史载：

> 顷之，上行出中渭桥，有一人从桥下走出，乘舆马惊。于是使骑捕，属之廷尉。释之治问。曰：县人来，闻跸，匿桥下。久之，以为行已过，即出，见乘舆车骑，即走耳。廷尉奏当，一人犯跸，当罚金。文帝怒曰：此人亲惊吾马，吾马赖柔和，令他马，固不败伤我乎？而廷尉乃当罚金！②

引文曾被视为文帝从谏的典范，为历代史家所赞颂。其所载长安县人闻跸"匿桥下"当指清道止行人。"久之"系指传跸后，即等仪仗队过后，皇帝车舆方可通过，即警跸时间极长。汉文帝与廷尉张释之的观点冲突在于对犯跸者的处理上，幸赖文帝的仁君塑造，犯跸者得处罚金了事。其事件已具备上述的导引传呼、行者止步、违者处罚的内容。唐太宗时亦有一例，其文曰：

> 尝幸未央宫，辟仗已过，忽于草中见一人带横刀，诘之，曰："闻辟仗至，惧不敢出，辟仗者不见，遂伏不敢动。"上遽引还，顾谓太子："兹事行之，则数人当死，汝于后速纵遣之。"③

引文亦为仁君典范的记载，主角为唐太宗。胡三省注"辟仗"即"辟仗者，卫士在驾前攘辟左右，止行人，所谓陈兵清道而后行也"。④可见，"辟仗者"即跸止行人的警戒队。"闻辟仗至"即称跸音。"数人当死"即指辟仗者与草中带横刀者。其事件亦已具备上述的导引传呼、行者止步、违者处罚的内容。

综上，《大唐开元礼》诸礼"銮驾出宫礼""銮驾还宫礼"中"警跸"与"称警

---

① 《三国志·魏书》卷十三《王朗传》，第409页。
② 《史记》卷一百二《张释之传》，第2754页。
③ 《资治通鉴》卷一百九十八唐太宗贞观二十年二月条，第6235页。
④ 《资治通鉴》卷一百九十八唐太宗贞观二十年二月条胡三省注"辟仗"，第6235页。

跸"中的"称"字并非是脱漏或衍文,其意义明显不同。"称警跸"系指驾动传呼警跸之音,其经历了由出称警入传跸到出入皆称警跸的转变。"警跸"系指由禁卫军在称警或入跸以后,完成跸止行人的警戒工作,并随时对冲仗的突发情况予以及时处理。当然,警戒队不同时期亦有不同称呼,汉代为羽林军,后称虎贲,唐朝称为持戟钑队,其在承天门内外、嘉德门内外、永安门内外、长乐门内外均由不同南衙军队充任。常态下的警跸运作主要由陈设仪卫,导引传呼,张弧登舆,清道奉引,遮列转毂,违者受罚、静室息驾等部分组成。当然,因警跸制度束缚繁多,使得皇帝实际出行带来很多不便。在保证基本安全的情况下,皇帝往往采取比较灵活的扈卫形式。诸如上引史料中的王朗谏魏文帝曹丕;两省供奉官谏唐穆宗等,兹可为证。

第三章　皇帝行幸仪卫制度

　　《大唐开元礼·巡狩礼》作为行幸礼仪制度研究的重要礼典,对于仪卫制度所涉无多,仅记载为"具大驾卤簿"。尽管《大唐开元礼·序列中》列有大驾卤簿、皇后卤簿、皇太子卤簿、皇太子妃卤簿、亲王卤簿、王公以下卤簿、内命妇卤簿、外命妇卤簿等,但"卤簿"并非完全等同于仪卫。唐制,天子出行曰"驾",行幸所称为"车驾",皆有卫有严,道路有卤簿、鼓吹。之所以如此慎重,盖"慎重而尊严,尊严则肃恭",故"仪卫所以尊君而肃臣"。[1] 即卤簿仅为仪卫的一种表现形式。那么何谓"仪卫"呢? 仪者"度"也,[2]《诗经》谓之云"威仪棣棣,不可选也"。[3] 卫者"宿卫也",[4]郑玄注其曰:"暮行夜以比直宿者。"[5]故,今人将"仪卫"一词释为"古时对仪仗、侍卫的统称"[6]直通古意。那么仪卫则由"仪""卫"两种,仪卫制度亦即成了研究仪仗与宿卫的典章制度。唐代仪卫制度主要见于《新唐书·仪卫志》,其内容分在衙仗卫与驾行仪卫两种。其驾行仪卫是皇帝行幸礼仪制度的重要组成部分,其主要体现为皇帝威仪的展示与车驾的护卫两个方面,承担着意识形态的传输和政务运作的保障等诸多功用。基于此,已有学者关注到仪卫的部署与阵仗排列,[7]可为仪卫制度的研究提供思考,但其在广度与深度上仍有较大研究空间,据此予以解析。

---

　　① 《新唐书》卷二十三上《仪卫志上》,第481页。

　　② 《说文解字》卷八,第165页。

　　③ 《毛诗正义》卷二《邶风·柏舟》,《十三经注疏》,第624页。

　　④ 《说文解字》卷二下,第44页。

　　⑤ 《周礼注疏》卷三《天官·冢宰·宫正》,《十三经注疏》,第1413页。

　　⑥ 徐复等编:《古代汉语大词典》,上海:上海辞书出版社,2007年版,第2613页。

　　⑦ 罗彤华:《唐朝皇帝巡幸之仪卫—以大驾卤簿为中心》,《中国历史文化新论—高明士教授八秩嵩寿文集》,台北:元华文创股份有限公司,2020年版,第237—268页。아주대:《唐前期皇帝行幸의威仪》,《中国中古世史研究》第20辑,2008年。古怡青:《试论唐代皇帝巡幸的乘舆制度》,《法制史研究》第36期,2019年。曾美月:《唐代鼓吹乐研究》,《乐府新声》2009年02期等。

第一节　皇帝行幸威仪

"威仪"一词，早在先秦时期业已出现，其多见于《诗经》《尚书》等史料典籍，其意虽随文有变，但多与当时的礼仪制度密切相关。其有明确阐释者见《左传》，卫侯问北宫文子何谓威仪，答曰："有威而可畏谓之威，有仪而可象谓之仪。君有君之威仪，其臣畏而爱之，则而象之，故能有其国家，令闻长世。臣有臣之威仪，其下畏而爱之，故能守其官职，保族宜家。"①北宫文子所答"威仪"并非仅指仪容，而是指车马仪仗包装下的君臣形象，此类包装有君臣之分，故君有君威，臣有臣威，包装的目的是在君臣之间、臣民之间产生"畏"而得爱之。其后，君臣出行亦具特定包装，被称为卤簿。今以卤簿为中心，对皇帝行幸威仪予以阐释，解析如下。

一、中古时期的卤簿方阵

卤通橹，橹者"大盾也"，②《汉书·项籍传》所谓"流血漂卤"，颜师古注其为"漂，浮也。卤，盾也。其血可以浮盾，言杀人多也"。③ 故，卤可释为甲楯。簿系指记载甲楯、部伍先后顺序的簿籍。④ 故，卤簿可释为君臣外出的仪仗兵马。就目前所见卤簿内容而言，其内涵可容扩至舆服、扈从、甲仗、旗幡、鼓吹、乐舞、供养等。为了维系卤簿的完整性、协调性、功用性、威慑性等诸多方面，可根据其性质划分为若干方阵，这些方阵在中古时期趋于制度化和规模化，具体如下。

1. 先秦时期的"卤簿"仪制

卤簿一词由来已久，封演说："舆驾行幸，羽仪导从谓之卤簿，自秦、汉以来始有其名。"⑤封演之说将卤簿之名的由来追溯至秦汉。《封氏闻见记》后，仍有《文献通考》等典制体史书沿用其说。古怡青先生则据《大明集礼》所载"卤簿之制兆于秦，而其名则始于汉"⑥认为卤簿之名应形成于汉代。又，《宋史·舆服志》有载：

---

① 《春秋左传正义》卷四十鲁襄公三十一年条，《十三经注疏》，第4378页。

② 《说文解字》卷六上，第124页。

③ 《汉书》卷三十一《项籍传》，第1822页。

④ （唐）封演撰，赵贞信校注：《封氏闻见记校注》卷五《卤簿》，北京：中华书局，2005年版，第38页。

⑤ 《封氏闻见记校注》卷五《卤簿》，第38页。

⑥ 古怡青：《试论唐代皇帝巡幸的乘舆制度》，《法制史研究》36期，2019年。

秦并之，辇上选以供服御，其次以赐百官，始有大驾、法驾之制；又自天子以至牧守，各有卤簿焉。汉兴，乃不能监古成宪，而效秦所为。自是代有变更，志有详略。《东汉》至《旧唐书》皆称《舆服》，《新唐书》改为《车服》，郑樵合诸代为《通志》又为《器服》。①

引文所述虽着重于"舆服"之名的变迁，就其所论卤簿而言，汉承秦制已非常明显。在此不妨有此设想，即唐人仍能看到秦名"卤簿"的资料，故封演有此之说，其说为诸书所沿用。元人修《宋史》时爬梳遗留的秦汉史料，故有汉承秦制之说，并引入当时已深入人心的"卤簿"理念，进而得出"自天子以至牧守，各有卤簿焉"的结论。明人修《大明集礼》已无或并未看到秦名"卤簿"的资料，故有汉名"卤簿"之说。

当然，不论是否存有"秦名卤簿"之事实，秦已具卤簿形制无疑。《史记》所载刘邦、项羽看到秦始皇出巡的车马仪仗均有不同的反应。其所谓"嗟乎，大丈夫当如此也""彼可取而代也"均为秦始皇出行威仪的体现。如果说秦朝皇帝车马仪仗是在秦王扫六合之后，在秦制基础上，汲取六国之养而成。那么卤簿形制的出现到底可以追溯至何时呢？就现存史料而言，《尚书》《周礼》《礼记》中均有兵马仪仗的相关记载。《尚书》已有"弁戈""冕旒""虎贲""车辂"等卤簿仪制内容的记载。《周礼》《礼记》则有王出兵马仪仗的礼制规定。诸如《周礼·虎贲氏》掌"先后王而趋以卒伍"，②郑玄解释其为王将出，虎贲士掌前后警卫工作，虽群行亦有局次。《周礼·旅贲氏》掌"执戈盾，夹王车而趋，左八人，右八人。车止，则持轮"。③即旅贲氏所率部伍掌王出左右之安全，虽群行亦有局次。又，太仆氏掌王出正王之服位，士师掌王出前驱而辟等。④又《礼记·月令》载："天子居青阳大庙，乘鸾路，驾苍龙，载青旗，衣青衣，服仓玉，食麦与羊，其器疏以达。"⑤仲春之月，天子车、马、服御均有特别规定，既是月令的反映亦为天子身份的表达，其出行仪制也有显现。可以说卤簿形制实为先秦古礼的继承与发展。

---

① 《宋史》卷一百四十九《舆服志一》，第 3478 页。
② 《周礼注疏》卷三十一《夏官·司马·虎贲氏》，《十三经注疏》，第 1837 页。
③ 《周礼注疏》卷三十一《夏官·司马·旅贲氏》，《十三经注疏》，第 1837 页。
④ 《周礼注疏》卷三十一《夏官·司马·太仆氏》，《十三经注疏》，第 1838 页。《周礼注疏》卷三十五《秋官·司寇·士师》，《十三经注疏》，第 1890 页。
⑤ 《礼记正义》卷十五《月令》，《十三经注疏》，第 2948 页。

2. 汉"甘泉卤簿"方阵

前文已述卤簿内涵及其溯源,那么卤簿仪制在中古时期的发展将成为下文所要论述的内容。早在西汉时期已具卤簿的记载。据《西京杂记》所载"甘泉卤簿"[①]大致可分为七个方队:

第一,前部车队:司马车(驾 4,中道)—辟恶车(驾 4,中道)—记道车(驾 4,中道)—静室车(驾 4,中道)—鼓吹(13 人,中道)。

第二,引驾队:长安都尉 4(左右各 2,骑)—长安亭长 10(左右各 5,驾)—长安令(驾 3,中道)—京兆掾吏 3(驾 1)—京兆尹(驾 4,中道)—司隶部京兆从事、都部从事、别驾(1 车)—司隶校尉(驾 4,中道)—廷尉(驾 4,中道)—太仆、宗正引从事(驾 4,左右)—太常卿、光禄卿、卫尉寺卿(驾 4)—太尉外部都督令史、贼曹属、仓曹属、东曹掾、西曹掾(驾 1,左右各 3)—太尉驾 4(中道)—太尉舍人、祭酒(驾 1,左右)—司徒列从(令史、持戟吏各 8,鼓吹 1)。

第三,卫驾前队:中护军骑(左右各 3 行,持戟楯、弓矢、鼓吹各 1)—步兵校尉、长水校尉(驾 1)—队百匹(左右)—骑队 10(左右各 5)—前军将军(左右各 2 行,戟楯、刀楯、鼓吹各 1 部,7 人)—射声、翎军校尉(驾 3,左右 2 行,戟楯、刀楯、鼓吹各 1 部,7 人)—骁骑将军、游击将军(驾 3,左右 2 行,戟楯、刀楯、鼓吹各 1 部,7 人)。

第四,前部鼓吹队:黄门前部鼓吹(左右各 1,13 人,驾 4)。

第五,文官护驾队:前黄麾骑(中道)—护驾御史(骑,左右)—御史中丞驾 1(中道)—谒者仆射驾 4。

第六,后部车队:武刚车(驾 4,中道)—九斿车(驾 4,中道)—皮轩车(驾 4,中道)—闟戟车(驾 4,中道)—鸾旗车(驾 4,中道)—建华车(驾 4,中道)—虎贲中郎将车(驾 2,中道)。

第七,后部仪仗队:护驾尚书郎 3(骑)—护驾尚书 3(中道)——相风乌车驾 4(中道)—殿中侍御史(骑,左右)—典兵中郎(骑,中道)—高华(中道)—毕罕节(左右)—御马—华盖—刚鼓(中道)—金根车—左卫将军、右卫将军。

可以说,《甘泉卤簿》已初具规模,引驾队、车属队、卫驾队、鼓吹署队等均有建制;舆服、甲楯、鼓吹、旗幡、从行人员均有设置;前引后驾、前文后武、前仪后卫、左右分次的格局业已形成。东汉光武帝迁都洛阳,再次完善卤簿

---

① (晋)葛洪撰,周天游校注:《西京杂记》卷五《甘泉卤簿》,西安:三秦出版社,2006 年版,第 219—224 页。

制度,其文曰:

> 乘舆法驾,公卿不在卤簿中。河南尹、执金吾、洛阳令奉引,奉车郎御,侍中参乘。属车三十六乘。前驱有九斿云罕,凤凰阘戟,皮轩鸾旗,皆大夫载。鸾旗者,编羽旄,列系幢旁。民或谓之鸡翘,非也。后有金钲黄钺,黄门鼓车。①

引文再次规范了引驾制度,舆服、旗幡内容均有进一步的容扩,皇帝行幸威仪进一步得以凸显。

3. 晋"中朝大驾卤簿"方阵

魏晋以降,其已形成三驾卤簿制度,②此为这一时期卤簿发展的关键点之一。史载曹魏时期亦具大驾卤簿,因史籍阙载,其内容无从得知。西晋平吴后,晋武帝制作了中朝大驾卤簿,③其可视为魏晋时期驾行卤簿的代表,大致可分为十五个方队,如下:

第一,象车队:象车一鼓吹 1 部 13 人。

第二,引驾队:静室令(驾 1,中道)—式道侯 2(驾 1,分 3 道)—洛阳尉 2(骑,分左右)—洛阳亭长 9(驾 1,3 道,次正 2 引)—洛阳令(驾 1,中道)—河南中部掾、河桥掾、功曹史(驾 1)—河南尹(驾 4,戟吏 6)—河南主簿(驾 1,中道)—河南主记(驾 1,中道)—司隶部河南从事、都部从事、别驾从事(驾 1)—司隶校尉(驾 3,戟吏 8)—司隶主簿(驾 1,中道)—司隶主记(驾 1,中道)—廷尉明法掾、五官掾、功曹史(驾 1)—廷尉卿(驾 4,戟吏 6)—廷尉主簿、主记(驾 1)—太仆卿引从(驾)—宗正引从(驾)—太常卿(驾 4,中道,戟吏 6)—太常外部掾、五官掾、功曹史(驾 1)—光禄引从(中道)—太常主簿、主记、卫尉(驾 1)—太尉外督令史(驾 4,中道)—西东贼仓户等曹属(驾 1,引从)——太尉(驾 4,中道),太尉主簿 1,舍人 1,祭酒 2(驾 1)—司徒引从(驾 4,中道)—司空引从(驾 4,中道)—三公骑令史(戟各 8,鼓吹 1、7 人)。

第三,前部卫队:中护军(驾 4,中道,卤簿左右 2 行,持戟楯、弓矢,鼓吹 1、7 人)—步兵校尉,长水校尉(驾 1,卤簿左右 2 行,持戟楯,刀楯,鼓吹 1、7 人)—射生校尉、翊军校尉(驾 1,卤簿左右 2 行,持戟楯、刀楯,鼓吹 1、7 人—游击将军(驾 1,卤簿左右 2 行,持戟楯,刀楯,鼓吹 1、7 人)—仗队—骑

---

① 《后汉书》卷三十九《舆服志上》,第 3649 页。

② [日]田丸祥干:《魏晋南北朝の礼制と三驾卤簿》,《古代文化》64 卷 3 号,2012 年,第 418—435 页。

③ 《晋书》卷二十五《舆服志》,第 757—761 页。

队左右各50(5左5右,中督2分领)—左将军、前将军(驾1,卤簿左右2行,持戟楯、刀楯,鼓吹1、7人)—黄门麾骑(中道)—黄门前部鼓吹(驾4,左右各1,13人)—八校尉佐仗(左右各4,持大戟楯、九尺楯、弓矢、弩,熊渠、佽飞领之)。

第四,车队:司南车(驾4,中道)—护驾御史(骑,夹左右)—谒者仆射(驾4,中道)—御史中丞(驾1,中道)—虎贲中郎将(骑,中道)—九游车(中道)—武刚车(夹左右)—云罕车(驾4,中道)—阘戟车(驾4,中道)—皮轩车(驾4,中道)—鸾旗车(中道)—建华车(驾4,分左右)。

第五,护驾队:护驾尚书郎3(骑,都官郎中道,驾部在左,中兵在右)—护驾尚书1(骑,督摄前后)—相风车(中道)—司马督(中道)—司马史3引仗(左右各6行,持大戟楯、九尺楯、刀楯、弓矢、弩)—五时车。

第六,殿中署队:典兵中郎(骑,中道,左殿中御史,右殿中监)—高盖(中道)—左罩右罕—御史(中道)—左右节郎4—华盖(中道)—殿中司马(中道,殿中都尉在左,殿中校尉在右,左右各4行)—殿中司马1行—殿中都尉1行—殿中校尉1行。

第七,金根车队:金根车(驾6,中道,青旗12,左将军骑在左,右将军骑在右,殿中将军持凿斧夹车,车后衣书主职步6行,太仆卿御,大将军参乘)—司马史9—大戟楯(2行)—九尺楯(1行)—刀楯(1行)—由基(1行)—细弩(1行)—迹禽(1行)—椎斧(1行)—力人刀楯(1行)。

第八,扈从文官队:曲华盖(中道)—侍中、散骑常侍、黄门侍郎(骑,分左右)—黄钺车(驾1,在左)—御麾骑(在右)—相风(中道)—中书监(骑左)、秘书监(骑右),殿中御史(骑左)、殿中监(骑右)。

第九,五牛旗队:五牛旗(赤青在左,黄在中,白黑在右)—大辇(中道)—太官令丞(在左)、太医丞(在右)。

第十,属车队:金根车(驾4,不建旗)—青立车(驾4,竖旗)—青安车(驾4)—赤立车(驾4,竖旗)—赤安车(驾4)—黄立车(驾4,竖旗)—黄安车(驾4)—白立车(驾4,竖旗)—白安车(驾4)—黑立车(驾4,竖旗)—黑安车(驾4)—蹋猪车(驾4,中道,无旗)—耕根车(驾4,中道,赤旗12,熊渠督左,佽飞督右)。

第十一,行御车队:御辂车(驾牛,中道)—御四望车(驾牛,中道)—御衣车(驾牛,中道)—御书车(驾牛,中道)—御药车(驾牛,中道)。

第十二,尚书署队:尚书令(左,骑)、尚书仆射(右,骑)—尚书6(分左右,骑)—治书侍御史2(分左右,骑)—侍御史2(分左右,骑)—兰台令史(分左右,骑)。

第十三，豹尾车队：豹尾车（驾1）—神弩20张（夹道，5张置1将）—轻车20乘（左右分驾）—流苏马60匹—金钺车（驾3，中道）—左右护驾尚书郎并令史（骑，各1）—金钲车（驾3，中道）—左右护驾侍御史并令史（骑，各1）—黄门后部鼓吹（左右各13）—戴鼓车（驾牛2乘，分左右）。

第十四，鸿胪署队：左大鸿胪外部掾、右五官掾、功曹史（并驾）—大鸿胪（驾4）钺吏6—大司农引从（中道）、左大鸿胪主簿、主记、右少府引从—三卿（并骑）、吏4、铃下2，执马鞭辟车6，执方扇羽林10。

第十五，后部卫队：领军将军（中道）—后军将军（在左），右将军（在右）—越骑校尉（在左），屯骑校尉（在右）—领护骁骑（骑，吏4）、游军校尉（骑，吏4），骑将军4，骑校（驾1）、鼗角（驾1）、金鼓（驾1）、铃下（驾1）、信幡（驾1）、军校（驾1）—功曹使（骑从）、主簿（骑从）—伞、扇、幢、麾（各1骑）—鼓吹1部（7骑）—领护军（五官掾骑从）—骑十队（队各50匹，将1，持幢1，鼗1，督战伯长各1，羽林骑督、幽州突骑督分领之）—郎簿十队（队各50）—大戟1队、九尺楯1队50、刀楯1队50、弓1队50、弩1队50—黑袴褶将1，骑校1鼗角1，督战伯长各1（金颜督将并领之）。

综上，西晋中朝大驾卤簿已具完备的仪卫特色，表现为：其一，引驾官队的特色布列。其引驾官队由洛阳令、河南尹、太常、司徒、卫尉、司隶校尉等组成，其布列形式为唐大驾卤簿所承继。唐朝引驾官队由万年县令、京兆尹、御史大夫、司徒、兵部尚书、太常卿。司隶校尉主管监察，职责与唐代御史大夫类似，卫尉则与兵部尚书职责类似。

其二，明确了御用车队的位置。前引甘泉卤簿与后汉书所记载的法驾卤簿并未明确行幸中皇帝所处的位置，中朝大驾卤簿则不然。其第七方队金根车队即为皇帝乘舆位置，其太仆卿执绥，大将军陪乘既符合古礼要求亦被唐大驾卤簿所承袭。

其三，车队建制完整。第一，功用性车队已具规模，诸如司南车队、九游车、武刚车、云罕车、阘戟车、皮轩车、鸾旗车、建华车等。唐代大驾卤簿功用性车队亦有不少，诸如指南车、记里鼓车、白鹭车、辟恶车、皮轩车等，尽管名称不尽相同，但车署建设有继承性。第二，属车队建设都相当完备。西晋大驾卤簿属车队有金根车、青立车、青安车、赤立车、赤安车、黄立车、黄安车、白立车、白安车、黑立车、黑安车、蹋猪车、耕根车、豹尾车等。唐代大驾卤簿则有金辂、象辂、革辂、五副辂驾、耕根车、安车、四望车、羊车、属车、黄钺车、豹尾车等，亦有因袭。

其四，文官扈从队的齐整布列。西晋中朝大驾卤簿扈从文官队由侍中、散骑常侍、黄门侍郎、中书监、秘书监、殿中御史、殿中监组成。唐代大驾卤簿则有通事舍人、侍御史、御史中丞、御史、左拾遗、右拾遗、左补阙、右补阙、起居郎、起居舍人、谏议大夫、给事中、中书舍人、黄门侍郎、中书侍郎、左散骑常侍、右散骑常侍、侍中、中书令。其职官性质均为在中央有实际权力的清望官,承继关系明显。

当然,晋太康初年[①]的国力与唐开元年间相比有较大差距,其在器物、服饰、车舆、鼓吹乐器、旌旗、华盖、兵器、马匹、扈从等方面也有较大差异,晋"中朝大驾卤簿"与唐"大驾卤簿"不可同日而语,但就方队设计而言,承继关系仍较明显。

4. 唐"大驾卤簿"方阵

唐制,皇帝、皇太后、皇后、皇太子、太子妃、亲王等皆有卤簿,王公以下,职事官四品以上、散官二品以上、爵郡王以上及二王后,依品给。国公准三品给。若京官职事五品之婚葬,并尚公主,娶县主,及职事官三品以上,有公爵者嫡子婚,并准四品给。此外,内外命妇也应有卤簿。[②] 尽管君臣皆有卤簿,但卤簿对皇帝行幸而言有着特殊的意义。宋人欧阳修在《新唐书·仪卫上》中评价唐代卤簿时说:"其人君举动必以扇,出入则撞钟,庭设乐宫,道路有卤簿、鼓吹。礼官百司必备物而后动,盖所以慎重也。故慎重则尊严,尊严则肃恭。"[③]即其具尊君肃臣的效用。为此,唐袭汉魏六朝的三驾之制,[④]即大驾、法驾、小驾三种。三驾因事而异,规模略有差异。大驾用于祭祀、纳后,其规模最大,仪制最为复杂。法驾,则减大驾太常卿、司徒、兵部尚书、白鹭车、辟恶车、大辇、五副辂、安车、四望车,属车减四,其清游队、持钑队、玄武队皆四分减一,诸队、鼓吹三分减一,余同大驾。[⑤] 小驾,又减法驾御史大夫、指南车、记里鼓车、鸾旗车、皮轩车、象辂、革辂、木辂、耕根车、羊车、黄钺车、豹尾车、属车、小辇、小舆,诸队仗及鼓吹各减大驾半,余同法驾。[⑥] 基于此,有学者认为大驾卤簿出动实为一种礼制,并将其归于巡狩、祭祀、亲征、

---

① 张金龙先生论证西晋中朝大驾卤簿的制订时间为太康元年(280)。(见张金龙:《"中朝大驾卤簿"所反映的西晋禁卫武官制度》,《中华文史论丛》59 辑,上海:上海古籍出版社,1999 年版,第 92—97 页。)

② 《大唐开元礼》卷二《序例中》,第 20—28 页。《唐令拾遗》,第 447—457 页。

③ 《新唐书》卷二十三上《仪卫志上》,第 481 页。

④ 《隋书·礼仪志》载:"开皇平陈,因以为法令。宪章往古,大驾依秦,法驾依汉,小驾依宋,以为差等。"(见《隋书》卷十《礼仪志五》,第 209—210 页。)唐承隋制,故有此论。又,古怡青先生、高明士先生亦有涉及,可证其论。(见古怡青:《试论唐代皇帝巡幸的乘舆制度》,《法制史研究》36 期,2019 年。高明士:《中国中古礼律综论·法文化的定型》,台北:元照出版有限公司,2014 年版,第 238—239 页。)

⑤ 《通典》卷一百七《序列中·大驾卤簿》,第 2783 页。

⑥ 《通典》卷一百七《序列中·大驾卤簿》,第 2783 页。

巡幸等关乎国家安危与境况的大事，以展示天子威仪。①故，今以大驾卤簿为中心对皇帝行幸仪卫形态予以解析。

《大唐开元礼·序例二》《通典·序例中》《新唐书·仪卫上》均有大驾卤簿条，其文字记载虽略有不同，但均出自开元年间的"卤簿令"。据此，以《大唐开元礼》"大驾卤簿"条为中心，胪列卫仗时参引《通典》《新唐书》等诸书方可。其文曰：

导驾，先万年县令，次京兆牧，次太常卿，次司徒，次御史大夫，次兵部尚书。自县令以下，并正道威仪，各乘辂。其卤簿，各依本品给之。次清游队，白泽旗二，分左右，各一人执，二人引，二人夹。金吾折冲二人，各领四十骑，戎服，分左右。次金吾大将军二人，分左右，各二人执㮓矟，骑从，自龙旗以前检校。次金吾果毅二人，领虞候伙飞四十八骑，夹道单行，分左右，引到黄麾仗。次外铁甲伙飞二十四骑，并行，分左右厢，各六重，引到步甲队。次朱雀旗，一骑执，二骑引，二骑夹。金吾折冲都尉一人，领四十人，执横刀矟弩弓箭骑从。次龙旗十二，各一骑执，并戎服，被大袍，横行正道。每一旗前，二人骑，为二重，引前；每旗后，亦二人，护后。副竿二，分左右，又金吾果毅二人骑领。次指南车，次记里鼓车，次白鹭车，次鸾旗车，十二旗，次辟恶车，次皮轩车，并驾四马，驾士各十四人，匠一人。次引驾十二重，重二人，并行正道，骑，带横刀。自皮轩车后，均布至细仗前，一重矟弩，一重弓箭，相间。金吾果毅一人检校。次鼓吹令二人，次㭊鼓十二面，金钲十二面，次大鼓一百二十面，次长鸣一百二十具，次铙鼓十二面，歌箫笳各二十四；次大横吹一百二十具，节鼓二面，笛、箫、筚篥、笳、桃皮筚篥各二十四；次㭊鼓十二面，金钲十二面，次小鼓一百二十面，次中鸣一百二十具，次羽葆鼓十二面，歌箫笳各二十四。自前㭊鼓以下，工人皆自副并骑，分左右，横行。每鼓皆二人夹。每队皆有主帅五人以下统领。次殿中侍御史二人，分左右。次黄麾，一人执，二骑夹。次太史令一人。次相风舆，舆士八人。次

① 罗彤华：《唐朝皇帝巡幸之仪卫—以大驾卤簿为中心》，陈俊强主编：《中国历史文化新论—高明士教授八秩嵩寿文集》，台北：元华文创股份有限公司，2020 年版，第 238 页。古怡青：《试论唐代皇帝巡幸的乘舆制度》，《法制史研究》36 期，2019 年。[日]丸桥充拓著，张桦译：《唐代军事财政与礼制》，西北大学出版社，2018 年。Howard J. Wechsler. "Offerings of Jade and Silk: Ritual and Symbol in the Legitimation of the Tang Dynasty," New Haven: Yale University Press, 1985. [日]沟口雄三等著，孙歌等译：《中国的思维世界》，南京：江苏人民出版社，2006 年，第 481—482 页。Victor Cun rui Xiong. Sui-Tang Chang'an: A Study in Ubran History of Medieval China, AnnArbor: Center for Chinese Studies, University of Michigan, 2000.

枹鼓金钲各一，司辰一人，典事一人，刻漏生四人，分左右。次前漏舆正道，匠一人，舆士四十人。次钑戟前队，左右武卫果毅各一人，骑，分左右。次五色绣幡一。次金节十二。次罕罩各一，左罕右罩。次朱雀幢一。次左青龙右白虎幢，各一。次导盖一，义一。次称长一人。次钑戟，各一百四十四人，分左右。武卫将军各一人。次御马二十四匹，分左右。次尚乘奉御二人，分左右。次左青龙右白虎旗，各一。左右卫果毅各一人，各领四十五人，骑，分左右。次通事舍人八人，骑分左右。次侍御史二人，次御史中丞二人，次御史二人，次拾遗二人，次补阙二人，并骑，分左右。次起居郎一人，在左。起居舍人一人，在右。次谏议大夫二人，分左右。次给事中二人，在左。中书舍人二人，在右。次黄门侍郎二人，在左。次中书侍郎二人，在右。次左散骑常侍二人，在左。次右散骑常侍二人，在右。次侍中二人，在左。次中书令二人，在右。自通事舍人以下，皆一人步从。次香蹬一。次左右卫将军各一人，分左右。次班剑仪刀，左右厢各十二行。次左右卫郎将各一人，领散手翊卫三十人，带横刀，骑，在副仗稍翊卫内。次左右骁卫郎将各一人，各领稍翊卫二十八人，甲骑具装，执副仗稍，在散手外，均布曲折至后门。次左右卫供奉中郎将四人，领亲勋翊二十八人，带横刀，骑分左右，在三卫仗内。次玉辂。青质玉饰，驾青骝六，大祭祀、纳后则乘之。太仆卿驭，驾士三十二人，千牛将军一人陪乘，左右卫大将军各一人，夹玉辂。次千牛将军一人，中郎将二人，分左右。次千牛备身，分左右，骑在玉辂后。次御马二匹，次左右监门校尉各一人。在后门内检校。次牙门。二人执，四人夹。次左右监门校尉各十二人，骑，监当后门，十二行仗头各一人。次左右骁卫翊卫各三队，队三十五人，并带稍、弩弓箭、横刀，相间。前第一队，各大将军一人领，执凤旗。第二队，各将军一人领，执飞黄旗。第三队，各郎将一人领，执吉利旗。次左右卫夹毂厢，各六队，队三十人，每队各折冲一人，果毅一人检校。次大缴二，在牙门后。次孔雀扇各四，分左右。次腰舆一，次小团扇四，次方扇十二，次花盖二。次大辇一，尚辇奉御二人。殿中少监一人，骑从。次诸司供奉官二人，分左右。次御马二十四匹，分左右。次尚乘直长二人，分左右。次大缴二，孔雀扇八，夹缴。次小扇十二，次朱画团扇十二。次花盖二，次俾倪十二。次玄武幢一，次绛麾二，次细稍十二，后黄麾一。次殿中侍御史二人，骑，分左右。次大角一百二十具，金吾果毅一人，领横行十重。次后部鼓吹：羽葆鼓十二面，工人各十二；歌箫笳各工人二十四。次铙鼓十二面，工人各十二，歌箫笳各工人二十四。次小横吹一百二十具，工人一百二十；节鼓二面，工人各二；笛、箫、笳篥、笳、桃皮笳篥各工人二十四。次方辇一，主辇二百人。次小辇一，主辇六十人。次小舆一，奉舆十二人。次尚辇直长二人，分左右。次左右武卫五牛旗舆五，黄牛旗处内，赤青在左，白黑在右，各八人执。左右威卫队正各一人检校。次乘黄令一人，丞一人，骑分左右，检校玉辂等。次金辂。赤质金饰，驾赤骝六，飨射、还饮至则乘之。次象辂。黄质以象饰，驾黄骝六，行道则供之。次革辂。白质，鞔之以革，驾白骆六，巡狩、临兵事则乘之。各驾士三十二人。次五副辂，各驾四马，驾士二十八人。次耕根车。青质，盖三重，驾六马，耕藉则乘之。驾士三十二人。次安车。金饰，驾四马，临幸则乘之。次四望车。金饰，驾四马，拜陵、临吊则乘之。驾士各二十四人。次羊车。驾果下马二。小吏十四人。次属车十二，驾牛，驾士各八人。次门下省、中书省、秘书省、殿中省等局官各一人，并骑分左右。次黄钺车，驾二马，驾士十二人。次豹尾车，驾二马，驾士十二人。次左右威卫折冲都尉各一人，领掩后二百人，各执大戟、刀楯、弓箭及弩。各五十人为一行，并横行。次左右领军将军各一人，各二人执㦸稍步从。次前后左右厢步甲队四十八队，前后各二十四队，并鍪铠弓刀楯，五色相间。队引各三十人。次左右厢黄麾仗，厢各十二部，部十二行，并执弓刀戟楯及孔雀氅、鹅毛氅、鸡毛氅等，行列十人。左右领军黄麾仗，首尾厢各五色绣幡二十口。十口引前，十口掩后。厢各独揭鼓十二重，重二人，在黄麾仗外。次左右卫将军各一人，骁卫、武卫、威卫、领军卫，各大将军一人检校黄麾仗。次㦸仗，左右厢各十八人，厢别二百五十人执㦸，二百五十人执义，每㦸一义一相间。次诸卫马队，左右厢各二十四队，从十二旗，队别主帅以下四十人，并戎服带横刀箭弩稍，每队皆折冲果毅一人检校。前第一队，辟邪。第二队，应龙旗。第三队，玉马旗。第四队，三角兽旗。第五队，黄龙负图旗。第六队，黄鹿旗。第七队，飞麟旗。第八队，駃騠旗。第九队，鸾旗。第十队，凤旗。第十一队，飞黄旗。第十二队，麒麟旗。第十三队，角端旗。第十四队，赤熊旗。次后第十五队，兕旗。第十六队，太平旗。第十七队，犀牛旗。第十八队，鶼鶼旗。第十九队，騊駼旗。第二十队，驺牙旗。第二十一队，仓乌旗。第二十二队，白狼旗。第二十三队，龙马旗。第二十四队，金牛旗。次玄武队，玄武旗一人执，二人引，二人夹。金吾折冲一人，领五十骑，分执稍弩。次玄武队前，大戟队后，当正道执㦸仗，行内置牙门一，二人执，四人夹，骑分左右。次牙门左右厢各开五门，门二人执，四人夹，并骑分左右。第一门在左右威卫，白质步甲队后，左右领军卫黄麾仗前。

第二门在左右威卫,黑质步甲队后。左右领军卫黄麾仗前。第三门在左右领军卫黄麾仗后,左右骁卫黄麾仗前。第四门在左右骁卫黄麾仗后,左右武卫步甲队前。第五门在左右武卫白质步甲队后,黑质步甲队前。右自清游队以下诸卫将军,并平巾帻,紫褶裆,大口袴,锦腾蛇金隐起,带弓箭横刀。中郎将、折冲果毅皆平巾帻,绯褶裆,大口袴,锦腾蛇银梁金隐起,带横刀弓箭。伙飞、执旗人、引驾三卫,并武弁,绯褶裆,大口袴。供奉官并武弁朱衣,各一人,步从。余文武官及导驾官,并朱衣冠履,依本品服。其工人驾士,并绛衣平巾帻。余并戎服准式。①

《唐六典》在对"大驾卤簿"的评述中说:"凡大驾卤簿一千八百三十八人,分为二十四队,列为二百一十四行。"②就实际统计来说,大驾卤簿的人数达数万人,③与《唐六典》记载相差甚远,其所记二十四队,二百一十四行业已被目前学界研究成果所打破。④ 今在前人胪列仗卫基础上,结合本人的最新思考,现将仪仗队胪列如下。

第一,引驾官队:万年县令—京兆牧—太常卿—司徒—御史大夫—兵部尚书(县令以下,正道威仪,各依本品卤簿)。

第二,清游队:⑤白泽旗2(分左右,1执2引2夹)—金吾折冲2各领40骑(戎服,分左右)—金吾大将军2(带刀箭横刀,⑥分左右。各2执殳稍,骑夹)—左右金吾果毅2(带刀箭横刀⑦)—虞候伙飞48骑(带刀箭横刀⑧,夹道单行,分左右)—外铁甲伙飞24骑(带刀箭横刀⑨,甲骑具装⑩,并行,分左右厢,各6重)。

---

① 《大唐开元礼》卷二《序例·大驾卤簿》,第20—23页。

② 《唐六典》卷十四《太常寺》,第407页。

③ 曾月美先生统计,大驾卤簿约1.1万人,其中乐工2143人,歌手96人。(见曾美月:《唐代鼓吹乐研究》,《乐府新声》2009年02期。)罗彤华先生则推测唐大驾卤簿总人数可能在2万人上下。(见《唐朝皇帝巡幸之仪卫—以大驾卤簿为中心》,第245页。)

④ 孙晓晖:《唐代的卤簿鼓吹》,《黄钟》2001年04期。아주대:《唐前期皇帝行幸의威仪》,《中国中古世史研究》20辑,2008年。马冬:《唐代大驾卤簿服饰研究》,《文史》87辑,北京:中华书局,2009年版,第107—139页。朱筱新:《古代帝王出行的仪仗》,《百科知识》2013年05期。古怡青:《试论唐代皇帝巡幸的乘舆制度》,《法制史研究》36期,2019年。《唐朝皇帝巡幸之仪卫—以大驾卤簿为中心》,第238页。

⑤ 前引金吾大将军自龙旗前检校,说明白泽旗队、朱雀旗队与龙旗队均由金吾卫掌管,承担前驱职任,于此将其统一归入清游队。

⑥ 据《新唐书·仪卫志》补。

⑦ 据《新唐书·仪卫志》补。

⑧ 据《新唐书·仪卫志》补。

⑨ 据《新唐书·仪卫志》补。

⑩ 据《新唐书·仪卫志》补。

第三，朱雀队：朱雀旗 1（1 骑执，2 骑引，2 骑夹）—金吾折冲 1 领 40 骑（执横刀、稍、弩、弓箭）—龙旗 12（各 1 骑执，戎服，披大袍，骑 2 重，旗前 2 人，旗后 2 人，横行正道）—副竿 2（分左右）—金吾果毅 2（骑领）。

第四，导行车队：指南车（驾 4 马，驾士 14，正道①匠 1）—记里鼓车（驾 4，驾士 14，正道匠 1）—白鹭车（驾 4 马，驾士 14，正道匠 1）—鸾旗车（12 旗，驾 4 马，驾士 14，正道匠 1）—辟恶车（驾 4 马，驾士 14，正道匠 1，太卜令 1②）—皮轩车（驾 4 马，驾士 14，正道匠 1，左金吾队正 1③银装仪刀，紫黄绶纷，执弩）。

第五，金吾引驾队：引驾 12 重（重 2，1 重稍弩，1 重弓箭，相间；骑，带横刀，并行正道）—左右金吾果毅 1（检校）。

第六，前部鼓吹：鼓吹令 2（左右各 1）—楜鼓 12、金钲 12（2 人夹）—大鼓 120（工人 2，骑，分左右横行，2 人夹）—长鸣 120（工人 2，骑，分左右横行，2 人夹）—铙鼓 12、歌箫笳各 24（工人 2，骑，分左右横行，2 人夹）—大横吹 120（工人 2，骑，分左右横行，2 人夹）—节鼓 2（工人 2，骑，分左右横行，2 人夹）—笛、箫、筚篥、笳、桃皮筚篥各 24（工人 2，骑，分左右横行，2 人夹）—楜鼓 12、金钲 12、次小鼓 120（2 人夹）—中鸣 120（工人 2，骑，分左右横行，2 人夹）—羽葆鼓 12、歌箫笳各 24（工人 2，骑，分左右横行，2 人夹）。

第七，前黄麾队：殿中侍御史 2（左右各 1）—黄麾 1（1 执，2 骑夹）。

第八，时间测量机队：太史令 1 书令史 1④（骑）—相风舆（舆士 8 正道匠 1⑤）—楜鼓 1 金钲 1—司辰 1 典事 1 刻漏生 4（分左右）—漏舆（正道匠 1 舆士 14⑥）。

第九，钑戟前队：左右武卫果毅各 1（骑，分左右）。

第十，幡幢队：五色绣幡 1—金节 12—罕罼各 1（左罕右罼）—朱雀幢

---

① 据《新唐书·仪卫志》补。

② 《新唐书·仪卫志》载："太卜令一人，居辟恶车"，恐《大唐开元礼》《通典》记载遗漏，予以补之。

③ 《新唐书·仪卫志》载："金吾卫队正一人，居皮轩车"，恐《大唐开元礼》《通典》记载遗漏，予以补之。

④ 《大唐开元礼》《通典》均载"太史令一人"，《新唐书》载为"太史监一人，书令史一人"。按，太史局属秘书省，置令二人，其太史监一人当从《大唐开元礼》《通典》所载"太史令一人。"引文其后所载的司辰、典事、刻漏生皆为太史局官吏，助以时间测量。那么作为太史局官之贰，书令史亦当忝列其中，以佐太史令。故，当从《新唐书》所载。

⑤ 据《新唐书·仪卫志》补。

⑥ 《大唐开元礼》载为"舆士四十人"，《新唐书》载为"十四人"。按，指南车、记里鼓车、白鹭车、鸾旗车、辟恶车、皮轩车舆士皆为十四人，皇帝所乘金辂、象辂、革辂、木辂，驾士皆三十二人。据此，可推测漏舆舆士当为十四人。

1—左青龙幢1右白虎幢1①—导盖1—叉1—称长1。

第十一，钑戟后队：钑戟144（分左右）—左右武卫将军各1②。

第十二，御马队：御马24（分左右2人驾）—尚乘奉御2书令史2③（分左右，骑从）。

第十三，龙虎旗队：左青龙旗1右白虎旗1④（执各1，骑。引、夹各2，骑⑤）—左右卫果毅各1（各领45，⑥骑，或执矟，或持弩，或带弓箭，⑦分左右）。

第十四，扈从文官队：通事舍人8（骑，左右各4⑧）—侍御史2（左右各1）—御史中丞2（左右各1）—御史2—左拾遗1右拾遗1—左补阙1右补阙1（骑分左右）—起居郎1（在左）起居舍人1（在右）—谏议大夫2（左右各1）—给事中2（在左）—中书舍人2（在右）—黄门侍郎2（在左）中书侍郎2（在右）—左散骑常侍2（在左）右散骑常侍2（在右）⑨—侍中2（在左）中书令2（在右）（通事舍人以下1人步从）—香蹬1（有衣，绣以黄龙，执者4，服如折冲都尉⑩）。

第十五，班剑仪刀仗队：左右卫将军各1（分左右）—班剑仪刀左右厢各12行。左右卫亲卫各53（各执金铜装班剑，纁朱绶纷，曲折3陪后门），左右卫亲卫各55（各执金铜装班剑，纁朱绶纷，曲折4陪后门），左右卫勋卫各57（各执金铜装班剑，纁朱绶纷，曲折5陪后门），左右卫勋卫各59（各执金铜装班剑，纁朱绶纷，曲折6陪后门），左右卫翊卫各61（各执金铜装仪刀，绿綝绶纷，曲折7陪后门），左右卫翊卫63（各执金铜装仪刀，绿綝绶纷，曲折8陪后门），左右卫翊卫65（各执金铜装仪刀，绿綝绶纷，曲折9陪后门），左右骁卫67（各执金铜装仪刀，绿綝绶纷，曲折10陪后门），左右武卫翊卫69（各执银装仪刀，紫黄绶纷，曲折11陪后门），左右威卫翊卫71（各执银装仪刀，

---

① 《大唐开元礼》载为"左青龙右白虎幢各一"表述有歧义，据《通典》改之。

② 《大唐开元礼》载为"武卫将军各一人"。《通典》则载为"左右卫将军"。按，钑戟队属左右武卫，前文亦有"左右武卫果毅"，其为左右武卫将军的导引。故，此处当为"左右武卫将军"。《大唐开元礼》漏"左右"二字，在此予以补遗。

③ 《大唐开元礼》《通典》载："尚乘奉御二人"，《新唐书》载"尚乘奉御二人，书令史二人"，今从《新唐书》。

④ 《大唐开元礼》载为"左青龙右白虎旗各一"表述有歧义，据《通典》改之。

⑤ 据《新唐书·仪卫志》补。

⑥ 《大唐开元礼》载："各领四十五人"；《通典》载："各领三十五人"；《新唐书》则载"各领二十五骑"。诸书记载均有差异，在此存目。

⑦ 据《新唐书·仪卫志》补。

⑧ 据《新唐书·仪卫志》补。

⑨ 《新唐书·仪卫志》载："左散骑常侍一人在左，右散骑常侍一人在右"，在此存目。

⑩ 据《新唐书·仪卫志》补。

紫黄绶纷,曲折 12 陪后门),左右领军卫翊卫 73(各执银装仪刀,紫黄绶纷,曲折 13 陪后门),左右金吾卫翊卫 75(各执银装仪刀,紫黄绶纷,曲折 14 陪后门)①。

第十六,三卫仗队:左右厢(诸卫郎将主之,执班剑、仪刀,领亲、勋、翊卫)—左右卫郎将各 1,领散手翊卫 30(横刀,骑)—左右骁卫郎将各 1,各领稍翊卫 28 骑(甲骑具装,执副仗稍)—左右卫供奉中郎将 4 各领亲勋翊 28②(带横刀,骑,分左右)。

第十七,皇帝玉辂队:玉辂(太仆卿驭。驾士 32。③千牛将军 1 陪乘,执金装长刀,1 人从。左右卫大将军各 1,骑夹,1 人从)—千牛将军 1 中郎将 2(皆 1 人从,分左右)—千牛备身 2(分左右,骑,在玉辂后,带横刀,执御刀,弓箭④)—御马 2(各 1 人驭)—左右监门校尉各 1(后门内检校)—衙门旗(2 人执,4 人夹,骑,赤綦袄、黄冒、黄袍)—左右监门校尉各 12(骑,执银装长刀,⑤监当后门,12 行,仗头各 1)。

第十八,玉辂护卫后队:左骁卫翊卫前队 35(大将军 1 领,前队执凤旗,骑夹引横,带稍、弩弓箭、横刀,相间)—左骁卫翊卫二队 35(大将军 1 领,二队执黄旗,骑夹引横,带稍、弩弓箭、横刀,相间)—左骁卫翊卫队三队 35(郎将 1 领,执吉利旗,骑夹引横,带稍、弩弓箭、横刀,相间)—左右卫夹毂厢队各 6(队 30 人,队各折冲 1 果毅 1 检校)。

第十九,御马鏒扇舆辇队:大鏒 2(执者骑,横行⑥)—雉尾障扇各 4(执者,骑,分左右,夹鏒)—腰舆 1(舆士 8)—小团雉尾扇 4—方雉尾扇 12,花盖 2(执者 1,夹腰舆)—掌辇 4 引辇⑦—大辇 1(主辇 200⑧)尚辇奉御 2(主腰舆,各书令史 2,骑从⑨)—殿中少监 1(骑,督诸局供奉事,1 人从⑩)—诸司供奉官 2(分左右)—御马 24(分左右,各 2 人驭⑪)—尚乘直长 2(分左右,平巾

---

① 据《新唐书·仪卫志》补。
② 《通典》载:"领亲勋翊四十八人。"
③ 《大唐开元礼》载:"驾士四十一",《通典》载:"驾士三十二人。"按,金辂、象辂、革辂驾士皆三十二人,基于玉辂的特殊地位也不能排除其驾士要多于三十二人,暂且从《通典》所载。
④ 据《新唐书·仪卫志》补。
⑤ 据《新唐书·仪卫志》补。
⑥ 据《新唐书·仪卫志》补。
⑦ 据《新唐书·仪卫志》补。
⑧ 据《新唐书·仪卫志》补。
⑨ 据《新唐书·仪卫志》补。
⑩ 据《新唐书·仪卫志》补。
⑪ 据《新唐书·仪卫志》补。

帻,绯袴褶,书令史 2 骑从①)—次大缴 2—雉尾扇 8(夹缴左右横行)—小雉尾扇 12(左右横行②)—朱画团扇 12(左右横行③)—花盖 2—叉 2—睥睨 12(左右横行④)—玄武幢 1 叉 1(居绛麾内⑤)—绛麾 2(左右夹玄武幢⑥)—细矟 12(孔雀为毦,左右横行,居绛麾后⑦)。

第二十,后黄麾队:后黄麾 1(1 执 2 夹,骑)—殿中侍御史 2(骑,分左右,各令史 2 骑从⑧)-大角 120—金吾果毅 1(领横行 10 重)。

第二十一,后部鼓吹:羽葆鼓 12(工人 12)歌箫笳各工人 24—铙鼓 12(工人各 12)歌箫笳各工人 24—小横吹 120(工人 120)节鼓 2(工人各 2)—笛、箫、筚篥、笳、桃皮筚篥各工人 24。

第二十二,辇舆辂属车队:方辇 1(主辇 200)—小辇 1(主辇 60)—小舆 1(奉舆 12,服如主辇)—尚辇直长 2(分左右,检校辇舆,书令史 2 骑从⑨)—左右武卫 5 牛旗舆 5(黄牛旗处内,赤青在左,黄居中,白黑在右,皆 8 执,平巾帻、大口绔,衫从旗色⑩)—左右威卫队正(各 1,检校,骑,执银装长刀⑪)—乘黄令 1 丞 2(骑,分左右,检校玉辂等。府史 2 骑从⑫)—金辂(驾 6,驾士 32)—象辂(驾 6,驾士 32)—革辂(驾 6,驾士 32)—五副辂驾 4(驾士 28)—耕根车 1(驾 6,驾士 32)—安车 1(驾 4,驾士 24)—四望车 1(驾 4,驾士各 24)—羊车 1(驾果下马 2,小史 14)—属车 12(驾牛,驾士各 8)—门下省、中书省、秘书省、殿中监等局官各 1(骑,分左右,夹属车,各 5 从,唯符宝 12 人从⑬)—黄钺车驾 2(驾士 12,左武卫队正 1 在车⑭)—豹尾车驾 2 马(驾士 12,左武卫队正 1 在车⑮)。

第二十三,步甲队:左右威卫折冲都尉各 1,领掩后 200(50 执大戟、50

---

① 据《新唐书·仪卫志》补。
② 据《新唐书·仪卫志》补。
③ 据《新唐书·仪卫志》补。
④ 据《新唐书·仪卫志》补。
⑤ 据《新唐书·仪卫志》补。
⑥ 据《新唐书·仪卫志》补。
⑦ 据《新唐书·仪卫志》补。
⑧ 据《新唐书·仪卫志》补。
⑨ 据《新唐书·仪卫志》补。
⑩ 据《新唐书·仪卫志》补。
⑪ 据《新唐书·仪卫志》补。
⑫ 据《新唐书·仪卫志》补。
⑬ 据《新唐书·仪卫志》补。
⑭ 据《新唐书·仪卫志》补。
⑮ 据《新唐书·仪卫志》补。

执刀、楯、欑，50 执弓箭，50 执弩，横行，黑鍪、甲、覆膊、臂韝①）—左右领军将军各 1—各 2 执稜稍（步从）—左右领军将军各 1 领前后厢步甲队 48 队（前后各 24 队，并鍪铠弓刀楯，五色相间，队各 30 人）。

第二十四，左右厢黄麾仗殳仗队：左右厢黄麾仗，厢各 12 部，（左右领军黄麾仗首尾厢各五色绣幡 20 口，10 口引前，10 口掩后，厢各独揭鼓 12 重，重 2）部 12 行（行列 10 人，执弓刀戟楯及孔雀氅、鹅毛氅、鸡毛氅等）—左右卫将军各 1（骁卫、武卫、威卫、领军卫，各大将军 1 检校黄麾）—殳仗（左右厢各 1000，250 执殳，250 执叉，殳叉相间）。

第二十五，诸卫马队：左右厢各 24 队（从 12 旗，主帅以下 40 人，戎服大袍，2 引旗，1 执 2 夹，20 执稍。②队别戎服带横刀箭弩稍，每队左右领军卫折冲果毅各 1 检校）。

第二十六，玄武队：玄武旗 1（1 执，2 引，2 夹）—金吾折冲 1（领 50 骑，分执稍弩）。③

综上，唐大驾卤簿已形成前导后从，引夹相间，仪、卫相融，前引后押，纵横交错、视听合一的行进格局，其与中朝大驾卤簿相较，更多的体现为队列组织架构的完备、空间位置的延展与物质实体形制的丰富，具体如下。第一，鼓吹部的独立设置。晋中朝大驾卤簿鼓吹分布于各仪仗队中，如象车队、引驾队、前部卫队、豹尾车队等，鼓吹部乐器相对单一，人员较少。唐大驾卤簿则不然，设前鼓吹部和后鼓吹部两种，分列第六方队和第二十一方队，位置前后适中，可顺利完成其声势的传递。其所属乐器亦有鼓、钲、长鸣、笛、箫、笳、筚篥等数十种，人员可达千余人，结构亦较为完整。

第二，古礼"五辂"制度的回归。晋中朝大驾卤簿皇帝所在位置为第七方队金根车队。唐大驾卤簿皇帝所在位置则为第十七方队玉辂队。唐玉辂队建设更为完备，除却晋中朝大驾卤簿所载"卿驭""将军陪乘"外，唐玉辂另设衙门队，由左右监门卫校尉检校。此外，唐还仿先秦古礼④设金辂、象辂、革辂、木辂等，与玉辂合称五辂。此为晋制所未载。

第三，仪用专属方队的创设。晋中朝大驾卤簿共分十五个方队，即象车

---

① 据《新唐书·仪卫志》补。

② 据《新唐书·仪卫志》补。

③ 另有牙门五，左右厢各开五门。第一门在左右威卫黑质步甲队后，白质步甲队前。第二门在左右卫步甲队后，左右领军黄麾仗前。第三门在左右武卫黄麾仗后，左右骁卫黄麾仗前。第四门在左右领军卫黄麾仗后，左右卫步甲队前。第五门在左右武卫白质步甲队后，黑质步甲队前。五门别当步甲队黄麾仗前，马队后，各六人分左右，戎服大袍，带弓箭、横刀。

④ 五辂的最早记载见《周礼》，分为玉、金、象、革、木五种。（见《周礼注疏》卷二十七《春官·宗伯·巾车》,《十三经注疏》,第 1776—1777 页。）

队、引驾队、前部卫队、车队、护驾队、殿中署队、金根车队、扈从文官队、五牛旗队、属车队、行御车队、尚书署队、豹尾车队、鸿胪署队、后部卫队等。除却五牛旗队仪用性较强外，其余方队集护卫、给养、仪用于一体，并非为专属仪用方队。[①] 唐大驾卤簿除却加强功用性方队的仪用效果外，还创设不少专属仪用方队。其增设仪用效果的功用性方队为：朱雀队设朱雀旗、龙旗；龙虎旗队设左青龙旗、右白虎旗；御马缴扇舆辇队设大缴、雉尾障扇、小团雉尾扇、方雉尾扇、华盖、玄武幢、睥睨、绛麾等；辇舆辂属车队设五牛旗；玄武队设玄武旗等。其专属仪用方队则由前黄麾队、幡幢队，班剑仪刀队、后黄麾队、左右厢黄麾仗殳仗队等组成。

可以说，自汉甘泉卤簿经晋中朝大驾卤簿至唐大驾卤簿，在卤簿设计及其仗卫布列方面基本反映中古时期皇帝行幸卤簿的发展脉络，即趋向队列架构的完备化、空间位置的延展化与仗卫形制的丰富化。

二、唐大驾卤簿仪势瞭望

据唐大驾卤簿方阵周知，唐大驾卤簿的设计已具特定组织架构与细致布列，其以服饰、车舆、鼓吹、仗卫、旌旗、缴扇、御马、兵器等物质实体，将其进行特定的形制包装，并兼具各类人员与物的空间布置与设计理念，用以呈现特定的视听效果。这种视听效果可称为"势"，其以"威"为核心，具体由"仪势"和"卫势"两种，其"仪势"可解析如下：

1. 布列仪"势"

所谓布列仪"势"即唐大驾卤簿的整体设计理念，其主要体现为：前导后从、仪卫相间，横纵严整等原则。其一，前导后从。就大驾卤簿整体布列而言，其以第十七方队皇帝玉辂为核心，以万年县令、京兆牧、太常卿、司徒、御史大夫、兵部尚书为引驾官队；以左金吾卫所领清游队、朱雀队为前驱卫队；以指南车、记里鼓车、白鹭车、鸾旗车、辟恶车、皮轩车为前导车队；以鼓吹令所引掆鼓、金钲、大鼓等乐器为前部鼓吹；以殿中侍御史所引黄麾为前黄麾队，幡幢队，班剑仪刀队为前部仪仗队；以左右武卫所领钑戟前队、钑戟后队，左右卫所领龙虎旗队、三卫仗队为前部护卫队。以上方队均具"前导"之责。其以殿中省所主御马缴扇舆辇队，殿中侍御史所主后黄麾队，左右领军卫所主左右厢黄麾仗殳仗队为后部仪仗队；以鼓吹署所主羽葆鼓、铙鼓等乐器为后部鼓吹；以殿中省所主的辇舆辂属车队为后部车队；以步甲队、诸卫马队、玄武队为后部护卫队。以上方队均具"后从"之任。前导具备引驾、

---

① 五牛旗方队由五牛旗、大辇、太官令丞、太医丞组成，亦非专属仪用方队。

前驱、辟邪、传音等职任,后引则与前导相对应,以达独特视听效果。

其二,仪卫相间。就大驾卤簿方阵内容而言,其由仪仗队、护卫队、仪卫相间队三种类型。其纯粹仪仗队主要为前部鼓吹、前黄麾队、时间测量机队、幡幢队、御马队、扈从文官队、班剑仪刀队、御马纛扇舆辇队、后黄麾队、后部鼓吹,分居第六、第七、第八、第十、第十二、第十四、第十五、第十九、第二十、第二十一。除却甲骑具装与形制特色外,其纯粹护卫队主要为金吾卫引驾队、钑戟前队、钑戟后队、玉辂护卫后队、步甲队、诸卫马队,分居第五、第九、第十一、第十八、第二十三、第二十五。即纯粹仪仗队与护卫队居第五、第六、第七、第八、第九、第十、第十一、第十二、第十四、第十五、第十八、第十九、第二十、第二十一、第二十三、第二十五,其仪仗队与护卫队可谓交错分布。其仪卫相间队则为引驾官队、清游队、朱雀队、导行车队、龙虎旗队、三卫仗队、玉辂队、左右厢黄麾仗夋仗队,分居第一、第二、第三、第四、第十三、第十六、第十七、第二十四,其方队有仪有卫,仪卫相间,既具视觉效果,又具护卫功效。

其三,横纵严整。所谓横即大驾卤簿方队横行,金吾卫所引清游队引外铁甲佽飞24骑,并行,即指24骑横行。纵系指自第一方阵引驾官队中道行者至第二十六方队中道行者的长度,当然也可指每一方阵中的首行者至末行者之间的距离。唐大驾卤簿横纵交错,气势磅礴。就大驾卤簿来说,但其纵行至少在二百一十四行以上,[①]人数不下两万,[②]其长度可想而知。卤簿方队中,左右厢黄麾仗夋仗队中,仅左右厢黄麾仗,厢各12部,部12行即有144行,如果算上夋仗队,其不下150行,各方队首尾距离亦相差较大。纵长之外,横行宽度亦很惊人。诸如班剑仪刀队,左右厢各十二行,每行53—75人横行,左右威卫所率掩后二百人,五十人为一行,并横行;黄麾仗队,厢各十二部,部各十二行,至少并骑横行,在编排上也绝不会少于数十人一行的架势。[③] 其横行之势可见一斑。

如此横纵交错,难免出现有失部伍的情况,开元五年(717)正月,唐玄宗幸东都,次永宁县峭谷,时"驰道隘狭,车骑停拥,河南尹李朝隐,置顿使并户部侍郎王怡,并失其部署,上令黜之"。[④]李朝隐、王怡因"失其部署"遭到唐玄宗的责罚,可说明二人总揽皇帝行幸仪仗队的严整。同时,卤簿各方阵亦设检校官来维系方阵内部伍严整。其内容可列表如下:

---

① 《唐六典》卷十四《太常寺》"鼓吹令"条,第407页。
② 《唐朝皇帝巡幸之仪卫—以大驾卤簿为中心》,第245页。
③ 《唐朝皇帝巡幸之仪卫—以大驾卤簿为中心》,第245页。
④ 《唐会要》卷二十七《行幸》,第605页。

表 3-1 唐大驾卤簿方阵检校官一览表

方阵数列	方阵名称	检校官
第二方阵	清游队	左右金吾果毅
第三方阵	朱雀队	左右金吾果毅
第五方阵	金吾引驾队	左右金吾果毅
第六方阵	前部鼓吹	鼓吹令
第七方阵	前黄麾队	殿中侍御史
第八方阵	时间测量机队	太史令、书令史
第九方阵	钑戟前队	左右武卫果毅
第十一方阵	钑戟后队	左右武卫将军
第十二方阵	御马队	尚乘奉御
第十三方阵	龙虎旗队	左右卫果毅
第十六方阵	三卫仗队	左右卫郎将、左右骁卫郎将、左右卫供奉中郎将
第十七方阵	皇帝玉辂队	乘黄令、丞,左右监门校尉
第十八方阵	玉辂后卫队	左右卫折冲、左右卫果毅
第十九方阵	御马繖扇舆辇队	尚辇奉御、殿中少监
第二十方阵	后黄麾队	殿中侍御史
第二十二方阵	辇舆辂属车队	尚辇直长、左右威卫队正、
第二十四方阵	左右厢黄麾仗及仗队	左右卫将军、左右骁卫大将军、左右武卫大将军、左右威卫大将军、左右领军卫大将军
第二十五方阵	诸卫马队	左右领军卫折冲果毅
第二十六方阵	玄武旗队	左右金吾折冲

据上表所知,唐大驾卤簿二十六个方阵中,明确记载方阵中有检校官的有十九个,未明确记载的有七个。就此十九个方阵而言,其检校官多为殿中省、十六卫、御史台、秘书省、太常寺官员,负责其所在方阵实物供备、方阵行列齐整等工作,其可为方阵内部伍严整贡献力量。

2. 仪用旗幡法器"势"

现存唐史史料往往以旗幡法器来形容皇帝行幸之威仪。开元二十年(732),唐玄宗校猎于上党,史称"勒兵逾万骑,旌旗亘千里"①。又,兴元元年(784),唐德宗"至自兴元、浑瑊、韩游环、戴休颜以其兵扈从,(李)晟与骆元光、尚可孤以其兵奉迎。时元从禁军及山南、陇州、凤翔之众,步骑凡十余万,旌旗连亘数十里,倾城士庶,夹道欢呼。"②其"旌旗亘千里""旌旗连亘数十里"均可为证。唐大驾卤簿所用旗幡法器可见下表。

---

① 《唐语林校正》卷四《豪爽》,第 324 页。
② 《旧唐书》卷一百三十三《李晟传》,第 3670 页。

表 3 - 2　唐大驾卤簿旗幡法器一览表

方阵数列	方阵名称	旗幡法器
第二方阵	清游队	白泽旗 2(分左右,1 执 2 引 2 夹)
第三方阵	朱雀队	朱雀旗 1(1 骑执,2 骑引,2 骑夹);龙旗 12(各 1 骑执);副竿 2(分左右)
第四方阵	导行车队	鸾旗 12;左金吾队正执银装仪刀
第七方阵	前黄麾队	黄麾 1(1 执,2 骑夹)
第十方阵	幡幢队	五色绣幡 1;金节 12;罕罼各 1(左罕右罼);朱雀幢 1;左青龙幢 1 右白虎幢 1;导盖 1 义 1
第十三方阵	龙虎旗队	左青龙旗 1 右白虎旗 1
第十五方阵	班剑仪刀仗队	香蹬 1,左右卫亲卫各 53、左右卫亲卫各 55、左右卫勋卫各 57、左右卫勋卫各 59 各执金装班剑,纁朱绶纷;左右卫翊卫各 61、左右卫翊卫各 63、左右卫翊卫各 65、左右骁卫各 67 各执金筒装仪刀,绿緤绶纷;左右武卫翊卫 69、左右威卫翊卫 71、左右领军卫翊卫 73、左右金吾卫翊卫 75 各执银装仪刀,紫黄绶纷
第十六方阵	三卫仗队	诸卫中郎将执班剑、仪刀
第十七方阵	皇帝玉辂队	衙门旗 2(2 执,4 夹,骑)
第十八方阵	玉辂护卫后队	左骁卫翊卫前队 35 执凤旗;左骁卫翊卫二队 35 执黄旗;左骁卫翊卫三队执吉利旗
第十九方阵	御马伞扇舆辇队	大伞 2(执骑),雉尾障扇各 4(执骑夹伞),小团雉尾扇 4,方雉尾扇 12,花盖 2,次大伞 2,雉尾扇 8,小雉尾扇 12,朱画团扇 12,花盖 2,义 2,睥睨 12,玄武幢 1,义 1,绛麾 2
第二十方阵	后黄麾队	后黄麾 1(1 执 2 夹,骑)
第二十二方阵	辇舆辂属车队	五牛旗 5(黄牛旗处内,赤青在左,黄居中,白黑在右,皆 8 执)
第二十四方阵	黄麾仗殳仗队	左右领军黄麾仗首尾厢各五色绣幡 20 口,左右厢黄麾仗各 12 部,部 12 行,行列 10 人执孔雀氅、鹅毛氅、鸡毛氅;左右厢各 1000(250 执殳,250 执叉,殳叉相间)
第二十五方阵	诸卫马队	左右厢各 24 队,从十二旗
第二十六方阵	玄武队	玄武旗 1,金吾折冲领 50:分执稍弩

据上表可知,旗幡法器存于十六方阵中,就其性质而言,大致可分为旗幡、伞扇、氅麾、节幢、兵仗等五类。就旗幡类而言,主要为白泽旗、朱雀旗、龙旗、鸾旗、左青龙旗、右白虎旗、衙门旗、凤旗、黄旗、吉利旗、五牛旗、十二旗、玄武旗、五色绣幡等。诸卫马队所属十二旗,《新唐书·仪卫志》有载,即辟邪旗、应龙旗、玉马旗、三角兽旗、黄龙负图旗、黄鹿旗、飞麟旗、駃騠旗、鸾旗、凤旗、飞黄旗、麟旗、角端旗、赤熊旗、兕旗、太平旗、犀牛旗、骏犧旗、驖骊旗、䮫马旗、苍乌旗、白狼旗、龙马旗、金牛旗。除却前引相同者,旗幡类共计

三十三旗,一幡。其命名亦有讲究,有秉承古礼传统,[1]以飞禽猛兽予以的命名。如以青龙、白虎、朱雀、玄武为代表的四方神灵,在大驾卤簿中排列为朱雀旗、青龙旗、白虎旗、玄武旗。朱雀、玄武形成南北呼应、青龙白虎则东西相融,顺势展开旌旗布列。另有,以白泽、辟邪、龙、应龙、玉马、三角兽、黄龙、黄鹿、飞麟、駃騠、飞黄、麟、角端、赤熊、兕、犀牛、驺驷、驺牙、白狼、龙马、金牛为代表的祥瑞之兽;以鸾旗、凤旗、骏犥、苍乌为代表的祥瑞之禽。有以五色即与五行相配的青、红、黄、白、黑命名的旗幡,如五牛旗、五色绣幡、黄旗等。有以祥瑞之词命名的旗幡,如吉利旗、太平旗等。此类命名包装一则为循古礼之制,更重要的是以奇珍异兽警示众人,彰显皇帝权威,并以祥瑞之词,赋予美好愿望。

就伞扇类而言,即存于第十九方阵的大伞、雉尾障扇、小团雉尾扇、方雉尾扇、雉尾扇、小雉尾扇、朱画团扇等。其虽有障蔽风尘雨露之用,但就扇形与纹饰而言,[2]其更多的是用以加强仪仗威重,彰显天子行幸之仪“势”。

就麾氅类而言,即黄麾、绛麾、孔雀氅、鹅毛氅、鸡毛氅等。麾和氅均属皇帝卤簿专用之仗器。麾、氅类别仅一种,前文胪列数种仅限于包装差异而已。所谓“麾,所以指麾。武王右执白旄以麾是也,乘舆以黄”。[3] 其“乘舆以黄”说明黄麾居于乘舆的核心位置,故有“黄麾以内”之说。唐朝亦有黄麾仗,用于祭祀、巡幸、外蕃来朝、朝会等重要场合,其大驾卤簿中前、后“黄麾”分别独居第七方阵和第二十方阵,形式为1执,2骑夹,仪仗特色尤显。沈佺期有诗云:“黄麾摇昼日,青幰曳松风”用以形容其势。[4]

氅,实为仪镗氅。所谓仪镗,原为兵器之钺属,后刻木为斧,成为仪仗器用。所谓氅、耗,“羽毛饰也”。[5] 那么孔雀氅、鹅毛氅、鸡毛氅系指以瑞禽之羽加饰仪镗,仪器特色尤显。

就节幢类而言即金节、罕、罼、朱雀幢、左青龙幢、右白虎幢、导盖、华盖、睥睨、玄武幢等。金节、罕、罼、睥睨即节仗器用,其以木(或竹)为柄,上饰

---

① 《周礼·春官·司常》记载:“司常掌九旗之物名,各有属以待国事。日月为常,交龙为旂,通帛为旜,杂帛为物,熊虎为旗,鸟隼为旟,龟蛇为旐。”(《周礼注疏》卷二十七《春官·宗伯·司常》,《十三经注疏》,第1784页。)

② 范巧英:《唐墓壁画中所见的仪仗用具》,陕西历史博物馆编:《唐墓壁画研究文集》,西安:三秦出版社,2006年版,第63页。庄申:《扇子与中国文化》,台北:东大图书公司,1992年版,第7页。柳夏云:《唐代仪仗扇小考》,《西安石油大学学报》(社会科学版)2009年02期。

③ (晋)崔豹撰,牟华林校笺:《〈古今注〉校笺》卷上《舆服上》,北京:线装书局,2015年版,第11页。

④ 《沈佺期集》卷四《上之问》,沈佺期、宋之问撰,陶敏、易淑琼校注:《沈佺期宋之问集校注》,北京:中华书局,2001年版,第226页。

⑤ 《资治通鉴》卷一百八十隋炀帝大业二年二月丙戌条胡三省注“氅”“耗”,第5623页。

毛、丝等物，以备仗用。导盖、华盖系指帝王车驾的伞形顶盖，其有曲柄、直柄之分，是皇帝身份的最直接表达。幢，"旌旗之属也"，①即指支撑旌旗的木竿。后因加以幕布、饰以羽毛等，借指帐幕、旌旗等仪仗。唐大驾卤簿而言，其幢以四方之神予以布饰，分列第十方阵和第十九方阵，顺序为朱雀幢、左青龙幢、右白虎幢、玄武幢予以布列。其顺序与前述四方旗相呼应，以达其布列的精神意蕴与文化象征。

就兵仗类而言即银装仪刀、金铜装班剑、金铜装仪刀、殳、叉等。所谓仪刀"盖古班剑之类，晋宋以来谓之御刀，后魏曰长刀，皆施龙凤环；至隋，谓之仪刀，装以金银，羽仪所执"。② 故，仪刀饰以金、银则有金装仪刀和银装仪刀两种。其"以木为之，以银装之具刀之仪而已"。③ 如"开成元年（836）三月，丁未，皇城留守郭皎奏诸司仪仗有锋刃者，请皆输军器使，遇立仗别给仪刀！从之"。④ 可见，其并非杀戮的利器，不过是饰以金、银、铜的木具，用于彰显皇家威仪。班剑亦是如此。其实则为"木剑无刃，假作剑形，画之以文，故曰班也"。⑤ 亦因饰以金、铜，故有金铜装班剑之说。⑥ 唐大驾卤簿专设班剑仪刀队，位列第十五方阵，其人数高达一千五百三十人，算上三卫的甲装具骑，其"仪"势极为隆盛。

所谓"殳"即"以杸殊人也。《礼》：殳以积竹，八觚，长丈二尺，建于兵车，旅贲以先驱。"⑦可见，殳用竹也。崔豹言及棨戟时，对殳亦有论述，他说："棨戟，殳之遗象也。《诗》所谓'伯也执殳，为王前驱。'殳，前驱之器也，以木为之。后世滋伪，无复典刑，以赤油韬之，亦谓之油戟，亦谓之棨戟。公王以下通用之以前驱。"⑧其"以木为之"即能说明殳并非砍杀的利器，实为彰显威仪的木质仗器。⑨ 与殳相类，叉亦为木质。史称："殳、叉，戟之类。殳，无刃而短，黑饰两末。叉，青饰两末。并中白，画云气，各缀朱丝拂。"⑩

---

① 《说文解字》卷七下，第160页。
② 《唐六典》卷十六《卫尉寺》，第461页。
③ 《资治通鉴》卷二百四十五唐文宗开成元年三月丁未条，第7924页。
④ 《资治通鉴》卷二百四十五唐文宗开成元年三月丁未条，第7924页。
⑤ 《资治通鉴》卷九十二晋肃宗明皇帝上大宁元年夏四月条胡三省注"班剑"，第2911页。
⑥ 唐代名将李勣墓中曾出王一把班剑，剑为木质，剑柄与剑鞘外均饰以鎏金铜叶，并錾刻花草、瑞兽等纹样。（见昭陵博物馆：《唐昭陵李勣墓清理简报》，《考古与文物》2000年03期。）
⑦ 《说文解字》卷三下，第66页。
⑧ 《古今注》校笺》卷上《舆服》，第15页。
⑨ 目前出土的殳仍具有刃的兵器，但秦汉以后流行的殳多为无刃的礼器，其在宫廷仪仗中长期使用。（见沈融：《中国古代的殳》，《文物》1990年02期。杨琳：《兵器殳的历史演变》，《南方文物》2014年04期。）
⑩ 《宋史》卷一百四十八《仪卫志六》，第3468页。

其"殳、叉,戟之类"实则指殳与叉相类均为木质。其差别在于二者纹饰不同,殳黑饰两端,叉则青饰两端。唐大驾卤簿殳、叉出现在第二十四方阵黄麾殳仗队中。该方阵在大驾卤簿后,属于后押队,其已改变"古礼"所谓"持殳前驱"的规定。其阵左右厢各一千人,二百五十人执殳,二百五千人执叉,殳、叉相间,皆赤地云花袄、冒、行縢、鞋韈,其盛容仪貌可见一斑。

3. 鼓吹声"势"

鼓吹集中用于道路、出征、殿庭、丧葬等诸多方面,因其声音洪亮高亢,气势威严备受统治者的喜欢,将其予以特定场合的应用。后周宣帝滥用鼓吹以致于亡国,史载:"宣帝晨出夜还,恒陈鼓吹。尝幸同州,自应门至赤岸,数十里间,鼓乐俱作。祈雨仲山还,令京城士女,于街巷奏乐以迎之。公私顿敝,以至于亡。"[1]其"恒陈鼓吹""数十里间,鼓乐俱作"皆可见其"声"势。唐代亦是如此,李世民平定山东后,凯旋之时即陈鼓吹于仪仗中,史载:"(武德四年)六月,凯旋。太宗亲披黄金甲,阵铁马一万骑,甲士三万人,前后部鼓吹,俘二伪主及隋氏器物辇辂献于太庙。"[2]其所陈"前后部鼓吹"即为其证。唐大驾卤簿亦重视鼓吹布设。其以玉辂车队为中心,分为前部鼓吹和后部鼓吹两部分,位列第六方阵和第二十一方阵。因其分为鼓吹部、羽葆部、铙吹部、大横吹部与小横吹部等五部,五部之曲各有不同,为更好的展现唐大驾卤簿鼓吹声势,现列表如下。

表3-3 唐大驾卤簿鼓吹与鼓吹曲一览表[3]

前部鼓吹乐器	后部鼓吹乐器	乐曲	文献来源
鼓吹部[4]	棡鼓十二面; 金钲十二面; 大鼓一百二十面; 长鸣一百二十具	棡鼓十曲:《警雷震》《猛兽骇》《鸷鸟击》《龙媒蹀》《灵夔吼》《雕鹗争》《壮士怒》《熊罴吼》《石坠崖》《波荡壑》 大鼓十五曲。严用三曲:《元驎合逻》《元驎他固夜》《元驎跋至虑》	

---

① 《隋书》卷十四《音乐志中》,第343页。

② 《旧唐书》卷二《太宗纪上》,第28页。

③ 本表之鼓吹曲,除了个人的想法外,也参考:孙晓晖:《唐代的卤簿鼓吹》,《黄钟》(武汉音乐学院学报)2001年04期。黎国韬、陈佳宁:《隋唐至宋金鼓吹制度沿革考》,《文化遗产》2020年01期等。

④ 《新唐书·仪卫志下》载:"凡鼓吹五部:一鼓吹,二羽葆,三铙吹,四大横吹,五小横吹总七十五曲。"(《新唐书》卷二十三下《仪卫志下》,第508页。)而唐大驾卤簿前部鼓吹的顺序是鼓吹部、铙吹部、大横吹部、羽葆部、小横吹部,列表即按这一顺序进行。

前部鼓吹乐器	后部鼓吹乐器	乐曲	文献来源
		夜警十二曲：《元咳大至游》《阿列乾》《破达析利纯》《贺羽真》《鸣都路跋》《他勃鸣路跋》《相雷析追》《元咳赤赖》《赤咳赤赖》《吐咳乞物真》《贪大衧》《贺粟胡真》	
		小鼓九曲：《渔阳》《鸡子》《警鼓》《三鸣》《合节》《覆参》《步鼓》《南阳会星》《单摇》	
		长鸣一曲三声：《龙吟声》《彪吼声》《河声》	
		中鸣一曲三声：《荡声》《牙声》《送声》	
铙吹部	铙鼓十二面；歌、箫、笳各二十四	铙鼓十二面；歌、箫、笳各二十四	七曲：《破阵乐》《上车》《行车》《向城》《平安》《欢乐》《太平》	《大唐开元礼序例·大驾卤簿》《新唐书·仪卫志》《唐六典·鼓吹令》《通典·大驾卤簿》《乐书·乐图论》《乐府诗集·横吹曲辞》
		节鼓共二十四曲：《悲风》《游弦》《间弦明君》《吴明君》《古明君》《长乐声》《五调声》《乌夜啼》《望乡》《跨鞍》《间君》《瑟调》《止息》《天女怨》《楚客》《楚妃叹》《霜鸿引》《楚歌》《胡笳声》《辞汉》《对月》《胡笳明君》《湘妃怨》《沈湘》	
大横吹部	大横吹一百二十面；节鼓二面；笛、箫、觱篥、笳、桃皮觱篥各二十四		大横吹共二十四曲：《权乐树》《空口莲》《贺六运》《灵泉崔》《达和若轮空》《白净王子》《他贤送勤》《鸣和罗纯羽瑝》《叹度热》《吐久利能比轮》《玄比敦》《植普离》《胡笛尔笛》《鸣罗特罚》《比久伏大汗》《于理真斤》《素和斛律》《鸣纔真》《乌铁甘》《特介汗》《度宾哀》《阿若于楼达》《大贤真》《破阵乐》	
羽葆部	楣鼓十二面；金钲十二面；小鼓一百二十面；中鸣一百二十具；羽葆鼓十二面；歌、箫、茄各二十四		羽葆部共十八曲：《太和》《休和》《七德》《驺虞》《基王化》《纂唐风》《厌炎精》《肇皇运》《跃龙飞》《珍马邑》《兴晋阳》《济渭险》《应圣期》《御宸极》《宁兆庶》《服遐荒》《龙池》《破阵乐》	

236

（续表）

前部鼓吹乐器	后部鼓吹乐器	乐曲	文献来源
小横吹部	小横吹一百二十具；节鼓二面；笛、箫、觱篥、笳、桃皮觱篥各二十四	小横吹部有角、笛、箫、觱篥、桃皮觱篥六种，曲名失传，疑与大横吹同	

上表周知，唐大驾卤簿鼓吹声势是以鼓吹乐器与乐曲演奏来表达的，当然在乐器陈设与乐曲搭配方面，前部鼓吹与后部鼓吹仍有区别。前部鼓吹有鼓吹一部：棡鼓12、金钲12、大鼓120、长鸣120；铙吹一部：铙鼓12、歌、箫、笳各24；大横吹一部：大横吹120，节鼓2，笛、箫、觱篥、笳、桃皮觱篥各24；羽葆一部：棡鼓12、金钲12、小鼓120、中鸣120；羽葆鼓12、歌、箫、笳各24。后部鼓吹有羽葆一部：羽葆鼓12，歌、箫、笳各24；铙吹一部：铙鼓12、歌、箫、笳各24；小横吹一部：小横吹120，节鼓2，笛、箫、觱篥、笳、桃皮觱篥各24。据此，前部鼓吹与后部鼓吹有着明显不同：一则，前部鼓吹有鼓吹部和大横吹部，后部鼓吹则未载；二则，后部鼓吹有小横吹部，前部鼓吹则未载；三则，前部鼓吹铙鼓部与后部鼓吹相较，多出棡鼓12、金钲12、小鼓120、中鸣120等乐器。之所以会出现这种情况，此与唐大驾卤簿的声势布局密切相关。

前部鼓吹棡鼓、金钲、大鼓、小鼓、长鸣、中鸣各乐器以独奏形式存在。棡鼓，唐《开元礼义罗》曰："小鼓也。按图，鼓上有盖。常先作之以引大鼓，亦犹雅乐之奏𫽠，与金钲相应，皆有曲焉。"[1]因其"常先作之以引大鼓"，说明"銮驾动，警跸，鼓传音"，其先作之鼓当为棡鼓。如果从其所奏之曲名称来看，或是雄禽之斗，或是猛兽之击，或是自然异象，或是丈夫之怒，皆能起到驱邪、辟邪、恐吓、壮大士气和提高威严的作用，[2]说明棡鼓被置于前部鼓吹的首位是有原因的。

钲，即古镯。《周礼·地官·鼓人》曰："以金镯节鼓"，郑玄注曰："镯，钲也，形如小钟。军行鸣之，以为鼓节"。[3] 唐以降，钲已具特定形制，史载：

---

① 《乐书》卷一百三十八《乐图论·棡鼓》，《文渊阁四库全书》211册，第629页。

② 景龙二年(708)，侍御史唐绍上谏曰："窃闻鼓吹之作，本为军容，昔黄帝涿鹿有功，以为警卫。故棡鼓曲有《灵夔吼》《雕鹗争》《石坠崖》《壮士怒》之类。自昔功臣备礼，适得用之。丈夫有四方之功，所以恩加宠锡。"唐绍之言即能说明棡鼓在使用中独具特定威势。（见《旧唐书》卷二十八《音乐志一》，第1050页。）又见曾美月：《唐代鼓吹乐研究》，《乐府新声》(沈阳音乐学院学报)2009年02期。

③ 《周礼注疏》卷十二《地官·司徒·鼓人》，《十三经注疏》，第1552页。

"钲，如大铜叠，悬而击之，节鼓。"①其在銮驾行幸中承担"解严"的信号传输功能。驾还"叩钲，将士皆休"，其"叩钲"即为其用。

大鼓，即古鼖鼓也。《周礼·考工记·韗人》曰："鼓长八尺，鼓四尺，中围加三之一，谓之鼖鼓。"郑玄注："大鼓谓之鼖。以鼖鼓鼓军事。"②唐将其以朱漆画之。③ 因其形制硕大，鼓声洪亮，故吴自牧有"鼖鼓景钟催节奏，洪声考击彻青冥"之语。④ 大鼓十五曲中实即严、警十五曲。其严用三曲用于驾发前。如銮驾发引，前七刻，搥一鼓，为一严。在此指令下，侍中奏开宫殿门及城门。未明五刻，搥二鼓，为再严。侍中版奏：请中严。发前二刻，搥三鼓，为三严。⑤驾还，一刻，击一鼓为一严，仗卫还于途。三刻，击二鼓为二严，将士布队仗，侍中奏：请中严。五刻，击三鼓为三严，黄门侍郎奏"请驾发"。夜警十二曲用于夜行或驻跸时用，前文有述，兹不再叙。小鼓，唐《乐图》其制有一大鼓，鼓上负一小鼓，皆卧之。《律书乐图》曰："小鼓九曲，内一曲，马上用八曲，严警用并属鼓吹部。"小鼓九曲与大鼓十五曲相类。《乐府诗集》载："小鼓九曲，上马用一曲，严警用八曲。"⑥即小鼓一曲用于"文武侍臣上马仪"，其余八曲亦用严警。

长鸣即长鸣角的简称，"其制并五采衣幡，掌画交龙，五采脚"。⑦ 其音似"两凤双鸣、二龙齐吟，雄虹带天"。⑧ 故，《律书·乐图》谓长鸣一曲三声，并马上严警用之。⑨ 中鸣，其形颇类长鸣，皆着五采衣幡，并画交龙，五采脚。其声略显低沉。⑩ 长鸣与中鸣皆一曲三声，其皆用于传递上马、严警的消息。⑪

除却大横吹与小横吹形制与音声之差别不可考外，前部鼓吹与后部鼓吹在乐器与音声上的差异主要体现为前部鼓吹具楣鼓、金钲、大鼓、长鸣、小鼓、中鸣等。其音多高亢嘹亮，风格威严，用于传递驾行、催促、严警之信号。

① 《旧唐书》卷二十九《音乐志》，第1078页。《乐书》卷一百十一《乐图论·金钲》，《文渊阁四库全书》211册，第457页。

② 《周礼注疏》卷四十《冬官·考功·韗人》，《十三经注疏》，第1985页。

③ 《乐书》卷一百三十九《乐图论·大鼓》，《文渊阁四库全书》211册，第637页。

④ (宋)吴自牧：《梦粱录》卷五《郊祀年驾宿青城端诚殿行郊祀礼》，杭州：浙江人民出版社，1984年版，第44页。

⑤ 《大唐开元礼》卷四《皇帝冬至祀圜丘》，第38页。

⑥ (宋)郭茂倩：《乐府诗集》卷二十一《横吹曲辞》，北京：中华书局，1979年版，第310页。

⑦ 《乐书》卷一百三十《乐图论·中鸣》，《文渊阁四库全书》211册，第578页。

⑧ 《乐书》卷一百三十《乐图论·长鸣》，《文渊阁四库全书》211册，第577页。

⑨ 《乐书》卷一百三十《乐图论·中鸣》，《文渊阁四库全书》211册，第578页。

⑩ 唐段成式《觱篥格》曰："吹角三部有长鸣、中鸣，长鸣曼声激昂，中鸣尤更悲切。"(见(元)陶宗仪：《说郛》卷一百《觱篥格》，《文渊阁四库全书》881册，第675页。)

⑪ 《乐府诗集》卷二十一《横吹曲辞》，第310页。

因其所陈乐器数量众多，[①]乐器形制特色鲜明，声音雷骇，每一支乐曲反复演奏，其声势甚隆。

前、后鼓吹部的羽葆部仍有羽葆鼓 12、歌、箫、笳各 24 等乐器。所谓羽葆即以鸟羽联缀为饰的华盖。[②] 隋制于鼓吹车上施层楼，四角金龙、垂流苏羽葆。唐制，将其悬于架上，饰以五采流苏。其鼓饰以丹青，颇类楣鼓。[③]郭茂倩在《乐府诗集》"鼓吹曲辞"的题解中言："唯《羽葆》诸曲，备叙功业，如前代之制。"[④]其言甚确，唐大驾卤簿前部鼓吹与后部鼓吹羽葆部皆十八曲。其《太和》《休和》是"大唐十二和"的两支乐曲，为皇帝的专属音乐，《太和》主要用于皇帝临轩、郊庙出入等；《休和》则用于礼仪性宴乐中皇帝食举、饮酒等。《驺虞》亦为皇帝的专属音乐，主要用于皇帝大射军礼之中。此外，《七德》《破阵乐》系歌颂皇帝文治武功的音乐，用于宫廷场合。《基王化》《肇皇运》《跃龙飞》《应圣期》《御宸极》《服遐荒》《龙池》等乐曲，其名称从字面上来理解，均与皇帝的施政行为与意识形态的传输密切相关。[⑤] 正是基于此，唐大驾卤簿设计中，将羽葆部置于前部鼓吹方阵与后部鼓吹方阵之中，各以羽葆鼓 12 予以演奏，以成其声"势"。

前、后鼓吹部的铙吹部同具铙鼓 12，歌、箫、笳各 24。铙鼓，系军鼓一种，[⑥]其制皆五采为盖。[⑦] 其主要用于军队之中，充军乐。魏有《克官渡》等十二曲，晋有《征辽东》等二十曲，唐卤簿亦有铙鼓七曲。其《破阵乐》为凯乐并有歌词相配。另六曲《上车》《行车》《向城》《平安》《欢乐》《太平》就字面意思而言，表达皇帝巡幸、祥瑞及其他事情，更多的是祈福。正是基于此，唐大驾卤簿设计中，将铙吹部置于前部鼓吹方阵与后部鼓吹方阵之中，各以铙鼓 12 予以演奏，以成其声"势"。[⑧]

前部鼓吹与后部鼓吹的横吹部乐器差异存于前部鼓吹具大横吹 120，后部鼓吹具小横吹 120。横吹即横笛，又名短箫。大、小横吹其形并以竹为之，笛之类也。[⑨] 其形制差别难辨。《乐书》惟存大横吹二十四曲，其内三曲

[①]　鼓吹部：楣鼓 12、金钲 12、大鼓 120、长鸣 120；羽葆部：楣鼓 12、金钲 12、大鼓 120、长鸣 120。

[②]　《汉书·韩延寿传》载："建幢棨，植羽葆。"颜师古曰："羽葆，聚翟尾为之，亦今蘲之类也。"（《汉书》卷七十六《韩延寿传》，第 3215 页。）

[③]　《乐书》卷一百三十八《乐图论·羽葆鼓》，《文渊阁四库全书》211 册，第 630 页。

[④]　《乐府诗集》卷十六《鼓吹曲辞》，第 224 页。

[⑤]　曾美月：《唐代鼓吹乐研究》，《乐府新声》（沈阳音乐学院学报）2009 年 02 期。

[⑥]　《唐六典》卷十六《卫尉寺》，第 460 页。

[⑦]　《乐书》卷一百三十八《乐图论·铙鼓》，《文渊阁四库全书》211 册，第 631 页。

[⑧]　柳宗元有"歌诗铙鼓间，以壮我之戎"的诗句；韩愈亦有"铙鼓嘲轰，高管嘹咏"之语。

[⑨]　《乐书》卷一百三十《乐图论·小横吹》，《文渊阁四库全书》211 册，第 584 页。

马上警严用之,其余二十一曲"备拟所用"。① 小横吹曲曲名不详,郭茂倩总结小横吹部凡十二曲,夜警亦用之。② 即大、小横吹曲具备警严之功用。那么前部鼓吹与后部鼓吹的横吹部乐器同具者有何功用呢? 其同具乐器为节鼓 2、笛、箫、觱篥、笳、桃皮觱篥各 24。

节鼓,其"状如博局,中间圆孔,适容其鼓,击之节乐也"。③《乐书》载其所造不详,盖拊与相二器之变也。隋制:节鼓上自大驾,中自皇太子,下逮正一品,并朱漆画,饰以葆羽,其曲十有二。《唐六典》用之所以兴止。登歌之乐如悬内之柷敔,其制五采重盖,青乐部以之。④ 笛,汉武帝工丘所造,其"元出于羌中"⑤,马融《长笛赋》云:"此器起于近代,出于羌中,京房备其五音。"⑥箫,蔡邕曰:"箫,编竹有底。大者二十三管,小者十六管。长则浊,短则清。以蜜蜡实其底而增减之,则和。"⑦觱篥,本名悲篥,出于胡中,其声悲。"亦云:胡人吹之以惊中国马云。"⑧笳,杜挚有《笳赋》云:"李伯阳入西戎所造。"晋《先蚕仪注》曰:"车驾住,吹小笳;发,吹大笳。笳即笳也。"⑨桃皮觱篥,桃皮卷而吹之,古谓之管木,亦谓之桃皮觱篥。其声应箫笳横吹之。南蛮、高丽之乐也。⑩ 前列大横吹部节鼓二十四曲,并非单奏曲,实为大横吹、节鼓、笛、箫、觱篥、笳、桃皮觱篥等乐器的合奏曲。其《楚妃叹》《明君》为汉魏相和歌;《吴明君》《古明君》《间弦明君》《胡笳明君》均为汉代以《明君》为题材的系列曲;《乌夜啼》《瑟调》《明君》为唐代清乐曲;《湘妃怨》是当时的琵琶曲;《止息》《天女怨》均为唐代流行的古琴曲。⑪ 可以说,大横吹部曲多来自汉魏旧曲,其为旋律性和抒情性较强的乐曲,配以箫、笳、觱篥之类的吹奏乐器,亦能产生悠远绵长的音乐效果。小横吹曲,曲名阙载,疑与大横吹曲同。

综上,唐大驾卤簿鼓吹使用乐器较多,前部鼓吹大约有 890 门,后部则有 480 门,其参与人员也在 2000 人以上,尽管乐器由打击乐与吹奏乐之

① 《乐书》卷一百三十《乐图论·小横吹》,《文渊阁四库全书》211 册,第 584 页。
② 《乐府诗集》卷二十一《横吹曲辞》,第 310 页。
③ 《旧唐书》卷二十九《音乐志二》,第 1079 页。
④ 《乐书》卷一百三十八《乐图论·节鼓》,《文渊阁四库全书》211 册,第 632 页。
⑤ 《旧唐书》卷二十九《音乐志二》,第 1075 页。
⑥ 《通典》卷一百四十四《乐四·竹八·笛》,第 3683 页。
⑦ 《通典》卷一百四十四《乐四·竹八·箫》,第 3681 页。
⑧ 《旧唐书》卷二十九《音乐志二》,第 1075 页。
⑨ 《通典》卷一百四十四《乐四·竹八·笳》,第 3683 页。
⑩ 《乐书》卷一百三十二《乐图论·桃皮觱篥》,《文渊阁四库全书》211 册,第 591 页。
⑪ 曾美月:《唐代鼓吹乐研究》,《乐府新声》(沈阳音乐学院学报)2009 年 02 期。

分,但其所奏之曲或"其声如雷,清响良久乃绝",或"长则浊,短则清",或"其声悲",此类循环演奏皆能以"声"彰显皇帝的威严和显贵。当然前部鼓吹与后部鼓吹在布局上仍有差异。前部鼓吹专设鼓吹部,其鸣钟鼓以声告内外,予以警跸;铙吹部所设枹鼓、金钲、小鼓、中鸣亦多于此。此为唐"大驾卤簿"彰势之用。前部鼓吹与后部鼓吹相类处集中于羽葆部、铙吹部、大横吹部、小横吹部,诸部皆有警跸之曲,亦有声告内外之用,但就合奏乐器与曲名而言或为激烈、振奋之乐以扬皇帝之功,祈求国泰民安之意,或为悠远绵长之乐,以现悲壮清哀之意。其循环演奏亦为唐"大驾卤簿"之"声"势,以展皇帝之威德,百姓之福祈。

4. 千乘万骑"势"

千乘万骑形容车马之盛,人员之众,其多用于表达皇帝行幸之盛貌。宋之问《驾幸龙门应制》所谓"千乘万骑銮舆出,水静山空严警跸";白居易《长恨歌》所谓"九重城阙烟尘生,千乘万骑西南行"描述的皆为此盛景。下文将以车属与从行人员之数予以解析,以展銮驾进发之貌。其一,銮辂车属御马之伟"势"。为方便研究,现列表如下:

表 3-4　唐大驾卤簿銮辂车属布列一览表

方阵队列	方阵名称	銮辂车属布列
第四方阵	导行车队	指南车(驾 4 马,驾士 14,正道匠 1)—记里鼓车(驾 4,驾士 14,正道匠 1)—白鹭车(驾 4 马,驾士 14,正道匠 1)—鸾旗车(12 旗,驾 4 马,驾士 14,正道匠 1)—辟恶车(驾 4 马,驾士 14,正道匠 1,太卜令 1)—皮轩车(驾 4 马,驾士 14,正道匠 1,左金吾队正 1,银装仪刀,紫黄绶纷,执弩)
第八方阵	时间测量机队	太史令 1 书令史 1(骑)—相风舆(舆士 8 正道匠 1)—司辰 1 典事 1 刻漏生 4(分左右)—漏舆(正道,匠 1 舆士 14)
第十二方阵	御马队	御马 24(分左右 2 人驾)—尚乘奉御 2 书令史 2(分左右,骑从)—御马 2(各 1 人驭)
第十七方阵	皇帝玉辂队	玉辂(太仆卿驭)。驾士 32。千牛将军 1 陪乘,执金装长刀,1 人从。左右卫大将军各 1,骑夹,1 人从)
第十九方阵	御马缴扇舆辇队	腰舆 1(舆士 8)—掌辇 4 引辇—大辇 1(主辇 200)尚辇奉御 2(主腰舆,各书令史 2,骑从)—殿中少监 1(骑,督诸局供奉事,1 人从)—诸司供奉官 2(分左右)—御马 24(分左右,各 2 人驭)—尚乘直长 2(分左右,平巾帻,绯袴褶,书令史 2 骑从,居御马后)

（续表）

方阵队列	方阵名称	銮辂车属布列
	第二十二方阵辇舆辂属车队	方辇 1（主辇 200）—小辇 1（主辇 60）—小舆 1（奉舆 12，服如主辇）—尚辇直长 2（分左右，检校辇舆，书令史 2 骑从）—左右武卫 5 牛旗舆 5（黄牛旗处内，赤青在左，黄居中，白黑在右，皆 8 执，平巾帻、大口绔、衫从旗色）—左右威卫队正（各 1，检校，骑，执银装长刀）—乘黄令 1 丞 2（骑，分左右，检校玉辂等。府史 2 骑从）—金辂（驾 6，驾士 32）—象辂（驾 6，驾士 32）—革辂（驾 6，驾士 32）—五副辂驾 4（驾士 28）—耕根车 1（驾 6，驾士 32）—安车 1（驾 4，驾士 24）—四望车 1（驾 4，驾士各 24）—羊车 1（驾果下马 2，小史 14）—属车 12（驾牛，驾士各 8）—门下省、中书省、秘书省、殿中监等局官各 1（骑，分左右，夹属车，各 5，符宝 12）—黄钺车驾 2（驾士 12，左武卫队正 1 在车）—豹尾车驾 2（驾士 12，左武卫队正 1 在车）

上表周知，唐大驾卤簿銮辂车属御马以玉辂为中心，布列于六个方阵中，其以指南车为首，以豹尾车为尾，符合"豹尾过役"方得"罢屯解围"之古礼。[①]其銮辂车属可归为五辂、五副、属车十二、三辇、三矍等，其样式与设计独具气势，具体解析如下。辂，本指车前的横木，[②]以部件概称全体。先秦古礼已有五辂之说，《周礼注疏·春官·巾车》已有王之五路之说，即玉路、金路、象路、革路、木路。[③] 唐人比附古礼，将五辂予以细致规范。如玉辂，青质，以玉饰诸末，驾六苍龙，用以祭祀、纳后、封禅、巡狩；金辂，赤质，以金饰诸末，驾六赤骝，用以享射、郊征还、饮至、封禅；象辂，黄质，以黄饰诸末，驾六赤骝，用以行道；革辂，白质，鞔之以革，驾六白骝，用以巡狩、临兵；木辂，黑质，漆之，驾六黑骝，用以畋猎。[④] 其五辂之制对应春、夏、中央、秋、冬等时，并融青、赤、黄、白、黑等五方之色。[⑤] 此类设计极为威重。尽管五辂在装饰和配件上仍有区别，但作为重舆，其样式有相类之处，表现为：

　　　　五辂皆重舆，左青龙，右白兽，金凤翅，画苣文鸟兽；黄屋，左纛，金凤一，在轼前；十二銮，在衡；二铃，在轼；龙辀前设障尘；树羽轮，金根、朱班、重牙；左建旗十有二旒，皆画升龙，其长曳地，青绣绸杠；右载闟

---

① （魏）郦道元撰，陈桥驿校证：《水经注校证》卷三十五《江水·鄂县北》，北京：中华书局，2013 年版，第 772 页。

② 《说文解字》卷十四，第 301 页。

③ 《周礼注疏》卷二十七《春官·宗伯·巾车》，《十三经注疏》，第 1776—1777 页。

④ 《旧唐书》卷四十五《舆服志》，第 1932—1937 页。

⑤ 《礼记正义》卷十四《月令六》，《十三经注疏》，第 2934 页。

载,长四尺,广三尺,黼文,旗首金龙,头衔锦结绶及綏带,垂铃;金镀、方钇,插翟尾五焦;镂锡,鞶缨十二就。旌旗、盖、鞶、缨皆从辂质。①

可以说,辂为古代最为豪奢的车舆,不仅车舆通体一色,饰以龙、凤、兽等瑞禽祥兽,其轼、衡、辀皆得以豪华装潢。舆身以载旗、戟壮势,驾辂御马亦得以精心装扮,其势亦隆。五副辂形制阙载,就五辂驾六,驾士三十二;副辂驾四,驾士二十八而言,其配置当略低于五辂。

十二属车即指南车、记里鼓车、白鹭车、鸾旗车、辟恶车、皮轩车、耕根车、安车、四望车、羊车、黄钺车、豹尾车。② 前六车在第四方阵属导行车队,后六车则在五副辂后,位于第二十二方阵,用以备用陈设。前六车功用性强,用以指引方向、记录里程、驱邪辟恶③、警众。④ 后六车中,耕根车、安车、四望车与五辂颇类,皆为重舆,用于皇帝不同的行幸形态之中,其形制亦因行幸类型而予以改变。耕根车用以耕籍,其式即"置耒耜于轼上"。⑤ 隋制,"以青为质,三重施盖,羽葆雕装,并同玉辂。其轼平,以青囊盛耒而加于上"。⑥ 唐因之。⑦ 安车,先秦时期为卿大夫致仕所乘,制如辒辌。唐制,金饰,重舆,曲壁,八銮在衡,紫油纁,朱里通幰,朱丝络网,朱鞶缨,朱覆鬃发,贝络,驾赤骝,临幸则供之。⑧ 四望车,因四面有窗可观望而得名。最早出

---

① 《唐六典》卷十七《太仆寺》,第 481 页。

② 《旧唐书·舆服志》《新唐书·车服志》皆曰:"属车十乘",《唐六典·太仆寺》则载"属车十二乘"。之所以会出现此类差异当与贞观年间的改制有关。《通典·五辂》载:"贞观元年(627)十一月,始加黄钺车、豹尾车,通为十二乘,以为仪仗之用。大驾行幸则分前、后施于卤簿之内。"(见《通典》卷六十四《礼二十四·五辂》,第 1795 页。)故,此处沿用属车十二乘之说。

③ 《唐六典·太仆寺》引《古今注》曰:晋崔豹"辟恶车,秦制也。桃弓苇矢,所以镶拨不祥,太仆令一人在车前执弓箭。"唐因之。故,辟恶车取驱邪辟恶之意。(见《唐六典》卷十七《太仆寺》引《古今注》,第 482 页。)

④ 《礼记正义·曲礼上》载:"史载笔,士载言。前有水则载青旌,前有尘埃则载鸣鸢,前有车骑则载飞鸿。前有士师则载虎皮。前有挚兽则载貔猊。"郑玄注曰:"举于旌首,以警众也。"(见《礼记正义》卷三《曲礼上》,《十三经注疏》,第 2705 页。)按,白鹭车,又名鼓吹车,始于隋。隋制"鼓吹车,上施层楼,四角金龙,衔旒苏羽葆。凡鼓吹,陆则楼车,水则楼船,在殿庭则画筍虡为楼。楼上有翔鹭栖鸟,或为鹄形"。唐因之。(见《隋书》卷十《礼仪志五》,第 194 页。《唐六典》卷十七《太仆寺》引《隋志》,第 482 页。)鸾旗车,因车上有以羽毛编织的旗帜,并绣以鸾鸟而得名。《唐六典·太仆寺》引《晋志》云:"鸾旗者,谓析羽旄而编之,十二旒,列系幢旁也。"(见《唐六典》卷十七《太仆寺》引《晋志》,第 482 页。)皮轩车,始于汉,《唐六典·太仆寺》引《晋志》云:"以兽皮为轩。"(见《唐六典》卷十七《太仆寺》引《晋志》,第 482 页。)故,白鹭车、鸾旗车、皮轩车其义皆取自《曲礼》,用以警众也。

⑤ 《隋书》卷十《礼仪志五》,第 209 页。

⑥ 《隋书》卷十《礼仪志五》,第 209 页。

⑦ 《旧唐书》卷四十五《舆服志》,第 1933 页。《新唐书》卷二十四《车服志》,第 512 页。

⑧ 《旧唐书》卷四十五《舆服志》,第 1933 页。

现于晋《中朝大驾卤簿》,云:"四望车,驾牛中道。"隋代予以改制,[①]唐因之。其形制同犊车,金饰,八銮在衡,青油纁,朱里通幰,朱丝络网,拜陵临吊则供之。[②]

后六车之羊车亦为天子所乘,先秦时期以车羊门而得名,[③]晋时其制得成。[④] 隋制,其如轺车,金宝饰,紫锦幰,朱丝网。驭童二十人,皆两鬟髻,服青衣,取年十四五者为,谓之羊车小史。驾以果下马,其大如羊。[⑤] 唐因之。[⑥] 因其曾为晋武帝用以宴寝,故隋、唐未明其所用。

后六车之黄钺车、豹尾车皆为比附古礼所陈。黄钺即黄金为饰的斧。《尚书·牧誓》曰:"王,左杖黄钺,右秉白旄以麾。"[⑦]晋制,以黄钺为乘舆之饰,[⑧]即为黄钺车。唐贞观以后加之,备于大驾卤簿,[⑨]天宝元年(742)正月改黄钺为金钺,以副威武之仪也。[⑩] 豹尾车即豹尾装饰的车子,因其象君子豹变,以尾示谦,故驾行最后一车悬豹尾。[⑪]

辇,"挽车也。从车,从㚘在车前引之"。[⑫] 段玉裁注曰:"谓人挽以行之车也。"[⑬]因其简便灵活为皇帝所喜用。史载:"自高宗不喜乘辂,每有大礼,则御辇以来往。爰洎则天以后,遂以为常。"[⑭]永徽六年(655)正月,唐高宗亲谒昭陵,向西祭拜嚎哭,边走边哭就位,入寝哭踊绝于地,进献太牢祭食后又哭着走出寝宫北门,回程时高宗乘小辇返。[⑮] 此为礼制所要求的乘"四望车"有异,可为前述结论提供佐证。与车相较,其形制略小,装潢稍显简易,隋制,其形象轺车,而不施轮,通幰朱络,饰以金玉,用人荷之。[⑯] 唐因之。唐制,辇有七,即一曰大凤辇、二曰大芳辇、三曰仙游辇、四曰小轻辇、五曰芳

① 《隋书》卷十《礼仪志五》,第 208 页。
② 《旧唐书》卷四十五《舆服志》,第 1933 页。
③ 《周礼注疏》卷四十二《考工记·车人》,《十三经注疏》,第 2019 页。
④ 《晋书》卷二十五《舆服志》,第 756 页。
⑤ 《隋书》卷十《礼仪志五》,第 208 页。
⑥ 《通典》卷六十四《礼二十四·羊车》,第 1805 页。
⑦ 《尚书正义》卷十一《牧誓》,《十三经注疏》,第 388 页。
⑧ 《〈古今注〉校笺》卷上《舆服第一》,第 8 页。
⑨ 《通典》卷六十四《礼二十四·黄钺车》,第 1806 页。
⑩ 《唐大诏令集》卷四《改元天宝赦》,第 21 页。
⑪ 《〈古今注〉校笺》卷上《舆服第一》,第 7 页。《后汉书》卷二十九《舆服志上》,第 3649 页。
⑫ 《说文解字》卷十四,第 303 页。
⑬ 《说文解字注》,第 730 页。
⑭ 《旧唐书》卷四十五《舆服志》,第 1932 页。
⑮ 《册府元龟》卷三十《帝王部·奉先第三》,第 323 页。
⑯ 《隋书》卷十《礼仪志五》,第 210 页。

亭辇、六曰大玉辇、七曰小玉辇。① 唐大驾卤簿所列大辇、方辇、小辇三种，数量各一。

与辇相类，因其具轻便之功，在皇帝行幸中颇受青睐。贞观十三年（639），唐太宗拜谒献陵，史载："帝至小次，降舆，纳履，入阙门，西向再拜，恸哭俯伏殆不能兴。"②其"降舆"可证其结论。又，神功元年（697）七月，武则天欲登万安山玉泉寺，因山路崎岖，欲乘坐人挽的"腰舆"而上，时任凤阁侍郎、同凤阁鸾台平章事的王方庆认为此举过于冒险，予以谏止。③ 武则天巡幸时乘腰舆登山亦可为证。

与辇相较，其形略小，装潢亦显简易。那么何为舆呢？ 舆早称箯，《说文解字》曰："箯，竹舆也。"④《隋书·礼仪五》载："《周官》曰：'周人上舆。'汉室制度，以雕玉为之，方径六尺。今舆，制如辇而但小耳，宫苑宴私则御之。"⑤唐因隋制。⑥ 唐大驾卤簿载有："行漏舆、⑦相风舆、腰舆、小舆、五牛旗舆等五种。"⑧按，相风舆、行漏舆系皇帝行幸中所用于计风、计时工具，并未承担载行功能。腰舆、小舆、五牛旗舆则不然，在大驾卤簿中专供皇帝载行。

前述五辂、十二属车、三辇、三舆皆为皇帝载行工具，其乘之设符合古礼要求；其乘之样宏伟壮丽，其乘之饰豪奢富丽；其乘之类一应俱全；主乘之数数以千计。可以说其"势"之气威严雄壮。

御马亦为皇帝乘属，且在皇帝实际行幸中应用极广。前述唐高宗、武则天不喜乘辂，每有大礼，则御辇以来往。唐玄宗以辇不中礼，常骑于仪卫中，史书遂曰："其玉辂及腰舆之属，但陈于卤簿而已。"⑨开元十一年（723）冬，将有事于南郊，乘辂而往，礼毕，骑而还。⑩ 开元十三年（725）十一月，唐玄宗封禅泰山，按礼当乘玉辂登山，史载其"御马而登"⑪。御马皆为尚乘局调习的良马，往往为皇帝所钟爱。唐太宗有昭陵六骏；唐代宗有名骑九花

①　《通典》卷六十六《礼二十六·辇舆》，第 1840 页。

②　《新唐书》卷十四《礼仪志四》，第 362 页。

③　《旧唐书》卷八十九《王方庆传》，第 2898 页。

④　《说文解字》卷五上，第 97 页。

⑤　《隋书》卷十《礼仪志五》，第 210 页。

⑥　《通典》卷六十六《礼二十六·辇舆》，第 1840 页。

⑦　《大唐开元礼·大驾卤簿》载："前漏舆"四种，《新唐书·大驾卤簿》载："行漏舆"，《通典·大驾卤簿》《文献通考·唐大驾卤簿》均载"行漏舆"，今从诸书更之。

⑧　《新唐书》卷二十三上《仪卫志上》，第 494 页。

⑨　《旧唐书》卷四十五《舆服志》，第 1933 页。

⑩　《旧唐书》卷四十五《舆服志》，第 1933 页。

⑪　《旧唐书》卷二十三《礼仪志三》，第 898 页。

虹；①唐德宗有御用名马"神智骢""如意骝""瑞鞭"等。② 其饰史书未载，但就前述五辂六驾装饰来看，其饰亦豪奢壮丽。唐大驾卤簿御马队位于十二、十七和十九方阵，其阵共御马五十余匹，驭者百余人，加之御马装饰豪奢，其气势可见一斑。

其二，从行人员的气"势"。皇帝行幸从行甚多，其数可达十万计。咸通年间，唐懿宗"每行幸，内外诸司扈从者十余万人，所费不可胜纪"。③ 就唐大驾卤簿而言，尽管其人数统计上有不同的呈现，但可以判定其人数已达万余。④ 万余人队伍浩浩荡荡，其视觉体验可谓壮观。

此万余人亦经多方装扮，仪容甚伟。马冬先生曾分诸卫将士服饰，车辇、麾幢诸仪人员服饰，供奉侍臣、四省局官及殿中侍御史服饰，鼓吹臣工、大角、揭鼓工人服饰，"导驾六引"人员服饰等进行考察，认定其服饰普遍质地与制作精良，其装扮使大驾卤簿整个队伍在视觉上呈现出华丽绚烂的外观效果。⑤

另，从行人员在自我装扮的同时，仍以执旗幡、引、骑、夹、领、带兵器、驾马、陪乘、分左右、正道、横行、并行、单行、群从等方式融入方阵之中，展现方阵势。诸如金吾卫分左右、执、引、骑、夹白泽旗、朱雀旗、龙旗等；左右卫分左右、执、引、骑、夹龙虎旗等。左右金吾虞候伙飞带刀箭、横刀，夹道单行，分左右；左右金吾外铁甲伙飞24骑，带刀箭横刀，甲骑具装，并行等。金吾引驾12重，1重稍驾，1重弓箭，相间，骑，带横刀，并行正道；左右领军将军各1领前后厢步甲队48队，前后各24队，并鍪铠弓刀楯，五色相间，队各30人等。扈从文官队之通事舍人8、侍御史2、御史中丞2、御史2、拾遗2、补阙2、起居郎（舍人）各1、谏议大夫2、给事中2、中书舍人2、黄门侍郎2、中书侍郎2、散骑常侍4、侍中2、中书令2等骑分左右，群从等。太仆卿驭玉辂，千牛将军执金装长刀陪乘，左右卫大将军各1，骑夹，1人从，千牛将军1中郎将2各1人从，分左右，左右监门校尉执、夹、骑衙门旗，监当后门等。此皆

---

① （唐）苏鹗：《杜阳杂编》卷上，（元）陶宗仪：《说郛》卷九十，上海：上海古籍出版社，1988年版，第118页。

② 《太平广记》卷四百三十五《德宗神智骢》，第3533页。

③ 《资治通鉴》卷二百五十唐懿宗咸通七年十二月条，第8117页。

④ 马冬先生据《新唐书·仪卫上》统计其数约为一万四千八百二十人（不含左右羽林军）；据《通典·开元礼纂类二·序列中》统计其数为一万四千六百二十人（不含左右羽林军）。（见马冬：《唐大驾卤簿服饰研究》，《文史》2009年02辑，北京：中华书局，2009年版，第111页。）曾美月先生据《大唐开元礼》对从行人员数予以粗略统计，其数共约1.1万人，另有马439，牛12，车38，辇7等。（见曾美月：《唐代鼓吹乐研究》，《乐府新声》（沈阳音乐学院学报）2009年02期。）可以说，其数当为万余。

⑤ 《唐大驾卤簿服饰研究》，第127页。

以不同序列、不同姿态、不同动作、不同执器、不同装束之人或骑、或步、或驾、或夹、或引、或横、或并、或中，其与銮辂车舆、鼓吹、旗幡、仪仗法器相辉映，呈现出一番绚烂夺目、威重壮丽之势。其胜景，唐人颇有描述，张说所谓"辇辂既陈，羽卫咸备，大驾百里，烟尘一色。"[1]"千旗云引，万戟林行""万方纵观，千里如堵"[2]即为其写照。

综上，唐大驾卤簿规模庞大，人员众多，形成千乘万骑之势；其部伍严整，秩序井然，前导后引，仪卫相间，既能保证皇帝安全，亦能呈现皇帝车马之盛；其旗幡法器规模宏大，形制特异，数量惊人，气势磅礴，皆能产生目眩神迷的视觉效果；其鼓吹数量庞大，种类繁多，曲辞既能响彻云霄亦能低沉婉转，发挥着不同的音声效果。可谓仪"势"极盛。

三、唐大驾卤簿卫势瞭望

前所周知，大驾卤簿的布列形式为"仪卫相间"，其仪势以服饰、车舆、鼓吹、旌旗、缴扇、御马等物质实体的组合包装加之从行人员的规模与装束，两者相辉映，以成绚烂夺目之仪"势"。作为仪卫相间之"卫"，其亦以"威"为核心展开，以禁卫军布列与兵器甲仗相辉映，其解析如下。

1. 众甲拱卫"势"

前述，诸学者对唐大驾卤簿人数进行统计，其结论稍有不同，值得肯定的是其人数当在万人以上。其诸卫将士的人数统计基本在九千人左右，所占比例不下三分之二。[3] 可以说，大驾卤簿的方阵行进是以众甲拱卫之势完成的。其布列上则采取前驱、中护和后卫的形式来完成的。前述，唐"大驾卤簿"二十六方阵中，第二方阵、第三方阵、第四方阵、第五方阵皆属前驱部队，其以左右金吾卫力量为主导，主要负责巡警、道路、水草之事宜。[4] 当然，此类清道工作不仅限于物，还要排除不该出现的人或事。《旧唐书·礼仪志》载："天子亲祠，车驾赴祠祭所……州县及金吾清所行之路，不得见诸凶秽及缞绖者。"[5]具体而言，第二方阵清游队的金吾卫果毅所领虞候伙飞[6]

---

[1]　《张说集校注》卷十一《大唐开元十三年陇右监牧颂德碑》，第 624 页。

[2]　《张说集校注》卷十一《大唐祀封禅颂》，第 609 页。

[3]　马冬先生统计唐大驾卤簿总人数为一万五千人，诸卫将士人数约九千八百人，所占比例为三分之二。（《唐代大驾卤簿服饰研究》，第 111 页。）

[4]　田头贤太郎：《金吾卫の职掌とその特质—行军制度との关系を中心に—》，《东洋学报》卷 88 第 3 号，2006 年，第 5—8 页。《新唐书》卷四十九上《百官志》，第 1284—1285 页。

[5]　《旧唐书》卷二十一《礼仪志》，第 819 页。

[6]　48 骑，带弓箭横刀，夹道单行，分左右。

与外铁甲扺飞①承担清道和首层警戒任务。第三方阵朱雀队的金吾折冲所领 40 骑，承担二层警戒任务，以其所持弩、弓箭等武器与"扺飞"协作完成清道工作。其金吾果毅 2 则检校龙旗、副竿、朱雀队仗完整事。第四方阵导行车队，由左金吾队正 1 负责检校，承担仪卫工作。② 第五方阵金吾引驾队，由左右金吾果毅检校，其所属引驾 12 重③承担三层警戒任务，与"扺飞""40 骑"协作完成前驱任务。

唐大驾卤簿二十六方阵中，第九方阵、第十一方阵、第十三方阵、第十六方阵、第十七方阵、第十八方阵皆属中护卫部队。其职责负责皇帝与从行人员的安全，部伍的严整，执载仗器的完备等。其第九方阵与第十一方阵为左右武卫所主。两方阵在功能方面的差异表现为第九方阵更多的承担导骑角色，④第十一方阵则侧重于护卫。⑤ 第十三方阵为左右卫所主，负责龙虎旗队的安全，并为扈从文官方阵提供导从警戒任务。因唐大驾卤簿的设计以玉辂为中心，以朱雀旗为前导，玄武旗为后押，那么第十三方阵的左青龙旗和右白虎旗的位置与地位尤显重要。故，此处专设左右卫果毅所领 90 骑⑥负责其安全。第十六方阵为三卫仗队，其与殿庭列仗颇类，此仗队所设负责保护第十七方阵玉辂队的前方安全。其队由诸卫领亲、勋、翊卫组成，分带横刀、稍等近身攻击性武器。⑦ 第十七方阵为左右千牛卫与左右监门卫所主。千牛将军、中郎将、千牛备身等负责保护皇帝的贴身安全；左右监门校尉则负责玉辂衙门⑧的仪卫。第十八方阵为玉辂护卫后队，其阵主要负责玉辂方阵的后卫与后属车舆仗器的导卫工作。左骁卫翊卫三队分执凤旗、黄旗、吉利旗⑨与其它旗属队相辉映，并带弓箭、横刀、稍、弩等相间护卫，仪卫色彩浓厚。左右卫夹毅厢队由左右卫折冲、果毅各 1 检校，其队各 6，队 30 人，导卫色彩浓厚。

唐大驾卤簿二十六方阵中，第二十三方阵、第二十四方阵、第二十五方

---

① 24 骑，带弓箭横刀，甲骑具装，并行，分左右厢，各 6 重。

② 执银装仪刀，紫黄绶纷，执弩。

③ 重 2，1 重稍弩，1 重弓箭，相间；骑，带横刀，并行正道。

④ 钑戟前队具左右武卫果毅各 1，骑，分左右。

⑤ 左右武卫将军各 1 主钑戟后队，其队钑戟 144，分左右。

⑥ 左右果毅各 1，各领 45，骑，或执稍，或持弩，或带弓箭，分左右。

⑦ 左右厢，诸卫将军主之，执班剑、仪刀，领亲、勋、翊卫；左右卫郎将各 1，领散手翊卫 30，横刀，骑；左右骁卫郎将各 1，各领稍翊卫 28 骑，甲骑具装，执副仗稍；左右卫供奉中郎将 4 各领亲、勋、翊 28，带横刀，骑，分左右。

⑧ 左右监门校尉各 1，后门内检校；衙门旗 2 执，4 夹，骑；左右监门校尉各 12，骑，执银装长刀，12 行，仗头各 1。

⑨ 左骁卫前队、二队、三队各 35，骑，夹，引横。

248

阵、第二十六方阵皆属后押部队。第二十三方阵由左右威卫与左右领军卫所主，其队人数众多，达二千余人；执大戟、刀、楯、欑、弓箭、弩、矟、稍等武器，攻击性强；左右威卫折冲都尉各 1，领掩后 200，四分横行；左右领军将军各 1 领前后厢步甲队 48 队，前后各 24 队，队各 30 人，五色相间，部伍严整。其队为后押队主力，负责前行銮辂车属队的安全，并承担后押部队的导卫工作。第二十四方阵由左右领军卫与左右卫所主。左右领军卫领左右厢黄麾仗实为仪卫相间布列，其厢各 12 行，行列 10 人，执弓刀戟楯实其部伍护卫的角色体现，更多的是维系本部仪仗安全。左右卫所主为仪仗队，凸显仪"势"，未承担安全之责。第二十五方阵为左右领军卫所主，亦为仪卫方阵。其与步甲队相类，具人数众多；执带武器多样且攻击性强；部伍严整等特点。其亦为后押部队的主力，负责后续部队的安全。第二十六方阵为玄武旗队，其与前驱四方阵[①]一样皆为金吾卫所主，且以"玄武旗"为后，完成仪卫架构上的前驱后押之势。其由折冲 1 领 50 骑执稍、弩以备后部冲仗势力的袭扰。

2. 披甲执锐"势"

现存唐史史料往往以披甲执锐来形容皇帝行幸卫势。张说《大唐祀封禅颂》所载"六甲按队，八阵警跸""千旗云引，万戟林行"[②]即为如此。开元二十年（732）冬，唐玄宗校猎于上党，史称："勒兵三十万，旌旗亘千里"[③]亦可为证。披甲系指禁军将士着戎服铠甲，《新唐书·仪卫上》谓之"甲骑具装"。戎服以平巾帻，紫[④]裲裆，纹绣袍，[⑤]大口袴，锦螣蛇，银梁金隐起带为多，其间亦有授纷之缀。[⑥] 铠甲则具紫綡连甲、朱质鍪[⑦]、铠、覆膊、臂韝等。此类披甲戎装的组合，不仅利于防身，保卫驾仗，更多的体现禁卫军将士的威武之势。

执锐系指南衙禁卫将士手拿锋利的武器，唐大驾卤簿执锐可见下表。

---

①　第二方阵，清游队；第三方阵，朱雀队；第四方阵，导行车队；第五方阵，金吾引驾队。

②　《张说集校注》卷十一《大唐祀封禅颂》，第 609 页。

③　《唐语林校证》卷四《豪爽》，第 324 页。《全唐文》卷四十一玄宗《后土神祠碑序》，第 192 页。《太平广记》卷二百十二《金桥图》，第 1628 页。

④　唐大驾卤簿禁卫将士所服裲裆有紫、绯两种。

⑤　唐大驾卤簿禁卫将士所服纹绣袍有辟邪纹绣袍、瑞马纹绣袍、大虫纹绣袍、瑞牛纹绣袍、瑞鹰纹绣袍、豹尾纹绣袍、白泽纹绣袍等。

⑥　"绶纷"出现于唐大驾卤簿班剑仪刀方阵，其亦有纁朱绶纷、绿綟绶纷、紫黄绶纷之分。

⑦　唐大驾卤簿禁卫将士所服鍪有朱质、白质、黑质、黄质、青质之别。

表 3-5　唐大驾卤簿禁卫将士执锐一览表

方阵队列	仪仗名称	所属禁卫	执锐
第二方阵	清游队	金吾卫	金吾大将军 2（带弓箭、横刀，分左右。各 2 执矟稍，骑夹）；左右金吾果毅 2（带刀箭、横刀）；虞候伙飞 48 骑（带刀箭、横刀）；外铁甲伙飞 24（带刀箭、横刀）
第三方阵	朱雀队	金吾卫	金吾折冲都尉 1 领 40 人（执横刀、矟、弩、弓箭）
第四方阵	导行车队	金吾卫	左金吾队正 1 银装仪刀，执弩
第五方阵	金吾引驾队	金吾卫	引驾 12 重（重 2，1 重矟弩，1 重弓箭，相间；骑，带横刀，并行正道）
第十一方阵	钑戟后队	左右武卫	钑戟 144（分左右）；左右武卫将军各 1
第十三方阵	龙虎旗队	左右卫	左右卫果毅各 1（各领 45，骑，或执矟，或持弩，或带弓箭，分左右）
第十六方阵	三卫仗队	诸卫	左右卫郎将各 1，领散手翊卫，30（横刀，骑）；左右骁卫郎将各 1，各领矟翊卫 28 骑（执副仗矟）；左右卫供奉中郎将 4 各领亲勋翊 28（横刀，骑）
第十七方阵	玉辂仗队	左右千牛卫、左右卫、左右监门卫	千牛备身 2（带横刀，弓箭）；御马 2；左右监门校尉 12（骑，监当后门，12 行，仗头各 1）
第二十三方阵	步甲队	左右威卫、左右领军卫	左右威卫折冲都尉各 1，领掩后 200（50 执大戟，50 执刀、楯、矟，50 执弓箭，50 执弩）；左、右领军将军各 1 领前后厢步甲队 48 队（并鏊铠弓、刀楯）
第二十四方阵	黄麾仗及仗队	诸卫	左右厢黄麾仗（厢各 12 部，部 12 行，并执弓、刀、戟、楯）
第二十五方阵	诸卫马队	诸卫	左右厢各 24 队（从 12 旗，主帅以下 40 人，队别戎服带横刀、箭、弩、矟）
第二十六方阵	玄武队	金吾卫	金吾折冲 1（领 50，分执矟弩）

上表周知，南衙禁卫军将士所持兵器主要为：横刀、弓箭、弩、矟、攃矟、钑戟、大戟、长刀、刀楯、攒等。其中，弓、弩、箭属抛射性武器；矟、攃矟、钑戟、攒、大戟属击刺性武器；长刀、横刀、刀楯砍斫性武器。就抛射性武器而言，弓、箭、弩起源较早，《周礼》曰："司弓矢掌六弓、四弩、八矢之法。"[①]弓，张之如穹，故有弓穹之说，唐制，弓制有四，曰长弓、曰角弓、曰稍弓、曰格弓。《唐六典》曰："格弓，彩饰之弓，羽仪所执"即唐大驾卤簿禁卫将士所持之"弓"当为格弓。[②] 箭，又称矢，前端有刺杀敌人用的尖锐箭头，后有保持飞行稳定

---

① 《周礼注疏》卷三十二《夏官·司马·司弓矢》，《十三经注疏》，第 1847 页。
② 《唐六典》卷十六《卫尉寺》，第 461 页。

的尾羽。唐制箭分竹箭、木箭、兵箭、弩箭四种。竹箭、木箭供射鸟和狩猎用，兵箭、弩箭供战斗用。故，唐大驾卤簿禁卫军将士所持箭当为兵箭或弩箭。《唐六典》注其曰："兵箭钢镞而长，用之射甲，弩箭皮羽而短，用之陷坚阵。"①弩即按有臂的弓。《释名》曰："弩，怒也，有怒势也。其柄曰'臂'，似人臂也。"②唐制，弩有七，曰臂张弩、曰角弓弩、曰木车弩、曰大木车弩、曰竹竿弩、曰拔大竹竿弩、曰伏远弩等。前两种是轻弩，其余是强弩。③

就击刺性武器而言，矟是一种杆比较长的矛。《释名》曰："矛长丈八尺曰矟，马上所持。言其矟，矟便杀也。又曰激矛，激截也，可以激截敌阵之矛也。"④可以说，矟脱胎于矛，二者同属击刺性武器。区别在于矟主要用于马上，是一种长度固定、用于特定领域的矛。其在唐代称为"漆枪"，其形稍短，骑兵用之。史载，唐名将尉迟敬德"善解避矟，每单骑入贼阵，贼矟攒刺，终不能伤。又能夺取贼矟，还以刺之"。可以说，在唐代其仍为战争常备武器。其形象可见唐节愍太子墓墓道东壁"持矟仪卫图"。⑤ 㯮矟又称㯮矟，因矟通槊，㯮矟亦为㯮槊。其形，《玉海》有载，其文曰：

> 《开元礼义鉴》，金吾将军执㯮矟骑捧也，以黄金涂末，执以扈跸，《义罗》曰：㯮击声也，形如剑而三刃连柄及锋长三尺五寸，以虎豹皮为袋，其制起秦汉。李绰《辇下岁时记》曰：御殿、御楼、金吾、㯮矟，前引《尔雅》云：㯮牛，犁牛也，抵触百兽，无敢当者，仗内有㯮矟库，刻㯮牛首于上，如龙虎节之状，碧油笼之。⑥

可以说，㯮矟实为骑棒，因㯮牛抵触百兽而得名，其形如剑而三刃连柄，锋长三尺五寸，且以黄金涂末予以装饰，又以虎豹皮为袋，其貌甚伟。其于扈跸极具攻击性。史载，开元二十三年（735）正月，唐玄宗"御五凤楼酺宴，观者喧隘，乐不得奏，金吾白梃如雨，不能遏；上患之"。⑦ 此白梃即为仗棒，用以维护仗内外治安。作为骑棒的㯮矟亦为如此。唐大驾卤簿衙门旗队左右金吾卫将军各二人执㯮矟而行，据左右金吾卫职责推演，其力亦为如此。大戟，即戟的一种，用于车战。《释名》曰："戟，格也，旁有枝格也。大戟长丈六

---

① 《唐六典》卷十六《卫尉寺》，第461页。
② （汉）刘熙：《释名》卷七《释兵》，北京：中华书局，2016年版，第99页。
③ 《唐六典》卷十六《卫尉寺》，第461页。
④ 《释名》卷七《释兵》，第101页。
⑤ 王小蒙、刘呆运：《唐节愍太子墓发掘报告》，《考古与文物》2004年04期。
⑥ 《玉海》卷一百五十一《兵制·唐钺戟㯮矟》，第2771页。
⑦ 《资治通鉴》卷二百一十四唐玄宗开元二十三年春正月条，第6810页。

尺,车前所持。"①其兼具戈、矛的特点,柄端有两刃,可以刺杀敌人;旁有横刃,可以钩杀敌人,是为攻守之利器。钑戟、欑皆为小矛。《急就篇》曰:"钑、戟、铍、镕、剑、镡、鏉、弩、箭、矢、铠、兜、鍪。"②颜师古注曰:钑,短矛也。戟,枝刃之矛也。后钑戟用于扈从警跸队,《北史·周宣帝纪》载:"又令武贲持钑马上,称警跸,以至同州。"③唐制,左右武卫持钑戟,称警跸。"大驾卤簿"钑戟前队与后队皆为左右武卫所主。欑,同鏦,《说文解字》曰:"鏦,矛也。"段玉裁注"鏉"时曰:"鏦或从象……欑,小矛也。"④其形制《元史》有载,其文曰:"欑制如戟,锋两旁微起,下有鐏锐。"⑤

就砍斫性武器而言,长刀即陌刀,⑥史载:"张兴,齐州临济人,善用大刀,长一丈施两刃,名为陌刀。每一举,辄毙数人,前无当者。"⑦可以说,长刀是装有长柄,而刀部两面有刃的砍杀兵器。因其锋利无比,故常用于内外战争之中。御刀,⑧横刀,佩刀也,兵士所佩,名起于隋。⑨ 其形制以"皮襻带之刀横于掖下"。⑩ 其形象可见章怀太子墓墓道东壁"仪卫领班图",⑪章怀太子墓墓道东壁"仪卫图"⑫等。因横刀具"常带"之特色,⑬可谓守护皇帝安全的重要利刃。⑭

刀楯是一套兵器,实则为刀、盾的配合使用,其产生于西汉,魏晋时期已成为一套兵器的普遍装备。⑮唐因之。

可以说,唐大驾卤簿禁卫军将士在服饰和武器装备上颇具特色,其形制

① 《释名》卷七《释兵》,第 101 页。
② (汉)史游撰,(唐)颜师古注:《急就篇》卷三,《文渊阁四库全书》223 册,台北:台湾商务印书馆,1986 年版,第 31 页。
③ 《北史》卷十《周宣帝纪》,第 378 页。
④ 《说文解字注》,第 711 页。
⑤ (明)宋濂:《元史》卷七十九《舆服志二·仪仗》,北京:中华书局,1976 年版,第 1973 页。
⑥ 《唐六典》卷十六《卫尉寺》"陌刀"注,第 461 页。
⑦ 《旧唐书》卷五十六《阚棱传》,第 2270 页。
⑧ 李德辉:《唐代陌刀的源流与历史作用》,《宁夏社会科学》2002 年 02 期。李锦绣:《唐代制度史略论稿》,北京:中国政法大学出版社,1998 年版,第 259 页。李锦绣:《方阵、精骑与陌刀—隋唐与突厥战术研究》,《晋阳学刊》2013 年 04 期。
⑨ 《唐六典》卷十六《卫尉寺》,第 461 页。
⑩ 《资治通鉴》卷一百九十八唐太宗贞观二十年春三月条胡三省注"横刀",第 6235 页。
⑪ 徐光冀、汤池、秦大树、郑岩:《中国出土壁画全集·陕西下》,北京:科学出版社,2011 年版,第 278 页。
⑫ 《中国出土壁画全集·陕西下》,276—277 页。
⑬ 《唐律疏议·卫禁下》载:"议曰:兵仗者,谓横刀常带;其甲、矟、弓、箭之类,有时应执者并不得远身,不应执带者常自近身。辄远身者,各杖六十。"(见《唐律疏议》卷八《卫禁下》,第 167 页。)
⑭ 另有,唐高宗曾对为千牛卫将军的王及善说:"他人非搜辟不得至朕所,卿佩大横刀在朕侧"之语。(见《旧唐书》卷九十《王及善传》,第 2910 页。)
⑮ 常彧:《释"身备三仗"》,《中国国家博物馆馆刊》2017 年 01 期。

独具特定威势外,警跸性极强。其武装不仅具横刀、甲、稍、弓、箭等常备器械,①还具陌刀、弩、大戟等杀伤力极强的锐器;钑戟、襏等中度杀伤性武器;穳稍等软杀伤性武器等。这些武装的装备与皇帝行幸警备的多元需求密切相关。弩、弓箭等皆为远射工具,御敌于方阵之外,将其置于唐大驾卤簿的前部方阵与后部方阵。穳稍为软杀伤性武器,其独属于左右金吾卫,目的是维护秩序,威慑喧哗者,将其置于第二方阵清游队。钑戟为中度杀伤性武器,用于近身防御与唱警跸,其独属于左右武卫,在左右金吾卫后,充任第二重警戒任务。襏与之相类,置于后部方队中的步甲队,仍属弓、弩后的内重警戒。陌刀、大戟杀伤性强,其置于后部方队中的步甲队、黄麾仗队,亦属内重警戒,更好的保护玉辂队的安全。可以说,唐大驾卤簿披甲执锐无论是甲胄装备、武器形制还是器械布列均以"卫"核心,保障行进方阵与驻跸警卫的安全。

综上,唐大驾卤簿禁卫军数量较多,比例极高,前驱后押,部伍严整,机动性强,呈"众甲拱卫"之势。加之其甲胄、锐气独具特色,数量极多,形制各异,使用多元,布置合理,呈现禁卫将士威武之势,也能更好的防护皇帝周全,宣示至尊无上的皇权,其"卫"势极盛。

第二节　皇帝行幸卫戍制度

除却唐大驾卤簿在皇帝行幸中的震慑与扈卫外,唐政府仍以制度的形式对皇帝行进与驻跸安全予以保障,此即为卫戍制度。② 目前学界对其所涉无多,在此以行幸仗内安全与行幸驻跸地安全两方面予以解析。

一、行幸仗内安全

前述,唐大驾卤簿以实物器械的陈列与方阵禁卫部伍的布列来保障皇帝行幸的安全,此远远不够,唐政府仍以律令形式对仗内禁卫兵士、仗内乘舆服御、冲仗的惩处等问题予以明确规定,以辅助扈卫。此外,为保证銮驾"卤簿"的机动性和统一性效果,皇帝往往会选择可靠的禁卫将领予以统筹,

---

① 《唐律疏议》卷八《卫禁下》,第 167 页。

② 卫戍即保卫戍守的意思。《宋书·路淑媛传》所载,大明四年(460),抚军参军路琼之为其父路道庆上表请赠,其文曰:"先臣故怀安令道庆,赋命乖辰,自违明世。敢缘卫戍请名之典,特乞云雨微垂洒润。"(见《宋书》卷四十《文帝路淑媛传》,第 1287 页。)宋武帝诏赠给事中。其"卫戍"即保卫戍守之意。

更好地保障皇帝的安全。

1. 仗卫安全保障

此所谓仗内安全保障主要指唐政府对持仗士兵的兵源、卫士兵仗与持仗行为予以规范，以保障其基础安全，具体如下。其一，仗卫士兵的兵源保证。唐大驾卤簿所具禁卫将士达九千余人，实际行幸中亦有"勒兵三十万"①"诸卫及左右军廿万众相随"②等记载。如此大规模的动员，唐政府首先要保证兵源的充足，故唐律对宿卫士兵的随驾予以立法。第一，宿卫上番不到及因驾而违者，会受到严厉的惩处。唐律：诸宿卫人，应上番不到及因假而违者，一日笞四十，三日加一等；过杖一百，五日加一等，罪止徒二年。③应番不到据情节严重，有笞、杖、徒之罚可为证。

第二，防止宿卫人在直而亡。唐律规定："诸宿卫人在直而亡者，一日杖一百，二日加一等。即从驾行而亡者，加一等。"④在直而亡的处罚方式中，唐律对从驾而亡的处罚加一等，尤为严格。原因来自于"陪从事重。"⑤

第三，从驾卫士的名籍管理。因"陪从事重"，从驾卫士的信息登记尤显。神龙二年（706）十月敕："行幸每顿人宿兵及三卫，并令伍伍相保，其押官责名品，明作文簿，别送与金吾。"⑥

其二，列仗卫士的兵仗保障。前引《唐律疏议·卫禁下》对兵仗曾有论列，其内容即横刀常带，甲、矟、弓、箭之类的器械。为保证随驾军士兵仗的完整，其规范如下。第一，兵仗不得远身。唐律："诸宿卫者，兵仗不得远身，违者杖六十；若辄离职掌，加一等；别处宿者，又加一等。主帅以上，各加二等。"⑦值得注意的是，这里主帅以上，是指队副以上，大将军以下的兵将群体，持仗范围甚广。

第二，兵仗依制发放与回收。宿卫兵仗的发放亦有一定限制。唐律："诸戎仗，非公文出给而辄出给者，主司徒二年。虽有符牒合给，未判而出给者，杖一百。仪仗，各减三等。"⑧其"仪仗"即指吉凶卤簿、诸门戟矟之类。⑨

---

① 《唐语林校证》卷四《豪爽》，第 324 页。《全唐文》卷四十一玄宗《后土神祠碑序》，第 192 页。《太平广记》卷二百十二《金桥图》，第 1628 页。

② ［日］圆仁撰，［日］小野胜年笺注，白化文、李鼎霞、许德楠校注，周一良审阅：《入唐求法巡礼行记校注》卷三会昌元年正月八日条，石家庄：花山文艺出版社，2007 版，第 364 页。

③ 《唐律疏议》卷七《卫禁上》，第 165 页。

④ 《唐律疏议》卷二十八《捕亡》，第 533 页。

⑤ 《唐律疏议》卷二十八《捕亡》，第 534 页。

⑥ 《唐会要》卷二十七《行幸》，第 604 页。

⑦ 《唐律疏议》卷八下《卫禁下》，第 167 页。

⑧ 《唐律疏议》卷十六《擅兴》，第 311 页。

⑨ 《唐律疏议》卷十六《擅兴》，第 311 页。

皇帝行幸卤簿亦在其中。其行幸卤簿仪仗配发应符合公文、符牒的要求，否则会受到处罚的。宿卫兵仗回收亦是如此。开元二十七年（739），对于行从卫士所领甲仗、袍襖、幡旗、幕等物出现"多有污损""逾期不纳""所由便奏勒留""以此淹久，便长奸源"等问题上奏皇帝，并提出"望自今以后，每事了，限五日送纳武库""如有违限，所由长官及本官，望请科违敕罪"的建议，唐玄宗"敕旨依奏"。① 据此可知，兵仗理当依制回收，如有遗失，理当治罪。对于遗失弓箭，唐律曰："或遗弓无箭，或遗箭无弓，俱不得罪，故云弓、箭相须，乃坐。"②这条律令，有对应案例：左右千牛卫宿卫杜俊遗箭于仗内，张鷟的判词为："杜俊虽仗内落箭，未见遗弓，律有正条，相须乃坐。二罪俱发，自合从重而论；一状既轻，不可累成其过。"③张鷟依律而判，说明此律令得到很好的执行。

第三，禁止私造回改兵仗。唐律："诸私有禁兵器者，徒一年半。"④所谓私禁兵器，谓甲、弩、矛、矟、具装、旌旗、幡帜及仪仗等，此即为皇帝行幸仪仗所用之物，私制其器亦有流徙之惩。如果宿卫人因罪守罚，唐政府可随时回收其兵仗，若有违命，则"徒一年"。⑤ 当然，此宿卫人亦指卫士以上，诸卫大将军以下的将士群体，范围甚广。唐律："诸宿卫人已配仗卫，而官司辄回改者，杖一百。若不依职掌次第，擅配割及别驱使者，罪亦如之。"⑥可以说，官司私改兵仗、擅用兵仗都会有杖一百的处罚。

第四，禁止误遗兵仗。唐律："若于辟仗内误遗兵仗者，杖一百。"⑦可以说，仗内宿卫误遗兵仗，会受到相应惩罚。贞观二十一年（647）九月，"辟人，从两骑幸故未央宫，遇一卫士，佩刀不去，车驾至，惶惧待罪，太宗谓之曰：仗司之失，非汝之罪，今若付法，当死者便数人。因赦去之。"⑧"辟人"即搜辟，唐太宗銮驾至，卫士"佩刀不去"实犯"误遗兵仗"之罪。其"惶惧待罪""今若付法，当死者便数人"皆可证明。

其三，从驾卫士的持仗约束。列仗卫士是皇帝安全的最后保障，其持仗行为受到诸多约束方能更好的发挥作用。第一，列仗卫士不得冒名守卫。

---

① 《唐会要》卷六十五《卫尉寺》，第 1346 页。

② 《唐律疏议》卷七《卫禁上》，第 157 页。

③ （唐）张鷟撰，（明）刘允鹏注：《龙筋凤髓判》卷三《杜俊对仗遗箭于仗内御史弹付法》，北京：中华书局，1985 年版，第 65—66 页。

④ 《唐律疏议》卷十六《擅兴》，第 315 页。

⑤ 《唐律疏议》卷七《卫禁上》，第 158 页。

⑥ 《唐律疏议》卷七《卫禁上》，第 159—160 页。

⑦ 《唐律疏议》卷七《卫禁上》，第 157 页。

⑧ 《唐会要》卷二十七《行幸》，第 599 页。

唐律："诸宿卫者，以非应宿卫人冒名自代及代之者，入宫内，流三千里；殿内，绞。"①可以说，冒名守卫宿卫人与代之者均要受到惩罚。这种处罚分宫内与殿内两种情况，宫内者，流三千里；殿内者，绞。也就是说宿卫人离皇帝越近，其冒名处罚就越严重。

第二，列仗卫士不得阑入。阑入即擅自闯入的意思，与冒名守卫相类，列仗卫士阑入不同区域，惩罚各异。唐律：持仗入"太极等门为殿门，阑入者，徒二年半，持仗各加二等。"持仗入宫门"得徒三年"；持仗"入上阁内者，绞"；若持仗"及至御在所者，斩。"②其列仗卫士阑入殿门、宫门、入阁的惩罚方式因离皇帝距离而加重，兹可为证。

第三，从驾卫士得列名籍。为加强对从驾卫士的管理，唐中宗时期曾下令对从驾卫士的个人信息予以登记造册。《唐会要·行幸》载："神龙三年(707)十月十七日敕：'行幸每顿入宿兵及三卫'，并令伍伍相保，其押官责名品，明作文簿，别送与金吾。"③其"每顿入宿兵及三卫"即指从驾禁卫将士。"明作文簿"即将个人信息予以登记造册，同时为保证卫士之间的约束还实行"伍伍相保"以加强管理。这一管理实由金吾卫来行使。

第四，从驾卫士不误用兵器。作为皇帝安全的最后保障，从驾将士误用兵器对皇帝来说可谓是最直接的威胁，其惩罚也最重。唐律："宿卫人，于御在所误拔刀子者，绞。左右并立人不即执捉者，流三千里。"④可以说，宿卫人非敕遣用，不得辄拔刀子，其误拔刀子者会判绞刑，是为极刑。若左右并立者见误拔刀子者而不采取行动进行制止，得受"流三千里"之罚。

其四，从幸禁卫将领的选拔。前述，唐大驾卤簿各方阵为保证部伍严整，其方阵多设检校官，用以保障方阵功能的发挥。尽管如此，仍需专设禁卫将领用以方阵将士的统一指挥与机动协调。当然，皇帝行幸若不陈卤簿，仍需选拔禁卫将领以保障安全。关于禁卫将领的选拔，《册府元龟》有载，其文曰：

> 夫任环卫之职，总貔貅之众。若非本之以忠信辅之，以恭慎文武兼资夷险一致，则何以近日月之光，茂皇王之宠。若乃乘之名马，服以御剑，从游幸则督兹羽骑，遇校猎则统彼六卫，或嘉其义举，或善其应对，

---

① 《唐律疏议》卷七《卫禁上》，第153页。
② 《唐律疏议》卷七《卫禁上》，第151页。
③ 《唐会要》卷二十七《行幸》，第604页。
④ 《唐律疏议》卷七《卫禁上》，第164页。

以至过墓则祠以中牢,发哀而为之恸哭,次之编简,咸足观焉。①

引文所述,禁卫将军的选拔须合乎诸多条件:或忠信有佳;或恭慎应对;或文武全才;或灵活机动,化险为夷等。其扈卫行为表现为:或执御刀贴身守护;或督察骑兵护卫游幸;或统诸卫护卫校猎;或以义举,以善对,以祠中牢等。此类标准及行为合乎中古时期皇帝行幸禁卫将领的选拔。唐朝亦是如此。贞观中,姜行本任左屯卫将军,深得唐太宗的信任,"每游幸即骑以从",并将新组建的禁卫飞骑,"分隶于行本"。② 姜行本之外,李大亮也深得唐太宗的期许。其任左卫大将军时,"每当宿直,必通宵假寐。太宗尝劳之曰:'至公宿直,我便通夜安卧。'"③以至于"太宗每有巡幸,多令居守。"④二人可谓忠勇有佳的例证。永徽五年(654),唐高宗巡幸万年宫,其夜,山水猥至,冲突玄武门,宿卫者皆惊散而走。时,薛仁贵曰:"安有天子有急,辄敢惧死?"于是登门而呼,以惊宫内。唐高宗闻声遽出,乘高而避,俄而水入寝殿,得免。为嘉奖薛仁贵,特赐御马一匹。⑤ 薛仁贵可谓灵活机动,化险为夷的例证。唐玄宗时,陈玄礼深得信任。史载,明皇末年在华清宫,值正月望,欲夜游,陈玄礼奏曰:"宫外即是旷野,须有预备。欲夜游,愿归城阙。"⑥陈玄礼谏止皇帝涉险,可谓忠勇的例证。可以说,禁卫将领的选拔仍为仗卫安全的重要保障。

　2. 仗内乘舆服御安全

中古时期乘舆服御泛指皇帝所用的服饰、车马、器用等。《独断》曰:"汉天子正号曰:皇帝,自称曰:朕,臣民称之曰:陛下,其言曰:制、诏,史官记事曰:上,车、马、衣服、器械、百物曰:乘舆,所在曰:行在所,所居曰:禁中,后曰:省中,印曰:玺,所至曰:幸,所进曰:御。"⑦其"车、马、衣服、器械、百物"皆称乘舆可为其证。其实,乘舆往往与服御同时使用,指向皇帝御用之物。汉元帝时,谏大夫贡禹上疏,条陈汉代帝王行俭事例,认为汉元帝初即位已深察古道,从俭治政,"大减损乘舆服御器物,三分去二",期望元帝继续治俭。⑧ 又,大历十四年(779)五月,唐代宗晏驾,作为新皇即位的唐德

---

① 《册府元龟》卷六百二十六《环卫部·宠异》,第 7524 页。
② 《旧唐书》卷五十九《姜行本传》,第 2333 页。
③ 《旧唐书》卷六十二《李大亮传》,第 2389 页。
④ 《旧唐书》卷六十二《李大亮传》,第 2389 页。
⑤ 《旧唐书》卷八十四《薛仁贵传》,第 2780—2781 页。
⑥ 《南部新书·乙部》,第 19 页。
⑦ 《独断》卷上,《文津阁四库全书》第 280 册,第 747 页。
⑧ 《汉书》卷七十二《贡禹传》,第 3072 页。

宗于同年六月大赦天下,赐文武官阶、爵,赏平民古爵一级,"减乘舆服御"等。① 基于此,乘舆服御往往代指皇帝。《独断》曰:

> 乘舆出于《律》,《律》曰:敢盗乘舆服御物,谓天子所服食者也。天子至尊,不敢渫渎言之,故托之于乘舆。乘犹载也,舆犹车也,天子以天下为家,不以京师官室为常处,则当乘车舆以行天下。故群臣托乘舆以言之,或谓之车驾。②

据引文,蔡邕所谓"天子至尊,不敢渫渎言之,故托之于乘舆"即已说明乘舆服御与皇帝之间的指代关系。鉴于乘舆服御为皇帝所用,且列于仗内,亦关乎皇帝安危,故乘舆服御安全亦可列入仗内安全之中予以考察,解析如下。

其一,乘舆的护持。唐律:"诸乘舆服御物,持护修整不如法者,杖八十……其车马之属不调习,驾驭之具不完牢,徒二年;未进御,减三等。"③即乘舆修整不谨则有杖刑,乘舆调习不足则有流徒之罚。车指辂车,马指御马。之属,指羊车及辇等。唐制,升车则马动,马动则有銮鸣之类。如果御马惊骇,车、辇及鞍、辔之属有损坏,各徒二年。虽不如法,未将进御者,减三等。④ 此制在皇帝实际行幸中得以很好的执行。以皇帝御马惊骇为例。显庆二年(657)唐高宗幸洛阳敕曰:"(朕)每事俭约,道路不许修理。是日微雨,至灞桥,御马蹶,御史中丞许圉师劾进马官监门将军斛斯政,则罪合死刑,请付法。上曰:马有蹶失,不可责人特原之。"⑤引文所述,"马有衔撅"的原因有二:一为唐高宗力行俭约,并未安排前驱官或置顿使清路修道;二则为当日天雨路滑致使御马突然跌倒。尽管如此,御马跌倒已威胁到皇帝的人身安全,此事非同小可,进马官监门将军斛斯政理合死罪。尽管有唐高宗的宽宥,御史中丞许圉师的弹劾已能说明问题。为保证皇帝的安全,往往有执辔拢马之举的出现。唐玄宗为太上皇,自兴庆宫迁幸西内,李辅国"着靴出行拢马"护持太上皇平安至西内。⑥ 又,兴元初,齐映从幸梁州,每过险,映常执辔。"会御马遽骇,奔跳颇甚,帝惧伤映,令舍辔,映坚执久之,乃止。帝问其故,曰:马奔蹶,不过伤臣;如舍之,或犯清尘,虽臣万死,何以塞责?

---

① 《新唐书》卷七《德宗纪》,第184页。
② 《独断》卷上,《文津阁四库全书》第280册,第748页。
③ 《唐律疏议》卷九《职制》,第193页。
④ 《唐律疏议》卷九《职制》,第193页。
⑤ 《唐会要》卷二十七《行幸》,第600页。
⑥ 《太平广记》卷一百八十八《李辅国》,第1409页。

上嘉奖无已。"①唐律亦有"御幸舟船"的护持记载，其文曰："诸御幸舟船，误不牢固者，工匠绞。"②不牢固直接关系皇帝的安危，得"绞"刑，可谓之重。在舟船的修饰与乘具所备方面，处罚要弱一些。唐律："若不整顿修饰，及在船篙、棹之属，所须者有所阙少，得徒二年。此亦以所由为首，监当官司各减一等。"③其"得徒二年""各减一等"可为证。

其二，乘舆的信息安全。前述乘舆服御往往代指皇帝，故指斥乘舆会以叛逆罪论。唐律："诸指斥乘舆，情理切害者，斩。非切害者，徒二年。"④即言议乘舆，原情及理者及非切害者，均视为妄议。因指斥乘舆是为大罪，一般不在宽宥之内。唐玄宗开元十年(722)敕："自今以后，准格敕，合应决杖。人若有便，流移左贬之邑决讫，许一月内将息发遣，其缘恶逆，指斥乘舆者，临时发遣。"⑤其"指斥乘舆随时发遣"，说明其不在赦宥之内。对于谋反谋大逆等大罪，知情不报者，唐政府予以严厉的惩罚。唐律："诸知谋反及大逆者，密告随近官司，不告者，绞。知谋大逆、谋叛不告者，流二千里。知指斥乘舆及妖言不告者，各减本罪五等。官司承告，不即掩捕，经半日者，各与不告罪同；若事须经略，而违时限者，不坐。"⑥此条律令在唐代政治生活运行中得到很好的运用。唐初，独孤怀恩与部将元君实密谋反唐，后被唐俭侦知，乃密令亲信刘世让以怀恩之谋奏闻。当时，独孤怀恩镇守蒲州，唐高祖因王行本以蒲州归降，将入其城，浮舟至中流，被刘世让赶上并告急。高祖遂回舟而归，分捕反者，独孤怀恩自缢，余党伏诛。⑦

当然，仗内信息传达中的纰漏也是唐政府所不能容忍的。唐制：诸受制忘误及写制书误者，事若未失，笞五十；已失，杖七十。转受者，减一等。⑧可以说，受制妄误是指承旨之人妄误其事及写制书脱剩文字，这些行为在信息传递中均要受到惩罚。此外，唐律规定："憎恶造厌魅，欲以杀人者，各以谋杀论减二等，若涉乘舆者，皆斩。"⑨其亦属指斥乘舆的信息安全。唐高宗麟德年间，田仁会转右金吾将军主掌京城治安。时有女巫蔡氏屡以鬼道惑众，自云能令死者复生，信者众，以为神明，严重影响正常社会秩序，引起田

---

① 《旧唐书》卷一百三十六《齐映传》，第3750页。
② 《唐律疏议》卷九《职制上》，第192页。
③ 《唐律疏议》卷九《职制上》，第192页。
④ 《唐律疏议》卷十《职制中》，第207页。
⑤ 《文献通考》卷一百六十八《刑考七·徒流》，第1459页。
⑥ 《唐律疏议》卷二十三《斗讼》，第427页。
⑦ 《旧唐书》卷五十八《唐俭传》，第2306页。
⑧ 《唐律疏议》卷九《职制上》，第198页。
⑨ 《唐律疏议》卷十八《盗贼》，第340页。

仁会警觉,后验其假妄,奏请徙边。唐高宗从之。

其三,乘舆服御的管理。乘舆服御为皇帝私用品,其擅借、偷盗、伪造等行为是绝对不允许的。唐律:"诸主司私借乘舆服御物,若借人及借之者,徒三年。非服而御之物,徒一年。在司服用者,各减一等。"①可以说,擅借乘舆服御物,借者与借之者皆获罪,其量罪依皇帝私用品的性质而定。其盗窃乘舆服御者亦受惩罚。唐律:"诸盗御宝者,绞;乘舆服御物者,流二千五百里。"②与"盗御宝"相类,"伪造皇帝八宝者,斩"③,同样会被处死。

当然,唐律中也有弃毁乘舆服御的惩罚规定。唐律:"诸弃毁大祀神御之物,若御宝、乘舆服御物及非服而御者,各以盗论;亡失及误毁者,准盗论减二等。"④即弃毁御宝者,绞;弃毁乘舆服御物者,流二千五百里。丢失及因失误而毁者,其罪据盗减刑二等。可以说,唐律对乘舆服御安全进行了严格规定,稍有违反就会得到惩罚,有力地保证了皇帝的仗内安全。

3. 行幸队仗的禁卫保障

前述,唐大驾卤簿禁卫军将士主行幸方阵安全工作,其部伍布列、披甲执锐、人员势众皆服务于仗卫安全。与之相辅的仍有"冲仗""邀驾""仗内禁驰射"之制用以防范。关于"冲仗"之制主要是指唐律对冲队的规范。唐律:"诸车驾行,冲队者,徒一年;冲三卫仗者,徒二年。"⑤"队"即"队仗",车驾行幸,皆作队仗。若有人冲入队间者,徒一年。若冲入仗间者,对皇帝的安全威胁增加,其罚则变成徒二年。冲仗之事相对来说比较严重,因此对仗卫将士亦有约束。若出现冲仗之事,仗卫主司未采取积极行动予以制止,则与冲仗者同罪,即徒一年或徒二年。若出现冲仗之事,仗卫主司不觉则罪减二等。当然,唐律"冲仗"亦有人性化的表述。若有人因失误而进入队间者,其得杖九十;误入仗间者,则得徒一年。除却人冲仗外,若有牲畜唐突入仗,畜产持有者得杖八十。尽管冲仗者非人,但牲畜冲仗仍会对皇帝安全构成威胁,故有此制。

"邀驾"诉事多被视为在皇帝行幸中于车驾旁予以申诉冤抑。中古时期此类事件多载于史书中。东汉时期的杨政为其老师范升邀驾鸣冤。当时,范升因出妇下狱,杨政坦身,以箭贯耳,抱升子潜伏于道旁,等待车驾降临。车驾至,杨政叩头大言曰:"范升三娶,唯有一子,今适三岁,孤之可哀。"扈从

---

① 《唐律疏议》卷九《职制》,第194页。
② 《唐律疏议》卷十九《盗贼》,第349页。
③ 《唐律疏议》卷二十五《诈伪》,第452页。
④ 《唐律疏议》卷二十七《杂律》,第513页。
⑤ 《唐律疏议》卷七《卫禁上》,第164页。

虎贲恐其惊驾,举弓射之,犹不肯去;旄头又以戟叉政,伤其胸,亦不退。光武帝感其心,范升得以出狱。① 此类邀驾仍会对行幸仗卫的安全构成威胁,故唐代对其予以规范。其一,法律明文规定允许邀车驾直诉。《唐律疏议·斗讼》中的"邀车驾挝登闻鼓诉事不实"条疏议云"车驾行幸,在路邀驾申诉"即此。②

其二,邀驾诉事必须真实。唐律曰:"以身事自理诉,而不实者,杖八十。"③其不实者会受到相应的惩罚即杖八十。如果出现故意增减情状;有所隐蔽诈妄;上书不实等行为则徒二年。

其三,主司必须受理邀车驾之诉。唐律:"有人邀驾及挝登闻鼓,若上表申诉者,主司即须为受,不受则加罪。"④开元二年(714)九月二十五日,唐玄宗巡幸长春宫,下诏"朕行此处,不得进奉,在路有称冤苦,州县不能疏决者,委御史金吾收状以进。"⑤其"委御史金吾收状以进"可为其证。

其四,不允许自残身体。唐律"自毁伤者,杖一百。虽得实,而自毁伤者,笞五十。"若诉人所诉非实情,自毁伤者,杖一百。若诉人所诉实情,而自毁伤者,仍笞五十。当然诉人并不一定是自诉,缌麻以上亲或大功以上婚姻之家皆可为诉,其效果与自诉同,亦要遵循"不自毁伤"的律令。

其五,不得入部伍邀驾。唐律:"其邀车驾诉,而入部伍内,杖六十。"⑥部伍系指导驾仪仗队,⑦若入仪仗队诉事,诉人会受到杖六十的责罚。若冲三卫仗队,则要徒二年。如唐朝皇帝驾幸西京,诉事人梁璬冲三卫仗,遂被左右卫翊卫张忠以刀斫折右臂,断璬徒不伏。张鷟判词如下:

> 肆觐群后,列圣所以乘时;五载一巡,明王以之顺动。周穆八骏,车辙匝于寰区;夏启二龙,骑迹光于寓县。汉家箫鼓,屡向汾河;魏帝鸣銮,式临谯郡。皇上俯从中路,幸望西畿,万骑皎而星罗,六军发而雷动。江腾海运,拥列缺以前驱;雾集云屯,命蒙公而启路。张忠家承积阀,业盛良弓,非无大树之荣,实有小棠之荫。公侯圭璧,百代相仍;带

① 《后汉书》卷七十九上《杨政传》,第2552页。
② 《唐律疏议》卷二十四《斗讼》,第447页。
③ 《唐律疏议》卷二十四《斗讼》,第447页。
④ 《唐律疏议》卷二十四《斗讼》,第448页。
⑤ 《文苑英华》卷四百六十二苏颋《巡幸·幸新丰及同州敕》,第2350页。
⑥ 《唐律疏议》卷二十四《斗讼》,第448页。
⑦ 此即前述唐大驾卤簿第一方阵引驾官队,其由万年县令、京兆牧、太常卿、司徒、御史大夫、兵部尚书等六引官组成。当然,驾从余州,则由所在县令、刺史与太常卿、司徒、御史大夫、兵部尚书等组成"六引"导驾。

砺山河,千秋不绝。腰鞬此阕,方申御海之劳;荷戟丹闱,式展干城
之效。①

据唐律,梁璵冲三卫仗,需徒二年。其所不伏当是张忠以刀斫折右臂,所司
并未治张忠之罪。上引张鹭判文,可以看到张鹭不认为张忠违背律法,相
反,他认为张忠家世显赫,代承武业,其以刀斫折梁璵右臂恰能更好的完成
扈卫工作。

"仗内禁驰射"亦属皇帝行幸的禁卫保障。唐律"即箭至队、仗若辟仗内
者,绞",②其"队、仗""辟仗"系指驾行仪仗队或辟仗而行,若有人射箭至队、
仗所及至辟仗内者,各得绞罪。此为仗外向仗内射箭的法律惩罚。其仗内
驰射不见于唐律,可以肯定的是仗内驰射要比仗外向仗内射箭对皇帝安危
的影响严重得多,故其往往遭到群臣的抵制。上元三年(676),唐高宗驾幸
温泉校猎,诸蕃酋长持弓矢而从。时任中书侍郎、同中书门下三品的薛元超
上《谏蕃官仗内射生疏》,其文曰:"诸蕃首领,参豫羽猎,天皇以德绥怀,遂亦
操弓持矢,既非族类,深用为虞。"③唐高宗深以为然,纳焉。又,唐玄宗东封
时,常令突厥人仗驰射,时任起居舍人的吕向上疏曰:"陛下赐以驰逐,使操
弓矢竞飞镞于前,同获兽之乐,是屑略太过,未敢取也。"④同样指出了仗内
驰射的安全问题,唐玄宗纳其言。可以说,"仗内禁驰射"亦为行幸队仗的禁
卫保障。

二、行幸驻跸地安全

如果说行幸仗内安全是皇帝行幸途中的保障,那么驻跸地安全则是皇
帝行幸止步地的安全保障。一行一止皆能接触皇帝行幸中的安危。一般来
说,驻跸地的选址首先要解决的是安全问题。天宝中,唐玄宗在华清宫,乘
马出宫门,欲幸虢国夫人宅,时任禁卫将领的陈玄礼曰:"未宣敕报臣,天子
不可轻去就。"⑤唐玄宗为之回辔。又,天宝末年,唐玄宗在华清宫,值正月
望,欲夜游,陈玄礼奏曰:"宫外即是旷野,须有预备。欲夜游,愿归城阙。"⑥

① 《龙筋凤髓判》卷三《右卫状称驾幸西京诉事人梁璵冲三卫仗遂被翊卫张忠以刀斫折右臂
断徒不伏》,第64页。
② 《唐律疏议》卷八《卫禁下》,第169页。
③ 《文苑英华》卷六百九十四薛元超《行幸·谏蕃官仗内射生疏一首》,第3578页。《旧唐书》
卷七十三《薛元超传》,第2590页。
④ 《旧唐书》卷一百九十四上《突厥传上》,第5176页。
⑤ 《旧唐书》卷一百六《陈玄礼传》,第3255页。
⑥ 《南部新书·乙部》,第19页。《旧唐书》卷一百六《陈玄礼传》,第3255页。

皆可为证。此类选址多指向排城与行宫,方便禁卫军宿直,但仍需制度对其进行规范,进行辅助。目前学界所涉无多,在此予以解析。

1. 排城捍蔽之法

前揭,銮驾行进中,往往有仪仗方阵予以护驾,其"宿次之地,宿卫将士外设环卫,近臣宿直各有其次,与宫禁无异,故行宫内亦谓之禁中"。① 尽管如此,其"行在所"虽有将士环卫,但毕竟少了宫城的障蔽,故出现帐幕与排城的设计。唐制:

> 凡大驾行幸,预设三部帐幕,有古帐、大帐、次帐、小次帐、小帐凡五等。古帐八十连,大帐六十连,次帐四十连,小次帐三十连,凡五等之帐各三,是为三部。其外置排城以为捍蔽焉。②

可以说,其五等三部帐,各以帐幕连结几重,增加环卫力量,关键时期可保护皇帝安危。贞观十三年(639),唐太宗行幸九成宫,突厥首领阿史那结社阴结部落夜犯御营,战况十分危机,史称:"踰第四重幕,引弓乱发,杀卫士数十人"。③ 得益于三部帐制与宿卫将军孙武开的努力,阿史那结社被捕杀。其"外加排城"的形制,史书有载,《唐六典》曰:"帐幕外置排城以为蔽捍焉,排城连版为之。每版皆画辟邪猛兽表里漆之。"④可以说,三部帐加排城建设可使行在防卫固若金汤。

这一制度在高宗朝有所变化。显庆元年(656)十月,左仆射于志宁奏:

> 请驾行日,须三部张设,更造九十连帐及三梁等。上曰:九十连帐,非惟营造费功,又大须车牛运辇,朕坐小帐足以自安,行日止用两部帐幕,不须办三部。其殿中帐幕两部外,宜回与卫尉。无忌奏曰:陛下每事俭约,非惟不造大帐,又减一部,事多省约,弥彰圣德。抃舞称贺。⑤

引文所述,唐高宗认为三部帐营造费功,运送困难,于是减三部帐为两部帐。与之相应,排城亦因劳民随之而变。显庆三年(658)九月,有司奏请造排车

---

① 《资治通鉴》卷二百五十六唐僖宗光启二年春正月条胡三省注"禁中",第8329页。
② 《唐六典》卷十一《殿中省》,第329页。
③ 《旧唐书》卷一百九十四上《突厥传上》,第5161页。
④ 《唐六典》卷十一《殿中省》,第329页。
⑤ 《唐会要》卷三十二《乘车杂记》,第683页。

七百乘,拟行幸载排城,"上以为劳民,乃于旧顿置院墙焉"。①

前述,部帐、排城、顿置院等均属行幸御营模式,加强御营建设与宿直环卫的同时,唐律亦有"行营阑入法"加以辅助。行营在空间上分四重防护予以规范:"外营"设外营门与次营门,阑入者其罪等同宫殿之宫门,徒二年;"内营"设牙帐门,阑入者其罪等同于宫殿之殿门,徒二年半;"御幕门"即御在所外门,阑入者其罪等同阑入上阁,绞刑;御在所即皇帝休憩、办公地,阑入者,斩刑。② 可见,唐律在防范御营有犯原则上比照"阑入宫殿"论处,其守卫功能尤显。

综上,皇帝行幸临时休憩处,往往置帐连幕,外以排城建设予以捍蔽。虽有三部帐改二部帐,排城改宫墙的记载,其捍蔽功能仍在发挥效用。建设之外,禁军环卫和律令规范发挥不同作用。禁军环卫以武力拒所犯之敌,是御营防御的重要力量,唐律对阑入御营者以"阑入宫殿"予以科断,辅助功能尤显。

2. 宫禁阑入之法

天子行幸所至,往往先清宫。汉制:"王者至尊出入有常,警跸而行,静室而止。"颜师古注曰:"静室谓先使清宫也。"③清宫具多重含义,清理威胁皇帝安危的锐器;清理威胁皇帝安全的人等。唐朝亦是如此。唐太宗驾幸未央宫,清宫人员已过,忽于草中见一人带横刀,严加训斥,清宫人员惧不敢动。后引还,唐太宗并未予以追究而是意味深长地告诉太子"兹事行之,则数人当死,汝于后速纵遣之"。④ 尽管其意在凸显唐太宗的仁君典范,但据制度要求来说"数人当死",可见清宫之重。如果说清宫能保障皇帝驻跸的事前安全,那么宫禁阑入之法⑤则成为保障皇帝驻跸事后安全的重要举措。其内容如下。第一,行宫阑入之法。前文已述,御营阑入与宫殿阑入之法同科断,即分外营门、次营门,内营牙帐门,御幕门,御在所予以四重规范,其所受罚亦分徒二年、徒二年半、绞、斩四种。⑥

第二,登高觇视之法。唐律:"诸登高临宫中,徒一年;殿中,加二等。"⑦即宫殿之所,皆不得登高临视。若视宫中,徒一年;视殿中,徒二年。唐史资

---

① 《旧唐书》卷四《高宗纪上》,第78页。
② 《唐律疏议》卷八《卫禁下》,第168页。
③ 《后汉书》卷五十四《杨震列传第四十四·杨秉附传》,第1769页。
④ 《资治通鉴》卷一百九十八唐太宗贞观二十年二月条,第6235页。
⑤ 前述,皇帝宿次之地与宫禁无异,其行宫内亦谓之禁中。那么宫殿阑入之法亦适于皇帝驻跸的行宫、顿置院、御营等临时休憩所。
⑥ 《唐律疏议》卷八《卫禁下》,第167—168页。
⑦ 《唐律疏议》卷七《卫禁上》,第157页。

料有相关案例的记载,开元二十五年(637),唐玄宗西幸途中驻跸寿安连曜宫。史载:"宫侧有精舍,庭内刹柱高五丈。有立于承露盘者,上望见之,初谓奸盗觇视宫掖,使中官就竿下诘之。"后得知是汤中使收贿,被逼以身投地自杀而死,最后玄宗杖杀中使。① 唐玄宗看到有人觇视宫掖,便派中官就"竿下诘之",显然觇视宫掖理应受到相应的惩罚。

第三,门籍阑入之法。为防止有人随意阑入宫室,唐政府制定了严格的门籍制度。唐制:应入宫殿,在京诸司皆有籍。② 若无籍应入者,皆引入。其无籍,不得引。唐律:诸于宫殿门无籍及冒承人名而入者,以阑入罪论。③ 其"无籍"系指无籍而诈言有籍者。对于此两类人,唐律予以三重规范加以约束。其入宫门,徒二年;入殿门,徒二年半;持仗者,各加二等。当然,有门籍者出入宫殿,也要受到诸多限制。首先,有籍不得当直而阑入宫殿者,仍以阑入罪论。唐律:诸应入宫殿,未著门籍而入;虽有长籍,但当下直而辄入者;各减阑入五等。④ 其"长籍"系指宿卫长上之人,其宿值为一日上,两日下。此两类均以减阑入五等科断。

其次,有籍持刃及夜出入宫殿仍以阑入罪论。唐律:"即应入上阁内,但仗不入而持寸刃者,亦以阑入论。"⑤其"应入上阁者"系指奉敕唤仗,随仗引入者,得带刀子之属。若仗不在内而持寸刃者,即以阑入罪论。若非兵器、杵棒之属,止得绞刑。持仗者得斩。

再次,有籍出错门或不出仍以阑入罪论。唐律:"即宿次未到而辄宿,及籍在东门而从西门入者,又减二等。"⑥其"宿次未到"系指供奉之官及内官未到宿直而留宿。"籍在东门而从西门入"则指东门有籍而从西门入或侧门有籍而从正门入。其均减罪二等,即减阑入罪七等。作罢不出亦列阑入罪。唐律:"诸在宫殿内作罢而不出者,宫内,徒一年;殿内,徒二年;御在所者,绞。"⑦其"在宫殿作罢者"系指丁夫、杂匠之徒。其当出而不出者,具三重规范:宫内,徒一年;殿内,徒二年;御在所,绞。若有辟仗应出者,并即须出,有不出者,得罪与御在所同。唐律:"诸因事得入宫殿而辄宿及容止者,各减阑入二等。"⑧其"因事得入宫殿者"系指朝参、辞见、迎输、造作之类。不合

---

① 《南部新书·戊部》,第64—65页。
② 《唐律疏议》卷七《卫禁上》,第153页。
③ 《唐律疏议》卷七《卫禁上》,第153页。
④ 《唐律疏议》卷七《卫禁上》,第155页。
⑤ 《唐律疏议》卷七《卫禁上》,第151—152页。
⑥ 《唐律疏议》卷七《卫禁上》,第155页。
⑦ 《唐律疏议》卷七《卫禁上》,第156页。
⑧ 《唐律疏议》卷七《卫禁上》,第154页。

宿者而辄宿,及容止所宿之人,各减阑入罪二等。在宫内,徒一年;殿内,徒二年。

最后,主司监管不严,仍以阑入罪论。唐律:"即将领人入宫殿内,有所迎输、造作,门司未受文牒而听入及人数有剩者,各以阑入论;至死者加役流。"①其"有所迎输"系指有所迎出;有所输送。"造作"谓宫内营造。门司皆须得牒,然后听入。若未受文牒而辄听入,及所入人数有剩者,门司各以阑入论。若入上阁内及御在所,应至死者,门司各加役流。唐律:"将领主司知者,各减阑入罪一等。入者知,又减五等;不知者,不坐。"②其"将领主司"系指领人迎输、造作。知门司未受文牒及人数有剩,而领人者,各减阑入罪一等。其于宫内,徒一年半;殿内,徒二年;入上阁及至御在所,流三千里。"入知者"又减将领者罪五等。不知情入者,不坐。唐律:"将领主司知者,与同罪;不知者,各减一等。辟仗主司搜人不尽者,各准此。"③其"将领主司"系指领人入者。若知有人不出,不即言者,与不出入同罪。其不知有人不出者,各减一等,谓御所、宫殿内各得减一等。其"辟仗主司"系指领人搜索辟仗者。其辟仗内有人不出,各准将领主司之罪。就宫内外行夜而言,唐律:"诸宫内外行夜,若有犯法,行夜主司不觉,减守卫者罪二等。"④其"宫内外行夜"并置铺、持更,即是"守卫者"。又有探更、行更之人,此"行夜者"。若当探、行之处,有犯法者,行夜主司不觉,减守卫罪二等,仍以阑入罪科断。

3. 宫禁监门之法

阑入法之外,另有监门之制用以保障皇帝安全。其制有二:宫殿门的开闭制度与门符制度两种。其一,宫殿门的开闭制度。唐制:"凡车驾巡幸,所诣之所,讣其应启闭者,先发而请其管钥,及至即开合,如京城之制。"⑤引文所述监门制度实为宫殿开合之制。其于驻跸行宫与皇帝在京同。唐制:

> 依监门式:驾在大内,宫城门及皇城门钥匙,每去夜八刻出闭门,二更二进入。京城门钥,每去夜十三刻出闭门,二更二点进入。违此不进,是名进钥违迟。殿门杖一百,经宿加一等,合徒一年;每经一宿,又加一等,既无罪止之文,加至流三千里。宫门以外递减一等者,即宫门及宫城门进钥违迟,亦合杖九十,经宿杖一百,每经一宿又加一等,罪止

---

① 《唐律疏议》卷七《卫禁上》,第154页。
② 《唐律疏议》卷七《卫禁上》,第155页。
③ 《唐律疏议》卷七《卫禁上》,第157页。
④ 《唐律疏议》卷八《卫禁下》,第168页。
⑤ 《唐六典》卷八《门下省》,第250页。

徒三年；皇城门杖八十，罪止徒二年半；京城门杖七十，罪止徒二年。其开门出钥迟者，依监门式：宫城门及皇城门，四更二点出钥开门。京城门，四更一点出钥开门。违式出钥迟者，各递减进钥一等，即是殿门杖九十，宫门及宫城门杖八十，皇城门杖七十，京城门杖六十。驾在大明兴庆宫及东都，进请钥匙，依式各有时刻，违者并依此科罪。①

引文所述，据"监门式"对京城门、皇城门、宫城门、宫门、殿门等门的启闭予以多重规范。其出钥开门制如下：京城门，四更一点出钥开门；宫城门及皇城门，四更二点出钥开门。出钥迟者，其惩罚各加一等，即京城门杖六十，皇城门杖七十，宫门及宫城门杖八十，殿门杖九十。其进钥闭门制如下：京城门，去夜十三刻出闭门，二更二点进入；宫城门及皇城，去夜八刻出闭门，二更二进入。进钥迟，其惩罚各加一等，即京城门杖七十，皇城门杖八十，宫门及宫城门杖九十，殿门杖一百。若经宿则罪加一等，每经一宿又加一等。即京城门经宿加一等，合杖八十，再经再加，加至徒二年止；皇城门经宿加一等，合杖九十，再经再加，加至徒二年半止；宫门经宿加一等，合杖一百，再经再加，加至徒三年止；殿门经宿加一等，合徒一年，再经再加，加至流三千里止。"监门式"的实施，在史料中有诸多案例。开元十九年（731）冬季，唐玄宗驾幸陕州，其顿置地仿宫殿式，以厅为殿，郭门皆属城门局。时，薛王李业车发出郭，适夜钥匙进内，掌门无以开门。其家仆无视规矩，坏锁彻关而入。待"明日，有司以闻，上以金吾警夜不谨，将军段崇简授代州督，坏锁奴杖杀之"。② 此可为监门之制实施的例证。

其二，宫殿门的门符制度。门符是指开闭城门均以铜鱼合符开宫殿门，于此唐政府合"符钥法式"予以约束。第一，不合符开关门者会受严惩。唐律："诸奉敕以合符夜开宫殿门，符虽合，不勘而开者，徒三年；若勘符不合而为开者，流二千里；其不承敕而擅开闭者，绞。"③其"奉敕以合符夜开宫殿门"仍要依"监门式"方可。其制，先由受敕人具录需开之门，将其录入出入帐，将宣敕送中书，中书宣送门下；接着由城门郎与现值诸卫及监门卫大将军、将军、中郎将、郎将、折冲、果毅内各一人，前往阁部审覆上奏；再次受御注："听"的指令后，即请合符门钥。最后，监门官司严门仗，所开之门内外并立队，燃炬火，对勘合符，开门。当然，符虽合，不勘而开者，徒三年。若勘符

① 《唐律疏议》卷七《卫禁上》，第162页。
② 《南部新书·己部》，第80页。
③ 《唐律疏议》卷七《卫禁上》，第160页。

不合，即合执奏，不奏而为开者，流二千里。其不承敕而擅自开闭者，入者与开者俱合绞罪。

第二，错符、错下键者会受严惩。唐律："若错符、错下键及不由钥而开者，杖一百；即应闭忘误不下键，应开毁管键而开者，徒一年。"①其"错符"系指非所开闭之符；其"错下键"指不依常法而行；其"不由钥而开者"则指不用钥而得开。此三事均杖一百予以惩罚。应闭，忘误不下键与应开，毁管键②两种情况，各徒一年。此条律令，在唐史史料中有关联案例。王维《宫门误不下键》的判词如下："过自慢生，陷兹违误。而抱关为事，空欲望于侯嬴；或犯门有人，将何御于臧纥？固当无疑，必真严科。"③引文指出宫门误不下键乃操作者懒怠所为，此种行为会失去安全屏障，造成严重后果，必须严惩。

第三，盗符、伪符者会受严惩。就盗门符而言，唐律："诸盗宫殿门符、发兵符、传符者，流二千里；使节及皇城、京城门符，徒三年；余符，徒一年。门钥，各减三等。"④若皇帝驻跸长安，皇城门即朱雀等门；宫城门即明德等门；盗此门符，各徒三年。门钥各减三等，即各减所开闭之门鱼符三等。若有盗宫殿门符，合流二千里；门钥减三等，得徒二年。

就伪门符而言，唐律："诸伪写宫殿门符、发兵符、传符者，绞。"⑤其"宫殿门符"即非时开宫殿门，皆须勘鱼符合，后始得开。伪写此符得"绞。"此外，唐律规定："使节及皇城、京城门符者，流二千里。余符，徒二年。"⑥其"余符"系指禁苑门及交巡鱼符之类，禁苑诸门皆有符，开闭、守卫、交兵之处皆有交符，巡更、警夜之所并执巡鱼符勘过。若伪造皇城、宫城诸门得流二千里；余符得徒二年。

4. 宫殿安禁之法

为保证皇帝驻跸安全，唐政府实行宫殿安禁之法。首先，皇帝驻跸行宫的安禁建设。一般来说，驻跸行宫往往要填城溢郭，排斥居人以求安全保障。久视年间，武则天巡幸三阳宫，自夏涉秋，不时还都，时任右补阙的张说上疏劝谏。其文曰："宫城褊小，万方辐凑，填城溢郭，并锸无所。排斥居人，蓬宿草次，风雨暴至，不知庇托，孤惸老病，流转街巷。"⑦张说已明确三阳宫建设以"填城溢郭，排斥居人"来保障皇帝的安全。又，贞观十六年（642），唐

---

① 《唐律疏议》卷七《卫禁上》，第 161 页。
② 其以牝为管，牡为键，合阴阳化生之意。
③ 《文苑英华》卷五百四十五王维《宫门误不下键》，第 2781 页。
④ 《唐律疏议》卷十九《盗贼》，第 351 页。
⑤ 《唐律疏议》卷二十五《诈伪》，第 453—454 页。
⑥ 《唐律疏议》卷二十五《诈伪》，第 454 页。
⑦ 《旧唐书》卷九十七《张说传》，第 3049—3050 页。

太宗校猎于骊山,见围有断处,曰:"吾见其不整而不刑,则堕军法。"乃托以道险,引辔入谷避之。① 唐太宗有意避开围断之处,已明确校猎安全建设,亦属驻跸安禁之保障。

其次,宫内忿争的安禁保障。唐律:"诸于宫内忿争者,笞五十;声彻御所及相殴者,徒一年;以刃相向者,徒二年。"②其"宫内"系指嘉德等门以内。唐人认为宫殿之内系致敬之所,忽敢忿争,情乖恭肃,故宫内忿争者,笞五十。若忿争之声彻于御所;或出现相互殴打的现象均会受到徒一年的惩罚。若以它物伤人内损吐血,合杖一百;宫内加二等,徒一年半,其重于宫内相殴,徒一年。若出现以刃相向,当然此刃并非专指兵刃,是刃即可,无有大小之限,即徒二年。唐律:"殿内,递加一等。伤重者,各加斗伤二等。"③其"殿门"即指太极等门以内。殿内忿争据情节严重程度具三重规范:忿争者,杖六十;声彻御所及相殴者,徒一年半;以刃相向者,徒二年半。上阁忿争的惩罚则更严重:忿争者,杖七十;声彻御所及相殴者,徒二年;以刃相向者,徒三年。

再次,向宫殿内射的安禁保障。唐律:"向宫殿射,宫垣,徒二年;殿垣,加一等。箭入者,各加一等;即箭入上合内者,绞;御在所者,斩。"④若射向宫殿垣,则按射向宫垣,得徒二年;殿垣,得徒二年半科断。若箭入宫殿内,则按宫内,徒二年半;殿内,徒三年;入上阁,绞;御在所,斩予以科断。唐律:"放弹及投瓦石者,各减一等。"若放向宫殿垣,则按放向宫垣,得徒一年半;放向殿垣,徒二年科断。若放入宫内,得徒二年;殿内,得徒二年半;入上阁内及御在所,得流三千里。

最后,谋逆重罪的安禁保障。唐制:"乃立十恶,以惩叛逆禁淫乱,沮不孝,威不道。其一曰谋反,二曰谋大逆,三曰谋叛,四曰恶逆,五曰不道,六曰大不敬,七曰不孝,八曰不睦,九曰不义,十曰内乱。"⑤其"谋反"谓谋危社稷。"谋大逆"谓谋毁宗庙、山陵及宫阙。"谋叛"谓"谋背国从伪"。"大不敬"谓盗大祀神御之物、乘舆服御物;盗及伪造御宝,合和御药,误不如本方及封题误;若造御膳,误犯食禁;御幸舟船,误不牢固;指斥乘舆,情理切害及对捍制使,而无人臣之礼。此"四恶"均与皇帝安危保障密切相关,唐史史料中亦有诸多案例。贞观十五年(641)正月,唐太宗如洛阳宫,次温汤。卫士

① 《资治通鉴》卷一百九十六唐太宗贞观十六年十二月条,第6182页。
② 《唐律疏议》卷二十一《斗讼》,第394页。
③ 《唐律疏议》卷二十一《斗讼》,第394页。
④ 《唐律疏议》卷七《卫禁律上》,第162页。
⑤ 《唐六典》卷六《刑部》,第186页。

崔卿、刁文懿等惮于行役,冀上惊而止,乃夜射行宫,矢及寝庭,以大逆论。[1] 至德二载(757)正月甲子,剑南健儿贾秀反,伏诛。[2] 贞元八年(792)正月,许州人李狗儿持仗上含元殿击栏槛,伏诛。[3] 长庆四年(824)四月丙申,击鞠于清思殿。染坊匠张韶反,幸左神策军,韶伏诛。丁酉,还宫。[4] 以上四例均可为证。

---

① 《新唐书》卷二《太宗纪》,第 40 页。《资治通鉴》卷一百九十六唐太宗贞观十五年正月条,第 6165 页。

② 《新唐书》卷五《玄宗纪》,第 153 页。

③ 《新唐书》卷三十六《五行志三》,第 955 页。

④ 《新唐书》卷八《敬宗纪》,第 227 页。

第四章　皇帝行幸扈从制度

　　唐代文人往往用"黄麾摇昼日，青幰曳松风"，[①]"千旗云引，万载林行"[②]
等诗句来展现皇帝仪仗的威势。这样会给人一种错觉即将皇帝出行的随行
者指向仪仗队。实则在仪仗队外，百司扈从与随驾军方为从幸的主力。百
司扈从是满足国家政务运行的需要而设，前揭太子监国制度、留守官制度其
实是维系驾行后方的稳定与京城内外的政务运作，但国家政务运作的中心
仍在皇帝的驻跸地。[③] 为此，皇帝需要一批处理公务的官员来从行，这些官
员或赞相礼仪，或供给行用，或服务日常，或运作政务等来保障政令畅通。
随驾军是出于安全需要所设，限于仪仗队的浩大，机动力不足，不能满足皇
帝田狩畋猎等行幸活动的需要，在这种情况下会出现少数亲卫陪同皇帝随
欲而行，这支小规模亲卫队很快会延展为皇帝倚重的亲卫军，并随情、势所
需引发禁卫军的嬗变。百司与随驾军之外，出于皇帝行幸或满足私情的需
要仍会有其他随从，数量多寡不一，随意性强。这些随驾人员统称扈从，他
们是驾行礼仪的赞相者，也是驾行顺利进行的践行者。目前学界对扈从制
度的研究所涉甚少，本章拟分四节予以解析，具体内容如下。

第一节　驾行文官扈从

　　"扈从"一词，自出现起，因其语境的特殊性，该词往往被释义为"跋扈"，
重新审视史料发现远非如此。现利用史料重新界定内涵，考镜源流，梳理出

---

①　《文苑英华》卷二百一十沈佺期《上之回》，第1040页。

②　张说撰，熊飞校注：《张说集校注》卷十一《大唐祀封禅颂》，北京：中华书局，2013年版，第
609页。

③　唐史史料中的"来朝"即指外官、蕃夷首领或出外公干的朝臣于驻跸地朝拜皇帝，即为其
证。上元元年（674）十二月戊子，于阗王伏阇雄来朝，辛卯，波斯王卑路斯来朝。（见《旧唐书》卷五
《高宗纪下》，第99页。）按，唐高宗于同年十一月戊辰自长安行幸至东都，直到仪凤元年（676）闰三
月庚寅日方离开。也就是说于阗王伏阇雄、波斯王卑路斯均至东都朝拜。

中古时期扈从制度的发展脉络。在此基础上,考察唐代文官扈从制度。当前来看,唐代皇帝行幸人员选拔机制有两种,一种为宰相重臣、皇亲贵戚,一般由皇帝直接决定,另一种则由中书门下集议决定。这种选拔既有制度需求,亦具随意性。所谓制度需求即为法定扈从,随意性即为临时扈从。当前学界对此鲜有涉及,本节拟分三部分予以解析。

一、何谓扈从

"扈从"一词最早出现于司马相如的《上林赋》,其文曰:"于是乎背秋涉冬,天子校猎。乘镂象,六玉虬孙叔奉辔,卫公骖乘,扈从横行,出乎四校之中。"①对于"扈从"的解释,郭璞曰:"言跋扈纵恣,不安卤簿矣。"晋灼曰:"扈,大也。"张揖曰:"跋扈纵横,不按卤簿。"②颜师古曰:"言其跋扈纵恣而行,出于校之四外也。"③诸类解释似乎都将扈从指向"跋扈而行之"。唐人封演则对扈从进行重新诠释,并对颜师古注予以评析,其文曰:

> 百官从驾,谓之"扈从";盖臣下侍从至尊,各供所职,犹仆御扈养以从上,故谓之扈从耳。《上林赋》云:"扈从横行",颜监释云:"谓跋扈纵恣而行也。"据颜此解,乃读"从"为"放纵"之"纵",不取"行从"之义,所未详也。④

引文可见,《史记》《汉书》中的"扈从"因语境而解释为"跋扈",其实并非"扈从"本意。封演认为其注解缺少"从"的解释,直指其弊。那么封演对扈从的解释能否用于《上林赋》呢?其言"扈从横行"可释为随驾者跋扈而出于卤簿,即以"横"取跋扈之意。由此,扈从可释为随驾者。

既已解决扈从的释义,那么扈从源于何时?其在中古时期发展脉络又是如何呢?前述,封演已将扈从的渊源予以界定,即"犹仆御扈养以从"。即先秦时期的仆、御之人。宋人叶梦得对此曾有存疑,其文曰:"唐封演以为'扈养以纵',犹之'仆御'。此或近之。然不知通用此语自何时也。"⑤《礼记》曰:"君车将驾,则仆执策立于马前;已驾,仆展軨效驾,奋衣由右上,取贰

---

① 《史记》卷一百十七《司马相如列传第五十七》,第 3033 页。
② 《史记》卷一百十七《司马相如列传第五十七》,第 3033 页。
③ 《汉书》卷五十七上《司马相如传第二十七上》,第 2564 页。
④ 《封氏闻见记校注》卷五《卤簿》,第 38 页。
⑤ (宋)叶梦得撰,(宋)宇文绍奕考异,侯忠义点校:《石林燕语》,北京:中华书局,1984 年版,第 51 页。

绥跪乘，执策分辔，驱之五步而立；君出就车，则仆并辔授绥。"①即在君行中，太仆氏充任赞相礼仪之职，可为扈从。与仆不同，"御"实为徒御。《诗经》曰："我徒，我御，我师，我旅。"其"徒御"实则指扈从武装。

当然，仆御之外，先秦时期仍具其他扈从。《周礼》曰："王巡守殷国，则国君膳以牲犊，令百官、百牲皆具，从者。三公视上公之礼，卿视侯伯之礼，大夫视子男之礼，士视诸侯之卿礼，庶子壹视其大夫之礼。"②对于殷国，贾公彦疏曰："殷同则殷国也。王巡守至于四岳之下，当方诸侯，或所在经过，或至方岳之下。若殷国，或在王城出畿外，在诸侯之国所在之处。皆设礼待王，故巡守殷国并言也。"③即对天子巡狩的供备区域予以划分，凡天子所经、所在、狩岳辐射区均有义务提供给养。提供给养的对象不仅限于天子，还包括随从人员。因扈从天子，随从人员的给养级别要有所提高。即三公比照上公之礼接待；卿比照侯伯之礼接待；大夫比照子男之礼接待；士比照诸侯之卿礼接待；庶子比照诸侯之大夫礼接待。④ 可以说，王巡狩，公、卿、大夫、士、庶子皆为扈从。此为以爵任予以的划分，若以职官来看，土训、诵训、太仆氏、士师、虎贲氏、旅贲氏等直接随王巡狩。史载，王巡狩，土训、诵训则夹王车；⑤王出入，太仆氏、士师为前驱。⑥ 与之不同的是，虎贲氏、旅贲氏均率队以行。史载："虎贲氏掌先后王而趋以卒伍。"郑玄注曰："王出将虎贲士居前后，虽群行亦有局分。"⑦虎贲氏及其所率卒伍与卤簿随驾军相类。旅贲氏则执戈盾夹王车而趋，左八人，右八人，车止则持轮。⑧ 其职责扈卫王车，与前述唐大驾卤簿左右千牛卫职责颇类。此外，《周礼》所载掌舍、幕人、掌固、掌次、阍人、内竖、师氏、保氏、遂师、山虞、典路、士师等亦与君行密切相关，亦可视为扈从者。其或掌王之会舍，或掌帷幕居帐，或掌王次之法，或掌跸宫门之禁，或掌内外之通令、或守王之门且跸，或从王军旅，或巡修道路，或行役师田等。

秦汉以降，卤簿出现后，扈从身份已有明确规定。诸如前述，西汉甘

---

　　① 《礼记正义》卷三《曲礼上》，《十三经注疏》，第 2711 页。

　　② 《周礼注疏》卷三十八《秋官·司寇·掌客》，《十三经注疏》，第 1945 页。

　　③ 《周礼注疏》卷三十八《秋官·司寇·掌客》，《十三经注疏》，第 1945 页。

　　④ 《周礼注疏》卷三十八《秋官·司寇·掌客》，《十三经注疏》，第 1945—1946 页。

　　⑤ 《周礼注疏》卷十六《地官·司徒·土训》，《十三经注疏》，第 1610 页。《周礼注疏》卷十六《地官·司徒·诵训》，《十三经注疏》，第 1610 页。

　　⑥ 《周礼注疏》卷三十一《夏官·司马·太仆氏》，《十三经注疏》，第 1839 页。《周礼注疏》卷三十五《秋官·司寇·士师》，《十三经注疏》，第 1890 页。

　　⑦ 《周礼注疏》卷三十一《夏官·司马·虎贲氏》，《十三经注疏》，第 1837 页。

　　⑧ 《周礼注疏》卷三十一《夏官·司马·旅贲氏》，《十三经注疏》，第 1837 页。

泉卤簿,晋中朝大驾卤簿、唐大驾卤簿皆如此。卤簿之外亦多有扈从记载。如,河阴之变后,元子攸被立为帝,是为敬宗,改元建义。二年(529)秋七月,北魏敬宗入居华林园,升大夏门,大赦天下。赏赐尔朱兆、尔朱荣等勋臣的同时,亦对随驾官予以封赏。其文曰:"北来军士及随驾文武、马渚立义,加泛五级;河北执事之官,二级;河南立义及迎驾之官,并中途扈从,亦二级。"①其"随驾""迎驾""扈从"均具扈从身份,可为其证。北魏杨侃以北中郎将镇守河梁之地,逢乘舆失守,夜至河。杨侃遂与其从父弟愔奉迎乘舆,并扈从至建州。因随驾有功,杨愔除通直散骑常侍。② 大业三年(607),隋炀帝巡幸燕北,突厥启民可汗扈从入塞,至定襄,诏令其归藩。③亦可为证。

唐以降,扈从制度得以全面发展。除却唐大驾卤簿的人员扈从外,唐史史料中亦有扈从的多方记载。唐人诗文集中,为渲染皇帝行幸的气势,往往有扈从胜景的记载。以《张燕公集》为例,张说《大唐开元十三年陇右监牧颂德碑》云:"皇帝东巡狩,封岱岳,辇辂既陈,羽卫咸备,大驾百里,烟尘一色。其外又有闲人万夫,散马千队,骨必貌,毛不离群,行如动地,铸萧屯云,百蛮震耸,四方抃跃,威怀纷纷,壮观挥霍。"④又,《大唐祀封禅颂》所云"六甲按队,八阵警跸""千旗云引,万毂林行""万方纵观,千里如堵"⑤用以形容唐玄宗行幸的强大人力动员与人员随行规模化的震撼。

即使在国力衰弱的唐后期,此类规模化的随从运作仍然存在。日本入唐求法僧圆仁曾亲眼目睹唐武宗南郊祭祀的场景,其以"诸卫及左右军廿万众相随"⑥来形容扈从之众。又如,咸通年间懿宗好音乐宴游,"所欲游幸即行,不待供置,有司常具音乐、饮食、幄帟,诸王立马以备陪从。每行幸,内外诸司扈从者十余万人,所费不可胜纪。"⑦其不供置即有扈从十余万人,规模亦盛。据此,唐代皇帝行幸已具强大社会动员与规模化扈从,其运作如此,必有典章制度的规范方可,此其为下文解析的对象。

①　《魏书》卷十《孝庄纪》,第 262—263 页。

②　(唐)李百药:《北齐书》卷三十四《杨愔传》,北京:中华书局,1972 年版,第 454 页。

③　《隋书》卷八十四《突厥传》,第 1875 页。

④　《张说集校注》卷十一《大唐开元十三年陇右监牧颂德碑》,第 624 页。

⑤　《张说集校注》卷十一《大唐祀封禅颂》,第 609 页。

⑥　圆仁撰,白化文、李鼎霞,许德楠校注:《入唐求法巡礼行记校注》卷三会昌元年正月八日条,石家庄:华山文艺出版社,2007 年版,第 364 页。

⑦　《资治通鉴》卷二百五十唐懿宗咸通七年十二月条,第 8117 页。

二、法定文官扈从

唐代皇帝行幸形态不同,其随驾人员亦有较大差异。唐昭宗问及懿宗以来的行幸用度,杨复恭应答曰:"闻懿宗以来,每行幸无虑用钱十万,金帛五车,十部乐工五百,犊车、红网朱网画香车百乘,诸卫士三千。凡曲江、温汤若畋猎曰:大行从,宫中、苑中曰:小行从。"①尽管如此,仍有一批人符合制度要求而随驾,谓之法定扈从。

就文官而言,法定扈从官可指向唐大驾卤簿随驾者。即前述第一方阵的万年县令、京兆牧、太常卿、司徒、御史大夫;第四方阵的太卜令;第六方阵的鼓吹令;第七方阵的殿中侍御史;第八方阵的太史令;第十二方阵的尚乘奉御;第十四方阵的通事舍人、侍御史、御史中丞、御史、拾遗、补阙、起居郎、起居舍人、谏议大夫、给事中、中书舍人、黄门侍郎、中书侍郎、左散骑常侍、右散骑常侍、侍中、中书令;第十七方阵的太仆卿;第十九方阵的尚辇奉御、殿中少监、诸司供奉官、尚乘直长;第二十方阵的殿中侍御史;第二十二方阵的尚辇直长等。此类扈从或赞相礼仪;或供备乘舆服御;或引驾;或检校对仗,纠弹不法等,在皇帝行幸中扮演重要角色。卤簿之外,适于政务运作、姻亲关系、诗词唱和、问古鉴今等需要,仍会选择宰相重臣、文人学士、宗室贵戚、内侍宫人等扈从,因其在常态行幸中亦为皇帝所需,同样可视为法定扈从。若以其在皇帝行幸中的职任差异予以分类,可归于赞相礼仪类、供给行用类、日常服务类、政务运作类等,现据相关史料,解析如下。

其一,赞相礼仪类。其相应职官为侍中、黄门侍郎、符宝郎、中书令、通事舍人、太仆卿、殿中监、殿中侍御史、太乐令、太卜令、鼓吹令等。其不仅在銮驾行幸中扈从乘舆,赞相礼仪,还在国家礼仪中充任行事官,赞相礼仪。

侍中,唐制:"凡法驾行幸,侍中则负宝以从"②可谓銮驾行进途中的法定扈从。在皇帝驾行礼仪中,侍中"版奏中严、外办;还宫,则请降辂、解严"。③在国家礼仪中,唐制:"凡大祭祀,皇帝致斋,既朝,侍中则请就斋室。将奠,则奉玉及币以进。盥手,则取匜以沃。洗爵,则酌罍水以奉。及赞酌泛齐,进福酒以成其礼焉。若享宗庙,则进瓒而赞酌郁酒以祼。既祼,则赞酌醴齐。其余如享神祇之礼。藉田,则奉耒以赞事。"④

---

①　《新唐书》卷二百八《宦者下·杨复恭传》,第 5890 页。
②　《旧唐书》卷四十三《职官志二》,第 1842 页。
③　《新唐书》卷四十七《百官志二》,第 1205 页。
④　《旧唐书》卷四十三《职官志二》,第 1842—1843 页。

黄门侍郎，唐制："掌贰侍中之职，凡政之弛张，事之与夺，皆参议焉。"①
其于驾行礼仪中，先是与赞者待位奉迎皇帝出；待皇帝与太仆卿、千牛将军
行升辂礼毕于銮驾前跪请驾发仪；驾发，先与赞者导引，千牛将军方随皇帝
行；驾至侍臣上马所，黄门侍郎跪请銮驾停，侍臣上马；侍臣上马毕，黄门侍
郎奏请千牛将军升辂，随后奏请驾发；銮驾回宫时，亦奏请驾发；与赞者导引
皇帝车辂行；于侍臣上马所行停銮上马仪等。不同的是，銮驾回宫，于侍臣
下马所赞相侍臣下马仪，其运作与侍臣上马仪相类。在国家礼仪中，"若大
祭祀，则从升坛以陪礼；皇帝盥手，则奉巾以进；既帨，则奠巾于篚，奉匏爵以
赞献"。②

符宝郎，唐制："车驾行幸，则奉宝以从于黄钺之内。"③又，符宝郎所奉
之宝有八宝，"为五辂函篆封盛以从"④行幸，可谓銮驾行进途中的法定扈
从。在皇帝驾行礼仪"侍臣上马仪"中，明确记载符宝郎奉六宝与殿中监后，
部从在黄钺内。

中书令，唐制："中书令则掌侍从、献替、制敕、册命、敷奏文表、授册、监
起居注、总判省事。"⑤皇帝驾行礼仪"升辂仪""侍臣上马仪"中，侍中、中书
令夹侍于辂前，亦谓銮驾行进途中的法定扈从。

通事舍人，唐制：通事舍人掌朝见引纳及辞谢者于殿廷通奏，及驾行在
三百里内过，并听辞见。⑥可以说，通事舍人在驾行礼仪中充当导引辞见职
任，是为銮驾行进途中的法定扈从。在驾行"列位奉迎仪""驾返承天门待命
仪"中，与赞者、谒者掌承传导引之任。

太仆卿，唐制："太仆卿掌邦国厩牧、车舆之政令，总乘黄、典厩、典牧、车
府四署及诸监、牧之官属；少卿为之贰。凡国有大礼、大驾行幸，则供其五辂
属车之属。"⑦其不仅供给行用，还在驾行礼仪中充任赞相礼仪之职。其集
中于驾行礼仪"升辂仪"：侍中版奏"外办"后，太仆卿奋衣而升，正立执辔；
待到乐起，太仆卿、千牛将军、皇帝协同行升辂仪。

殿中监，唐制："殿中监掌乘舆服御之政令，总尚食、尚药、尚舍、尚辇六
局之官属。"又，"凡行幸，则侍奉于仗内，若游燕、田阅，则骖乘以从焉"。⑧

---

① 《唐六典》卷八《门下省》，第 244 页。
② 《唐六典》卷八《门下省》，第 244 页。
③ 《旧唐书》卷四十三《职官志二》，第 1847 页。
④ 《唐六典》卷八《门下省》，第 252 页。
⑤ 《唐令拾遗》，第 36 页。
⑥ 《唐六典》卷九《中书省》，第 278—279 页。
⑦ 《唐六典》卷十七《太仆寺》，第 479 页。
⑧ 《唐六典》卷十一《殿中省》，第 323 页。

可谓銮驾行进途中的法定扈从。其在驾行仪式中与符宝郎部从于黄钺中。在国家礼仪中，"凡大祭祀，殿中监进大珪，镇珪于壝门之外；既事，受而藏之"。①

殿中侍御史，唐制，"初掌卤簿内纠察非违"②后于"郊祀巡幸，大备卤簿，出入由旌门者，监其队伍。"③亦谓銮驾行进途中的法定扈从。其职在于保障卤簿仗队的齐整，纠察卤簿不法之事以及视卤簿"文物亏阙，而纠之"。④ 开元六年(718)七月，唐玄宗西幸长安，下诏从官力行节约，沿途州县不得进献或饷遗。若从官别有烦扰者，必科以法。并要求"御史明加纠察，随事奏闻"。⑤ 此御史当为殿中侍御史，同时亦可证明殿中侍御史参与驾行礼仪。

太乐令、太卜令、鼓吹令等，皆属太常寺。唐制："太乐令掌教乐人调合钟律，以供邦国之祭祀、享燕；丞为之。"⑥其于驾行礼仪与国家礼仪中主乐舞事，亦谓法定扈从。礼前辨其曲度、章句，分终始之次陈宫悬之乐于庭；驾动，得到鼓传音信号后，与协律郎协同奏乐；若皇帝行祭祀礼则以乐舞应之；驾至，与协律郎同戛敔，止乐。唐制："太卜令掌卜筮之法，以占邦家动用之事；丞为之贰。"⑦驾行礼仪与国家礼仪的首要步骤为"卜日"，⑧其由太卜令及其僚属卜正、占者等协同完成，可谓銮驾行进途中的法定扈从。唐制："鼓吹令掌鼓吹施用调习之节，以备卤簿之仪。丞为之贰。凡大驾行幸，卤簿则分前后二部以统之。法驾则三分减一，小驾则减大驾之半。"⑨可谓驾行途中的法定扈从。其于驾行礼仪中，驾发日，挝三鼓以示三严；驾动，则以鼓传音，助警跸，皇帝方行等。

诸色役人，唐大驾卤簿中杂役人员集中于驾士、舆士、刻漏生等，亦为驾行途中的法定扈从，于驾行礼仪中充任驭马，驾车，检校辇舆，时间测算等职任。在国家礼仪中，亦需诸色杂役人员。唐敬宗《宝历元年正月南郊赦》曰：

① 《唐六典》卷十一《殿中省》，第 323 页。
② 《通典》卷二十四《职官六·殿中侍御史》，第 673 页。
③ 《通典》卷二十四《职官六·殿中侍御史》，第 674 页。
④ 《旧唐书》卷四十四《职官志三》，第 1863 页。
⑤ 《册府元龟》卷一百十三《帝王部·巡幸二》，第 1353 页。
⑥ 《唐六典》卷十四《太常寺》，第 402 页。
⑦ 《唐六典》卷十四《太常寺》，第 412 页。
⑧ 前述，唐代皇帝行幸沿用"君行以卜"的古礼，卜日后，方可安排相关事宜，其可为驾行礼仪运作的首要步骤。又，《新唐书·礼乐一》载："凡祭祀之节有六：一曰卜日，二曰斋戒，三曰陈设，四曰省牲器，五曰奠玉帛、宗庙之晨裸，六曰进熟、馈食。"可见，国家礼仪的首要步骤亦为"卜日"。(见《新唐书》卷十一《礼乐志一》，第 310 页。)
⑨ 《旧唐书》卷四十四《职官志三》，第 1875 页。

"飞龙、闲厩、宫苑、典引、掌扇、内园、少监、栽接、少府、将作、中尚、武德、军器内外、弓箭库等诸司诸使,下白身人,及无品直司,定额长上,杂匠,巧儿,黄衣长上,监直长杂使,三卫七邑引驾,细引,执扇,角手,弩,手殭骑武士,天文观生历生,漏生,典鼓,典钟,工人,乐人,主膳,主酪,典食,胡食手,宰手,掌闲幕士,御士,医士,兽医,门仆,药童,御书手,楷书手,典书,流外行署等,各赐勋两转。"①可以说,南郊祭祀礼中,诸色杂役人员掌驻跸地建设,时间测量,乐器吹奏,诏令的书写,皇帝祭祀物器的准备,祭祀时刻的测量,膳食的供给,从祀人员的医治,从驾牲畜的医治,医药的制作等。当然,在不同国家礼仪形式下,杂役人员亦表现出不同的形式。唐玄宗《开元二十三年藉田敕书》载:"诸色从人,各赐物三段,殭骑,当兵,角弓手,弩手,官马主,见当番及留帖人,掌闲幕士,驾士,供膳,习驭,工人,乐人,见当有上职掌,并庶人应耕者,各赐物三段。"②可以说,藉田礼中,诸色杂役更多的是为助耕与先农坛祭祀而服务的。又,唐玄宗《开元十三年唐玄宗东封敕书》曰:"卫士、马主、军戎主、幕士、掌闲、供膳、太常及仗内声音人,行署及蕃官,七色并别敕杂色定名,行从人,亦赐勋两转。"③即皇帝东封更多的是为助行封禅礼所设。

此外,殿中省尚舍局官、太仆寺乘黄令、卫尉寺守宫、太常寺奉礼郎、太常寺赞者、太常寺协律郎、太常寺谒者等官吏均在驾行礼仪与国家礼仪中充任赞相礼仪之责,亦可谓驾行途中的法定扈从。

其二,供给行用类。因后文对给养供备及其设官分职有专述,此处供给行用特指皇帝乘舆服御所需之物。其相应职官为殿中省六局之官、太仆寺乘黄署官、将作监中校署官、兵部库部官等。

尚乘局官,唐制:"尚乘局奉御二人,直长十人,掌内外闲厩之马。"④唐大驾卤簿御马队有尚乘奉御,御马繖扇舆辇队有尚乘直长,可谓驾行途中的法定扈从,为皇帝选择、调习御马,并予以给料、鞍辔、医治等管理工作。

尚辇局官,唐制:"尚辇奉御二人;直长三人,掌舆辇、伞扇,大朝会则陈于庭,大祭祀则陈于庙,皆伞二、翰一、扇一百五十有六,既事而藏之。常朝则去扇,左右留者三。"⑤唐大驾卤簿御马繖扇舆辇队有尚辇奉御,辇舆辂属车队有尚辇直长,可谓驾行途中的法定扈从,为出陈舆辇、繖扇事。

① 《唐大诏令集》卷七十《宝历元年正月南郊敕》,第395页。
② 《唐大诏令集》卷七十四《开元二十三年藉田敕书》,第416页。
③ 《唐大诏令集》卷六十六《开元十三年东封敕书》,第371页。
④ 《新唐书》卷四十七《百官志二》,第1220页。
⑤ 《新唐书》卷四十七《百官志二》,第1220页。

尚舍局官,唐制:"尚舍奉御掌殿庭张设,供其汤沐,而洁其洒扫;直长为之贰。凡大驾行幸,预设三部帐幕,有古帐、大帐、次帐、小次帐、小帐,凡五等。"①因皇帝行幸常会宿次旷野或简易顿置所,故,尚舍奉御、直长、幕士等可谓法定扈从。其于驾行供备张设、洒扫与汤沐事。当然,在国家礼仪中,尚舍亦备行宫、大次、小次等。唐制:"凡大祭祀,有事于郊坛,则先设行宫于坛之东南向,随地之宜。将祀三日,则设大次于外壝东门之外道北,南向而设御座"等②。

尚衣局官,唐制:"尚衣奉御掌供天子衣服,详其制度,辨其名数,而供其进御;直长为之贰。"③凡祀天神地祇、享庙、谒庙、遣上将、饮至、践阼、祭社稷、祭帝社、祭百神、祭朝日、祭夕月、讲武、出征、四时蒐狩、大射、祫祭、类祭、宜社、赏祖、罚社、纂严、拜陵等均具其数供给之,可谓是驾行途中的法定扈从。当然,在国家礼仪中,尚衣局亦备大圭、镇圭。其中,大圭长三尺,又曰珽;镇圭长尺有二寸。唐制:"有事于郊庙、社稷,则出之于内;将享,至于中壝门,则奉镇圭于监而进。既事,复受而藏之"等④。

尚药局官,唐制:"尚药奉御掌合和御药及诊候之事。"⑤凡合和御药,与殿中监视其分、剂,药成,先尝而进焉。其可谓驾行生活所需,即为法定扈从,以供诊断、和药事。其下侍御医、司医、医佐、主药、药童、按摩师、呪禁师等皆分任各职,亦扈从焉。

尚食局官,唐制:"尚食奉御掌供天子之常膳,随四时之禁,适五味之宜。当进食,必先尝。凡天下诸州进甘滋珍异,皆辨其名数,而谨其储供。"⑥其可谓驾行生活所需,即为法定扈从,以进御食。其食医、主食等分任各职,亦扈从焉。

乘黄署官,唐制:"乘黄令掌天子车辂,辨其名数与驯驭之法;丞为之贰。"⑦唐大驾卤簿辇舆辂属车队有乘黄令,其可谓法定扈从。其于皇帝祭祀、纳后、享射、郊征还、饮至、行道、巡狩、临兵事、田猎等各供其辂。其所掌副车、耕根车、豹尾车等亦随驾而进,事毕则受而藏之。在驾行礼仪中,乘黄令负责进辂待位,以奉迎皇帝出。

---

① 《唐六典》卷十一《殿中省》,第329页。
② 《唐六典》卷十一《殿中省》,第329页。
③ 《唐六典》卷十一《殿中省》,第326页。
④ 《唐六典》卷十一《殿中省》,第328页。
⑤ 《唐六典》卷十一《殿中省》,第325页。
⑥ 《唐六典》卷十一《殿中省》,第324页。
⑦ 《唐六典》卷十一《太仆寺》,第480页。

将作监中校署官,唐制:"中校令掌供舟车兵仗、厩牧杂作器用之事。"①"凡行幸陈设供三梁竿柱,闲厩供刌碓行槽,祭祀供葛竹堑等。"②可谓驾行途中的法定扈从,供给三梁竿柱,刌碓,行槽,鞍架,棘葛,竹堑等。

兵部库部官,郎中掌"戎器、卤簿仪仗。元日冬至陈设、祠祀、丧葬,辨其名数而供焉。凡戎器,色别而异处,以卫尉幕士暴凉之。京卫旗画蹲兽、立禽,行幸则给飞走旗"。③可以说,库部郎中掌供戎器,飞走旗可谓驾行途中的法定扈从。

其三,日常服务类。即礼制供给之外,皇帝行幸日常生活仍需丰富多彩,据此需要日常服务类职官助之。此类职官身份指向宦官、宫人、文人学士、太子诸王、起居郎、起居舍人等。

内侍省官,唐制:"凡季春吉日,皇后亲蚕于功桑,享先蚕于北郊,则升坛执仪。凡中宫大驾出入,则为之夹引焉。"④其扈从皇后的队伍编列为内谒者四人、内给事二人、内常侍二人、内侍二人,并骑,分左、右。内寺伯二人,领寺人六人,分夹重翟车。也就是说,内侍省官为太皇太后、皇太后、皇后出行的法定扈从。其随皇帝行幸是伴随着宦官所任职官体系的变革与宦官数量的急剧增加而产生的。唐玄宗年间内侍省官以员外官与内诸司使的形式完成其阶官化与权力的急剧膨胀,加上高力士与唐玄宗的特殊关系,⑤使得宦官很快成为重要的随驾力量。其于唐后期銮舆播越时的表现尤为明显。唐代宗幸陕,宦官杨志廉扈跸有功,转奚官令,充内养。复命迁内寺伯。后,随德宗皇帝两次西狩,迁内给事,进阶朝散大夫。⑥泾原兵变,唐德宗召近卫,无一人至者,惟窦文场等率宦官及亲王左右从。⑦光启元年(885)宦官田令孜挟唐僖宗幸山南,因中夜出幸,百官不及扈从,而随驾者黄门卫士数百人而已。⑧当然,上述事例具有临时性。但就宦官扈从来说,其在郊庙祭祀中充任内行事官,已说明其是为唐后期皇帝行幸的法定扈从。唐文宗《大和三年十一月十八日赦文》曰:"内侍省及内坊官四品以上,各赐勋五转,五

① 《唐六典》卷二十三《将作监》,第596页。

② 《旧唐书》卷四十四《职官志三》,第1896页。

③ 《新唐书》卷四十六《百官志一》,第1199页。

④ 《唐六典》卷十二《内侍省》,第356页。

⑤ 史载:"玄宗凡有游幸,贵妃无不随侍,乘马则高力士执辔授鞭。"(见《旧唐书》卷五十一《杨贵妃传》,第2179页。)

⑥ 《唐代墓志汇编续集》元和002《唐故开府仪同三司行左监门卫大将军知内侍省事上柱国弘农郡开国公食邑三千户赠扬州大都督杨府君墓志铭并序》,第800页。

⑦ 《新唐书》卷二百七《窦文场霍仙鸣传》,第5867页。

⑧ 《太平御览》卷二百二十五《职官部二十三·御史大夫》,第1069页。

品以下,各赐勋三转。"①又,唐僖宗《乾符二年正月七日南郊赦》曰:"内行事者官,三品以上赐爵一级,四品以下加一阶。内侍省及内坊官,四品以上,各赐勋五转,五品以下,各赐勋三转。"②唐昭宗龙纪元年(889)十一月,将祀圜丘。"故事,中尉、枢密使皆鞶衫侍从;僖宗之世,已具襕笏;至是,又令有司制法,孔纬及谏官、礼官皆以为不可,上出手札谕之曰:卿等所论至当。己酉,祀圜丘,赦天下。"③均可为证。基于宦官与皇帝的特殊关系,可以推测其在驾行途中与顿置所为皇帝提供日常生活服务。

宫官,属尚宫、尚仪、尚服、尚食、尚辇、尚寝、尚功等局。其署官吏据制服务于后宫,实则亦受皇帝差遣。唐高祖入居大安宫,时已即位为帝的唐太宗晨夕使尚宫问起居,送珍馔。④又如,杜如晦忌日,唐太宗甚为惋惜,于是遣尚宫至其第慰问妻子。⑤皇帝行幸其亦为法定扈从。贞观十九年(645)二月,唐太宗自洛阳到达定州,准备辽北之战。时所带宫官较少,长孙无忌予以上谏,其言曰:"天下符鱼悉从,而宫官止十人,天下以为轻神器。"唐太宗对曰:士度辽十万,皆去家室。朕以十人从,尚恶其多,公止勿言!⑥"宫官止十人""朕以十人从"均可为证。天宝十四载(755)十二月,唐玄宗下诏亲征安禄山,其诏书对随驾军将及僚属的供置予以限制,并提及宫官,其文曰:"宫掖侍从,并令减省。"⑦亦可为证。就宫官职任而言用以掌后宫衣食住行,其可为随驾皇帝提供日常生活服务。

文人学士,唐制:"乘舆所在,必有文词、经学之士,下至卜、医、伎术之流,皆直于别院,以备宴见。"⑧文人学士扈从,始于太宗朝。贞观时"太宗文皇帝凡有巡幸,则博选识达古今之士,以在左右,每至前代兴亡之地,皆问其所繇,用为鉴诫"。⑨唐中宗景龙二年(708)始"置修文馆大学士四员,直学士八员,学士十二员,选公卿以下善为文者李峤等为之。每游幸禁苑,或宗戚宴集,学士无不毕从,赋诗属和"。⑩初,这些学士多与皇帝进行诗词唱和,而"文书诏令,则中书舍人掌之。"⑪史载:

① 《文苑英华》卷四百二十八《太和三年十一月十八日赦文》,第 2170 页。
② 《唐大诏令集》卷七十二《乾符二年正月七日南郊赦》,第 406 页。
③ 《资治通鉴》卷二百五十八唐昭宗龙纪元年十一月条,第 8390 页。
④ 《旧唐书》卷六十四《高祖二十二子·舒王元名传》,第 2433 页。
⑤ 《旧唐书》卷六十六《杜如晦传》,第 2469 页。
⑥ 《新唐书》卷二百二十《高丽传》,第 6190 页。
⑦ 《唐大诏令集》卷一百十九《亲征安禄山诏》,第 626 页。
⑧ 《新唐书》卷四十六《百官志一》,第 1183 页。
⑨ 《册府元龟》卷五百四十六《谏诤部·直谏第十三》,第 6548 页。
⑩ 《资治通鉴》卷二百九唐中宗景龙二年夏四月条,第 6622 页。
⑪ 《册府元龟》卷五百四十六《谏诤部·直谏第十三》,第 6548 页。

凡天子享会游豫，唯宰相及学士得从。春幸梨园，并渭水被除，则赐细柳圈辟疠；夏宴蒲萄园，赐朱樱；秋登慈恩浮图，献菊花酒称寿；冬幸新丰，历白鹿观，上骊山，赐浴汤池，给香粉兰泽，从行给翔麟马，品官黄衣各一。帝有所感即赋诗，学士皆属和。当时人所歆慕，然皆狎猥佻佞，忘君臣礼法，惟以文华取幸。①

引文所述，"唯宰相及学士得从"已说明文人学士已为法定扈从，其于春、夏、秋、冬四季皆随皇帝游幸唱和。因其为皇帝所重，故赐翔麟马、黄衣等从幸。唐史史料中亦具较多的唱和诗。如，开元年间，唐玄宗自并州还京，路过雀鼠谷，张说赋诗《扈从南出雀鼠谷》，②唐玄宗有《答张说南出雀鼠谷》，张九龄、宋璟、苏颋、王丘、袁晖、崔翘、席豫、梁升卿、王光庭、徐安贞、赵冬曦均有《奉和圣制答张说南出雀鼠谷》奉制诗等。据其服务内容来说，亦可判定文人学士随驾更多的为皇帝提供日常生活服务。

太子诸王扈从，唐立国以来即有相关记载：唐高祖驾幸仁智宫，秦王、元吉从。③ 贞观二十年（646）唐太宗行幸灵州，皇太子扈从。④ 贞观二十三年（649）太宗幸翠微宫，因"苦痢增剧，太子侍疾。旬日之间，发有变白者"。⑤ 大足元年（701），武则天驾幸京师，时属凝寒，皇太子李显亲捧天后，步从一里有余。⑥ 武则天游幸石淙山，皇太子显、相王旦、梁王三思、内史狄仁杰等扈从。⑦ 当然，此类太子诸王扈从往往是临时决定的，皇帝长期离京，仍以太子监国的形式存在。到唐玄宗时期，情况发生了变化，史载：

先天之后，皇子幼则居内，东封年，以渐成长，乃于安国寺东附苑城同为大宅，分院居，为十王宅。……天宝中，庆、棣又殁，唯荣、仪等十四王居院，而府幕列于外坊，时通名起居而已。外诸孙成长，又于十宅外置百孙院。每岁幸华清宫，宫侧亦有十王院、百孙院。宫人每院四百，百孙院三四十人。又于宫中置维城库，诸王月俸物，约之而给用。诸孙纳妃嫁女，亦就十宅中。太子不居于东官，但居于乘舆所幸之别院。太

---

① 《新唐书》卷二百二《李适传》，第 5748 页。
② 《张燕公集》卷四《杂诗·扈从南出雀鼠谷》，第 21 页。
③ 《新唐书》卷七十九《隐太子建成传》，第 3542 页。
④ 《旧唐书》卷七十八《张行成传》，第 2704 页。
⑤ 《册府元龟》卷二十七《帝王部·孝德》，第 297 页。
⑥ 《册府元龟》卷二十七《帝王部·孝德》，第 297 页。
⑦ 《全唐诗》卷四十六狄仁杰《奉和圣制夏日游石淙山》，第 555 页。

　　子亦分院而居,婚嫁则同亲王、公主,在于崇仁之礼院。①

　　引文所述,唐玄宗为防微杜渐,实行十六王宅制度,太子亦居乘舆别苑,至此,太子诸王已为皇帝行幸的法定扈从。为保障其制的顺利运作,唐玄宗还于华清宫为诸王建立十王院、百孙院等。此制在唐后期亦得以沿袭,即使在銮舆播迁的情况下仍得以坚持。天宝十五载(756)六月,唐玄宗幸蜀,仪王以下十三王从。②延王玢,玄宗第二十子也。因不忍弃男女三十六人于道路,数日不及行在所,玄宗怒之;赖汉中王瑀抗疏救之,听归于灵武。③广德元年(763)十二月五日,上都失守,有仪、颍、寿、延、盛、济、信、义、陈、恒、凉十一王扈从,幸陕州。十二月,从还上都。④唐僖宗幸蜀,诸王徒步以从,寿王至斜谷不能进,田令孜驱使前,"王谢足且拘,得马可济。令孜怒抶王,强之行,王耻之"。⑤唐昭宗播越凤翔,史载:"它日,帝召(李)茂贞等曰:十六宅诸王日奏馁死者十三,王、公主、夫人皆间日食,今又将竭,奈何? 皆不敢对。"⑥可以说,诸王太子扈从行幸起到"防微杜渐"的效果,即使皇帝蒙尘在外,未有以宗室亲王名义,另立朝廷的事件发生。因皇帝与太子诸王的特殊关系,其随驾亦可为皇帝提供日常生活服务。

　　起居郎、起居舍人,唐制:

　　　　起居郎、舍人掌记天子言动,御正殿则俟于门庑外,便殿则侍立,行幸则从,大朝会则对立于殿下螭首之侧。凡朝廷命令,赦宥,礼乐法度,损益因革,赏罚劝惩,群臣进对,文武臣除授,及祭祀燕享,临幸引见之事,四时气候,四方符瑞,户口增减,州县废置,皆书以授著作官。⑦

　　引文所述,"起居郎、舍人行幸则从"即指起居郎及舍人为法定扈从,故其列入唐大驾卤簿第十四方阵扈从文官队。其职任有三,其中记录天子言行,朝命、赦宥、礼法、赏罚、祭祀、临幸等事可归入随驾之制。

　　其四,政务运作类。尽管有太子监国制度与留守官制度,⑧但国家的政

　　①　《旧唐书》卷一百七《凉王璬传》,第3271—3272页。
　　②　《旧唐书》卷一百七《凉王璬传》,第3272页。
　　③　《旧唐书》卷一百七《延王玢传》,第3268页。
　　④　《旧唐书》卷一百七《凉王璬传》,第3272页。
　　⑤　《新唐书》卷二百八《田令孜传》,第5888页。
　　⑥　《新唐书》卷二百八《韩全海传》,第5900页。
　　⑦　《文献通考》卷五十《职官考四·门下省·起居》,第461页。
　　⑧　后文专列"驾行后方的人事安排"已具解析,不复赘。

务运作仍以皇帝政令为中心而进行,无论是皇帝行幸途中还是驻跸顿置所,均是如此。贞观二十二年(648)二月,唐太宗驾幸玉华宫,在接下来的八个月时间里,他一边避暑疗养,一边处理政事。既有对官员的任免,对奏章的批阅,也有对大臣丧事的处理,对公主婚嫁的安排等众多日常繁琐政务,甚至还对崑丘道行军进行战略部署。^① 又,唐玄宗在华清宫接受各国使臣的朝贺、进贡、拜谒,大唐的政治、外交、礼仪等活动频繁在这里举行。华清宫成为玄宗处理朝政的重要中心之一,以至于有"第二长安"之称等。^② 为满足皇帝行幸中的政务运作,随驾者的任职与工作能力成为扈从的选择标准,现解析如下。永徽五年(654)三月,唐高宗带领文武百官来到距离长安320华里的万年宫来避暑。其年六月,唐高宗撰写了《万年碑铭》,并要求三品以上官员于碑阴处题名。其可谓是行幸随驾记载的原始资料。其随驾人员共计48位,现胪列如下:

> 太尉、扬州都督、监修国史、上柱国、赵国公、臣无忌
> 司空、上柱国、英国公臣勣
> 使持节、遂州诸军事、遂州刺史、上柱国、韩王臣元嘉
> 使持节、寿州诸军事、寿州刺史、上柱国、邓王臣元裕
> 右卫大将军、使持节、鄜州诸军事、鄜州刺史、上柱国、赵王臣福
> 曹王臣明
> 开府仪同三司、上柱国、鄂国公臣敬德
> 尚书右仆射、监修国史、上柱国、河南郡开国公臣遂良
> 光禄大夫、上柱国、莒县国公臣唐俭
> 侍中、柱国、固安县开国公臣崔敦礼
> 中书令、监修国史、上骑都尉臣柳奭
> 银青光禄大夫、行黄门侍郎、护军、颍川县开国公臣韩瑗
> 银青光禄大夫、行中书侍郎、监修国史学士臣来济
> 左骁卫大将军、上柱国、陇西郡王臣李博义
> 右骁卫大将军、上柱国、张掖郡开国公臣契苾何力
> 左武卫大将军、检校右屯营、上柱国、薛国公臣阿史那忠
> 左武侯大将军、检校右屯营、上柱国、雁门郡开国公臣梁建方

---

① 介永强:《关中唐代行宫考》,《中国历史地理论丛》2000 年 03 期。祁远虎:《唐九成宫、玉华宫历史地理之比较研究》,陕西师范大学硕士学位论文,2010 年,第 88 页。华信辉:《唐代帝王旅游活动研究》,西南大学硕士学位论文,2015 年,第 35 页等。

② 马正林:《唐代华清宫的盛衰》,《人文杂志》1984 年 01 期。

太常卿、兼摄岐州刺史、上柱国、寿陵县开国侯臣柳亨

金紫光禄大夫、行卫尉卿、上柱国、高阳县开国男臣许敬宗

金紫光禄大夫、行宗正卿、上护军、高都县开国男臣赵元楷

银青光禄大夫、守兵部尚书、上轻车都尉臣唐临

秘书监、驸马都尉、柱国长孙冲

金紫光禄大夫、行司农卿、宋城县开国伯臣萧钦

太仆卿、上柱国、平武县开国男臣张天师

左卫将军、兼太子左卫率、上柱国、郜国公臣郭广敬

右卫将军、检校右屯营、上柱国、蠡吾县开国公臣豆卢承基

左武卫将军、兼太子右卫率、上柱国、永富县开国公臣窦智纯

左武卫将军、上护军臣史元施

御史大夫、柱国、清丘县开国公臣崔义玄

右武卫将军、行窦州刺史、上柱国、□□郡开国公臣冯五翙

左领军将军、上柱国、汶川县开国男臣赵孝祖

右领军将军、柱国臣李义辩

左领军将军金仁问

左武侯将军、检校左屯营、上柱国、神泉县开国男臣权善才

左武侯将军、上柱国臣赵道兴

右监门卫将军、上柱国、汶山郡公臣仇怀吉

右武侯将军、上柱国、晋阳县开国侯臣王文度

前汾州刺史、柱国、蕲春县开国伯臣元武荣

云麾将军、上柱国、丹阳郡开国公臣李客师

云麾将军、上柱国、阳平县开国子臣侯贵昌

兼左卫将军、驸马都尉、上柱国、检校右卫将军、通化县开国男臣贺兰僧伽

前同州刺史、上护军、平恩郡开国公臣刘善因

左监门将军、上柱国、魏县开国公臣常基

兼右武侯将军、柱国、长山县开国男臣辛文陵

中书舍人、监修国史、弘文馆学士臣李义府

朝议大夫、守中书舍人、汾阳县开国男、弘文馆学士、监修国史臣薛元超

太子冼马学士臣上官仪①

---

① 　(清)王昶：《金石萃编》卷五十，北京：中国书店，1985年版。岑仲勉：《金石论(转下页)

就其所任职官而言,除却 19 例武职外,其扈从文官为三公官 2、亲王 4、尚书右仆射 1、兵部尚书 1、侍中 1、黄门侍郎 1、中书令 1、中书侍郎 1、中书舍人 2、太常卿 1、卫尉卿 1、宗正卿 1、殿中监 1、秘书监 1、司农卿 1、太仆卿 1、御史大夫 1、太子洗马 1、州刺史 1、高阶散官 4。其中,三公官、尚书右仆射、侍中、中书令为宰相,即 29 例文官中有宰相 5 例。因尉迟敬德、唐俭均为唐太宗朝的凌烟阁二十四功臣之一,虽致仕,在朝廷政务决策中仍有话语权,可视为重臣。韩王元嘉、邓王元裕均为唐高宗的叔父,赵王福、曹王明为唐高宗的弟弟,均为亲王,亦可视为重臣。据此,宰相重臣可为 11 例。除却太常卿、卫尉卿、宗正卿、殿中监、秘书监、司农卿、太仆卿、州刺史等供给类职官外,其政务类职官以三省官与御史台官为多,即三省官 7 例,御史台官 1 例,共计 8 例。三省官中,中书侍郎、黄门侍郎、中书舍人均为主要的政务执行官,值得注意的是,此处 2 例中书舍人均带监修国史、弘文馆学士名号,[①]实则参与中枢机务。正是基于此,李义府因助武昭仪升任宸妃之功,于题名的次年即永徽六年(655)升任中书侍郎、同中书门下三品、监修国史、广平县男,成为宰相。[②] 薛元超亦以题名的次年,拜黄门侍郎兼检校太子左庶子,三年后即显庆三年(658)再拜东台侍郎、同东西台三品,成为宰相。上官仪任职为太子洗马、学士亦如此。上官仪因善属文受到唐太宗重用,以至于"凡有宴集,仪尝预焉"。[③] 唐高宗即位,拜秘书少监,龙朔二年(662)加银青光禄大夫、西台侍郎、同东西台三品兼弘文馆学士如故,成为宰相。若依次,参与机要与政务运作的职官可扩至 9 例。结合前述宰相重臣,其用以中枢决策与政务运作的职官共计 17 例,占扈从文官的 58.6%。

(接上页)丛》,上海:上海古籍出版社,1981 年版,第 201 页。中国社会科学院考古研究所编著:《隋仁寿宫·唐九成宫—考古发掘报告》,北京:科学出版社,2008 年版,第 91 页。按,参与题名的三品以上朝官是以散官、职事官、勋官、爵等来充任本阶的,并非专指职事官品级。如,曹王明是唐太宗的第十四子,贞观二十一年(647)受封,显庆中授梁州都督,其间并无散官、职事官、勋官的赐授记载。永徽五年(654)的扈从仅其亲王爵,为正一品。尉迟敬德未载职事官,其所任散官为从一品的开府仪同三司,为文散官中的最高阶次,勋官为上柱国,比正二品;爵为鄂国公,从一品;其本阶亦为从一品。同理,唐俭所任散官光禄大夫为从二品;勋官上柱国,比正二品;莒县开国公,从二品;因勋官已不为所重,其本阶当依散官,为从二品。李客师、侯贵昌未具职事官,其散官均为云麾将军,为从三品,属散品中的"通贵阶层",此处当以散品计其本阶。李义府所任中书舍人为正五品上,散官、勋官、爵均无记载,当以本阶充达三品。薛元超所任朝议大夫(正五品下)、守中书舍人(正五品上)、汾阳县开国男(从五品上)、弘文馆学士、监修国史,未载其勋官,当以本阶充达三品。上官仪所任太子洗马学士为从五品上,亦以本阶充任可矣。

　　① 李义府任职为中书舍人、监修国史、弘文馆学士;薛元超任职为朝议大夫、守中书舍人、汾阳县开国男、弘文馆学士监修国史。
　　② 《旧唐书》卷八十二《李义府传》,第 2766 页。
　　③ 《旧唐书》卷八十《上官仪传》,第 2743 页。

以扈从者身份来看,长孙无忌、李勣、褚遂良、韩瑗、来济均为贞观遗臣,其以长孙无忌为首、褚遂良为副,李勣、韩瑗、来济为辅的佐政班子,亦即永徽年间的政局的实际职掌者和中枢的实际决策者,唐高宗的权威一度受到挑战。前述,韩王元嘉、邓王元裕、赵王福、曹王明,因是亲王,其位仅次于长孙无忌、李勣,说明其具崇重地位,具政务决策力。尉迟敬德、唐俭亦为贞观遗臣,凌烟阁功臣,具佐命之功,虽已致仕,仍具政务决策力。崔敦礼、柳奭分任侍中、中书令实为宰相,亦为中枢决策的首脑。许敬宗,早在唐太宗征辽期间,与高士廉佐皇太子李治于定州监国,史称"共知机要"。题名次年即永徽六年(655)拜礼部尚书,越一年年即显庆元年(656)官拜侍中、监修国史成为宰相。故,许敬宗虽任卫尉卿,实具中枢决策之能与政务运作之力。唐临在太宗朝因纵囚而归得名,后转任银青光禄大夫、门下侍郎。高宗即位,检校吏部尚书,转大理卿。唐高宗尝问狱囚之数,因对诏称旨,深得高宗倚重。前述,李义府、薛元超、上官仪均以政务之能而升至宰相。据此可以说,扈从文官的人员选择与其政务运作能力密切相关。尽管永徽五年(654)唐高宗驾幸万年宫的扈从人员选择具有随意性,但就任职情况与人员身份来看,可得出以下结论:法定扈从文官以三省六部官、御史台官为主,以满足政务需求;宰相重臣与中枢参知者是扈从文官的法定组成,是满足集议决策的保证;其所任职官即使不属于政务运作类,为保证参赞需求仍会选择具中枢决策之能与政务运作之力的官员扈从等。这些均能体现皇帝驻跸之地即为政务运作之中心。

除却《万年宫碑铭》碑阴题名任职外,另有其它职官亦为法定扈从,其在皇帝行幸中也能保障中枢决策与政务运作的顺利进行。现解析如下。

补阙、拾遗、散骑常侍,唐制:"散骑常侍掌规讽过失,侍从顾问,"[1]即在銮驾行进途中充任法定扈从,用以谏谕皇帝过失。唐制:"补阙、拾遗之职,掌供奉讽谏,扈从乘舆。凡发令与事,有不便于时,不合于道,大则廷议,小则上封。若贤良之遗滞于下,忠孝之不闻于上,则条其事状而荐言之。"[2]"扈从乘舆"亦即在銮驾行进途中充任法定扈从,亦可谏诤。唐僖宗幸蜀,政事悉出内侍田令孜之手。左拾遗孟昭图、右补阙常浚上疏论事,结果昭图坐贬,后被田令孜遣人沉之于蟆颐津,常浚被赐死。[3]尽管二人皆因谏诤而受到惩罚,足以看到其在扈从期间履行职任。

---

① 《新唐书》卷四十七《百官志二》,第1206页。
② 《旧唐书》卷四十三《职官志二》,第1845页。
③ 《容斋三笔》卷六《唐昭宗赠谏臣官》,第502页。

大理卿、大理少卿，唐制："大理卿之职，掌邦国折狱详刑之事。……少卿为之贰。"①又，"若车驾巡幸在京，则都一人留守，以总卿贰之职；在都，则京亦如之"。② 即大理卿、大理少卿为皇帝行幸法定扈从，其职于皇帝驻跸处仍主决疏刑狱事。

翰林学士，其雏形出现于唐太宗时期。史载，自太宗时，名儒学士时召以草制，然犹未有名号；乾封以后，始号北门学士。玄宗初，置翰林待诏。③《新唐书·百官一》载：

> 以张说、陆坚、张九龄等为之，掌四方表疏批答、应和文章；既而又以中书务剧，文书多壅滞，乃选文学之士，号翰林供奉，与集贤院学士分掌制诏书敕。开元二十六年（738），又改翰林供奉为学士，别置学士院，专掌内命。④

显然，翰林学士的出现与中书省未能完全应对当时政务所需密切相关。故在中书省外另设翰林学士以掌内命。随着翰林供奉改称学士以及学士院的设立，翰林学士很快成为皇帝行幸的法定扈从。其职有二：一是，掌内命。建中四年（783），朱泚谋逆，陆贽从驾幸奉天。时天下叛乱，机务填委，征发指踪，千端万绪，一日之内，诏书数百。陆贽挥翰起草，思如泉注，初若不经思虑，既成之后，莫不曲尽事情，中于机会，胥吏简札不暇，同舍皆伏其能。⑤以至于贞元初李抱真入朝，从容奏曰："陛下幸奉天山南时，赦书至山东，宣谕之时，士卒无不感泣，臣实时见人情如此，知贼不足平也。"⑥唐僖宗播迁至洋源，百官未集，缺人掌诰，乐朋龟侍郎，亦及行在，因谒中尉，仍请中外，由是荐之，充翰林学士。⑦ 其"缺人掌诰"与"充翰林学士"即能清楚表达两者之间的关系。二是，参赞礼仪。《翰林志》曰："凡郊庙大礼，乘舆行幸，皆设幕次于御幄之侧，侍从亲近人臣第一。御含元殿，丹凤楼则二人于宫中乘马引驾出殿门，徐出就班，大庆贺则俱出就班。"⑧即于国家礼仪中，具陪位之首；驾行礼仪则具赞导。

---

① 《唐六典》卷十八《大理寺》，第502页。
② 《唐六典》卷十八《大理寺》，第503页。
③ 《新唐书》卷四十六《百官志一》，第1183页。
④ 《新唐书》卷四十六《百官志一》，第1183页。
⑤ 《旧唐书》卷一百三十九《陆贽传》，第3791—3792页。
⑥ 《旧唐书》卷一百三十九《陆贽传》，第3800页。
⑦ 《太平广记》卷二百三十九《乐朋龟》，第1847页。
⑧ （唐）李肇：《翰林志》，（元）陶宗仪：《说郛》卷九十，第1222页。

三、临时扈从考

与法定扈从不同,临时扈从具有随意性,原因来自于其决定权的下移与脱离制度的限制。就笔者爬梳史料来看,临时扈从主要分为以下几种,现解析如下。

其一,四夷酋长扈从。四夷酋长扈从往往是参加国家礼仪,其以封禅礼表现尤最,因封禅礼需国力支撑与文治武功的彰显,唐代皇帝参与封禅者并不多,四夷酋长的扈从亦具临时性。麟德二年(665)八月,刘仁轨以新罗、百济、耽罗、倭国使者浮海西还,会祠泰山,高丽亦遣太子福男来侍祠。[①] 同时,有"狼山都督葛逻禄社利等首领三十余人,并扈从至岳下"。[②] 故,麟德二年十月泰山封禅,史载:"东自高丽,西至波斯、乌长诸国。朝会者,各帅其属扈从,穹庐毳幕,牛羊驼马,填咽道路"[③]之盛。随着国力的不断发展,唐玄宗封禅泰山,四夷酋长参与度更高。开元十三年(725)唐玄宗封禅泰山。史载:"十一月壬辰,玄宗御朝觐之帐殿,大备陈布。文武百僚,二王后,孔子后,诸方朝集使,岳牧举贤良及儒生、文士上赋颂者,戎狄夷蛮羌胡朝献之国,突厥颉利发,契丹、奚等王,大食、谢䫻、五天十姓,昆仑、日本、新罗、靺鞨之侍子及使,内臣之番,高丽朝鲜王,百济带方王,十姓摩阿史那兴昔可汗,三十姓左右贤王,日南、西竺、凿齿、雕题、牂柯、乌浒之酋长,咸在位。"[④]

四夷酋长于国家礼仪中充任陪位角色。一般的国家祭祀礼仪其节有六即卜日、斋戒、陈设、省牲器、奠玉帛、进熟。[⑤] 其"陈设"往往设蕃客之位。前祀三日,卫尉于西外壝门外设西方、北方蕃客之位于西方、北方朝集使位西,北向东上;与之重行。前祀一日,奉礼于内壝内,西方、北方朝集使南设西方、北方蕃客位,重行,东向北上。其所设之位,即能在不同仪式中予以赞相礼仪。关于其礼仪运作,后文有述,不复赘。"垂拱四年(688),武则天拜洛受图,皇帝、皇太子皆从,内外文武百官、蛮夷各依方叙立,珍禽、奇兽、杂宝列于坛前,文物卤簿之盛,唐兴以来未之有也。"[⑥]武则天拜洛受图仪亦有蛮夷参与且"依方叙立"可为其陪位实践的反映。

其二,妃主贵戚扈从。作为贵族阶层的特殊群体,此类扈从人员的选择

---

① 《资治通鉴》卷二百一唐高宗麟德二年八月壬子条,第 6344 页。
② 《旧唐书》卷一百九十四上《突厥传上》,第 5166 页。
③ 《资治通鉴》卷二百一唐高宗麟德二年冬十月条,第 6345 页。
④ 《旧唐书》卷二十三《礼仪志三》,第 900 页。
⑤ 《新唐书》卷十一《礼乐志一》,第 310 页。
⑥ 《资治通鉴》卷二百四则天顺圣皇后垂拱四年十二月己酉条,第 6454 页。

往往与皇帝的个人喜好或内外势力的角逐密切相关,可视为临时扈从群体。这一群体有内外命妇、王亲贵戚等。开元年间,唐玄宗驾幸洛阳,武惠妃同行在上阳宫麟趾殿。① 天宝年间,唐玄宗"凡有游幸,贵妃无不随侍,乘马则高力士执辔授鞭。"②上述两例均可说明后宫嫔妃可扈从行幸。武惠妃、杨贵妃均为宠妃,又可显示其选择的随意性。唐肃宗第三子建宁王李倓妃张氏,曾"从二圣南幸成都,自武功定策禁中,扈先帝于灵武,以是年八月薨于行在"。③ 即可说明王妃亦可随驾。又,唐玄宗居西蜀,独楚国公主"得入侍"。④ 结合前述妃嫔扈从,可以说,皇帝行幸中会选择内命妇扈从。

一如内命妇,外命妇亦可随幸。天宝年间,因杨贵妃受宠,杨家势力迅速崛起,基于此,唐玄宗每年十月行幸华清宫均要秦国夫人、韩国夫人及虢国夫人等外命妇随行。史载:"国忠姊妹五家扈从,每家为一队,着一色衣,五家合队,照映如百花之焕发,而遗钿坠舄,瑟瑟珠翠,璨瓓芳馥于路。"⑤

当然,贵戚也会参与。前述杨国忠因与杨贵妃同族得受宠,忝列高位,与杨贵妃姊妹互为所依,权倾朝野,其参与扈从即可为证。又,唐玄宗幸蜀,肃宗女和政公主扈从。时郭千仞反,唐玄宗晓谕招抚,不得,和政公主夫驸马都尉柳潭率兵讨平之。⑥ 其驸马都尉随幸,亦可为证。妃主贵戚扈从大部分是满足皇帝私情所需,也可为皇帝行幸期间的生活起居与政务运作提供的助力。若皇帝于置顿所举办国家礼仪,其皇亲、诸亲五等以上均需陪位,关于其陪位的礼仪运作,后文有详述,不复赘,此亦可为妃主贵戚扈从的又一原因。

其三,商旅扈从。为满足皇帝及行从人员沿途与驻跸所需,京城内外商旅亦为利势所驱,自发随行或于顿侧开市,十分热闹。因其具有自发性,可视为临时扈从。长安四年(704)正月,武则天驾幸西京,时任洛阳县尉杨齐哲上书予以劝谏,其文曰:"随驾商旅,栖泊而匪宁,东周之人,咸怀嗟怨。"⑦其"随驾商旅"系指有这一类群体扈从。又,《封氏闻见记》载:"骊山汤甫迩京邑,帝王时所游幸。玄宗于骊山置华清宫,每年十月车驾自京而出,至春乃还。百官羽卫并诸方朝集,商贾繁会,里闾阗咽焉。"⑧其"商贾繁会"亦能

---

① 《太平广记》卷二十二《神仙二十二·罗公远》,第 147 页。
② 《旧唐书》卷五十一《杨贵妃传》,第 2179 页。
③ 《文苑英华》卷八百三十八杨炎《承天皇后哀册文》,第 4421 页。
④ 《新唐书》卷八十三《楚国公主传》,第 3659 页。
⑤ 《旧唐书》卷五十一《杨贵妃传》,第 2179 页。
⑥ 《新唐书》卷八十三《和政公主传》,第 3661 页。
⑦ 《唐会要》卷二十七《行幸》,第 603 页。
⑧ 《封氏闻见记校注》卷七《温汤》,第 70 页。

说明驾行处市场供应均来自于商旅。这些商旅往往以扈从的形式存在,用以谋取巨大的商业利益。因驾行处商贾繁会,唐政府还会对随驾商旅予以市场管理。唐中宗景龙元年(707)十一月敕:"驾行幸处即于顿侧立市,差三官人,权检校市事。"①显然,差官人用以保障市场秩序。又,天复元年(901),车驾之在华州,商贾辐凑,韩建重征之,二年,得钱九百万缗。至是,全忠尽取之。② 其"商贾辐凑"胡三省注曰:"天子行在所,从兵及百司供亿浩繁,故商贾辐凑以牟利。辐凑者,盖以车辐皆内凑于毂为谕。夫三十辐共一毂,毂者众辐聚凑之所;四方之商贾内向而聚凑焉,故曰辐凑。"③结合韩建的征税之数,随驾商旅规模之大,物种之全,组织之完备可见一斑。此即其随驾之职任。

其四,技术人员扈从。除却在驾行礼仪与国家礼仪中赞相仪式的法定扈从杂役术士外,另有一些技术人员属临时性扈从,职能仍为皇帝与行从官提供日常服务。此类人群有医卜人员、僧道人士、具特殊技艺之人等。贞观十九年(645)颜师古从太宗驾行东巡,道病卒。④ 显庆三年(658),李勣从幸东都,"在路遇疾,帝亲临问"。⑤ 显然,皇帝行幸,从幸人员途中染疾是不可避免的。为防患于未然,皇帝往往会带医卜人员随驾,有一部分人群是临时性的。唐太宗时期,殿中侍医孙回璞从车驾幸九成宫;⑥唐高宗时期,孙思邈尝从幸九成宫等。⑦ 史载,唐玄宗游幸温泉,东幸洛阳,申元之常扈从。⑧申元之何许人也,实为博采方术之士,具修真度世之志。其与崇道的唐玄宗一拍即合,方有常扈从之举。此可为僧道人士临时扈从的例证。史载:"太宗尝与侍臣泛舟春苑,池中有异鸟随波容与,太宗击赏数四,诏座者为咏,召阎立本写之。阁外传呼云:画师阎立本。立本时为主爵郎中,奔走流汗,俯伏池侧,手挥丹青,不堪愧赧。"⑨阎立本为丹青国手,属特殊技艺之人才,其扈从皇帝行幸,显然是满足皇帝消遣的需要。

此外,因皇帝行幸扈从人员繁杂,不同行幸状态,往往会出现新的扈从

---

① 《册府元龟》卷五百四《邦计部·关市》,第 6050 页。
② 《资治通鉴》卷二百六十二唐昭宗天复元年十一月条,第 8561—8562 页。
③ 《资治通鉴》卷二百六十二唐昭宗天复元年十一月条胡三省注"商贾辐凑",第 8561—8562 页。
④ 《旧唐书》卷七十三《颜师古传》,第 2595 页。
⑤ 《旧唐书》卷六十七《李勣传》,第 2487 页。
⑥ 《太平广记》卷三百七十七《孙回璞》,第 3000 页。
⑦ 《太平广记》卷二十一《神仙二十一·孙思邈》,第 140 页。
⑧ 《太平广记》卷三十三《神仙三十三·申元之》,第 210 页。
⑨ 《大唐新语》卷十一《惩诫二十五》,第 167 页。

人员与扈从形式，①皇帝个人喜好不同，人员选择亦会有重大变化，上述胪列只能概其要，难以将其完全括之。总之，临时扈从尽管有多方选择，但其在皇帝行幸中或赞相礼仪；或提供给养；或提供消遣；或提供技术支持等，能够满足驾行途中或驻跸所的人、物所需，在皇帝行幸中扮演了重要角色。

四、小结

"扈从"一词最早出自司马相如的《上林赋》，因其语境在于渲染皇帝游猎所具气势磅礴之象，故注者将扈从释意为"跋扈"。其实不然，扈从本意即指从行。其制最早可追溯至先秦时期，古礼中所谓仆御扈养实则是指天子行幸中，随驾的太仆氏、徒御，具赞相礼仪与扈卫车驾之职。古礼也有王巡狩，公、卿、大夫、士、庶子皆为扈从的记载。若以任职来看，《周礼》所载掌舍、幕人、掌固、掌次、阍人、内竖、师氏、保氏、遂师、山虞、典路、士师、土训、诵训、太仆氏、士师、虎贲氏、旅贲氏等均与君行密切相关，亦为扈从。其扈从者或掌王之会舍，或掌帷幕居帐，或掌王次之法，或掌跸宫门之禁，或掌内外之通令，或守王之门且跸，或从王军旅，或巡修道路，或行役师田等，全方位地保障巡狩礼的顺利进行。

秦汉以降，卤簿出现后，扈从身份已有明确规定。如前述，西汉甘泉卤簿，晋中朝大驾卤簿、唐大驾卤簿皆如此。卤簿之外亦多有扈从记载。卤簿之外，仍有文武官员、军将、商旅士民随驾而行的记载，其相沿至唐朝，制度趋于完备。其突出特点表现为唐代扈从已具强大社会动员与规模化行从的胜景。这一运作仍需完备制度予以保障。

唐代法定文官扈从即为其制度化的结果，其大致可分为赞相礼仪类、供给行用类、日常服务类、政务运作类四种。就赞相礼仪类而言，相应职官为侍中、黄门侍郎、符宝郎、中书令、通事舍人、太仆卿、殿中监、殿中侍御史、太乐令、太卜令、鼓吹令、诸色役人、殿中省尚舍局官、太仆寺乘黄令、卫尉寺守宫、太常寺奉礼郎、太常寺赞者、太常寺协律郎、太常寺谒者等。或存于唐大驾卤簿；或用以驾行礼仪；或用以国家礼仪。可以说，其在皇帝驾行礼仪与国家礼仪中充任行事官，赞相其礼仪运作，用以完成意识形态的传导。

就供给行用类而言，其专供皇帝乘舆服御所需之物的对应职官为尚乘局官，尚辇局官，尚舍局官，尚衣局官，尚药局官，尚食局官，乘黄署官，将作

---

① 皇帝銮舆播越，往往会出现士民随驾迁徙的情况。乾宁二年（895），唐昭宗"暮出莎城，士民从者数十万。至谷口，人喝死十三，夜为盗掠，哭声殷山。徙驻石门。茂贞恐，乃杀全璹、景宣及圭自解。天子还京师，以景务修、宋道弼代之，俄专国。"（见《新唐书》卷二百八《刘季述传》，第5893页。）其士民数十万为逃避战乱，扈从皇帝而行亦可为临时扈从。

监中校署官,兵部库部官等,其为皇帝驾行途中或顿置所提供物质供备,保障皇帝衣食住行的充足与皇权至上的表达。

就日常服务类而言,此类职官身份指向宦官、宫人、文人学士、太子诸王、起居郎、起居舍人等,在礼制供需之外,满足皇帝行幸期间日常生活的丰富多彩而设。除却起居郎、起居舍人外,其余身份类职官随着情势所需而渐成法定扈从的,其既能丰富皇帝生活亦能展现国家治理之道与政治发展趋向。

就政务运作类而言,唐高宗《万年宫碑铭》提供信息如下:扈从任职以三省官为主,用以保障皇帝所行、所至即为政务中心;宰相重臣与中枢参知者是扈从文官的法定组成,是满足集议决策的保证;其所任职官即使不属于政务运作类,为保证参赞需求仍会选择具中枢决策之能与政务运作之力的官员扈从等。此外,补阙、拾遗、散骑常侍,大理卿、大理少卿,翰林学士亦为法定扈从且能满足皇帝驾行或顿置的政务运作。

除却法定扈从外,因国家礼仪或情理所需,仍会有部分群体充任临时扈从。如四夷酋长扈从,其扈从多为满足封禅大礼所需,其扈从动员与声势跟当时的国情密切相关。就礼仪视角而言,其于国家礼仪中往往充任陪位角色。如妃主贵戚更多出于皇帝私情所用,若依礼仪视角而言,其亦在国家礼仪中充任陪位角色。如商旅扈从,多为自发所集,其初衷为牟取商业利益,因需求量大,随驾商旅已具超大规模与完备组织,用以满足人、物所需。如技术扈从,多为特殊技艺之人,为皇帝行幸提供技术支持。

无论是法定扈从还是临时扈从的出现因皇帝所行、所至均与国家治理中心密切相关,其是皇权至上的表现。正是基于皇权的高高在上,扈从者的地位往往较高,且受到地方的多方巴结。现存史料多有记载。如,随驾官多侵暴。唐玄宗幸蜀,监察御史韦伦从之,玄宗以其为剑南节度行军司马、置顿判官,以给供备。"时中人卫卒多侵暴,尤难治,伦以清俭自将,西人赖济。中宦疾之,以谗贬衡州司户参军。"①韦伦遭贬可为扈从侵暴的一个缩影。黄巢乱京,在大宦官田令孜的左右下,唐僖宗决定行幸剑南以避其祸。为保证沿途供应与驻跸安置,冗从内苑小儿先至,剑南西川节度使陈敬瑄知其暴横,诛杀五十人,陈尸诸街,方稳定当地局势。②如,随驾官勒索地方钱财。开元二十五年(737)唐玄宗西幸,驻跸寿安连曜宫。有人立于高耸刹柱之中,被唐玄宗发现,打算以觇视宫掖之罪惩罚之。后知其为汤前官,被知汤

---

① 《新唐书》卷一百四十三《韦伦传》,第 4687 页。
② 《新唐书》卷二百二十四下《陈敬瑄传》,第 6406—6407 页。

中使反复勒索,不能疏决,只能舍身以证清白。① 可见,随驾中使勒索之重。如,随驾官则弄权。武三思以武则天厌居深宫,又欲与张易之、张昌宗等扈从驰骋,"以弄其权"。乃请创造三阳宫于嵩高山,兴泰宫于万寿山,请武则天每岁临幸,前后工役甚重,百姓怨之。② 如,随驾官受到多方巴结。贞观十二年(638),唐太宗驾临蒲州,其刺史赵元楷"潜饷羊百口,鱼数千头,将馈贵戚",遭到太宗的斥责,认为其为亡隋弊俗,不可复行。③ 张嘉贞为中书令,驾幸东都,有洛阳主簿王均为其修宅,将以求御史,后因受赃事发,唐玄宗特令朝堂决杀。张嘉贞从所由速其刑以灭口,乃归罪于御史大夫韦杭等,皆贬之。④

第二节　驾行随驾军

驾行途中或行幸顿置所均需要卫士护卫。一般来说,护卫力量主要由南衙禁军、北衙禁军与地方武装组成。南衙禁军主要见于大驾卤簿方阵,属法定扈从禁卫军,其不仅在皇帝行幸中扮演扈卫角色,还能赞相驾行礼仪。北衙禁军初以飞骑形式随皇帝游猎,后逐步成为皇帝行幸的主导护驾力量,其随皇帝行幸的变化不断嬗变。地方武装是相较于南衙禁军和北衙禁军等中央军事力量而言的军队。其在和平年代多指州县护驾兵马,在战争年代多指靖难军。当前地方武装扈驾的史料极少,具有较大随意性,暂且存目。⑤ 在此分两部分对大驾卤簿随驾军与卤簿外随驾禁军予以探讨,解析如下。

① 《南部新书·戊部》,第64—65页。
② 《旧唐书》卷一百八十三《武三思传》,第4735页。
③ 《册府元龟》卷六百九十七《牧守部·邪佞》,第8322页。
④ 《册府元龟》卷三百三十七《宰辅部·徇私》,第3985页。
⑤ 开元二年(714)九月十一日,唐玄宗颁诏:"宜以今月二十五日幸长春宫,停五日,缘顿所须,并令所司支备,一事以上,不得干扰州县。发日唯量将飞骑万骑行,更不须别遣兵马,及妄有科唤。"(见《唐大诏令集》卷七十九《幸新丰及同州敕》,第451页。)唐玄宗行幸长春宫,令不得干扰州县其实是两层含义:一则是由所司供置,不得妄令州县支备;二则是行幸护卫军由飞骑万骑承担,地方不须派兵马扈驾。其可为和平年代地方武装护驾的例证。结合前述行幸问起居制度与同起居礼,州县所派兵马的范围有可能是过州、比州或三百里内州县来承担。泾原兵变后,唐德宗驾幸奉天,后被朱泚叛军围困,情况十分危急。为解奉天之围,灵武留后杜希全、盐州刺史戴休颜、夏州刺史时常春会渭北节度使李建徽合兵万人入援。(见《资治通鉴》卷二百二十九唐德宗建中四年十一月条,第7369页。)在战争年代,皇帝播越,地方有责任靖难。此时地方武装范围当不再局于某一区域,所有地方武装均有责任参与。

一、唐大驾卤簿禁卫军随驾

前述唐大驾卤簿可分二十六方阵,其所属禁卫军分布于清游队、朱雀队、导行车队、金吾引驾队、钑戟前队、钑戟后队、龙虎旗队、班剑仪刀仗队、三卫仗队、皇帝玉辂队、玉辂护卫后队、后黄麾队、辇舆辂属车队、步甲队、左右厢黄麾仗殳仗队、诸卫马队、玄武队等十七个方阵中,具体如下:

第二方阵,清游队,所属左右金吾卫,具金吾折冲 2 各领 40 骑;金吾大将军 2;左右金吾果毅 2;虞候伏飞 48;外铁甲伏飞 24 等。

第三方阵,朱雀队,所属左右金吾卫,具金吾折冲 1 领 40 骑;金吾果毅 2 等。

第四方阵,导行车队,所属左右金吾卫,具左金吾队正 1 陪乘皮轩车等。

第五方阵,金吾引驾队,所属左右金吾卫,具引驾 12 重,重 2 弩箭相间;左右金吾果毅 1 等。

第九方阵,钑戟前队,所属左右武卫,具钑戟 144;左右武卫将军各 1 等。

第十三方阵,龙虎旗队,所属左右卫,具左右卫果毅各 1,各领 45 等。

第十五方阵,班剑仪刀仗队,所属左右卫、左右骁卫、左右武卫、左右威卫、左右领军卫、左右金吾卫,具左右卫将军各 1;左右卫亲卫各 53;左右卫亲卫各 55;左右卫勋卫各 57;左右卫勋卫各 59;左右卫翊卫各 61;左右卫翊卫各 63;左右卫翊卫各 65;左右骁卫 67;左右武卫翊卫 69;左右威卫翊卫 71;左右领军卫翊卫 73;左右金吾卫翊卫 75 等。

第十六方阵,三卫仗队,所属左右卫、左右骁卫,具左右卫郎将各 1 领散手翊卫 30;左右骁卫郎将各 1 领稍翊卫 28;左右卫供奉中郎将 4 各领亲勋翊 28 等。

第十七方阵,皇帝玉辂队,所属左右千牛卫、左右卫、左右监门卫,具千牛卫将军 1;左右卫大将军各 1;千牛将军 1,千牛卫中郎将 2;千牛备身 2;左右监门校尉各 1;左右监门校尉各 12 等。

第十八方阵,玉辂护卫后队,所属左右骁卫、左右卫,具左骁卫翊卫前队 35;左骁卫翊卫二队 35;左骁卫翊卫三队 35;左右卫夹毂厢队各 6 队各 30 等。

第二十方阵，后黄麾队，属左右金吾卫，具金吾果毅 1 领横行 10 重等。

第二十二方阵，辇舆辂属车队，属左右武卫、左右威卫，具左右武卫 5；左右威卫队正各 1；左武卫队正各 1 在黄钺车或豹尾车等。

第二十三方阵，步甲队，属左右威卫、左右领军卫，具左右威卫折冲都尉各 1 领掩后 200；左右领军将军各 1 前后厢步甲队 48 队，队各 30 人等。

第二十四方阵，左右厢黄麾仗叟仗队，属左右领军卫、左右卫、左右武卫、左右威卫、左右骁卫，具左右厢黄麾仗，厢各 12 部，部 12 行，行列 10 人；左右卫将军 1，左右骁卫大将军 1，左右武卫大将军 1，左右领军卫大将军 1 检校；叟仗左右厢各 1000 人等。

第二十五方阵，诸卫马队，属诸卫，具左右厢 24 队，队各左右领军卫折冲果毅各 1 检校等。

第二十六方阵，玄武队，属左右金吾卫，具金吾折冲 1 领 50 骑等。

此为当前史籍明确记载的皇帝行幸护卫队及其分布情况。就上述材料而言，唐大驾卤簿所列禁卫军中主要由左右金吾卫、左右武卫、左右卫、左右骁卫、左右威卫、左右领军卫、左右千牛卫、左右监门卫等南衙禁军组成，并未有北衙禁军的记载，[①]此与大驾卤簿所具礼仪性密切相关。今据南衙诸卫在大驾卤簿中的布列、人员结构及其所持武备等，结合史料考察其在驾行途中或顿置地的职任。

其一，左右金吾卫。就唐大驾卤簿而言，左右金吾卫主要在清游队、朱雀队、导行车队、金吾引驾队、班剑仪刀队、后黄麾队、玄武队。其主要分布在第二方阵、第三方阵、第四方阵、第五方阵、第十五方阵、第二十方阵、第二十六方阵之中。其职任可归结为以下几点：

第一，驾行途中掌前驱后殿之责。《唐六典·左右金吾卫》载：

左右金吾卫大将军，将军之职，掌宫中及京城昼夜巡警之法，以执御非违，凡翊府及同轨等五十府皆属焉。凡车驾出入，则率其属以清游队建白泽旗、朱雀旗以先驱，又以玄武队建玄武旗以后殿，余依卤簿之

---

① 《新唐书·兵志》载："夫所谓天子禁军者，南、北衙兵也。南衙诸卫兵是也，北衙者，禁军也。"（见《新唐书》卷五十《兵志》，第 1330 页。）可以说，南衙禁军与北衙禁军相互配合，共同构成了唐代军事宿卫系统。

法以从。若巡狩师田,则执其左、右营卫之禁。①

《唐六典》明确指出其所建"白泽旗""朱雀旗"为先驱,以其在唐大驾卤簿中的位置而言,其所处清游队、朱雀队、导行车队、金吾引驾队均可视为前部仪仗队。既如此,那么左右金吾卫用以"先驱"的职任又有哪些呢?笔者以为先驱可理解为"清道",保证道路平整与安全,方便皇帝通行或顿置。《新唐书》载:"(左右金吾卫)上将军各一人,大将军各一人,将军各二人掌宫中京城巡警,非烽候道路水草之宜。"②其"非烽候道路水草之宜"当指道路与顿置所的选择标准。贞观二十年(646)三月,唐太宗"尝幸未央宫,辟仗已过,忽于草中见一人带横刀,诘之,曰:闻辟仗至,惧不敢出,辟仗者不见,遂伏不敢动。上遽引还,顾谓太子:兹事行之,则数人当死,汝于后达,纵遣之"。③胡三省注辟仗者曰:"卫士在驾前攘辟左右,止行人,所谓陈兵清道而后行也。"④因金吾卫执辟仗旗,故左右金吾卫充任辟仗职责。其"一人带横刀,数人当死"则说明金吾清道不尽是要受到惩罚的。此可为清除皇帝行幸途中或顿置所的安全威胁,与汉代"静室"颇类。此外,在礼仪行幸中金吾清道还表现为去凶趋吉的职责。以祭祀昊天上帝为例,史载:"若天子亲祠,则于正殿行致斋之礼。文武官服袴褶,配位殿庭。车驾返斋官赴祠祭之所,州县及金吾清所行之路,不得见凶秽及缞绖者,哭泣之声闻于祭所者权断,讫事依旧。"⑤与前驱相对应的是"后殿"。即大驾卤簿最后一个方阵仍由金吾卫所主,即备玄武旗1,金吾折冲1领50骑殿后。

第二,驾幸驻跸所掌昼夜巡警之法。⑥史载,麟德二年(665)田仁会转右金吾将军,"所得禄俸,佑外有余,辄以纳官,时人颇讥其邀名。仁会强力疾恶,昼夜巡警,自宫城至于街路,丝毫越法,无不立发。每日庭引百余人,躬自阅罚,略无宽者。京城贵贱,咸畏惮之"。⑦当然,其亦适于皇帝行幸顿置所。开元十九年(732)冬,唐玄宗"驾东巡至陕,以厅为殿,郭门皆属城门局。薛王车牛夜发,及郭,西门不开,掌门者云:钥匙进内。家仆不之信,乃

---

① 《唐六典》卷二十五《左右金吾卫》,第638页。
② 《新唐书》卷四十九上《百官志四上》,第1284—1285页。
③ 《资治通鉴》卷一百九十八唐太宗贞观二十年三月条,第6235页。
④ 《资治通鉴》卷一百九十八唐太宗贞观二十年三月条,第6235页。
⑤ 《旧唐书》卷二十一《礼仪志一》,第819页。
⑥ 《唐六典》《通典》均作"金吾"在皇帝巡狩师田时"掌其营禁。"按,巡狩师田以御营宿,左右金吾掌营禁仍为于驻跸所掌巡警之法。
⑦ 《旧唐书》卷一百八十五上《田仁会传》,第4794页。

坏锁彻关而入。比明日,有司以闻,上以,将军段崇简授代州督,坏锁奴杖杀之"。① 唐玄宗幸陕,金吾将军段崇简以"金吾警夜不谨"责授代州都督。开元二十三年(736)正月,唐玄宗"御五凤楼酺宴,观者喧隘,乐不得奏,金吾白梃如雨,不能遏;上患之"。② 其"金吾白梃如雨"即可为证。

第三,驾行途中兼管扈从卫士名簿及受理御状。神龙二年(706)十月十七日,唐中宗敕曰:"行幸每顿人宿兵及三卫,并令伍伍相保,其押官责名品,明作文簿,别送与金吾。"③可以说,左右金吾卫仍掌扈从卫士名簿。开元八年(720)唐玄宗幸同州,制曰:"宜以今月二十五日,幸长春宫,停五日。……朕此行之处,不得进奉,在路有称冤苦,州县不能疏决者,委御史金吾收状为进。各勉所职,副朕意焉。"④其"委御史金吾收状为进"可为其证。正是因为金吾具收受御状之责,故诉事人于左右金吾所属方阵称冤,若以冲入其它方阵往往会被误伤。史载:"玄宗西幸,诉事人梁璬冲三卫仗就被翊卫张忠砍折右臂。"张鷟在判词中这样写道:"张忠家承积阀业,盛良弓非无大树之荣,实有小棠之荫。公侯圭璧,百代相仍,带砺山河,千秋不绝。腰鞬紫闼,方申御侮之劳,荷戟丹闱,式展干城之效。"⑤张鷟判词表现出了对张忠行为的积极肯定,说明诉事人梁璬冲三卫仗称冤苦并未合乎法理。此可为左右金吾卫具受理御状之权提供佐证。

第四,驾幸途中导引展威之责。如果说左右金吾卫在清游队、朱雀队各建白泽旗、朱雀旗以为前驱,那么朱雀旗后的金吾卫则承担其它职任。其中,朱雀队所列龙旗、导行车队中的金吾队正、金吾引驾队中的左右金吾果毅、班剑仪刀队的左右金吾翊卫等均具展威之任。主要表现在龙旗的布列与执旗、引旗、夹旗方队的布列及其装束。具体而言,即龙旗12,各1骑执,戎服,披大袍,骑2重,旗前2人,旗后2人,横行正道,布副竿2,分左右,由金吾果毅2骑领。还表现在导行车队与班剑仪刀仗队军官的装束、执器、队列等。具体而言,即导行车队,左金吾队正1执银装仪刀,紫黄绶纷,执弩;班剑仪刀队,左右金吾翊卫75各执银装仪刀,紫黄绶纷,曲折14陪后门等。此外,方阵检校官的设置亦为其展威之举。导行车队中的左金吾队正、金吾引驾队中的左右金吾果毅均检校其行方队,保障方阵的严整与号令统一,以

---

① (宋)钱易撰,黄寿成点校:《南部新书·己部》,北京:中华书局,2002年版,第80页。
② 《资治通鉴》卷二百一十四唐玄宗开元二十三年春正月条,第6810页。
③ 《唐会要》卷二十七《行幸》,第604页。
④ 《唐大诏令集》卷七十九《幸新丰及同州敕》,第451页。
⑤ 《龙筋凤髓判》卷三《右卫状称驾幸西京诉事人梁璬冲三卫仗遂被翊卫张忠以刀斫折右臂断徒不伏》,第64页。

展其威仪。

除却展威之任外,左右金吾卫在唐大驾卤簿中亦具引驾之任。导行车队后,唐大驾卤簿专设金吾引驾队,其具引驾 12 重,重 2,1 重稍弩,1 重弓箭,相间;骑,带横刀,并行正道,左右果毅各 1 检校,共计军官 26 人。其所引第六方阵前部鼓吹队。与之相应的是后部鼓吹亦由左右金吾卫所引。后部鼓吹队于唐大驾卤簿第二十一方阵,其前属方阵为第二十方阵后黄麾队,队列置金吾果毅 1 领横行 10 重,与金吾引驾队布列相类,同样具引驾之任。

其二,左右千牛卫。左右千牛卫在唐大驾卤簿只列于皇帝玉辂仗队,位列整个方阵的核心位置。唐制:

> 左右千牛卫大将军,将军之职,掌宫殿侍卫及供御之仪仗,而总其曹务。凡千牛备身、备身左右执弓箭以宿卫,主仗守戎服器物。凡受朝之日,则领备身左右升殿,而侍列于御座之左右。若亲射于射宫,则大将军、将军率其属以从。凡千牛备身,备身左右考课,赐会,及禄秩之升降,同京职事官之制。①

引文所述,左右千牛卫不仅充任皇帝贴身宿卫与从卫,还承担皇帝供御仪仗。其言甚确。其于皇帝行幸途中为贴身从卫。唐大驾卤簿皇帝玉辂队,玉辂,太仆卿驭,千牛将军 1 陪乘,执金装长刀,1 人从;千牛将军 1 中郎将 2,皆 1 人从,分左右;千牛备身 2,分左右,骑,在玉辂后,带横刀,执御刀,弓箭。可见,左右千牛卫军官列于玉辂前后,充任皇帝贴身从卫。其于皇帝置顿处即充任贴身宿卫之责。前引《唐六典·左右千牛卫》所载,朝会,左右千牛卫大将军、将军领备身侍列于御座之左右。即于衙内五仗之外,于御座左右另设所谓“千牛仗”的警卫小分队,执御刀、弓箭予以近身保卫。②

此外,左右千牛卫还承担赞相礼仪之任。前引“銮驾出宫礼”与“銮驾还宫礼”中,千牛将军立于辂右,赞相皇帝升辂仪或降辂仪。当然,左右千牛卫于“皇帝射于射宫礼”中参赞礼仪尤多。《大唐开元礼》“皇帝射于射宫礼”大致可分为太乐令、鼓吹令布乐仪;布位仪③;布射弓赏罚物仪;皇帝御武弁出

---

① 《唐六典》卷二十五《左右千牛卫》,第 641 页。
② 张国刚:《唐代禁卫军考略》,《南开学报》1999 年 06 期。
③ 即布侍射者位于西阶前,东面北上;布司马位于待射位之南,东面;布获者位于乏东,东面;待射射位于殿阶下,当御前少西,横布,南面。(见《大唐开元礼》卷八十六《军礼·皇帝射于射宫》,第 411 页。)

宫仪;文武官入见皇帝仪;侍中请射仪;文武入位仪;弓矢引备仪;待射者、司马、获者立位仪;千牛卫进御仪;皇帝射矢仪;待射者射仪;取矢仪;待射者复位仪;赏罚射者仪;礼毕驾回仪①等程式,其核心礼仪均由左右千牛卫赞相而成,其程式如下:第一,由千牛备身备奉御弓矢、置御决拾筒于坫上;第二,待司马复位后,千牛郎将一人奉决拾以筒,千牛将军奉弓,千牛郎将奉矢进立于御榻前以待;第三,千牛郎将行跪奠筒仪,千牛将军跪进弓仪;千牛郎将奉进矢仪;第四,待御射讫,千牛将军以矢行奏;第五,千牛将军受弓,千牛郎将以筒受决、拾,均复位;第六,待射者毕,取矢者以御矢付千牛郎将于东阶下等。②

其三,左右卫等。以左右卫为代表的南衙十二卫③其职守相类,在皇帝驾行途中或置顿所承担仪卫工作。一如左右金吾卫,左右卫、左右骁卫、左右武卫、左右威卫、左右领军卫所在的班剑仪刀仗队,或执金筒装班剑,纁朱绶纷;或执金筒装仪刀,绿綖绶纷;或执银装仪刀,紫黄绶纷以展威仪。此外,随驾军官的服饰、执器、数量分布、行道列式等皆展其仪。威仪之外,唐大驾卤簿南衙诸卫皆承担宿守与扈卫职责,前文有叙,复不赘述。

当然诸卫在职任分工方面仍有区别。就唐大驾卤簿而言,左右武卫在钑戟前队、钑戟后队、左右厢黄麾仗叟仗队布列于第九方阵、第十一方阵、第十五方阵与第二十四方阵之中,其以持钑戟队独显特色。前述,"銮驾出宫礼"中,三严三刻后"诸卫之属各督其队,与钑戟以次于行宫门外,入陈于殿庭",接着陪位官入,皇帝出。可以说,持钑戟队为百官和皇帝依次出提供仗卫,在礼仪运作中,亦具赞相礼仪之任。《大唐开元礼》"皇帝射于射宫礼"所述,侍中请射礼后,文、武官皆具位,"持钑戟队群立于两边",千牛卫与射者方备物行礼。射礼结束后,"持钑戟队复位,御入,奏乐,警跸如常仪"。④即皇帝出宫或还宫礼的警卫前奏即持钑戟队先动,⑤可视为"驾动"的前奏仪。

左右监门卫在唐大驾卤簿中监当衙门。唐制:"左监门卫将军,将军判门司检以入之,应出宫者,所由亦以籍傍取右监门将军判,门司检以出之。

---

① 《大唐开元礼》卷八十六《军礼·皇帝射于射宫》,第411—412页。
② 《大唐开元礼》卷八十六《军礼·皇帝射于射宫》,第412页。
③ 传统意义上的南衙十二卫不包括左右监门卫,此处所写"南衙十二卫"系指南衙十六卫中的十二个禁卫军,并非专指。
④ 《大唐开元礼》卷八十六《军礼·皇帝射于射宫》,第412页。
⑤ 史载:"跸称长唱警,持钑队应跸"。(见《旧唐书》卷四十四《职官志三》,第1900页。《唐六典》卷二十四《诸卫》,第620页。)

其籍月一换。若大驾行幸,则依卤簿之法,率其属于牙门之下以为监守。"①
显然左右监门卫充任衙门监守与大驾卤簿中的位置相契合。其所监衙门左
右厢各开五门,门二人执,四人夹,并骑分左右。第一门在左右威卫,白质步
甲队后,左右领军卫黄麾仗前。第二门在左右威卫,黑质步甲队后。左右领
军卫黄麾仗前。第三门在左右领军卫黄麾仗后,左右骁卫黄麾仗前。第四
门在左右骁卫黄麾仗后,左右武卫步甲队前。第五门在左右武卫白质步甲
队后,黑质步甲队前。此可为左右监门卫职任分工中的特色。

二、皇帝行幸与唐代北衙禁军的嬗变

前述,唐大驾卤簿的护卫力量为南衙禁军,与其相类,另有北衙禁军承
担扈从与宿卫角色。尽管如此,南衙禁军是基于前隋的旧制,其建制与职能
分工明确,北衙禁军则是随事而立,其置废与职能变化多与皇帝行幸密切相
关,今据相关史料予以考释,解析如下。

唐北衙禁军的建立始于武德年间所建的北门屯营,玄武门之变后,唐太
宗将其更为左右屯营。② 贞观十二年(638)后,屯营由百骑和飞骑两部分构
成,百骑力量稍弱,随从皇帝游猎而建;飞骑是屯营的主力,负责宿卫仗内并
随从出行。③ 为更好地梳理其与皇帝行幸的关系,我们先从百骑和飞骑
说起。

百骑是左右龙武军的前身,其建立之初就是为扈卫皇帝行幸来服务的。
史载:"及贞观初,太宗择善射者百人,为二番于北门长上,曰百骑,以从田
猎。"④贞观十二年(638)十一月,置左右屯营飞骑的同时,"又简飞骑才力骁
健、善骑射者,号百骑,衣五色袍,乘骏马,以虎皮为鞯,凡游幸则从焉"。⑤
可以说,百骑是满足唐太宗田猎而设,是其护卫亲兵,因其居内层防卫,故其
有特色装束与供备。当然,充任驾行亲卫的特殊身份也推动着百骑的发展。
永昌元年(689)十月二十八日,改百骑为千骑。至景云元年(710)九月二十
七日,则改千骑为万骑。⑥ 当前史书未有千骑从幸的记载,但万骑从幸已成
唐玄宗朝的常态。诸如开元二年《幸新丰及同州敕》;⑦开元五年《巡幸东都

---

① 《唐六典》卷二十五《左右监门卫》,第 640 页。
② 张国刚:《唐代禁卫军考略》,《南开学报》1999 年 06 期。
③ 《唐代前期北衙禁军制度研究》,第 39 页。《新唐书》卷五十《兵志》,第 1330—1331 页。
④ 《新唐书》卷五十《兵志》,第 1330—1331 页。
⑤ 《资治通鉴》卷一百九十五唐太宗贞观十二年十一月丁未条,第 6141 页。
⑥ 《唐会要》卷七十二《京师诸军》,第 1530 页。
⑦ 《唐大诏令集》卷七十九《幸新丰及同州敕》,第 451 页。

赐赉扈从赦天下制》；①开元六年《亲谒太庙锡赐宗支庶官制》②；开元十一年《开元十一年南郊赦》；③开元十三年《开元十三年东封赦书》④；开元二十年《后土赦书》；⑤开元二十一年《皇太子纳妃德音》；⑥开元二十六年《开元二十六年册皇太子赦》⑦等均有万骑随幸的记载。开元二十六年（728）唐玄宗"析左右羽林军置左右龙武军，以左右万骑营隶焉。"⑧万骑至此纳入左右龙武军建制。

因左右龙武军皆用唐元功臣子弟，制如宿卫兵。⑨左右龙武军一经成立，很快成为皇帝行幸的主要随驾力量。主要生活于唐玄宗朝的张安生，先是入仕为龙武军郎将，后转中郎将，再转龙武将军，史载："或帝居内宫，则警卫严肃；或驾行外仗，则旗队克齐。以天宝十三载（754）冬十一月十日扈从，薨于昭应县之官第。"⑩其"警卫严肃；或驾行外仗"已表明左右龙武军的职责在于驻跸宿卫与随驾列仗。天宝十二载（753）十月，唐玄宗驾幸华清宫，欲夜出游，时任龙武大将军陈玄礼谏曰："宫外即旷野，安可不备不虞！陛下必欲夜游，请归城阙。上为之引还。"⑪陈玄礼以龙武军大将军身份谏止皇帝行幸，显然龙武军已是皇帝行幸华清宫的随驾军。天宝十五载（756）六月，唐玄宗出逃，实际扈从者为陈玄礼只有所率龙武军，⑫故此，至德二载（757）十二月十五日下敕封赏右龙武大将军陈玄礼，左龙武大将军田长文，左龙武大将军张崇俊等。可以说，天宝年间唐玄宗驾行的主要随驾军为左右龙武军。安史乱后，左右龙武军仍然存在。但其与唐肃宗关系不深，为加强自身政权的需要另行组建亲军神武军。⑬这样，龙武军在唐肃宗朝及以后各朝不再充任随驾军。

飞骑初属屯营，后归入羽林军，成为羽林飞骑。一如百骑，其创建之初皆遴选精锐成师。史载：

---

① 《唐大诏令集》卷七十九《巡幸东都赐赉扈从赦天下制》，第 454 页。
② 《唐大诏令集》卷七十五《亲谒太庙锡赐宗支庶官制》，第 426 页。
③ 《唐大诏令集》卷六十八《开元十一年南郊赦》，第 380 页。
④ 《唐大诏令集》卷六十六《开元十三年东封赦书》，第 371 页。
⑤ 《文苑英华》卷四百二十四张九龄《后土赦书》，第 2151 页。
⑥ 《文苑英华》卷四百四十张九龄《皇太子纳妃德音》，第 2227 页。
⑦ 《唐大诏令集》卷二十九《开元二十六年册皇太子赦》，第 103 页。
⑧ 《旧唐书》卷九《玄宗纪下》，第 210 页。
⑨ 《新唐书》卷五十《兵志》，第 1331 页。
⑩ 《唐代墓志汇编》天宝 264《唐故云麾将军行右龙武军将军上柱国开国侯南阳张公墓志铭》，第 1716 页。
⑪ 《资治通鉴》卷二百一十六唐玄宗天宝十二载十月条，第 6921 页。
⑫ 《唐代前期北衙禁军制度研究》，第 192 页。
⑬ 《唐代前期北衙禁军制度研究》，第 193 页。

初,高祖以义兵起太原,已定天下,悉罢遣归,其愿留宿卫者三万人。高祖以渭北白渠旁民弃腴田分给之,号元从禁军。后老不任事,以其子弟代,谓之父子军。及贞观初,太宗择善射者百人,为二番于北门长上,曰百骑,以从田猎。又置北衙七营,选材力骁壮,月以一营番上。十二年,始置左右屯营于玄武门,领以诸卫将军,号飞骑。①

飞骑一经成立即为北衙禁军主力。其在征伐、平叛、从驾与宿卫中承担重要职任。贞观十五年(641),兵部尚书李勣受命出兵讨伐薛延陀,时任右屯卫将军的姜行本率左右飞骑及左右卫引强者数千人受其节度。② 阿史那社尔为右军大将军检校北门左屯营。唐太宗征高丽驻跸之阵,领屯卫飞骑及长上宿卫之兵,奋不顾命,所向无前,频遭流矢,拔而又进。③ 贞观十七年(643),齐王祐作乱,左右给王曰:"英公统飞骑已登城矣。"④除却此类应急性应对外,飞骑更多的用以驾行仗卫与驻跸宿卫。贞观十九年(645)二月,唐太宗行幸次武德,将飞骑历北山行,遇猛虎引弓射之,应弦而殂。⑤ 姜确为左屯卫将军转蒙恩顾于玄武门宿卫,及园苑之务,皆以委之。其屯营飞骑亦分隶于确,每有游幸,即领骑而从焉。⑥ 唐太宗征高丽还,从飞骑三千驰入临渝关。⑦ 贞观二十三年(649)五月己巳,唐太宗崩于翠微宫含风殿。庚午,遣旧将统飞骑劲兵从皇太子先还京,发六府甲士四千人,分列于道及安化门,翼从乃入。⑧

唐高宗龙朔二年(662)左右屯营改称左右羽林军,飞骑随之归入左右羽林建制,但其仍存飞骑之名。一如万骑,其在唐玄宗朝仍为皇帝行幸的随驾军。开元二年、开元五年、开元六年、开元十一年、开元十三年、开元二十年、开元二十一年、开元二十六年的诏敕文书中均载"飞骑""万骑"等为随驾主力。尽管前述左右龙武军后来居上成为唐玄宗驾行仪仗队,但飞骑仍承担随御征伐之责。天宝十四载十二月的《亲征安禄山诏》,其文曰:

① 《新唐书》卷五十《兵志》,第1330—1331页。
② 《册府元龟》卷一百二十五《帝王部·料敌》,第1501—1502页。
③ 《册府元龟》卷三百九十六《将帅部·勇敢第三》,第4698页。
④ 《资治通鉴》卷一百九十六唐太宗贞观十七年三月条,第6188页。
⑤ 《册府元龟》卷四十四《帝王部·神武》,第501页。
⑥ 《册府元龟》卷六百二十六《环卫部·宠异》,第7526页。
⑦ 《资治通鉴》卷一百九十八唐太宗贞观十九年十月丙辰条,第6231页。
⑧ 《旧唐书》卷三《太宗纪下》,第62页。

既缘剪除凶逆,暂赴东京,宫掖侍从,并令减省。至于供亿都无所须,其扈从文武官及飞骑、闲厩马家并诸色人等,应食公粮者,并以官物支供。①

据此诏书,扈从唐玄宗赴东都征讨主力仍为飞骑。当然此次行幸并未如期进行。以后,飞骑已随高仙芝开赴前线,并最终覆没于潼关,②飞骑至此不再是主力随驾军。

百骑和飞骑初属左右屯营,后改隶左右羽林军,唐制:"羽林将军统领北衙禁兵之法令,而督摄左右厢飞骑之仪仗,以统诸曹之职。若大朝会,率其仪仗以周卫阶陛。大驾行幸,则夹驰道而为内仗。"③可以说,左右羽林军在皇帝行幸中充任随驾军已具制度规范。这一制度产生的时间不详,左右羽林军是在龙朔二年(662)由左右屯营改称的,④其在皇帝行幸中充内仗之制当在龙朔二年后。当然左右羽林军改名之初,并未像南衙禁军那样得具独立领导机构,其初以诸卫军将加检校羽林军的形式进行。直到垂拱元年(685)五月十七日正式设立羽林军,始将羽林军正式升格为行政系统上独立的北衙禁军,亦有定额兵士。⑤ 左右羽林军的发展改变了驾行的扈从力量与置顿宿卫方式。就扈从而言,前述百骑、万骑、飞骑皆可为证。也有以羽林之名予以扈从的。主要生活在唐玄宗时期的祖咏,⑥有诗云:"君王既巡狩,辇道入秦京,远树低枪垒,孤峰入幔城,寒疏清禁漏,夜警羽林兵,谁念迷方客,常怀魏阙情。"⑦李白亦有"羽林十二将,罗列应星文。霜仗悬秋月,霓旌卷夜云。严更千户肃,清乐九天闻。日出瞻佳气,葱葱绕圣君。"⑧就置顿宿卫而言,羽林军仪仗出现前,除却左右千牛小卫仗外,⑨最靠近阶陛的是左右卫,其以黄旗仗分立于两阶之次。羽林军飞骑仪仗出现后,其位次较之左右卫仗更前,并且改变了原来南衙十二卫在阶陛前纵向排列的形式,环绕

① 《唐大诏令集》卷一百一十九《亲征安禄山诏》,第 626 页。
② 《唐代前期北衙禁军制度研究》,第 192 页。
③ 《旧唐书》卷四十四《职官志三》,第 1903 页。
④ 《通典》卷二十八《左右羽林卫》,第 791 页。
⑤ 张国刚:《唐代禁卫军考略》,《南开学报》1999 年 06 期。
⑥ 祖咏,开元十二年进士,与王维、王瀚、杜华等交相深厚,由张说引为驾部员外郎。(见《旧唐书》卷一百九十中《王瀚传》,第 5039 页。(元)辛文房撰,孙映逵校注:《唐才子传校注》卷一《祖咏》,北京:中国社会科学出版社,2013 年版,第 75 页。)可断定其主要生活于唐玄宗年间。
⑦ 《文苑英华》卷一百七十一祖咏《扈从御宿池》,第 830 页。
⑧ 《文苑英华》卷一百七十一李白《侍从游宿温汤宫作》,第 830 页。
⑨ 史载:"又有千牛仗,以千牛备身、备身左右为之。千牛备身进德冠、服袴褶;备身左右服如三卫。皆执御刀、弓箭,升殿列御座左右。"(见《新唐书》卷二十三上《仪卫志上》,第 482 页。)

于阶陛之前。①

左右羽林军在皇帝行幸中不再充任主要随驾力量的时间大致在唐玄宗幸蜀后。早在开元年间,②左右龙武军成立,左右羽林军充任皇帝行幸主要随驾力量的主体地位就受到挑战。唐肃宗至德二载(757)十二月大赦天下诏:

> 乘舆幸蜀,天步多艰,人心且摇,臣节斯见。太子太师、幽国公韦见素;开府仪同三司、内侍监、齐国公高力士;开府仪同三司、右龙武大将军、颍川郡公陈玄礼;开府仪同三司、左龙武大将军田长文;开府仪同三司、右龙武大将军张崇俊;右龙武大将军杜休详等勇不顾死,危能致命。或竭诚羽翼仰北辰而环拱;或叶契心膂,聚东井以全归。酬其锡社之封,永以誓河之义。③

引文所述,陈玄礼、田长文、张崇俊、杜休详等主要随驾将领均为左右龙武军将军,唐玄宗幸蜀的主要军事力量则为左右龙武军而不是左右羽林军。以后左右羽林军在唐代宗、唐宪宗等朝几经调整,左右羽林军力量受到极大限制,不再充任皇帝行幸的主要随驾力量。唐玄宗天宝七载(748)七月二十日敕:"左右羽林军飞骑请准后加数通旧一万五千人为定额,六番上下";唐代宗广德二年(764)正月敕:"左右羽林军各以二千人为定额";唐德宗贞元四年(788)八月敕:"左右羽林军飞骑等兵部照补格敕甚明,军师不合擅有违越,自今以后不得辄自召补";唐宪宗元和二年(808)正月敕:"左右羽林军应管月番飞骑,总五千五百一十三人宜停。"④广德二年左右羽林军的定额二千人与天宝七载一万五千人定额相差甚远。在军士选拔、番兵管理上,唐德宗、唐宪宗朝对羽林军则予以多方限制。广德二年唐代宗南郊赦文载:"去岁行幸陕州,六军、英武、威远、威武、宝应、衙前射生、左右步军等并内外文武百官扈从到行在者,三品以上与一子官,四品以下各加两阶。……其六军、神策、宝应、射生、衙前射生及左右步军,英武、威远、威武等诸军,左右金吾将士,缘大礼扈从及在城留后者,共赐金钱五万贯。"⑤贞元元年(785)十

---

① 《唐代前期北衙禁军制度研究》,第71页。
② 《通典·龙武军》载:"开元二十六年(738)析羽林军置左右龙武军,以左右万骑营隶焉。"(见《通典》卷二十八《龙武军》,第792页。)
③ 《册府元龟》卷一百二十八《帝王部·明赏第二》,第1535页。
④ 《唐会要》卷七十二《京师诸军》,第1532页。
⑤ 《册府元龟》卷八十一《帝王部·庆赐三》,第940页。

一月德宗南郊赦文:"神策六军、殿前、射生、英武、威武、威远、皇城、左右金吾卫使等诸军、诸使将士,御楼立仗及守本仗者并诸道节度下,随使赴上都帖仗将士等宜共赐物十三万段,仍赐勋二转。"①可以说,广德二年代宗南郊赦文、贞元元年德宗南郊赦文所载的在留军以及行从军的赏赐中已经未有左右羽林军的随驾记载。以后各朝亦无。

左右神武军的出现与皇帝行幸密切相关。前述,左右龙武军与唐肃宗渊源不深,适应驾行宿卫的需要,始有神武军之设。史载,唐肃宗至德二载(757)十二月"置左、右神武军,取元从子弟充,其制皆如四军,总谓之北衙六军"。②所谓"元从子弟"即跟随唐肃宗自马嵬驿北行及自灵武还京师者。③可以说,左右神武军之设因銮舆播迁而得行。乾元二年(759)十月,唐肃宗下赦文曰:"左右羽林、左右龙武、左右神武官员并升同金吾四卫,置大将军、将军二人也。"④至此,北衙六军正式建成。一如左右龙武军,唐代宗与左右神武军渊源亦不深,其建制在广德二年得以压缩。广德二年正月敕:"左右神武等军,各一千五百人为定额。左右羽林军,各以二千人为定额。"⑤唐宪宗元和二年(807),左右神武军正式被废。⑥ 在此期间,除却扈从唐肃宗外,唐代宗广德二年二月南郊赦文亦提到"六军",即说明左右神武军充任驾行之任。此后暂未见到有左右神武军驾行扈从的记载。

唐肃宗别置神武军的同时,又置"衙前射生左右厢,谓之左右英武军,非六军之例也"。⑦ 左右射生军自成立日起,在皇帝行幸中就充任扈卫职任。唐玄宗"迁幸大内,辅国以五百人遮道"扈卫。⑧ 唐代宗即位,以射生军入禁中清难,皆赐名宝应功臣,故射生军又号宝应军。⑨ 可以说,代宗幸陕,射生军为主要扈从军。唐德宗贞元元年(785)十一月癸卯日,南郊礼毕,诏曰:"神策六军、殿前射生、英武、威武、威远、皇城左、右金吾卫使等诸军诸使将士,御楼立仗及守本仗者,并诸道节度下随使赴上都,帖仗将士等宜共赐物十三万段,仍赐勋两转。"⑩贞元三年(787)四月十七日敕:"左右射生宜改为

---

① 《册府元龟》卷八十一《帝王部·庆赐三》,第 942 页。

② 《资治通鉴》卷二百二十唐肃宗至德二载十二月条,第 7051 页。

③ 《资治通鉴》卷二百二十唐肃宗至德二载十二月条胡三省注"元从子弟",第 7051 页。

④ 《旧唐书》卷四十四《职官志三》,第 1904 页。

⑤ 《唐会要》卷七十二《京师诸军》,第 1532 页。

⑥ 《新唐书》卷五十《兵志》,第 1335 页。

⑦ 《旧唐书》卷四十四《职官志三》,第 1904 页。

⑧ 《新唐书》卷二百八《李辅国传》,第 5881 页。

⑨ 《新唐书》卷五十《兵志》,第 1332 页。

⑩ 《册府元龟》卷八十一《帝王部·庆赐三》,第 941—942 页。

左右神威军。"①唐顺宗以贞元二十一年(805)正月即位,赦制:"其神策、神威六军、英武、威远营、左右金吾及皇城将士,及缘御楼立仗将士等,赐物及爵、阶有差。"②元和三年(808)正月罢"左右神威军额,合为一军号曰天威军。至八年,废天威军以其骑士分属左右神策"。③ 这样,射生军融入神策军,以神策军的名义履行扈卫职责。殿前射生军自成立起,就是皇帝行幸的主要随驾军,直到元和三年分隶神策军。

神策军原为地方部队。广德元年(763),吐蕃犯京师,唐代宗避狄幸陕,④神策军迎扈有劳,"及京师平,(鱼)朝恩遂以军归禁中,自将之,然尚未得与北军齿。至是,朝恩以神策军从上屯苑中,其势寖盛,分为左、右厢,居北军之右矣"。⑤ 自唐德宗幸梁还,"以神策兵有劳,皆号兴元元从奉天定难功臣,恕死罪。中书、御史府、兵部乃不能岁比其籍,京兆又不敢总举名实"。⑥ 显然神策军的发展与唐代宗、唐德宗朝銮舆播迁是分不开的。

唐德宗朝以后神策军成为唐政府禁军的主导力量。这支禁军在皇帝行幸中充任主要随驾力量。一则,参与皇帝礼仪行幸的扈卫。大和三年(827)唐文宗南郊赦文曰:"神策六军、威远营、左右金吾、及皇城将士,应缘大礼仗宿卫御楼立仗等普恩之外三品以上赐爵一级,四品以下加一阶,仍依旧例,赐物有差。"⑦会昌五年(845)正月,唐武宗南郊赦文曰:"神策六军、威远营、左右金吾、及皇城将士,应缘大礼仪仗宿卫御楼立仗等,普恩之外,三品以上赐爵一级,四品以下加一阶,仍准赐物旧例有差。"⑧大中元年(847)唐宣宗南郊赦文曰:"神策六军、威远营、左右金吾、及皇城将士,应缘大礼移仗,宿卫御楼立仗等,普恩之外,三品以上赐爵一级,四品以下各加一阶,仍准旧例赐物有差。"⑨可见,在唐后期皇帝行驻跸礼中,神策军是主要的随驾军。二则,神策军亦是皇帝日常行幸及銮舆播迁的重要扈卫军。元和十五年(820)十二月庚辰,唐穆宗"腊畋于城南,左右中尉策六军等使,并扈驾"。⑩《新唐书·黄巢传》载:"方朝,而传言贼至,百官奔,(田)令孜以神策兵五百奉帝趋

<hr>

① 《唐会要》卷七十二《京师诸军》,第1534页。
② 《册府元龟》卷八十一《帝王部·庆赐三》,第943页。
③ 《新唐书》卷五十《兵志》,第1335页。
④ 《旧唐书》卷四十四《职官志三》,第1904页。
⑤ 《资治通鉴》卷二百二十三唐代宗永泰元年十月条,第7184页。
⑥ 《新唐书》卷五十《兵志》,第1334页。
⑦ 《文苑英华》卷四百二十八《大和三年十一月十八日赦文》,第2170页。
⑧ 《文苑英华》卷四百二十九《会昌五年正月三日南郊赦文》,第2176页。
⑨ 《文苑英华》卷四百三十《大中元年正月十七日赦文》,第2181页。
⑩ 《册府元龟》卷一百一十五《蒐狩》,第1378页。

咸阳,惟福、穆、潭、寿四王与妃御一二从,中人西门匡范统右军以殿。"① 可以说,唐穆宗行幸与唐僖宗播迁均以神策军为主要随驾军。

值得注意的是,唐僖宗幸蜀,神策军军制建设发生变化。中和三年(883)正月,田令孜从幸蜀"募神策新军为五十四都,离为十军,号神策十军"。② 这样神策军开始由五十四都这一新的军事建制来取代。其后,随着唐昭宗的频繁播迁神策五十四都也在不断重组。天复三年(903)崔胤奏:"六军十二卫名额空存,实无兵士。京师侍卫,亦藉亲军。请每军量召募一千一百人,共置六千六百人。从之。乃令六军诸卫副使、京兆尹郑元规立格招收于市。"③ 至此神策军已成为空头军,崔胤的新六军成为真正的禁卫军。这支军队很快因崔胤的死亡散并尽,天祐元年(904),唐昭宗发陕州从幸播迁者,"唯诸王、小黄门十数,打球供奉内园小儿共二百余人"。④"至谷水,又尽屠之,易以汴人,于是天子无一人之卫。昭宗遇弑,唐乃亡。"⑤

综上,和平时期,皇帝行幸随驾军具内生性,其往往是由皇帝游幸的侍卫亲军发展而来的,战争年代则具外生性,多由元从禁兵组建而成。内生性的侍卫亲军在行幸扈从中不断扩容,很快成为兼具宿守与扈卫的禁卫军。其在皇帝短途行幸中是唯一随驾力量,在离京的巡幸出行中则为夹内仗的扈卫力量。

外生性的随驾军来自于靖难扈从的组建。唐肃宗朝的神武军、衙前射生军;唐代宗朝的射生军;唐德宗朝的神策军、唐僖宗朝神策新军、五十四都头;唐昭宗朝新六军十二卫皆是如此。因其与播迁皇帝渊源颇深,一经建立很快成为皇帝宿卫与扈从的重要力量。也是基于此,几经易代或遭遇战乱后,前朝所建禁卫军往往面临废置或亡散的风险。这样,新的一轮播迁幸再次出现,新的军事建制又要出现。故,北衙禁军的嬗变与唐代皇帝行幸是密切相关的。

---

① 《新唐书》卷二百二十五下《黄巢传》,第6458页。
② 《资治通鉴》卷二百五十五唐僖宗中和三年正月条,第8288页。
③ 《旧唐书》卷二十上《昭宗纪》,第777页。
④ 《旧唐书》卷二十上《昭宗纪》,第779页。
⑤ 《新唐书》卷五十《兵志》,第1336页。

第三节　随驾官关联问题

皇帝行幸千乘万骑，规模恢宏，尽管其扈从类型繁多，皆是以随驾官为主导力量，用以满足皇帝行幸途中或顿置所的供置与扈卫。目前，唐史史料中所见随驾官资料零星而分散，学界亦鲜有涉及，今据相关史料予以解析，以展随驾官在皇帝行幸中的效用。

一、随驾官之行从考

与皇帝三驾卤簿相类，百官出行亦有卤簿，其随皇帝行幸亦用卤簿。唐制："皇太子、太子妃、亲王、文武职事官四品以上，散官二品以上，并长安县令、内命妇才人以上，外命妇四品以上，皆给卤簿。"[①]按，卤簿分两种，一种为出行卤簿，另一种为凶驾仪仗。就其语境而言，所列南朝时期萧诞、朱陵令、张邵、颜延之、沈庆之等士人出行卤簿而言，其所言当为出行卤簿。《新唐书·仪卫下》详述其卤簿规制。不同的是，《新唐书》详列万年县令卤簿，其文曰：

> 万年县令亦有清道二人，幰弩一骑，青衣、车辐皆二人，戟三十，告止幡、传教幡、信幡皆二，竿长九尺，诞马二，轺车，一马，驾士六人，纁、朱漆团扇、曲盖皆一。非导驾及四余等县初上者，减幰弩、车辐、曲盖，其戟亦减十。[②]

前述，万年县令用以皇帝在京行幸的唐大驾卤簿导驾，故万年县令当列入其中。《石林燕语》所载"长安县令"当属非导驾县，其仪仗与充任导驾的万年县令相较当减幰弩、车辐、曲盖、戟等。除却长安县令外，当包括河南、洛阳、太原、晋阳等京县。"四余等县"当指京县外的畿县、诸州上县、诸州中县、诸州中下县、诸州下县，其初上可给予卤簿，队仗与长安县令同。若为皇帝行经州县或比近州县充任导驾功能，其卤簿仪仗当与万年县令同。据此可知，皇太子、太子妃、亲王、文武职事官四品以上，散官二品以上，并导驾县令、初

---

①　(宋)叶梦得撰，(宋)宇文绍奕考异，侯忠义点校：《石林燕语》，北京：中华书局，1984年版，第194页。

②　《新唐书》卷二十三下《仪卫志下》，第506页。

上县令、内命妇才人以上、外命妇四品以上等随驾者皆具仪仗充任行从。

唐制,万年县令、京兆牧、太常卿、司徒、御史大夫、兵部尚书等充任六引官,其卤簿各依本品给之,正道威仪,将其置于大驾卤簿前。除却上述导驾官卤簿外,其余随驾仪仗一般置于皇帝卤簿后。天宝十五载(756)六月,唐玄宗仓促逃离长安城,丁酉置顿于马嵬驿,随行六军诛杀杨氏,此后分途而行,史载:"车驾将发,留上在后。玄宗闻之曰:'此天启也。乃令高力士与寿王瑁送太子内人及服御等物,留后军厩马从上。'"①可以说,太子队仗在皇帝卤簿之后,亦可说明百官出行队仗一般在驾行队仗后。就现行资料来看,扈从队仗未有一定的先后顺序,随意性强。元稹有诗曰:"平明大驾发行宫,万人鼓舞在途路中。百官队仗避岐薛,杨氏诸姨车斗风。"②"岐薛"系指岐王李范、薛王李业,"杨氏诸姨"系指杨贵妃的姐妹虢国夫人、秦国夫人、韩国夫人等。其用"避""斗"足见扈从队仗顺序上缺乏规范约束。又,唐玄宗每年冬十月幸华清宫,常经冬还宫,史载:"每扈从骊山,五家合队,(杨)国忠以剑南幢节引于前,出有饯路,还有软脚,远近饷遗,珍玩狗马,阉侍歌儿,相望于道。"③其"以剑南幢节引于前"系指杨国忠已判剑南节度事,其于天宝十载(752)始权知蜀郡都督府长史,充剑南节度副大使,知节度事,直到马嵬驿之变被杀,其皆判剑南节度事。结合"杨氏诸姨"皆为外命妇,不在朝廷任职,其能与杨国忠扈从之时"五家合队"亦可说明扈从队仗未有先后之别。

与唐大驾卤簿施用相类,随驾官队仗在实际运作中并未完全遵照规制,更多的是因势而行。为此事,景云二年(711)刘子玄上书唐睿宗,直斥其弊。其文曰:"臣伏见,比者銮舆出幸,法驾首途,左右侍臣皆以朝服乘马。夫冠履而出,止可配车而行,今乘车既停,而冠履不易,可谓唯知其一,而未知其二也。"④此处,刘子玄认为朝臣服冠冕乘马不合卤簿之制,故有言弊之事。以装束为例,开元初,从驾宫人骑马者,皆着胡帽,靓妆露面,无复障蔽。⑤可以说,从驾宫人的装束具胡风且开放特色,此与开元年间流行文化密切相关。唐玄宗每年十月行幸华清宫,杨国忠姊妹五家扈从,史载:"每家为一队,着一色衣,五家合队,照映如百花之焕发,而遗钿坠舄,瑟瑟珠翠,璨璃芳馥于路。"⑥就杨氏五家队仗装束来看,其并未符合卤簿之制,随意性强。若

① 《旧唐书》卷十《肃宗纪》,第 240 页。
② (唐)元稹:《元稹集》卷二十四《乐府·连昌宫词》,北京:中华书局,1982 年版,第 271 页。
③ 《旧唐书》卷一百六《杨国忠传》,第 3245 页。
④ 《文苑英华》卷七百六十六《衣冠乘马议》,第 4031—4032 页。
⑤ 《旧唐书》卷四十五《舆服志》,第 1957 页。
⑥ 《旧唐书》卷五十一《玄宗杨贵妃传》,第 2179 页。

出现銮舆播迁,随驾官亦仓促靖难,一般没有扈从队仗。唐玄宗幸蜀,时任左拾遗的张镐自山谷徒步扈从至行在。[1] 光启二年(886)春,正月,田令孜引兵入宫,劫持唐僖宗驾幸宝鸡,时黄门卫士从者才数百人,宰相朝臣皆不知。翰林学士承旨杜让能宿直禁中,闻之,步追乘舆,出城十余里,得人所遗马,无羁勒,解带系颈而乘之,独追及上于宝鸡。[2] 杜让能"步追""乘遗马"追至行在亦可为证。

卤簿之外,随驾官亦可带其它行从。清人赵翼说:"隋时从驾公卿许以妻子自随。"[3]其引《北史·周法尚传》所谓:"炀帝好巡行。(周)法尚请为方阵。四面外拒。六宫及百官家口并处其内。"又引《北史·赵才传》所谓:"帝每巡幸。才恒为斥候。在途遇公卿妻子有违禁者。辄丑言大骂。"又引《北史·宇文述传》所谓:"帝在太原将还京。宇文述曰:'从官妻子俱在东都。便道向洛阳'"[4]来证其结论。一如隋代,唐代皇帝行幸随驾官亦可带家属。

永淳元年(682)四月,唐高宗驾幸东都,皇太子于京师监国。史载:"太子以关中谷贵,遽出诏:东幸扈从兵马,特令减数,其百官欲将家口往东都者,官为出船任,于渭漕东下,时士庶皆忽,遽出关在路有饿死者。"[5]其"百官家口往东都者"当指扈从官家口。足以说明,唐随驾官是可以带家属的。即便是銮舆播迁之时,扈从官亦可带家属。禄山之乱,唐玄宗幸蜀,"太子与良娣俱从,车驾渡渭,百姓遮道请留太子收复长安"。[6] 可以说,皇帝行幸,太子妃妾可以随幸。扈从唐玄宗幸蜀的崔公夫人李氏墓志云:"玄宗幸蜀,先公弃官以从,恩加朝散大夫、著作佐郎,夫人授陇西县君。至德元载(756),先公至自蜀,中外相依,一百八口。"[7]按,崔公初为麟游县令,后随唐玄宗幸蜀,崔公弃官以从,恩加著作郎,其夫人亦授陇西县君,足以说明崔公靖难是与夫人一块去的。

妻妾之外,家属也有可能是子女或其他亲属。建中四年(783)冬十月丁未,泾原兵变。"戊申,至奉天。己酉,元帅都虞候浑瑊以子弟家属至,乃以瑊为行在都虞候,神策军使白志贞为行在都知兵马使,以令狐建为中军鼓角

---

① 《旧唐书》卷一百一十一《张镐传》,第 3327 页。

② 《资治通鉴》卷二百五十六唐僖宗光启二年春正月条,第 8329 页。

③ 《陔余丛考》卷十七《隋制从驾官带妻子》,第 324—325 页。

④ 《陔余丛考》卷十七《隋制从驾官带妻子》,第 324—325 页。

⑤ 《册府元龟》卷一百十三《帝王部·巡幸二》,第 1351 页。

⑥ 《旧唐书》卷五十二《肃宗张皇后传》,第 2185 页。

⑦ 《唐代墓志汇编》贞元 062《唐故朝散大夫行著作佐郎袭安平县男□□崔公夫人陇西县君李氏墓志铭》,第 1881 页。

使,金吾将军侯仲庄为奉天防城使。"①其"浑瑊以子弟家属至",说明随驾官要带子弟及其家属随行。又,延王玢,唐玄宗第二十子也。"天宝十五载(756),玄宗幸蜀,玢男女三十六人,不忍弃于道路,数日不及行在所,玄宗怒之;赖汉中王瑀抗疏救之,听归于灵武。"②延王玢随幸,子女及其它家眷不忍弃方"数日不及行在所"。又,《太平广记》载:

> 魏公从驾至马嵬,其姊亦随去,禁兵乱,诛杨国忠,魏公亲也。与其族悉预祸焉,时其姊偶出在店外,闻难走,遗其男女三人,皆五六岁已分为俎醢矣。及明早军发,试往店内寻之。僵尸相接。东北稍深一床上,若有衣服,就视之,儿女三人,悉在其中,所覆乃是葬痴弟黄绣袄子也。悲感恸哭,母子相与入山,俱免于难。③

按,魏公即魏方进,从玄宗仓促出幸时任御史大夫,因其与杨国忠的特殊关系,遂被乱兵所杀。据史料可知,其随驾时,带着其姊及外甥男女三人从行。

亲属之外,随驾官从幸亦可带僚属等。武德七年(624)杨文干反,唐高祖召李建成赴行在。时"高祖以仁智宫在山中,恐盗兵猝发,夜,帅宿卫南出山外,行数十里,东宫官属继至,皆令三十人为队,分兵围守之。明日,复还仁智宫"。④ 其东宫官署继至,说明李建成随驾仁智宫是需要由东宫僚属随行的。又,显庆三年(658)春二月,唐高宗驾幸洛阳宫,玄奘法师"与佛光王驾前而发,并翻经僧五人陪从"。⑤ 其"翻经僧五人陪从"可为其证。麟德二年(665)十月,封禅泰山有"从驾文武仪仗,数百里不绝。……东自高丽,西至波斯、乌长诸国。朝会者,各帅其属扈从,穹庐毳幕,牛羊驼马,填咽道路"。⑥ 其"各帅其属扈从"亦可为证。

综上,一如皇帝三驾卤簿,随驾官亦具出行卤簿,其卤簿配备身份与职官品级的要求。因万年令充任导驾任务,其队仗较为完备。与之相较,长安令、河南、洛阳、太原、晋阳等京县队仗略减。其余"四余等县"初上亦给卤簿,与长安令同。随驾卤簿队仗扈从驾幸时,一般列于皇帝驾行仪卫之后,各随驾官队仗均无先后之别。尽管有严格制度规范,但实际运作尤显灵活。

---

① 《旧唐书》卷十二《德宗纪上》,第337页。
② 《旧唐书》卷一百七《延王玢传》,第3268页。
③ 《太平广记》卷三十六《魏方进弟》,第229页。
④ 《资治通鉴》卷一百九十一唐高祖武德七年六月条,第5987页。
⑤ (唐)释智昇:《开元释教录》卷八下,《文津阁四库全书》350册,第199页。
⑥ 《资治通鉴》卷二百一唐高宗麟德二年冬十月条,第6345页。

除却随驾队仗外,扈从官可带妻妾、亲属、僚属、杂役等以满足随驾的政务要求与供备所需。

二、随驾形式考

前述,皇帝行幸千乘万骑,气势恢宏。除却唐大驾卤簿仪势壮观外,扈从人员的加入也为其增色不少。凸显这一视觉奇观的扈从人员是以直接随驾的形式来完成的,也是随驾形式的主导。但因政务、礼仪与供备的需要,也会有其他随驾形式的存在,现解析如下。

其一,直接随驾。直接随驾,顾名思义即随皇帝沿途出行或置顿,其随驾人员身份与职任,前文已述,不复赘述。在此,我们来看一下直接随驾人员的选定与从驾方式。第一,律法规定与当番随驾。唐律:诸官人无故不上及当番不到,虽无官品,但分番上下,亦同。① 官人者,谓内外官人。其分番之人,应上不到,其得罪当从官人之法。此法亦适于从驾人员。唐律:“诸官人从驾稽违及从而先还者,笞四十,三日加一等;过杖一百,十日加一等,罪止徒二年。侍臣,加一等。”②官人系指百官应从驾者。流外官以下应从驾者亦按官人论罪。其书吏、书僮之类,差逐官人者,不在此限。侍臣则是指中书、门下省五品以上应侍从者。官人得罪原因有二:一是指官人从驾稽违,二则指官人从驾先还,两种情况均要受罚。官人稽违不到及从而先还者,虽不满日,笞四十,三日加一等;过杖一百,十日加一等,罪止徒二年。侍臣依令应侍从者,违者加罪一等。此律令的实际执行亦有实例。至德二载(757)唐肃宗收复京师,诏曰:“其内侍省,及左右龙武羽林军,闲厩飞龙诸武官,应先合从驾人等,其中临行潜避,遂受贼驱使,各并委本司使括责,量情状轻重奏闻。”③

若从祀亦有律令约束。唐律:“应集而主司不告,及告而不至者,各笞五十。”④“应集”系指“祭祀”以下及余事合集之人。主司不颁告令集,罪在主司;告而不至,独坐而不至者,均惩以笞五十之罚。同时,唐律又规定:“诸祭祀及有事于园陵,若朝会、侍卫,行事失错及违失仪式者,笞四十。”可以说,唐律不仅对从祀者予以考勤,还对其从祀举止加以规范。

若随驾或死、或病、或伤亦有律令规定。唐律:“诸从征及从行、公使于所在身死,依令应送还本乡,违而不送者,杖一百。若伤病而医食有阙者,杖

---

① 《唐律疏议》卷九《职制》,第186页。
② 《唐律疏议》卷九《职制》,第187页。
③ 《唐大诏令集》卷一百二十三《收复京师诏》,第657页。
④ 《唐律疏议》卷九《职制》,第190页。

六十；因而致死者，徒一年。"①其"从征"谓从军征讨；"从行"谓从车驾及从东宫行。若从行身死者，折冲赠物三十段，果毅二十段，别将十段，并造灵轝，递送还府。队副以上，各给绢两匹，卫士给绢一匹，充殓衣，仍并给棺，令递送还家。自余无别文者，即同公使之例。应送不送者，各杖一百。若伤病，谓征行人等，或病或伤，须医药救疗，饮食供给，而医食有阙者，杖六十。因医食不如法致死者，徒一年。

当然，此类律法规定的当番随驾在实际运作中往往会因情而变，仍具人性化的操作。《张智慧墓志》载："起家左勋卫，转队正，扈从东封，未逾西亳，闻潞城公过疾扬州，言归定省，便昼夜兼道。"②按，志主张智慧于乾封元年（666）七月卒于洛阳，其"扈从东封"当指麟德二年（665）二月扈从唐高宗自长安驾幸洛阳。其未到洛阳，因父亡，扈从途中折返回乡，亦为制度所允。开元十九年（731），唐玄宗驾幸东都，时任太子少傅的源乾曜以年老辞疾，不堪扈从，因留京养疾。③不仅没有得到惩罚，反而让其在京养病。乾宁二年（895）六月，沙陀次河中，同州王行约入京师谋乱，天子出幸石门。孔纬从驾至莎城，疾渐危笃，先还京师。④唐昭宗幸莎城，孔纬病重，不堪扈从，皇帝没有责罚他反而让他回京养疾。说明其亦在唐律松动范围之内。

第二，皇帝、中书门下的简选与因势随驾。宰相重臣等政务官关乎皇帝行幸期间的国家政务运作，一般由皇帝简选。咸亨二年（671）春正月乙巳，唐高宗驾幸东都，皇太子李弘于京师监国，令侍臣戴至德、张文瓘、李敬玄等辅之。史载："唯以阎立本、郝处俊从。甲子，至东都。"⑤按，咸亨二年阎立本为中书令，郝处俊任职为中书侍郎、同中书门下三品，二人皆为宰相，可负责驾行政务运作。天宝末，李林甫寝疾。其年十月，唐玄宗驾幸华清宫，扶疾从幸。史载，李林甫"数日增剧，巫言一见圣人差减，帝欲视之，左右谏止。乃敕林甫出于庭中，上登降圣阁遥视，举红巾招慰之，林甫不能兴，使人代拜于席"。⑥李林甫自开元二十三年（735）拜相后，至天宝十一载（752）去世，一直处于中枢决策核心位置。唐玄宗此次驾幸为天宝十一载十月，尽管李林甫重疾，仍扶疾得往，原因更多的来自于李林甫从幸能更好地完成驾行的政务运作。其余随驾官基本由中书门下简选。乾元二年（759）冬十月丁酉诏曰：

①《唐律疏议》卷二十六《杂律》，第 490 页。
②《唐代墓志汇编》总章 017《唐故右勋卫队正张君墓志铭》，第 492 页。
③《旧唐书》卷九十八《源乾曜传》，第 3072 页。
④《旧唐书》卷一百七十九《孔纬传》，第 4652 页。
⑤《旧唐书》卷五《高宗纪下》，第 95 页。
⑥《旧唐书》卷一百六《李林甫传》，第 3240 页。

"其从官,委中书门下定名录奏,务从减省,不欲劳烦,宣示中外,宜知朕意。"①

皇帝与中书门下简选的随驾官,因时势不同,随驾人数往往相差较大。永淳元年(682)四月丙寅,幸东都。皇太子京师留守,命刘仁轨、裴炎、薛元超等辅之。上以谷贵,减扈从兵,士庶从者多殍踣于路。②对比前引咸亨二年驾幸东都史料,可以发现永淳元年的出行,因时势不同而出现扈从锐减的情况。又,唐玄宗东封后,史载:"乘舆自岱还,减从官,先次东都,唯子元、母煚、韦述以学士从。"③其"减从官"可为其证。

第三,銮舆播迁与仓促随幸。皇帝播越,当番随驾者往往无法获取皇帝出行信息,错过从驾。又因当时情况危急,皇帝与中书门下没有时间对其进行简选。故其扈从充斥着不固定性。天宝十五载(756)秋七月庚辰,唐玄宗车驾至蜀郡时"扈从官吏军士到者一千三百人,宫女二十四人而已"。④此人数与唐大驾卤簿所列数万人相较,要少得多。原因来自于唐玄宗先是仓促驾离长安以避叛军锋芒,后又历马嵬驿之变,太子分兵北上,故真正扈从其至蜀郡者的人数鲜少。又,建中四年(783)十月,泾原兵倒戈谋叛,乱兵列阵于丹凤阙下,唐德宗与太子诸王妃主百余人出苑北门,仓促逃离。时,右龙武军使令狐建闻难,聚射士四百人扈从。⑤可以说,军将百司多不闻皇帝出行信息,实际扈从者极少。又,光启二年(886)春正月戊子,田令孜"请上幸兴元,上不从。是夜,令孜引兵入宫,劫上幸宝鸡,黄门卫士从者才数百人,宰相朝臣皆不知"。⑥此次扈从,因皇帝被挟持而行,行幸信息无法传达,扈从人数更少。

其二,期集。以诏令形式,让扈从人员在某个时间段内自行集于皇帝置顿地,以举行某种礼仪活动。其多用于大型祭祀礼仪活动中。贞观年间,唐太宗决定行封禅大礼,下诏曰:

> 令天下诸州,搜扬所部,士庶之内,或识达公方,学综今古,廉洁正直,可以经国佐时;或孝悌淳笃,节义昭显,始终不移,可以敦风励俗;或儒术通明,学堪师范;或文章秀异,才足著述:并宜荐举,具以名闻,限来年二月总集泰山。庶独往之夫,不遗于版筑;藏器之士,方升于廊庙。

---

① 《册府元龟》卷一百十四《帝王部·巡幸三》,第 1358 页。
② 《旧唐书》卷五《高宗纪下》,第 109 页。
③ 《新唐书》卷二百《康子元传》,第 5701 页。
④ 《太平御览》卷一百十一《皇王部三十六·唐玄宗明皇帝》,第 172 页。
⑤ 《旧唐书》卷十二《德宗纪上》,第 337 页。
⑥ 《资治通鉴》卷二百五十六唐僖宗光启二年春正月条,第 8329 页。

务得奇伟,称朕意焉。①

此诏书为贞观十五年(641)所颁发,看似依封禅大典而求访贤良,实则为宣德化于天下。其所求贤良来自天下州县,身份各异,或博学鸿儒,或廉洁奉公,或孝悌节义,或堪为人师,或文章秀异等,更多的指向父老或社会贤达。其参与封禅大典的方式为总集。即凡得荐举者,于贞观十六年(642)期集于泰山,以襄封禅盛举。麟德元年(664)唐高宗决定来年行封禅大礼,其年七月颁发诏曰:

> 宜以三年正月,式遵故实,有事于岱宗,所司详求茂典,以从折衷。其诸州都督、刺史以二年十二月,便集岳下,诸王十月集东都,缘边州府襟要之处,不在集限,天下诸州,明扬才彦,或销声幽薮,或藏器下僚,并随岳牧举送。②

与唐太宗贞观十五年诏书有异,唐高宗封祀泰山的期集对象有所不同。其身份指向诸州都督、刺史、诸王、贤良文士等。其贤良文士举荐范围亦指向天下诸州,身份指向博学才干,隐逸高士等。期集时间亦略有不同,都督与刺史于麟德二年十二月总集,诸王于同年十月总集,缘边州县不在集限等。期集地点亦有岳下与东都之分。此皆出于封禅礼的需要,亦能反映期集的实施形态。

垂拱三年(687)五月,戊辰,唐睿宗"有事南郊,告谢昊天;礼毕,御明堂,朝群臣。命诸州都督、刺史及宗室、外戚以拜洛前十日集神都"。③ 与唐太宗,唐高宗不同,唐睿宗垂拱三年诏书并非是因封禅而期集,而是用以行南郊祭祀之礼。其参与期集者为诸州都督、刺史、宗室、外戚等陪位臣僚,期集时间为拜洛前十日。除却祭祀礼外,皇帝常态行幸亦会有期集之举。先天二年(713)八月癸卯制曰:"凡厥有司,各恭乃事,至于行从兵马,供顿贮积,务在撙节,务使烦劳,考使选人,咸令都集东都宫殿,须理量加补葺,不得烦人。"④尽管唐玄宗此次行幸尚未成行,但就诏书内容来看已具期集之实,期集对象为铨选待考者。此可为期集的另一种形态。

其三,召赴随驾。顾名思义,召赴随驾当指皇帝为满足某种需要,诏臣

---

① 《唐大诏令集》卷一百二《求访贤良限来年二月集泰山诏》,第518页。
② 《册府元龟》卷三十六《帝王部·封禅第二》,第393页。
③ 《资治通鉴》卷二百四则天顺圣皇后垂拱三年五月戊辰条,第6448页。
④ 《册府元龟》卷一百十三《帝王部·巡幸二》,第1352页。

子赴行在。武德年间,唐高宗驾幸仁智宫。时传皇太子李建成阴结庆州都督杨文干谋反。为平息叛乱,"高祖托以他事,手诏追建成诣行在所"。① 很快,李建成带东宫僚属赴行宫请罪。其可为召赴随驾的一种形式。与之相较,战争年代,皇帝銮舆播迁,召赴行在,则带有浓厚的靖难色彩。史载:

> 及禄山反,两京陷,上在灵武,诏(李)嗣业赴行在。嗣业自安西统众万里,威令肃然,所过郡县,秋毫不犯。至凤翔谒见,上曰:今日得卿,胜数万众,事之济否,实在卿也。遂与郭子仪、仆固怀恩等常犄角为先锋将。嗣业每持大棒冲击,贼众披靡,所向无敌。②

按,唐肃宗灵武即位时,所依不过是朔方军或少许地方武装,难敌叛军之锋,此时诏李嗣业带兵赴行在,很好地挽转了危局。此类召赴行在亦是皇权至上的表达,若召赴不至,会受到相应的惩罚。至德中,唐肃宗召吴王赴行在,吴王迟滞,为逃避处罚,不得已上迟滞表。表曰:

> 臣某言:伏蒙圣恩,追赴行在。臣诚惶诚恐,顿首顿首。……然臣年过耳顺,风瘵日加,锋镝残骸,劣有余喘。虽决力上道,而心与愿违。贵贪尺寸之程,转增犬马之恋。非有他故,以疾淹留。③

按,吴王为嗣吴王李祗。天宝十四载(755)十二月,安禄山以张通晤为睢阳太守与陈留长史杨朝宗将胡骑千余东略地。时郡县官多望风而降,惟东平太守嗣吴王祗、济南太守李随起兵拒之。郡县之不从贼者皆依。十五载(756)三月,唐玄宗拜嗣吴王祗为陈留太守、河南节度使。唐肃宗灵武即位后欲征召其为太仆卿。此为该表的上陈背景。嗣吴王李祗力陈未能及时赴行在的原因为"沉于顽疾"以正其意。唐后期随着皇权的不断削弱,此类召赴行在权威性亦随之变弱。光启年间,大宦官田令孜挟持唐僖宗幸宝鸡,诏授孔纬御史大夫,遣中使传诏令纬率百僚赴行在。孔纬承令后见宰相论事。已进位司空的宰相萧遘以田令孜在帝左右,意不欲行,辞疾不见。④ 此可为证。

其四,自行奔赴行在。顾名思义,自行奔赴行指自我主动前往皇帝驻跸

---

① 《旧唐书》卷六十四《隐太子建成传》,第 2417 页。

② 《旧唐书》卷一百九《李嗣业传》,第 3299 页。

③ (唐)李白撰,(清)王琦注:《李太白全集》卷二十六《为吴王谢责赴行在迟滞表》,北京:中华书局,1977 年版,第 1206—1207 页。

④ 《太平御览》卷二百二十五《职官部二十三·御史大夫》,第 1069 页。

地。僧玄奘西行,学成归来,其于贞观十九年(645)正月到达长安。此时,唐太宗驾幸洛阳,西京留守房玄龄遣右武侯大将军侯莫陈实、雍州司马李叔眘、长安县令李乾祐等奉迎。回京后,僧玄奘于正月壬辰日到达洛阳。二月己亥,唐太宗于洛阳紫微城仪鸾殿以高规格礼仪接待了他。① 又,李泌少年成名,唐玄宗时任翰林待诏、东宫供奉与皇太子私交甚笃。史载:"天宝末,禄山构难,肃宗北巡,至灵武即位,遣使访召。会泌自嵩、颍间冒难奔赴行在,至彭原郡谒见,陈古今成败之机,甚称旨,延致卧内,动皆顾问。"②国家危难,李泌自行奔赴行在,为唐肃宗平乱献策,加速了叛军覆亡的进程。建中年间,泾原兵变,唐德宗仓促离京。时任同州刺史的李纾闻德宗幸梁州,遂弃州诣行在,拜兵部侍郎。③ 当然,銮舆播迁,自行奔赴行在者不限于臣僚,仍有其它人群。《北梦琐言》载:"僖宗幸蜀年,有进士李茵,襄州人,奔窜南山民家,见一宫娥,自云宫中侍书家云芳子,有才思,与李同行诣蜀。"④其进士与宫娥同赴行在,可为其证。

综上,皇帝行幸,随驾形式以皇权至上为核心,表现为直接随驾者以律令的形式予以规范,随驾者须当番随驾方可免于惩罚。皇帝简选的宰相重臣予以扈从,满足中枢决策的需要,为此,皇帝置顿地亦即国家政务中心。中书门下简选的一般臣僚即是满足扈卫需要亦为供备所需。因时势不同,随驾规模也会随之而变,其于銮舆播迁情况下表现尤为明显。期集往往用以祭祀礼中,其对象非常广泛,既有妃主贵戚、诸王、百官、诸州都督、刺史等,亦有贤良方士、博学鸿儒、隐逸高士等。其既是陪位所需,亦是皇帝德化天下的表达。召赴随驾亦以皇权至上为中心,召赴不至会受到相应惩罚。皇权弱化后,召赴随驾者多会出现迁延不至的情况。自行奔赴行在亦是皇权体现,其以"来朝"的形式表达。当然,皇帝播越之时的奔赴行在,靖难色彩极为浓重。

三、从驾行事官与陪位官考

行事官与陪位官均为随驾官,其在皇帝行幸尤其是祭祀礼中充任赞相礼仪的角色,身份较为特殊。为保证礼仪的顺利运作,行事官往往具多重差遣,有内、外之分。陪位官由皇亲、文武百僚、父老、朝集使等各社会阶层的代表

---

① (唐)慧立、彦悰撰,孙毓棠、谢方点校:《大慈恩寺三藏法师传》卷六,北京:中华书局,2000年版,第126—128页。
② 《旧唐书》卷一百三十《李泌传》,第3621页。
③ 《册府元龟》卷六百八十六《牧守部·忠第二》,第8181页。
④ 《北梦琐言》卷九《云芳子魂事李茵》,第191页。

组成,用以赞礼。当前学界已有涉及,着墨于唐代宗室陪位出身与汉魏禅让行事官的演变等方面,①唐代行事官与陪位官仍具较大研究空间,解析如下。

1. 从驾行事官考

何谓行事官呢?胡三省注其曰:"凡郊祀,预执事者皆谓之行事官。"②《隋书·百官下》曰:"居曹有职务者为执事官,无职务者为散官。"③据此,行事官可释为职掌国家礼仪且能协助主祭者完成礼仪运行的职官。

礼典中所见行事官颇多,如太尉、侍中、中书令、尚舍奉御、尚舍直长、通事舍人、赞者、奉礼郎、光禄卿、太乐令、太常卿等,此类职官皆随任而行。实际的礼仪运作,远非如此。第一,行事官多设使以摄。众所周知,唐后期掌管礼仪之事的机构已由礼部与太常寺渐转至礼仪使与太常礼院。有关礼仪使与大礼仪使的研究已有较多研究成果,主要涉及其设置、地位、职任与性质演变,在此不复赘述。④ 礼仪使、大礼仪使外,有学者还将仪仗使、卤簿使与桥道顿递使与之并为南郊五使,并认为其在唐末五代郊祀大礼中扮演重要角色。其组合方式为宰相任大礼仪使,太常卿任礼仪使、御史中丞任仪仗使、兵部尚书任卤簿使、京兆尹任桥道顿递使等。⑤

此外仍有其它行事官设使以摄。如,删定礼仪使与礼仪详定使。顾名思义,此类使职异名同职,专知礼仪修定。一如礼仪使,其当由修定礼仪的专知官发展而来。开元六年(718),唐玄宗亲谒太庙后下制奖励宗支庶官,其文曰:"皇亲诸亲准品等,礼仪、置顿、营幕使各赐物一百段,副使八十段,判官及修定仪注官各减三分之二。"⑥其修定仪注官可视为删定礼仪使与礼仪详定使的前身。关于删定礼仪使记载鲜少,刑部尚书关播曾于唐德宗贞元年间任删定礼仪使,奏请"删去名将配享之仪及十哲之称。"⑦与之相较,详定礼仪使记载稍多,且已形成使、副使、判官等使职等级机构。元和十三

---

① 孙正军:《禅让行事官小考》,《史学集刊》2015 年 02 期。周鼎:《唐代"陪位出身"考》,《唐史论丛》十七辑,西安:三秦出版社,2014 年版,第 136—142 页。

② 《资治通鉴》卷二百七十三唐庄宗同光二年三月庚戌条胡三省注"行事官",第 8918 页。

③ 《隋书》卷二十八《百官志下》,第 781 页。

④ 刘后滨:《唐代中书门下体制研究—公文形态·政务运行与制度变迁》,济南:齐鲁书社,2004 年版,第 144 页。黄正建:《中晚唐社会与政治研究》,北京:中国社会科学出版社,2006 年版,第 244—258 页。吴丽娱:《唐代礼仪使与大礼仪使》,中国社会科学院历史研究所学刊编委会:《中国社会科学院历史研究所学刊第五集,北京:商务出版社,2008 年版,第 127—156 页等。

⑤ (宋)李焘:《续资治通鉴长编》卷四宋太祖乾德元年八月条,北京:中华书局,1979 年版,第 102 页。张永娜:《唐代礼仪使职研究》,暨南大学硕士学位论文,2012 年,第 14—15 页。王刚:《唐五代时期南郊大礼五使考述》,《社会科学论坛》2015 年 07 期。

⑥ 《唐大诏令集》卷七十五《亲谒太庙锡赐宗支庶官制》,第 426 页。

⑦ 《旧唐书》卷一百三十《关播传》,第 3628 页。

年(818),唐宪宗以郑余庆谙练典章,任命其为礼仪详定使,用以修定礼乐制度,以复故事。郑余庆援引刑部侍郎韩愈、礼部侍郎李程为副使,左司郎中崔郾、吏部郎中陈珮、刑部员外郎杨嗣复、礼部员外郎庚敬休并充详定判官。① 唐文宗大和九年(835),王起以兵部尚书判太常卿充礼仪详定使,请创造礼神元宝玉。②

如,祠祭使,监祭使。《唐会要·祠祭使》载:"天宝六载(747)十一月,度支郎中杨钊,充祠祭使。至德三载五月二十四日,中书侍郎王玙,兼知祠祭使。"③此为当前所见祠祭使的记载。杨钊任使事迹不详,难以考证祠祭使的职任。以王玙任职而言,因其好神仙,与崇道的唐玄宗一拍即合,早在唐玄宗时期已任祠祭使,时间为开元二十五年(737)。④ 正史编撰者以其为左道而至位将相加以贬抑,貌似王玙的任职与国家礼仪并无关系。实则不然。王玙以请"筑坛青郊以祀青帝"引起了唐玄宗的注意,得拜大常博士、侍御史为祠祭使。显然是与"左道"无关,所行的为国家礼仪。⑤ 天宝五载(746)五月,专职祠祭使王玙奏:

> 诸色祭官等,并宽纵日久,不惧刑宪,当祭之日,或逢泥雨,或值节序,尽皆请假,曾无形迹。自今以后,臣皆私自察访,实无事故,妄请假及不肃敬者,录名奏闻,望加贬责。应缘行事或稍后到,小疏遗,望请量事大小,便牒所司,夺其俸禄。⑥

此时为专职祠祭使,其所行亦为祠祭使任。即用以规范祭官行为,此一奏请很快得到唐玄宗的允许,史称"敕旨从之。"又,王玙请筑太一神坛于南郊之东,请唐肃宗躬行祀事,寻上不豫,遣人祈祭山川。⑦ 此皆与国家礼仪密切相关,可以说,祠祭使亦为行事官。监祭使与祠祭使相类,负责监察祭祀礼仪运作。《柳河东集》载:"《唐开元礼》:凡大祠若干,中祠若干,咸以御史监视,祠官有不如仪者以闻。其劾印移书,则曰监祭使。宝应中,尤异其礼,更

---

① 《旧唐书》卷一百五十八《郑余庆传》,第 4165 页。
② 《唐会要》卷二十三《缘祀裁制》,第 520 页。
③ 《唐会要》卷五十九《祠祭使》,第 1208—1209 页。
④ 《资治通鉴》卷二百一十四唐玄宗开元二十五年九月条,第 6831 页。《资治通鉴》卷二百一十四唐玄宗开元二十五年冬十月条,第 6831 页。
⑤ 《新唐书》卷一百九《王玙传》,第 4107 页。
⑥ 《唐会要》卷二十三《缘祀裁制》,第 517 页。
⑦ 《旧唐书》卷一百三十《王玙传》,第 3617 页。

号祠祭使,俄复其初。"①可以说,监祭使主监察祭祀礼仪之任,内容极其广泛,含祭器、祭物、赞礼、陪位礼等诸多方面。尽管引文所指祠祭使设置时间有误,但足以反映监祭使与祠祭使之间的关系。

如,置顿使、营幕使、坛场使、修造羽仪使等。前引开元六年《亲谒太庙锡赐宗支庶官制》,其所述礼仪使、置顿使、营幕使、副使、判官等均有赏赐,其礼仪使、置顿使、营幕使各赐物一百段,副使八十段,判官减三分之二等。之所以置顿使、营幕使与礼仪使有相同的赏赐,原因来自于其皆为外行事官,下文有述。那么坛场使、修造羽仪使则与之相类。唐玄宗《开元十一年南郊赦文》曰:"坛场使,京兆尹孟温礼,赐物二百匹,修造羽仪使,赐物一百匹。"②顾名思义,坛场使负责祭坛建设与维护;修造羽仪使负责仪用器械的维修和保养均与祭祀礼仪密切相关,亦为外行事官。

第二,官用礼职以行其事。唐中宗神龙元年(705)二月五日赦文:"其引玉册及黳册,读册等官人,各赐物五十段;授册使人,赐物一百段;书册人各赐物十段,其黳腰、黳官人赐物二十段,飞骑各赐物十五段,其黳香蹬三卫及黳宝人各赐二十段。"③唐中宗即位礼,其行事官由黳香蹬、黳宝人、引玉册、黳册、读册、黳腰、黳官人、授册使人、书册人、黳宝人、黳香蹬三卫等组成。长庆元年(821)七月己酉,册尊号礼毕,唐穆宗御丹凤楼宣制曰:"摄侍中,读宝户部侍郎、平章事杜元颖,读册官中书侍郎、平章事崔植各加一阶,撰册文官与一子正员官,奉宝绶书玉册官、书宝官各加两阶,进宝绶,进中严、外办,礼仪赞导,押册、押宝、绶昇,宝册官各加一阶,其余应职掌行事官,并写制书官,太常修撰仪注,礼官并内定行事中使三品以上赐爵一级,四品以上加一阶,仍并赐勋两转,镌造玉册,并填金字造宝,装宝官等各赐物五十段。"④可以说,职掌行事官则由读宝官,撰册文官、奉宝绶书玉册官、书宝官、进宝绶官、进中严外办官、礼仪赞导官、押册官、押宝官、绶昇宝册官、写制书官、太常修撰仪注官、镌造玉册官、填金字造宝官、装宝官组成。

当然,不同的国家礼仪,其行事官亦差异较大。唐敬宗《宝历元年正月南郊赦》曰:"郊庙行事斋郎减二年劳,室长掌座礼生赞者,减一年劳,无劳可减者便放出身。崇玄馆行事学生及斋郎礼生,番考已满,所司缘大礼却追入行事,各减一选,国子监学生陪位者赐勋一转,中书门下仪制官各加一阶,应

①　(唐)柳宗元:《柳河东集》卷二十六《监祭使壁记》,上海:上海古籍出版社,2008年版,第432页。
②　《唐大诏令集》卷六十八《开元十一年南郊赦》,第381页。
③　《唐大诏令集》卷二《中宗即位赦文》,第7页。
④　《册府元龟》卷九十《帝王部·赦宥八》,第1078页。

缘祇供作官直司长上,诸州行纲考典,两县耆寿,诸色番役当上、在城,并量留十月番者,各赐勋两转。"①郊祀行事官为行事斋郎、室长、掌座、礼生、赞者、行事学生、斋郎礼生、中书门下仪制官等。开元二十三年(735)正月,唐玄宗亲祀神农于东郊,以勾芒配。礼毕,侍耕、执牛官皆等级赐帛。② 其侍耕、执牛官等行事官出现于藉田礼中,其它国家礼仪则未有。

第三,行事具内外之分。唐穆宗《长庆元年正月南郊改元赦文》曰:"大礼职掌行事官,及留守等,更赐赠勋、爵及加阶,坛殿行事官更特加一阶,应在城内蕃客等赐物有差。"③所谓职掌行事系指礼仪使、大礼仪使、营幕使、置顿使等。其与坛、殿行事官均为外行事官。那么坛、殿行事官具体指向又是什么呢?唐僖宗《乾符二年正月七日南郊赦》曰:

> 礼仪使、大礼使、京兆府尹、各与一子正员九品官,应郊庙升坛行事官,普恩外,中书门下、尚书省、御史台三品以上,特加一阶,四品以下,各加一阶,如入三品者,量减四考,入四品者量减三考,入五品者,量减两考,仍待考足日听叙,其合选人,与减一选,内行事者,官三品以上,赐爵一级,四品以下更加一阶。④

可以说,郊庙升坛行事官指向中书门下、尚书省、御史台等职官。天宝年间,唐玄宗祭祀于九宫坛,"次郊坛行事,御署祝板。(舒)元舆为监察,监祭事。"⑤可为其证。唐敬宗《宝历元年正月南郊赦文》曰:

> 应郊庙升殿行事官普恩外,宜更加一阶,如合入三品、五品者,任待考足听叙,代尚书省三品、四品以上,中书门下五品以上,特加一阶。……内行事官,三品以上更赐爵一级,四品以下更加一阶。⑥

一如唐穆宗、唐僖宗年间的南郊赦文,唐敬宗年间南郊赦文郊庙升殿、阶、坛、殿者亦为外行事官。但亦有内行事官的恩赐记载,且内行事官恩赏要高于外行事官,即内、外行事官在皇帝南郊礼中的地位不同。那么何为内

① 《全唐文》卷七十五文宗七《南郊赦文》,第795—796页。
② 《旧唐书》卷二十四《职官志四》,第913页。
③ 《唐大诏令集》卷七十《长庆元年正月南郊改元赦》,第393页。
④ 《唐大诏令集》卷七十二《乾符二年正月七日南郊赦》,第405—406页。
⑤ 《旧唐书》卷一百六十九《舒元舆传》,第4408页。
⑥ 《唐大诏令集》卷七十《宝历元年正月南郊赦》,第395页。

行事官呢？当前史料皆语焉不详，只能从片语中寻求其痕迹。前引唐僖宗乾符二年南郊赦文曰："内行事者官，三品以上赐爵一级，四品以下加一阶。内侍省及内坊官，四品以上，各赐勋五转，五品以下，各赐勋三转。"①就其恩赏顺序来说，内行事官可能与宦官职官系统相关。又，唐昭宗龙纪元年（889）十一月，将祀圜丘。"故事，中尉、枢密使皆褾衫侍从；僖宗之世，已具襕笏；至是，又令有司制法孔纬及谏官、礼官皆以为不可，上出手札谕之曰：卿等所论至当。己酉，祀圜丘，赦天下。"②皇帝郊祭，宦官身份的神策中尉与枢密使侍从已成故事，可为上文内行事官与宦官职官系统研究提供佐证。

综上，行事官为国家礼仪运作中的执事者，其最初主要是由礼部和太常寺官员组成，后因实际运行需要与职官系统的变化也出现设使摄事与官用礼职两种趋向。设使摄事范围极广，包括礼仪使、大礼仪使、卤簿使、桥道顿递使、仪仗使、祠祭使、监祭使、顿置使、营幕使、坛场使、修造羽仪使等，随着使职系统的发展，其亦出现使、副使、判官等带有品阶性质的等级形式。官用礼职范围极广，唐前期主要由太常寺与礼部的官吏参与，唐后期其在礼仪执事中的诸多差遣由官吏临时专知。此外，行事官亦由外行事官与内行事官之分，外行事官多指礼仪职掌与从驾升殿、阶、坛、庙等执事者等。就从驾升坛庙者而言更多的指向中书门下、尚书省、御史台等机构的职官，内行事者出现较晚有可能指向宦官系统。

2. 从驾陪位官考

"陪，朝也。"郭璞注曰："陪位为朝。"邢昺疏曰："臣见君曰朝，朝之列位必陪重，是陪位为朝也。"③故，陪位可释为陪其列位。陪位者即为在国家礼仪活动中出席赞祀者。④当然，陪位并非只适于国家祭祀礼，早在先秦时期已形成君出群臣陪位的古礼。《礼记》曰："君出就车则仆并辔授绥，左右攘辟。"郑玄注曰："群臣陪位侍驾者，攘却也"。⑤此一古礼，历代相沿，唐代亦是如此。那么陪位者身份有哪些？其在礼仪运作中的职能又有哪些呢？下文将予以解析。

先看陪位者身份。有学者已指出充任者为宗室、中央官员、朝集使、地方耆老等社会各阶级的代表。⑥其言甚确，但仍有考究之处。《仪礼》曰：

---

① 《唐大诏令集》卷七十二《乾符二年正月七日南郊赦》，第 406 页。

② 《资治通鉴》卷二百五十八唐昭宗龙纪元年十一月条，第 8390 页。

③ （晋）郭璞注，（唐）陆德明音义，（宋）邢昺疏：《尔雅注疏》卷二《释言第二》，北京：中华书局，2016 年版，第 16 页。

④ 《唐代"陪位出身"考》，《唐史论丛》十七辑，第 136—142 页。

⑤ 《礼记正义》卷三《曲礼上》，《十三经注疏》，第 2711 页。

⑥ 《唐代"陪位出身"考》，《唐史论丛》十七辑，第 137 页。

"何以服齐衰三月也？尊祖也。尊祖故敬宗。敬宗者，尊祖之义也。宗子之母在，则不为宗子之妻服也。"①贾公彦疏曰："百世不迁之祖，当祭之日同宗皆来陪位及助祭，故云尊祖也。尊祖故敬宗，敬宗者尊祖之义也。"②这一古礼历代相袭，唐代皇帝的祭祀礼亦以宗室为陪位者。

宗室之外，仍有皇亲、诸亲群体，其构成了皇帝九族六亲体系。《唐六典》载："凡大祭祀及册命、朝会之礼，皇亲、诸亲应陪位豫会者，则为之簿书，以申司封。"③显然，皇亲、诸亲当为皇帝所行国家礼仪的重要陪位者。唐制，凡太皇太后、皇太后、皇后之亲分五等，皆先定于司封，宗正受而统焉。皇帝周亲、皇后父母为一等，准三品；皇大功亲，皇小功尊属，太皇太后、皇太后、皇后周亲为第二等，准四品；皇小功亲，皇缌麻尊属，太皇太后、皇太后、皇后大功亲为第三等，准五品；皇缌麻亲为四等，准六品；皇祖免亲，太皇太后小功卑属，皇太后、皇后缌麻及舅母、姨夫为五等，准六品。④即皇亲、诸亲五等以上均可陪位。唐敬宗《宝历元年正月南郊赦文》曰："皇五等以上亲，三品以上赐爵一级，五品以下升一阶，六品以下及前资，常选散官，简选日优与处分，未有出身陪位者，每家放一人出身，应陪位皇五等以上亲，及太皇太后三等以上亲，三品以上赐爵一级，四品以下加一阶，诸亲四等五等及诸州贺正官并诸色陪位官等五品以上加一阶，六品以下及白身人，并赐勋两转，其前资及有出身者各减一选。"⑤该赦文对未有出身陪位的皇五等以上亲予以陪位出身，三品以上赐爵，四品以下加阶的优厚赏赐。即可证明，皇五等以上亲均可陪位。

就文武臣僚而言，除却中央官员外，地方官与节度军将均可陪位。唐玄宗《开元二十三年藉田赦书》云："在京文武官朝集使官，充十道采访使，并判官，诸道节度使，及诸道通表使判官，新除五品以上官未赴任，都城畿县令见在陪位者，三品以上转爵一级，四品以下加一阶，皇亲、诸亲、及九庙子孙，不入等陪位者，并外文武官九品以上，各赐勋。诸蕃入庙，及贺正蕃客应陪位者，共赐物五十匹，节级分付。"⑥其在京的采访使、节度判官、节度使、通表使判官、新除未赴任的五品以上外官、都城畿县令等均可陪位。可以说，来京的地方官可以陪位。又，唐玄宗《开元十三年东封赦书》曰："皇亲别敕承

① 《仪礼注疏》卷三十一《丧服》，《十三经注疏》，第 2403 页。
② 《仪礼注疏》卷三十一《丧服》，《十三经注疏》，第 2403 页。
③ 《唐六典》卷十六《宗正寺》，第 466 页。
④ 《唐六典》卷十六《宗正寺》，第 466 页。
⑤ 《唐大诏令集》卷七十《宝历元年正月南郊赦》，第 394 页。
⑥ 《唐大诏令集》卷七十四《开元二十三年藉田赦书》，第 416 页。

恩陪位官者,亦准此,诸州岳牧四府长史,朝觐陪位者,泛阶之外各赐勋一转,诸方使人,及诸州父老,宗姓,并从家子孙,至岳不得陪位者,并赐勋一转,物五段,诸州及兖州道僧,至岳见大礼者,并赐五段。"①引文所述,唐玄宗赏赐的陪位官为皇亲、诸州岳牧四府长史等,可以说京外地方官仍可陪位。

此外,另有蕃夷君长、二王三恪等。前述《开元二十三年藉田赦书》中所述:"诸蕃入庙,及贺正蕃客应陪位者,共赐物五十匹,节级分付。"即藉田礼中具蕃客位。又,贞观十三年(639)正月一日唐太宗拜谒于献陵。前一日,宿卫设黄麾仗,周卫陵寝。其日质明,"七庙子孙及诸侯百僚,蕃夷君长,皆陪列于司马门内"。② 可以说,蕃夷君长亦具陪位身份。二王三恪在中古时期系指对前代王朝末代帝王及其后裔的特殊称号。因其末代帝王多被封为王、公、侯且被子孙世代相袭,称之为二王三恪。③ 前述,《大唐开元礼》诸礼"銮驾出宫礼",发引前五刻,搥二鼓,为再严。侍中版奏请中严。奉礼引从祀五品以上官具朝堂位,时介公、酅公位于武官北,东向。六品以下及介公、酅公、褒圣侯、朝集使、诸方客使等,并驾出之日便赴祀所。开元年间,继续奉行唐初以来的土德,以周、隋为二王后。④ 介公为北周静帝宇文阐后裔,酅公则为隋恭帝杨侑后裔,其存于《大唐开元礼》诸礼可为其证。

再看陪位者的礼仪运作。前述,陪位官在国家礼仪中充任赞礼者,其赞礼主要集中于列位辞迎与助祭之礼。唐制,凡祭祀之节有六:一曰卜日,二曰斋戒,三曰陈设,四曰省牲器,五曰奠玉帛、宗庙之晨祼,六曰进熟、馈食。卜日礼外,其余诸礼,陪位官皆有参与。第一,其"斋戒"礼实则以皇帝入斋室为中心予以运作的。皇帝出前,通事舍人引文武五品以上陪位如式,侍臣结佩诣阁奉迎。皇帝入斋室,通事舍人引陪位者以次出。助祭陪位者则于本司及公馆清斋一宿。

第二,其"陈设"礼主要负责待事之次,即事之次,门外之位,牲器之位,席神之位的布列。其待事之次由卫尉寺负责。其方位之设可展陪位之象。文武侍臣之次于大次⑤前,左右相向。设祀官次于东壝之外道南,从祀文官九品于其东,东方、南方朝集使又其于东,蕃客又于其东,重行异位,北向西

---

① 《唐大诏令集》卷六十六《开元十三年东封赦书》,第 371—372 页。
② 《唐会要》卷二十《亲谒陵》,第 464 页。
③ 谢元鲁:《隋唐五代的特殊贵族——二王三恪》,《中国史研究》1994 年 02 期。
④ 吕博:《唐代德运之争与正统问题——以"二王三恪"为线索》,《中国史研究》2012 年 04 期。
⑤ 大次由尚舍直长所设于外壝东门之内道北,南向。

上。介公、酂公于西壝之外道南,武官九品于其西,西方、北方朝集使又于其西,蕃客又于其西,东上。其即事之位,亦具陪位之象。设从祀文官九品位于执事①之南,东方、南方朝集使又于其南,蕃客又于其南,西向北上。介公、酂公位于中壝西门之内道南,武官九品又于其南,西方、北方朝集使又于其南,蕃客又于其南,东向北上。其门外之次,主要设于东西壝门之外,如待事之次,亦即如此。

第三,其"省牲器"礼虽有太常寺与光禄寺专门负责,仍需陪位者助祭。即晡后三刻,谒者、赞引各引祀官、公卿以下俱就东壝门外位,后司空、御史导礼,省牲器礼始行。

第四,其"奠玉帛"礼,陪位官则具奉迎与助祭之礼。未明一刻,谒者、赞引各引祀官及从祀群官、客使等俱就门外位。其后,司空于坛东陛行扫除之礼。接着谒者、赞者引祀官及从祀群官、客使等次入就位,奉迎皇帝。皇帝停大次后,通事舍人各引从祀文武群官、介公、酂公、诸方客使皆先入就位。皇帝行礼,拜,奉礼导众官拜,众官在位者拜。"宗庙之晨裸""进熟""馈食"亦相类。

前述祭祀六节礼外,仍有"銮驾出宫礼""銮驾还宫礼"均需陪位。前复原"銮驾出宫礼"而言,其主要是指皇帝自太极殿朝堂至祭祀行宫而进行的礼仪运作。陪位官分两种,一种为五品以上从祀群官,其要随驾至行宫;另一种为六品以下从祀群官、介公、酂公、褒圣侯、朝集使、诸方客使等驾出日自集于祀所。未明五刻,侍中版奏中严后,奉礼设从祀群官五品以上位,文官于东朝堂之前,西向;武官于西朝堂之前,东向。介公、酂公位于武官北,东向。发前二刻,通事舍人引从祀群官各就朝堂前位,其后侍中、中书令奉迎皇帝出。皇帝出,銮驾行,从祀群官于玄武队后。乘舆入行宫,谒者、赞引各引祀官,通事舍人分引文武群官五品以上,集行宫朝堂等待皇帝命令,舍人承旨,群官还次等待皇帝出。此即为陪位官在"銮驾出宫礼"中的礼仪运作。

前复原"銮驾还宫礼"而言,其主要是指皇帝自大次返太极宫朝堂而进行的礼仪运作。先是皇帝返大次,三严三刻后通事舍人引群官、客使等序立于大次之前,近南。谒者、赞引各引祀官,通事舍人分引从祀群臣、文武侍臣诣大次奉迎。接着皇帝出,銮驾发,从祀者行于玄武队后。前所自集于祀所的陪位官可各还其所。五品以上从祀官等从至承天门外待命,通事舍人承旨后,群官皆还。此即为陪位官在"銮驾还宫礼"中的礼仪运作。

---

① 执事位于内壝东门之内道南,其北为分献官之位。

综上,陪位即在国家礼仪活动中陪其列位。陪位官身份颇广,除却宗室、中央官员、朝集使、地方耆老外,还包括皇亲、诸亲五等以上者,蕃夷君长,中央官,在京地方官,地方官,节度军将、二王三恪、褒圣候等群体。其在"斋戒"礼、"陈设"礼、"省牲器"礼、"奠玉帛"礼、"宗庙之晨祼"礼、"进熟"礼、"馈食"礼、"銮驾出宫礼"、"銮驾还宫礼"的礼仪运作中,或列位奉迎;或列位辞送;或列位赞礼;或在位拜礼等。

第四节　扈从制度与唐代品阶制度的演进

唐代品阶制度的变革受诸多方面的影响,具体而言主要包括中枢决策层的整合,国家庆典的赦宥,战乱频仍的拉动等诸多方面。除却贞观十一年(637)唐太宗主动完成散官、勋官序列的整合外,其余均与皇帝行幸的拉动密切相关。一方面,皇帝的所至赦宥推进了品阶制度的演进,另一方面千乘万骑的扈从人员以及靖难扈从的规模赏赐成为职、散、勋、爵、功臣号品阶化的重要拉动力量。现解析如下。

一、行从赏赐对职散勋爵品阶化的拉动

扈从制度与品阶制度的演进是一种隐性的渐进式的拉动,其主要与行从官的规模、行从的频次、赏赐的内容密切相关。安史乱前,表现为驾行赐物向赐授官爵的转变,此可为扈从用以拉动品阶制度提供条件。加上所至赦宥的频仍与规模化的赐授,原有品阶制度随之松动、演化。安史乱后,銮舆播迁,以官代物收买人心的猛药,加上靖难将士的规模性增长,使其很快成为推进品阶制度演进的主导力量。基于此,具体解析如下。

1. 驾行赐物向加赐官爵的转变

前述,皇帝行幸"千乘万骑"气势恢宏,为满足行幸途中或置顿所的各种便利,行从官要付出诸多艰辛。为此,皇帝会以赐受钱财或官爵的形式予以慰抚。早在唐高祖年间即有赐授钱物的记载,其史料如下:

> 武德二年(619)五月戊辰,宴并州从五品以上于仁寿殿,帝极欢赐帛各有差。[①]

---

① 《册府元龟》卷七十九《帝王部·庆赐》,第921页。

武德三年(620)六月癸丑,幸昆明池,宴从官,赐钱各有差。①

武德四年(621)闰十月乙卯,幸稷州,己未,次于武功旧庄,从官赐钱各有差。②

武德五年(622)正月壬子,幸昆明池,宴从官赐帛各有差。③

武德六年(623)四月己未,幸故宅改名通义宫置酒高会,赐从官帛各有差。④

武德七年(624)三月己卯,幸琅琊公主第,宴从官五品以上,赉帛各有差。⑤

武德七年(624)七月壬子,幸东宫,从官下至胥徒,颁赐有差。⑥

武德八年(625)正月甲寅,幸太宗第,宴五品以下,赐帛各有差。⑦

武德八年(625)二月甲午,幸齐王元吉第,宴五品以上,赉物各有差。⑧

武德八年(625)十二月庚辰,狩于鸣犊泉之野,辛巳,还宫宴从官,赉物彩帛各有差。⑨

按,有学者统计唐高祖李渊在任期间,其行幸记载多达 57 次,⑩其具赏赐从官记载的仅 10 次,唐高祖行幸的赐受对象多为行从官,即扈从人员。其既有五品以上侍从官的单独赐授,也有五品以下行从官单独赐授,还有全部侍从官赐授。赐授内容主要为钱、绢、布帛、彩帛等物质,并未有加赐官爵的记载。一如唐高祖时期的赏赐内容,唐太宗在位期间行幸亦为如此。其相关材料如下:

贞观四年(631)二月己亥,幸温汤,赐从官帛有差。⑪

---

① 《册府元龟》卷七十九《帝王部·庆赐》,第 921 页。
② 《册府元龟》卷七十九《帝王部·庆赐》,第 922 页。
③ 《册府元龟》卷七十九《帝王部·庆赐》,第 922 页。
④ 《册府元龟》卷七十九《帝王部·庆赐》,第 922 页。
⑤ 《册府元龟》卷七十九《帝王部·庆赐》,第 922 页。
⑥ 《册府元龟》卷七十九《帝王部·庆赐》,第 922 页。
⑦ 《册府元龟》卷七十九《帝王部·庆赐》,第 922 页。
⑧ 《册府元龟》卷七十九《帝王部·庆赐》,第 922 页。
⑨ 《册府元龟》卷七十九《帝王部·庆赐》,第 922 页。
⑩ 高文文先生与崔珍烈先生均有统计,其数略同。(见高文文:《唐代巡狩制度研究》,陕西师范大学硕士学位论文,2009 年,第 68—71 页。崔珍烈:《唐代皇帝巡幸의성격—巡幸빈도기간장소활동의통계적분석을중심으로》,载《大东文化研究》,제72십。)
⑪ 《册府元龟》卷八十《帝王部·庆赐第二》,第 923 页。

贞观四年(631)十月辛丑,校猎于贵泉谷,赐将士帛有差。丁巳,宴从官及武功父老,赐帛各有差。①

贞观五年(632)正月癸酉,大蒐于昆明池。甲戌,宴群臣赐从官帛各有差。②

贞观五年(632)正月己卯,幸左藏库,赐三品以上帛各重负而出。③

贞观六年(633)三月戊辰,幸九成宫。戊寅,宴三品以上于九成宫丹霄殿,赐从官帛各有差。④

贞观六年(633)九月,幸庆善宫,宴从官故老,赐帛各有差。⑤

贞观十一年(638)三月,幸洛阳宫。丙午,宴从官,赐物各有差。⑥

贞观十九年(646)十月,征辽班师次营州。癸酉,至幽州。甲戌,宴从官三品以上,赐物有差。⑦

贞观二十年(647)正月庚辰,引从官及太原父老而宴之,赐物各有差。⑧

按,有学者统计唐太宗在位期间,其行幸达 100 余次,⑨其具赏赐从官记载的仅 9 次,可见上引史料。赏赐对象以行从官、行从卫士为主,其间亦有高年、父老等。其赐授既有单赐,亦有群赐,赐赏仍集中于钱帛等物。这一故事在唐高宗乾封元年(666)以前仍在持续。永徽二年(651)二月,唐高宗驾幸洛阳宫,御贞观殿,设宴招待行从文武官及洛州父老,赐物各有差。⑩三年后,唐高宗驾幸并州,设宴招待行从官及诸亲并州官属父老等,赐帛有差。⑪麟德元年(664)八月,唐高宗驾自万年宫还,幸旧宅,宴从官,赐物有差。⑫显庆二年(657)二月,唐高宗驾幸洛阳宫,御贞观殿,宴从行文武官及洛州父老宗姓等,赐物有差等。⑬

① 《册府元龟》卷八十《帝王部·庆赐第二》,第 923 页。
② 《册府元龟》卷八十《帝王部·庆赐第二》,第 923 页。
③ 《册府元龟》卷八十《帝王部·庆赐第二》,第 923 页。
④ 《册府元龟》卷八十《帝王部·庆赐第二》,第 923 页。
⑤ 《册府元龟》卷八十《帝王部·庆赐第二》,第 923 页。
⑥ 《册府元龟》卷八十《帝王部·庆赐第二》,第 923 页。
⑦ 《册府元龟》卷八十《帝王部·庆赐第二》,第 925 页。
⑧ 《册府元龟》卷一百九《帝王部·宴享一》,第 1304 页。
⑨ 高文文先生与崔珍烈先生均有统计,其数略同。(见《唐代巡狩制度研究》,第 71—80 页。《唐代皇帝巡幸의성격—巡幸빈도 기간 장소 활동의 통계적 분석을 중심으로》,제72쪽。)
⑩ 《册府元龟》卷一百十《帝王部·宴享二》,第 1306 页。
⑪ 《册府元龟》卷一百十《帝王部·宴享二》,第 1306 页。
⑫ 《册府元龟》卷八十《帝王部·庆赐第二》,第 927 页。
⑬ 《册府元龟》卷八十《帝王部·庆赐第二》,第 926 页。

2. 驾行赐授与散勋爵的品阶化趋向

乾封元年泰山封祀是当时最大的国事，其赦文开始转向赐授官爵。史载：

> 乾封元年正月戊辰朔有事于泰山。壬申，御朝觐坛受朝贺，大赦改元。诸行从文武官及见朝觐岳牧、二京留守并边要州都督、刺史三品以下并赐爵一等，四品以下加授一阶。诸老人八十以上者，版授刺史、司马、县令，妇人版授郡、县君，并节级量赐粟、帛。天下百姓，年二十以上，八十以下，赐爵一级。丁丑，诏诸行从文武官入见朝觐，诸王、岳牧、二京留守、及守捉，边要长官三品以上前赐爵一等者，宜更加为二等。四品以下，九品以上前加一阶等者，七品以上宜加二阶，八品以下更加勋官一转，诸非行从内外职事官三品以上加爵一等，四品以下各加一阶。[①]

引文所述，乾封元年正月赦文分壬申日朝贺与丁丑日朝觐两个时期，其均有赐授官爵的记载。壬申日朝贺赐授对象为诸行从文武官、朝觐岳牧、两京留守、要州都督、刺史、耆老、夫人、百姓等。其行从官与现任官加授散官一阶，并赐爵一等。即赐授散官与爵。耆老、夫人、百姓版授荣誉性官爵。丁丑日朝觐赐受对象与壬申日相类，为诸行从文武官、诸王、岳牧、两京留守、守捉、边要长官等。其行从官爵加二等，七品以上再加二阶，八品以下加勋一转等。即赐授散官、爵、勋官。尽管对行从官的赐授具散官、勋官、爵等内容，引文所表达的更多的集中于散阶的提升。故，学界认定其为泛阶的开始。其实当时泛阶制度并未完全展开。尽管乾封元年以后仍具庆赐加阶，但仍有一定的限制。武则天"万岁通天元年（696）八月，制文武官加阶应入五品者，并须出身历十二考以上，无私犯进阶之时。现居六品官及七品以上清官者，其应入三品者取出身，二十五考以上，亦无私犯进阶之时。现居四品官者，自外纵计阶应入，并不在进限"。[②] 可以说，武则天对阶入三品、五品者进行严格限制，并且针对职官性质的不同，加以区分。唐玄宗对进阶历考亦有明确规定。史载："开元十一年（723）自今以后，泛加阶应入五品，以十六考为定，入三品以三十考为定，其有明贤宿德及异迹殊状，虽不逢泛阶或因

---

① 《册府元龟》卷八十《帝王部·庆赐第三》，第 927 页。
② 《册府元龟》卷六百二十九《诠选部·总序》，第 7547—7548 页。

迁改之,次年考与节限同者咸以名闻,仍为永例。"①可以说,唐玄宗对阶入三品、五品的历考实行更为严格的限制,并且规定该制度的长期性。也就是说,唐高宗开启行从官赐授勋官、散官、爵的先例,至此皇帝驾幸成为助推品阶制度发展的重要力量。

乾封元年赦文不仅对散官的品阶化影响深远,其对勋官滥化亦有拉动作用。自贞观十一年(637)唐太宗明确规定以文武散官为本品后,勋官失去了充任本阶的资格,逐步走向猥滥。《旧唐书·职官一》载:"(永徽)自是以后,战士授勋者动盈万计。每年纳课,亦分番于兵部及本郡当上省司。又分支诸曹,身应役使,有类僮仆。据令乃与公卿齐班,论实在于胥吏之下,盖以其猥多,又出自兵卒,所以然也。"②可见,勋官的滥化与大规模赐授战士密切相关。基于此,有学者对贞观年间征辽赐授勋官的规模进行考究,在此基础上将勋官走向猥滥的时间推至贞观年间。③ 除却作战将士外,行从官的规模性赐授亦对勋官走向百姓化具有重要作用。诸如,神龙政变后的唐中宗计有 11 次行幸记载,④其有 5 条记载赐授从行官的史料:

> 神龙元年(705)十月戊戌至自东都,十一月乙巳大赦天下,从官文武官九品以上赐爵。⑤
>
> 神龙二年(706)十一月乙巳,大赦天下。从行文武官九品已下,赐勋一转。⑥
>
> 神龙三年(707)四月庚寅,幸荐福寺曲赦雍州,其故吏周府官从至寺者,各赐勋一转。⑦
>
> 景龙三年(709)十二月甲午,如新丰温汤。甲辰,赦新丰,给复一年,赐从官勋一转。⑧
>
> 延和元年(712)五月戊寅,亲祀北郊,改元内外官陪见大礼者,赐勋一转,大酺五日。⑨

---

① 《册府元龟》卷六百三十五《诠选部·考课》,第 7622—7623 页。
② 《旧唐书》卷四十二《职官志一》,第 1808 页。
③ 金锡佑:《唐代百姓勋官考论》,《东方论坛》2004 年 06 期。
④ 高文文先生与崔珍烈先生均有统计,其数略同。(见高文文:《唐代巡狩制度研究》,陕西师范大学硕士学位论文,2009 年,第 90—91 页。崔珍烈:《唐代皇帝巡幸의성격—巡幸빈도기간장소활동의통계적분석을중심으로》,载《大东文化研究》,제72집。)
⑤ 《册府元龟》卷八十《帝王部·庆赐第二》,第 928 页。
⑥ 《新唐书》卷四《中宗纪》,第 109 页。
⑦ 《新唐书》卷四《中宗纪》,第 109 页。
⑧ 《新唐书》卷四《中宗纪》,第 112 页。
⑨ 《新唐书》卷四《中宗纪》,第 112 页。

引文所述，唐中宗赐授行从官可以看到是对乾封元年授官爵之制的继承，因其行幸性质未能与乾封年间的封禅相比拟，故赐授内容并未同时加阶、赐转与升爵级。唐中宗5次赐授从官中，4次专赐勋官，且具规模性，可视为对勋官百姓化的进一步推动。随着勋官的进一步滥化，此类专赐勋级的现象也在进一步减少，勋官不过是赐授职事官、散官、爵、赠官等之类的补充，其阶官化即以完成。上列1次升爵级发生于神龙革命后，唐中宗自东都西幸长安之时。是伴随着去武周化，复李唐天下而采取的重大措施，政治中心的转移成为李唐王朝全面恢复的重要标志。既具其特殊背景，其赐授规模也非同小可，将其定为"从官文武官九品以上"。其可视为乾封元年后，规模化升授爵级的又一例证，此后爵级也开始随皇帝驾行的不断升授，开始与职事官、散官、勋官同时赐授，不断推进品阶化进程。

与乾封元年封禅赦文相类，唐玄宗在位期间的几次大型祭祀活动对行从官的全面赐授成为提升散官、勋官、爵品阶化的加速器。这几次大型祭祀活动主要指开元十一年(723)的后土封祀、开元十三年(725)的泰山封禅、开元二十三封祀后土与开元二十三年(735)的籍田礼，具体论述如下。

开元十一年二月，唐玄宗如汾阴，祠后土，赏赐行事官阶、勋、爵、帛。[①]同时，为防止散阶的滥化，对进阶又予以限制。其文曰："升坛官三品以上，赐爵一级，四品以下，各加一阶，应入三品、四品见任四品以上官，先授正四品以上阶，经三十考者，六品以上官授正六品以上阶，经十六考者，令所司勘责奏听进止。"[②]

开元十三年十一月，唐玄宗如兖州，封泰山，封赏天下。内外文武官三品以上赐爵一级，四品以下一阶；文武行从官加阶之外，并赐勋两转；三卫、引驾、引细、黄衣、长上、飞骑等赐勋或加武散官等，规模极其宏大。就行从官而言，此次赐授分登山官与升坛官两部分进行。史载："及将东封，授(张)说为右丞相兼中书令……及登山，说引所亲摄供奉官及主事等从升，加阶超入五品，其余官多不得上。又行从兵士，惟加勋，不得赐物，由是颇为内外所怨。"[③]可以说，登山升坛官进阶超入五品，是一种超授情况。从行兵士加勋引发内外所怨亦能反映勋官地位的严重下降。但开元十三年的东封赦书一再强调遵循开元十一年的进阶原则，其文曰："诸献官及宿卫斋宫将军率中郎并郎将，并两京留守，诸军节度使，并同升坛例。诸有职掌押当，非升坛例

---

① 《新唐书》卷五《玄宗纪》，第130页。
② 《唐大诏令集》卷六十六《祀后土赏赐行事官等制》，第373页。
③ 《旧唐书》卷九十七《张说传》，第3054页。

诸有职人,加一阶,选日优量。其加阶应入三品、五品人,非特赐者,并依十一年三月二十八日敕节限。斋郎、礼生、见任官、前资官已上人,并依资量材与处分,未出身者放出身。"①其所谓"依十一年三月二十八日敕节限"即用以对泛阶的遏制。

开元二十年十一月,唐玄宗如雎上,祀后土,封赏天下。"行从文武官,三品以上赐物八十匹,四品五品赐物六十匹,六品七品赐物四十匹,八品九品赐物二十段。升坛官三品以上特赐一阶,四品以上各加一阶,应入三品五品官阶相当不限考数,听得入,知顿使,及判官修礼仪官,撰玉册官,知顿御史等加一级。"②此时为表达对升坛官的优厚赐授,对应入三品、五品官阶不再限制考数。显然与开元十一年的入阶原则并不相符。可以说,开元十一年坚守阶次的防线受到了挑战,此次优赏限于升坛官,规模有限,其对散阶的拉动亦有限。

开元二十三年藉田赦书,重新对合入三品五品阶次又加限制。其赦书曰:"升坛行事官,修礼仪官,及刺史、判官等更赐一阶,应入三品及五品官阶相当,减四考,听入。摄司徒信安郡王祎,礼仪官韦绦,既不叙阶,祎与一子官,赐物二百匹;绦与一子出身,赐物一百五十匹。其升坛及修礼仪两兼者从一加阶,应与一子官,及出身者,若无子,听回与周亲供奉,及押阶不升坛,并坛下行事,及助耕,勒牛官,别敕差中书门下差定人等。泛阶合入三品、五品官,阶至考未定者,待考定日,听叙。非待考者,赐勋四转,未承别赐者,各赐一等。"③可以说,开元二十三年藉田赦书,对合入三品、五品阶者加以限制。升坛者合入三品、五品者减四考,坛下官则仍听考叙。显然是对开元二十年后土赦文中,升坛官免考入三品、五品阶的更正。当然在某种程度上来说,也是对开元十一年、开元十三年入阶原则的再一次松动。就唐玄宗朝行从赐授官爵而言,其品阶标准的变化集中在散官、爵及勋官上,主要表现为泛阶制的进一步发展。朝廷有意识的放开对阶官的限制,使其继续发展,后又对其加以限制,阶官泛化不会达到滥化的程度。

3. 靖难行从的赐授与职散勋爵的阶官化

安史乱后,出现多次銮舆播迁,皇帝赏赐范围扩展至行从官、行从将士、作战将士等,因其规模宏大,赏赐频次繁多,加速了职散勋爵为标志的品阶制度的发展。史载:

---

① 《张九龄集校注》卷六《东封赦书》,第 434 页。
② 《唐大诏令集》卷六十六《后土赦书》,第 373 页。
③ 《文苑英华》卷四百六十二张九龄《籍田制》,第 2356 页。

是时府库无蓄积，朝廷专以官爵赏功，诸将出征，皆给空名告身，自开府、特进、列卿、大将军，下至中郎、郎将，听临事注名。其后又听以信牒授人官爵，有至异姓王者。诸军但以职任相统摄，不复计官爵高下。及清渠之败，复以官爵收散卒。由是官爵轻而货重，大将军告身一通，才易一醉。凡应募入军者，一切衣金紫，至有朝士僮仆衣金紫，称大官，而执贱役者。名器之滥，至是而极焉。①

引文所述为唐肃宗至德二载(757)平叛期的赏赐情况。就赏赐内容而言，因府库无蓄积，朝廷无法以钱财赏功，只能以官爵充。其"空名告身""临事注名"打破了官爵的赐授程式，随意性强。其开府仪同三司、特进此类高阶文散官的赐授也属临事注名的范畴说明散官滥化极其严重。应募入军的士兵、朝士僮仆皆衣金紫，说明散官也在三品以上，可谓滥化至深。当然，其对职事官的赐授影响也较大，尤其是军队内部的职衔。大将军、将军、中郎将等亦"临事注名"，以至于出现大将军告身一通，才易一醉的现象。爵位亦是如此，以至出现"有至异性王者"打破了非李氏不称王的原则，爵授滥化趋向严重。

此后，皇帝銮舆播迁多效仿此法，官爵滥化进一步加剧。建中四年(783)十二月，唐德宗避难于奉天，任用翰林学士、祠部员外郎陆贽为考功郎中，金部员外郎吴通微为职方郎中。陆贽以为不可，上奏辞官，认为"初到奉天，扈从将吏例加两阶，今翰林独迁官"不合常理。② 引文所述，"扈从将吏例加两阶"当指依照惯例加两阶，属散官加阶中的超授现象。又，《旧唐书·浑瑊传》载：

上召瑊勉谕之，令赍空名告身自御史大夫、实封五百户以下者千余轴，募诸军突将敢死之士以当之；兼赐瑊御笔一管，当战胜，量其功伐，即署其名授之，不足者，笔书其身，因命以位。仍谓瑊曰："朕便与卿别，更不用对来，纵有急切，令马承倩在卿处，但令附奏。"瑊俯伏呜咽，上亦悲恸不自胜，抚瑊背而遣之。③

引文所述语为奉天保卫战，时朱泚叛军围困奉天，唐德宗以浑瑊行在都虞

---

① 《资治通鉴》卷二百一十九唐肃宗至德二载夏四月条，第7023—7024页。
② 《资治通鉴》卷二百二十九唐德宗建中四年十二月乙丑条，第7385页。
③ 《旧唐书》卷一百三十四《浑瑊传》，第3706页。

候、检校兵部尚书、京畿渭北节度观察使组织兵马守卫奉天。建中四年十一月十五日,叛军造云桥成,其形巨,其力强,守军皆惧,唐德宗于危难之中召浑瑊议,方有引文所述之事。此时,赐授官爵程序比至德年间更为随意。一则为唐德宗给予其空名告身千余轴;二则为赐御笔可直接在立功将士身上书写,事后由朝廷追认。赐授官爵如此随意,那么所授官爵之滥也就不足为奇。其"御史大夫、食实封五百户以下空名告身千余轴"即可为证。御史大夫为从三品职事官,此处赐授的当是御史大夫以下的兼官。爵因频繁赐授不以为重,此处以"食实封五百户以下"予以赐授,可见其猥滥之甚。

当然,上述事例皆指向皇帝播迁时期,是出于紧急情况才会大规模的赐授官爵来化解危机的。其实,乱后皇帝驾幸仍会对靖难扈从人员或行从人员予以赐转、加阶、升爵级、父祖赠官等。泾原兵变得以平定后,唐德宗乱后返京,大赦天下,其文曰:

> 扈从将士三品以上赐爵两级,四品以下各加两阶,赐勋三转;诸道刺史普加恩外,赐爵一级;诸道镇军及行营将士三品以上赐爵一级,四品以下加一阶,宣示中外,咸知朕意。①

引文为兴元元年(784)七月辛卯赦文。其赐授对象指向扈从将士、诸道刺史、诸道镇军及行营将士等。就扈从将士而言,其分三品以上与四品以下两个阶段予以赐授,内容指向散官、勋官、爵等。值得注意的是,对合入三品、五品阶者,并没有特定指出要历考选。

又,贞元元年(785)十一月癸卯日至南郊,礼毕,诏曰:

> 应奉天、兴元元年扈从,立功并收京城将士食封者,各随文武与一子官,余并加两阶,仍赐勋三转。其文武百僚应从到兴元府者,五品以上赐勋三转,其五品以下赐爵一级,六品以下加一阶,合入三品、五品者不拘考限,听叙。②

引文仍为乱后唐德宗南郊赦文,其赐授对象为靖难扈从。因扈从距离不同,赐授官爵情况也有差异。奉天、兴元扈从,立功及京城将士食封者荫子、加阶、赐勋。扈从至兴元府者,赐勋、升爵级、加阶等。诏令强调"合入三品、五

---

① 《唐大诏令集》卷一百二十三《平朱泚后车驾还京赦》,第661页。
② 《册府元龟》卷八十一《帝王部·庆赐三》,第942页。

品者不拘考限,听叙"既是对和平时期散官进阶转变的回应也是当时散阶滥化的反映。

贞元九年(793)十一月乙酉,日南至郊祀,礼毕,大赦天下曰:

> 应缘大礼职掌行军法驾南郊后留守,副留守及太仓,左藏库及陪位官等,三品以上更赐爵一级,四品以下加一阶。其郊坛官庙行事官,各赐勋两转,皇亲应陪位者三品以上赐爵一级,四品以下加一阶,及诸色应陪位官等各赐勋两转。……应缘大礼宿卫御楼立仗及守本军本营者,诸道节度在京帖仗将士,赐物有差。宰辅及在方镇者,祖父各与追赠。①

引文仍为唐德宗南郊赦文,其赏赐对象为礼仪扈从,赐授内容为散官、勋官、爵、赠官等。以三品以上官而言,若在兴元元年,贞元元年、贞元九年的赦文中皆能受赏,短短十年间则会出现爵升四级,勋加五转,阶加六级的现象。此可为行从对品阶制度拉动的反映。

4. 小结

综上,以职事官品、散阶、勋转、爵级为内容的品阶化有其特定的历史背景,就唐代皇帝行幸而言,其对行从人员的不断赏赐对品阶化的进程不断拉动,成为其完成品阶化的重要推动力量。这一拉动先后出现了由赐物向赐授官爵的转变,尤其是乾封元年的赦文成为行从官赐授官爵的开始,行从官规模性授官开始成为品阶制度发展的推力。唐中宗朝行从官赐勋转与升爵级的出现不仅加速了勋官走向百姓化,而且使爵级出现规模化赐授。虽然乾封元年出现进阶现象,且被学界普遍认定为泛阶的开始。但武则天与唐玄宗时期对进阶至五品或三品严格把关,严整考选,使得泛阶在一定程度上得到限制。尽管唐玄宗开元十一年赦文确立了五品与三品的考选原则,开元十三封禅赦文对其再次强调,但开元二十年后土赦文仍小规模的实行不限考选,说明开元十一年原则的松动,散阶在行从赏赐的拉动下继续向泛阶方向发展。安史乱后,皇帝銮舆播迁,为挽救危局,职事官品、散阶、勋转、爵级等出现滥授的现象。这一现象使得职事官不为所重,其品级逐渐成为判断差遣官与使职官高低的依据。散官也很快失去了充当"本阶"的地位,除却在宦官职官系统中充任官阶外,其在朝臣系统已经虚衔化。爵也因此出现异姓王,且打破以食邑户的数量来衡量爵的贵重,出现以"食实封"为标志

---

① 《册府元龟》卷八十一《帝王部·庆赐第三》,第 942 页。

的新的衡量标准,加上勋官在安史乱前的虚衔化。可以说这一时期靖难扈从与立功将士的规模化赐授是推进品阶制度发展的主导力量。乱后,靖难的赐授仍较频繁,赐授规模、品阶不断攀升,一方面源自于对靖难功臣的慰抚,另一方面也是出于稳定秩序的需要。可以说,行从官的赏赐也是唐代品阶制度不断发展的重要拉动力量。

二、唐末靖难扈从的赐授与功臣号品阶独立的演进

功臣号是指朝廷赐授有功之臣的名号,它并非是一种虚号,而是将勋绩叙录于"功臣"一词之上的荣誉职衔,它是朝廷对功臣进行物质赏赐、职衔封授和身份优待的重要依据。有唐一代,功臣号的赐受对象往往是在宫廷政变或平叛战争中立有大功勋之人,唐后期战乱频仍,为功臣号的滋生提供了温床,也成了功臣号品阶化的开始。伴随着官员身份的日渐隆重,作为系衔的功臣号亦在不断升级,功臣号品阶化日渐完成。可以说,功臣号品阶化的研究对透视唐代政治及品阶制度的变迁有着重要的学术意义。目前已有学者对功臣号关联问题进行考释,使得该问题的研究取得了突破性进展[1],因研究侧重点不同,其职官性质的确立、品阶独立趋向的出现、演进及确立等问题尚待考究,下文将予以解析。

1. 功臣号的品阶职官性质的确立

对功臣号的品阶职官化论述最早可追溯至马端临的《文献通考》,其文曰:

> 加功臣号,始于唐德宗,宋朝因之。至元丰乃罢,中兴后加赐者三人而已。代宗以射生军靖难而有宝应之称,德宗以泾军煽逆而有定难之号,后随事而赐亦无定名,故唐之有功者,或叙阶,或赐勋,或加以检校,或宠以名号皆上之。人有以寓一时之微权,而初无阶升必致之道四者。[2]

引文所述,"加功臣号,始于唐德宗",实非如此。在唐德宗前早有先例:唐

---

① 黄楼:《唐德宗"奉天定难功臣"、"元从奉天定难功臣"杂考》,《魏晋南北朝隋唐史资料》第24辑,武汉:武汉大学人文社会科学学报编辑部编辑出版,2008年版,第150—164页。胡耀飞:《五代十国功臣号研究》,《魏晋南北朝隋唐史资料》27辑《唐长孺先生百年诞辰纪念专辑》,武汉:武汉大学人文社会科学学报编辑部编辑出版,2011年版,第424—451页。王苗:《唐代功臣号研究》,中央民族大学硕士学位论文,2012年。

② 《文献通考》卷六十四《职官考十八·功臣》,第582页。

高祖朝有"太原元从""太原元谋功臣";唐太宗朝有"凌烟阁功臣";唐玄宗朝有"元隆功臣""蜀郡元从";唐肃宗朝有"灵武元从""宁州元从";唐代宗朝有"宝应功臣""陕州元从"等。其所论"叙阶"系指散官阶次的升高;"赐勋"即为赐以勋官;加以"检校"则指职事品充任差遣官的品阶,"宠以名号"当指赐授功臣号。基于此,马端临将功臣号与叙阶、赐勋、加以检校并为表示官员地位高低的品阶,其言甚确。从功臣号的待遇来看,与其它具有品阶性质的职官形式颇类,表现在:其一为赎刑权。武德年间就有对功臣恕死罪的记载,史载:"刘文静初为纳言时,有诏以太原元谋立功,尚书令、秦王某,尚书左仆射裴寂及文静,特恕二死。"①其以"太原元谋立功"是指刘文静、秦王李世民、裴寂皆为"太原元谋功臣"。太原元谋功臣得恕二死,为功臣恕死罪的例证。其它"元谋功臣"诸如长孙顺德、刘弘基、窦琮、柴绍、唐俭等十四人,则有"约免一死"的赎刑权。兴元元年(784)正月癸酉朔,唐德宗于奉天改元,大赦。其文曰:"诸军、诸使、诸道赴奉天,及进收京城将士等……并赐名奉天定难功臣。身有过犯,递减罪三等,子孙有过犯,递减二等。"②可见,奉天定难功臣不仅能减免自身罪责且能荫及子孙,减免子孙的罪责。正是在赎刑权的纵容下,授以功臣号者一般飞扬跋扈,十分难治。史载:

> 德宗初还长安,以神策等军有卫从之劳,皆赐名兴元元从奉天定难功臣,以官领之,抚恤优厚。禁军恃恩骄横,侵暴百姓,陵忽府县,至诟辱官吏,毁裂案牍。府县官有不胜忿而刑之者,朝笞一人,夕贬万里,由是府县虽有公严之官,莫得举其职。③

引文所述,禁军之所以"侵暴百姓,陵忽府县,至诟辱官吏,毁裂案牍",无疑来自于功臣号免罪责权的纵容。为改变这种局面,唐宪宗于元和六年(811)九月敕:"奉天定难功臣子孙有犯杀人,宜令所司准法,其余并准处分。"④以此来削弱功臣的赎刑权,恢复正常秩序。

其二为经济特权。一般来说,功臣的经济特权含物赐权、差役优待权、给复权等方面的内容。物赐权的例证可参见上元元年(760)唐肃宗的改元赦文。其文曰:"其六军及飞龙闲厩、加赐物,其成都、灵武元从扈从,递加有

---

① 《旧唐书》卷五十七《刘文静传》,第2294页。
② 《陆贽集》卷一《奉天改元大赦制》,第9—10页。
③ 《资治通鉴》卷二百三十三唐德宗贞元七年二月条,第7524页。
④ 《唐会要》卷四十五《功臣》,第948页。

差。"①其成都、灵武元从扈从"递加有差",显然是指功臣号享有递加的物赐权。经济特权中还有差役优待权。如兴元元年(784)正月癸酉朔,唐德宗于奉天改元,大赦。赦文曰:"诸军、诸使、诸道赴奉天,及进收京城将士等……并赐名奉天定难功臣。……当户应有差科使役,一切蠲免。"②其功臣号当户可以蠲免"差科使役",显然是功臣号有差役优待权的例证。此外,给复权亦是经济特权的一种。如至德二载(757)十二月戊午,唐肃宗御丹凤楼门下诏曰:"其赴蜀郡、灵武元从官及在路扈从官三品以上与一子官,四品以下与一子出身,六品以上量与进改。……其阵亡人令所在郡县收骸骨瘗埋,具酒食致祭,各与追赠,其家给复二载。"③阵亡功臣,其家给复二载,则可以证明功臣号享有给复特权。

其三为荫封子孙权。功臣荫封子孙主要表现在功臣子孙得授官爵,出身等。功臣子孙得授官爵的记载较多,如开元二十年(732)十一月,唐玄宗到达汾阴,祠后土,大赦。诏曰:"武德以来功臣后及唐隆功臣三品以上一子官。"④其三品以上功臣子得授一官,是赐授功臣子官的例证。这里的官是指职事官,也有赐勋官的情况。广德二年(764)二月戊子,唐代宗御鸣凤门,大赦。制曰:宝应功臣普恩之外,三品以上各与一子六品官,赐爵一级,四品以下各加两阶,更赐勋两转,五品以上官子为父后者,赐勋两转。⑤ 其五品以上官子为后父后者,赐勋二转,可为赐勋官内容。

值得注意的是,赐功臣子孙出身亦是功臣号荫封子孙的表现。至德二载(757)十二月,大赦。其文曰:"灵武元从、蜀郡扈从官三品以上与一子官,四品以下一子出身。"⑥乾元元年(758)正月丁未,大赦,改元。成都灵州扈从三品以上与一子官,五品以上一子出身,六品以下叙进之。⑦ 其灵武元从与灵州扈从,蜀郡扈从与成都扈从其实是同一功臣群体。至德二载,四品以下功臣赐一子出身;乾元元年,五品以上赐一子出身,显然是赐授功臣子孙出身的例证。

其四为赐授职官爵禄权。贞元二十一年(805)正月,唐顺宗即位。制曰:"陕州元从、宝应功臣、兴元元从、奉天定难功臣,赐爵勋有差,亡殁者与

---

① 《唐大诏令集》卷四《改元上元赦》,第 22 页。
② 《陆贽集》卷一《奉天改元大赦制》,第 9—10 页。
③ 《册府元龟》卷八十七《帝王部·赦宥六》,第 1034 页。
④ 《新唐书》卷五《玄宗纪》,第 137 页。
⑤ 《册府元龟》卷八十八《帝王部·赦宥七》,第 1050 页。
⑥ 《册府元龟》卷八十七《帝王部·赦宥六》,第 1034 页。
⑦ 《新唐书》卷六《肃宗纪》,第 159—160 页。

追赠。"①其功臣赐授爵、勋、赠官。宪宗元和元年(806)正月丁卯,御丹凤楼,大赦。其文曰:"陕州、奉天元从功臣,恩外更赐勋、爵。"②其功臣则赐勋、爵。结合贞元二十一年敕文可以说勋官、爵、赠官均是功臣群体的赐授内容。值得注意的是,爵禄的赐授亦属其中。如唐德宗兴元元年正月敕文曰:"诸军、诸使、诸道应赴奉天,及进收京城将士等……并赐名奉天定难功臣,其有食实封者,子孙相继代代不绝。"③按,唐后期,封爵过滥,官员赐爵多为食邑虚封的形式,其有食实封者才算是实惠的形式。奉天功臣享有世袭的食实封,是其享有爵禄权的表现。值得注意的是,功臣群体赐官形式不仅有勋、爵,还有职事官与散官。唐代宗广德二年(764)二月戊子南郊赦文曰:"成都、灵武元从普恩之外三品以上更赐一级,四品以下更加一阶。"④其成都、灵武元从三品以上赐一级,是指赐职事官一级,四品以下更加一阶则指散官一阶。可见,功臣号还会赐授职事官与散官。

综上,唐代功臣号在赎刑权、经济特权、荫封子孙权、赐授官爵权等方面已具有品阶官的性质。可见,功臣号在唐代已为系衔。正如学者所论,唐人全套官衔"可能包含大约十二个组成部分:职事官、散官、勋官、爵号、使职、检校官、兼官、试衔、功臣、持节、赏赐、死后赠官",⑤功臣号名列其中。

2."职事品＋功臣号"品阶形式的出现

唐后期战争频仍,功臣号得以不断滋生,得授功臣号的人也在不断攀升。面对庞大的扈从群体,朝廷以"职事品＋功臣号"的形式对功臣群体进行区别赏赐,这样功臣号依附于职事品开始了品阶化的进程。当然这种形式的出现与扈从功臣群体的身份选择有很大的关系。扈从功臣群体的选择并没有身份要求,而是根据是否扈从来赐授的。兴元元年(784)四月,唐德宗在梁州诏:"诸军从奉天随从将士并赐为元从奉天定难功臣,从谷口以来随从将士赐名元从功臣。"⑥元从奉天定难功臣与元从功臣的赐授对象是随从将士,随从即可赐号。元从奉天定难功臣与元从功臣的区别在于扈从皇帝的距离不同。元从奉天定难功臣是皇帝在奉天时扈从者,元从功臣则是自谷口以来的扈从者。

这种没有身份限制的赐号形式,曾遭到陆贽等人的异议。他说:"至如

① 《册府元龟》卷八十一《帝王部·庆赐三》,第943页。
② 《册府元龟》卷八十一《帝王部·庆赐三》,第943页。
③ 《册府元龟》卷五百六《邦计部·俸禄第二》,第6077页。
④ 《册府元龟》八十一《帝王部·庆赐第三》,第940页。
⑤ 赖瑞和:《论唐代的检校官制》,《汉学研究》2006年01期。
⑥ 《册府元龟》卷一百三十三《帝王部·褒功第二》,第1609页。

宫闱近侍,班列具臣,虽奔走恪居,各循厥职,而驱除剪伐,谅匪所任。又属皇舆再迁,天祸未悔,见危无补,曷谓功臣?"①陆贽认为宦官在扈从皇帝罹难中,并没有较大的功劳,不该赐功臣号。陆贽的建议并没有被采纳,随从宦官赐授功臣号的现象较为普遍。如定远城监军使、朝散大夫、行内侍省内侍伯、员外置同正员、上柱国、赐绯鱼袋刘幽严赐授奉天定难功臣,南朝元从;②朝散大夫、行内侍省内仆局令兼口味库使,牛义赐授奉天定难功臣;③朝议郎行内侍省奚官令员外置同正员丁府君赐授奉天定难功臣、兴元元从。④ 刘幽严、牛义、丁府君生前品级低微,均是以皇帝宫闱近侍身份得赐奉天定难功臣的。可见,功臣号的赐予是不以身份为标准的。

功臣号本身没有品阶,而功臣号的赐授又无身份的要求,这样为皇帝的区别赏赐带来了困难。为解决这个困难,从而出现了"职事品＋功臣号"这样一种新的品阶形式。

至德二载(757)十二月戊午,唐肃宗大赦天下。其文曰:"灵武元从、蜀郡扈从官三品以上予一子官,四品以下一子出身。瘗阵亡者,致祭之,给复其家二载。"⑤元和十四年(819)七月,唐宪宗上尊号,大赦。其文曰:"陕州元从奉天定难功臣,三品以上普恩之外赐爵一级,四品以上更赐勋三转,身殁未经追赠者宜与追赠。"⑥至德二载赦文中,赏赐对象为灵武元从、蜀郡扈从两大功臣群体。这两大功臣群体是分三品以上和四品以上两个层次进行奖赏的。职事品三品以上＋灵武元从或蜀郡扈从的功臣号,则与一子官。职事品四品以下＋灵武元从或蜀郡扈从的功臣号则与一子出身。元和十四年七月赦文也是分三品以上和四品以下两个层次对陕州元从、奉天定难功臣两大功臣群体区别赏赐的。职事品三品以上＋陕州元从或奉天定难的功臣号,则赐爵。职事品四品以下＋陕州元从或奉天定难的功臣号,则赐勋。

3. 以字数及用词不同来彰显功臣号品阶的形式

随着皇帝行幸频次的增加,唐末功臣号的名目开始增多,且功臣号的授

---

① 《陆贽集》卷十六《兴元论中官及朝官赐名定难功臣状》,第 504 页。

② 《唐代墓志汇编续集》会昌 009《唐故营幕使判官登仕郎内侍省掖庭局宫教博士上柱国刘公墓志铭并序》,第 949 页。

③ 《唐代墓志汇编续集》咸通 016《大唐故宣义郎行内侍省内仆局丞置同正员上柱国牛公墓志铭并序》,第 1045 页。

④ 《唐代墓志汇编续集》大和 047《唐故奉天定难功臣兴元元从朝议郎行内侍省奚官令员外置同正员丁府君墓志》,第 917 页。

⑤ 《新唐书》卷六《肃宗纪》,第 159 页。

⑥ 《文苑英华》卷四百二十二《元和十四年七月二十三日上尊号赦》,第 2140 页。

予频次也在增加,功臣号之间的差异越来越明显。在这种情况下,功臣号开始逐步摆脱"职事品+功臣号"的位阶形式,而是以增加字数的形式及增改用词来彰显自己的地位。这样,功臣号脱身于职事品+功臣号的模式开始以品阶独立的形式存在。唐僖宗、唐昭宗时期,皇帝多次播迁。官爵赏赐滥化严重,功臣号赐授频繁,出现同步扈从不赐授同一功臣号的情况,为功臣号品阶独立创造条件。如唐僖宗朝有奉圣保忠功臣、[①]持危启运保乂功臣、忠贞启圣定国功臣;[②]唐昭宗朝有华州安跸功臣、迎銮功臣、[③]石门扈驾功臣、[④]扶危匡国致理功臣、[⑤]忠贞平难功臣、[⑥]协盟同力功臣、[⑦]扶倾济难忠烈功臣、竭忠定难功臣、[⑧]四镇静难功臣、迎銮协赞功臣、迎銮果毅功臣、回天再造竭忠守正功臣。[⑨] 据不完全统计,唐僖宗、唐昭宗时期功臣号至少有 22 个,[⑩]这比唐僖宗前所有皇帝赐授功臣号的总数还多,几乎每一次播迁都要对扈从人员冠以功臣号。同步扈从赏赐功臣号不同为功臣号品阶独立进一步创造条件。

---

① 《杨公夫人李氏墓志》曰:"广明中,弘农杨公以黄寇犯阙,乃扈从奔蜀,至光启年,复从乘舆巡狩于岐阳。……天子复归京师,乃下诏曰:'扈从功臣,已加褒奖,追封之典,宜赐恩荣。'"(见《唐代墓志汇编》大顺 003《大唐奉圣保忠功臣左神策军兵马使押衙充昭弋都都知兵马使金紫光禄大夫检校刑部尚书兼御史大夫上柱国弘农杨公夫人陇西县君李氏墓志铭并序》,第 2523 页。)

② 《旧唐书·僖宗纪》载:"宰相韦昭度兼司空孔纬、杜让能加左右仆射,进阶开府仪同三司,并赐号持危启运保乂功臣……左右神策十军观军容使、左金吾卫上将军、左右街功德使、上柱国弘农郡开国公、杨复恭进封魏国公,加食邑七千户,赐号忠贞启圣定国功臣。"(见《旧唐书》卷十九下《僖宗纪》,第 729 页。)

③ 《新唐书·赵珝传》载:"天复初,韩建帅忠武,以珝知同州节度留后。昭宗还长安,诏入朝,赐号迎銮功臣。"(见《新唐书》卷一百八十九《赵珝传》,第 5476 页。)

④ 《文苑英华》卷四百一十九刘崇望《石门扈驾功臣六都指挥使检校司空孙德威母博陵崔氏封博陵县太君制》,第 2122 页。

⑤ 《旧唐书·崔胤传》载:"昭宗出幸石门,胤与同列徐彦若、王搏等从。车驾还宫,加礼部尚书,并赐号扶危匡国致理功臣。"(见《旧唐书》卷一百七十七《崔胤传》,第 4582—4583 页。)

⑥ 《旧唐书·昭宗纪》载:"乾宁二年(895)十二月甲申朔,昭宗御延喜门受俘。……制:'以李克用守太师、中书令,进封晋王,食邑九千户,改赐忠贞平难功臣。'"(见《旧唐书》卷二十上《昭宗纪》,第 757 页。)

⑦ 《新唐书·沙陀传》载:"昭宗东迁,诏至太原,克用泣谓其下曰:乘舆不复西矣。遣使者奔问行在,俄加号协盟同力功臣。"(见《新唐书》卷二百一十八《沙陀传》,第 6165 页。)

⑧ 《唐大诏令集·改元天复赦》载:"彦弼禀大父之规,据其大勋旷古难比,宜加美称,以播无穷,继昭、继海、彦弼宜赐号扶倾济难忠烈功臣各加实封一百户,六军将士并赐号竭忠定难功臣。"(见《唐大诏令集》卷五《改元天复赦》,第 31 页。)

⑨ 《资治通鉴·唐昭宗》:"天复三年(903)二月,戊寅,赐朱全忠号回天再造竭忠守正功臣,赐其僚佐敬翔等号迎銮协赞功臣,诸将朱友宁等号迎銮果毅功臣,都头以下号四镇静难功臣。"(见《资治通鉴》卷二百六十四唐昭宗天复三年二月戊寅条,第 8602 页。)

⑩ 《五代十国功臣号研究》,第 426 页。

文德元年(888)二月壬午,车驾自凤翔至京师。戊子,上御承天门,大赦,改元文德。文曰:"宰相韦昭度兼司空孔纬、杜让能加左右仆射,进阶开府仪同三司,并赐号持危启运保乂功臣。……左右神策十军观军容使、左金吾卫上将军、左右街功德使、上柱国弘农郡开国公,杨复恭进封魏国公,加食邑七千户,赐号忠贞启圣定国功臣。"①

光化四年(901)丁丑,赦天下,改元。其文曰:"彦弼禀大父之规,据其大勋旷古难比,宜加美称以播无穷,继昭、继诲、彦弼宜赐号扶倾济难忠烈功臣,各加实封一百户,六军将士并赐号竭忠定难功臣。"②

天复三年(903)昭宗还京,朱全忠诸将朱友宁、寇彦卿、康怀英、高季兴、张慎思、范居实等人群赐"迎銮毅勇功臣。"③

天复三年二月,戊寅,赐朱全忠号回天再造竭忠守正功臣,赐其僚佐敬翔等号迎銮协赞功臣,诸将朱友宁等号迎銮果毅功臣,都头以下号四镇静难功臣。④

按,文德元年,韦昭度、杜让能、杨复恭三人同步扈从;光化四年,孙德昭、周承诲、董彦弼及六军将士同步扈从;天复三年,朱全忠、敬翔、朱友宁等同步扈从,所授功臣号差异较大。这种差异主要表现在两方面:一是功臣号字数的长短,二是功臣号的用词。就功臣号字数长短来论,唐末先后有八字功臣号、六字功臣号、四字功臣号三种赐授形式。一般来说功臣号字数越长,功臣地位就越高。

八字功臣号者仅朱全忠一例。天复三年(903),朱全忠赐授"回天再造竭忠守正功臣"。此时,朱全忠的任职为宣武、宣义、天平、护国等军节度使、汴、宋、亳、辉、河中、晋、绛、慈等州观察处置使、太清宫修葺宫阙制置度支使、开府仪同三司、检校太师、守中书令、河中尹、上柱国、梁王、食邑九千户、食实封六百户。⑤ 朱全忠的职事官、散官、勋官、爵位、使职官、检校官、兼官等官衔均达到最高,位极人臣之列。天复三年,朱温打败李茂贞,迎唐昭宗返长安,复大唐神器。可见,八字功臣号赐授有匡国之勋,位极人臣之人。

① 《旧唐书》卷十九下《僖宗纪》,第729页。
② 《唐大诏令集》卷五《改元天复赦》,第31页。
③ 《资治通鉴》卷二百六十四昭宗天复三年二月戊寅条,第8602页。《旧五代史》卷十二《朱友伦传》,第163页。《旧五代史》卷二十《寇彦卿传》,第277页。《旧五代史》卷二十三《康怀英传》,第316页。《旧五代史》卷一百三十三《高季兴传》,第1751页。《旧五代史》卷十五《张慎思传》,第214页。《册府元龟》卷三百四十六《将帅部·佐命第七》,第3903页。
④ 《资治通鉴》卷二百六十四唐昭宗天复三年二月戊寅条,第8602页。
⑤ 《旧唐书》卷二十上《昭宗纪》,第776页。

群授六位功臣号者则有三例。文德元年(888),韦昭度、杜让能、孔纬三人赐授持危启运保义功臣,杨复恭则赐授忠贞启圣定国功臣。[①] 韦昭度时任司空、吏部尚书、平章事;[②]杜让能任开府仪同三司、左仆射、中书侍郎、同平章事兼兵部尚书、襄阳郡开国公、食邑两千户;[③]孔纬任开府仪同三司、左仆射,诸道盐铁转运使,同平章事,食邑四千户,食实封二百户,赐铁券,恕十罪,兼领京畿营田使。[④] 三人身份均为宰相,所任职事官、散官、勋官、使职官、爵位等官衔极高。三人均在唐僖宗罹难期间,扈从唐僖宗幸蜀,又扈从唐僖宗还京。以杜让能为例,皇帝在蜀"关东用兵,征发招怀,书诏云委。让能词才敏速,笔无点窜,动中事机,僖宗嘉之。"[⑤]沙陀逼近京师,唐僖宗外逃。"驾在凤翔,朱玫兵遽至,僖宗急幸宝鸡,近臣唯让能独从。"可见,唐僖宗朝六位功臣号赐授官衔极高,且有扈从之劳的宰相重臣。杨复恭任职为开府仪同三司、枢密使、左右神策十军观军容使、金吾卫上将军、左右街功德使、上柱国、魏国公、加食邑七千户。[⑥] 杨复恭任职使职官、职事官、勋官、爵位在宦官任职中已经达到最高峰。杨复恭在勘定田令孜谋反,平定黄巢之乱,稳定朝局中有定国之功。故任职极高且有定国之功的大宦官也会赐授六字功臣号。

乾宁二年(895),徐彦若、王抟、崔胤同授"扶危匡国致理功臣。"徐彦若任职司空、门下侍郎、同平章事、太清宫修奉太庙等使、充诸道盐铁转运等使。王抟任职为户部尚书、门下侍郎、同平章事、监修国史、判度支。崔胤任职为礼部尚书、同平章事、判户部事。[⑦] 三人身份均为宰相,其职事官、使职、在人臣中极高。乾宁二年李茂贞兵逼长安,徐彦若、王抟随唐昭宗逃往石门镇,乱平后又扈从还京。崔胤虽未扈从至石门,但扈卫皇帝还京仍有扈卫之功。可见,唐昭宗朝乾宁年间官衔任职极高的宰相重臣且有扈从之功者,赐授六字功臣号。

天复元年(901),孙德昭、周承诲、董彦弼同授"扶倾济难忠烈"功臣,崔胤赐授"回天兴祚平难"功臣。[⑧] 孙德昭任职静海军节度使、检校太保、平章事;周承诲任职岭南西道节度使、检校司徒、平章事;董彦弼任职宁远军节度

① 《旧唐书》卷十九下《僖宗纪》,第729页。
② 《旧唐书》卷一百七十九《韦昭度传》,第4653页。
③ 《旧唐书》卷一百七十七《杜审权附子杜让能传》,第4613页。
④ 《旧唐书》卷一百七十九《孔纬传纪》,第4650页。
⑤ 《旧唐书》卷一百七十七《杜审权附子杜让能传》,第4613页。
⑥ 《旧唐书》卷十九下《僖宗纪》,第729页。
⑦ 《旧唐书》卷二十上《昭宗纪》,第756页。
⑧ 《唐大诏令集》卷五《改元天复赦》,第31页。

使、检校司徒、平章事。崔胤任职为司空、同平章事。孙德昭、周承诲、董彦弼三人均为正一品的外州节度、使相,崔胤则为宰相重臣,品级也为正一品,四人可谓位极人臣,且四人有靖难之功。光化三年(900),宦官刘季述幽禁唐昭宗,尊奉德王监国。崔胤、周承诲、董彦弼联合军将孙德昭发动政变,杀死刘季述,唐昭宗复位。可见,唐昭宗天复元年赐授六位功臣号对功臣有两方面的要求。一是所任职衔为位极人臣的正一品,且为宰相;二是对朝廷有靖难之功。

群授四位功臣号者有四例。光化元年(898),华州兴德府将校群赐"华州安跸功臣";①天复元年(901)六军将士群授"怀忠定难功臣";②天复三年(903)昭宗还京,朱全忠诸将朱友宁、寇彦卿、康怀英、高季兴、张慎思、范居实等人群赐"迎銮毅勇功臣";③天复三年(903),朱全忠僚佐敬翔等赐授"迎銮协赞功臣",朱全忠诸将朱友宁等人赐授"迎銮果毅功臣",朱全忠诸将都头以下赐授"四镇靖难功臣"。④

唐昭宗年间四例功臣号赐授有以下特点:一是赐授对象为中高级官员。光化元年与天复元年赐授对象为中高级军官;天复三年唐昭宗还京,时朱友宁任职龚、柳二州刺史;⑤寇彦卿任职邢州刺史;⑥高季兴任职宋州刺史;⑦张慎思任职亳州刺史;⑧范居实任职锦州刺史。⑨ 五人均为从三品地方长官,康怀英任职将佐,⑩属中等军官。天复三年赐授对象中,敬翔、朱友宁等人均为高级官员,诸将都头以下则为中级官员。二是赐授者有辅助之功。光化元年华州将校有参与"驻跸"之功,天复元年将士有参与"迎銮"之功;"协赞"之功;参与"靖难"之功,多是辅助性的功勋。

可见,僖、昭时期八位功臣号、六位功臣号、四位功臣号的赐授范围有明显区别,功臣号位数越多,得授者地位越高,功劳越大。

二是功臣号的用词。功臣号中的"定国""回天""济难""保义"等都是美称,多用来表示得授功臣号者有大功勋。杨复恭赐授忠贞启圣定国功臣;崔胤则授回天兴祚平难功臣;朱全忠授回天再造竭忠守正功臣;孙德昭、周承

---

① 《唐大诏令集》卷九十九《升华州为兴德府敕》,第502页。

② 《唐大诏令集》卷五《改元天复赦》,第31页。

③ 《资治通鉴》卷二百六十四唐昭宗天复三年二月戊寅条,第8602页。

④ 《资治通鉴》卷二百六十四唐昭宗天复三年二月戊寅条,第8602页。

⑤ 《旧五代史》卷十二《朱友宁传》,第162页。

⑥ 《旧五代史》卷二十《寇彦卿传》,第277页。

⑦ 《旧五代史》卷一百三十三《高季兴传》,第1751页。

⑧ 《旧五代史》卷十五《张慎思传》,第214页

⑨ 《册府元龟》卷三百四十六《将帅部·佐命七》,第3903页。

⑩ 《旧五代史》卷二十三《康怀英传》,第316页。

诲、董彦弼群赐扶倾济难忠烈功臣可为例证。功臣号中的"协赞""怀忠""迎銮"等也是美称,多用来表示得授功臣号者的一般功勋。敬翔授迎銮协赞功臣;六军将士授怀忠定难功臣;朱友宁授迎銮果毅功臣是为例证。

4. 小结

前述,功臣号在唐代有赎刑权、物赐权、差役优待权、给复权、荫封权、赐授职官爵禄权等待遇。可见,功臣号在唐代已具有品阶职官性质,是功臣号品阶化的结果。功臣号的品阶化起初是以职事品＋功臣号形式出现的,随着赐授频率增加,同步扈从赐授不同功臣号的出现,功臣号的品阶独立趋向初步形成,这种趋向表现在功臣号的字数长短及用词讲究两个方面。

这种以字数长短及用词讲究来表示功臣号品阶的趋向在五代时期得到较大发展。这主要表现在两个方面:一是功臣名号字数不断增加,有的将相大臣加至十余字。如冯道,功臣名号就有"经邦致理翊赞功臣、守正崇德保邦致理功臣、安时处顺守义崇静功臣、崇仁保德宁邦翊圣"功臣四个之多,[1]其功臣名号有六字和八字两种。二是以职官性质对应功臣号赐授情况出现。后唐庄宗同光元年(923)三月,诏敕"都将官员司",并赐"协谋定乱佐国功臣";自仆射、尚书、常侍,至大夫、中丞,宜并赐"忠勇拱卫功臣"。其初带衔,宜并赐"忠烈功臣"。其节级长行军将,并赐"扈跸功臣。"[2]都将赐授六字功臣号;仆射、尚书、常侍,至大夫、中丞赐四字功臣号;军将赐授二字功臣号。功臣号的赐授与官员任职性质相对应,使得功臣号品阶化开始完成。

北宋时期,功臣号字数及用词得以制度化,功臣号独立品阶地位正式完成。就字数而言,宋制:"宰相初加即六字,余并四字,其累加则二字。中书、枢密所赐,若罢免或出镇,则改之。其诸班直将士禁军,则赐'拱卫'、'翊卫'等号,遇恩累加,但改其名,不过两字。"[3]宰相任职初赐六字功臣号,累加至八字功臣号;余官则初赐四字功臣号,累加至六字功臣号;禁军将士单赐二字功臣号则说明功臣号字数与官员任职挂钩,成为功臣号品阶独立的标志。

就用词而言,宋制以"推忠、佐理、协谋、同德、守正、亮节、翊戴、赞治、崇仁、保运、经邦"等十一词赐中书、枢密臣僚;用"推忠、保德、翊戴、守正、亮节、同德、佐运、崇仁、协恭、赞治、宣德、纯诚、保节、保顺、忠亮、竭诚、奉化、效顺、顺化"等十九词赐文武臣僚外臣;还有"拱卫、翊卫、卫圣、保顺、忠勇、

---

① 《旧五代史》卷一百一十六《冯道传》,第1662页。
② 《册府元龟》卷一百三十三《帝王部·褒功二》,第1474页。
③ 《宋史》卷一百七十《职官志十》,第4080页。

拱极、护圣、奉庆、果毅、肃卫"等十词赐诸班直将士禁军。[①] 中书、枢密，文武臣僚，班直禁军将士赐授功臣号用词选择均有明确规定。在规定用词内，初赐与改赐也有先后之分。可见，宋代功臣号用词规定也是功臣号品阶化完成的标志。唐代功臣号摆脱对职事品依附起，功臣号开始以字数长短及用词讲究来显示其品阶差异，这成为功臣号品阶独立的标志，也是五代、宋功臣号品阶独立完成的基础。

---

① 《宋史》卷一百六十九《职官志九》，第 4062 页。

第五章　驾行给养与供置制度

有学者在总结唐代前、后期皇帝行幸特点时，认为唐前期皇帝喜欢巡狩，"他们大多数时间不是住在离宫别苑，就是驾幸各地"。而唐后期帝王的巡狩不是游乐就是避难，再就是崇佛。[①] 归结而言，即唐前期皇帝常进行离京的巡幸以展其威，唐后期皇帝除却罹难出京外，多在京城内游幸。出现这一现象的原因在于国力强弱，也就是说能否对扈从的千乘万骑提供即时供给；能否对周行处实行蠲免钱粮来恢复生产；能否对随众与望幸者赐以丰厚赏赐以安天下。正如元稹形容天宝年间唐玄宗驾幸温泉宫带来的是"物议喧嚣，财力耗顿，数年之外，天下萧然"。[②] 基于此，唐后期皇帝很难再进行长时段远行了。当然，皇帝的短途出行与长途远行对给养与供置的要求明显不同。一般来说，皇帝的短途出行尤其是宫苑行幸对物质供养与人力调度要求并不高，内容多集于饮宴地的转移，兵将的宿卫与伶工的选择等。长途出行则与之不同，其要在设施建设、给养供置等方面进行全方位的准备方可。其设施建设表现为驾行途中或驻跸地的宫苑修建。其给养供置表现为皇帝与扈从人员的给养供备，具体而言，包括所司供备、地方供备与献食等。为全面展现皇帝驾行供置制度及其运作，本节拟分二部分予以解析，具体内容如下。

第一节　驾行前的宫苑建设

皇帝在京城内的行幸，其动机多出自个人意志，出行程式也相对简单，且具游幸性质，为满足出行的需要，唐政府往往在京内游幸区进行建设与维

---

①　《唐代巡狩制度研究》，第53—54页。于俊利也有相类的观点，称之为"前期亲巡，后期避难"。（见《唐代礼制文化与文学》，第243—248页。）

②　（唐）元稹：《元氏长庆集》卷三十四《两省供奉官谏驾幸温汤状》，上海：上海古籍出版社，1994年版，第181页。

护。尽管远途出行在诸多方面与之不同,但仍要在置顿处进行建设与管理,以保障出行的顺利实施。为此,本节以驾行前的宫苑建设为切入点,拟分两部分进行解析,具体内容如下。

一、长安城内夹城及复道建设

何谓夹城?《雍录》有云:"若夫骊山之甬道,即唐之夹城也。"[①]应劭注《史记》"甬道"时云:"筑垣墙如街巷"。[②] 即两墙对起,筑垣墙如街巷者也。又谓:"于驰道外筑墙,天子于中行,外人不见"。[③] 此在建筑与应用方面与唐夹城颇类。如唐玄宗朝南内兴庆宫与大内之间既有夹城又有复道,故,"人主往来两宫人莫知之。"[④]

唐夹城始建于何时? 赵雨乐先生曾据隋置洛阳宫城由曜仪城与园壁城之城墙相夹,判断夹城建筑在唐立国以来已然存在。[⑤] 秦萌先生以曜仪城是否为夹城的性质不明予以辩证,并引相关史料将夹城始设时间定于调露元年(679)后。[⑥] 两位先生观点的差异其实是承隋与唐建的区分,并无实际差别。值得肯定的是,学界均将唐夹城的规模化建设指向唐高宗武则天时期,其言甚确。《新唐书·地理志》曰:"上阳宫在禁苑之东,东接皇城之西南隅,上元中置,高宗之季常居以听政。"[⑦]按,上阳宫建成于调露元年,其在皇城之外,离宫城尚有一段距离,需筑夹城方便唐高宗往来两宫之间。夹城路线一般是"君主自某宫门而出,沿夹城复道通往另一宫城外围,再通过城墙重门进入,由此形成一组互相制约的掩护路线"。[⑧] 据《唐六典》注文:"洛城南门之西有丽景夹城,自此潜通于上阳宫焉"[⑨]可判断洛阳宫城到达上阳宫的路线为出洛阳城南门、历崇庆门、宜辉门、丽景门至上阳宫。又,武则天载初元年(690)二月辛酉,"太后策贡士于洛城殿"。胡注曰:洛城南门之西有丽景,夹城自此潜通上阳宫,洛城南门之内有洛城殿。[⑩] 胡三省所注亦即洛阳殿至上阳宫的路线。

---

① 《雍录》卷二《阁道甬道复道夹城唐附》,第39页。
② 《史记》卷六《秦始皇本纪第六》,第242页。
③ 《史记》卷六《秦始皇本纪第六》,第242页。
④ 《旧唐书》卷三十八《关内道·京师》,第1394页。
⑤ 赵雨乐:《唐玄宗政权与夹城复道》,《陕西师范大学》(哲学社会科学版)2004年01期。
⑥ 秦萌:《略论唐长安城和洛阳城中的夹城》,《乾陵文化研究》,西安:三秦出版社,2019年版,第274—275页。
⑦ 《新唐书》卷三十八《地理志二》,第982页。
⑧ 赵雨乐:《唐玄宗政权与夹城复道》,《陕西师范大学》(哲学社会科学版)2004年01期。
⑨ 《唐六典》卷七《工部》,第221页。
⑩ 《资治通鉴》卷二百四则天顺圣皇后天授元年二月条,第6463页。

唐代长安城的夹城始建年代不详,赵雨乐先生认为太极宫夹城及军厩是武后时期并生的产物,其在铲除韦后之乱与唐隆政变中发挥重要作用。① 但夹城的规模化建设始于唐玄宗时期。唐玄宗当政后,长安城实则由三个政务中心组成。一是位于西内的太极宫;二是位于龙首原上的东内大明宫;三是位于皇城以南的潜邸兴庆宫。适用于不同的政治需求,唐玄宗于开元二年(714)修建兴庆宫时置北段夹城,即大明宫至兴庆宫段,②开元十四年(726)扩建兴庆宫时沿东郭城营造的复道,由大明宫可直接潜行至兴庆宫。③ 这样,太极宫、大明宫、兴庆宫连成一个新的网络据点,在政务运行发挥着重要作用。④ 当然其还具稳定政权的功用。黄永年先生曾就唐玄宗建"十王宅""百孙院""太子随乘舆而居"的举措予以考释,认定其为稳固政权的需要采取的"防微杜渐"之措施。⑤ 北段夹城建设亦能对这一举措予以配合。史载,东封年(开元十三年)"诸子年以渐成长,乃于安国寺东附苑城同为大宅,分院居,为十王宅。令中官押之,于夹城中起居"。⑥ 按,十王宅位于朱雀街第五街即皇城东第三街,向南经兴宁坊、永嘉坊至兴庆宫;向西经长乐坊、翊善坊至大明宫。十王宅若有异动,皆能迅速到达,监视意味极为浓厚。

在北段夹城建设的同时,南段夹城也很快提上日程。开元二十年(732)唐玄宗下令"筑夹城通芙蓉园,自大明宫夹罗城"。⑦ 这样,兴庆宫至大明宫至芙蓉园的夹城建设就完成了。与其说北段夹城的建设更多地是为满足政治需要而立,那么南段夹城则更多地满足皇帝的游幸所需。南段夹城可以自东罗城复道经通化门直达兴庆宫,再经春明门、延兴门到达曲江、芙蓉园等地,达到外人不得见的效果。唐后期,国力无力支撑皇帝的离京巡幸,长安城的游幸已成为皇帝出行的重心。这样,唐玄宗时期建设的南段夹城成为唐后期皇帝行幸的主要通道。诸如杜牧有诗曰:"六龙南幸芙蓉苑,十里飘香入夹城"当即如此。又,《南部新书》云:

---

① 赵雨乐:《唐玄宗政权与夹城复道》,《陕西师范大学学报》(哲学社会科学版)2004 年 01 期。

② 徐雪强:《唐长安夹城复道新开门考》,《唐史论丛》22 辑,西安:三秦出版社,2016 年版,第 251 页。

③ 陕西省文物管理委员会:《唐长安城地基初步探测》,《考古学报》1957 年 01 期。

④ 详见赵雨乐:《唐玄宗政权与夹城复道》,《陕西师范大学学报》(哲学社会科学版)2004 年 01 期。

⑤ 《六至九世纪中国政治史》,第 221—225 页。

⑥ 《旧唐书》卷一百七《凉王璿传》,第 3271 页。

⑦ 《雍录》卷四《兴庆宫说》,第 79 页。

　　长安三月十五日，两街看牡丹，奔走车马，慈恩寺元果院牡丹，先于诸牡丹半月开；太真院牡丹，后诸牡丹半月开。故裴兵部怜白牡丹诗，自题于佛殿东颊唇壁之上。太和中，车驾自夹城出芙蓉园，路幸此寺，见所题诗，吟玩久之。①

其所谓"大和中，车驾自夹城幸芙蓉园"，说明唐后期大内通芙蓉园的夹城仍在使用。唐玄宗以后，为满足现实需求，仍有夹城建设。唐德宗贞元四年(788)广延喜楼夹城，②贞元十二年(796)增修望仙门，广夹城、十王宅、六王宅。③元和二年(807)唐宪宗筑晨辉楼夹城。④元和十二年(817)四月，唐宪宗命右神策军中尉"第五守进以众二千，筑夹城，自云韶门，芳林门西至修德里，以通于兴福寺"。⑤此可为唐后期皇帝行幸趋向的反映。

　　与夹城相类，复道亦为宫殿内部道路的一种。何谓复道呢？裴骃《集解》曰："如淳曰：'上下有道，故谓之复道。'"⑥鲁维铭、李令福两位先生以是否架离地面；是否覆顶；两侧构造；下部是否有对应道路；主要应用等五个维度对秦汉时期的复道、阁道、甬道进行对比，认为复道短者架离地面，长者筑于夯土之上；其多覆顶(尤其帝王所用复道应有覆顶)；其两侧木制护栏；其下部有对应道路；其连接各个宫殿区、拓展都城空间和用于军事等。⑦秦汉时期复道建设与唐代相类。《雍录》曰："其阁上阁下皆有行路，故名复道也。"⑧杜牧所谓"复道行空，不霁何虹"即是如此。

　　笔者目前所见史料，唐代的复道建设始于唐高宗武则天时期。唐代文人宋之问有文曰：

　　　　复道开行殿，钩陈列禁兵。和风吹鼓角，佳气动旗旌。后骑回天苑，前山入御营。万方俱下拜，相与乐升平。⑨

引文所述，"复道开行殿"，说明宋之问时期已具复道。按，宋之问在唐睿宗

---

①　《南部新书·丁部》，第49页。

②　《唐会要》卷三十《杂记》，第654页。

③　《旧唐书》卷十三《德宗纪下》，第384页。

④　《旧唐书》卷十四《宪宗纪上》，第421页。

⑤　《册府元龟》卷十四《帝王部·都邑二》，第160页。

⑥　《史记》卷五十五《留侯世家第二十五》，第2043页。

⑦　鲁维铭、李令福：《秦汉复道、阁道、甬道考略》，《唐都学刊》2020年01期。

⑧　(宋)程大昌撰，黄永年点校：《雍录》卷二《阁道甬道复道夹城唐附》，北京：中华书局，2002年版，第39页。

⑨　《文苑英华》卷一百六十七宋之问《颂》，第802页。

即位时被流放,先天元年(712)被赐死,宋之问生活的主要时期是在唐高宗、武则天时期,①可以说这一时期复道已经在宫廷中发挥重要作用。又,《旧唐书·地理志》载:"上阳宫,在宫城之西南隅……上阳之西,隔谷水有西上阳宫,虹梁跨谷,行幸往来。皆高宗龙朔后置。"②其"虹梁跨谷"与前述杜牧"不霁何虹"记载颇类,皆指复道。其"皆高宗龙朔后置"说明东都在唐高宗龙朔年后已有复道建设。据此,可对前述结论提供佐证。

一如夹城,唐长安城复道的规模化建设仍与唐玄宗密切相关。史载:"开元二年(714)秋,七月,宋王成器等请献兴庆坊宅为离宫;甲寅,制许之,始作兴庆宫。"③胡三省注其曰:"兴庆宫,后谓之南内,在皇城东南,距京城之东,直东内之南。自东内达南内,有夹城复道,经通化门达南内,人主往来两宫,外人莫知之。"④兴庆宫复道其实是伴随兴庆宫建设而行的。开元七年(719),唐玄宗从复道中窥见卫士食毕后将余食弃于窦中,十分生气,欲杖杀之。宁王宪从容谏之,卫士得赦免之。⑤ 按,此事发生的背景是武惠妃过生日,唐玄宗与诸公主按舞于万岁楼,唐玄宗乘步辇过复道所得。其虽未明确行幸地,足以证明行从复道已为普遍现象。开元二十年(732)唐玄宗扩建了大明宫至兴庆宫的复道。这条复道在唐后期仍在使用。长庆三年(823)八月唐穆宗"由复道幸兴庆宫,至通化门,赐持盂僧绢二百匹,因幸五坊,赐从官金银铤有差"。⑥ 开元二十年唐玄宗亦筑复道由通化、安兴门次经春明门、延喜门,又可以达曲江、芙蓉园而外人不知也。⑦ 这样,一如夹城,东内、南内、曲江、芙蓉园已形成便利交通网。

唐玄宗以后,皇帝离京巡幸渐少,长安城的游幸成为唐后期皇帝出行的主旋律。复道建设也在不断扩容。唐德宗贞元四年(788)二月"筑延喜门北复道属于永春门,复修延喜门观"。⑧ 永春门即太极宫旁东宫之正门,门东西有左右永福门。延喜门是皇城的东面二门之一,其在景风门之北。唐德宗修此复道既为政治所需又能满足游幸目的。其修复道同时又"复修延喜门观"当为游幸所需。另有史载,回鹘使与回鹘公主来朝,唐德宗御至延喜门观之;唐宣宗御延喜门见河陇老幼数千人,赐以冠带等活动可视为政治

① 《旧唐书》卷一百九十中《宋之问传》,第5025页。
② 《旧唐书》卷三十八《地理志一·河南道·东都》,第1421页。
③ 《资治通鉴》卷二百一十一唐玄宗开元二年秋七月条,第6703页。
④ 《资治通鉴》卷二百一十一唐玄宗开元二年秋七月条胡三省注"兴庆宫",第6703页。
⑤ (唐)郑处诲撰,田廷柱点校:《明皇杂录·补遗》,北京:中华书局,1994年版,第47页。
⑥ 《旧唐书》卷十六《穆宗纪》,第503页。
⑦ 《雍录》卷四《兴庆宫说》,第79页。
⑧ 《册府元龟》卷十四《帝王部·都邑第二》,第159页。

所需。

唐宪宗元和八年(813)秋七月癸酉,"命中尉彭中献修兴唐观,壮其规制,北拒禁城,开复道以通行幸"。① 兴唐观在长乐坊,又名延政坊,该坊在朱雀街东第四街,即皇城之东第二街,街东从北第一坊。该观初修于开元十八年(730),复修于元和八年。此次复修,由神策中尉帅徒三百人进行,赐钱千万以壮其势。因其北拒禁城,开复道以为行幸之所,以内库绢千匹,柴千斤为夫役之赐,庄宅钱五十万,杂谷千石充修斋醮之费。② 按,其"北拒禁城"当指东内大明宫,此处开通复道即方便大明宫与兴唐观之间的交通。由兴唐观再建所费而言,更多地传达了皇帝行幸的政治趋向。

唐穆宗、唐宣宗或因佞佛,或因追怀祈福亦建复道备行幸。唐穆宗长庆二年(822)冬十月己卯"由复道幸咸阳,止于善因佛寺,施僧钱百万,咸阳令绢百匹"。③ 唐宣宗"以宪宗曾幸青龙寺,命复道开便门。至青龙佛宫,永日升眺,追感元和圣迹,怅望久之"。④ 唐宣宗尝出内府钱帛,建报圣寺……每由复道至寺,凡进荐于介福者,虽甚微细,必手自题缄。⑤ 此皆为唐后期皇帝游幸提供便利。

二、行宫的营建与管理

行宫语义颇广,其既指皇帝于都城外建造的临时宫殿,亦指皇帝于京外临时居住的衙署或置顿地,还指皇帝行驻跸礼的休憩地,当然也包括因仓促行幸而处的避难所。一般来说,行宫的研究对象集于京城外的离宫或驿路宫室。因行宫是皇帝行幸的驻跸所,其营建、供备与管理均属供置内容,亦即本文考察对象,现解析如下。

1. 行宫营建

为方便行幸,唐代皇帝修建了大量的行宫。史籍可考者关中行宫 19 座,⑥关中之外约 29 座。⑦ 无论是避暑宫、温泉宫、两京道行宫还是其它行宫,⑧其建设皆十分讲究,往往是宫、殿、阁、苑为一体的建设。

---

① 《旧唐书》卷十五《宪宗纪下》,第 446 页。

② (宋)宋敏求撰,(元)李好文撰,辛德勇、郎洁点校:《长安志》卷八《唐京城二》,西安:三秦出版社,2013 年版,第 290 页。

③ 《旧唐书》卷十六《穆宗纪》,第 500 页。

④ 《东观奏记》卷中,第 108 页。

⑤ 《唐语林》卷一《德行》,第 18 页。

⑥ 介永强:《关中唐代行宫考》,《中国历史地理论丛》2000 年 03 期。

⑦ 介永强:《唐代行宫考逸》,《中国历史地理论丛》2001 年 02 期。

⑧ 吴宏岐先生将行宫分为避暑宫、温泉宫、两京道行宫及其它行宫。(见吴宏岐:《隋唐帝王行宫的地域分布》,《中国历史地理论丛》1994 年 02 期。)

　　首先是行宫设苑。苑即苑囿，即以垣为之用以植木林养禽兽，供帝王游猎之用，其在行宫建设中往往是必营之所。《周礼·地官·囿人》载囿人掌"囿游之兽禁"。郑注："囿游，囿之离宫小苑观处也。养兽以宴乐视之；禁者，其蕃卫也。"①唐因其制，离宫别馆均设苑，九成宫在麟游县西五里处，其本是隋代的仁寿宫，隋恭帝义宁元年（617）废之。唐贞观五年（631）复置之。唐永徽二年（651）更名曰万年宫，唐乾封二年（667）复更为九成宫。史载其"周垣千八百步，并置禁苑及府库官寺等"。② 其置"禁苑"即为其证。太和宫又名翠微宫，其位于长安县南二十五里终南山太和谷中。初造于武德八年（625）四月，贞观十年（636）废之，贞观二十一年（647）四月复置之。史载"（唐太宗）遣将作大匠阎立德就顺阳王第取材瓦以建之。包山为苑，自栽木至于设幄，九日而毕功，因改为翠微宫"。③ 其"包山为苑"亦可为证。此外，玉华宫的营建亦是如此。玉华宫原名仁智宫，其位于宜州宜君县的凤凰谷中。④ 该宫初建于武德七年（624）五月，弥月乃成。唐高祖多次幸之。贞观二十一年（647）七月，唐太宗遣将作大匠阎立德复营之。史载："匠人以为层岩峻谷，元览遐长，于是疏泉抗殿，包山通苑。"⑤至贞观二十二年（648）其宫已成，唐太宗颁发《玉华宫成曲赦宜君县诏》，其文曰："今既成之不日，赖洽普天……先在宫苑内住，移出外者，给复三年。"⑥其"包山通苑""宫苑"均可证实玉华宫营建中得具苑囿。

　　其次是行宫具殿、阁、楼一体建设。宫即宫室房屋之意，其行宫营建亦仿宫城设计具殿、阁、楼一体化建设。永徽二年（651），唐高宗颁发诏令废玉华宫为寺庙，其文曰："便以玉华为名寺，内有肃成殿。"⑦此为行宫具殿的例证。开元二十六年（738）十月，唐玄宗曾于"两京路行宫各造殿宇及屋千间"。⑧ 此即营建殿宇又一例证。其一体化建设以华清宫最为典型。华清宫属疗养性行宫，其背靠骊山，山下有温泉相依，成为唐代皇帝巡幸最为频繁的行宫之一。仅唐玄宗一朝而言，其于开元二年（714）至天宝十四载（755）年间，游幸华清宫多达 36 次之多。为此，华清宫的建设也在不断扩容。有学者统计华清宫共建六门、十殿、四楼、二阁、五汤、六园、百官衙署和

---

① 《周礼注疏》卷十六《地官·囿人》，《十三经注疏》，第 1614 页。
② 《新唐书》卷三十七《地理志一·凤翔府》，第 966 页。
③ 《唐会要》卷三十《太和宫》，第 641 页。
④ 《唐大诏令集》卷一百八《建玉华宫于宜君县凤凰谷诏》，第 559 页。
⑤ 《册府元龟》卷一四《帝王部·都邑》，第 155 页。
⑥ 《唐大诏令集》卷一百八《玉华宫成曲赦宜君县诏》，第 560 页。
⑦ 《元和郡县志》卷三《关内道·坊州》，第 73 页。
⑧ 《册府元龟》卷十四《帝王部·都邑二》，第 158 页。

公卿府第等。① 故杜牧有诗云:"长安回望绣成堆,山顶千门次第开";白居易所谓"高高骊山上有宫,朱楼紫殿三四重"均予以形容华清宫楼阁鳞次之胜景。

再次是行宫具百司廨署及官舍建设。行宫中一般有百司廨署设置,这样就能很快组织一个新的政治中心来完成唐政府的政务运行。唐太宗贞观二十一年(647)复营太和宫,笼山为苑,自初裁至于设幄,九日而罢功,因改名翠微宫。为方便政务运作与扈从官员的安置,特设太子寓所与百官廨署。史载:"皇太子所居南风门之东,正门谓之嘉礼殿,名晖和殿,官曹寺署并皆创立,微事营造,庶物亦扰,市取供而折番和雇之费,以巨亿计矣。"②即可为证。贞观二十二年(648)二月,唐太宗营建玉华宫亦即如此。史载:"备设太子宫、百司,苞山络野,所费已巨亿计。"③永徽五年(654)三月,唐高宗幸万年宫"谓太尉长孙无忌曰……朕离此十年,屋宇无多损坏,昨者不易一椽一瓦便已可安,不知公等得安堵未,曹司廨署周足"。④ 其"曹司廨署周足"亦可为证。天宝六载(747)十二月发冯翊、华阴等郡丁夫,筑会昌罗城于温阳,置百司。⑤ 亦可为证。如果说百司廨署属用以维持政务的办公场所,那么六军营垒则为从驾军将的环卫之所,同样不可偏废。唐敬宗欲行幸洛阳,时朝廷国力已不能支撑皇帝的洛阳之行,故而裴度予以劝谏,其言曰:"东都宫阙及六军营垒、百司廨署,悉多荒废。陛下必欲行幸,亦须稍稍修葺。一年半岁后,方可议行。"⑥基于此,唐敬宗很快放弃了洛阳之行。其所谓"六军营垒"即可为证。

当然,官舍亦为行宫营建中不可或缺的住宅场所。生活于唐代初年的费智海于唐高宗上元三年(676)五月十七日,终于岐州麟游县九成宫北中上署之官舍。按,《费智海墓志》云:"既而凉宫陪驾,伫旋鸣□之□"即指其非九成宫常驻管理人员,实为陪驾者。其逝世的状态为"暴疾",生前所任征事郎守内侍省内仆局令⑦当为卒前官。其所任散官官阶为正八品下,职事官

---

① 《雍录》卷四《华清宫图·温泉说》,第82—83页。李宗昱:《唐华清宫的营建与布局研究》,陕西师范大学硕士学位论文,2011年,第25页。

② 《册府元龟》卷十四《帝王部·都邑第二》,第155页。

③ 《资治通鉴》卷一百九十八唐太宗贞观二十二年春二月条,第6253页。

④ 《册府元龟》卷十四《帝王部·都邑第二》,第156页。

⑤ 《册府元龟》卷十四《帝王部·都邑第二》,第159页。

⑥ 《旧唐书》卷一百七十《裴度传》,第4428页。

⑦ 费智海墓志云:其为承奉郎守内侍省内仆局令,后因功加一阶仍为内仆局令,故其所任职官当为征事郎守内侍省内仆局令。(见《唐代墓志汇编续集》上元021《大唐故内侍省内仆局令费府君墓志铭》,第224页。)

品级为正八品下。实为低品宦官,其卒于中上署之官舍即可说明唐初九成宫已具官舍,其官舍性质以所任职官予以划分。私宅也属官舍一种。如马周为唐太宗政务要臣,其常为随驾官从幸,贞观十八年(644)马周迁中书令随幸翠微宫,时唐太宗以马周病消渴,弥年不愈,乃下敕"求胜地为周起宅,名医内使相望不绝,每令常食以御膳供之,唐太宗躬为调药,皇太子临问"。① 引文凸显唐太宗对马周恩遇的同时也给我们提供了行宫起宅的信息。作为皇帝冬季疗养行宫,华清宫的私宅建设亦是如此。天宝三载(744)十二月,唐玄宗发冯翊、华阴民夫筑会昌城于温阳,史称"置百司,王公各置地舍,土亩值千金"。② 筑会昌城是华清宫的一次扩容,亦是华清宫的规模与景观达到极致的标志。③ 可以说,"王公各置地舍"是华清宫私宅建设的证据。又,程大昌在《温泉说》开篇品评道:"盖即山建宫,百司庶府皆行,各有寓止,自十月往,至岁尽乃还"。④ 其"各有寓止"即云华清宫扈从人员的私宅建设。除却一般扈从官外,王公贵戚的私宅是行宫寓止建设的亮点之一。唐玄宗每岁幸华清宫,宫侧亦有十王院、百孙院。宫人每院四百,百孙院三四十人。太子亦不居于东宫,但居于乘舆所幸之别院。⑤ 此为唐玄宗为宗室诸王所备行宫寓止。作为唐玄宗统治后期最具权势的外戚势力,杨氏家族在华清宫的寓止同样是亮点。唐玄宗常岁十月幸华清宫,春乃还,而诸杨汤沐馆在宫东垣,连蔓相照,杨国忠的宅第在华清宫东门之南,与虢国夫人宅第相对,韩国夫人与秦国夫人的宅第亦甍栋相接,天子临幸,必遍五家,赏赉不訾计。⑥ 可以说,作为贵戚的诸杨宅府也在华清宫周围。如果说诸杨是中央势力的代表,那么安禄山当为外官势力的宠臣。为表达对安禄山的宠信,天宝九载(750),唐玄宗特令有司于温泉为安禄山起宅,⑦亦可为证。

复次是行宫周围城郭建设。为满足行宫供备的需要,皇帝往往会析置州县,填城溢郭,用以供置。久视元年(700),时任右补阙的张说见武则天幸三阳宫不回,上疏谏曰:"告成褊小,万方辐凑,填城溢郭,并插无所排斥,居人蓬宿草次,风雨暴至不知庇托,孤惸老疾流转街巷,陛下作人父母将若

---

① 《太平广记》卷一百六十四《马周》,第 1192 页。
② 《资治通鉴》卷二百一十五唐玄宗天宝三载十二月壬戌条,第 6883 页。
③ 《唐华清宫的营建与布局研究》,第 25 页。
④ 《雍录》卷四《华清宫图·温泉说》,第 83 页。
⑤ 《旧唐书》卷一百七《凉王璇传》,第 3272 页。
⑥ 《新唐书》卷二百六《杨国忠传》,第 5849 页。《旧唐书》卷一百六《杨国忠传》,第 3245 页
⑦ 《资治通鉴》卷二百十六唐玄宗天宝九载冬十月庚申条,第 6900 页。

之。"①据张说所言,三阳宫建设要填城溢郭,排斥居人,这样不仅能保证皇帝的安全,还能因万方辐凑保证皇帝行幸的供备。又,会昌城的发展与华清宫的建设是分不开的。史载:"(昭应)有宫在骊山下,贞观十八年(644)置,咸亨二年(671)始名温泉宫。三载(744),以县去宫远,析新丰、万年置会昌县。六载(747),更温泉曰华清宫,宫治汤井为池,环山列宫室,又筑罗城,置百司及十宅。七载(748)省新丰,更会昌县及山曰昭应。"②即天宝三载以县去宫远,析新丰、万年置会昌县。析置会昌县的同时,同年十二月壬戌日,"发冯翊、华阴民夫筑会昌城,置百司。王公各置第舍,土亩直千金"。③ 天宝七载会昌县进一步扩大,省新丰,更会昌县及山曰昭应。可以说,析置会昌县与建会昌城是满足行幸供置的一大举措。同理,兴泰县的成立与兴泰宫的建设也是分不开的。史载:"寿安县西南四十里万安山有兴泰宫,长安四年(704)置,并析置兴泰县,神龙元年(705)省。"④亦可为证。

最后是临时顿置所的改充。为保障皇帝行幸所需,唐政府往往以府廨为临时行宫。这一驻跸形态早在唐朝前期业已出现。麟德二年(665)十二月丙午,唐高宗"御齐州大厅。乙卯,命有司祭泰山。丙辰,发灵严顿"。⑤也就是说,唐高宗以齐州府廨为行宫,以备封禅大礼。尽管皇帝驻地为官衙府廨,出于礼的需要,其仍称行宫,仍仿行宫驻跸管理。开元十九年(731)冬,唐玄宗东巡至陕,"以厅为殿,郭门皆属城门局。薛王车牛夜发,及郭,西门不开,掌门者云:钥匙进内。家仆不之信,乃坏锁彻关而入。比明日,有司以闻,上以金吾警夜不谨,将军段崇简授代州督,坏锁奴杖杀之。"⑥其"以厅为殿,郭门为城门"实则仿行宫之设。薛王家奴夜坏锁出,严重破坏了城门启闭制度,被杖杀。同时,金吾将军清夜不谨被外放做官。则是仿行宫之管理来进行。这一驻跸形态在唐后期应用较多,且扩容至馆舍、寺院等地。

唐后期銮舆播迁频仍,皇帝往往仓促行幸,驿路行宫往往来不及修缮,驻跸地也面临着多重选择。天宝十五载(756)七月庚辰,"车驾至蜀郡,扈从官吏军士到者一千三百人,宫女二十四人而已。八月癸未朔,御蜀都府

① 《文苑英华》卷六百张说《谏则天幸三阳宫表》,第 3118 页。
② 《新唐书》卷三十七《地理志一·京兆府》,第 962 页。
③ 《资治通鉴》卷二百一十五唐玄宗天宝三载十二月壬戌条,第 6883 页。
④ 《新唐书》卷三十八《地理志二·河南府》,第 983 页。
⑤ 《旧唐书》卷四《高宗纪上》,第 87 页。
⑥ 《南部新书·己部》,第 80 页。

衙宣诏"。① 又如，唐僖宗光启三年（888）三月壬辰，车驾至凤翔，节度使李昌符，恐车驾还京虽不治前过，恩赏必疏，乃以宫室未完，固请驻跸府舍，从之。② 此外还有，唐昭宗乾宁三年（896）秋，七月丙申，"至华州，以府署为行宫；建视事于龙兴寺"。③ 此皆为驻跸官衙府廨的例证。

如前所述，仍有以其它驻跸点为行宫的现象。剑南节度使鲜于仲通曾于天宝中建一使院，其院宇甚为华丽。天宝末，唐玄宗幸蜀，尝居之。后其为道观，兼写玄宗真容，置之正室。④ 又如建中四年（783），泾原兵变，唐德宗仓促至奉天，其县丞、尉惶惧，拜舞于县门。当日，唐德宗驾幸县令的住宅，其随从宰臣、近侍各居廨署。⑤ 此外还有，唐僖宗时，沙陀逼京师，田令孜挟帝幸山南。时为中夜出幸，百官不及扈从，随驾者仅黄门卫士百余人，史载："帝驻宝鸡候馆，诏授孔纬御史大夫，遣中使传诏令纬率百僚赴行在。"⑥ 均可为证。

2. 行宫管理与日常供备

行宫管理具两个层面：一则为设官分职用以职掌，二则为设职总揽用以统筹。就设官分职而言，已有学者论及。介永强老师举庆善宫、九成宫、温泉宫设监、丞之例予以说明。⑦ 韩艺先生还注意到了墓志中有关宫监、宫丞的职官设置。⑧ 此可谓行宫管理的一大进步。笔者翻检韩艺先生所举墓志，⑨发现行宫管理机构出现传统文献尚未涉及的新机构与新职官，现考释如下：

《大唐万年宫□监农圃监监事赵君墓志铭并序》拓片见《洛阳出土历代墓志辑绳》《北京图书馆藏墓志拓片目录》《北京大学图书馆藏金石拓片草目》《隋唐五代墓志汇编》《唐代墓志铭汇编附考》等书。录文则被收于《邙洛冢墓遗文四编》《唐代墓志汇编》《全唐文补遗三》《唐代墓志铭汇编附考》四书中，其文字略有差异。其标题因"宫"后字形残泐，已无从辨认。毛汉光先生则在《唐代墓志铭汇编附考》中对缺字补遗。其考证如下："《新唐书·百

---

① 《旧唐书》卷九《玄宗纪下》，第 234 页。
② 《资治通鉴》卷二百五十六唐僖宗光启三年三月壬辰条，第 8345 页。
③ 《资治通鉴》卷二百六十唐昭宗乾宁三年秋七月丙申条，第 8491 页。
④ 《旧唐书》卷一百一十七《崔宁传》，第 3399 页。
⑤ 《奉天录》卷一，第 3 页。
⑥ 《太平御览》卷二百二十五《职官部二十三·御史大夫》，第 1069 页。
⑦ 介永强：《唐代行宫三题》，《唐都学刊》2001 年 04 期。
⑧ 韩艺：《隋唐时期行宫研究》，福建师范大学硕士学位论文，2018 年，第 35 页。
⑨ 韩艺先生胪列了五方墓志，分别为赵宗墓志、陈怀俨墓志、束良墓志、杨玭墓志、田仁汪墓志（见《隋唐时期行宫研究》，第 35 页。）因墓主杨玭父曾任华清宫使、朝散大夫、守内侍省内常侍、上柱国、赐绯鱼带而列置其中，故此以赵宗、陈怀俨、束良、田仁汪等四人墓志进行考察。

图5-1　唐赵宗墓志铭拓片

官志三》'司农寺'条载：九成宫总监监一人，从五品下；副监一人，从六品下……掌修完宫苑，供进炼饵之事。以拓片'宫'下残泐字形观之，志主以任万年宫监的可能性较大……标题缺字可能是'宫'。"①据毛先生所引《新唐书·职官志》材料来看，赵宗所任万年宫宫监实为万年宫总监监。志文载："赵宗由陪戎副尉转为万年宫监事"，②以后未任它官就去世了。前述，万年宫总监监系从五品下的职事官，陪戎副尉则为从九品下的武散官；散官与职事官极不相谐，在此不免有些疑问。另，墓志表达的是赵宗为农圃监监事，并非是万年宫监亦不是万年宫监事，若对万年宫监与万年宫监事关系进行判断，急需厘清农圃监与宫总监之间的关系。

按，万年宫总监是一级行政机构。《唐六典》云："九成宫总监，监一人，从五品下；副监一人，从六品下；丞一人，从七品下；主簿一人，从九品上。九成宫监掌检校宫苑，供进合炼药饵之事；副监为之贰。丞掌判监事。主簿掌印，勾检监事。"③九成宫本隋朝仁寿宫，唐太宗贞观五年（631）重修，改名九成宫，永徽二年（651）改为万年宫，乾封二年（667）复旧名。④故知万年宫者即九成宫。在此机构中，监、副监掌宫苑之事，丞、主簿主管总监机构内部事

①　毛汉光：《唐代墓志铭汇编附考》第6册，台北：学生书局，1982年版，第431页。
②　《石刻史料新编》第1辑19册，台北：新文丰出版公司，1991年版，第14218页。
③　《唐六典》卷十九《司农寺·九成宫总监》，第530页。
④　《唐会要》卷三十《九成宫》，第647页。

务。另外还有录事一人、府三人、史五人是为总监机构服务的吏阶层。① 万年宫总监中的职官称谓需冠以"总监"两字。《新唐书·食货志五》载："九成宫总监监俸钱一万六千钱,九成宫总监副监俸钱四千钱,九成宫总监丞俸钱为三千钱。"②依次还会有九成宫总监主簿、九成宫总监录事、九成宫总监府、九成宫总监史等职官。这些职官均冠以"总监"名号。

农圃监也是一级机构。《通典》载："正八品上,诸宫农圃监;正九品上,诸宫农圃监丞;流外五品,太子三寺、诸率府、诸署农圃监、诸牧园苑监史、诸都护府、都水、宫苑总监史。"③这个机构中,不仅有农圃监还有农圃监丞④、农圃监史等职官。诸宫农圃监品秩最高为正八品上,与从五品上的总监监不属同一机构也不是同品秩,据此可以判定宫总监监与农圃监监不为一官。

农圃监实为总监的附属机构。《唐会要·宫苑监》载："武德九年(626)七月十九日,置洛阳宫监。显庆二年(657)十二月十日,废洛阳总监,改青城宫监为东都苑北面监,明德宫监为东都苑南面监,洛阳宫农圃监为东都苑东面监,食货监为东都苑西面监。"⑤由引文可知,在废洛阳宫总监后,分置四面监。未废之前,洛阳宫农圃监、食货监应为洛阳宫总监下的内部机构。由于总监与农圃监是各自独立的机构,农圃监不会在总监机构内,只能是总监的附属机构,九成宫农圃监与九成宫总监也是如此。

万年宫监事这一职官设置不详,可据相关职官设置来推论。司农寺诸署职官设置如下:上林署有令二人、丞四人、府七人、史十四人、监事十人;太仓署有令三人、丞六人、府十人、史二十人、监事十人、典事二十四人、掌故八人。钩盾署有令二人、丞四人、府七人、史十四人、监事十人、典事十九人、掌故五人。导官署有令二人、丞四人、府八人、史十六人、监事十人、典事二十四人、掌故五人。诸宫苑监的职官设置如下:京都苑总监有监各一人、副监各一人、丞各二人、主簿各一人、录事各二人、府各八人、史各十六人、典事各六人、亭长各四人、掌故各六人;诸屯监有监一人、丞一人、录事一人、府一人、史二人、典事二人、掌故四人、每屯主一人、屯副一人;九成宫总监有监一人、副监一人、丞一人、主簿一人、录事一人、府三人、史五人。从司农寺职官设置来看,职官设置顺序如下:丞、录事、府、史、监事、典事、掌故、亭长等。

---

① 《旧唐书》卷四十四《职官志三》,第 1888 页。

② 《新唐书》卷五十五《食货志五》,第 1404—1405 页。

③ 《通典》卷四十《秩品五·大唐》,第 1100—1104 页。

④ 墓主马耻起家授原州百泉县尉,又授紫桂宫农圃监丞。(见洛阳市第二文物工作队、乔栋、李献奇、史家珍编:《洛阳新获墓志续编·马耻墓志铭》,北京:科学出版社,2008 年版。第 356 页。)

⑤ 《唐会要》卷六十六《宫苑监》,第 1377 页。

多数情况下,职官设置不会包含上述所见职官,但据诸署职官与宫苑监职官设置来看,都是按这一顺序进行的。农圃监职官设置中的农圃监丞、农圃监史也是按这一顺序进行的。监事在史之后,那么赵宗所任农圃监监事是在农圃监史后的一类职官。农圃监史为流外五品,农圃监监事品秩当低于流外五品。

推论到此处即可回应前文的疑问,亦可判断毛汉光先生所补"宫"字误矣,其当为"总"字方合理,即赵宗所任职官为"万年宫总监农圃监监事",理解为万年宫总监机构下的农圃监监事。①

解决了赵宗墓志的机构与任职问题,其它墓志所反映的问题则迎刃而解。《大唐陈府君墓志并序》系陈怀俨墓志,其以四科明辟,受襄州襄阳县尉,后改授仁智宫食货监丞。② 以上文判断,其所任食货监其性质与农圃监相类,皆为总监的附属机构,即仁智宫总监食货监丞,其品秩亦与农圃监监丞相类,为正九品上。按,襄州为上州,襄阳县为上县,其所任职官品秩为从九品上。前后所任职官品级上升一级,符合常理。

《大唐永州刺史束君墓志铭并序》系束良墓志,其以明经及第,初受江王府仓曹,历单于大都护府功曹、代州五台县令、恒州槀城县令、左台殿中侍御史、洛州阳翟县令、濮州司马、秦州司马、九成宫总监摄陇州长史、南州刺史、衡州刺史、永州刺史。③ 其担任九成宫总监摄陇州长史当为九成宫总监监摄陇州长史。按,九成宫总监监品秩为从五品下,陇州长史品秩为从五品上。任职前后的职官为秦州司马,从五品下;南州刺史,正四品下。就品秩来说,其一直处于升迁状态,符合常态。

《大唐故兼司卫正卿田君墓志铭》系田仁汪墓志,其于杨隋时期已入仕为右亲卫,唐以降历右卫兵曹参军、右领军卫长史、九成宫副监、平壤道行军兵曹、太原县令、蓝田令、朝散大夫茂府司马、洛阳宫总监、司农少卿、兼司卫正卿。④ 按,其所任九成宫副监当为九成宫总监副监,品秩为从六品下;洛阳宫总监当为洛阳宫总监监,品秩为从五品下。其任右领军卫长史,品秩为正七品上;平壤道行军兵曹,品秩不详,太原县令,品秩为正五品上;蓝田令,品秩为从六品上;茂府司马,品秩为从五品上;司农少卿,品秩为从四品上;兼司卫正卿,从三品。其所历职官在九成宫副监、洛阳宫总监任职前后品级

---

①　从拓片底部残字来看,█与"总"底部结构的"心"极为相似,故基本可以断定"宫"后缺字当为"总"。

②　《唐代墓志汇编》上元 027《大唐陈府君墓志并序》,第 611—612 页。

③　《唐代墓志汇编》景龙 015《大唐永州刺史束君墓志铭并序》,第 1088—1089 页。

④　《唐代墓志汇编续集》乾封 006《大唐故兼司卫正卿田君墓志铭》,第 160 页。

整体呈上升趋势,符合常态。

综述,行宫宫苑机构与职官管理可以得出以下结论:行宫宫总监是行宫的最高管理机构,其由总监监1人,总监副监1人,总监丞1人,总监主簿1人,总监府3人,总监史5人等组成,负责掌管行宫的供备与管理。总监之下仍有农圃监、食货监、某某宫监、某某宫监等附属机构组成,分掌行宫的管理事宜。其附属机构亦设监、丞、史、监事等进行管理。

就设使总揽而言,既有任命临时职官的情况亦有任使统筹之事。生活于唐前期的韦机以政能,往往被委以园苑事。其先以司农少卿兼知东都营田事,任职期间重惩违法宦官,得到高宗的赞赏。上元中,其再迁司农卿,检校园苑,造上阳宫,并移中桥从立德坊曲徙于长夏门街,时人称其省功便事。永淳中,唐高宗驾幸东都,至芳桂宫,召韦机以白衣检校园苑。① 按,芳桂宫为两京道行宫,其地位不如关中疗养性的离宫,其仍具园苑可为上文提供佐证。就韦机的任职来看,其以“检校”形式统筹园苑事可视为唐前期皇帝委人管理的一种反映。随着使职官的广泛应用及“检校”职衔化的趋向,此类临时职官更多的以“任使”的形式予以表达。天宝七载(748),唐玄宗为表达对杨国忠的宠信,颁发诏书“以给事杨钊充九成宫使,凡宫使自此始也”。② 按,此可为唐后期以“宫使”统筹行宫事宜的表达,但“宫使”并非始于天宝六载。开元年间已有相关记载。开元八年(720)六月,同州刺史姜师度兼营田长春宫使;开元二十年(732),左卫郎将皇甫惟明摄侍御史,充长春宫使等。在此予以辩证。回到主题,唐后期此类宫苑使已成为唐政府管理园苑事的主要手段。唐代宗将幸华清宫,先命完葺,欲以柳子华“为京兆少尹,尹恶其刚方,沮解之,遂为昭应令,检校金部郎中、修宫使”。③ 大历九年(774),唐代宗除宋诲为同州刺史,充长春宫使④出生于唐德宗贞元元年(785)的杨珽,其父杨惟良曾任华清宫使、朝散大夫守内侍省内常侍、上柱国、赐绯鱼袋。⑤ 唐僖宗乾符二年(875),时任邠宁节度使的李侃为其假父华清宫使李道雅求赠官等均可为证。⑥

当然,行宫的诸类管理皆是满足皇帝驾幸的需要,如若供备不足会遭受责罚。贞观十二年(638)唐太宗“东巡狩,将入洛,次于显仁宫,宫苑官司多

---

① 《旧唐书》卷一百八十五上《韦机传》,第4796页。
② 《南部新书·巳部》,第86页。
③ 《新唐书》卷一百六十三《柳子华传》,第5031页。
④ 《唐会要》卷五十九《长春宫使》,第1221页。
⑤ 《唐代墓志汇编》大和033《大唐故弘农县君杨氏墓志铭》,第2119页。
⑥ 《资治通鉴》卷二百五十二唐僖宗乾符二年九月条,第8303页。

被责罚。侍中魏徵进言曰：陛下今幸洛州，为是旧徵行处，庶其安定，故欲加恩故老，城郭之民未蒙德惠，官司苑监多及罪辜，或以供奉之物不精，又以不为献食，此则不思止足，志在奢靡。既乖行幸本心，何以副百姓所望？"① 按，显仁宫为两京道行宫，为满足皇帝路途跋涉休憩所修，其地位低于疗养性行宫，但其仍承担供备责任。就唐太宗责罚宫苑官来看，原因来自于其"供奉不精""不为献食"即可为证。行宫在陈设中亦要满足驾幸所需。如福昌宫，隋置，开元末重修。史载："其中什物毕备，驾幸供顿，以百余瓮贮水。"②其"什物毕备"。当然，以百余瓮贮水是什物毕备的一项。又，唐玄宗"于华清宫作数十间屋，又为银镂添船，至于檝棹皆饰以珠玉，又于汤中垒瑟瑟及沉香为山，以状瀛洲方丈"。③ 此类奢侈品的供备用以满足皇帝挥霍的需要。

正常情况下行宫是不对外开放的。元稹《连昌宫词》诗曰："连昌宫中满宫竹，岁久无人森似束。又有墙头千叶桃，风动落花红蔌蔌。宫边老翁为余泣：小年进食曾因入……行宫门闭树宛然。尔后相传六皇帝，不到离宫门久闭。往来年少说长安，玄武楼成花萼废。去年敕使因斫竹，偶值门开暂相逐。"④按，连昌宫为两京道行宫，为满足皇帝休憩所用。皇帝不到，连昌宫是不开放的。以至于唐后期皇帝不再自长安驾幸洛阳，沿途驿路行宫多有荒废，成为文人墨客驻足凭吊之所。唐高宗仪凤三年（678）四月"以同州饥，沙苑及长春宫，并许百姓樵采渔猎"。⑤ 其"并许百姓樵采渔猎"说明正常情况下行宫是不允许百姓惊扰的。此外，皇帝行驻跸礼中，宫苑还有一套完整的启闭制度。大中元年（847）春正月戊戌朔，宫苑使奏：皇帝致斋行事，内诸宫苑门共九十四所，并令锁闭，钥匙进内。候车驾还宫，则请领。从之。⑥可以说，皇帝行斋戒之礼，宫苑门锁闭，礼毕，则由所司领回钥匙。

一般来说，除却管理人员外，行宫中往往由卫士和宫人负责宿卫与打理。唐高宗永徽五年（654）五月丁丑夜，大雨，史载："麟游县山水冲万年宫玄武门，入寝殿，卫士有溺死者。"⑦唐玄宗开元八年（720）六月庚寅，"夜，谷、洛溢，入西上阳宫，宫人死者十七八，畿内诸县田稼庐舍荡尽，掌闲卫兵

---

① 《贞观政要》卷十《行幸三十七》，第282页。
② 《南部新书·己部》，第82页。
③ 《太平御览》卷八百八《珍宝部七·瑟瑟》，第3593页。
④ 《元稹集》卷二十四《乐府·连昌宫词》，第270—271页。
⑤ 《册府元龟》卷一百四十七《帝王部·恤下第二》，第1778页。
⑥ 《旧唐书》卷十八下《宣宗纪》，第616页。
⑦ 《新唐书》卷三十六《五行志三》，第928页。

溺死千余人"。① 此外,元稹有诗云:"寥落古行宫,宫花寂寞红。白头宫女在,闲坐说玄宗。"②皆可为证。

综上,行宫管理是多方面的其既需要设职总揽予以统筹,亦需要强化设官分职予以细致管理,还需要卫士、宫人等予以打理,并配合行宫管理条例方可完成。其重视管理的目的是为皇帝驾幸提供供备,这种供置包含进奉、献食、生活用具、珠玉奢侈品等内容。

第二节　驾行给养供备

皇帝行幸尤其是长途出行最难解决的就是给养问题。唐前期皇帝多励精图治,国力日上,能撑得起巡幸的折腾。到了唐后期,国力日衰,除却不得已的銮舆播迁外,国力已不能供给皇帝的长途出行了,唐前期的巡幸不再,京城内的游幸成为常态。前揭诏敕文书下达的行幸决定往往要对给养问题予以安排,其将供备主体指向"所司",其实不然,皇帝出行,千乘万骑,单靠所司难以满足现实需求,仍需地方供置与献食等。本节拟分所司供备、驾行献食与地方供置三部分进行解析,具体如下。

一、驾行所司供备

所司者,京职也,其系指负责某事的相关部门。供备则具备办供给之意。那么驾行所司供备则指皇帝行幸所需供养由在京相关部门进行置办。当前唐史史料均具驾行所司供备的相关记载。开元二年(714)九月十一日敕:"以今月二十五日幸长春宫,停五日,缘顿所须并令所司支备,一事以上不得扰州县,发日唯量将飞骑行,更不须别遣兵马,及妄有科唤。"③也就是说,唐玄宗行幸新丰及同州的所司供备实则是自我供备,基于此处有"不得干扰州县"之语。当然,这种所司供备已具制度规范。开元六年(718)七月辛酉诏曰:"去岁欲幸洛京,已发成命,旋属重营太庙,因将中止。……以今年十月取北路幸长安,所司准式,务在节省,无得劳费。"④其"所司准式"即可说明。当前唐史史料有关所司供备给养的史料零星而分散,今以所司供备管理为视角予以考究,解析如下。

---

① 《新唐书》卷三十六《五行志三》,第 930 页。
② 《元稹集》卷十五《行宫》,第 169 页。
③ 《唐大诏令集》卷七十九《幸新丰及同州敕》,第 451 页。
④ 《册府元龟》卷一百十三《帝王部·巡幸二》,第 1353 页。

1. 设官分职管理行幸供备

前述，皇帝行幸"所司"并非专指在京的某一机构，而是与供备相关的所有职能部门的总称，其相关机构可诠释如下：其一是司农寺及卫尉寺。唐制：司农丞掌判"寺事，凡天下租税及折造转运于京都，皆阅而纳之。每岁自都转米一百万石，以禄百官及供诸司。若驾行幸东都则减之"。① 可以说，司农寺具转运米粟之任，在皇帝行幸中也是如此。咸亨元年（670）九月丁丑，唐高宗以京师久旱，下诏："来年正月幸东都，在路供顿所须，并令司稼自供，不得令州县差科，所经道路修理开拓，水可涉渡不烦造桥筑宫，又拟置御营之驿，并不敢擅加修补，在路不得妄有进献。"②其"司稼自供"当指司农寺转运皇帝行幸所需米粟，用以供备。

卫尉寺则负责供应皇帝行幸甲仗戎器。唐制，行幸祭祀，卫尉卿掌供"羽仪、节钺、金鼓、帷帟、茵席之属"。③ 其武器署则"掌在外戎器，辨其名物。……大驾巡幸则纳于武库，供其卤簿"。④ 其武库令则"掌藏邦国之兵仗、器械，辨其名数，以备国用。丞为之贰。凡亲征及大田巡狩，以羝羊、豭猪、雄鸡衅鼓"。⑤ 当然，武库令对武库管理非常严格，对于从幸而返，甲仗不纳于武库者给予严惩。开元二十七年（739）十一月，卫府卿李升奏曰：

> 上件物，每年行幸温汤及冬，正陈设，两京来往，诸卫将军事毕后，多有污损，愈限不纳。又比年因温汤行幸，所由便奏勒留，充冬至及元日队仗用。以此淹久，便长奸源，兼恐回换。望自今以后，每事了，限五日内送纳武库。如有违限，所由长官及本官，望请科违敕罪。其典量决杖，仍不在奏留之限。敕旨依奏。⑥

引文所述，开元年间，皇帝行幸所需兵仗器械存有污损严重；逾期不纳的违制之举，故此予以整顿。其整顿内容包括事了限纳；违限制罪等措施，也能看到行幸兵仗器械的管理。其守宫署"掌诸铺设帐幕，毡褥，床荐，几席之事"，⑦凡大祭祀、大朝会、大驾巡幸，则设王公、百官位于正殿南门外。⑧ 对

---

① 《唐六典》卷十九《司农寺》，第525页。
② 《册府元龟》卷一百十三《帝王部·巡幸二》，第1350页。
③ 《唐六典》卷十六《卫尉寺》，第459页。
④ 《唐六典》卷十六《卫尉寺》，第464页。
⑤ 《旧唐书》卷四十四《职官志三》，第1880页。
⑥ 《唐会要》卷六十五《卫尉寺》，第1346页。
⑦ 《通典》卷二十五《卫尉卿》，第702页。
⑧ 《唐六典》卷十六《卫尉寺》，第464—465页。

于私借幔幕毡褥等物者则给与处罚。天宝八载(749)十一月敕：

> 卫尉幔幕毡褥等，所由多借人，非理损污，因循日久，为弊颇深。爰及幕士，私将驱使，并广配充厅子，马子，并放取资。近今推问，事皆非缪。今后其幔幕毡褥等，辄将一事借人，并同盗三库物科罪。并使幕士与人张设，及自驱使，擅取放资，计受赃数，以枉法论。其借人及借与人等，六品以下非清资官，决放，余听进止。仍委左右巡使常加纠察。①

引文所述，守宫署所掌尉幔幕毡褥等物的管理存有多借人，非理损污的弊端。此弊积习已久使得幕士私将驱使，外放取资。基于此，对违制之举予以整顿：一是，幔幕毡褥等物不得外借，如有犯者，其罪同盗三库物。二是，幕士若私与他人或私将驱使或擅收放资，据其受赃数，以枉法论。三是，借人或借与人若为六品以下非清资官②予以流放，其余官员则要等待处罚。四是，委任左右巡使予以纠察。据此可以看到行幸幔幕毡褥的管理。

其二是少府监和将作监。唐制，少府监监掌"天子之服御，百官之仪制，展采备物，皆率其属而供之"。③ 总中尚、左尚、右尚、织染、掌冶五署。其中尚署令掌供郊祀之圭璧，及岁时乘舆器玩，中宫服饰，雕文错彩，珍丽之制，皆供焉；丞为之贰。其所用金木、齿革、羽毛之属，任所出州土以时而供送焉。④ 可以说，中尚署掌皇帝行幸载备之物。其"左尚令掌供天子之五辂、五副、七辇、三舆、十有二车、大小方员华盖一百五十有六，诸翟尾扇及小伞翰，辨其名数，而颁其制度"。⑤ 左尚所掌皆陈于卤簿，为行幸所必备。其右

---

① 《唐会要》卷六十五《卫尉寺》，第 1346 页。

② 清资官即清官和清望官的别称。《唐会要·刺史上》载："景龙二年(708)，兵部尚书韦嗣立上疏……自今以后应有迁除诸曹侍郎，两省、台及五品以上清资望官，迁于刺史内取。"(见《唐会要》卷六十八《刺史上》，第 1419 页。)此处清资望官即清官与清望官的合称。《唐语林·豪爽》也有"以前衔除大理评事，取告身面授。旧制大理寺官初上召寺僚或在朝五品以上清资保职"亦可佐证。(见《唐语林校正》卷四《豪爽》，第 343 页。)清望官即内外三品以上官及中书、黄门侍郎、尚书左丞、尚书右丞、诸司侍郎，并太常少卿、秘书少监、太子少詹士、太子左庶子、太子右庶子、太子左率、太子右率及国子司业等。四品以下，八品以上清官：四品谓太子左右谕德，左右卫，左右千牛卫中郎将，左右副率，率府中郎将。五品谓御史中丞、谏议大夫、给事中、中书舍人、赞善大夫、太子冼马、国子博士、诸司郎中、秘书丞、著作郎、太常丞、左右卫郎将、左右率府郎将。六品谓起居郎、起居舍人、太子司议郎、太子舍人、诸司员外郎、侍御史、秘书郎、著作佐郎、太学博士、詹士丞、太子文学、国子助教。七品谓左右补阙、殿中侍御史、太常博士、詹事司直、四门博士、太学助教。八品谓左右拾遗、监察御史、四门助教。(《唐六典》卷二《吏部》，第 33—34 页。)

③ 《旧唐书》卷四十四《职官志三》，第 1893 页。

④ 《唐六典》卷二十二《少府监》，第 573 页。

⑤ 《旧唐书》卷四十四《职官志三》，第 1894 页。

尚署令掌供天子十有二闲马之鞍辔，及五品三部之帐，备其材革而修其制度；丞为之贰。凡刀剑、斧钺、甲胄、纸笔、茵席、履舄之物，靡不毕供。其用绫绢、金铁、毛革等，所出方土以时支送。① 可以说，右尚署令亦掌行幸供备张设之物。此外，少府监还用以维持宿卫甲仗。史载："凡大祭祀，大朝会，则供其羽仪，节钺、金鼓、帷帟、茵席之属。其应供宿卫者，每岁二时阅之，其有损弊者，则移于少府监及金吾修之。"②前述，卫尉寺负责在大朝会或大祭祀时提供张设、载备之物，并负责审阅其是否完好。若有"损弊"则由少府监与金吾卫修之，可证。

将作监置大匠一人，掌供邦国修建土木工匠之政令，总四署三监百工之官署，以供其职事。凡两京宫殿、宗庙、城郭、诸台省、监寺、廨宇、楼台、桥道，谓之内外作，皆委焉。③ 其左校署令掌供营构梓匠之事，"凡乐悬簨虡，兵仗器械，及丧葬仪制，诸司什物，皆供焉"。④ 其"簨虡"谓镈、钟、编钟、编磬之属，均为行幸乐悬所用之器物。其"器械"谓仗床、载架、杻械之属，亦用于行幸。其中校署令掌供舟车、兵仗、厩牧、杂作器用之事。史载："行幸陈设则供竿柱，闲厩系秣则供行槽，祷祀则供棘葛，内外营作所须皆取焉。"⑤ 所供"竿柱"可用以驻跸营幕所用。

其三是太仆寺及光禄寺。唐制：太仆卿之职，"凡国有大礼及大驾行幸，则供其五辂属车之属。"⑥即大驾卤簿所需五辂、五副、十二属车皆由太仆寺提供。太仆寺具乘黄、典厩、典牧、车府四署及诸监牧之官属。其乘黄署令掌天子车辂，辨其名数与驯驭之法。⑦ 因乘舆有大驾、法驾、小驾，车服各有名数之差。若有大礼，则以所御之辂进内。既事，则受而藏之。凡将有事，先期四十日，尚乘供马如辂色，率驾士预调习指南等十二车。⑧ 也就是说，乘黄令据天子行幸卤簿所需供其辂车，并对车驾进行预试。此外，辂车的建造与维护仍需乘黄署参与。唐武宗会昌六年（846）十一月，"太仆寺奏请重修御辂、鼓、法驾等车二十四乘，并调马拖车一十四乘"。⑨ 可为其证。

光禄寺置卿一人，其职掌邦国酒醴膳羞之事，总太官、珍羞、良醖、掌醢

① 《唐六典》卷二十二《少府监》，第 574—575 页。
② 《唐六典》卷十六《卫尉寺》，第 459 页。
③ 《旧唐书》卷四十四《职官志三》，第 1896 页。
④ 《唐六典》卷二十三《将作监》，第 596 页。
⑤ 《新唐书》卷四十八《百官志三》，第 1274 页。
⑥ 《旧唐书》卷四十四《职官志三》，第 1881 页。
⑦ 《旧唐书》卷四十四《职官志三》，第 1881 页。
⑧ 《旧唐书》卷四十四《职官志三》，第 1882 页。
⑨ 《唐会要》卷三十二《辂车》，第 682 页。

四署之官署,修其储备,谨其出纳。凡祭祀、朝会、宴享等量其丰约以供。[①] 唐制:凡行幸从官应供膳食,亦有名数。[②] 也就是说,皇帝行幸,太官署为扈从官提供膳食。

其四为工部及金吾卫。唐制:工部置尚书一人,侍郎一人,其掌天下百工、屯田、山泽之政令。总工部、屯田、虞部、水部四署。其工部郎中掌"京都营缮,皆下少府、将作供其用,役千功者先奏"。[③] 其虞部郎中则"掌京都街巷、苑囿、山泽草木及百官蕃客时蔬薪炭供顿、畋猎之事"。[④] 即工部郎中与虞部郎中皆供置皇帝行幸。

左右金吾卫置大将军各一人,将军各二人掌宫中及京城昼夜巡警之法,以执御非违,凡翊府及同轨等五十府骁骑、卫士应番上者,各配所职焉。[⑤] 此外,金吾卫还负责检核与修理羽仪甲仗等器用。《文苑英华·金吾不供畋矢判一道》所载判词如下:

> 制国之用,必岁之杪,量大小而用地,审丰耗以视年。鸠化为鹰,见草木之摇落;豺既祭兽,设罿罗而以渔。然后顺时出游,因隙校猎,俾虞人以入泽,阅车徒而展事。昆虫未蛰,无以火田,麛卵不伤,动必讨叛。金吾申上,由矢不供,职司其忧,冬狩虑阙。然宽则得众,敏则有功。合供虽则不供,恐阙固应未阙。若官曹立限,送者违程,于理难容,请从严断。[⑥]

引文所述,金吾卫所上申状,提及所司在冬狩中供备箭矢不足,影响皇帝校猎活动,要求有司予以整顿。此可为金吾卫负责检核的例证。《唐六典》载:"凡大祭祀、大朝会,则供其羽仪、节钺、金鼓、帷帟、茵席之属。其应供宿卫者,每岁二时阅之,其有损弊者,则移于少府监及金吾修之。"[⑦]此可为金吾卫负责维护甲仗器用的例证。

2. 驾行置使与供备管理

为杜绝事权分散,加强行幸供备的统一管理,唐政府"置使"来提高办事

---

① 《唐六典》卷十五《光禄寺》,第443页。
② 《唐六典》卷十五《光禄寺》,第446页。
③ 《新唐书》卷四十六《百官志一》,第1201页。
④ 《新唐书》卷四十六《百官志一》,第1202页。
⑤ 《唐六典》卷二十五《左右金吾卫》,第638页。
⑥ 《文苑英华》卷五百三十九《金吾不供畋矢判一道》,第2752页。
⑦ 《唐六典》卷十六《卫尉寺》,第459页。

效率。① 与其密切相关的使职如下：其一，知顿使与置顿供备。唐代皇帝行幸专设知顿使一职，功用较多，一般来说主要集中在以下三个方面：第一，为皇帝行幸提供给养。天宝十五载(756)六月，车驾次马嵬驿，诛杨国忠等后，以韦谔为御史中丞，充置顿使，旋以监察御史宋若思为御史中丞充置顿使，发扶风郡。《唐语林·德行》载："明皇西幸，始入斜谷，天尚早，烟雾甚晦。知顿使、给事中韦倜于野中得新熟酒一壶，跪献于马首数四，上不为之举。"②引文所述，韦倜以给事中知知顿使事为皇帝供备膳食可为其证。

第二，为皇帝行幸安排道桥建设。史载：

> 狄梁公仁杰为度支员外郎，车驾将幸汾阳宫，仁杰奉使修供顿。并州长史李玄冲以道出妬女祠，俗称有盛衣服车驾过者，必致雷风，欲别开路。仁杰曰：天子行幸，千乘万骑，风伯清尘，雨师洒道，何妬女敢害而欲避？ 玄冲遂止，果无他变。上闻之，叹曰：可谓真丈夫也。③

引文所述，"仁杰奉使修供顿"当指狄仁杰充任知顿使。按，汾阳行宫在并州，并州长史李玄冲与狄仁杰并行安排道路任务，因"道出妬女祠"之事产生分歧，李玄冲听从狄仁杰意见，说明知顿使权力之大，可因势自主安排皇帝行幸道路。

第三，为职掌驾行供备的弹劾。乾元二年(759)冬十月丁酉，唐肃宗诏曰：

> 以今月十七日幸东京，率六军取北路进发……王公以下文武从官，每顿主人供蔬饭不得辄置鱼肉、饼果及铺设，亦不得妄差人力，别有祗承。行从官及州县所由，有如违犯，王公以下五品以上具名录奏，当日贬官，余并从军令，仍令知顿使、左右巡使、御史相知纠察具状弹奏，如涉阿容及不能举奏所由，议在必行，毋贻后悔。④

引文所述，唐肃宗打算于乾元二年十月驾幸东京，为防范行从官奢侈与扰

---

① 陈仲安：《论唐代的使职差遣制度》，《武汉大学学报》1963 年 01 期。何汝泉：《唐代使职的产生》，《西南师范大学学报》1987 年 01 期。宁志新：《隋唐使职制度研究》(农牧工商编)，北京：中华书局，2005 年版，第 114 页。

② 《唐语林校正》卷一《德行》，第 6 页。

③ 《唐语林校正》卷三《方正》，第 189 页。

④ 《册府元龟》卷一百十四《帝王部·巡幸三》，第 1358 页。

民，明令从官不得辄置鱼肉、饼果及铺设等膳食所需，亦不得干扰州县，妄差人力。若有违背将由知顿使、左右巡使、御史等具状弹奏。可证其具行幸供备弹劾权。

为保证皇帝驾行供备，知顿使还有其它职官设置来佐辅之。开元十九年(731)十一月壬子，唐玄宗驾幸东都敕曰："知顿使、知营使各六十匹，知顿御史四十匹，知骑御史及知顿判官，知营幕官赐物各加一等。"①知顿使下有知顿御史及知顿判官的职官设置。

当然，知顿使名目较多，史料中有"置顿使"的记载。据考察，其与知顿使职责相同，不过是名称不同。一般来说，知顿使多用于唐前期，置顿使则用于唐后期。天宝十五载(756)六月戊戌，唐玄宗驾幸扶风，庚子，以司勋郎中、剑南节度留后崔圆为蜀郡长史、剑南节度副大使以颖王璬为剑南节度大使。以监察御史宋若思为御史中丞充置顿使，韦谔充巡阁道使，并令先发。② 此为当前史料所见置顿使的最早记载。置顿使下亦设置顿判官。《旧唐书·韦伦》载："会安禄山反，车驾幸蜀，拜伦监察御史、剑南节度行军司马，兼充置顿使判官。"③除却"置顿使"外，知顿使仍具其它名目。如顿递使。唐后期，兵部郎中廆登从唐僖宗幸蜀，改中书舍人，累拜刑部侍郎，判户部事。后，从车驾还京，充顿递使，至凤翔病卒。④ 因其"判户部事"，所任"顿递使"的职任当与知顿使同，可证其结论。如沿路置顿使。兴元元年(784)二月丁卯，车驾幸梁州，留戴休颜守奉天，以御史中丞齐映为沿路置顿使。李晟大集兵赋，以收复为己任。⑤ 如营幕置顿使。唐玄宗亲谒五陵，以程伯献为营幕置顿使，"事毕，加镇军大将军，进封广平郡公。"⑥如随驾置顿使。乾宁二年(895)七月庚申，唐昭宗"幸莎城镇。京师士庶从幸者数十万，比至南山谷口，暍死者三之一。至暮，为盗寇掠，恸哭之声，殷动山谷。权令京兆尹知柔同中书事及随驾置顿使"。⑦ 其沿路置顿使、营幕置顿使、随驾置顿使均具"置顿使"之名可为其证。如监顿使。《文苑英华》载："洎銮舆反斾，旌别淑慝，监顿使刘日正，劝农使卢怡，并奏公理行第

① 《册府元龟》卷八十《帝王部·庆赐二》，第933页。
② 《旧唐书》卷九《玄宗纪下》，第233页。
③ 《旧唐书》卷一百三十八《韦伦传》，第3781页。
④ 《旧唐书》卷一百五十八《廆登传》，第4177页。
⑤ 《旧唐书》卷十二《德宗纪上》，第341页。
⑥ 《唐代墓志汇编》开元482《唐故镇军大将军行右卫大将军赠户部尚书广平公墓志铭》，第1488页。
⑦ 《旧唐书》卷二十上《昭宗纪》，第755页。

一，议者以为当矣。"①此为唐玄宗驾幸济州时，刺史裴耀卿的德政颂。监顿使刘日正因供顿有方，得到公行第一的美誉。可以说，监顿使也供顿使之名。

其二，桥道使、御营使、置榻使、营幕使。桥道使顾名思义是为皇帝行幸修桥造路。开元四年(716)十二月甲辰，唐玄宗幸新丰之温汤，乙丑至自温汤，是月，"帝将幸东都，以京兆尹萧璇充置顿、户部侍郎崔皎为副，太常少卿崔子璟充桥道使，自华州东北趋同州于渭水造一浮桥"。② 可以说，崔子璟等在华州与同州之间的渭水上造一浮桥，正是履行桥道使的职责。当然，桥道使亦有其它称谓。兴元元年(784)六月癸丑，唐德宗下诏曰："兴元府见任官各加两阶，着老与版授本县令，仍赐绯，兴元、凤州界内知顿、修桥阁路官等委严震类例功效，闻奏当与甄奖。"③顾名思义，知顿修桥阁路官即桥道使别名，其职责是一致的。天宝十五载(758)六月庚子，唐玄宗以司勋郎中、剑南节度留后崔圆为蜀郡长史、剑南节度副大使以颖王璬为剑南节度大使。以监察御史宋若思为御史中丞充置顿使，韦谔充巡阁道使，并令先发。④ 此处，巡阁道使亦为桥道使别称。

现存史料也有御营使的记载。唐昭宗天祐元年(904)正月，"车驾发长安，(朱)全忠以其将张廷范为御营使，毁长安宫室百司及民间庐舍，取其材，浮渭沿河而下，长安自此遂丘墟矣"。⑤ 张廷范所任"御营使"即是。那么何谓"御营使"呢？胡三省注其曰："时以天子东迁，扈卫兵士为御营，置使以提举一行事务。御营使之官始此。"⑥可以说，御营使掌提调天子御营事，为皇帝行幸提供扈卫供备。

现存史料亦有置榻使的记载。所谓"置榻"初喻以礼贤。《后汉书·陈蕃传》载："郡人周璆，高絜之士。前后郡守招命莫肯至。唯蕃能致焉。字而不名，特为置一榻，去则悬之。"⑦唐代置榻使专指为皇帝及扈从人员设御座床榻的。天宝六载(747)春正月，唐玄宗尝宴勤政楼，百官列坐楼下，"独为(安)禄山于御座东间设金鸡障，置榻使其前，仍命卷帘以示荣宠。命杨铦、杨锜、贵妃三姊皆与禄山叙兄弟"。⑧ 引文所述，唐玄宗命置榻使卷帘召见

①　《文苑英华》卷七百七十五孙逖《唐济州刺史裴公德政颂》，第4082页。

②　《册府元龟》卷一百十三《巡幸二》，第1353页。

③　《册府元龟》卷八十一《帝王部·庆赐三》，第941页。

④　《旧唐书》卷九《玄宗纪下》，第233页。

⑤　《资治通鉴》卷二百六十四唐昭宗天祐元年春正月壬戌条，第8626页。

⑥　《资治通鉴》卷二百六十四唐昭宗天祐元年春正月壬戌条胡三省注"御营使"，第8626页。

⑦　《后汉书》卷六十六《陈蕃传》，第2159页。

⑧　《资治通鉴》卷二百一十五唐玄宗天宝六载春正月条，第6877页。

安禄山以示荣宠。"置榻使"职任可见一斑。

现存史料亦有营幕使的记载。所谓营幕,顾名思义为皇帝行幸提供幕帐建设。开元五年(717)五月,唐玄宗幸东都诏:"其置顿、营幕、桥道等使,并制官各赐物递加从官一等,与中上考。"①可以说营幕使与置顿使、桥道使共同承担皇帝的供备。

其三,封禅使、讲武使、坛场使等。皇帝驾幸泰山,行封禅大礼亦有封禅使与封禅副使等。贞观十五年(641),唐太宗下诏,将有事于泰山,复令公卿诸儒详定仪注。"太常卿韦挺、礼部侍郎令狐德棻为封禅使,参考其议。时论者又执异见,颜师古上书申明前议。"②韦挺、令狐德棻充封禅使可证。封禅使下亦设封禅副使以辅。武则天将封嵩岳,"命姚璹总知撰仪注,并充封禅副使。及重造明堂,又令璹充使督作,以功加银青光禄大夫"。③姚璹充封禅副使可证。

现存史料亦有讲武使的记载。顾名思义,皇帝行讲武礼设讲武使一职,负责提调讲武事宜。先天二年(713),唐玄宗在骊山行讲武礼,下诏曰:"其讲武使,各赐物一百段,将军各八十段,中郎将各六十段,郎将及左右军长史各四十段,折冲果毅各三十段,押官六品以下各二十段。"④先天二年的讲武取得了极大的成功,故自讲武使以下诸军将军、郎将、长史等皆得封赏。其"讲武使"可证结论。就其职位显重程度而言,讲武使要高于诸卫将军,其赏赐亦最高。

现存史料亦有坛场使的记载。顾名思义,皇帝行祭祀礼设坛场使一职,负责修建坛场事。开元十一年(723)南郊敕文曰:"坛场使京兆尹孟温礼,赐物二百匹,修造羽仪使,赐物一百匹,修撰仪注官五品以上赐物百匹,六品以上赐七十段。"⑤孟温礼充南郊祭坛坛场使可为证。一如封禅使,坛场使下亦设坛场副使。开元十二年(724)二月,唐玄宗于汾阴祠后土,"以中书令张嘉贞为坛场使,将作少监张景为坛场副使"。⑥张景充坛场副使亦可为证。

其四,专知供备官。为保证皇帝行幸供顿,朝廷设置专知官。这些专知官均是以它官专知事的形式存在,这种专知官亦属使职的一种。开元六年

---

① 《唐大诏令集》卷七十九《巡幸东都赐赉扈从赦天下制》,第452页。
② 《旧唐书》卷二十三《礼仪志三》,第884页。
③ 《旧唐书》卷八十九《姚璹传》,第2903页。
④ 《唐大诏令集》卷一百七《骊山讲武赏慰将士诏》,第553页。
⑤ 《唐大诏令集》卷六十八《开元十一年南郊赦》,第381页。
⑥ 《文献通考》卷七十六《郊社考·祀后土》,第696页。

(718)十二月,唐玄宗祭祀太庙诏:"专当官,及当顿官,始末不绝者,各赐一半上考。知顿州各免一年租及地税,傍州缘顿供承者,亦准此。"①其专当官及当顿官均为专知官,为皇帝行幸提供供备。开元十九年(731)十一月唐玄宗幸东都,下诏曰:"知顿使、知营幕使各六十匹,知顿御史三十匹,知驿御史及知顿判官,知营幕官赐各加一等,入仗突厥吐蕃使,共赐物五百匹,令鸿胪据蕃望高下,节给分付。"②其知驿御史、知营幕官、供顿县官均属于专职官,顾名思义,为皇帝行幸提供驿递、营幕、供顿等供备服务。唐代宗宝应元年(762)八月壬戌,殿中少监专知尚食李恕,宜赐为宝应功臣。③ 李恕以殿中少监知尚食事,为皇帝提供膳食可为证。唐高宗要封禅泰山,崔玄籍除兖州都督府长史,专知坛壝及储峙事。④ 可见,崔玄籍以兖州都督知坛壝及储峙事,为皇帝封禅提供坛场及储蓄供备。广德二年(764)二月戊子,唐代宗御鸣凤门下诏曰:"自陕州至上都以来,置顿使及州府长官,普恩之外各与一子出身,置顿使判官以下,缘路县令及专知置顿官各加一阶。"⑤可见,专知置顿官为行幸中的皇帝沿途提供供备。基于此,唐代宗下诏加一阶。

其五,太庙修奉使、修宫使、营幕使。唐后期皇帝銮舆播迁,宗庙毁于战火,在这种情况下皇帝返京往往要求官员修复太庙。光启三年(887)二月,唐僖宗自兴元还京,驻跸凤翔。太常博士殷盈孙等具议修奉太庙,唐僖宗接受群议,任命宰相郑延昌为太庙修奉使。⑥ 与太庙修奉使相类,修宫使则是修奉宫阙来保障皇帝行幸的使职。唐代宗将幸华清宫,先命完葺,欲以(柳)子华为京兆少尹,尹恶其刚方,沮解之,遂为昭应令,检校金部郎中、修宫使。⑦ 乾宁三年(896)七月,以韩建为京畿都指挥、安抚制置及开通四面道路、催促诸道纲运等使,⑧主持京师供备。此外还有军器使、弓箭库使、内苑总监栽接使、中尚使、进食使、宫苑使、园苑使、御食使、进食使、酒坊使、庄宅

① 《唐大诏令集》卷七十五《亲谒太庙锡赐宗支庶官制》,第426页。
② 《唐大诏令集》卷七十九《巡幸东都赐赉从官敕》,第454页。
③ 《册府元龟》卷一百三十三《帝王部·褒功第二》,第1608页。
④ 《唐代墓志汇编》圣历010《大周故银青光禄大夫使持节利州诸军事行利州刺史上柱国清河县开国子崔君墓志铭》,第930页。
⑤ 《册府元龟》卷八十八《帝王部·赦宥七》,第1050页。
⑥ 《册府元龟》卷五百九十三《掌礼部·奏议第二十一》,第7094页。
⑦ 《新唐书》卷一百六十三《柳子华传》,第5031页。
⑧ 《资治通鉴》卷二百六十唐昭宗乾宁三年七月条,第8490页。

使等,均与皇帝行幸供备密切相关,已有前辈学者予以详叙,①不复赘述。

综上,唐代皇帝驾行所司供备实则有两种形式,或设官分职管理,或置专知官与设使统一管理。设官分职更多的指向京内机构,包括卫尉寺、少府监、将作监、太仆寺、光禄寺、工部、金吾卫等,职权分责还算严密,因涉及部门过多,难免出现效率低下的情况,需要强大的动员能力和协调能力方可。置专知官与设使均是提高办事效率的一种方法,随着使职系统的扩容,唐代皇帝行幸供备相关的使职也在不断增加,由起初的知顿使增加至桥道使、御营使、置榻使、营幕使、封禅使、讲武使、坛场使等;使职下常有副使、专知官等设置,仅知顿使下就有知顿御史、知骑御史、知顿判官、知营幕官等;此外,使职的权力也在不断扩大,这些都是统一事权的反映,目的是协调各方关系,统一管理,更为便捷地为皇帝提供供顿服务,也是皇权至上的反映。

二、驾行献食

所谓献食,顾名思义即进献食物,多指幼向长、卑向尊予以进食。其有常献与特献两种形式,具体来说由宫廷臣僚向皇帝献食;朝集使进京叙职献食;皇帝巡幸献食;新进士登第献食;大臣升职"烧尾宴"等。② 本文所考察的对象为驾行献食,具体包括沿途州县臣民向巡幸中的皇帝及行从官提供的顿食。具体内容,解析如下。

1. 驾行献牛酒与献牛酒礼

献食本称上礼,起于南齐,一经出现已被纳入"礼"的范畴。齐高宗萧鸾曾下诏禁止远近上礼,其文曰:"自今雕文篆刻,岁时光新,可悉停省。蕃牧守宰,或有荐献,事非任土,严加禁断。"③开元六年(718)宋璟上疏曰:"臣伏以太常状,以皇太子冠,准东宫典记,有上礼之仪。上礼非古,从南齐后魏,

① 唐长孺:《唐代内诸司使》,《魏晋南北朝隋唐史资料》(5—6)辑,1983、1984 年。何汝泉:《唐代使职的产生》,《西南师范大学学报》1987 年 01 期。张国刚:《唐代官制》,西安:三秦出版社,1987 年版,第 111 页。赵雨乐:《唐代内诸司使的构造》,《东洋史研究》50 卷 2 号,1992 年。杜文玉:《唐代内诸司使考略》,《陕西师范大学学报》(哲学社会科学版)1999 年 03 期。仲亚东:《唐代宦官诸使研究》,福建师范大学硕士学位论文,2003 年。《隋唐使职制度研究》(农牧工商编),第 250 页。唐长孺:《山居存稿》,北京:中华书局,2011 年版,第 252—270 页。赵晶:《唐代五坊研究》,首都师范大学硕士学位论文,2011 年。张高庆:《唐代宦官充任使职研究—以宦官充任的中枢使职为主》,辽宁大学硕士学位论文,2016 年等。
② 拜根兴:《饮食与唐代官场》,《人文杂志》1994 年 01 期。拜根兴:《唐代的廊下食与公厨》,《浙江学刊》1996 年 02 期。拜根兴:《试论唐代的献食》,《唐史论丛》第 7 辑,西安:陕西师范大学出版社,1998 年版,第 252—261 页。
③ (唐)李延寿:《南史》卷五《齐纪》,北京:中华书局,1975 年版,第 141 页。

方始有此事，而垂拱、神龙，更扇其道。"①已明确前文所述"上礼"出自南齐。唐武周、中宗时期献食甚盛，且已具"上礼"之仪。亦即说明唐代献食有"礼"可循。

　　"上礼"指向官僚集团内部之间，臣僚与皇室之间的互动，"上礼"之外另有父老、百姓等庶士群体向驾幸中的皇帝献牛酒之礼。所谓牛酒是"牛与酒的并称，用于赏赐、慰劳和馈赠"。②《周礼注疏·地官·牛人》载："凡宾客之事，共其牢礼、积、膳之牛。"③郑玄注曰："牢礼飧饔也，积所以给宾客之用。"④可见，牛是为主人款待宾客之资，也是一种待客之礼。其初用于赏赐。《战国策·齐策》曰："(齐襄公)乃赐单牛酒，嘉其行。"⑤汉承其制，多以赏赐为主，赏赐对象为列侯、官吏、女子百户、⑥学生等，赏赐原因来自于恩遇、大赦天下、新皇登基、君行冠礼、皇帝归故里、祭祀天地、举冤狱、立皇嗣、立祖庙、设陵县、遇灾异、呈祥瑞等诸种，有学者据文献资料统计其数达33次之多。⑦　其实此类赐牛酒已与皇帝行幸建立联系，汉武帝元鼎四年(前113)，行幸雍；元封元年(前110)，封祀泰山；汉元帝初元二年(前47)，行幸甘泉、郊泰；汉元帝初元四年(前45)，行幸河东、祠后土等皆赐牛酒。此为自上而下的慰抚与笼络。

　　汉代仍有自下而上迎劳的存在。这种迎劳即以牛酒予以犒食。《春秋公羊传注疏》载："四年春王二月，夫人姜氏享齐候于祝丘。"注曰："牛酒曰犒，加饭羹曰享。"⑧这一犒劳在汉代多迎谒军将，也有迎谒皇帝行幸的记载。元凤二年(前79)四月，汉昭帝自建章宫徙未央宫，于时大置酒赐从官，赐宗室子钱，赐献牛酒吏民帛各一匹。⑨　更始元年(23)十月，光武帝刘秀以破虏将军行大司马事持节渡河，镇慰州郡，所至之处黜陟官吏，废除王莽苛政，恢复汉制，"吏人喜悦，争持牛酒迎劳"。⑩无论是军将犒劳还是迎谒行幸皇帝，此时均已形成"牛酒礼"。汉灵帝驾崩后，董卓擅权，各地义军联手

---

①　《唐会要》卷二十六《皇太子冠》，第576页。

②　《中国历史大辞典》(上卷)，第491页。

③　《周礼注疏》卷十三《地官·司徒·牛人》，《十三经注疏》，第1559页。

④　《周礼注疏》卷十三《地官·司徒·牛人》，《十三经注疏》，第1559页。

⑤　《战国策》卷十三《齐策六》，第267页。

⑥　于琨奇先生认为汉代的"赐女子百户牛酒"的赏赐对象为女户主，其标准为女户主各百钱左右。(见于琨奇：《"赐女子百户牛酒"解—兼论秦汉时期妇女的社会地位》，《中国历史文物》1999年01期。)

⑦　郭俊然：《汉代牛酒现象探析》，《北方论丛》2016年06期。

⑧　《春秋公羊传注疏》卷六鲁庄公四年春二月条，《十三经注疏》，第4833页。

⑨　《汉书》卷七《昭帝纪》，第228页。

⑩　《后汉书》卷一上《光武帝纪一》，第10页。

抗卓。孙坚起兵于荆州,因刺史王叡怠慢无礼,被孙坚所杀。比至南阳,军士已聚万人。"南阳太守张咨闻军至,晏然自若。坚以牛酒礼咨,咨明日亦答诣坚。"①其后,宋人任广在其《书叙指南》对此事进行总结,认为大享客即为牛酒礼某。②

唐以降,用于赏赐的牛酒极为稀见,原因来自于贞观十七年(643)唐太宗的诏令。其文曰:

> 朕嗣守宗祧,夙夜寅畏,忧勤在于政道,抚育遍于含生,十七载于兹矣。……神祇介福,岂独在予,和乐之庆,宜被率土,可赐酺三日。自汉魏以来,或赐牛酒。牛之为用,耕稼所资,多有宰杀,深乖恻隐。其男子年七十以上,量给酒米面。梁州管内大辟罪以下见禁囚,皇太子虑过,诸州并遣使人分往,唯十恶不在虑限,余皆量情降宥焉。③

引文所述即为贞观十七年唐太宗南郊祭祀的德音,其文提供线索有三。一则汉魏时期国家遇大事则赐牛酒,这一记载与前述汉代多次赐赏相合。二则为汉魏时期所赐牛酒实则为牛酒之食,即宰杀牛用以食。三则贞观十七年德音在一定程度上充当律令作用,此后逢国事,赐牛酒的事件鲜少。目前搜集到的资料而言,仅有两次。一为唐高宗乾封元年(666)封祀泰山,赐女子百户牛酒。④ 二为唐睿宗改元载初,赐女子百户牛酒。⑤ 按,乾封元年封禅大典是唐王朝最大的礼仪活动和政治活动,封祀后赏赐范围极广,不仅包括文武百官还有天下百姓。学者普遍将此次赦文认定为散官泛阶的开始,可见其影响之重。作为汉魏时期重要的赐授牛酒对象,女子百户列入其中,不足为奇。唐睿宗改元载初时,朝廷的实际职掌者为武则天,此次赦文赏赐对象已超越乾封元年,其封赐内容也在不断扩容,女子百户赐授牛酒亦列入其中,或许与武则天笼络人心用以称帝有关。此后,汉魏相袭的赏赐牛酒事基本不见于唐代史料中。值得注意的是,皇帝巡幸献牛酒一时成风。

唐高祖尚未称帝时即出现长安父老向秦王献牛酒事。时唐太宗攻破泾阳后,聚众顿于阿城准备攻打长安。史载:"长安父老赍牛酒诣旌门者不可

---

① 《三国志·吴书》卷一《孙破虏讨逆传第一》,第1097页。
② (宋)任广:《书叙指南》卷八《犒设给散》,北京:中华书局,1985年版,第71页。
③ 《唐大诏令集》卷六十八《贞观十七年南郊德音》,第379页。
④ 《新唐书》卷三《高宗纪》,第65页。
⑤ 《唐大诏令集》卷四《改元载初敕》,第19页。

胜纪,劳而遣之,一无所受。"①按,此时唐高祖尚未称帝,李世民任右路军统帅,长安父老所献牛酒更多的用以劳军。因李世民的身份特殊,可视为皇帝行幸,父老献牛酒的雏形。

唐玄宗时期,皇帝行幸,父老献牛酒史事记载较为集中。开元十三年(725)八月,唐玄宗"发东都巡狩,庚午至濮州,河南百五里内父老皆献牛酒,还其牛,各赐帛一匹,遣之"。②此为唐玄宗为封禅自东都至濮州,父老献牛酒的记载,显然符合古礼的要求。这里献牛酒的主体是父老,其范围延至河南五百里内。其"还其牛"说明这里的牛酒是现实中的牛与酒。显然是对前文所述贞观十七年(643)唐太宗南郊祭祀德音的坚持。同年十一月壬辰,"(唐玄宗)封禅礼毕,大赦天下……丁酉,徐、曹、亳、汴、许、仙、豫等州父老献牛酒,还其牛酒,各赐帛二匹"。③献食的主体仍是父老,献物仍是牛酒,范围为徐、曹、亳、汴、许、仙、豫等州,规模也比较大。此外还有《太平广记·金桥图》的记载。其文曰:"玄宗封泰山回,车驾次上党。潞之父老,负担壶浆,远近迎谒。上皆亲加存问,受其献馈,锡赉有差。"④此类献牛酒事一般由政府主导,父老参与共同完成。《新唐书·李邕传》载:"属国家有事泰山,法驾旋路,邕献牛酒,列蒙恩私。妾闻正人用则佞人忧,邕之祸端,故自此始。"⑤按,李邕时为陈州刺史,因其主导献牛酒,而得到皇帝的赞许。一如汉代"献牛酒礼",唐代皇帝巡幸献牛酒表达为皇帝与父老的礼仪互动。一方面皇帝希望得到百姓的迎劳,百姓也需要表达自己的"望幸"之情。故要比附古礼"存问百年"。具体到父老献牛酒而言,皇帝要"亲加存问""还其牛""赐物"来完成。

这一礼仪制度在唐后期亦有记载。马嵬驿之变后,唐玄宗南下蜀郡避难,太子李亨则分兵北上。李亨带兵自奉天而北,夕次永寿时"百姓遮道,献牛酒"。⑥杜甫《赠左仆射郑国严公武》所谓"感激动四极,联翩收二京。西郊牛酒再,原庙丹青明"亦可为证。此后,因皇帝离京的巡幸多为銮舆播迁,皇帝与百姓、父老的礼仪互动缺乏和平环境与德治的语境,此类巡幸献牛酒在史料中鲜有记载,献牛酒之礼随战争频繁更多的指向劳军。

① 《旧唐书》卷二《太宗纪上》,第 23 页。
② 《册府元龟》卷三十六《帝王部·封禅第二》,第 399 页。
③ 《册府元龟》卷八十《帝王部·庆赐二》,第 937 页。
④ 《太平广记》卷二百十二《金桥图》,第 1628 页。
⑤ 《新唐书》卷二百二《李邕传》,第 5756 页。
⑥ 《旧唐书》卷十《肃宗纪》,第 240 页。

2. 驾行供备献食

供备献食是指为满足皇帝行幸供备需要而进行的献食。这种献食在皇帝常态下行幸与靖难行幸的两种状态下表现出不同的形式。一般来说,皇帝常态行幸,献食者多为州县及百姓为主,献食之物经过精心准备,献食规模较大。麟德元年(664)九月乙丑,唐高宗下诏曰:"来年行幸岱宗,州县不得浪有烦扰,其水浅可涉不可缮造桥梁,所行之处,亦勿开道路,诸州及寺观并百姓不得辄献食。"①尽管唐高宗下诏反对献食,反而说明皇帝行幸,诸州、寺观百姓皆要献食。开元六年(718)七月,唐玄宗驾幸长安,颁发诏令曰:"其中侵扰,莫非横干,或渔猎畜养以将进献,驱使役徒以狥声名,实由纲纪未树,教令不行,去年从京向都,尝亦处分。"②尽管唐玄宗一再标榜沿路不得妄有进献,但进献事件仍层出不穷。开元六年诏书下达后,蒲州刺史程行谌、同州刺史李朝隐、陕州姜师度至其州界咸有进奉,并没有得到皇帝的处罚,反而以"惜其能善政,故乃屈法收情,忆至于今,岂能无恸"。③ 其"或渔猎畜养以将进献"是指州县献食大都在皇帝未至之前就开始准备。"驱使役徒以狥声名"则是州县还要供备差役之事。当然,献食规模也非同一般。史载:"玄宗封太山,历汴、宋、许,车骑数万,王公妃主四夷君长马、橐驼亦数万,所顿弥数十里。澥列长棚,帷幕联亘,上食几千舆,纳筦钥,身进膳,帝以为知礼,喜甚,为留三日,赐帛二千匹。"④引文所述,唐玄宗封禅泰山,齐澥上食几千舆即可为证。

与常态下的行幸献食相较,靖难献食则随意得多。一般来说,靖难献食主要由皇帝罹难途中献食与皇帝驻跸献食两种情况。銮舆播迁往往是仓促而行,自身缺乏有司供备,前方人也未接到皇帝驾幸的通知,因此这种献食者往往就地取材,仅供充饥。安禄山攻破潼关后,唐玄宗于天宝十五载(756)六月乙未日凌晨,带宰相杨国忠、韦见素、内侍高力士及太子等人逃离长安城,其行过于仓促,妃主、皇孙以下多从之不及。史载:

> 辰时,至咸阳望贤驿置顿,官吏骇散,无复储供。上憩于宫门之树下,亭午未进食。俄有父老献麨,上谓之曰:如何得饭?于是百姓献食相继。俄又尚食持御膳至,上颁给从官而后食。是夕次金城县,官吏已

---

① 《册府元龟》卷三十六《帝王部·封禅第二》,第393页。
② 《册府元龟》卷一百十三《帝王部·巡幸二》,第1353页。
③ 《册府元龟》卷一百十三《帝王部·巡幸二》,第1353页。
④ 《新唐书》卷一百二十八《齐澥传》,第4469页。

遁,令魏方进男允招诱,俄得智藏寺僧进刍粟,行从方给。①

引文所述,唐玄宗在望贤驿顿置,因官吏骇散,无复储供,待当地父老献麨方得食。其于金城县亦无供置,待寺僧进刍粟方得食。兴元元年(784)三月,唐德宗奔梁、洋,在道民有献瓜果者,"上欲以散试官授之,访于陆贽,贽上奏,以为:爵位恒宜慎惜,不可轻用"。② 其"献瓜果者"即可为证。唐昭宗幸莎城,"百官继至,士民从者亦数万。帝欲入谷中自固,以谷有没唐石,恶之,徙石门。民匿保山谷间,帝每出,或献饴浆,帝驻马为尝,民皆流涕"。③ 其"或献饴浆"亦可为证。

一如罹难途中献食,皇帝驻跸地的供备往往不能满足皇帝及扈从官的需要。在这种情况下,献食成为解决经济困难的一大举措。献食主要来自于两个方面,一是驻跸地人群的献食,另一种则为靖难州县的献食。建中四年(783),泾原兵变,唐德宗罹难奉天,史载:"时,奉天围久,食且尽,以芦荻秣帝马,太官粝米止二斛。围解,父老争上壶飧饼饵,剑南节度使张延赏献帛数十驮,诸方贡物踵来,因大赐军中,诏殿中侍御史万俟着治金、商道,权通转输。"④奉天之围,经济困难。父老献饼饵,是奉天城内献食。剑南节度及诸方贡物则为靖难州县的献食,来共同满足皇帝的需要。黄巢犯京师,唐僖宗出幸,途无供顿,卫军不得食。史载:"汉阴令李康献糗饵数百骡纲,军士始得食。僖宗召康问曰:卿为县令,安操心及此? 康对曰臣为尘吏,敢有此进献? 张浚员外教臣也。帝异之,急召至行在,拜兵部郎中。"⑤唐僖宗驻跸无供备,汉阴令献食方得食亦可为证。

三、驾行地方供置

就皇帝巡幸而言,其消耗尤甚。唐人元稹以"物议喧嚣,财力耗竭,数年之外,天下萧然"来形容唐玄宗行幸所带来的灾难。唐后期,敬宗打算巡幸洛阳,遭到朝臣的一致反对,原因来自于国力日衰,已无力支撑皇帝的沿途置顿。尽管唐朝皇帝一再下令,行幸期间不得惊扰百姓,就实际看来,其主要供置来源仍为地方。唐玄宗《行幸东都诏》曰:"凡厥有司,式遵乃事,至于行从兵马,供顿储积,务在撙节,勿使烦劳。……其所过州县,无费黎元,亦

① 《旧唐书》卷九《玄宗纪下》,第 232 页。
② 《资治通鉴》卷二百三十唐德宗兴元元年三月条,第 7417 页。
③ 《新唐书》卷一百八十七《王重荣传》,第 5439 页。
④ 《新唐书》卷二百二十五中《朱泚传》,第 6446 页。
⑤ 《旧唐书》卷一百七十九《张浚传》,第 4656 页。

379

不得辄有差科,傍求进献。"①又,其所下《幸新丰及同州敕》曰:"宜以今月二十五日幸长春宫,停五日,缘顿所须,并令所司支备,一事以上,不得干扰州县。"②还有,其所下《北路幸长安制》曰:"可以今年闰九月十日北路幸长安,所司准式,缘顿支供,一事以上,并同常处官物,不须科敛百姓。其递运及行从官僚等,勿从减降。所在公私,不得辄有进献。"③对于此类诏书的效用,罗彤华先生有明确判断,他指出"然事实上,诏书只有宣示性作用,官府所须之人员与物用,无不出自百姓"。为了证明自己的结论,罗先生又举出《旧唐书·韦恒传》所载"车驾东巡,县当供帐,时山东州县皆惧不办,务于鞭扑"④用以例证。⑤ 其判断与笔者前述结论基本相同。那么地方供置具体指哪些地方呢? 其供备物又有哪些呢? 驾行途经州县与驻跸州县又该如何恢复生产呢? 此皆为下文所要解决的问题。

1. 驾行州县供置

《礼记》曰:"天子适诸侯,诸侯膳用犊,诸侯适天子,天子赐之礼。"⑥即天子巡狩,诸侯供置符合古礼的要求。《周礼》曰:"王巡守殷国,则国君膳以牲犊,令百官、百姓皆具,从者。三公视上公之礼,卿视侯伯之礼,大夫视子男之礼,士视诸侯之卿礼,庶子壹视其大夫之礼。"⑦对于殷国,贾公彦疏曰:"殷同则殷国也。王巡守至于四岳之下,当方诸侯,或所在经过,或至方岳之下。若殷国,或在王城出畿外,在诸侯之国所在之处。皆设礼待王,故巡守殷国并言也。"⑧即对天子巡狩的供备区域予以划分,凡天子所经、所在、狩岳辐射区均有义务提供给养。提供给养的对象不仅限于天子,还包括随从人员。因扈从天子,随从人员的给养级别要有所提高。即三公比照上公之礼接待;卿比照侯伯之礼接待;大夫比照子男之礼接待;士比照诸侯之卿礼接待;庶子比照诸侯之大夫礼接待。其给养内容,《周礼》亦有明确规定。即上公五积,候伯四积,子男三积等,其随从亦有相应的食享。⑨

唐代皇帝行幸,地方供置显然符合古礼的要求。常态下皇帝行幸的地

① 《唐大诏令集》卷七十九《行幸东都诏》,第 451 页。
② 《唐大诏令集》卷七十九《幸新丰及同州敕》,第 451 页。
③ 《唐大诏令集》卷七十九《北路幸长安制》,第 454 页。
④ 《旧唐书》卷八十八《韦恒传》,第 2874 页。
⑤ 《唐朝皇帝巡幸之仪卫—以大驾卤簿为中心》,《中国历史文化新论—高明士教授八秩嵩寿文集》,第 253 页。
⑥ 《礼记正义》卷二十五《郊特牲》,《十三经注疏》,第 3129 页。
⑦ 《周礼注疏》卷三十八《秋官·司寇·掌客》,《十三经注疏》,第 1945 页。
⑧ 《周礼注疏》卷三十八《秋官·司寇·掌客》,《十三经注疏》,第 1945 页。
⑨ 《周礼注疏》卷三十八《秋官·司寇·掌客》,《十三经注疏》,第 1945—1946 页。

方供置多为沿途州县、驻跸州县或距离较近的州县。开元十一年(723)唐玄宗驾幸东都折太原返京城回,从事供备的州县有汾、晋、蒲、绛、同、华、京兆、河南、郑、卫、洛、相、宜、沁、慈、隰十六州,多是沿路州县以及驻跸州县。①就其所涉十六州位置而言可证前述结论。

当然,非常态下的行幸,地方供置的范围要大得多。唐德宗幸奉天,冯河清闻之"实时发甲仗、器械、车百余辆,连夜送行在所。时驾初迁幸,六军虽集,苍黄之际,都无戎器,及泾州甲仗至,军士大振"。②又,"及贼泚解围,诸藩贡奉继至,乃于奉天行在贮贡物于廊下,仍题曰琼林、大盈二库名"。③可以说,唐德宗靖难至奉天,天下诸藩均具供备之责。基于此,唐德宗方有实力重建琼林、大盈二库。唐昭宗幸华州,韩建患一州供亿不能济,使李巨川"传檄天下,督转饷",④亦可为证。

皇帝行幸地方供置内容极为广泛。其一,提供供顿。开元十三年(725)十一月,封泰山礼毕,其行幸州县供顿劬劳,百姓并免一年租赋,兖州免二年租赋。⑤ 开元十七年(729)十一月,唐玄宗谒桥陵,诏天下百姓无出今年地税之半,如已征物听折来年补租悬调,在百姓腹内者一切放免,京兆府供顿县免今年地税。⑥ 其"州县供顿""供顿县"等均可为证。

其二,提供膳食供备。前引《唐济州刺史裴公德政颂》,唐玄宗自东都行幸太原时,齐州刺史裴耀卿供备物为"或緫、或秸、或薪、或樵、或饔、或饩、或粮、或糗餐"。⑦ 这些供备物既用于行幸中的皇帝亦服务于扈从人员。如贞观十二年(638)唐太宗驾幸蒲州,赵元楷潜饷羊百口,鱼数千头,将馈贵戚。⑧ 按,赵元楷在隋世曾为历阳郡丞,后因进献珍奇美味给在江都的隋炀帝,升任江都郡丞。贞观十二年,其为蒲州刺史,欲旧法重演结交贵戚,后遭到唐太宗的训斥贬为括州刺史。其"将馈贵戚"足以说明地方供备亦服务于从驾人员。又,唐玄宗《将封泰山断屠诏》曰:"自古明王,仁及万物。今助天挈育,方将告成。其缘祀祭,及在路供顿,牺牲饩牢,礼不可阙。除此之外,天下诸州,并令断屠,及渔猎采捕。驾回至京,都依例程。"⑨尽管唐玄宗因

---

① 《文苑英华》卷七百七十五孙逖《唐济州刺史裴公德政颂》,第4082页。
② 《旧唐书》卷一百二十五《冯河清传》,第3549页。
③ 《旧唐书》卷一百三十九《陆贽传》,第3793页。
④ 《新唐书》卷二百二十四下《李巨川传》,第6410页。
⑤ 《册府元龟》卷四百九十《邦计部·蠲复二》,第5862—5863页。
⑥ 《册府元龟》卷四百九十《邦计部·蠲复二》,第5863页。
⑦ 《文苑英华》卷七百七十五孙逖《唐济州刺史裴公德政颂》,第4082页。
⑧ 《册府元龟》卷六百九十七《牧守部·邪佞》,第8322页。
⑨ 《唐大诏令集》卷六十六《断屠及渔猎采捕敕》,第370页。

封禅礼敬之需,禁猎断屠,但皇帝在"路供顿"礼不可阙。据此,结合前述蒲州刺史赵元楷所献之物,可以说常态下的皇帝行幸州县亦供置鱼肉等采捕渔猎之物。此外还有唐肃宗亲征史思明时发布诏令:"其路次州县,一切不得别有征敛,亦不得辄有进献及时新野味等。王公以下文武从官,每顿主人供蔬饭,不得辄置鱼肉饼果及铺设,亦不得妄差人力,别有祗承。"①唐肃宗明令"在路州县不得进献新野味",说明进献新野味的现象在皇帝行幸中一直存在。

其三,提供力役供备。前引《唐济州刺史裴公德政颂》,唐玄宗自东都行幸太原时,济州刺史裴耀卿为之"造舟为三桥,置骑为马驿,辟野为西顷,除道为九逵"。② 一方面说明地方要提供桥道建设,另一方面则能体现百姓需提供力役以备建设所需。当然此类力役不仅限于桥道建设,还用于诸多方面。如承猎事,贞观十四年(640),唐太宗将幸同州校猎,时属收获未毕,栎阳丞刘仁轨以农事未毕上表进谏,其文曰:"今既供承猎事,兼之修理桥道,纵大简略,动费一二万工,百姓收敛,实为狼狈。"③"动费一二万工"可为其证。如修坛场事,开元十一年(723)二月,唐玄宗祀后土于汾阴,敕"管坛一乡,给复一年"。④ 天宝九载(750),唐玄宗将封祀华岳,命御史大夫王鉷开凿险路,以设坛场。⑤ 均可说明坛场的修建与维护均需百姓提供力役。承担力役供备者有多种称谓。开元十一年(723),唐玄宗自太原回京,诏"郑、卫、洛、相、宜、沁、慈、隰等州佐助夫役,虽日不多,终是往还辛苦,各免户内今年差科"。⑥ 此为沿途州县供备力役者,该诏敕文书称其为"佐助夫役",就字面意思也能反映其所承担的工作。开元十九年(731)十一月庚申,唐玄宗幸东都,敕:"供顿州百姓及充夫匠,及杂祗供人等,宜放今年地税,自余户等免今年地税之半。"⑦提供这些力役的是供顿州的百姓,夫匠及杂供人,其承担工作范围甚广。

其四,提供宫苑供备。常态下皇帝行幸的驻跸地往往提前完成宫苑建设,前有已述,兹不再叙。非常态下皇帝行幸顿置所常因皇帝出行仓促,供备不足时常发生。这样,皇帝顿置前后的城池、宫殿与供置所需则显得尤为重要。天宝末,唐玄宗幸蜀郡,特迁崔圆为蜀郡大都督府长史、剑南节度。

① 《册府元龟》卷一百一十四《帝王部·巡幸三》,第 1358 页。
② 《文苑英华》卷七百七十五孙逖《唐济州刺史裴公德政颂》,第 4082 页。
③ 《旧唐书》卷八十四《刘仁轨传》,第 2790 页。
④ 《册府元龟》卷四百九十《邦计部·蠲复第二》,第 5862 页。
⑤ 《旧唐书》卷二十三《礼仪志三》,第 904 页。
⑥ 《册府元龟》卷四百九十《邦计部·蠲复二》,第 5862 页。
⑦ 《册府元龟》卷四百九十《邦计部·蠲复二》,第 5863 页。

史载："(崔)圆素怀功名,初闻国难,潜使人探(杨)国忠深旨,知有行幸之计,乃增修城池,建置馆宇,储备什器。及乘舆至,殿宇牙帐咸如宿设,玄宗甚嗟赏之,即日拜中书侍郎、同中书门下平章事、剑南节度,余如故。"①可以说,崔圆在蜀郡积极供备,可以满足唐玄宗的顿置。基于此,唐玄宗驻跸后,升其为宰相。唐肃宗幸灵武,杜鸿渐等奉迎,留魏少游知留后,备宫室扫除之事。史载："(魏)少游以肃宗远离宫阙,初至边藩,故丰供具以悦之。将至灵武,少游整骑卒千余,干戈耀日,于灵武南界鸣沙县奉迎,备威仪振旅而入。肃宗至灵武,殿宇御幄,皆象宫闱,诸王、公主各设本院,饮食进御,穷其水陆。"②可以说,杜鸿渐、魏少游的积极供备,为唐肃宗在灵武即位奠定了物质基础。还有,黄巢乱京,唐僖宗驾幸奉天,"陈敬瑄夜召监军梁处厚,号恸奉表迎帝,缮治行宫,(田)令孜亦倡西幸,敬瑄以兵三千护乘舆"。③ 正是因为陈敬瑄防患于未然的努力,唐僖宗加其为检校司徒兼侍中,封梁国公。

2. 驾行给复制度

前述,唐代皇帝驾幸多给当地带来较大灾难,为尽快恢复生产,唐政府实行给复制度。所谓"给复"系指复除,专指免除赋税徭役。④ 其可溯源至先秦时期,《周礼·大宰》郑注曰："国中自七尺以及六十,野自六尺以及六十有五,皆征之。其舍者,国中贵者、贤者、能者、服公事者、老者、疾者皆舍。"⑤梁克敏先生认为"舍"即复除徭役,认定其为给复的渊源。⑥ 秦汉魏晋沿之。唐律明确规定"复除者,谓课役俱免",给复内涵得以不断扩大。⑦ 关于唐代给复制度研究,学界已具研究成果,集中于给复原因、类型、意义、历史鉴戒等诸多方面,可谓丰硕。⑧ 其间,对驾行给复亦有涉足,因侧重点不同,驾行给复研究仍具较大探索空间,今解析如下。

前述,皇帝行幸类别多元且多变,随之而来的驾行所需亦多样,其相应的给复内容亦包括多样内容,具体如下。第一为免租赋。开元十三年(725)十一月壬辰,唐玄宗封禅礼毕,御朝觐坛之帐殿,朝群臣。此一盛事对供顿

---

① 《旧唐书》卷一百八《崔圆传》,第 3279 页。
② 《旧唐书》卷一百一十五《魏少游传》,第 3376 页。
③ 《新唐书》卷二百二十四下《陈敬瑄传》,第 6407 页。
④ 李俊生:《武德贞观年间给复探析》,北京师范大学硕士学位论文,2008 年,第 1 页。
⑤ 《周礼注疏》卷二《天官·冢宰·大宰》,《十三经注疏》,第 1394 页。
⑥ 梁克敏:《论唐代的给复与农业的发展》,《古今农业》2018 年 02 期。
⑦ 杜文玉:《唐朝给复之制的历史镜鉴》,《人民论坛》2019 年 16 期。
⑧ 梁克敏:《论唐代的给复与农业的发展》,《古今农业》2018 年 02 期。杜文玉:《唐朝给复之制的历史镜鉴》,《人民论坛》2019 年 16 期。康春华:《唐代蠲免政策研究》,北京:中国书籍出版社,2014 年版。李俊生:《武德贞观年间给复探析》,《山西师大学报》(社会科学版)2007 年 02 期。李俊生:《武德贞观年间给复探析》,北京师范大学硕士学位论文,2008 年。

州县带来了很大的压力,故唐玄宗下制曰:"其行幸州县,供顿劬劳,百姓并免一年租赋,兖州免二年租赋"。^①行幸州县与兖州百姓免租赋可为其证。

第二为免地税。开元十七年(729)十一月,唐玄宗拜谒桥陵,诏告天下曰:"百姓无出今年地税之半,如已征物,听折来年补租悬调。在百姓腹内者,一切放免,京兆府供顿县免今年地税。"^②其京兆府供顿县免地税可为其证。开元十九年(731)十一月庚申,唐玄宗驾幸东都。当月壬子,敕:"供顿州百姓,及充夫匠,及杂祗供人等,宜放今年地税,自余户等免今年地税之半。"^③其供顿州百姓、充夫匠、祗供人,自余户放免地税可为其证。

第三为免差科。开元十一年(723)正月,唐玄宗行幸北郡诏:"汾、晋、蒲、绛、同、华、京兆、河南供顿户,并宜免今年地税,郑、卫、洛、相、仪、沁、磁、隰等州佐助夫,虽则役日不多,终是往还辛苦,各免户内今年差科。"^④这里皇帝给复是根据提供服务内容来定的。汾、晋、蒲、绛、同、华、京兆、河南提供供顿,皇帝免其地税。郑、卫、洛、相、仪、沁、磁、隰等州佐助夫,皇帝免其差科。开元二十四年(736)十月,唐玄宗发东都还京。甲子,至陕州。敕曰:"朕永怀西土,陵寝在焉。至自东都,诚慰罔极,兼兹巡省,且无怨思傒予之望,多谢哲王饮至之规,岂忘前典。其供顿州,应缘夫役差科,并免今年地税。"^⑤皇帝自洛还京,供顿州免差科,可见,差科是给复制度内容之一。值得注意的是,这里差科与地税同时减免。可以说给复内容可以是一项或多项同时进行。

第四为酬值。开元十一年(723)正月行幸北郡诏:"太原府境内百姓宜给复一年,九等户给复三年,元从家给复五年,其家籍见存终身免征役,二月壬子,祠后土于汾阴,敕管坛一乡给复一年,辛未,銮驾至京师,其行过处,缘顿及营幕所损百姓青苗,并令本州岛检勘以正仓酬值。"^⑥其行幸北都置顿、营幕损百姓青苗则酬值。又如,开元六年(718)十二月,唐玄宗亲谒太庙诏:"缘道路及置营幕损百姓麦苗者,宜令州县检量,优还价值,余应得而制书缺载者,所司类例以闻。"^⑦其拜谒太庙,损百姓麦苗,亦酬其值。

第五为放免债欠。开元二十年(732)十一月庚申,祀后土毕,大赦制:"天下遭损免州及供顿州无出今年地税,如已征纳,听折来年补租悬调。贷

① 《册府元龟》卷八十五《帝王部·赦宥三》,第1005页。
② 《册府元龟》卷四百九十《邦计部·蠲复第二》,第5863页。
③ 《册府元龟》卷四百九十《邦计部·蠲复第二》,第5863页。
④ 《册府元龟》卷四百九十《邦计部·蠲复第二》,第5862页。
⑤ 《册府元龟》卷八十五《帝王部·赦宥四》,第1012页。
⑥ 《册府元龟》卷四百九十《邦计部·蠲复第二》,第5862页。
⑦ 《唐大诏令集》卷七十五《亲谒太庙赐宗支庶官制》,第426页。

粮种子欠负官物,在百姓腹内者,并宜放免。诸州自开元十七年以前,所有贷粮种子欠负官物,百姓腹内者,亦宜准此。孝子顺孙,义夫节妇,终身勿事。管坛一乡,百姓给复三年。"①其租悬调贷粮种子,欠负官物者,并放免均属给复制度内容。

第六为奖励供顿官。对供顿官的奖励以赐优考课的形式进行。开元五年(717)二月甲戌,唐玄宗行幸至东都,制曰:"缘路刺史、上佐县令,祗承顿事,并专知客,各准从官吏与赐,亦与中考。"②又如,开元二十四年(736)十月甲子,自东都还至陕州诏:"缘路供顿刺史、县令及专知官各赐一中上考,行从有职掌武官赐勋一转。"③可以说,开元五年、开元二十四年对供顿官的奖励,均以赐优考课的形式进行。其间,也不排除其具职官升迁现象的存在。大足元年(701),武则天驾幸长安,路次陕州。宗楚客时为刺史,日用支供顿事,广求珍味,称楚客之命,徧馈从官。楚客知而大加赏叹,盛称荐之,由是擢为新丰尉。无几,拜监察御史等。④

一般来说,车驾所经州县与驻跸州县给复内容是相同的,但驻跸州县的给复标准比行幸所经州县要高得多。乾封元年(666)正月戊辰朔,唐高宗有事于泰山,壬辰御朝觐坛,受朝贺,大赦天下,其文曰:"车驾所经州给复一年,齐州停日稍久给复一年半,兖州管岳给复二年。"⑤按,乾封元年封禅大赦文,车驾所经州给复一年,齐州停日稍久,给复一年半,兖州为封禅地则给复二年。又,开元十三年(725)十一月壬辰,唐玄宗以封禅礼毕,御朝觐坛之帐殿朝群臣,大赦天下,制曰:"其行幸州县供顿劬劳,百姓并免一年租赋,兖州免二年租赋"。⑥同样,开元十三年封禅赦文,行幸州县免租赋一年,兖州因为是驻跸地则免租赋二年。

当然,皇帝靖难行幸与常态下行幸,给复制度有所变化,主要表现在三个方面。首先是给复时间的增加。前述,常态下的皇帝行幸一般给复一至两年,靖难行幸则要多一些。至德二载(757)冬十月癸亥,"上自凤翔还京,仍遣太子太师韦见素入蜀迎上皇,凤翔郡给复五载"。⑦可以说,唐肃宗自凤翔返京,给复地方的时间是五年。又,兴元元年(784)春正月癸酉,唐德宗在奉天行宫受朝贺毕,大赦改元,制曰:"其奉天升为赤县仍给复五年,在县

---

① 《册府元龟》卷四百九十《邦计部·蠲复第二》,第5863页。
② 《册府元龟》卷八十《帝王部·庆赐二》,第929页。
③ 《册府元龟》卷八十《帝王部·庆赐二》,第934页。
④ 《旧唐书》卷九十九《崔日用传》,第3087页。
⑤ 《册府元龟》卷八十四《帝王部·赦宥三》,第993页。
⑥ 《册府元龟》卷八十五《帝王部·赦宥三》,第1005页。
⑦ 《旧唐书》卷十《肃宗纪》,第248页。

城内者给复十年"。① 可以说,唐德宗靖难奉天,给复地方的时间为五年或十年。

其次是靖难州县地位的升高。天宝十五载(756),唐玄宗幸蜀,驻跸成都。至德二载(757)十月,"驾回西京改蜀郡为成都府,长史为尹"。② 兴元元年(784)春正月癸酉,唐德宗皇帝在奉天行宫受朝贺毕,大赦改元制,"其奉天升为赤县仍给复五年,在县城内者给复十年"。③ 兴元元年六月癸丑,诏曰:"以梁州为兴元府,郑县为赤畿,官名品制视京兆、河南。"④同时,唐德宗驻跸的洋州也升为望州。⑤ 光化元年(898)七月,唐昭宗自华州返京敕:"升华州为兴德府,刺史为尹,左右司马为少尹,郑县为次赤,官员资望一同五府。"⑥蜀郡改为成都府,梁州为兴元府,华州为兴德府,洋州为望州,说明皇帝靖难驻跸州往往升为府或望州。奉天县则升为赤县,郑县为赤县说明皇帝驻跸县一般升为赤县。

最后是给复地官员由赐考课到升迁的转变。光化元年七月,唐昭宗在华州,敕升华州为兴德府,刺史为尹,左右司马为少尹,郑县为次赤,官员资望一同五府。封华岳庙为佑顺侯。⑦ 华州改兴德府后,其由从三品的刺史升为正三品的府尹,从五品下的左右司马升为从四品下的少尹。唐德宗朝梁州升兴元府,唐肃宗朝蜀郡改为成都府也是一样。给复官员升迁已由赐优考课,改为放选及官员品阶的升高。官员地位升迁由州县地位提高带来的实惠。兴元元年(784)秋七月丙子,车驾次凤翔府。诏府、县置顿官,考满日放选。⑧ 史载:"宜改梁州为兴元府,其署置官资望,一切与京兆河南府同。南郑县升为赤县,诸县并升为畿县。见在州县官各令终考秩,至考满日放选,依本资处分。耆寿与版授五品官,仍并赐绯;先已赐绯,并赐紫。典正等各赐勋五转,百姓除先减放税钱外,更给复一年。洋州宜升为望州,见任州官亦并令终考秩,并诸县官等各减两选;无选可减者,各加三阶。"⑨凤翔府、兴元府官员考满日放选,是指考满日不再待选,直接铨选,这样要比赐优考课要实惠得多。

① 《册府元龟》卷四百九十一《邦计部·蠲复第三》,第5869页。
② 《旧唐书》卷四十一《地理志四》,第1664页。
③ 《册府元龟》卷四百九十一《邦计部·蠲复第三》,第5869页。
④ 《旧唐书》卷十二《德宗纪上》,第343页。
⑤ 《陆贽集》卷四《改梁州为兴元府升洋州为望州诏》,第128页。
⑥ 《旧唐书》卷二十上《昭宗纪》,第764页。
⑦ 《旧唐书》卷二十上《昭宗纪》,第764页。
⑧ 《旧唐书》卷十二《德宗纪上》,第344页。
⑨ 《陆贽集》卷四《改梁州为兴元府升洋州为望州诏》,第128页。

综上,《礼记》《周礼》均明确规定,天子巡狩,诸侯供置,也就是说,皇帝行幸,地方给予供置显然符合古礼的要求。唐代皇帝行幸礼仪实践活动亦是如此。尽管皇帝出行前一再标榜其行供备皆需所司供备,不劳州县,而实际运作中,州县供置是皇帝物质来源的主要渠道。一般来说,皇帝行幸地方供置内容极为广泛,包括提供供备、膳食供备、力役供备、宫苑供备等,这些都是保障皇帝行幸顺利进行的必备条件。那么问题来了,皇帝为何要在诏书中强调"不得烦扰州县"呢? 再来看驾过给复或许能找到答案。前揭蔡邕《独断》对"幸"的解释,所谓"先帝故事所至,见长吏三老官,属亲轩作乐,赐食、皂帛、越巾、刀、佩带、民爵有级数,或赐田租之半,是故谓之幸"。[①] 即"幸"包含了驾行礼仪献食与给复制度的内容,其不仅限于农业生产的恢复,更多的是传达皇帝的"仁德",这点在赦宥诏书中有着明显的体现,除却给复内容外,皇帝还会对罪犯群体、鳏寡孤独群体、耆老群体、孝子顺孙群体、义夫节妇群体等予以恩泽,以彰显皇帝的仁德。据此再回到地方供置的问题,即可发现皇帝之所以在诏书中反复强调不得干扰州县,实则为皇帝仁德形象的塑造来完成意识形态的传输。

---

① 《独断》卷上,《文津阁四库全书》280 册,第 748 页。

第六章 驾行礼仪制度与唐代的国家治理

　　古礼对天子巡狩的政治活动与出巡目的有着明确的规定,《礼记·王制》曰:"天子五年一巡守,觐诸侯,问百年者就见之。命太师陈诗,以观民风,命市纳贾,以观民之所好恶,志淫好辟,命典礼考时月定日,同律,礼、乐制度衣服正之,山川神祇,有不举者为不敬,不敬者君削以地。宗庙有不顺者为不孝,不孝者君绌以爵。变礼易乐者为不从,不从者君流。革制度衣服为畔,畔者君讨。有功德于民者,加地进律。"①明确皇帝巡狩活动在于即敬老人、询民风、听反馈、厘制度、考官吏、察礼乐、观祭祀等。《风俗通义》所云:"巡者,循也;守者,守也。道德太平,恐远近不同化,幽情不得所者,故自躬亲行之"②则表达了天子巡狩的政治目的在于民情上达,政令下通。参详古礼基础上的唐代巡狩礼也有相类的记载,即为"会之明日,考制度。太常卿采诗陈之,以观风俗。命市纳贾,以观民之好恶。典礼者考时定日,同律,礼、乐、制度、衣服正之。山川神祇有不举为不恭,宗庙有不慎为不孝,皆黜爵。革制度、衣服者为叛,有讨。有功德于百姓者,爵赏之"。③ 因巡狩与皇帝行幸有诸多不同,礼典所规定的政治活动以及所要达到的政治目的适用范围有限。就皇帝行幸的效用而言,当前的研究成果集于两个方面,一是对其唐代皇帝出行活动的政治目的予以梳理,以展其特色与效用;二是,在梳理礼制设计的基础上,对唐代礼制与国家社会的关系进行考察,探究其在古代礼制发展中的历史地位。因专题礼制的制度设计与礼仪运作中独具特色,仍需对其效用予以考究。就驾行礼仪制度而言,其功用更多的体现为意识形态的传输。就制度设计而言,其多参详礼经,实则是对"礼治"精神的继承与发展;就礼仪运作而言,更多的集于皇权至上的弥漫与德化天下的宣扬,具体解析如下。

---

　　① 《礼记正义》卷十一《王制第五》,《十三经注疏》,第 2874—2875 页。
　　② (汉)应劭撰,王利器校注:《风俗通义校注》卷十《五岳》,北京:中华书局,2010 年版,第455 页。
　　③ 《新唐书》卷十四《礼仪志四》,第 355 页。

第一节　礼治精神的传承

麦大维（David McMullen）先生在讨论《周礼》与唐前期的国家治理之间的关系时说："在我看来，有一个与唐代行政管理体制分立的领域深受《周礼》的影响，这就是国家礼仪制度，虽然《周礼》并非唐代礼仪制度的唯一权威性依据，但它仍与其他儒家经典一起发挥作用。"①显然，唐代国家礼仪制度的设计与儒家经典密切相关，若展开说即为参详礼经。作为国家礼仪制度的重要组成部分，唐代皇帝行幸礼仪制度亦然。那么何谓礼经呢？日本学者仁井田升先生复原开元《学令》"教授之经"条曰："诸教授之经，以《周易》《尚书》《周礼》《仪礼》《礼记》《毛诗》《春秋左氏传》《公羊传》《谷梁传》各为一经，《孝经》《论语》《老子》，学者兼习之。"②上列九经中，以《礼记》《左传》为大经，《毛诗》《周礼》《仪礼》为中经，《周易》《尚书》《公羊》《谷梁》为小经。③此即为科举考试中，明经科所习，亦为唐礼之源。

关于唐礼的源头，当前已有诸多学界予以论述，陈寅恪先生直指隋唐制度赖以维系的魏齐、梁陈和西魏北周之三源。④其后，赵澜先生、⑤杨华先生、⑥吴丽娱先生均有相关论述，以吴先生研究为最，在其发表的系列论文中，直指《大唐开元礼》取法《礼记》，并认为因其而成为古代礼制的蓝本。⑦吴先生所论甚确，唐代的修礼活动均需"师古"。贞观中，唐太宗召中书令房玄龄、秘书监魏徵等礼官学士修改旧礼，撰就《吉礼》《宾礼》《军礼》《嘉礼》《凶礼》《国恤》等总一百三十八篇，一百余卷。因其以"准依古礼，旁求

---

① ［英］麦大维（David McMullen）著，张凌云译：《〈周礼〉与唐代前期的国家治理》，《陕西师范大学学报》（哲学社会科学版）2019 年 03 期。

② 《唐令拾遗》，第 182—183 页。

③ 《唐六典》卷二《尚书吏部》，第 45 页。

④ 陈寅恪：《隋唐制度渊源略论稿》，北京：中华书局，1963 年版，第 15 页。

⑤ 赵澜：《〈大唐开元礼〉初探—论唐代礼制的演化历程》，《复旦学报》（社会科学版）1994 年 05 期。

⑥ 杨华：《论〈开元礼〉对郑玄和王肃礼学的择从》，《中国史研究》2003 年 01 期。

⑦ 吴丽娱：《营造盛世：〈大唐开元礼〉的撰作缘起》，《中国史研究》2005 年 03 期。吴丽娱：《关于〈贞观礼〉的一些问题——以所增"二十九条"为中心》，《中国史研究》2008 年 02 期。吴丽娱：《关于〈贞观礼〉的一些问题》，《文史知识》2008 年 09 期。吴丽娱：《皇帝"私"礼与国家公制："开元后礼"的分期及流变》，《中国社会科学》2014 年 04 期。吴丽娱：《从唐代礼书的修订方式看礼的型制变迁》，中国政法大学法律整理研究所编：《中国古代法律文献研究》第八辑，北京：社科文献出版社，2015 年版，第 148—177 页。

异代,择其善者而从之"为原则,深得太宗赞许,遂颁于内外而行焉。① 所谓"准依古礼",李玉生先生将其解释为《周礼》《仪礼》《礼记》的记载。② 与之相类的是高明士先生,他更强调贞观礼的周礼精神,认定《贞观礼》修正了《开皇礼》,并将唐代开国政策溯至周制。③《贞观礼》后,《显庆礼》因权臣许敬宗、李义府为实际职掌,其多涉希旨,学者纷议,以为不及《贞观礼》。仪凤二年(677)下诏:"显庆新修礼多有事不师古,其五礼并依周礼行事。"④至此,《贞观礼》与《显庆礼》并行。尽管《显庆礼》在篇数方面远超《贞观礼》,仍得不到肯定原因来自于其多不循用古礼。作为中古时期最完备的礼典,《大唐开元礼》的修撰亦与古礼密切相关,其撰述的缘由来自于《礼记》的改撰,史载:

> 开元十四年(726),通事舍人王嵒疏,请撰《礼记》,削去旧文,而以今事编之。诏付集贤院学士详议。右丞相张说奏曰:"《礼记》汉朝所编,遂为历代不刊之典。今去圣久远,恐难改易。今之五礼仪注,贞观、显庆两度所修,前后颇有不同,其中或未折衷。望与学士等更讨论古今,删改行用。"制从之。初令学士、右散骑常侍徐坚,左拾遗李锐,太常博士施敬本等捡撰,历年不就。说卒后,萧嵩代为集贤学士,奏起居舍人王仲丘撰成一百五十卷,名曰《大唐开元礼》。二十年(732)九月,颁所司行用焉。⑤

引文所述,《大唐开元礼》的撰写来自于通事舍人王嵒的上疏,其请求改修《礼记》后由宰相张说劝服而修之。即可说明《大唐开元礼》具"师古"之缘起。吴丽娱先生以郊祀礼与封禅礼为案来探究其与《礼记》的关系,进而判定其即为模仿《礼记》精神的产物。⑥ 吴先生所言甚确,笔者在考察唐代皇帝驾行礼设计与实际运作中亦能发现其与《礼记》的渊源,当然,《礼记》之外,另有其它礼经参议其中。现论列如下。

---

① 《旧唐书》卷二十一《礼仪志一》,第 817 页。

② 李玉生先生在文中明确指出"古礼"即《周礼》《仪礼》《礼记》三部礼经。(李玉生:《唐令与礼的关系析论》,《唐史论丛》第 10 辑,西安:三秦出版社,2008 年版,第 41 页。)

③ 高明士:《论武德到贞观礼的成立—唐朝立国政策的研究之一》,《第二届国际唐代学术会议论文集》,台北:文津出版社,1993 年版,第 1210—1214 页。

④ 《旧唐书》卷二十一《礼仪志一》,第 818 页。

⑤ 《唐会要》卷三十七《五礼篇目》,第 782 页。

⑥ 吴丽娱:《营造盛世:〈大唐开元礼〉的撰作缘起》,《中国史研究》2005 年 03 期。吴丽娱:《从唐代礼书的修订方式看礼的型制变迁》,《中国古代法律文献研究》第 8 辑,第 148—177 页。

其一,唐代皇帝"巡狩"礼典与礼经参详。当前保存下来的"巡狩礼"为唐开元年间所制《大唐开元礼》,其存于《大唐开元礼》《通典》《新唐书》等书中,《通典》《大唐开元礼》于吉礼"皇帝巡狩告于圜丘""皇帝巡狩告于太社""皇帝巡狩告于太庙""皇帝巡狩"与军礼"皇帝亲征类于上帝""皇帝亲征宜于太社""皇帝亲征造于太庙""皇帝亲征祃于所征之地""亲征及巡狩告所过山川"分别叙述,侧重于皇帝的祭祀礼节,布列较为繁复,《新唐书》为其综合之作,内容虽简,但已能表达巡狩礼仪程式,据此,可以《新唐书》载文为主参引诸书予以解析,以察其与礼经的关系。其文曰:

> 天子将巡狩,告于其方之州曰:"皇帝以某月于某巡狩,各修乃守,考乃职事。敢不敬戒,国有常刑。"将发,告于圜丘。前一日,皇帝斋,如郊祀。告昊天上帝,又告于太庙、社稷。具大驾卤簿。所过州、县,刺史、令候于境,通事舍人承制问高年,祭古帝王、名臣、烈士。既至,刺史、令皆先奉见。将作筑告至圆坛于岳下,四出陛,设昊天上帝、配帝位。
>
> 天子至,执事皆斋一日。明日,望于岳、镇、海、渎、山、川、林、泽、丘、陵、坟、衍、原、隰,所司为坛。设祭官次于东壝门外道南,北向;设馔幔内壝东门外道北,南向;设宫县、登歌;为瘗埳。祭官、执事皆斋一日。岳、镇、海、渎、山、川、林、泽、丘、陵、坟、衍、原、隰之尊,在坛上南陛之东,北向。设玉篚及洗,设神坐坛上北方。献官奠玉币及爵于岳神,祝史助奠镇、海以下。
>
> 明日,乃肆觐,将作于行宫南为壝。三分壝间之二在南,为坛于北,广九丈六尺,高九尺,四出陛。设宫县坛南,御坐坛上之北,解剑席南陛之西。文、武官次门外东、西,刺史、令次文官南,蕃客次武官南,列辇路坛南。文官九品位坛东南,武官西南,相向。刺史、令位坛南三分庭一,蕃客位于西。又设门外位,建牙旗于壝外,黄麾大仗屯门,钑戟陈壝中。吏部主客户部赞群官、客使就门外位。刺史、令赞其土之实,锦、绮、缯、布、葛、越皆五两为束,锦以黄帕,常贡之物皆篚,其属执列令后。文武九品先入就位。皇帝乘舆入北壝门,繇北陛升坛,即坐,南向。刺史、蕃客皆入壝门,至位,再拜,奠贽,兴,执贽。侍中降于刺史东北,皆拜。宣已,又拜。蕃客以舍人称制如之。户部导贡物入刺史前,龟首之,金次之,丹、漆、丝、纩四海九州岛之美物,重行陈。执者退,就东西文武前,侧立。通事舍人导刺史一人,解剑脱舄,执贽升前,北向跪奏:"官封臣姓名等敢献壤奠。"遂奠贽。舍人跪举以东授所司,刺史剑、舄复位。

初,刺史升奠贽,在庭者以次奠于位前,皆再拜。户部尚书坛间北向跪,请以贡物付所司。侍中承制曰:"可。"所司受贽出东门。中书侍郎以州镇表方一案俟于西门外,给事中以瑞案俟于东门外,乃就侍臣位。初,刺史将入,乃各引案分进东、西陛下。刺史将升,中书令、黄门侍郎降立,既升,乃取表升。尚书既请受贽,中书令乃前跪读,黄门侍郎、给事中进跪奏瑞,侍郎、给事中导案退,文武、刺史、国客皆再拜。北向位者出就门外位。皇帝降北陛以入,东、西位者出。设会如正、至,刺史、蕃客入门,皆奏乐如上公。

会之明日,考制度。太常卿采诗陈之,以观风俗。命市纳贾,以观民之好恶。典礼者考时定日,同律,礼、乐、制度、衣服正之。山川神祇有不举为不恭,宗庙有不慎为不孝,皆黜爵。革制度、衣服者为叛,有讨。有功德于百姓者,爵赏之。①

巡狩源自古礼,《礼记》明确规定天子五年一巡狩,岁二月东巡狩至岱宗;五月南巡狩至南岳;八月巡狩至西岳;十一月巡狩至北岳。其巡狩之礼皆如东巡礼。②《大唐开元礼》不仅延续其巡狩礼仪设定而且专列东狩之礼以循其义,此可谓唐代皇帝巡狩礼对古礼的因循。当然,此类因循更多的表现在礼仪程式的设计方面。综合诸书,可将皇帝巡狩的礼仪程式归列为:颁告所至;类于上帝、宜于太社、造于太庙;具大驾卤簿;軷祭于国门;燔柴告至;问百年;观诸侯;望秩于山川;肆觐东后;考制度;归格于宗祢,用特等。除却"具大驾卤簿"这一程式之外,其余皆能在礼经中找到原典,为更好的展现其对应关系,现列表如下。

表 6-1 唐代皇帝巡狩礼因循礼经一览表

唐巡狩礼程式名称	文献来源	对应礼经记载
颁告所至	《大唐开元礼·皇帝巡狩》《新唐书·礼乐四》《通典·皇帝巡狩》	《周礼·夏官司马第四·职方氏》载:"王将巡守,则戒于四方,曰:'各修平乃守,考乃职事,无敢不敬戒,国有大刑。'"
类于上帝、宜于太社、造于太庙	《大唐开元礼·皇帝巡狩告于圜丘》《大唐开元礼·皇帝巡狩告于太社》	《礼记·王制》载:"天子将出,类乎上帝、宜乎社、造乎祢。"《礼记·曾子问》载:"孔子曰:'天子诸侯将出,必以币帛、皮圭告于祖

① 《新唐书》卷十四《礼乐志四》,第353—355页。
② 《礼记正义》卷十一《王制第五》,第2874—2875页。

（续表）

唐巡狩礼程式名称	文献来源	对应礼经记载
	《大唐开元礼·皇帝巡狩告于太庙》《通典·皇帝巡狩告圜丘》《新唐书·礼乐四》	祢，遂奉以出，载于斋车以行。每舍奠焉，而后就舍注以脯醢，礼神乃敢即安也。所告而不以出，即埋之，反必告设奠，卒敛币玉藏诸两阶之间，乃出盖贵命也。'"
軷祭于国门	《大唐开元礼·亲征及巡狩郊祀有司軷于国门》	《周礼·夏官司马第四·大驭》载："大驭掌驭玉路以祀。及犯軷，王自左驭，驭下祝，登，受辔，犯軷，遂驱之。及祭，酌仆，仆左执辔，右祭两轵，祭轨，乃饮。凡驭路，行以肆夏，趋以采荠。凡驭路仪，以鸾和为节。"①
燔柴告至	《大唐开元礼·皇帝巡狩》《通典·皇帝巡狩》	《尚书·舜典》载："岁二月，东巡狩，至于岱宗，柴，望秩于山川，肆觐东后。"②
望秩于山川	《大唐开元礼·皇帝巡狩》《通典·皇帝巡狩》《新唐书·礼乐四》	《尚书·舜典》载："岁二月，东巡狩，至于岱宗，柴，望秩于山川，肆觐东后。"《礼记·王制》载："岁二月东巡守至于岱宗。柴而望祀山川。"
肆觐东后	《大唐开元礼·皇帝巡狩》《通典·皇帝巡狩》《新唐书·礼乐四》	《尚书·舜典》载："岁二月，东巡狩，至于岱宗，柴，望秩于山川，肆觐东后。"《礼记·王制》载："岁二月东巡守至于岱宗。柴而望祀山川。觐诸侯。"
问百年	《大唐开元礼·皇帝巡狩》《通典·皇帝巡狩》《新唐书·礼乐四》	《礼记·王制》载："岁二月东巡守至于岱宗。柴而望祀山川。觐诸侯。问百年者就见之。"
考制度	《大唐开元礼·皇帝巡狩》《通典·皇帝巡狩》《新唐书·礼乐四》	《尚书·舜典》载："岁二月东巡守至于岱宗……协时月正日，同律度量衡。"《礼记·王制》载："命大师陈诗以观民风；命市纳贾以观民之所好恶志淫好辟；命典礼考时月定日，同律礼乐制度衣服正之。山川神祇有不举者为不敬，不敬者君削以地；宗庙有不顺者为不孝，不孝者君绌以爵；变礼易乐者为不从，不从者君流；革制度衣服者为畔，畔者君讨；有功德于民者加地进律。"

① 郑玄注"犯軷"曰："行山曰軷，犯之者，封土为山象，以菩刍、棘、柏为神主。既祭之，以车轹之而去，喻无险难也。"可见，"犯軷"即为軷祭。（见《周礼注疏》卷三十二《夏官司马第四·大驭》，《十三经注疏》，第1852页。）

② 孔安国注"柴"曰："燔柴祭天告至"，其与唐巡狩礼同。（见（汉）孔氏传、（唐）陆德明音义、（唐）孔颖达疏：《尚书正义》卷三《虞书·舜典》，（清）阮元校刻：《十三经注疏》，北京：中华书局，2009年版，第268页。）

（续表）

唐巡狩礼 程式名称	文献来源	对应礼经记载
归格于宗 祢,用特	《大唐开元 礼·皇帝巡 狩》《通典·皇帝巡狩》	《尚书·舜典》载:"岁二月东巡守至于岱宗……归格于艺,祖用特。"①《礼记·王制》载:"岁二月东巡守至于岱宗……归假于祖祢,用特。"

据上表可知,《大唐开元礼》《通典》《新唐书》所载《皇帝巡狩礼》的制度设计更多的来自于遵从古礼。就整体布局而言,其延续古礼所谓天子五年一巡狩,岁二月东巡狩至岱宗;五月南巡狩至南岳;八月巡狩至西岳;十一月巡狩至北岳的传统,在《开元礼》设计中首推东狩,并予以设定完备程式以达其效,"东狩"之余仍有南狩、西狩、北狩同东狩的记载。就东狩程式而言,除却"具大驾卤簿"外,其余基本沿用礼经原典,其可谓是"师古"的标志。值得注意的是,其参引礼经并非专指于《礼记》,《礼记》之外仍有《周礼》《尚书》等。前揭《礼记》为大经,《周礼》为中经,《尚书》为小经,可以说,《大唐开元礼》礼典的制度设计中参详的礼经来源具多元化特色。

其二,驾行礼仪实践与礼经参议。前述,唐代皇帝行幸礼仪运作往往与礼典设计存在差异,这与当时的皇帝个人意志与时代特性密切相关,在这种情况下往往会出现缘情变礼或因势革礼的情况。尽管如此,其仍需在古礼中寻求变革的合法证据,仍具"师古"之意。具体如下。

第一,行必有名的礼经参用。唐史史料中,"行必有名"来自于开元五年(717)褚无量的上疏。时唐玄宗打算自长安行幸东都,右散骑常侍褚无量以"人主行幸,礼必有名"②要求皇帝下制书,晓示天下。前文已证,此议在皇帝行幸实践中往往得到很好的遵从。当然,这一理论与实践亦具"师古"之意。《礼记·檀弓下》述吴、陈之战,吴王夫差语及行人仪此次出征的合法性时即有"师必有名"之语。③ 因皇帝巡狩的礼仪设计兼具吉、军二礼,其可视为"行必有名"的礼经参用。

第二,君行卜日与卜日礼的礼经参用。就卜日而言,《大唐开元礼·卜日》已明确指出册命大事、加元服、纳后、巡狩、亲征、封禅、太子纳妃、出师等均需卜日。前文已证,此制在皇帝行幸实践中得以很好的坚持。这一理论

---

① 祢即载行的神主,《尚书·舜典》乃指文祖之庙,艺文也。(见《尚书正义》卷三《虞书·舜典》,《十三经注疏》,第 268 页。)其意相同,均指祖先的神位。

② 《唐会要》卷二十七《行幸》,第 604—605 页。

③ 《礼记正义》卷九《檀弓下》,第 2825 页。

与实践亦具"师古"之意。《周礼》曰："凡国之大事,先筮而后卜。"①对此郑玄注曰："当用卜者先筮之,即事渐也。于筮之凶,则止不卜。"②又,《礼记》云："天子无筮,诸侯有守筮,天子道以筮。"郑玄注曰："谓征伐出师若巡守也。天子至尊,大事皆用卜也。"③又,《左传》曰："先王卜征五年,而岁习其祥,习祥则行。不习则增,修德而改卜。"④其均可视为"君行以卜"的礼经参用。就卜日礼而言,其仪式运作亦参详《周礼》天子庙享卜日仪,大致为陈龟、贞龟、视高、命龟、作龟、占龟等,前文有证,不复赘,亦可视为"卜日礼"的礼经参用。

第三,驾行告庙与告享礼的礼经参用。前述,《新唐书》《大唐开元礼》《通典》等书所见"皇帝巡狩""皇帝亲征"礼均要告祭昊天上帝、太庙、社稷。其礼设计最早源自于《礼记·王制》所载:"天子将出,类乎上帝、宜乎社、造乎祢。"⑤但在实践中,皇帝离京或返京的出行活动往往以告祭太庙的形式来完成,告祭的对象为京庙⑥或行庙。行庙的出现与唐后期皇帝銮舆播迁频仍密切相关,即因情势所需而再造神主以告祭。但再造神主用以告祭不能完全满足当时情势所需,故朝廷中出现"载主以祔行庙"的声音,⑦礼官之所以选择此议,实则与参详古礼密切相关。我们来看一下孔子与曾子的经典对话,史载:

> 曾子问曰:"古者师行,必以迁庙主,行乎?"孔子曰:"天子巡守以迁庙主行,载于斋车,言必有尊也。今也,取七庙之主以行,则失之矣。当七庙、五庙无虚主。虚主者,唯天子崩,诸侯薨,与去其国,与祫祭于祖,为无主耳。"又曾子问曰:"古者师行,无迁主,则何主?"孔子曰:"主命。"问曰:"何谓也?"孔子曰:"天子诸侯将出,必以币帛、皮圭告于祖祢,遂奉以出,载于斋车以行。每舍奠焉,而后就舍注以脯醢,礼神乃敢即安也。所告而不以出,即埋之,反必告设奠,卒敛币玉藏诸两阶之间,乃出盖贵命也。"⑧

---

① 《周礼注疏》卷二十四《春官·筮人》,《十三经注疏》,第 1739 页。
② 《周礼注疏》卷二十四《春官·筮人》,《十三经注疏》,第 1739 页。
③ 《礼记正义》卷五十四《表记》,《十三经注疏》,第 3569 页。
④ 《春秋左传正义》卷三十二鲁襄公十三年条,《十三经注疏》,第 4244 页。
⑤ 《礼记正义》卷十二《王制》,第 2884 页。
⑥ 一般指西京太庙。
⑦ 《旧唐书》卷二十六《礼仪志六》,第 979 页。
⑧ 《礼记正义》卷十八《曾子问》,《十三经注疏》,第 3016 页—3017 页。

引文中,孔子与曾子的对话,解释了"天子巡狩,载主以行"的礼仪规范。孔子明确了所载神主为迁庙主,不为在庙主,原因来自于"庙无虚主"的礼仪需求。如无迁庙主,孔子认为可将币帛、皮圭等降神之物,奉之以出,以便告祭。天子亲征,载主数量还要增加。《周礼·春官·小宗伯》载:"若大师,则帅有司,立军社,奉主车。"郑玄注:"王出军,必有事于社。及迁庙,而以其主行。社主曰军社。迁主曰祖。"①古礼明确即载主为迁庙主和社主。胡三省所谓:"奉神主而行,故有行庙"②再次明确了载主与行庙的关系。此议在唐僖宗光启元年得具实践。史载:"光启元年(885)十二月二十五日,僖宗再幸宝鸡。其太庙十一室并祧庙八室及孝明太皇太后等别庙三室等神主,缘室法物,宗正寺官属奉之随驾鄠县,为贼所劫,神主、法物皆遗失。"③可以说,即使因情、势变礼仍需"师古"方可。

与"载主而行以祔行庙"改制相类的是"向庙哭礼"的实施。"向庙哭礼"最早产生于至德二载(757)十月,时肃宗至自灵武,史载:"享于太庙,哭三日。"④该礼亦与古礼密切相关。《左传》云:"(鲁成公三年)二月甲子,新宫灾,三日哭。"所谓新宫即"三年丧毕,宣公神主新入庙,故谓之新宫"。⑤新宫灾即为庙灾。为何要三日哭,疏曰:"庙灾三日哭,礼也。"注曰:"善得礼,痛伤鬼神无所依归,故君臣素缟哭之。"⑥此后,"向庙三日哭"已成故事。以后各朝皇帝返京告庙亦有"三日哭"的礼仪实践。

第四,銮驾进发礼仪的礼经参用。前述,《开元礼》礼典多参用礼经,作为其重要组成部分的"銮驾出宫礼"与"銮驾还宫礼"亦即如此。如,前文复原的"銮驾出宫礼"中皇帝升辂仪,其文如下:

> 皇帝将出,仗动。太乐令令撞黄钟之钟,右五钟皆应。协律郎跪,俛伏,举麾祝奏太和之乐。千牛将军前执辔,皇帝升辂,太仆卿立授绥,侍中、中书令以下夹侍如常。黄门侍郎进,当銮驾前跪,奏称:黄门侍郎臣某言,请銮驾进发。俛伏,兴,退复位。凡黄门侍郎奏请,皆进銮驾前,跪,奏称某官臣某言,讫,俛伏,兴。

---

① 《周礼注疏》卷十九《小宗伯》,《十三经注疏》,第 1656 页。
② 《资治通鉴》卷一百三十八齐世祖武皇帝永明十一年冬十月条胡三省注"行庙",第 4341 页。
③ 《旧唐书》卷二十五《礼仪志五》,第 962 页。
④ 《新唐书》卷六《肃宗纪》,第 159 页。
⑤ 《春秋左传正义》卷二十六鲁成公三年二月甲子条,《十三经注疏》,第 4125 页。
⑥ 《春秋公羊传注疏》卷十七鲁成公三年二月甲子条,《十三经注疏》,第 4974 页。

其仪式是以仗动为起点，以皇帝、千牛将军、太仆卿所行升辂仪为核心，以黄门侍郎请驾发为终点。礼经中亦有相类记载，《周礼·春官·乐师》云："（乐师）教乐仪：行以《肆夏》，趋以《采荠》，车亦如之。环拜以钟鼓为节。"郑玄引《尚书》作注：《尚书传》曰："天子将出，撞黄钟之钟，右五钟皆应。入则撞蕤宾之钟，左五钟皆应。"①其与前述"銮驾出宫礼"所载皇帝将出，仗动。太乐令令撞黄钟之钟，右五钟皆应的记载相契合。又，《礼记·曲礼上》曰："君车将驾，则仆执策立于马前。已驾，仆展軨，效驾。奋衣，由右上，取贰绥，跪乘，执策分辔，驱之五步而立。"②其与前述"銮驾出宫礼"所载太仆卿、千牛将军、皇帝协作完成的升辂仪相契合。

第五，问起居仪与迎谒礼的礼经参用。就问起居仪而言，前述，问起居系指下对上的一种探视与问候，其源自三端即晚辈对长辈的兴寝问安；下级对上级的问候；以问疾为中心的问起居等。其中兴寝问安与问疾均与古礼密切相关。《礼记》曰："凡为人子之礼，冬温而夏清，昏定而晨省，在丑夷不争。"③所谓"昏定而晨省"郑玄注为"安定其床衽也，省问其安否何如"。④孔颖达疏其曰：昏定而晨省者，上云冬温夏清，是四时之法，今说一日之法。定，安也。晨，旦也。应卧，当齐整床衽，使亲体安定之后，退。至明旦，既隔夜早来视亲之安否？何如？先昏后晨，兼视经宿之礼。熊氏云：晨省者，案《内则》云：同宫则鸡初鸣，异宫则昧爽而朝。⑤与文王问起居不同，凡人"昏定而晨省"指向旦夕两个时段，礼学家又对旦进行阐释，即同居为鸡初鸣，异居则昧爽。问起居内容指向"齐整床衽""省问其安否何如"等内容。此即可为唐代兴寝问安的渊源，亦即其参用礼经之证据。《礼记》曰："武王帅而行之，不敢有加焉。文王有疾，武王不说冠带而养，文王一饭亦一饭，文王再饭亦再饭。旬有二日乃间。"⑥其"帅而行之"系武王循文王的晨昏问起居之法。文王有疾，武王侍疾即"文王一饭亦一饭，文王再饭亦再饭"，可谓创设先王问疾之法，被纳入礼的范畴，亦即唐代问疾的渊源。

就迎谒礼而言，前述，迎谒系指迎接谒见之意。其早期以郊迎的形式而存在，此亦即具"师古"之意。《礼记》曰：

① 《周礼注疏》卷二十三《春官·宗伯·乐师》，《十三经注疏》，第1713页。
② 《礼记正义》卷三《曲礼上》，《十三经注疏》，第2711页。
③ 《礼记正义》卷一《曲礼上》，《十三经注疏》，第2667页。
④ 《礼记正义》卷一《曲礼上》，《十三经注疏》，第2667页。
⑤ 《礼记正义》卷一《曲礼上》，《十三经注疏》，第2667页。
⑥ 《礼记正义》卷二十《文王世子》，《十三经注疏》，第3040页。

君使士迎于竟,大夫郊劳,君亲拜迎于大门之内,而庙受,北面拜贶,拜君命之辱,所以致敬也。敬让也者,君子之所以相接也。故诸侯相接以敬让,则不相侵陵。卿为上摈,大夫为承摈,士为绍摈;君亲礼宾,宾私面,私觌;致饔饩,还圭璋,贿、赠、飧、食、燕,所以明宾客君臣之义也。①

此为君臣"聘义"之礼,内容指向国君"郊迎"外来宾客,其礼仪运行程式如下:首先,国君遣使将宾客迎入境内;其次,遣使劳于郊外;最后,国君与宾客行迎劳之礼。

第六,驾行仪制与扈从给养的礼经参用。就驾行仪制而言,《尚书》《周礼》《礼记》中均有兵马仪仗的相关记载。《尚书》已有"弁戈""冕刘""虎贲""车辂"等卤簿仪制内容的记载。《周礼》《礼记》则有王出兵马仪仗的礼制规定。《周礼·虎贲氏》掌"先后王而趋以卒伍",②郑玄解释其为王将出,虎贲士掌前后警卫工作,虽群行亦有局次。《周礼·旅贲氏》掌"执戈盾,夹王车而趋,左八人,右八人。车止,则持轮"。③ 即旅贲氏所率部伍掌王出左右之安全,虽群行亦有局次。又,太仆氏掌王出正王之服位,士师掌王出前驱而辟等。④ 又《礼记·月令》载:"天子居青阳大庙,乘鸾路,驾仓龙,载青旗,衣青衣,服仓玉,食麦与羊,其器疏以达。"⑤仲春之月,天子车、马、服御均有特别规定,既是月令的反映亦为天子身份的表达,其出行仪制亦有显现,可以说卤簿形制实则师承先秦古礼。

就扈从给养而言,《礼记》曰:"天子适诸侯,诸侯膳用犊,诸侯适天子,天子赐之礼。"⑥即天子巡狩,诸侯供置符合古礼的要求。又,《周礼》曰:"王巡守殷国,则国君膳以牲犊,令百官、百姓皆具,从者。三公视上公之礼,卿视侯伯之礼,大夫视子男之礼,士视诸侯之卿礼,庶子壹视其大夫之礼。"⑦对于殷国,贾公彦疏曰:"殷同则殷国也。王巡守至于四岳之下,当方诸侯,或所在经过,或至方岳之下。若殷国,或在王城出畿外,在诸侯之国所在之处。皆设礼待王,故巡守殷国并言也。"⑧即对天子巡狩的供备区域予以划分,凡

---

① 《礼记正义》卷六十三《聘义》,《十三经注疏》,第 3675—3676 页。

② 《周礼注疏》卷三十一《夏官·司马·虎贲氏》,《十三经注疏》,第 1837 页。

③ 《周礼注疏》卷三十一《夏官·司马·旅贲氏》,《十三经注疏》,第 1837 页。

④ 《周礼注疏》卷三十一《夏官·司马·太仆氏》,《十三经注疏》,第 1838 页。《周礼注疏》卷三十五《秋官·司寇·士师》,《十三经注疏》,第 1890 页。

⑤ 《礼记正义》卷十五《月令》,《十三经注疏》,第 2948 页。

⑥ 《礼记正义》卷二十五《郊特牲》,《十三经注疏》,第 3129 页。

⑦ 《周礼注疏》卷三十八《秋官·司寇·掌客》,《十三经注疏》,第 1945 页。

⑧ 《周礼注疏》卷三十八《秋官·司寇·掌客》,《十三经注疏》,第 1945 页。

天子所经、所在、狩岳辐射区均有义务提供给养。提供给养的对象不仅限于天子，还包括随从人员。因扈从天子，随从人员的给养级别要有所提高。即三公比照上公之礼接待；卿比照侯伯之礼接待；大夫比照子男之礼接待；士比照诸侯之卿礼接待；庶子比照诸侯之大夫礼接待。其给养内容，《周礼》亦有明确规定。即上公五积，候伯四积，子男三积等，其随从亦有相应的食享。① 此即为唐代州县给养供置的古礼参用。

总之，唐代皇帝驾行礼仪的制度设计与实践均以礼经参用，其所用礼经主要以《礼记》为主，与《开元礼》秉持的《礼记》精神密切相关。《礼记》之外，仍有《左传》《周礼》《尚书》等经典的参用。之所以会出现这种情况，显然与唐代出现的尚古现象密切相关。

自汉武帝"罢黜百家，独尊儒术"后，儒者即开始事事"循古""仿古"，以建立符合儒家思想的礼制体系。东汉时期，统治者推行儒学，确立了用儒家经典的内容作为衡量是否合乎"礼"的标准。应劭《风俗通义·愆礼》就援引《仪礼》《礼记》《孝经》《周易》《春秋》等经典，来判定"愆礼"的标准。② 以后历朝一以贯之，儒家经典成为"师古"制礼的源泉。可以说，重新整合儒家经典，满足"师古"需求即成了唐统治者制礼作乐的第一要务。贞观四年（631），唐太宗"以经籍去圣久远，文字多化谬，诏前中书侍郎颜师古考定五经"，③后形成"定本"，遂颁行天下。在此基础上，其又命国子祭酒孔颖达与诸儒新撰《五经正义》，以为官用。永徽二年（651）三月，唐高宗以该书"事有遗谬，仰即刊正"，即诏长孙无忌等重新撰疏，永徽四年（653）三月颁发于天下，并令明经科以此考试。《五经》之外，唐玄宗分外重视《孝经》，其两度颁行御注《孝经》，并刻石于太学，以示天下。除却官本儒家经典的"义疏"外，另有私本注经广传于坊间。如陆德明撰《经典释文》释《易》《书》《诗》《礼》《春秋》，注《论语》《孝经》；贾公彦撰《周礼义疏》五十卷、《仪礼义疏》四十卷；杨士勋撰《春秋穀梁传注疏》；徐彦撰《公羊传疏》二十八卷；王德韵、齐威等撰《毛诗正义》七十卷；孔颖达、王德韶、李子云等撰《尚书正义》二十卷等；魏徵、元行冲、行恭、施敬本等撰《类礼义疏》五十卷等。

同时，唐统治者在制礼作乐以治用中已形成了浓重的"尚古"思想。前揭唐代驾行礼仪的制度设计与实践是这一思想的体现，其核心其实是儒家经典表达的"礼治精神"，即将其与国家治理密切相连，进而成为稳定社会秩

---

① 《周礼注疏》卷三十八《秋官·司寇·掌客》，《十三经注疏》，第1945—1946页。

② 杨志刚：《中国礼仪制度研究》，上海：华东师范大学出版社，2001年版，第153页。

③ 《旧唐书》卷一百八十九上《儒学传序》，第4941页。"五经"即《诗》《书》《礼》《易》《春秋》。

序的重要保障。《礼记》曰:"礼者,所以定亲疏,决嫌疑,别同异,明是非。"①可以说,"礼"即用以维护尊卑贵贱的核心要义,用以维护等级秩序;《礼记》曰:"礼者,君之大柄也。所以别嫌明微,傧鬼神,考制度,别仁义,所以治政安君也。故政不正,则君位危;君位危,则大臣倍,小臣窃。刑肃而俗敝,则法无常;法无常,而礼无列;礼无列,则士不事也。刑肃而俗敝,则民弗归也。是谓疵国。"②又,《左传》曰:"礼,王之大经也。"③又,《晏子春秋》曰:"夫乐亡而礼从之,礼亡而政从之,政亡而国从之。""礼"即成为国之大治的根本,礼乐亡则国亡。除此之外,其亦为修身齐家的根本,亦为养民富民的根本。④值得一提的是,这些功能属性均来自于自然之道,《礼记·乐记》:"乐者,天地之和也。礼者,天地之序也。和,故百物皆化。序,故群物皆别。"唐孔颖达疏:"礼明贵贱是天地之序也。"⑤于此将其引申到社会之道,即可为合理的等级秩序伸张。当然,这一"礼治精神"在唐人对儒家经典的注、义、疏与研习中深置入其中,以至于出现了孔颖达、张说、张九龄、颜真卿等崇尚古礼的重臣,其对当时的皇帝"师古"制礼作乐与行礼仪实践起到推进作用,"以儒治国"理念深入人心。初唐皇帝用其以正名分、定君臣,维护统治秩序;盛唐皇帝用其以营造盛世气象,完成意识形态的传输;中晚唐皇帝用其来强化君威,解决现实问题等,⑥均用以实现国家治理。

第二节 皇权至上的弥漫

《独断》曰:"汉天子正号曰:皇帝,自称曰:朕,臣民称之曰:陛下,其言曰:制、诏,史官记事曰:上,车、马、衣服、器械、百物曰:乘舆,所在曰:行在所,所居曰:禁中,后曰:省中,印曰:玺,所至曰:幸,所进曰:御。"⑦可以说,历代皇帝在正号、自称、臣民称之、其言、其行、其用、其居等方面均要显示出独一无二,用以凸显皇权的至高无上。作为皇帝制度的重要组成部

---

① 《礼记正义》卷一《曲礼上》,《十三经注疏》,第 2663 页。

② 《礼记正义》卷二十一《礼运》,《十三经注疏》,第 3071 页。

③ 《春秋左传正义》卷四十七鲁昭公十五年秋八月条,第 4511 页。

④ 《中国礼仪制度研究》,第 129 页。

⑤ 《礼记正义》卷三十七《乐记》,《十三经注疏》,第 3317 页。

⑥ 杨荫楼:《试论唐代儒学的复兴》,《齐鲁学刊》1990 年 03 期。黄桂凤:《略论唐代两次儒学复古之走向》,《柳州师专学报》2006 年 01 期。咸晓婷:《中唐儒学变革与古文运动嬗递研究》,浙江大学博士学位论文,2011 年,第 86—97 页。

⑦ 《独断》卷上,《文津阁四库全书》第 280 册,第 748 页。

分,驾行礼仪制度亦是如此。当前皇帝制度研究或皇帝出巡研究中多于政治制度或政治活动中考察其对皇权建构的功用,推进皇帝与皇权问题的研究不断走向深入。雷戈先生以思想史的角度考察皇权主义的意识形态,认为秦汉时期生成的皇权主义秩序,把"天高皇帝远"的制度现实变成"天高皇帝近"的观念实存,实现了对人们思想的可控性。在论述中,其亦将出巡视为皇权主义的仪式呈现之一,认为皇帝可以通过出巡展示他的绝对权威,使皇帝成为全民心目中的神圣偶像,进而构建出更为广泛的君臣关系。① 此外,刘增贵先生、伊沛霞先生(Patricia B)、王瑞来先生在讨论卤簿象征符号、视觉文化与实践中亦有相类观点。② 诸位先生的研究可为本文研究提供新思路,笔者拟以皇权思想的弥漫为视角考察唐代皇帝驾行礼仪制度与皇权至上的建构,解析如下。

其一,规范性制度的确立与皇权至上的传递。前揭《大唐开元礼》《通典》《新唐书》所载巡狩礼典已形成"将巡狩,颁敕诏告天下";"驾将发,告圜丘、太庙、社稷";"出宫,大备卤簿";"载于国门,祭所过山川";"燔柴告至";"望秩于山川";"肆觐东后";"考制度";"归格于宗祢,用特"等。《新唐书·礼乐一》将祭祀之节分为卜日、斋戒、陈设、省牲器、奠玉帛③、进熟馈食等。结合《大唐开元礼》所载"銮驾出宫礼""銮驾还宫礼"等,以皇帝出行为中心的礼仪设计已具相应的制度规范,这些制度因循"古礼"而得以遵从与坚持。但因"情""势"所需仍有部分内容已具规范,并未兼采古礼,而是在实际运作中产生的,用以传递"皇权至上"的理念,解析如下。第一,请行幸制度的皇权主义理念传递。前文已述,民间请行幸的群体为父老、僧、道等基层代表,其为地方政权的实际掌控者,④其与皇帝之间的互动实则代表了民间对皇

---

① 雷戈:《秦汉之际的政治思想与皇权主义》,上海:上海古籍出版社,2006 年版,第 436—440 页。李振宏:《"天高皇帝近":一个重要的中国思想史命题—雷戈〈秦汉之际的政治思想与皇权主义〉评介》,《史学月刊》2007 年 10 期。

② 刘增贵:《汉隋之间的车驾制度》,《"中央"研究院历史语言研究所集刊》第 63 本第 2 分,1993 年,第 365—389 页。Patricia B. Taking Out Grand Carriage: Imperial Spectacle and the Visual Culture of Northern Song Kaifeng. Asia Major, 1999(12), pp. 33‐65. 伊沛霞、段晓琳:《大驾卤簿:皇家胜景和北宋开封的视觉文化》,中国历史文献研究会编:《历史文献研究》第 38 辑,上海:华东师范大学出版社,2017 年版,第 131—155 页。王瑞来:《皇权再论》,《史学集刊》2010 年 01 期。朱溢:《南宋大礼卤簿制度及其实践》,《人文论丛》2019 年 02 期。

③ 宗庙谓之晨祼。

④ 唐代的父老群体主要由"乡土高士,邑里达人""前官人士"、当地豪族等组成。(见《旧唐书》卷三《太宗纪下》,第 54 页。)

权的认同。皇帝至为幸，不至则不幸，①故，河南、太原、京兆府的父老每年都要各自组团前往皇帝驻跸地去请行幸，为配合道俗人员的请驾幸，皇帝往往要与之进行礼仪互动。其内容包括朝堂设宴，赐授绢、帛等物。与向皇帝驻跸地请驾幸相类的是请留驾，其也是请行幸的一种，皇帝驾离某地对于当地臣民来说实为不幸，故民间代表要上表请留驾以展望幸之心。②皇帝若允其留驾，当地民间代表则雀跃不已。前论民间团体请行幸的频次与皇帝允请相差极大，只有当皇帝出行的政治目的与请行幸相契合的时候，请行幸方展其效力。即可以说，民间群体请行幸更多的在于"请"的礼仪表达，即表达民间对皇权至上理念的认同，结合前述的望幸诗赋的传达，可以说"请行幸"制度的规范设计使得"皇权至上"的思想弥漫于民间。

同理，臣下请封禅亦即如此。关于唐代封禅大典的象征意义及其皇权主义思想的传递，已有学者予以详述，不复赘述。③就"请封禅"本身而言，更多的集中于"请"制度下的礼仪执行。封禅本是皇帝的告功之举，群臣请封禅实际是对皇帝文治武功的肯定。群臣请封禅，皇帝总是以功德不到、④不追求虚名⑤等理由拒绝。皇帝并非不想封禅而是要求群臣不断增强"请"的力度，在这种默契的指引下，群臣不断上书。当请封禅人群、请封禅的频次达到一定程度后，才会顺应"民意"，允其所请来完成自己的告封之礼。这样，一种以皇权至上为标志的礼仪效果已经完成。

第二，问起居制度的皇权至上表达。前揭"问起居"制度最早源于"昏定而晨省"的家礼，唐代不断进行完善已形成日常起居、巡幸起居、外官起居、

---

① 《独断》曰："幸者宜幸也，世俗谓幸为侥幸，车驾所至，民臣被其德泽以侥幸，故曰：幸也。先帝故事，所至见长吏三老、官属，亲临轩作乐，赐食、皂帛、越巾、刀、佩带、民爵有级数，或赐田租之半，是故谓之幸。"（见《独断》卷上，《文津阁四库全书》第 280 册，第 748 页。）

② 开元四年(716)十二月三日，唐玄宗行幸东都的制书如下："黄门：朕闻遂物之宜，上则听其和乐；违人之欲，下则生于怨思：一物安可弗遂？万人安可固违？且先王卜征，观乎风俗；大易顺动，应乎天地：由是巡以五载，尚遍于人寰；设为两京，况称于帝宅？东幸四顾，乃其常也。然朕以行必清道，不为无事；至而供帐，是则有劳，故恤人之隐，忧人不足，于今四年矣。遂使东土耆老，倾心而徯予；中朝公卿，屡言以沃朕。……以来年正月五日行幸东都，取仍北路，所司准式，主者施行。"（见《文苑英华》卷四百六十二《幸东都制》，第 2351 页。）显然，东土耆老的望幸亦为皇帝行幸的动力。

③ 何立平：《巡狩与封禅—封建政治的文化轨迹》，济南：齐鲁书社，2003 年版，第 377 页。

④ 唐玄宗曾以"未能使四海乂安，此治未定也；未能使百蛮效职，此功未成也。焉可以扬景化告成功？"为理由，拒绝群臣封禅之请。（见《册府元龟》卷三十六《帝王部·封禅第二》，第 397 页。）

⑤ 唐太宗曾说："卿辈皆以封禅为帝王盛事，朕意不然。若天下乂安，家给人足，虽不封禅，庸何伤乎？昔秦始皇封禅，而汉文帝不封禅，后世岂以文帝之不及始皇耶？且事天扫地而祭，何必登泰山之巅，封数尺之土，然后以展其诚敬乎？"（见《资治通鉴》卷一百九十四唐太宗贞观六年春正月癸酉条，第 6093 页。）

延英起居等诸多形式,问起居对象也由晚辈对长辈逐步向下级对上级进行转移,且皇帝逐步成了问起居的核心。问起居由最初的家礼逐步上升到国家礼仪。当然向皇帝问起居者不断扩容,问起居形式与内容不断完善,其制度运作亦趋于成熟。《唐六典》《大唐开元礼》《唐会要》《新唐书》等书对行从官、地方州刺史、留守官、两京五品以上职事官、东都分司官明确规定了向皇帝问起居的形式、问起居时间、问起居内容等,并能展现出其制度变迁。因其是建立在礼制基础上的典章制度,具有高下尊卑的等级特色。巡幸起居中,皇太子、公主、宗室皇亲、在京官员等都要定期向皇帝问起居,起居内容集中在对皇帝探视和问候,起居形式有叩头起居、遣使起居、通名起居等不同形式,这些都是君尊臣卑的反应,亦为皇权至上的表达。

　　与问起居制度相类的是"问起居礼"。该礼存于《大唐开元礼·群臣奉参起居》中,其程式致可分为四个层次。一为礼前准备阶段。即奉参前一日,由卫尉寺守宫署设文武百官次于朝堂。二为行礼者就位阶段。奉参之日,文武群官咸集于朝堂。先是太常寺奉礼郎设文武群官位;其次设奉礼位,其于文武官位东北;复次设通事舍人位,其于文官为首者北;最后,奉礼、赞者等导礼官吏皆就位。三为行礼阶段。先是文官首者少进,通名起居,礼毕还位;其次接着奉礼导唱,赞者承传,群官在位者皆拜;复次,通事舍人承旨出,并称:敕旨,群官皆拜;最后,通事舍人宣敕,群官再拜。四为礼毕阶段。宣敕拜毕,通事舍人与群官俱退。值得注意的是,其礼仪运作中,问起居的对象皇帝并未出现,而是由通事舍人、奉礼、赞者等行事官导引群官参拜,皇帝以敕旨形成进行礼仪运作。此亦为君尊臣卑的表达。宋代时期,适应集权的需要,将其由嘉入吉,皇帝郊庙大祀,车驾至太庙或祭坛,从祀群臣均要问起居。① 史载,郊庙祭祀中,车驾动,从祀群臣需问起居,起居形式为"凡起居者,止奏圣躬万福"。② 其可为唐代皇帝"问起居礼"的设计初衷予以佐证。

　　第三,迎谒制度的皇权至上表达。前述"迎谒"最早以"郊迎"的形式而存在。《礼记》所谓"君使士迎于竟,大夫郊劳,君亲拜迎于大门之内,而庙受,北面拜贶,拜君命之辱,所以致敬也。敬让也者,君子之所以相接也"。③即迎谒之源。可以说,迎谒制度亦为建立在礼制基础上的典章制度。一般来说,皇帝驾幸某地,地方官会组织以刺史、县令为核心,父老、道士、僧尼、

---

　　① 《文献通考》卷九十九《宗庙考九·车驾自斋殿诣太庙》,第 899 页。《文献通考》卷九十九《宗庙考九·车驾自大庆殿诣景灵宫》,第 899 页。

　　② 《文献通考》卷九十九《宗庙考九·车驾自斋殿诣太庙》,第 899 页。

　　③ 《礼记正义》卷六十三《聘义》,《十三经注疏》,第 3675—3676 页。

致仕官、学生等参加的迎谒团队,团队的迎谒者有强制性。期间,还会有百姓参加,增加迎谒团队的隆重性。朝廷百官以班迎的形式来迎谒巡幸的皇帝。一般来说,班迎只对皇帝负责,终唐一世得到了很好的坚持,这是皇帝权威至上的体现。以皇室成员为主导的迎谒,因迎谒者和迎谒对象之间具有身份的特殊性和关系的紧密性,迎谒者往往选择郊迎的形式,来增加迎谒的隆重性。迎谒者基本以伏于道左、夹道欢呼、拜舞、捧足、控辔等形式完成迎谒的。有时候为显示迎谒的隆重,几种礼节并用。如,至德二载(757)十二月,唐肃宗于望贤宫迎谒唐玄宗,为显示隆重,先后以拜舞礼、捧足礼进行迎谒。① 乾元元年(758)十一月,唐肃宗于灞上迎候唐玄宗,先后行拜舞礼、捧足礼、控辔礼等。② 兴元元年(784)七月,李晟迎谒唐德宗于三桥,先后行拜舞礼、伏于道左等。③ 前述,迎谒者、迎谒形式、迎谒内容、迎谒礼均以隆重以示,更多的是"君尊臣卑"的反映,更是皇权至上的表达。

其二,驾行礼仪的运作与皇权思想的传输。就驾行礼仪而言,当前礼典以"銮驾出宫礼"与"銮驾还宫礼"记载尤详,基本能反映皇帝驾行途中的仪貌。前所复原的"銮驾出宫礼"大致可分解为尚舍、守宫设位仪;太乐设宫悬仪;侍中奏开宫殿门仪;侍中奏中严仪;奉礼设从官位仪;仗卫、从行官待位仪;侍中、中书令以下奉迎仪;侍中、乘黄令、千牛卫、黄门侍郎待位仪;皇帝降至西阶仪;皇帝升辂仪;銮驾进发;驾出太极门仪;驾出嘉德门仪;驾至侍臣上马所仪;文武侍臣上马仪;驾发仪;驾至行宫仪;行宫降辂仪等。综合来看,"銮驾出宫礼"实则以皇帝的行踪为线索展开的,即可简化为:待位奉迎—皇帝出降西阶—皇帝升辂仪—皇帝驾发仪—敕侍臣上马仪—驾至行宫仪—行宫降辂仪等,皇帝俨然是銮驾出宫的核心,其一举一动均需卫、从、引、乐、器等相谐而成礼。

同理,"銮驾还宫礼"亦可分解为:皇帝还停大次仪;大次备辂仪;皇帝升辂仪;銮驾发引仪;驾至侍臣上马所仪;侍臣上马仪;銮驾复发仪;驾至侍臣下马所仪;侍臣下马仪;銮驾复发仪;驾入嘉德门仪;驾入太极门仪;驾入太极宫东上阁仪;皇帝降辂仪等。一如"銮驾出宫礼","銮驾还宫礼"亦以皇帝的行踪为线索展开,即可简化为:皇帝还停大次—皇帝升辂—銮驾发引仪—敕臣上、下马仪—銮驾复发仪—皇帝降辂仪等,皇帝依然是銮驾还宫的核心,其一举一动亦需卫、从、引、乐、器等相谐而成礼。

---

① 《资治通鉴》卷二百二十唐肃宗至德二载十二月丙午条,第7044页。
② 《册府元龟》卷二十七《帝王部·孝德》,第297页。
③ 《旧唐书》卷一百三十三《李晟传》,第3670—3671页。

　　若从礼仪的执行情况来看,仍以皇帝行礼为中心,其余行事官与陪位官充任协助之责。前述行事官为国家礼仪运作中的执事者,其最初主要是由礼部和太常寺官员组成,后因实际运行需要与职官系统的变化也出现设使摄事与官用礼职两种趋向。因职责不同有内行事与外行事之分,其任指向制礼、备位、陈礼器与赞礼仪等,即为皇帝行国家礼仪提供助力。陪位官则在国家礼仪活动中陪其列位。其身份颇广,包括宗室、中央官员、朝集使、地方耆老、皇亲、诸亲五等以上者,蕃夷君长、中央官、在京地方官、地方官、节度军将、二王三恪、褒圣候等群体。其于国家礼仪中或列位奉迎;或列位辞送;或列位赞礼;或在位拜礼等。可以说,以皇帝出行为中心的礼仪成了皇帝一个人的仪式,衬托出皇权的至高无上。随着礼典的颁发与举行,皇权至上的观念深入人心,皇权主义思想亦随之弥漫于世间。

　　其三,驾行仗卫"势"与皇权主义思想的弥漫。此处驾行仗卫"势"系指唐大驾卤簿所呈现出的视、听效果,能够反映出皇权的至高无上①。其在运作中,实则以达到与民众相互交流的目的,且使得皇权主义思想弥漫于民间,具体解析如下。前揭唐大驾卤簿的视、听效果表现在方阵设计、整体包装、器物使用、人员与物的空间布置等各方面。具体表现为:第一,其人数极多,规模极大,已具千乘万骑之势。尽管当前大驾卤簿的人数统计有些许差异,②可以肯定的是其人数当在万人以上,万余人队伍浩浩荡荡,其视觉体验可谓壮观。当然,此万余人的队伍均经过特殊装扮,其容甚伟,但就其服饰而言,已呈现出华丽绚烂的外观效果。③加上其所执旗幡、引、骑、夹、领、带兵器、驾马、陪乘、分左右、正道、横行、并行、单行、群从等方式融入方阵之中,其势可谓绚烂夺目,威重壮丽。

　　第二,其方阵布局合理,前导后从,仪卫相间,横纵严整,空间"势"得以很好地展现。其以第十七方阵皇帝玉辂为核心,以引驾官队至三卫仗队充

---

　　①　张舜徽先生阐述"危微精一"本义时,论及到君"势"的呈现效果,他说:"危者,高也,尊也,威也,势也。古者人君执驭万物之原,居百官之上,无势则威不立,无威则令不行,不极其尊高,则下不知敬上。《韩非子·喻老》篇曰:'势重者,人君之渊也',一言得之矣。上以威势尊严临下,高不可极,深不可测,则百官莫不竦惧敬服,左右前后,无敢疑贰,君尊而臣亦荣。"可以说,"势"与"威"相协,共同显示皇权至上,故称之君威。(见张舜徽:《周秦道论发微》,北京:中华书局,1982年版,第42页。)

　　②　马冬先生据《新唐书·仪卫上》统计其数约为一万四千八百二十人(不含左右羽林军);据《通典·开元礼纂类二·序列中》统计其数为一万四千六百二十人(不含左右羽林军)。(《唐大驾卤簿服饰研究》,第111页。)曾美月先生据《大唐开元礼》对从行人员数予以粗略统计,其数共约1.1万人,另有马439,牛12,车38,辇7等。(曾美月:《唐代鼓吹乐研究》,《乐府新声》(沈阳音乐学院学报)2009年02期。)可以说,其数当为万余。

　　③　《唐大驾卤簿服饰研究》,第127页。

任前导，以御马缴扇舆辇队至玄武队充任后从，用以引驾、前驱、辟邪、传音等，以达独特视听效果。为保证仪用与扈卫效果的完美结合，其采用仪、卫相间的设计模式，多数方阵有仪有卫，视觉冲击力强。当然，部伍严整，整齐划一亦为视觉呈现点，唐大驾卤簿方阵中多有部伍检校官，用以约束不规则行径。当然，方阵亦强调横纵严整，不仅第一方阵与第二十六方阵距离极长，各方阵首尾距离亦相差较大，横行编排上最多达75人，正常情况下亦不下数十人，呈现横纵交错，气势磅礴的效果，空间感极强。

第三，其仪用旗、幡、辇辂、法器等一应俱全。就旗幡类而言，共计三十三旗，一幡均采用古礼，以飞禽猛兽命名，杂以五色，空间上以朱雀、玄武形成南北呼应，青龙白虎则东西相融，顺势展开旌旗布列，用以呈现视觉效果与祥瑞、警众包装，以展皇威。就伞扇类而言，即存于第十九方阵的大伞、雉尾障扇、小团雉尾扇、方雉尾扇、雉尾扇、小雉尾扇、朱画团扇等。其虽有障蔽风尘雨露之功效，但就扇形与纹饰而言，[①]其更多的是用以加强仪仗威重，彰显天子行幸之仪"势"。就辇辂车舆类而言，其可归为五辂、五副、属车十二、三辇、三舆等，其样式、设计、图绘、装饰、配件、驾马、载器等方面各有不同，均豪奢壮丽之势。就幨麾类而言，因其专属皇帝卤簿所陈，其饰用以展皇帝之威，布局上亦以"黄麾"为核心，形成"黄麾摇昼日，青幰曳松风"的气势。就节幢类而言，与旗幡类相似，亦以四方之神予以布列，杂用五色，以展其势。就兵仗类而言，银装仪刀、金铜装班剑、金铜装仪刀、殳、叉等皆为木器，杂以五色，饰以丝带，画以云气，由甲骑具装的卫士于不同方位分执，其盛容之势，可见一斑。

第四，多重音效的声势。唐大驾卤簿鼓吹声势以乐器与乐曲演奏来表达的，当然在乐器陈设与乐曲搭配方面，前部鼓吹与后部鼓吹仍有区别。前部鼓吹有鼓吹一部：棡鼓12、金钲12、大鼓120、长鸣120；铙吹一部：铙鼓12、歌、箫、笳各24；大横吹一部：大横吹120，节鼓2，笛、箫、觱篥、笳、桃皮觱篥各24；羽葆一部：棡鼓12、金钲12、小鼓120、中鸣120；羽葆鼓12、歌、箫、茄各24。后部鼓吹有羽葆一部：羽葆鼓12、歌、箫、茄各24；铙吹一部：铙鼓12、歌、箫、笳各24；小横吹一部：小横吹120，节鼓2，笛、箫、觱篥、笳、桃皮觱篥各24。就其数量来说，前部鼓吹大约有890门，后部则有480门，其参与人员也在2000人以上，尽管乐器由打击乐与吹奏乐之分，但其所奏

---

① 范巧英：《唐墓壁画中所见的仪仗用具》，陕西历史博物馆编：《唐墓壁画研究文集》，西安：三秦出版社，2006年版，第63页。庄申：《扇子与中国文化》，台北：东大图书公司，1992年版，第7页。柳夏云：《唐代仪仗扇小考》，《西安石油大学学报》(社会科学版)2009年02期。

之曲或"其声如雷,清响良久乃绝",或"长则浊,短则清",或"其声悲",此类循环演奏皆能以"声"彰显皇帝的威严和显贵。

第五,众甲拱卫的气势。唐大驾卤簿禁卫军将士在服饰和武器装备上颇具特色,其形制独具特定威势外,警跸性极强。其武装不仅具横刀、甲、稍、弓、箭等常备器械,还具陌刀、弩、大戟等杀伤力极强的锐器;钑戟、攒等中度杀伤性武器;楇稍等软杀伤性武器等。这些武装的装备与皇帝行幸警备的多元需求密切相关。弩、弓箭等皆为远射工具,御敌于方阵之外,故将其置于唐大驾卤簿的前部方阵与后部方阵。楇稍为软杀伤性武器,其独属于左右金吾卫,目的是维护秩序,威慑喧哗者,将其置于第二方阵清游队。钑戟为中度杀伤性武器,用于近身防御与唱警跸,其独属于左右武卫,在左右金吾卫后,充任第二重警戒任务。攒与之相类,置于后部部队中的步甲队,仍属弓、弩后的内重警戒。陌刀、大戟杀伤性强,其置于后部部队中的步甲队、黄麾仗队,亦属内重警戒,更好地保护玉辂队的安全。可以说,唐大驾卤簿披甲执锐无论是甲胄装备、武器形制还是器械布列均以"卫"核心,保障行进方阵与驻跸警卫的安全。

可以说,唐代仪卫仗设更多的以视觉与听觉的形式传达皇权的至高无上,只不过其常用于殿庭之中,只有少数高官得以目及与听至,并产生心灵沟通。殿庭仗设之外,则以唐大驾卤簿的形式予以仪卫布局,以使此类皇权思想得以传递到中下层官吏乃至民间,进而完成意识形态的传输。一般来说,皇帝出行官吏与百姓是要观瞻的。《史记》所载,秦始皇游会稽,渡浙江,项籍与其叔父项梁俱观,方有"彼可取而代也"的豪言。刘邦于咸阳城看到秦始皇的车马仪仗,喟然太息曰:"大丈夫当如此也。"此即为庶民群体与微末小吏均可以观瞻出行卤簿的反映。宋孟元老《东京梦华录》详细记载了东京陷落前,皇帝卤簿行南郊大礼彩排时众人围观的场景。据孟元老记载,当时的象仪彩排引得"诸戚里、宗室、贵族之家,勾呼就私第观看,赠之银彩无虚日",且"御街游人嬉集,观者如织。卖扑土木粉捏小象儿,并纸画看人,携归献遗"。[①] 皇帝郊祭回,亦有"御路数十里之间,起居幕次,贵家看棚,华彩鳞砌,略无空闲去处"[②]的记载。宋仁宗康定元年(1040),右谏议大夫宋庠上言,车驾非郊庙大礼之行,往往出现"士庶观者率随员从之夹道驰走,喧呼不禁。所过有旗亭市楼,垂帘外蔽,士民凭高下瞰,莫为严惮,逻司街使,恬

---

① (宋)孟元老撰,邓之诚点校:《东京梦华录注》卷十《大礼预教车象》,北京:中华书局,1982年版,第235页。

② 《东京梦华录注》卷十《郊毕驾回》,第246页。

不呵止。威令弛阙,玩习为常"的现象。① 可以说,自"卤簿"产生,其即用来与外界互动,因宋代所存相关资料较多,可以还原其互动的盛景。

一如宋代,唐代皇帝的大驾卤簿亦用以与民众互动,且出现其较好的效果。前揭皇帝所至,即有士庶群体、地方官、朝廷百官、皇室成员等参与迎谒者。其中,父老、僧、道、百姓、学生、州县官吏等见到皇帝的机会比较少,据此一睹皇威即可完成皇权与民众的心灵交流。当然这一群体规模极大,至德二载(757)十二月丙午,唐肃宗具法驾至咸阳望贤驿迎奉唐玄宗,"丁未,至京师,文武百僚、京城士庶夹道欢呼,靡不流涕"。② 又,兴元元年(784)七月十三日,唐德宗"至自兴元,浑瑊、韩游环、戴休颜以其兵扈从,晟与骆元光、尚可孤以其兵奉迎。时元从禁军及山南、陇州、凤翔之众,步骑凡十余万,旌旗连亘数十里,倾城士庶,夹道欢呼"。③ 又,张说《大唐祀封禅颂》所载皇帝东狩岱岳时,"万方纵观,千里如堵"。④ 其"京城士庶"、"倾城士庶"均可为证。规模大,即能产生更好的广泛的沟通,同时皇帝也会以缓缓的行进来助推这一交流。开元十二年(724),唐玄宗驾幸东都,史载:"(宋)璟于路左迎谒,上遣荣王亲劳问之。"⑤此类心灵沟通无疑是成功的,其唐人心中留下深刻印象,以至于文人诗文中常常会以"仪卫盛貌"来指代皇帝出行。如,李庾《东都赋》载:"咸曰:将睹乎贞观之风,开元之日。乡里人,思万乘之威仪,幸物阜而时和,指康街而引领,作望幸之赓歌。"⑥又,张说描绘皇帝东巡狩至岱岳的胜景为"辇辂既陈,羽卫咸备,大驾百里,烟尘一色",⑦"六甲按队,八方警跸","千旗云引,万戟林行"⑧等。以至于"望幸"成为民众的渴求,父老、僧、道等代表基层民众的请行幸或请留驾也就顺势而出。可以说,皇权主义思想以唐大驾卤簿胜景完成皇帝与民众的精神沟通,这一沟通使民众加深了对皇权的认同与崇拜,皇帝通过慰抚与交流再次塑造了仁君形象与亲民形象,"望幸"始成为民众精神需求,"请行幸"也就顺势而出,基层与皇帝的交流随着请行幸制度的规范再次变得顺畅,皇帝与民众之间的精神沟通仍在持续。

---

① 《文献通考》卷一百一十八《王礼考十三·乘舆车旗卤簿》,第 1063 页。
② 《旧唐书》卷九《玄宗纪下》,第 235 页。
③ 《旧唐书》卷一百三十三《李晟传》,第 3670 页。
④ 《张说集校注》卷十一《大唐祀封禅颂》,第 609 页。
⑤ 《旧唐书》卷九十六《宋璟传》,第 3036 页。
⑥ 《文苑英华》卷四十四李庾《两都赋并表·东都赋一首》,第 198 页。
⑦ 《张说集校注》卷十二《大唐开元十三年陇右监牧颂德碑》,第 624 页。
⑧ 《张说集校注》卷十一《大唐祀封禅颂》,第 609 页。

第三节　德行天下的宣扬

自汉武帝罢黜百家，独尊儒术后，儒家的仁政与德治思想渐成传统社会的治理之道。与此同时，巡狩所代表的治国策略亦与儒家治国理念相融合，形成了"德行天下"的效用。《白虎通义》曰："王者所以巡狩何？巡者，循也；狩，牧也，为天下巡行守牧民也；道德太平恐远近不同化，幽隐不得所者，故必亲自行之，谨敬重民之至也。考礼仪、正法度、同律历、计时月，皆为民也。"①尽管引文所论"巡狩"是在《礼记》基础上的阐释，同时因儒家思想的植入，其所谓"道德太平恐远近不同化"系以指出"德治"的宣扬开始成为皇帝巡狩的目的。又，《册府元龟·帝王部·巡幸一》载："汉制曰：'巡狩之制，以宣声教。'如此，则王者巡幸之礼，有自来矣。是故，省风俗、见高年，所过必给复，所至必赦宥。"②引文将巡狩目的归于"以宣声教"，直指"德化"，认为此为巡狩实际运作中的理想效果。同时还胪列出德化的路径为"省风俗""见高年""所过给复""所至赦宥"等。前述，唐制在巡狩及其实际运作中与汉制相类，那么其德化路径仍具上列几种。就唐代驾行礼仪制度而言，则表现为存问百年，诏行有据，采风观俗、所过给复等三个方面，现据相关史料解析如下。

其一，存问百年与孝养以德的传播。早在先秦时期已将巡狩与问百年纳入"礼"的范畴。《礼记》曰："天子五年一巡守。岁二月，东巡守至于岱宗，柴，而望祀山川。觐诸侯，问百年者，就见之。命大师陈诗，以观民风。"③同时又规定了"问百年"的路径为《礼记·祭义》曰："天子巡狩，诸侯待于境。天子先见百年者。八十九十者东行，西行者弗敢过；西行，东行者弗敢过。欲言政者，君就之可也。"④既然如此，那么古礼为何那么重视"问百年"呢？这与当时的"尚老贵齿"的习俗有关。《礼记》"王制"篇不仅有养老礼，⑤还有尊老的传统，如，五十杖于家，六十杖于乡，七十杖于国，八十杖于朝，九十者，天子欲有问焉，则就其室，以珍从。⑥又，《礼记》"祭义篇"则对老人与卿

---

① 《白虎通义疏证》卷六《巡狩》，第289页。
② 《册府元龟》卷一百一十二《帝王部·巡幸一》，第1327页。
③ 何谓"问百年"，郑玄注其为"就见老人。"（见《礼记正义》卷十一《王制第五》，第2875页。）
④ 《礼记正义》卷四十八《祭义》，《十三经注疏》，第3473页。
⑤ 《礼记·王制》曰："凡养老，有虞氏以燕礼，夏后氏以享礼，殷人以食礼，周人修而兼用之。"（见《礼记正义》卷十三《王制》，《十三经注疏》，第2912页。）
⑥ 《礼记正义》卷十三《王制》，《十三经注疏》，第2913页。

大夫的排序予以明确说明,即在乡里,士要服从于年齿顺序;在家族,大夫也要服从年齿长者;卿可允许排在同龄族人之前,然如有七十老人,他还是必须靠后。① 既然如此重视养老,那么其与巡狩用以德行天下的效用也渐为明朗。儒家学者在阐释"贵老尚齿"时将其与德治相联系。《孟子》云:"天下有达尊三:爵一、齿一、德一。"② 即将齿与爵、德并为"王道德治"的核心要义。又,《孟子·告子·章句下》曰:

> 天子适诸侯曰巡狩。诸侯朝于天子曰述职。春省耕而补不足,秋省敛而助不给。入其疆,土地辟,田野治,养老尊贤,俊杰在位,则有庆,庆以地;入其疆,土地荒芜,遗老失贤,掊克在位,则有让。一不朝,则贬其爵;再不朝,则削其地;三不朝,则六师移之。是故天子讨而不伐,诸侯伐而不讨。③

引文所述,孟子已将"贵老"与"德治"联系在一起,认为"养老尊贤""俊杰在位"此为诸侯"德治"的表现,应予以奖赏。当然,对于这种"德治"的发掘源于天子的巡狩。"巡狩","贵老"与"德治"形成系列联系,"贵老"成为"德治"的充分表达。推之,天子巡狩"问百年"亦即德治天下的宣扬。

一如古礼,唐代巡狩礼典的设计中亦将"问百年"植入其中。《大唐开元礼》"皇帝巡狩礼"明确记载,天子巡狩,所经州、县刺史、县令先待于境,通事舍人承制问高年。④ 同时,"养老礼"亦被纳入国家礼仪中。地方上完善了以尊老理念为核心的乡饮酒礼与正齿位礼,⑤国家层面则把"皇帝养老于太学"置于嘉礼中,且已形成"陈设""銮驾出宫""养老""銮驾还宫"等完备程式。⑥ 可以说,"贵老尚齿"在唐代同样盛行。当然,其在皇帝实际出行活动中亦即如此。先是,老人群体的代表父老是民间请行幸群体的主导力量。前述,三都父老每年都会自发组织前往皇帝的驻跸地请行幸,其频次极高,形式多样,皇帝均会对其进行接见,赐食以达贵老之意。尽管请与允的概率

---

① 《礼记正义》卷四十八《祭义》,《十三经注疏》,第 3473 页。

② (汉)赵氏注,(宋)孙奭音义并疏:《孟子注疏》卷四上《公孙丑·章句下》,(清)阮元校刻:《十三经注疏》,北京:中华书局,2009 年版,第 5859 页。

③ 《孟子注疏》卷十二下《告子·章句下》,《十三经注疏》,第 6004 页。

④ 《大唐开元礼》卷六十二《皇帝巡狩》,第 321 页。

⑤ 开元六年(718),唐玄宗"初颁《乡饮酒礼》于天下,令牧宰每年至十二月行之"。(见《唐会要》卷二十六《乡饮酒》,第 580 页。)《大唐开元礼》亦具"乡饮酒礼""正齿位礼"的制度设计。(见《大唐开元礼》卷一百二十七《乡饮酒》,第 603—605 页。《大唐开元礼》卷一百二十八《正齿位》,第 606—608 页。)

⑥ 《大唐开元礼》卷一百四《皇帝养老于太学》,第 492—495 页。

极低,但其已经充分完成了"请"的表达与皇帝的"贵老"之情。作为请行幸的特殊形式,"请留驾"亦为其中之一,请的主体仍为父老,皇帝仍会与其完成礼仪互动。

再次,皇帝驾至,父老为迎谒的重要参与者。前述,皇帝所至,官府总会组织当地的父老、百姓、学生等参与迎谒。其父老参与正是迎合了"问百年"的礼仪需求。当然,与巡狩礼典所规定的"通事舍人承旨问百年"也有不同,皇帝往往亲问百年。总章二年(669)八月一日,唐高宗诏以十月巡幸凉州,其行遭到群臣反对,几经较量,唐高宗放弃凉州之行改为止于渡陇,理由是"存问父老,蒐狩即还"。① 又,唐玄宗封祀泰山回,车驾次上党,史载:

> 潞之父老,负担壶浆,远近迎谒。上皆亲加存问。受其献馈,锡赉有差。父老有先与上相识者,上悉赐以酒食,与之话旧。故所过村部,必令询访孤老丧疾之家,加吊恤之。父老欣欣然,莫不瞻戴,叩乞驻留焉。②

按,潞州曾是唐玄宗的龙潜之地,其幸潞也受到当地父老的迎谒,盛况空前。其"亲加存问"是为其证。

当然,这种以迎谒为形式的"存问"还表现为皇帝与父老之间行牛酒之礼。所谓牛酒是"牛与酒的并称,用于赏赐、慰劳和馈赠"。③《周礼注疏·地官·牛人》载:"凡宾客之事,共其牢礼、积、膳之牛。"④郑玄注曰:"牢礼飧饔也,积所以给宾客之用。"⑤可见,牛是为主人款待宾客之资,也是一种待客之礼。皇帝所至,父老往往献牛酒以达其礼,皇帝往往以归还牛酒并赐以绢帛的形式以达其意。开元十三年(725)八月,唐玄宗"发东都巡狩,庚午至濮州,河南百五里内父老皆献牛酒,还其牛,各赐帛一匹,遣之"。⑥ 又,开元十三年十一月壬辰"封禅礼毕,大赦天下……丁酉,徐、曹、亳、汴、许、仙、豫等州父老献牛酒,还其牛酒,各赐帛二匹"。⑦ 父老与皇帝在"献"与"赐"中,完成皇帝"德治"理念的传达,同时也塑造了仁君形象。

最后,皇帝巡幸赦宥中存有赐予之礼。除却皇帝"存问百年"直接互动

---

① 《唐会要》卷二十七《行幸》,第602页。
② 《太平广记》卷二百一十二《金桥图》,第1628页。
③ 《中国历史大辞典》(上卷),第491页。
④ 《周礼注疏》卷十三《地官·宗伯·牛人》,《十三经注疏》,第1559页。
⑤ 《周礼注疏》卷十三《地官·宗伯·牛人》,《十三经注疏》,第1559页。
⑥ 《册府元龟》卷三十六《帝王部·封禅第二》,第399页。
⑦ 《册府元龟》卷八十《帝王部·庆赐二》,第937页。

赐授钱物外,皇帝过后的赦宥中,往往以多种形式关照老人群体。贞观二十年(646),唐太宗驾幸晋阳,时元从龙润于当地养老,年已八十有余。唐太宗亲问耆老,版授其为辽州刺史。① 又,显庆五年(660)正月,唐高宗驾幸并州,二月宴从官及诸亲、并州官署父老,赐帛有差。年八十以上者,版授刺史、县令。② 又,乾封元年(666),唐高宗封禅泰山,诏"诸老人百岁以上版授下州刺史,妇人郡君;九十、八十节级"。③ 可以说,赦宥中的关照多以慰问、版授州刺史、县令,赐物、宴享等形式来完成的。于此不仅可以改变老人的生活,提高其声望,亦可将贵老思想传递于社会,助推皇帝仁君形象的塑造。

其二,采风以治与仁君以政。采风观俗源自古礼,《礼记》曰:

> 天子五年一巡守,岁二月,东巡守至于岱宗,柴而望祀山川;觐诸侯;问百年者就见之。命大师陈诗,以观民风,命市纳贾,以观民之所好恶,志淫好辟;命典礼,考时月,定日,同律,礼乐制度衣服正之。山川神祇,有不举者,为不敬,不敬者,君削以地;宗庙,有不顺者,为不孝,不孝者,君绌以爵;变礼易乐者,为不从,不从者,君流;革制度衣服者,为畔,畔者君讨;有功德于民者,加地进律。④

引文可以明确"观风问俗"当属皇帝巡狩的范畴,但观风的实施者则由"大师"来完成,其内容指向民风、市贾、典制、礼乐、祭祀、宗庙、文化等诸方面,其目的是维系正常秩序,明正典章制度与礼乐文化,用以保障天子治政以达。此古礼在实际运作中,出现皇帝亲巡问省与遣使以闻两个层面。如,大业元年(605),隋炀帝诏杨素、杨达、宇文恺等营建东都,并对此次营造的用途予以说明,其文曰:"朕故建立东京,躬亲存问。今将巡历淮海,观省风俗,眷求谠言,徒繁词翰,而乡校之内,阙尔无闻。悒然夕惕,用忘兴寝。其民下有知州县官人政治苛刻,侵害百姓,背公徇私,不便于民者,宜听诣朝堂封奏,庶乎四聪以达,天下无冤。"⑤先天元年(712)十月,唐睿宗以太上皇之尊令唐玄宗巡视宇内,其文曰:"皇帝宜顺时巡狩,亲幸边陲,掌图修考事之仪,典乐具陈诗之礼,西洎河塞,东踰燕朔,望秩名山,肆觐群后,休农问老,誓师训卒,其有牧州典郡,功施于人,杖节拥旌,隐若敌国者,为崇进律之赏,加以

---

① 《唐代墓志汇编续集》永徽035《龙君墓志》,第75页。
② 《旧唐书》卷四《高宗纪上》,第80页。
③ 《旧唐书》卷五《高宗纪下》,第89页。
④ 《礼记正义》卷十一《王制》,《十三经注疏》,第2875页。
⑤ 《隋书》卷三《炀帝纪上》,第63页。

分麾之命。若邦政不举，军令莫修，聚敛苛细，侵削战士者，宜明兹典宪，肃以天诛。"①天授元年（690），武则天令史务滋等十人分到存抚天下。②神龙二年（706），唐中宗遣十使巡察风俗。③可以说，尽管诏书中所载皇帝巡省问俗仍具古礼内容，但就其目的而言，更多的集于吏治的考察。遣使分巡亦为如此，其名由采访使、巡抚使、巡察使向按察使的转变即可说明问题。既如此，可对皇帝亲巡中采风以治展开论述，内容如下。第一，惩治不法，刷新吏治。开元二年（714）九月二十五日，唐玄宗驾幸长春宫，下诏"朕行此处，不得进奉，在路有称冤苦，州县不能疏决者，委御史金吾收状为进"。④又，开元十一年（723）正月，唐玄宗驾至北都，下制令中书门下采访贤良，并表示其"贪浊之史，委御史觉察弹奏"。⑤此皆为惩治不法的反映，同时皇帝注重对有"善政"官员的奖拔，用以刷新吏治。开元五年（717）正月，唐玄宗驾幸东都，敕："行幸所经州，宜令紫微令黄门平章事苏颋，访察刺史上佐政术，定作三等奏闻。"⑥开元七年（719），姜师度调任同州刺史，于"朝邑、河西二县界，就古通灵陂，择地引洛水及堰黄河灌之，以种稻田，凡二千余顷，内置屯十余所，收获万计"。⑦其"善政"很快得到唐玄宗的认可，开元八年（720），其驾幸长春宫，看到"原田弥望，畎浍连属。繇来棒棘之所，遍为粳稻之川"的景象，龙颜大悦，下诏予以奖拔，姜师度加金紫光禄大夫，赐帛三百匹，进授将作大匠之职。⑧开元二十四年（736），唐玄宗自东都至长安，过陕州，闻刺史卢奂"有善政"，令人题写赞于刺史厅堂，以示旌表等。⑨可以说，皇帝或维护"正义"而行奖惩之事，显然是仁君之政的表达。

第二，诏行选才，以达皇恩。与前述的官员奖拔不同，此处的"贤才"主要指藏匿于民间未被重用之人。皇帝所至，往往会让当地举贤。开元十一年（722）正月，唐玄宗驾至北都，下制"贤良官人有清白并令中书门下采访名闻"。⑩开元二十年（732）十月，唐玄宗驾发东都，命巡幸所至，有贤才问达

①《唐大诏令集》卷七十九《睿宗令皇帝巡边诏》，第451页。
②《旧唐书》卷六《则天皇后纪》，第121页。
③《旧唐书》卷七《中宗纪》，第141页。
④《文苑英华》卷四百六十二苏颋《巡幸·幸新丰及同州敕》，第2350页。
⑤《唐大诏令集》卷七十九《北巡狩制》，第453页。
⑥《册府元龟》卷一百一十三《帝王部·巡幸第二》，第1353页。
⑦《旧唐书》卷一百八十五下《姜师度传》，第4816页。
⑧《册府元龟》卷四百九十七《邦计部·河渠二》，第5951页。《新唐书》卷一百《姜师度传》，第3946页。
⑨《资治通鉴》卷二百十四唐玄宗开元二十四年冬十月条，第6822页。
⑩《唐大诏令集》卷七十九《北巡狩制》，第453页。

者举之。① 兴元元年(784),唐德宗驻跸奉天,诏"有隐居行义晦迹丘园者,委长吏具名奏闻"。② 诸如此类,在唐代皇帝行幸诏敕文书中多有体现,可以说,诏行选才成为皇帝行幸的一个程式。

当然,此类选才是有标准的。贞观十一年(637),驾在洛阳,唐太宗诏河北淮南诸州长官所在部内,具"孝悌淳笃,兼闲时务,儒术该通,可为师范文词秀美,才堪著述,明识治体"者举送洛阳宫,以观其用。③ 又,调露元年(679)七月驾在东都,唐高宗诏令洛州明扬侧陋,"或孝悌纯至感于神明,或文武兼资才堪将相,或学艺该博业标儒首,或藻思宏赡思擅文宗,或洞晓音律识均牙旷,或深明历数妙同京管者,咸令荐举"。④ 就唐太宗与唐高宗的选拔标准来说,集中于孝悌淳笃、通经鸿儒、文词优美、洞晓音律、才堪著述、明识治体、才堪将相等诸多方面,可为择贤之广。其以诏书形式广布天下,可展天子之德。既然范围如此广泛,那么在实际运作中,皇帝选拔的贤才应当枚不胜举。但当前史料对其所载甚少。如,贞观十一年(637)谢偃的成功选拔。时,唐太宗驾幸东都,诏求直谏之士。谢偃上封事,极言得失。太宗称善,引为弘文馆直学士,拜魏王府功曹。⑤ 此后,除却天子亲临选用的隐士田游岩、道士潘师正等外,⑥鲜有记载。在此不妨有个假设,皇帝诏行选才更多的是一种姿态展示,而实际选拔者甚少,或者是不选拔。若如此,诏行选才则成为皇帝向天下臣民传递恩德的一种符号,用以提升皇帝的"仁治"形象。

第三,官员"进献"与"仁治塑造"。此处官员"进献"系指州县官员献食与进奉。前揭州县所供是皇帝所至补充给养的重要渠道,尽管皇帝在诏行文书中一再强调行幸所需仰赖"所司",现实运作中,地方供置仍为皇帝给养的主力。当然,进奉与献食亦占据重要位置。与之矛盾的是,文献记载中往往会出现皇帝惩罚进献官员的记载,其例如下。

> 贞观十二年(638)二月,唐太宗驾幸蒲州,刺史赵元楷课父老服黄纱单衣迎车驾,盛饰廨舍楼观,又饲羊百余口、鱼数百头以馈贵戚。太

① 《册府元龟》卷六十七《帝王部·求贤二》,第763页。
② 《册府元龟》卷六十七《帝王部·求贤二》,第766页。
③ 《唐大诏令集》卷一百二《采访孝悌儒术等诏》,第518页。
④ 《册府元龟》卷六十七《帝王部·求贤一》,第759页。
⑤ 《旧唐书》卷一百九十上《谢偃传》,第4989页。
⑥ 《新唐书》卷一百九十六《田游岩传》,第5598—5599页。《旧唐书》卷一百九十二《潘师正传》,第5126页。

宗与之曰：朕巡省河洛，凡有所须，皆资库物。卿所为乃亡隋之弊俗也。①

贞观十九年(645)，唐太宗亲征高丽回师，至易州，司马陈元璹使民于地室蓄火种蔬而进之；上恶其诣，免元璹官。②

开元六年(718)七月丙寅，下诏曰：两京来去，乃是寻常。缘顿所须，皆用官物。……去年从京向都，尝亦处分。蒲州刺史程行湛、同州刺史李朝隐、陕州刺史姜师度，至其州界，咸有进奉。惜其能官善政，乃屈法攸情，怀之於今，岂能无怏。冬中西幸，不可踵前。其有辄进送及饷遗，从官并别有烦扰者，必科以法，御史明加纠察，随事奏闻。③

开元十一年(723)正月，唐玄宗祀后土于汾阴。因平遥令王同庆广为储偫，烦扰百姓，贬其为赣尉。④

开元十三年(725)十一月，唐玄宗东封泰山还至宋州，宴群官，言及沿途官员进献，指出"怀州刺史王丘，饩牵之外，一无他献。魏州刺史崔沔，供张无锦绣，示我以俭。济州刺史裴耀卿，表数百言，莫非规谏。"认为"如三人者，不劳人以市恩，真良吏矣"。由是，"以丘为尚书左丞，沔为散骑侍郎，耀卿为定州刺史。"⑤

按，惩罚进献官员的事例在唐代并不多，因其情况特殊，可用以宣扬皇帝仁德，故常用来引述，显得有些频繁。当前史料仅唐太宗与唐玄宗两位皇帝出现过此类事例。唐太宗时期的 2 例分别是赵元楷与陈元璹的进献。赵元楷在隋炀帝时因进献奇珍而受重用，唐太宗时仍想以此诣媚，被斥为亡隋旧弊，但并未夺其官，亦未将其罪布告天下。与之不同的是易州司马陈元璹被贬官，当然处罚与其"诣"密切相关，更多的是陈元璹适逢唐太宗出征高丽失败之际所行"诣"，触及唐太宗的痛处，故被贬。

再看唐玄宗朝三例，开元五年(717)，唐玄宗自长安至东都途中，蒲州刺史程行湛、同州刺史李朝隐、陕州刺史姜师度咸有进奉，这一行为并未得到唐玄宗认可。故于开元六年(718)的诏书要求地方官引以为戒。若仔细考察此诏，定会发现唐玄宗所谓禁止进献的意蕴表达与实际操作仍存在矛盾，即可解释开元五年刺史进奉为何没有受到惩罚。开元十一年(723)平遥令

①　《资治通鉴》卷一百九十五唐太宗贞观十二年二月庚午条，第 6137 页。
②　《资治通鉴》卷一百九十八唐太宗贞观十九年十一月庚辰条，第 6231 页。
③　《册府元龟》卷一百五十九《帝王部·革弊》，第 1923 页。
④　《资治通鉴》卷二百一十二唐玄宗开元十一年正月乙卯条，第 6755 页
⑤　《资治通鉴》卷二百一十二唐玄宗开元十三年十一月条，第 6768 页。

王同庆因"广为储偫,烦扰百姓"亦被罚。处罚对象为基层官员,并未对其予以夺官,不过是将其由县令改任县尉,稍稍予以惩戒。开元十三年(725)在宋州举行的百官宴上,唐玄宗奖拔怀州刺史王丘、魏州刺史崔沔、济州刺史裴耀卿等三人,原因来自于其或因供奉以俭,或因进言规谏。就奖拔结果来说,王丘以从三品怀州刺史转任正四品上的尚书左丞,崔沔由从三品上的魏州刺史转任从三品上的散骑常侍,①裴耀卿由从三品的济州刺史转任从三品的定州刺史。尽管唐前期有重内轻外的趋向,但就其品阶变化来说,其奖拔有限。此次酒宴,宋州刺史寇泚所供酒不丰亦得到唐玄宗赏识,与前三位不同的是,寇泚得赐酒。

据此可得结论如下,唐太宗与唐玄宗为营造某种为君情怀方有尚俭之论,对于行幸供置来说,其往往对地方官员的豪奢进奉与谄媚之举予以斥责,但实际运作中,因州县进奉是皇帝给养的重要来源,故其苛责未深,仅据表面功夫,更多的用以体现仁君之政。

其三,赦宥有据与"德形"以塑。前述,皇帝行幸在离京巡幸、往来于京郊的离宫别馆、行驻畔礼等形式下,往往需要颁发诏敕文书,以示隆重。当然,此类诏敕文书的内容极为讲究,具体包括出行的原因、出行时间、出行地点,出行时的供置等。值得注意的是,当前行幸决定的诏敕文书中,对于出行供置安排往往归于"有司",皇帝以不得烦扰为由,禁止自己与从官扰及所经州县,且不准沿途或周边州县进献。先天二年(713)七月,唐玄宗所下《行幸东都诏》,其文曰:"朕本为人而行,非拟劳人自奉,所过州县,无费黎元,亦不得辄有差科,旁求进献。宣布遐迩,知朕意焉。"②开元二年(714)九月,唐玄宗所下《幸新丰及同州敕》,其文曰:"宜以今月二十五日幸长春宫,停五日,缘顿所须并令所司支备,一事以上不得扰州县,发日唯量将飞骑行,更不须别遣兵马,及妄有科唤。"③开元十五年(727)六月,唐玄宗所下《北路幸长安制》,其文曰:"以今年闰九月十日取北路幸长安,所司准式,缘顿支供,一事以上并用当处官物,不须科敛百姓,其递运及行从官僚等,务从减降。所在公私,不得辄有进献,宣布遐迩,知朕意焉。"④上述事例,基本能反映皇帝行幸决定诏敕文书在行幸供置方面的要求,即仰赖有司,不烦扰州县。

---

① 《资治通鉴·唐纪二十八》所载散骑侍郎实为唐武德年间的文散官,品秩为正五品下。贞观十一年(637)唐太宗对散官制度进行调整,散骑侍郎为中散大夫所代。此处散骑侍郎当为散骑常侍讹误。

② 《唐大诏令集》卷七十九《行幸东都诏》,第451页。

③ 《唐大诏令集》卷七十九《幸新丰及同州敕》,第451页。

④ 《唐大诏令集》卷七十九《北路幸长安制》,第454页。

当然，实际运作中，远非如此。众所周知，皇帝行幸尤其是远途的巡幸对国力要求极高，皇帝与千乘万骑的所需是所司远不能供给的。前揭其所行实际的供置多来自于州县。州县要在供顿、膳食、力役、桥道与宫苑建设等方面予以供置，方能保障皇帝巡幸的顺利进行。其实，皇帝及决策高层亦明白此事，但在诏书中仍以"不烦扰州县"为名而进行，确属是为树立君主的仁德形象，助力德化思想的传播。

除却诏敕文书行幸决定外，皇帝的所至赦宥亦为仁君形塑的表达。《独断》曰：

> 幸者宜幸也，世俗谓幸为侥幸，车驾所至，民臣被其德泽以侥幸，故曰幸也。先帝故事所至，见长吏三老官，属亲临轩作乐，赐食、皂帛、越巾、刀、佩带、民爵有级数，或赐田租之半，是故谓之幸。[1]

引文所述的"幸"即指皇帝存问百年，宴饮、慰抚、赐钱物、蠲免钱粮等。关于"存问百年"是皇帝行孝养之道，以示仁德形象的表达，前文有述，不复赘。引文所载的赐钱物、授民爵、减田租等更多的指向皇帝所至的赦宥，其能给当地百姓带来实惠，减少因皇帝行幸的破坏，故被称为"幸"。一如汉制，唐代皇帝所至亦颁行赦宥之制，以恢复当地生产，即前文所载的给复制度。

前文已述，给复内容较广，有免租赋、免地税、免差科、酬值、放免债欠、奖励供顿官等，但其并非限于一种，有可能同时出现多种。给复范围亦有差异，一般来说，多蠲免供顿州，遇到封祀庆典时，为表达皇帝恩德，往往会将蠲免区域扩大，皇帝沿途所经州县亦会给复，内容仍会随之增多。

此外，皇帝颁行赦宥文书中仍有其它内容。如驻跸州县地位的提升。唐玄宗驻跸蜀郡，其后改称成都府，长史为尹。[2] 唐德宗驻跸梁、洋二州，其后梁州改称兴元府，洋州改升望州。[3] 唐昭宗驻跸华州，其后改称兴德府。[4] 如供顿官员的优考与放选。唐德宗驾次凤翔府，其后府、县置顿官于考满日放选。唐德宗驻跸梁州，其后见在州县官各令终考秩，考满日放选。[5] 唐德宗驻跸洋州，其后见任州官令终考秩，县官各减两选，无选可减者，各加三

---

① 《独断》卷上，《文津阁四库全书》第 280 册，第 748 页。
② 《旧唐书》卷四十一《地理志四》，第 1664 页。
③ 《陆贽集》卷四《改梁州为兴元府升洋州为望州诏》，第 128 页。
④ 《旧唐书》卷二十上《昭宗纪》，第 764 页。
⑤ 《陆贽集》卷四《改梁州为兴元府升洋州为望州诏》，第 128 页。

阶。^① 如赦免罪犯。因行幸所至赦宥层级不同,范围由供顿州、所经州县、全国之分,罪犯的减免亦具疏决、虑囚、降罪、免罪等差别。麟德二年(665)正月壬午,唐高宗驾幸东都,戊子,虑雍、洛二州及诸司囚。四月仍在东都,曲赦桂、广、黔三都督府管内大辟罪以上。^② 开元十一年(723)正月初一,唐玄宗令降都城见禁囚徒,流、死罪减一等,余并原之。初三到达北都,减流、死罪一等,徒以下放免。^③ 如赐授行从官、陪位官、行事官等官、阶、爵、勋、赠^④、功臣号等,前文有述,不复赘。如关照鳏、寡、孤独、笃疾、废疾者等。贞观四年(630)十月,唐太宗巡幸岐、陇二州,放免二州民户租赋,八十以上鳏、寡、笃疾者,赐物各有差。所经咸阳、武功、始平等年八十以上及鳏、寡、笃疾者赐物。^⑤ 开元十一年(723)正月,唐玄宗巡幸北都,下制,行幸所至处,令刺史、县令存问百年,老病、鳏寡悖独及行人家,如有单贫不济,不能存活者,量加赈给。^⑥ 光启三年(887),唐僖宗驾还京师,恩及父老及特殊群体,即父老九十以上者,赐帛二疋,粟五石,仍令所在以上供物支付。瘖、聋、跛、躄、鳏、寡、孤独者委所在切加存恤,无使恓惶。^⑦

综上,所至赦宥,皇帝需要对行从官、立功将士、行事官、陪位官等赐绢、帛、钱、物、优选等,授官、阶、爵、赠、功臣号等,其范围规模甚广,以至于成为推动品阶制度演化的重要力量,前文有述,不复赘。皇帝需要对顿置地或途经地的百姓予以给复,范围涉及到租赋、地税、差科、免债欠等,逢大典会将其延及全国,受惠规模甚大。皇帝还需对罪犯群体、鳏寡孤独群体、耆老群体、孝子顺孙群体、义夫节妇群体等予以恩泽,表现为减免其罪责,恩赏贫弱不能自济者,慰抚父老,旌表孝义等,用以体现皇帝恩德。皇帝还会刷新当地吏治,奖拔清正廉洁之人,选拔隐匿山野的奇文异士等用以体现仁君形象。可以说,所至赦宥其实是皇帝的恩赏盛宴,受惠群体广,规模大,直通民间且兼及特殊群体,完成了皇帝仁德形象的塑造。结合前述诏行有理以布恩德的论证,可以说,其完成了皇帝德化天下的宣扬。

---

① 《陆贽集》卷四《改梁州为兴元府升洋州为望州诏》,第 128 页。

② 《旧唐书》卷四《高宗纪上》,第 86—87 页。

③ 《旧唐书》卷八《玄宗纪上》,第 184—185 页。

④ 赠官的赐授,分父祖赠官与官员自身赠官两种,皇帝所至,其行从者或死于王事者或有大功勋者亦可赠授或加赠。(见吴丽娱:《光宗耀祖:试论唐代官员的父祖封赠》,《文史》2009 年 01 期。吴丽娱:《试论唐代官员的自身赠官问题》,《燕京学报》2009 年新 27 期。)

⑤ 《唐大诏令集》卷七十九《幸岐陇二州曲赦》,第 449 页。《册府元龟》卷八十四《帝王部·赦宥三》,第 987 页。

⑥ 《唐大诏令集》卷七十九《北都巡狩制》,第 453 页。《旧唐书》卷八《玄宗纪上》,第 185 页。

⑦ 《唐大诏令集》卷八十六《光启三年七月德音》,第 494 页。

第四节 驾行意识形态的输出与唐代的国家治理

众所周知,礼在中国古代包罗万象,其在国家政治运作与民众生活中可谓是无孔不入,正如《礼记·曲礼》所云:"道德仁义,非礼不成。教训正俗,非礼不备。分争辨讼,非礼不决。君臣上下,父子兄弟,非礼不定。宦学事师,非礼不亲。班朝治军,莅官行法,非礼威严不行。祷祠祭祀,供给鬼神,非礼不诚不庄。是以君子恭敬撙节退让以明礼。"①可以说,"礼"可以明秩序、施法度、化民众、正风俗、辨曲直、明是非、树威严、晓大义等,这些均与国家治理密切相关。与"礼"相应的"仪"同样如此,《诗经》曰:"相鼠有皮,人而无仪;人而无仪,不死何为? 相鼠有齿,人而无止;人而无止,不死何俟? 相鼠有体,人而无礼,胡不遄死?"②"仪"即为"礼"的践行者,礼仪则成了人们践行礼的基本途径。皇帝行幸礼仪同样如此,其为行幸礼的落实者,延续礼治精神的同时,也在不同层面传达着皇权至上与德行天下的国家意识形态,这些均与国家治理密切相关。

其一,礼治精神的传承与唐前期的国家治理。以礼治国实为古礼的重要诉求,《左传》曰:"礼者,经国家,定社稷,序人民,利后嗣。"③又,《礼记·礼运》载"礼者,君之大柄也,所以别嫌明微,傧鬼神,考制度,别仁义,所以治政安君也。故政不正,则君位危;君位危,则大臣倍,小臣窃。刑肃而俗敝,则法无常;法无常,而礼无列;礼无列,则士不事也。刑肃而俗敝,则民弗归也。是谓疵国"。④ 可以说,礼成了经国安邦之道。基于此,历代统治者在夺取政权或建构新秩序时均会制礼作乐,唐朝统治者亦是如此。

那么,唐代统治者制"礼"的内容又有哪些呢? 这要从"礼"的范围开始说起。在中国古代,礼的内容分为两个方面:"一是典章制度,如古代典籍记载的夏礼、殷礼和周礼,二十四史中各礼乐志所记历代的典章制度;二是社会一切人的行为、礼节和举止规范,这是典章制度实施过程中的具体形式。"⑤结合以上阐释,若将制"礼"具化到唐代前期大体可归结为唐修《贞观礼》《显庆礼》《大唐开元礼》《唐律疏议》《大唐六典》等典章制度,分辨其与"古礼"的关系,进而阐释其礼治精神与唐前期的国家治理。

① 《礼记正义》卷一《曲礼上》,《十三经注疏》,第 2663—2664 页。
② 《毛诗正义》卷三《相鼠》,《十三经注疏》,第 673 页。
③ 《春秋左传正义》卷四鲁隐公十一年秋七月条,《十三经注疏》,第 3770 页。
④ 《礼经正义》卷二十一《礼运》,《十三经注疏》,第 3071 页。
⑤ 王晓峰:《礼与传统政治体制制度》,西安:陕西人民出版社,2003 年版,第 12—13 页。

《贞观礼》的修撰经历了两个阶段,贞观二年(628)由中书令房玄龄兼任礼部尚书,召集了一批礼官、学士修改《旧仪》,于贞观七年(633)成稿并颁示。由于此次修订一些重要问题并未解决,唐太宗再命房玄龄、魏徵等主持修改,并请当时经学家颜师古、孔颖达等参加。孔颖达、颜师古曾受诏撰定《五经》义训,定名为《五经正义》,史载孔颖达在《贞观礼》的修订中,"所有疑滞,咸咨决之",①可以推断《贞观礼》的修撰因经学家的参与,使得先秦古礼思想融会其中。吴丽娱先生也注意到《贞观礼》的"师古"特色,她说:《贞观礼》这种为了比拟三代、追求古典而不能避免的形式化问题一直保留至开元,以至于《唐六典》和《开元礼》也成为刻意模仿《周礼》和《礼记》精神的产物。② 但《贞观礼》委实在《开皇礼》基础上修撰而成,其《国恤》和凶礼主要继承了北朝和隋礼的某些精神原则和具体仪目,改革后的"二十九条"融合与统一了南北之制。③ 也就是说,《贞观礼》的修撰更多的是采前朝之制为现实服务,"师古"不过是形式比拟,其继承的更多的是礼治精神,用以崇儒重学实现唐太宗的灿然文治。

《显庆礼》修撰于永徽二年(651),时人以《贞观礼》"节文未尽"为由,请唐高宗制礼,遂诏太尉长孙无忌、中书令杜正伦、中书令李义府、中书侍郎李友益、黄门侍郎刘祥道、黄门侍郎许圉师、太子宾客许敬宗、太常少卿韦琨、太常博士史道玄、符玺郎孔志约、太常博士萧楚才、太常博士孙自觉、太常博士贺纪等重加缉定,于显庆三年(658)修成,唐高宗亲自作序,颁示天下。因许敬宗、李义府用事,《显庆礼》的撰修存在"事不师古""其所损益,多涉希旨"等问题,受到诟病,学者纷议认为其不如《贞观礼》。上元三年(676),唐高宗诏依贞观礼为定,仪凤二年(677)又诏五礼并依周礼行事,史载:"自是礼司益无凭准。每有大事,皆参会古今礼文,临时撰定。"④此后《贞观礼》与《显庆礼》并行不悖。《显庆礼》因多迎合皇帝的意旨,⑤而受到摒弃。

---

① 《旧唐书》卷七十三《孔颖达传》,第 2602 页。

② 吴丽娱:《关于〈贞观礼〉的一些问题——以所增"二十九条"为中心》,《中国史研究》2008 年 02 期。

③ 吴丽娱:《关于〈贞观礼〉的一些问题——以所增"二十九条"为中心》,《中国史研究》2008 年 02 期。吴丽娱:《关于〈贞观礼〉的一些问题》,《文史知识》2008 年第 9 期。吴丽娱:《对〈贞观礼〉渊源问题的再分析——以贞观凶礼和〈国恤〉为中心》,《中国史研究》2010 年第 2 期。高明士:《中国中古礼律综论—法文化的定型》,北京:商务印书馆,2017 年版,第 286—334 页。

④ 《旧唐书》卷二十一《礼仪志一》,第 818 页。

⑤ 赵澜:《〈大唐开元礼〉初探—论唐代礼制的演化历程》,《复旦学报(社会科学版)》1994 年 05 期。《显庆礼》在迎合唐高宗与武则天旨意彰显了不同的编撰特色,其一为强调天的唯一性与皇权的至高无上;其二为增加皇后仪式,助推武则天立朝。(见吴丽娱:《〈显庆礼〉与武则天》,《唐史论丛》12 辑,西安:三秦出版社,2008 年版,第 1—16 页。)

　　《开元礼》撰修于开元十四年（726），原因来自于当时并行的《贞观礼》"节文未尽"，《显庆礼》"事不师古"，难以满足盛世的需要。时任通事舍人的王嵒上疏，请改撰《礼记》，削去旧文，而以今事编之。集议中，时任右丞相的张说提出了另一种修改思路，即《礼记》为汉朝所编，为历代不刊之典。"今去圣久远，恐难改易。今之五礼仪注，贞观、显庆两度所修，前后颇有不同，其中或未折衷。望与学士等更讨论古今，删改行用。"①唐玄宗令右散骑常侍徐坚、左拾遗李锐、太常博士施敬本等检撰，张说卒后，萧嵩主持修撰并于开元二十年（732）完工，并呈给唐玄宗，号曰《大唐开元礼》。王嵒的"改撰《礼记》说"与张说的"折衷说"是《开元礼》撰修的两种思路，唐玄宗更着意于哪个呢？吴丽娱先生在对《开元礼》与《唐六典》修撰的对比中，指出《开元礼》取法于《礼记》，《唐六典》取法于《周礼》更符合唐玄宗的制作意图，②"师古"是显而易见的。但在实际的撰修中，却采取"折衷"方案，即"以唐朝新制度为着眼点，不强调礼经，不非议郑王，不一味在学术上作纠缠。虽然《开元礼》是以继承《显庆礼》为主体，但对于无论是贞观、显庆还是这之后的改革，也无论是否合乎古礼或前儒之所，几乎都以'有其举之，莫可废之'的态度心平静气地接受"。③

　　《唐律疏议》修撰于永徽三年（652），唐高宗因《贞观律》《永徽律》未有定疏，每年所举明法，也没有准确依据，下令广召解律人于条律下义疏奏上。在这种情况下，长孙无忌开始主持编撰《律疏》，成 30 卷规模，上奏皇帝，颁行天下。《唐律疏议》虽为法典，但其中充斥着"礼治"思想。正如《唐律疏议》"疏议"卷首中说："德礼为政教之本，刑罚为政教之用。"④苏亦工先生更是指出："唐律据以为准的'礼'是唐礼，亦即秦汉以来繁衍变异了的礼。这种礼及其所代表的价值观念或称之为'礼教'，或称其为'名教'，构成了秦汉以后历代帝制王朝的官方正统（或如一些学者所称的'政统'），畅行两千年不衰。"⑤可以说，《唐律疏议》即具"礼治精神"的传承，也具"师古"特色。但其实际的修撰中以《武德律》《贞观律》为基础，以《永徽律》为蓝本修撰而成，而《武德律》参考《开皇律》修撰而成，《贞观律》《永徽律》又是在《武德律》基础上修撰而成，可见《唐律疏议》的修撰更多的集于旧律。

---

　　① 《旧唐书》卷二十一《礼仪志一》，第 818 页。
　　② 吴丽娱：《营造盛世：〈大唐开元礼〉的撰作缘起》，《中国史研究》2005 年 03 期。
　　③ 吴丽娱：《营造盛世：〈大唐开元礼〉的撰作缘起》，《中国史研究》2005 年 03 期。
　　④ 《唐律疏议》，第 3 页。关于《唐律疏议》的礼治思想可参见乔福龙：《〈唐律疏议〉礼治观研究》，南开大学博士学位论文，2012 年。
　　⑤ 苏亦工：《唐律"一准乎礼"辩证》，《政法论坛》2006 年 03 期。

《唐六典》修撰于开元十年(722),时任起居舍人的陆坚被召集到集贤院修《六典》,唐玄宗手写六条,即理典、教典、礼典、政典、刑典、事典。历张说、萧嵩、张九龄、李林甫等主持修撰,于开元二十六年(738)书成。唐玄宗所书"理、教、礼、政、刑、事"六典出自《周礼》天官,《唐六典》的撰述也明确要求"始以令式象周礼六官为制"也就是说《唐六典》的撰述具礼治精神与"师古"特色。而实际情况并非如此,陈寅恪先生指出,唐玄宗欲依《周礼》"太宰"六典之文,成唐代六官之典,以文饰太平,实则以唐代令式分入六司的塞责之作,称之为"童牛角马不今不古之书"。①

综上,"功成作乐,治定制礼",唐代统治者或制礼典,或制法典,撰述中均需"师古"并传达礼治精神,不仅表达了唐政府传承历代礼乐刑政的治理模式,更是基于儒家对西周时期美好社会的向往与解释,并以比附的形式来传达唐政府的治国理念以及营造一种灿然文治与辉煌盛世的意图。

其二,皇权至上的弥漫与政治秩序的建构。礼有塑造秩序的功能,讲求序万物之别以呈等级之差。《礼记·乐记》:"礼者,天地之序也。和,故百物皆化。序,故群物皆别。"②"别"就是"亲亲、尊尊、长长、男女之有别,人道之大者也"。③ 即在社会中建立一个上至王公贵族、下至庶民的等级秩序,每一等级的成员在相应的序列中享受权力的同时承担着不同的义务与职责。司马光在《资治通鉴》中明确了这一秩序。其文曰:"臣闻天子之职莫大于礼,礼莫大于分,分莫大于名。何谓礼?纪纲是也。何谓分?君、臣是也。何谓名?公、侯、卿大夫是也。夫以四海之广,兆民之众,受制于一人,虽有绝伦之力,高世之智,莫不奔走而服役者,岂非以礼为之纪纲哉!是故天子统三公,三公率诸侯,诸侯制卿大夫,卿大夫制士庶人。贵以临贱,贱以承贵。上之使下犹腹心之运手足,根本之制支叶,下之事上犹手足之卫心腹,支叶之庇本根,然后能上下相保而国家治安。故曰:天子之职莫大于礼也。"④司马光认为礼治是塑造政治秩序的主线,由礼而分,由分而名在不同维度统御贵贱,并使其内部秩序井然,形成由天子到三公到诸侯到卿大夫到士庶人的等级秩序,且秩序建构中充斥着君臣和睦的局面,即统御者与被统御者欣然接受等级划分,并尽全力维护这一秩序。在这一秩序中,君主无疑是金字塔的顶尖,垄断一切权力。《左传·哀公六年》载:"君异于器,不可以

---

① 陈寅恪:《隋唐制度渊源略论稿》,北京:中华书局,1963年版,第98—99页。
② 《礼记正义》卷三十七《乐记》,《十三经注疏》,第3317页。
③ 《礼记正义》卷三十二《丧服小记》,《十三经注疏》,第3242页。
④ 《资治通鉴》卷一周威烈王二十三年条,第2—3页。

二。器二不匮,君二多难。"①显然,天下最高权力应当由君主亲自职掌。刘泽华先生将其称为"王权主义",他认为"王权主义既不是指社会形态,也不限于通常所说的权力系统,而是指社会的一种控制和运行机制",是"权力系统、社会结构和观念体系"的统一体。②

唐统治者延续了这一治理理念,并在驾行礼仪制度设计与实践中不断以各种形式建构或重塑这一政治秩序。首先,以律令的形式确保皇权至上与政治秩序的稳定。《唐律疏议》列"十恶"条,即谋反、谋大逆、谋叛、恶逆、不道、大不敬、不孝、不睦、不义、内乱来偏袒和维护皇权,同时也对与等级相关的社会行为与理念进行节制。为强调"十恶"之重,疏议曰:"五刑之中,十恶尤切,亏损名教,毁裂冠冕,特标篇首,以为明诫。"③《唐律疏议》又列"八议"条,来维护官僚士大夫的特权,即议亲、议故、议贤、议能、议功、议贵、议勤、议宾等,其应议之人"或分液天潢,或宿侍旒扆,或多才多艺,或立事立功",这群人"简在帝心,勋书王府"显然系指仕宦势力,"若犯死罪,议定奏裁,皆须取决宸衷,曹司不敢与夺",律疏将其称为"重亲贤,敦故旧,尊宾贵,尚功能也",④为此建立了减罪免罪制度与上请制度。若具化到唐代皇帝行幸礼仪制度中,则为律令对驾行安全的多重保障。为保障仗卫士兵的兵源,"卫禁律""捕亡律"对宿卫上番不到者,因驾而违者,在直而亡者进行严格约束并对从驾卫士的名籍进行严格管理。为保障从驾卫士的兵仗,"卫禁律""擅兴律"对兵仗远身、发放、回收、私造、回改、误遗等的处罚措施进行了严格规定。为保障从驾卫士持仗有度,"卫禁律"对冒名守卫、列仗阑门、误用兵器、名籍有差等进行了严格的限制。为保障驾行乘舆服御的安全,"职制律""斗讼律""盗贼律""诈伪律""杂律"对乘舆的护持、乘舆的信息安全、乘舆服御的管理等均有明确规定,违则受罚。"卫禁律""斗讼律"对冲仗、邀驾、仗内骑射等进行了严格防范。"卫禁律""诈伪律""斗讼律"对行宫阑入之法、登高觇视之法、门籍阑入之法、宫禁监门之法、宫殿安禁之法进行了严格规定,违者有相应的处罚。可以说,唐律正是从各方面肯定了皇帝的最高权力与各等级的利益分配,确保了皇权的至高无上与等级秩序的井然有序。

其次,驾行典制改革与政治秩序的塑造。前揭《贞观礼》《显庆礼》《大唐开元礼》《唐律疏议》《唐六典》的撰修均托上古三礼,实则是托古改制,在不同程度上加强皇帝权威,将其作为意识形态传输于民间,其在君、臣、民之间

---

① 《春秋左传正义》卷五十八鲁哀公六年冬十月条,第 4696 页。
② 刘泽华:《中国政治思想史集》第 3 卷,北京:人民出版社,2008 年版,第 2 页。
③ 《唐律疏议》卷一《名例一》,第 6 页。
④ 《唐律疏议》卷一《名例一》,第 17 页。

建构了一整套运转通畅的典章制度，并确立了一种新型关系。若具化到驾行礼仪制度的设计中，则表现为《大唐开元礼》"巡狩礼"的托古改制与潜行制度的叠出。就《大唐开元礼》"巡狩礼"而言，不再局限于军礼、吉礼，而融入嘉礼、宾礼和凶礼的内容，[①]进而形成详备的礼典。就潜行制度而言，主要是指请行幸制度、问起居制度、迎谒制度的出现与强化。请行幸制度未载于"巡狩礼"中，是以父老、僧、道为代表的民间团体与皇帝之间的礼仪互动。互动一方的民间团体坚持每年前往皇帝所在地请行幸，寒来暑往，络绎不绝，互动另一方的皇帝则会在朝堂赐宴、赐物，这种请行幸旨在展现"请"的礼仪表达，在实际运作中发挥的作用并不大，结合望幸赋、典礼赋的意蕴表达，可将其视作皇权至上在民间的传达，即皇帝与臣民之间完成了一种身份认可，塑造了一种新的秩序传达。问起居与请行幸相类，其初为家礼，后因其能够彰显礼敬有佳的秩序观，唐政府将其变成了国家礼仪，此礼仪未见于巡狩礼。与请行幸不同的是，问起居集中于皇帝与臣子之间，皇帝巡幸中，皇太子、公主、宗室皇亲、在京官员都要定期向皇帝问起居，起居内容集于对皇帝探视与问候，起居形式有叩头起居、遣使起居、通名起居等，这些都是君尊臣卑的反映也是皇权至上的表达，同时也是君臣秩序同构的反映。与问起居制度相类，是在郊迎基础上发展而来，是在礼制基础上建立的典章制度。皇帝驾幸某地，有不同的迎谒者与迎谒形式，迎谒中还会有控辔、捧足、蹈舞、夹道欢呼、伏于道左等形式，因以"隆重"以示，皇权得展，君、臣、民之间关系也变得井然有序。

最后，外化的视觉符号与政治秩序的建构。礼的实践中，往往会外化为各种视觉符号区分君臣民的"别"，彰显皇帝权威。这种外化的视觉符号可以是仪式也可以是物。驾行礼仪中以銮驾出宫礼与銮驾还宫礼的仪式尤显。就銮驾出宫礼而言，其以皇帝行踪为线索，展现出由待位奉迎到皇帝出降西阶到皇帝升辂仪到皇帝发仪到敕侍臣上马仪到驾至行宫仪到行宫降辂仪等；銮驾还宫礼仍以皇帝行踪为线索，展现出由皇帝还停大次到皇帝升辂到銮驾发引仪到敕臣上下马仪到銮驾复发仪到皇帝将辂仪等，皇帝的一举一动均需卫、从、引、乐、器等相协成礼，与此相类的国家礼仪均是如此，以此衬托出皇权的至高无上，行事官、陪位官在礼仪中的不同角色扮演，亦是君臣秩序的传递。仪式之外，另有"物"的传递，主要体现在驾行卤簿的视听效果上。唐大驾卤簿形成前导后引、引夹相间、仪卫相融、前引后押、纵横交错、视听合一的行进格局，在人员配备上呈现千乘万骑的"势"，在方阵布局

---

① 《唐代巡狩制度研究》，第53页。

上呈现横纵严整的空间"势",在仪用旗、幡、辇辂、法器使用上呈现遥相辉映"势",在乐器与乐曲协作上呈现多重音效"势",在武器配备上呈现众甲拱卫"势"等,这些陈于殿庭中的威仪传至民间,潜移默化的传达了皇权理念,百官也通过卤簿向民众传达着尊卑有别的理念,这些理念的传达实际完成了意识形态的传输与政治秩序的建构。

综上,唐统治者以律令、典制、象征符号等传达着皇权至上的理念,在驾行礼仪中,这些因素实现了皇帝与臣民之间的精神沟通,完成了意识形态的传输与政治秩序的建构。

其三,德行天下的宣扬与道德秩序的建构。礼不仅可以规范人的行为,建构政治秩序,还可以通过制礼明礼习礼达到内心的心灵净化和道德提升,以实现人与人之间的和谐共融。这种制礼明礼习礼上升到国家层面即德治。司马迁在《史记》说:"洋洋美德乎! 宰制万物,役使群众,岂人力也哉! 余至大行礼官,观三代损益,乃知缘人情而制礼,依人性而作仪,其所由来尚矣。人道经纬万端,规矩无所不贯,诱进以仁义,束缚以刑罚,故德厚者位尊,禄重者宠荣,所以总一海内,而整齐万民也。"①强调了制礼的重要性,并认为习礼能实现德治。他认为礼具有贯通内外而集观念、规则和制度于一体的独特特征,在国家政治实践中礼不再局于道德意义而是可以上升到国家治理的高度。孔子说:"道之以政,齐之以刑,民免而无耻。道之以德,齐之以礼,有耻且格。"②也认为以德治国能够使百姓有羞耻之心,归服之心。这一统治思想一以贯之,长孙无忌在《律疏序》中一再强调"德礼为政教之本,刑法为政教之用,犹昏晓阳秋相须而成者也"。③

唐统治者延续这一治理理念,并在驾行礼仪制度设计与实践中不断以各种形式建构或重塑道德秩序。首先,问百年与养老尊贤的秩序建构。《孟子·公孙丑下》云:"天下有达尊三:爵一、齿一、德一。朝廷莫如爵,乡党莫如齿,辅世长民莫如德。"④孟子将齿与爵、德相提并论,进而建构尚老贵齿的道德秩序。《礼记·祭义》曰:"天子巡狩,诸侯待于竟,天子先见百年者。八十九十者东行,西行者弗敢过;欲言政者,君就之可也。一命齿于乡里,再命齿于族,三命不齿,族有七十者弗敢先。"⑤其"一命齿于乡里,再命齿于族,三命不齿,族有七十者弗敢先"主要是指老人在乡里、在家族中的位次,

---

① 《史记》卷二十三《礼书一》,第 1157—1158 页。
② 《论语注疏》卷二《为政第二》,《十三经注疏》,第 5346 页。
③ 《唐律疏议》,第 3 页。
④ 《孟子注疏》卷四上《公孙丑章句下》,《十三经注疏》,第 5859 页。
⑤ 《礼记正义》卷四十八《祭义》,《十三经注疏》,第 3473 页。

年龄越大位次越高,实则是建构以尚老贵齿为核心的道德秩序。这一秩序建立表现在诸多方面,就天子出行而言往往以问百年的形式来展现。《礼记·王制》曰:"天子五年一巡守。岁二月,东巡守至于岱宗,柴,而望祀山川。觐诸侯,问百年者,就见之。命大师陈诗,以观民风。"①结合《礼记·祭义》所载"天子先见百年者"而言,先秦古礼以"问百年"来推进德化建设。一如古礼,《大唐开元礼》"巡狩礼"保留了"问百年"的记载,在驾行实践中出现除却承制问高年外,父老这一高年群体的代表在驾行礼仪制度运作中承担了重要角色。就请行幸而言,父老与皇帝在"请"与"允"中的博弈在表达皇权的同时也展现了"贵老"之情。就迎谒而言,父老参与迎谒即为古礼实践化的反映,其与皇帝之间所行牛酒之礼在"献"与"赐"中完成了敬老与德治理念的传达。就驾幸赦宥而言,老人群体是主要关照对象,版授古爵、赐物、宴享等均可推进贵老思想的传播,推进道德秩序的建构。

其次,为政以德与布德天下的秩序建构。儒家对为政以德提出了明确要求,孔子说:"为政以德,譬如北辰,居其所而众星拱之。"②《白虎通》释帝王云"德合天地者称帝,仁义合者称王,别优劣也"。③ 皇帝德行塑造成为帝王治理天下的重要因素。唐吴兢所撰《贞观政要》通过一则则史事将唐太宗强化成明君形象,而隋炀帝作为明君的反例被不断重复、强化为一个亡国昏君的形象。④ 既表现了他对贞观之治的推崇,也能反映对君行以德的政治期待。《大唐开元礼》"巡狩礼"保存了皇帝祀神祭祖,以达明德恤祀;采风问俗,察律、礼、乐、制度、衣服,赏功德于百姓者以达德政等均可视为德行天下的表现。驾行实践中,皇帝重视农本、民本以达德治。皇帝远途行幸的出发日期集中在十月、十一月、正月、二月、三月,到达日集中在正月、二月、四月、十月、十一月、十二月,即在十月至次年四月间,这段时间正是农隙日。史籍中多出现群臣以农功未毕,恐妨农事之由来谏止皇帝行幸的事迹,皇帝往往采纳谏议并给予嘉奖。民本则为赦宥有据和蠲免钱粮。皇帝在行幸决定的诏书中,对于銮驾与千乘万骑的供置均归于有司,往往以不得烦扰为由,禁止銮驾及从官扰及州县,也不准沿途或周边州县进献。然而实际运行并非如此,皇帝所行实际供置者为沿途州县,诏书中"不得烦扰州县"为名不过是塑造君主仁德形象罢了。古礼将皇帝驾过后的赐食、赐物、赐爵、赐田租之

① 《礼记正义》卷十一《王制第五》,《十三经注疏》,第 2875 页。
② 《论语注疏》卷二《为政第二》,第 5346 页。
③ 《白虎通疏证》卷二《号》,第 43 页。
④ 武雨佳:《〈贞观政要〉中的明君、昏主、谏臣形象及其建构——以文本形成史为线索》,华东师范大学硕士学位论文,2019 年,第 2 页。

事谓之"幸"，沿袭古礼，唐政府实行蠲免钱粮的政策，内容包括免租赋、免地税、免差科、酬值、放免债欠、奖励供顿官等，除却蠲免供顿州外，逢封祀庆典往往会将蠲免区扩大。当然皇帝还会关照到罪犯群体、鳏寡孤独群体、耆老群体、孝子顺孙群体、义夫节妇群体等以示恩德与仁治。

最后，官考以德与仁治以行的秩序建构。董仲舒说："春秋之所治，人与我也。所以治人与我者，仁与义也。以仁安人，以义正我。"又云："故王者爱及四夷，霸者爱及诸侯，安者爱及封内，危者爱及旁侧，亡者爱及独身。……故曰仁者爱人，不在爱我，此其法也。"①唐朝统治者不断提升自身的"德"行对应儒家提倡的"为政以德"。唐太宗即位后，编撰《帝范》来规范君主言行，布德天下。与此同时，在选拔官吏中重视德、善，《唐会要·论选事》云："知人之事，自古为难，故考绩黜陟，察其善恶。今欲求人，必须审访其行，若知其善，然后用之，设令此人不能济事，只是才力不及不为大害；误用恶人，假令强干，为害极多。但乱代惟求其才，不顾其行，太平之时，必须才行俱兼，始可任用。"②尽管引文指出选拔人才必须要德才兼备，若德才具其一者，有德无才虽不济事但也无关大碍，有才无德，即使强干，为害极多，明确指出了"德"为先的选拔标准。官员考核中的"四善二十七最"也以德、善为重要标准的，所谓"四善"，一曰德义有闻，二曰清慎明著，三曰公平可称，四曰恪勤匪懈，"二十七最"则指官员具体的职掌与行政能力。其以一最四善为上上；一最三善为上中；一最二善为上下；无最而有二善为中上；无最而有一善为中中；职事精理，善最不闻，为中下；爱憎任情，处断乖理，为下上；背公向私，职务废阙，为下中；居官谄诈，贪浊有状，为下下。③ 结合《帝范》，我们可以看出上自帝王，下至官员，唐政府建立了一套以仁治以行为中心的新秩序。驾行礼仪实践中，皇帝选拔人才与考察官吏亦以"官德"为衡量标准。皇帝所至之处，往往下诏简选贤才，当然这种选拔有一定的标准。贞观十一年（637）驾在洛阳，唐太宗诏河北淮南诸州长官所在部内，具"孝悌淳笃，兼闲时务，儒术该通，可为师范，文词秀美，才堪著述，明识治体"④；调露元年（679）驾在东都，唐高宗诏令洛州"孝悌纯至感于神明，文武兼资才堪将相，学艺该博业标儒首，藻思宏赡思擅文宗，洞晓音律识均牙旷，深明历数妙

---

①　（清）苏舆撰，钟哲点校：《春秋繁露》卷八《仁义法第二十九》，北京：中华书局，2019 年版，第 219 页。

②　《唐会要》卷七十四《选部上·论选事》，第 1580 页。

③　《新唐书》卷四十六《百官志一》，第 1190—1191 页。

④　《唐大诏令集》卷一百二《采访孝悌儒术等诏》，第 518 页。

同京管①"等。"孝悌""淳笃"置于首位可见对官德的重视。驾过州县或比州，皇帝对进献过丰或谄媚从行官者严惩不贷。唐太宗对蒲州刺史赵元楷、易州司马陈元璹，唐太宗对蒲州刺史程行湛、同州刺史李朝隐、陕州刺史姜师度、平遥令王同庆等予以不同程度的惩罚。相反，唐玄宗对供峙以俭的官员给予奖励，其对怀州刺史王丘、魏州刺史崔沔、济州刺史裴耀卿等进行了奖赏与提拔。基于此，驾行礼仪实践在选拔人才与考课官员同样重视"官德"，以此来充实仁治以行的秩序建构。

综上，唐统治者在驾行中以尚老贵齿，牛酒之礼，赦宥有据，农隙日而行，官考以德等传达了皇帝德行天下与臣僚以德为选的理念，这一理念实现了统治阶层与百姓之间的精神沟通与思想强化，在潜移默化中完成了道德秩序的建构。可以说，将皇帝行幸礼仪制度置于国家层面予以考察即传达了国家意识形态的信息，包括礼治精神的传承、皇权至上的弥漫、德化天下的宣扬，其实则是在潜移默化中传达唐王朝的以礼治国，建构稳定政治秩序与塑造新的道德秩序的治国理念与方略，从而实现国家的有效治理。

---

① 《册府元龟》卷六十七《帝王部·求贤一》，第759页。

结　　语

　　当前礼制史研究呈现出诸多发展趋势,表现为大陆学界已完成其由综合性研究向专题性研究的过渡,且基本摆脱了对礼典的依赖,利用各类文献考察各单元的礼仪形态及其与国家社会的关系。本课题拟以唐代皇帝出行礼这一专题进行探讨,利用各类资料考察皇帝出行的制度设计与礼仪运作,并将其置于国家与社会的背景下予以审视,显然是顺应了当前的研究趋势。因其制度多潜存于不成文的规定与隐性史料中,零星而分散,相关研究成果并不多,对学界所涉甚少的请行幸制度、行幸决定制度、迎谒制度、驾行太庙告祭制度、夜警晨严制度、警跸制度、仪卫制度、扈从制度、供置制度等的形态及其运作机制进行考察,可以推进相关研究不断走向深入。与制度设计相类,其相应的礼仪研究亦鲜有涉及,对卜日礼、驾行太庙告享礼、问起居礼、迎谒礼、銮驾还宫礼、銮驾出宫礼、献食礼等仪式与运作进行探讨,亦可助推礼制研究的不断发展。此外,亦可推进驾行队仗威仪、驾行太子监国制度、驾行留守官制度、扈从制度与品阶制度的演进、皇帝行幸与北衙禁军的嬗变等重大问题的进一步深入与细化。

　　基于此,本课题对唐代皇帝行幸的制度设计与礼仪运作予以探讨,实现该问题研究的新突破。这一研究可分为时间与空间二维度予以解析,即就时间维度而言,皇帝行幸礼仪制度经历了请行幸、行幸决定、择期、卜日与卜日礼、太庙告祭与告享礼、驾行前后方的人事调动、銮驾出宫礼、问起居与问起居礼、迎谒制度与迎谒礼、驾行献牛酒与献食礼、驾过蠲免、銮驾还宫礼等程式,当然实际运作并非按照这一顺序进行。就空间维度而言,其即有夜警晨严制度、宫悬制度、太子监国制度、留守官制度、警跸制度、驾行仪制、驾行卫制、扈从制度、供备制度等辅以运作,用以保障行幸礼仪制度的顺利进行。时、空维度的制度设计与礼仪运作实则与国家治理密切相关,就当前来看,更多地指向意识形态的传输。

一、唐代皇帝行幸礼仪制度的动态运行

其一，皇帝出发前的准备。即由请行幸、行幸决定、择期、卜日与卜日礼、太庙告祭与告享礼等程式。第一，请行幸。其为皇帝出行的起点，具民间群体请驾幸三都、官员请驾幸京师与地方、臣民请行驻跸礼三种基本状态，均在"请"制度的礼仪运行之中完成。僧道、父老等组成的民间群体，每年都要到皇帝的驻跸地请行幸，皇帝会设宴招待他们，并有物赐。皇帝离开某地时，民间群体亦要请留驾，以展望幸之心。尽管皇帝"允"其所"请"的并不多，但民间群体仍寒来暑往，络绎不绝。官员请驾幸既有邀宠之嫌，又具政治目的，较为务实。一般的驻跸礼多由"有司"所请，封禅、巡狩这类属于皇帝的告功礼则要臣民共同所请方可。面对臣民的"请"，皇帝总是以"才德未备"为理由推迟，当达到"三请"以上，臣民普遍参与，规模达到一定程度，皇帝方以一种无奈的姿态"允"之。可以说，"允"与"请"的博弈，实则在凸显臣民的皇权崇拜，用以表达对皇权至上理念的认同。

第二，行幸决定。皇帝"允"请后，在往返离宫别馆或巡幸的状态下是要诏告天下的。诏敕文书内容一般由行幸缘由、行幸时间、行幸路线、行幸供备等几方面的内容。这样，既符合"行必有名"的古礼要求，亦能完成人力、物力调动且与民间进行顺畅沟通，以保障皇帝行幸的礼仪所需、仪卫所需与供置所需。

第三，择期、卜日与卜日礼。皇帝行幸前往往要择日。首先是出发日期的选定。考虑到农隙与气候因素，唐朝皇帝离京巡幸的出发日期大致在十月至次年四月间；驾幸避暑离宫的日期集中在二月、三月、四月、五月等春季时间。游幸温泉宫的日期集于十一月、十二月、正月等冬季时间。其次是皇帝出发吉日的选定。继承"君行以卜"的古礼，皇帝亲征、巡幸、往返离宫别馆、游幸等形态的出行活动，在往返时均要卜日。尽管现行礼典有君行七日而卜与行前四十五日而卜的记载，但在皇帝实际行幸中的卜日时间并非严格循其礼，带有较大的灵活性。最后是行卜日礼。卜日礼由太常寺的太卜令、卜正、谒者、赞引，将作监的右校令，卫尉寺的守宫等协同完成。前一日与当日平明均属礼仪的准备阶段，其后则举行陈龟、贞龟、视高、命龟、作龟等仪，最后举行卜日结果上报仪。

第四，驾行太庙告祭与告享礼。驾行太庙告祭适于唐代皇帝巡幸、亲征、封禅等出行活动，目的用以求得祖先的福祐。这一行为早在先秦时期已形成完备礼制，历代因之，称其为古礼。因唐玄宗创设九庙，拜谒五陵，进而形成新礼，告庙又有告"陵庙"之说。又因东都太庙在唐代政治生活中扮演

重要角色,告庙一度为告祭两京太庙。唐后期皇帝多蒙尘,因政治所需,改立行庙。行庙创设需比附古礼,因礼官争议颇多,相继出现"再造神主"和"载主以行"两种形式。同时,政治形式的变化也带动了告祭礼的变革,"三日哭"礼得以参用,"奉慰"礼也由凶入吉。

其二,銮驾进发仪制。即由驾行前、后方的人事调动,銮驾出宫礼,问起居制度与问起居礼,迎谒制度与迎谒礼,献食与献食礼等。第一,驾行前、后方的人事调动。皇帝驾行前方的人事安排则集中在前驱官的派遣及驻跸地方官的任命上。前驱官用以为皇帝提供置顿服务、修桥造路、清宫等,驻跸官则保障皇帝置顿处的给养、安全与政务传达等。驾行后方则对监国太子或留守官委以重任,以解除后顾之忧。

第二,銮驾出宫礼。该礼以皇帝的行踪为线索逐步展开,大致可以分解为尚舍、守宫设位仪;太乐设宫悬仪;侍中奏开宫殿门仪;侍中奏中严仪;奉礼设从官位仪;仗卫、从行官待位仪;侍中、中书令以下奉迎仪;侍中、乘黄令、千牛卫、黄门侍郎待位仪;皇帝降至西阶仪;皇帝升辂仪;銮驾进发仪;驾出太极门仪;驾出嘉德门仪;驾至侍臣上马所仪;文武侍臣上马仪;驾发仪;驾至行宫仪;行宫降辂仪等。

第三,驾行问起居与问起居礼。行幸问起居者主要由行从官、留守官、两京文武职事官、过境刺史、皇太子、公主及宗室皇亲等。行从官问起居即为入谒起居、叩头起居及通名起居三种形式;留守官则为通表起居和遣使起居两种;两京文武职事官为奉表起居;过境刺史为朝见起居。当然,适应情、势所需,问起居制度亦随之变革,表现在问起居者、起居形式、起居内容等诸多方面。行幸问起居礼与奉参起居礼相类,其礼仪程式由备次、备位、行礼与礼毕等程式。除却奉参礼外,问起居礼仍存于吉礼与凶礼中,就其吉礼而言,问起居形式可能为奏圣躬万福。凶礼中的问起居更多的集中于奉慰礼的延伸。

第四,迎谒制度与迎谒礼。迎谒最早源自于先秦古礼的"郊迎",汉代时"迎谒"以独立词语出现,唐代则为迎谒制度的完善期。其主要有士庶迎谒、地方官迎谒、朝廷百官迎谒、皇室成员迎谒等。其中,士庶迎谒者为父老、太学生、百姓等,其由政府组织而形成的迎谒群体,目的是塑造皇帝的"亲民"形象。地方官迎谒集中于过境或三百里或比州的范围,其形式为"得诣行在"。朝廷百官迎谒为"班迎",皇室成员因身份特殊,迎谒形式更为威重。迎谒制度的完善也带来了迎谒礼的发展,主要由伏于道左、夹道欢呼、拜舞、捧足与控辔等仪式,礼毕往往会得到皇帝的慰抚。

第五,驾行献牛酒与献食礼。牛酒用以赏劳在先秦时期已形成古礼,汉代始兴"献牛酒礼",唐因汉制并将其完善。唐代皇帝驾至,父老、百姓或自发,或由政府组织前来迎劳,并献牛酒。皇帝要亲加慰抚,还其牛,并赐物,以昭恩德。

其三,驾还仪制。一如驾发,驾还亦有请行幸、行幸决定、卜日与卜日礼、太庙告祭与告享礼等内容,其在驾发时已述,不复赘。就其特色而言,驾还主要由驾过蠲免与銮驾还宫礼两种形式。第一,驾过蠲免。鉴于驾行过后对生产的破坏,皇帝往往以所至赦宥的形式恢复当地经济,此即符合百姓对"幸"的期待。其制古亦有之,范围多指向顿置地或途经地,内容包括减租赋、减地税、减差科、免债欠等,逢大典会将其延及全国,受惠规模甚大。因其直通民间且兼及特殊群体,用以完成皇帝仁德形象的塑造。

第二,銮驾还宫礼。一如銮驾出宫礼,其亦以皇帝行踪为线索逐步展开,大致可分解为皇帝还停大次仪,大次备辂仪,皇帝升辂仪,驾停侍臣上马所仪,侍臣上马仪,侍臣上马复驾仪,驾停侍臣下马所仪,侍臣下马仪,侍臣下马复驾仪,驾入嘉德门仪,驾入太极门仪,驾入太极宫东上阁仪等。

二、唐代皇帝行幸礼仪制度的空间构成

就空间维度而言,前文所述的夜警晨严制度、宫悬制度、太子监国制度、留守官制度、警跸制度、驾行仪制、驾行卫制、扈从制度、供备制度等指向出行排场、安全、后勤、政务运作、陪同人员等,用以辅助驾行礼仪制度的顺利完成。

其一,驾行仪卫制度。其由驾行威仪与驾行安全组成。第一,驾行威仪。驾行队仗先秦已具,秦名卤簿后历代相沿,唐大驾卤簿成为中古时期规模最大的队仗设计。其整体设计理念为前导后从、仪卫相间、横纵严整,将服饰、车舆、鼓吹、旌旗、缯扇、御马等物质实体的组合包装后,配以从行人员的规模与装束,各种元素交相辉映,呈现出绚烂夺目的"仪势"与如雷清响的"声势"。其随驾禁卫军数量极多,人员比例极高,前驱后押,机动性强,呈"众甲拱卫"之势。加之其甲胄、锐气独具特色,数量极多,形制各异,使用多元,布置合理,呈现禁卫将士威武之势。"仪""卫"合一,使得唐大驾卤簿独具"威仪"。

第二,驾行的安全。驾行仗外安全由警跸制度来完成。出警入跸古亦有之,唐沿其用。驾发,唱警,禁卫予以警戒;驾还,唱跸,跸止行人。唐代皇帝驾发统称"称警跸",其主要有陈设仪卫,导引传呼,张弧登舆,清道奉引,遮列转毂,违者受罚、静室息驾等程式。

驾行仗内安全由南衙禁军来完成,左右金吾卫充当先导与后押,左右千

牛卫承担皇帝贴身安全，左右武卫持钑戟应跸，左右监门卫监当方队衙门，左右卫充任左右千牛卫的外侧防卫，其余各卫各司其职以保无虞。律令对持仗兵士、仗器的使用、冲仗的后果、乘舆服御的安全等予以束缚，助力南衙禁军的防卫。

皇帝行幸临时休憩处，往往置帐连幕，外以排城建设予以捍蔽。虽有三部帐改二部帐，排城改宫墙的记载，其捍蔽功能仍在发挥效用。外营、次营、内营、御在所的多重建设之外，禁军环卫和律令规范发挥不同作用。禁军环卫以武力拒所犯之敌，是御营防御的主要力量，唐律对阑入御营者以"阑入宫殿"予以科断，辅助功能尤显。

皇帝常驻行宫除却正常防卫外，唐政府还以律令形式对清宫不谨闯入者，临宫登高觇视者，无籍进入者，有籍错入者，主司监管不严者等以阑入罪论；以宫殿开合不守制者，宫殿门符制度不守者等以监门不当罪论；以宫内忿争者、向宫殿内射者等以安禁不当罪论。

其二，驾行扈从制度。其由扈从官、随驾军及其关联问题组成。第一，法定扈从文官。先秦时期的仆、御之人，秦名卤簿后，扈从人员向多样化与规模化方向发展。唐代法定文官扈从即为其制度化的结果，其大致可分为赞相礼仪类、供给行用类、日常服务类、政务运作类四种。赞相礼仪类或存于唐大驾卤簿；或用以驾行礼仪；或用以国家礼仪，在皇帝驾行礼仪与国家礼仪中充任行事官，赞相其礼仪运作，用以完成意识形态的传导。供给行用类而言，为皇帝驾行途中或顿置所提供物质供备，保障皇帝衣食住行的充裕与皇权至上的表达。日常服务类而言，在礼制供需之外，满足皇帝行幸期间日常生活的丰富多彩而设，能够展现政治发展趋向。政务运作类而言，用以保障皇帝所行、所至即为政务中心，完成中枢决策。

第二，行幸随驾军。南衙禁军是唐大驾卤簿的主导力量，布列于十七个方阵中。左右金吾卫充前驱后殿、昼夜巡警、兼管扈从卫士名簿、受理御状、展队仗之威之责。左右千牛卫不仅充任皇帝贴身宿卫与从卫，还承担皇帝供御仪仗，赞相礼仪之任。以左右卫为代表的南衙十二卫其职守相类，在皇帝驾行途中或置顿所承担仪卫工作。其中，左右武卫在皇帝称警跸时，持钑戟队先动，可视为"驾动"的前奏仪；左右监门卫在唐大驾卤簿中则监当衙门。

皇帝实际出行中，往往以北衙禁军扈从。和平时期，北衙随驾军的形成具内生性，其往往是由皇帝游幸的侍卫亲军发展而来的，战争年代则具外生性，多由元从禁兵组建而成。内生性的侍卫亲军在行幸扈从中不断扩容，很快成为兼具宿守与扈卫的禁卫军。其在皇帝短途行幸中是唯一随驾力量，在离京的巡幸出行中则为夹内仗的扈卫力量。外生性的随驾军来自于靖难扈从的组建。唐肃宗朝的神武军、衙前射生军；唐代宗朝的射生军；唐德宗朝的神策军、唐僖宗朝神策新军、五十四都头；唐昭宗朝新六军十二卫皆是如此。因其与播迁皇帝渊源颇深，一经建立很快成为皇帝宿卫与扈从的重要力量。也是基于此，几经易代或遭遇战乱后，前朝所建禁卫军往往面临废置或亡散的风险。

第三，驾行行事官与陪位官。驾行行事官为国家礼仪运作中的执事者，其最初主要是由礼部和太常寺官员组成，后因实际运行需要与职官系统的变化也出现设使摄事与官用礼职两种趋向。设使摄事范围极广，包括礼仪使、大礼仪使、卤簿使、桥道顿递使、仪仗使、祠祭使、监祭使、顿置使、营幕使、坛场使、修造羽仪使等，随着使职系统的发展，其亦出现使、副使、判官等带有品阶性质的等级形式。官用礼职范围极广，唐前期主要由太常寺与礼部的官吏参与，唐后期其在礼仪执事中的诸多差遣由官吏临时专知。此外，行事官亦由外行事官与内行事官之分，外行事官多指礼仪职掌与从驾升殿、阶、坛、庙等执事者等。就从驾升坛庙者而言更多的指向中书门下、尚书省、御史台等机构的职官，内行事者出现较晚有可能指向宦官系统。

陪位即在国家礼仪活动中陪其列位。陪位官身份颇广，除却宗室、中央官员、朝集使、地方耆老外，还包括皇亲、诸亲五等以上者，蕃夷君长，中央官，在京地方官，地方官，节度军将、二王三恪、褒圣候等群体。其在"斋戒"礼，"陈设"礼，"省牲器"礼，"奠玉帛"礼，"宗庙之晨裸"礼，"进熟"礼，"馈食"礼，"銮驾出宫礼"，"銮驾还宫礼"的礼仪运作中，或列位奉迎；或列位辞送；或列位赞礼；或在位拜礼等。

第四，驾行扈从制度与品阶制度的演进。以职事官品、散阶、勋转、爵级为内容的品阶化有其特定的历史背景，就唐代皇帝行幸而言，其对行从人员的不断赏赐对品阶化的进程不断拉动，成为其完成品阶化的重要推动力量。这一拉动先后出现了由赐物向赐授官爵的转变，尤其是乾封元年的赦文成为行从官赐授官爵的开始，行从官授官开始成为品阶制度发展的推力。唐中宗朝行从官赐勋转与升爵级的出现不仅加速了勋官走向百姓化，而且使爵级出现规模化赐授。乾封元年出现进阶现象，且被学界普遍认定为泛阶的开始。尽管武则天与唐玄宗时期对进阶至五品或三品严格把关，严整考选，随着开元十一年紧接原则的松动，散阶在行从赏赐的拉动下继续向泛化方向发展。安史乱后，皇帝銮舆播迁，为挽救危局，职事官品、散阶、勋转、爵级等出现滥受的现象。这一现象使得职事官不为所重，其品级逐渐成为判断差遣官与使职官高低的依据。散官也很快失去了充当"本阶"的地位，除却在宦官职官系统中充任官阶外，其在朝臣系统已经虚衔化。爵也因此出现异姓王，且打破以食邑户的数量来衡量爵的权重，出现以"食实封"为标志的新的衡量标准，加上勋官在安史乱前的虚衔化。可以说这一时期靖难扈从与立功将士的规模化赐授是推进品阶制度发展的主导力量。乱后，靖难的赐授仍较频繁，赐授规模、品阶不断攀升，一方面源自于对靖难功臣的慰抚，另一方面也是出于稳定秩序的需要。可以说，行从官的赏赐也是唐代品阶制度不断发展的重要拉动力量。

功臣号在唐代有赎刑权、物赐权、差役优待权、给复权、荫封权、赐授职官爵禄权等待遇。可见，功臣号在唐代已具有品阶职官性质。这是功臣号品阶化的结果。功臣号的品阶化起初是以"职事品＋功臣号"形式出现的，随着唐后期皇帝銮舆播迁频仍，规模化赐授与赐授频率陡增，随着同步扈从赐授不同功臣号的出现，功臣号的品阶独立趋向初步形成，这种趋向表现在功臣号的字数长短及用词讲究来衡量功臣号的高下。

其三，驾行后方的政务运作。其由太子监国制度与留守官制度维系。第一，太子监国制度。承先秦古礼，唐代皇帝行幸往往实行太子监国制度。理想状态下的监国太子充任国家政务运行的核心，实际运行远非如此。首先，监国太子的任命与皇帝离京时间并非一致，往往在皇帝离京后；其次，监国太子监当政务的时间与皇帝在外的时间并非一致，监国时间远低于皇帝离京时间，经常出现监国太子到皇帝顿置地团聚的情况；再次，监国留辅官往往任用宰相重臣，其以"现任官＋东宫官"的形式来完成，用以协助太子监国。最后，国家政务运作的中心仍在皇帝的驻跸地，监国太子不过是受皇帝的指令行事，其在京的权力受诸多限制。

第二，留守官制度。一如监国制度，留守官制度亦承古礼而行。理想中的留守官应为一文一武，文官充任留守，武官任副留守，两者相协，完成国家政务运作，实际运行远非如此。首先，皇帝并非遵循一文一武原则，经常在数量、文武性质等方面进行变换；其次，留守官的选任标准是多样的，留守官往往是勋亲贵戚或宰相重臣，且具有较强的治理能力；副留守则更多的指向忠贞强干；再次，一如监国太子，留守官的任命亦较为随意，或晚于皇帝离京时间，或随时改用，或招之入朝等；最后，留守官所在的京师并非是政务运作的中心，中枢决策仍在皇帝驻跸地，其在京的行政权、兵马调动权、钱谷使用权受到诸多限制，不过是遵行皇帝指令的中转站。

其四，驾行的供置与给养供应。主要由宫苑建设、所司供备、州县供备、献食等组成。第一，驾行宫苑建设。所谓夹城系指两墙对起，筑垣墙如街巷者也。唐代长安城夹城分南北两段，北段夹城的规模化建设始于唐玄宗时期,将长安城的三个政务中心即西内太极宫、东内大明宫、南内兴庆宫连成新的网络据点。南段夹城更多的为满足皇帝的游幸所需而建。自东罗城复道经通化门直达兴庆宫,再经春明门、延兴门到达曲江、芙蓉园等地,达到外人不见的效果。唐后期,国力日衰,已不能支撑皇帝的远途出行,长安城的游幸成为皇帝行幸的常态。据此,唐德宗、唐宪宗、唐穆宗等皇帝不断增修夹城,以广其游幸。唐复道形制与汉制颇类,皆谓之阁上阁下的行路。这一道路的规模化建设始于唐玄宗朝,其伴随着夹城的建设而配合使用。为方便游幸的需要,形成了由通化门、安兴门次经春明门、延喜门,又可以达曲江、芙蓉园的复道路径,此后唐德宗、唐宪宗、唐穆宗、唐宣宗不断修建复道,满足其礼佛之情。

为方便行幸,唐代皇帝修建了大量的行宫,且建设颇为讲究。首先是行宫设苑,用以植木林、养禽兽供帝王游猎之用。其次是行宫具殿、阁、楼一体建设,以展其威用。再次是行宫具百司廨署及官舍建设用以完成驻跸地的政务运作。复次是行宫周围城郭建设,满足供置所需。最后是临时顿置所的改充以应急。

行宫职任管理具两个层面,其一为设官分职用以职掌,其二则为设职总揽用以统筹。结合《唐赵宗墓志》与其它任职宫苑监的墓志,可对行宫宫苑的机构设置与职官管理总结如下:行宫宫总监是行宫的最高管理机构,其由总监监1人,总监副监1人,总监丞1人,总监主簿1人,总监府3人,总监史5人等组成,负责掌管行宫的供备与管理。总监之下仍有农圃监、食货监、某某宫监、某某宫监等附属机构组成,分掌行宫的管理事宜。其附属机构亦设监、丞、史、监事等进行管理。同时,设职总揽初以"检校"形式统筹园苑事,向"任使"形式的转变。行宫日常供备系指卫士、宫人、杂役等群体的打理,并配合行宫管理条例方可完成。其重视管理的目的是为皇帝驾幸提供供备,这种供置包含进奉、献食、生活用具、珠玉奢侈品等内容。

第二,所司供备。所司供备指皇帝行幸所需供养由在京相关部门进行置办。"所司"并非专指在京的某一机构,而是与供备相关的所有职能部门的总称。其中,司农寺具转运行幸所需米粟之任;卫尉寺负责供应皇帝行幸甲仗戎器;少府监负责供乘舆服御之物,车行载备之物,卤簿备陈之物,行幸张设之物等;将作监负责营构梓匠之事,乐悬所用之器,兵仗杂作之器,舟车厩牧之器,竿柱营造之物等;太仆寺负责五辂属车之供;光禄寺负责从官酒醴膳羞之事;工部负责营造、田圃、草木、时蔬、薪炭等供顿之事等。置使以备亦为协调统一,提高办事效率。知顿使或置顿使用以提供给养,安排交通,弹劾供备官,其下设知顿御史、判官等以助之。桥道使用以修桥造路。

御史使用以提调御营环卫与供备。置榻使用以为皇帝及扈从人员设御座床榻的。营幕使用以为皇帝行幸提供幕帐建设。封禅使、讲武使、坛场使等提供驾行礼仪或国家礼仪的修建、供备或赞相礼仪。专知供备官亦以它官专知供备事用以提供驾行所需。

第三，驾行供备献食。献食本称上礼，起于南齐，一经出现即被纳入"礼"的范畴，唐循其制，出现了上礼之仪。皇帝离京的远途出行，献食者多为州县、百姓、父老、寺院为主，献食之物经过精心准备，献食规模极大。靖难献食因缺少准备时间，献食之物更多的满足现实需求，稍显随意。

第四，地方供备。先秦时期已形成天子巡狩，诸侯用牷以供养的古礼。循其制，唐代皇帝出行，地方亦予以供备。常态下皇帝行幸，供置州县多为沿途州县、驻跸州县或距离较近的州县。供置内容指向供顿、膳食、力役、宫苑用度等。为缓解行幸对地方带来的破坏，唐政府以减租赋、减地税、减差科、酬值、放免债欠、奖供顿官、提升州县地位等形式来恢复当地生产且满足地方的望幸之情。

三、唐代皇帝行幸礼仪制度与国家治理

将唐代皇帝出行活动为中心的制度设计与礼仪运作置于国家层面进行审视，会发现其更多的表达为意识形态的传达。总结前文的系统论述，可将其归于以礼治精神、皇权弥漫、德化天下的传输完成皇帝与民间的精神沟通。

其一，礼治精神的传承。礼经即指唐政府在科举考试中规定的九经，其为唐代制礼"师古"的对象。唐代《贞观礼》《大唐开元礼》的设计均以参详礼经为要义，《显庆礼》因未具"师古"精神而饱受诟病，很快弃之不用。唐代驾行礼仪制度的礼典制作与实际运行亦参详礼经。就礼典制作而言，《大唐开元礼》"巡狩礼"与"亲征礼"的礼仪程式为"颁告所至"，"类于上帝""宜于太社""造于太庙""軷祭于国门""燔柴告至""望秩于山川""肆觐东后""问百年""考制度""归格于宗祢，用特"等均可在《礼记》《周礼》《尚书》等礼经中找到原典，彰显"师古"特色。就驾行礼仪实践而言，"行必有名"参详《礼记》原典；君行卜日参详《周礼》《礼记》《左传》原典；卜日礼运作的陈龟、贞龟、视高、命龟、作龟、占龟参详《周礼》；驾行告庙礼参详《礼记》；载主以祔行庙礼参详《礼记》《周礼》；向庙哭礼参详《左传》；皇帝升辂仪参详《周礼》《礼记》；问起居仪参详《礼记》；迎谒仪参详《礼记》；驾行仪仗参详《尚书》《周礼》《礼记》；扈从给养参详《礼记》《周礼》。参详礼经实则是礼治精神的传输，这一理念的深入人心，实则为皇帝正名分，定君臣，维护统治秩序，营造盛世气

象,强化君威,以实现国家治理。

其二,皇权至上的弥漫。皇帝在制度上确保皇权的至高无上,这远远不够,还要将这一理念传输到臣民当中,并使其深入人心。这就需要在制度设计与运作中注重与臣民的精神沟通。民间群体请行幸更多的在于"请"的礼仪表达,即表达民间对皇权至上理念的认同,加上望幸诗赋的渲染,民间的皇权崇拜弥漫于各个角落。问起居初为"昏定而晨省"的家礼,唐代不断进行完善将其逐步上升到国家礼仪。随着问起居范围的增多,问起居形式的多样化与典章制度的不断完善,君尊臣卑的思想在运作中不断得到巩固和加强。与之相类的"问起居礼",其程式运作亦脱离皇帝的直接参与,以"敕旨"的形式出现,结合宋代皇帝出行,动则问起居的记载,无不凸显了皇权至上的表达。迎谒源自于先秦的"郊迎礼",唐代将其完善为国家礼仪。其迎谒团队具组织性、强制性、隆重性的特色,迎谒形式与迎谒礼亦随之多变,其为"君尊臣卑"的反应更是皇权至上思想的表达。"銮驾出宫礼"与"銮驾还宫礼"均以皇帝的一举一动为中心进行礼仪设计;祭祀礼中,行事官为皇帝行礼提供助力,陪位官则陪其列位,整个仪式亦可视为皇帝之仪。即用以衬托出皇权的至高无上,礼典的颁发与举行,亦使这一理念深入人心。唐大驾卤簿将陈于殿庭的视角与听觉效果转移至民间,通过对仗卫的方阵设计、整体包装、器物使用、人员与物的空间布置等方面的整合,将皇权至上的理念与中下层官吏乃至民间,进行心灵交流,皇权思想得以弥漫于民间。此外,皇帝通过慰抚与直接交流再次塑造了仁君形象与亲民形象,"望幸"始成为民众的精神需求,"请行幸"也就顺势而出,基层与皇帝的交流随着请行幸制度的规范再次变的顺畅,皇帝与民众之间的精神沟通仍在持续。

其三,德化天下的宣扬。先秦古礼在设计"巡狩礼"时以"问百年"的形式注入德化思想。汉代天子巡幸将目的归为"以宣声教"直指"德化"。唐承其制,在巡狩礼设计及其实际运作中融入德化思想。唐巡狩礼明确记载"承制问百年",并将"养老礼"纳入国家礼仪中,同时完善了以尊老理念为核心的乡饮酒礼与正齿位礼。皇帝实际出行活动中,老人群体的代表一父老是民间请行幸群体的主导力量;皇帝驾至,父老为迎谒的重要参与者;皇帝巡幸赦宥中存有赐予之礼。此不仅可以改变老人的生活,提高其声望,亦可将贵老思想传递于社会,助推皇帝仁君形象的塑造。唐代皇帝亲巡以省风俗,惩治不法,为民伸冤;旌表善政,刷新吏治可谓仁君之政的表达。所至往往诏行选才,实际运作中更多的是一种姿态展示,而实际选拔者甚少,或者是不选拔。诏行选才成为皇帝向天下臣民传递恩德的一种符号,用以提升皇帝的"仁治"形象。皇帝诏行文书中一再强调行幸所需仰赖"所司",现实运作中,地方供置仍为皇帝给养的主力。皇帝斥责豪奢进奉与谄媚之举,实际苛责未深,仅据表面功夫。之所以如此,均是为树立君主的仁德形象,助力德化思想的传播。所至赦宥其实是皇帝的恩赏盛宴,受惠群体广,规模大,直通民间且兼及特殊群体,用以完成皇帝仁德形象的塑造。

四、唐代皇帝行幸礼仪制度的历史地位

当然,作为皇帝制度与礼制史研究的重要组成部分,唐代皇帝行幸礼仪制度研究是个系统的大工程,上述研究成果仅为其一部分。囿于史料与研究者的笔力所限,仍有不少期待解决的问题。如唐代皇帝行幸礼仪制度的历史地位。前文在考证唐代皇帝驾行制度及其礼仪运作前对各类制度予以释义,追溯其源,梳理其发展脉络,基本能够展现唐代驾行制度设计的源流及完善。但就唐代在近世时期的地位,限于当前研究成果较少,作者笔力有限,只能就唐、宋之间的行幸差异展示其冰山之一角。基于此,可解析如下。

其一,唐代驾行礼仪制度是中古时期典章制度的完善期。其主要集中于请行幸、行幸告庙、驾行问起居、驾行迎谒制度、中古时期的卤簿方阵、扈从制度等。第一,请行幸的承继。"请"即持名帖拜见,在君臣关系方面即为臣民请求、乞求朝见君主。先秦时期初无请,但已具"朝""宗""觐""遇""会""同"六礼,西汉时期改"觐"为请,至此"请"始纳入朝觐之礼,即春朝秋请且要行春朝与秋请之礼。唐以降,参祥礼经以定新礼,古礼中的朝、觐之礼仍得以沿用,往往以"请入朝""请入觐"的形式完成。如果说,请入朝与请入觐均为臣民朝拜君主的形式来完成,那么,请行幸亦为臣民朝拜君主的一种形式,其以君主的行幸来完成。几经发展,唐代请行幸类型亦走向多元化与规范化,其即是继承前代的表达亦为唐王室加强皇权的需要。

第二,驾行太庙告祭的承继。庙即先祖之貌,告庙即行前告祖,不敢自专,以求得先祖之福佑。《礼记》所谓天子出,造乎祢即达其意。孔子所谓反必亲告于祖、祢,则指诸侯聘回,仍需告庙。这一制度在先秦礼仪实践中得以广泛应用。《白虎通义》承古礼告庙之论,可为汉代承制之证。魏晋时期形成以行前告庙,行后告庙、饮至、舍爵、策勋等程式的皇帝行幸仪。隋因其仪,将其定为制,明确指出皇帝行幸类帝、宜社、造庙,还礼亦如之。唐因隋制,在礼典中予以阐释,因唐西京和东都均有太庙,京庙告祭呈现不同特色。此外,唐后期銮舆播迁频仍,行庙建设及"载主祔庙"成为礼学家争论的焦点。还有,蒙尘回京,皇帝为解决现实需求,又要比附古礼,完成了奏告礼的变革。此为其"变"的表达,也是唐制不断完善的体现。

第三,驾行问起居的承继。问起居源于三端:一为晚辈对长辈的兴寝

问安,实则是晚辈向长辈朝夕问安的一种制度,此制度早在先秦时期已形成,直至唐代相沿不改。由于其适于家礼,并有明确的礼仪规范,无论是皇室内部、官僚贵族还是平民百姓皆适用。二为下级对上级的问安,先秦以卿大夫向诸侯与家臣向卿大夫问起居为代表,问起居的形式为"问"。秦汉以降,问起居先以"请""请问"的形式进行表达,问起居者开始指向官僚集团与皇室内部。东汉时期是此类问起居的重要发展期,先是"问起居"一词开始独立出现,问起居者也在官僚集团与皇室内部延展。唐代在继承东汉问起居的基础上,将此类问起居进一步制度化,并延展出诸多问起居类型。三为以问疾为中心的问起居,其始于先秦时期,汉代皇帝得疾,群臣问起居已形成制度,并有完整的礼仪运作。官僚集团内部,上级官员得疾,下级官员仍有问起居,且以形成制度,并伴有礼仪运作。另一方面,官僚得疾,皇帝也会问起居,其形式以遣使起居为主,偶有亲问起居出现。汉代以降,历代沿之,以唐代尤甚。此三端皆源于先秦时期,且有明确礼仪记载。经汉代调整与运作,其已完成制度化,唐代在继承汉代的基础上,加以完备,此为中古时期问起居发展的脉络。

第四,驾行迎谒制度的承继。迎者,逢也。谒者,白也。迎谒即迎接谒见之意。迎谒之制,由来已久。《礼记》将其归于君臣"聘义"之礼,内容指向国君郊迎外来宾客。实际运作中,郊迎制度也存在于国君与士、大夫之间,迎劳之礼亦因迎谒对象不同,礼仪呈多种形态。汉初,郊迎谒的出现可谓是迎谒走向前台的前奏,此后迎谒逐步突破"郊迎"的藩篱,成为一种广泛意义的制度。唐代是迎谒制度全面发展时期,迎谒范围较广,既有自上而下的迎谒,也有自下而上的迎谒。自上而下的迎谒主要是指唐天子对诸侯、蕃国主、蕃国使者、官员的迎谒活动。遣使迎劳诸侯、蕃国主及其使者,属于宾礼的范畴。自下而上的迎谒范围较广,既有百姓、下属对上司的迎谒也有百姓、官员对天子的迎谒。就迎谒者来说,主要包括士庶群体、地方长官、朝廷百官、皇室成员等。就迎谒对象而言是天子,可以是即将称帝的君主,可以是在任皇帝,也可以是太上皇。就迎谒形式来说,有班迎、郊迎、得诣行在等。就迎谒礼来说,有伏于道左、夹道欢呼、捧足、控辔、拜舞等。

第五,驾行卤簿方阵的承继。"卤簿"之名虽起于秦汉,但先秦时期已具卤簿之仪。《尚书》《周礼》《礼记》中均有兵马仪仗的相关记载,天子出行的车马、兵仗、服御均有明确规定。汉甘泉卤簿已初具规模,引驾队、车属队、卫驾队、鼓吹署队等均有建制;舆服、甲楯、鼓吹、旗幡、从行人员均有设置;前引后驾、前文后武、前仪后卫、左右分次的格局业已成形。东汉光武帝再次规范了引驾制度,舆服、旗幡内容均有进一步的容扩,皇帝行幸威仪进一步得以凸显。晋中朝大驾卤簿是魏晋南北朝时期兵马仪仗的代表。其已具引驾官队的特色布列,同时明确了御用车队的位置,车队建制亦相对完整,文官扈从队也予以齐整布列。唐大驾卤簿已形成前导后从、引夹相间,仪、卫相融、前引后押、纵横交错、视听合一的行进格局,其与晋中朝大驾卤簿相较,更多的体现为队列组织架构的完备、空间位置的延展与物质实体形制的丰富,具体可归为鼓吹部的独立设置,古礼"五辂"制度的回归,仪用专属方队的创设等内容。可以说,自汉甘泉卤簿经晋中朝大驾卤簿至唐大驾卤簿,在卤簿设计及其仗卫布列方面基本反映了中古时期皇帝行幸卤簿的发展脉络,即趋向队列架构的完备化、空间位置的延展化与仗卫形制的丰富化。

第六,驾行扈从制度的承继。"扈从"一词最早出自司马相如《上林赋》,多释为"跋扈纵横"之意,唐人封演据时势所需,将其释为"随驾者"以达其意。扈从之制由来已久,先秦时期的仆御、徒御、土训、诵训、太仆氏、士师、虎贲氏、旅贲氏等为法定扈从者;王巡狩公、卿、大夫、士、庶子随从者为临时扈从;掌舍、幕人、掌固、掌次、阍人、内竖、师氏、保氏、遂师、山虞、典路、士师等亦可随行供置等。秦汉以降,卤簿出现后,扈从身份已有明确规定。如前述,西汉甘泉卤簿,晋中朝大驾卤簿、唐大驾卤簿皆如此。卤簿之外,"随驾""迎驾""随从""从行"等记载亦可视为扈从。唐以降,扈从制度得以全面发展。除却唐大驾卤簿的人员扈从外,唐代诗文集中往往以"千旗云引,万载林行""万方纵观,千里如堵"等来形容皇帝常态行幸的强大人力动员与人员随行规模化的震撼。即使在国力衰弱的唐后期,此类规模化的随从运作仍然存在。

其二,唐代前、后期驾行礼制的变革。主要集于常态请行幸到邀驾请驻跸;京庙告祭到行庙告祭;告庙礼的由凶入吉;迎谒礼的延展;由游幸随卫军到銮舆播迁下的北衙禁军嬗变;唐末靖难扈从的赐授与功臣号品阶独立的演进;乱后给复制度变迁等。第一,常态请行幸到邀驾请驻跸。民间群体请行幸三都在唐代中后期出现断层,这与安史乱后唐代国力日衰不足以支撑皇帝的远途出行密切相关。官员请行幸在唐后期表现为请驾还京与邀驾驻跸两种。皇帝罹难离京,因宫室受战火的毁坏,缺乏供备,往往久留于驻地不愿还京。此时,天下藩牧及文武百僚则群请皇帝返京以安人心。邀驾请驻跸初具邀宠之嫌,唐僖宗后更多的表达为雄藩猛镇首领欲挟天子以令诸侯。与唐前期请行幸相较,唐后期请行幸礼仪色彩淡化,更多的用以解决现实问题。

第二,驾行京庙告祭到行庙告祭。唐前期的出行告祭主要是指皇帝往返京师而行的在京告祖活动。行庙之设,由来已久,但多因战乱而设,以取代京庙。唐安史乱后,亦设行庙。初,唐玄宗幸蜀,完成了选址、列室、题版、告祭等内容,但并未造神主。唐肃宗时期,再造神主以立行庙,后形成故事。随着皇帝播迁的频仍,唐朝末年出现"载主以行"与"再造神主"的激烈交锋,因"载主以行"更容易适应仓促而发的情势所需,很快出现了"载主以行"以衬行庙的实际运作。当然,除却告祭外,行庙仍承担其它功用。

第三,驾行告庙礼的由凶入吉。常态下的京庙告祭具择日、斋戒、陈设、銮驾出宫、晨裸、馈食、銮驾还宫等七环节,乱后皇帝返京则出现"向庙哭"与"百官奉慰"的礼仪程式。"向庙哭"又称三日哭,实则参引古礼而成,唐肃宗时始成此礼,后形成故事。唐僖宗、唐昭宗时播越频仍,往返京师多采其礼。礼典中,"百官奉慰"用于皇帝、功勋贵戚的丧礼及忌辰等,适于情势所需,由凶入吉成为告庙礼的程式之一。其类颇多,具进名奉慰、延英奉慰、立班奉慰等式,核心要义为百官于奉慰位拉跪伏礼。

第四,迎谒礼的延展。迎谒礼虽不存于礼典,但其与在京的朝参礼有诸多共通之处,表现为朝拜天子的蹈舞礼、趋步礼等。唐后期适于环境多变,常态下的迎谒转为迎卫,迎谒礼也随之多变,除却常态下迎于道左、拜舞、捧足外,又出现控辔、夹道欢呼等礼仪形态。为凸显迎谒者身份的威重,同一迎谒状态下出现多种迎谒礼同时使用的情况。

第五,由游幸随卫军到銮舆播迁下的北衙禁军嬗变。和平时期,皇帝行幸随驾军具内生性,其往往是由皇帝游幸的侍卫亲军发展而来的,战争年代则具外生性,多由元从禁兵组建而成。内生性的侍卫亲军在行幸扈从中不断扩容,很快成为兼具宿守与扈卫的禁卫军。其在皇帝短途行幸中是唯一随驾力量,在离京的巡幸出行中则为夹内仗的扈卫力量。外生性的随驾军来自于靖难扈从的组建。唐肃宗朝的神武军、衙前射生军;唐代宗朝的射生军;唐德宗朝的神策军、唐僖宗朝神策新军、五十四都头;唐昭宗朝新六军十二卫均是如此。因其与播迁皇帝渊源颇深,一经建立很快成为皇帝宿卫与扈从的重要力量。也是基于此,几经易代或遭遇战乱后,前朝所建禁卫军往往面临废置或亡散的风险。这样,新的一轮播迁幸再次出现,新的军事建制又要出现。

第六,唐末靖难扈从的赐授与功臣号品阶独立的演进。功臣号在唐代已成系衔,这是功臣号品阶化的结果。原因来自于唐后期的銮舆播迁,其需要规模化的赐授,来笼络靖难将士。初,功臣号并无阶次,且赐授名号单一,其品阶高低则以"职事品+功臣号"形式来表达。随着赐授频率增加,同步扈从赐授不同功臣号的出现,功臣号的品阶独立趋向初步形成,这种趋向表现在功臣号的字数长短及用词讲究两个方面。字数越长,用词越威重,功臣号地位越高;反之亦然。这一制度为宋代功臣号的制度化赐授打下基础。

第七,乱后给复制度变迁。给复又称复除,专指免除赋税徭役。为弥补皇帝行幸给当地带来的创伤,往往以给复的形式来恢复生产。常态下的给复,内容包括免租赋、免地税、免差科、酬值、放免债欠、奖励供顿官等,靖难下的给复则出现较大变化,指向给复时间的增加,靖难州县地位的升高,给复地官员由赐考课到升迁的转变等。此因情势所需,又为皇帝德化天下的传播提供支撑。

其三,唐代驾行礼制对后世的影响。囿于当前相关研究成果与作者笔力的限制,唐代驾行礼制对后世的影响可略举于下。第一,由巡幸向首都内行幸的转变。行幸之义,源于巡狩,《孟子》《尚书》《礼记》《竹书纪年》等文献均有叙及,秦汉以降,以巡幸代之,汉武帝在位五十四年,有明确记载的大小巡幸活动达到四十多次;①北魏道武帝在位二十四年,巡幸四十余次;隋炀帝在位十四年有三下江都、三巡河东、三征高丽;②唐高宗在位四十五年,七巡洛阳。北宋皇帝亦即如此。如建隆元年(960)宋太祖巡幸潞州与扬州;开宝二年(969)宋太祖巡幸太原;开宝九年(976)宋太祖巡幸洛阳等。看似一脉相承,实则在唐宋之间行幸状态正在悄然发生变化。

唐以前皇帝在首都内行幸的记载多指向校猎与郊祀活动,唐前期仍承其制。唐后期除却宫苑游幸外,更多的指向国家礼仪与节日庆典。其主要集于节日庆典、郊庙大礼与上尊号大礼三种。无论传统节日还是皇帝生日,驾幸曲江,赐宴赋诗,与民同乐已成传统。郊庙大礼在唐玄宗朝已形成故事,一日祭祀昊天上帝,隔日祭祀太清宫,再隔日则祭祀太庙,用以维护皇帝正统地位。新皇即位与皇帝营造盛世时不再封禅而是以尊号的形式以告功。当然这一局面的出现与唐后期国力衰弱难以支撑皇帝的远途出行密切相关,更重要的是皇帝找到巩固政权的新渠道。即在首都内与民共同参加庆祝活动,打破横亘在皇帝和庶民间的坚硬的"障壁",把皇帝的身体作为可视性的东西提供给首都市民的政治行为。宋代皇帝除却宋太祖、宋太宗、宋真宗有离京巡幸的经历外,其余皇帝则局于首都内的行幸了。关于宋代皇帝京内行幸图景,朱溢先生、伊沛霞先生(Patricia B)均以《东京梦梁录》记

① 刘俊虎:《西汉诸帝巡幸与社会政治》,南京师范大学硕士学位论文,2005 年,第 14—27 页。

② 何立平:《隋炀帝巡狩政治军事战略析论》,《军事历史研究》2004 年 01 期。

载的南郊大礼彩排与郊毕驾回的场景,展现皇帝与民间的充分沟通。① 这一沟通实则是对唐代皇帝京内行幸以达与民同乐的继承。故,久保田和男先生说:"在唐代前半期以前,国家仪式说到底不过是皇帝和贵族参加的事情,可是,从后半期开始,演变成首都居民参加的传统庆祝活动了。宋代的行幸发展了这种流变,变成了带有强化皇帝和首都居民一体感的政治性的装置。"②

第二,行幸卤簿制度也在不断强化。前揭汉代已具三驾卤簿,其甘泉卤簿已初具规模,引驾队、车属队、鼓吹署队均有建制,但卤簿仍集于禁卫,象征皇帝威仪的仪仗队、文官扈从、旗幡服御、驾行用乐等仍缺少规制。东汉卤簿则明确了引驾官及前驱仪仗。晋中朝大驾卤簿不仅明确了御用车队的位置,其所设的引驾队、司南车队、属车队、文官扈从队等均为唐大驾卤簿所继承。前论唐大驾卤簿在整体布局与方阵建设方面已臻完备,宋代驾行卤簿大抵亦是如此。就制度设计来说,宋代出现了宫中导从、太上皇仪卫、常行仪卫等。宫中导从,初出现在五代时期,史载:"宫中导从之制,唐以前无闻焉。五代汉乾祐中,始置主辇十六人,捧足一人……女冠二人,紫衣,执香炉、香盘。分左右以次奉引。"③宋太平兴国初,宫中导从"增主辇二十四人,改服高脚幞头;辇头一人,衣紫绣袍,持金塗银仗以督领之……复增司簿一人,内省一人,司仪一人,司给一人,皆分左右前导,凡一十七行。④宋真宗时期又"加四面内官周卫"。⑤

唐高祖李渊、唐睿宗李旦、唐玄宗李隆基、唐顺宗李诵均做过太上皇,但其出行卤簿变化,唐史阙载。宋隆兴元年(1163),孝宗嗣位,诏有司讨论德寿宫舆辇仪卫。后定太上皇行幸则"禁卫所差行门、禁卫诸班直、天武亲从官及繖扇、鸣鞭、烛罩等合五百人,随行扈从。……内殿直一十人,散员、散指挥、散都头、散祗侯、金鎗、银鎗班各一十人,后从殿前指挥使二十人"。⑥唐三驾卤簿之外,未有常行仪卫的记载。宋初则出现常行仪卫,大抵以三驾

① 朱溢:《南宋大礼卤簿制度及其实践》,《人文论丛》2019 年 02 期。Patricia B. Taking Out Grand Carriage: Imperial Spectacle and the Visual Culture of Northern Song Kaifeng. Asia Major, 1999(12), pp. 33–65. 伊沛霞著,段晓琳译:《大驾卤簿:皇家胜景和北宋开封的视觉文化》,《历史文献研究》第 38 辑,第 131—155 页。

② [日]久保田和男撰、郭勇译:《关于北宋皇帝的行幸——以在首都空间的行幸为中心》,[日]平田茂树、远藤隆俊、冈元司编:《宋代社会的空间与交流》,开封:河南大学出版社,2008 年版,第 124 页。

③ 《宋史》卷一百四十四《仪卫志二》,第 3385 页。

④ 《宋史》卷一百四十四《仪卫志二》,第 3386 页。

⑤ 《宋史》卷一百四十四《仪卫志二》,第 3386 页。

⑥ 《宋史》卷一百四十四《仪卫志二》,第 3391—3392 页。

卤簿之外，未有常行仪卫的记载。宋初则出现常行仪卫，大抵以三驾以待礼事，皇城司随驾，尚书兵部供黄麾仗内法物。宋仁宗康定元年（1040）、嘉祐六年（1061）、宋哲宗绍圣二年（1095），南宋高宗、孝宗等因时而变制，进一步完善了常行仪卫，亦可视为唐宋之变。相信随着研究成果的不断丰硕，唐代驾行礼仪制度的历史地位会更加明朗。

参考文献

一、古典文献

1. 经部

(汉)孔氏传、(唐)陆德明音义、(唐)孔颖达疏：《尚书正义》,《十三经注疏》,北京：中华书局,2009 年。

(汉)郑玄笺、(唐)孔颖达等正义：《毛诗正义》,《十三经注疏》,北京：中华书局,2009 年。

(汉)郑玄注、(唐)陆德明音义、(唐)贾公彦疏：《周礼注疏》,《十三经注疏》,北京：中华书局,2009 年。

(汉)郑氏注、(唐)陆德明音义、(唐)贾公彦疏：《仪礼注疏》,《十三经注疏》,北京：中华书局,2009 年。

(汉)郑玄注、(唐)陆德明音义、(唐)孔颖达等正义：《礼记正义》,《十三经注疏》,北京：中华书局,2009 年。

(汉)戴德：《大戴礼记》,北京：中华书局,1985 年。

(清)秦蕙田：《五礼通考》,《文渊阁四库全书》136 册,台北：台湾商务印书馆,1986 年。

(汉)何休学、(唐)陆德明音义：《春秋公羊传注疏》,《十三经注疏》,北京：中华书局,2009 年。

(晋)杜预注、(唐)孔颖达等正义：《春秋左传正义》,《十三经注疏》,北京：中华书局,2009 年。

(晋)杜预：《春秋释例》,《文渊阁四库全书》146 册,台北：台湾商务印书馆,1986 年。

(汉)赵岐注、(宋)孙奭疏：《孟子注疏》,《十三经注疏》,北京：中华书局,2009 年。

(曹魏)何晏集解、(宋)邢昺疏：《论语注疏》,《十三经注疏》,北京：中华书局,2009 年。

(宋)陈旸：《乐书》,《文渊阁四库全书》211 册,台北：台湾商务印书馆,1986 年。

(汉)刘熙：《释名》,北京：中华书局,2016 年。

(汉)许慎撰,(宋)徐铉校定：《说文解字》,北京：中华书局,1963 年。

(汉)史游撰,(唐)颜师古注：《急就篇》,《文渊阁四库全书》223 册,台北：台湾商务印书馆,1986 年。

(清)段玉裁注：《说文解字注》,上海：上海古籍出版社,1981 年。

2. 史部

(汉)司马迁：《史记》,北京：中华书局,1959 年。

(汉)班固：《汉书》,北京：中华书局,1962 年。

(晋)陈寿撰,(南朝　宋)裴松之注：《三国志》,北京：中华书局,1959 年。

(晋)袁宏：《后汉纪》,北京：中华书局,2002 年。

（南朝　宋）范晔：《后汉书》，北京：中华书局，1965 年。
（南朝　梁）沈约：《宋书》，北京：中华书局，1974 年。
（南朝　梁）萧子显：《南齐书》，北京：中华书局，1972 年。
（北齐）魏收：《魏书》，北京：中华书局，1974 年。
（唐）姚思廉等：《梁书》，北京：中华书局，1972 年。
（唐）姚思廉等：《陈书》，北京：中华书局，1972 年。
（唐）李百药等：《北齐书》，北京：中华书局，1972 年。
（唐）房玄龄等：《晋书》，北京：中华书局，1974 年。
（唐）令狐德棻等：《周书》，北京：中华书局，1971 年。
（唐）李延寿：《北史》，北京：中华书局，1974 年。
（唐）李延寿：《南史》，北京：中华书局，1975 年。
（唐）魏徵等：《隋书》，北京：中华书局，1973 年。
（后晋）刘昫等：《旧唐书》，北京：中华书局，1975 年。
（宋）欧阳修、宋祁等：《新唐书》，北京：中华书局，1975 年。
（元）脱脱等：《宋史》，北京：中华书局，1977 年。
（明）宋濂等：《元史》，北京：中华书局，1976 年。
（宋）司马光等，（元）胡三省注：《资治通鉴》，北京：中华书局，1956 年。
（宋）李焘：《续资治通鉴长编》，北京：中华书局，1979 年。
（宋）郭允蹈：《蜀鉴》，上海：商务印书馆，1937 年。
（宋）宋敏求：《唐大诏令集》，北京：中华书局，2008 年。
（汉）刘向撰，何建章注释：《战国策》，北京：中华书局，1990 年。
（唐）吴兢：《贞观政要》，上海：上海古籍出版社，1978 年。
（唐）裴庭裕撰，田廷柱点校：《东观奏记》，北京：中华书局，1994 年。
（宋）王栐撰，朱杰人点校：《燕翼贻谋录》，北京：中华书局，1981 年。
（唐）王方庆：《魏郑公谏录》，北京：中华书局，1985 年。
（唐）李绛：《李相国论事集》，北京：中华书局，1985 年。
（元）辛文房撰，孙映逵校注：《唐才子传校注》，北京：中国社会科学出版社，2013 年。
（北魏）郦道元撰，陈桥驿校证：《水经注校证》，北京：中华书局，2013 年。
（唐）李吉甫撰，贺次君点校：《元和郡县图志》，北京：中华书局，1983 年。
（宋）乐史撰，王文楚等点校：《太平寰宇记》，北京：中华书局，2007 年。
（宋）程大昌撰，黄永年点校：《雍录》，北京：中华书局，2002 年。
（宋）宋敏求：《长安志》，台北：成文出版社，1970 年。
（宋）吴自牧：《梦粱录》，杭州：浙江人民出版社，1984 年。
（宋）孟元老撰，邓之诚点校：《东京梦华录注》，北京：中华书局，1982 年。
（清）顾祖禹撰，贺次君、施和金点校：《读史方舆纪要》，北京：中华书局，2005 年。
（清）毕沅撰，张沛校点：《关中胜迹图志》，西安：三秦出版社，2004 年。
（清）徐松撰，（清）张穆校补：《唐两京城坊考》，北京：中华书局，1985 年。
（汉）卫宏：《汉官旧仪》，上海：商务印书馆，1939 年。
（唐）长孙无忌撰，刘俊文点校：《唐律疏议》，北京：中华书局，1983 年。
（唐）李林甫等撰，陈仲夫点校：《唐六典》，北京：中华书局，1992 年。
（唐）杜佑撰，王文锦等点校：《通典》，北京：中华书局，1988 年。
（唐）李肇：《翰林志》，《文渊阁四库全书》595 册，台北：商务印书馆，1986 年。
（宋）王溥等：《唐会要》，上海：上海古籍出版社，2006 年。

（元）马端临：《文献通考》，北京：中华书局，1986 年。

（唐）萧嵩等：《大唐开元礼》，北京：民族出版社，2000 年。

（明）徐一夔等：《大明集礼》，北京：北京图书馆出版社，2009 年。

天一阁博物馆、中国社会科学院历史研究所天圣令整理课题组校正：《天一阁藏明抄本天圣令校正》，北京：中华书局，2006 年。

（宋）赵明诚撰，金明文校正：《金石录校正》，桂林：广西师范大学出版社，2005 年。

（清）王昶辑：《金石萃编》，北京：中国书店，1985 年。

（清）王夫之撰，舒士彦点校：《读通鉴论》，北京：中华书局，1975 年。

（清）赵翼撰，王树民校证：《廿二史札记校证》，北京：中华书局，1984 年。

（清）王鸣盛：《十七史商榷》，上海：上海书店出版社，2005 年。

［日］圆仁撰，［日］小野胜年校注，白化文、李鼎霞、许德楠校注，周一良审阅：《入唐求法巡礼行记校注》，石家庄：花山文艺出版社，2007 年。

3. 子部

（清）王先慎撰，钟哲点校：《韩非子集解》，北京：中华书局，1998 年。

（唐）瞿昙悉达撰，常秉义点校：《唐开元占经》，北京：中央编译出版社，2006 年。

（汉）蔡邕：《独断》，《文津阁四库全书》280 册，北京：商务印书馆，2005 年。

（晋）崔豹撰，牟华林注：《〈古今注〉校笺》，北京：线装书局，2015 年。

（唐）封演撰，赵贞信校注：《封氏闻见记校注》，北京：中华书局，2005 年。

（唐）李匡乂：《资暇集》，北京：中华书局，1985 年。

（明）陶宗仪辑：《说郛》，上海：商务印书馆，1927 年。

（清）陈立撰，吴则虞点校：《白虎通义疏证》，北京：中华书局，1994 年。

（唐）白居易、（宋）孔传：《白孔六帖》，《文渊阁四库全书》892 册，台北：台湾商务印书馆，1986 年。

（唐）张鷟撰，（明）刘允鹏注：《龙筋凤髓判》，北京：中华书局，1985 年。

（宋）王钦若等：《册府元龟》，北京：中华书局，1960 年。

（宋）李昉等：《太平御览》，北京：中华书局，1960 年。

（宋）晁载之：《续谈助》，北京：中华书局，1985 年。

（宋）王应麟：《玉海》，扬州：广陵书社，2003 年。

（宋）任广：《书叙指南》，北京：中华书局，1985 年。

（唐）张鷟撰，赵守俨点校：《朝野佥载》，北京：中华书局，1979 年。

（唐）刘肃撰，许德楠、李鼎霞点校：《大唐新语》，北京：中华书局，1984 年。

（唐）赵璘：《因话录》，上海：上海古籍出版社，1957 年。

（唐）刘𫗧撰，程毅中点校：《隋唐嘉话》，北京：中华书局，1979 年。

（唐）范摅：《云溪友议》，上海：古典文学出版社，1957 年。

（唐）孙棨：《北里志》，北京：古典文学出版社，1957 年。

（唐）郑处诲撰，田廷柱点校：《明皇杂录》，北京：中华书局，1994 年。

（唐）段成式撰，方南生点校：《酉阳杂俎》，北京：中华书局，1981 年。

（唐）佚名：《玉泉子》，北京：中华书局，1958 年。

（唐）苏鹗：《杜阳杂编》，北京：中华书局，1958 年。

（宋）王谠撰，周勋初校正：《唐语林校证》，北京：中华书局，1987 年。

（五代）王定保：《唐摭言》，上海：上海古籍出版社，1978 年。

（五代）尉迟偓：《中朝故事》，上海：中华书局，1958 年。

（五代）王仁裕：《开元天宝遗事》，北京：中华书局，2006 年。

（五代）孙光宪撰，贾二强点校：《北梦琐言》，北京：中华书局，2002 年。

（宋）钱易撰，黄寿成点校：《南部新书》，北京：中华书局，2002 年。

（宋）叶梦得撰，（宋）宇文绍奕考异，侯忠义点校：《石林燕语》，北京：中华书局，1984 年。

（宋）李昉等：《太平广记》，北京：中华书局，1961 年。

4. 集部

（唐）骆宾王撰，（清）陈熙晋笺注：《骆临海集笺注》，上海：上海古籍出版社，1985 年。

（唐）卢照邻撰，李云逸校注：《卢照邻集校注》，北京：中华书局，1998 年。

（唐）王勃撰，（清）蒋清翊注：《王子安集注》，上海：上海古籍出版社，1995 年。

（唐）陈子昂撰，徐鹏校：《陈子昂集》，北京：中华书局，1963 年。

（唐）张说：《张燕公集》，上海：中华书局，1937 年。

（唐）张九龄撰，熊飞校注：《张九龄集校注》，北京：中华书局，2008 年。

（唐）孟浩然撰，徐鹏校注：《孟浩然集校注》，北京：人民文学出版社，1989 年。

（唐）王维撰，（清）赵殿成笺注：《王右丞集笺注》，上海：上海古籍出版社，1984 年。

（唐）李白撰，（清）王琦注：《李太白全集》，北京：中华书局，1977 年。

（唐）高适撰，孙钦善校注：《高适集校注》，上海：上海古籍出版社，1984 年。

（唐）颜真卿：《颜鲁公集》，上海：中华书局，1912 年。

（唐）杜甫：《杜工部集》，台北：学生书局，1971 年。

（唐）岑参撰，陈铁民、侯忠义校注：《岑参集校注》，上海：上海古籍出版社，1981 年。

（唐）独孤及：《毗陵集》，《文渊阁四库全书》1072 册，台北：台湾商务印书馆，1986 年。

（唐）韦应物撰，孙望编著：《韦应物诗集系年校笺》，北京：中华书局，2002 年。

（唐）孟郊：《孟东野诗集》，北京：人民文学出版社，1959 年。

（唐）陆贽撰，王素点校：《陆贽集》，北京：中华书局，2006 年。

（唐）韩愈：《昌黎先生集》，上海：商务印书馆，1920 年。

（唐）吕温：《吕衡州集》，《文渊阁四库全书》1077 册，台北：台湾商务印书馆，1986 年。

（唐）李翱：《李文公集》，《文渊阁四库全书》1078 册，台北：台湾商务印书馆，1986 年。

（唐）刘禹锡：《刘禹锡集》，北京：中华书局，1990 年。

（唐）白居易撰，顾学颉点校：《白居易集》，北京：中华书局，1979 年。

（唐）元稹撰，冀勤注：《元稹集》，北京：中华书局，1982 年。

（唐）李德裕：《李文饶文集》，《四部丛刊初编》，上海：商务印书馆，1936 年。

（唐）杜牧：《樊川文集》，上海：上海古籍出版社，1978 年。

（梁）萧统编，（唐）李善注：《文选》，上海：上海古籍出版社，1986 年。

（宋）李昉等：《文苑英华》，北京：中华书局，1966 年。

（宋）郭茂倩：《乐府诗集》，北京：中华书局，1979 年。

（清）曹寅等：《全唐诗》，北京：中华书局，1960 年。

（清）董诰等：《全唐文》，上海：上海古籍出版社，1990 年。

二、考古资料：

陕西省博物馆、乾县文教局唐墓发掘组：《唐懿德太子墓发掘简报》，《文物》1972 年第 7 期。

陕西省博物馆、文管会：《唐李寿墓发掘简报》，《文物》1974 年第 9 期。

昭陵博物馆：《唐昭陵李勣墓清理简报》，《考古与文物》2000 年第 3 期。

王小蒙、刘呆运：《唐节愍太子墓发掘报告》，《考古与文物》2004 年第 4 期。

新文丰出版公司编辑部：《石刻史料新编》（1—3 辑），台北：新文丰出版公司，1977—

1986 年。

毛汉光主编:《唐代墓志铭汇编附考》(1—18 册),台北:学生书局,1985—1994 年。

洛阳市文物工作队:《洛阳出土历代墓志辑绳》,北京:中国社会科学出版社,1991 年。

郝本性主编:《隋唐五代墓志汇编》,天津:天津古籍出版社,1991 年。

周绍良主编:《唐代墓志汇编》,上海:上海古籍出版社,1992 年。

荣丽华编集、王世民校订:《四十年出土墓志目录》,北京:中华书局,1993 年。

西安碑林博物馆编:《陕西碑石墓志资料汇编》,西安:西北大学出版社,1995 年。

周绍良、赵和平编:《唐代墓志汇编续集》,上海:上海古籍出版社,2001 年。

余扶危、张剑:《洛阳出土墓志卒葬地资料汇编》,北京:北京图书馆出版社,2002 年。

赵君平编:《邙洛碑志三百种》,北京:中华书局,2004 年。

中国文物研究所:《新中国出土墓志》,北京:文物出版社,2004 年。

陕西省古籍整理办公室编、吴钢主编:《全唐文补遗·千唐志斋新藏专辑》,西安:三秦出版社,2006 年。

陈忠凯编:《西安碑林博物馆藏碑刻总目提要》,北京:线装书局,2006 年。

赵君平、赵文成编:《河洛墓刻拾零》,北京:北京图书馆出版社,2007 年。

王其祎、周晓薇:《隋代墓志铭汇考》,北京:线装书局,2007 年。

吴钢:《全唐文补遗》9 辑,西安:三秦出版社,2007 年。

西安碑林博物馆编、赵力光主编:《西安碑林博物馆新藏墓志汇编》,北京:线装书局,2007 年。

洛阳市第二文物工作队,乔栋、李献奇、史家珍编:《洛阳新获墓志续编》,北京:科学出版社,2008 年。

胡海帆、汤燕:《中国古代砖刻铭文集》,北京:文物出版社,2008 年。

中国社会科学院考古研究所编著:《隋仁寿宫·唐九成宫—考古发掘报告》,北京:科学出版社,2008 年。

赵文成、赵君平:《新出土唐墓志百种》,杭州:西泠印社出版社,2010 年。

徐光冀、汤池、秦大树、郑岩:《中国出土壁画全集》,北京:科学出版社,2011 年。

胡戟:《珍稀墓志百品》,西安:陕西师范大学出版社,2016 年。

安阳市文物考古研究所:《安阳墓志选编》,北京:科学出版社,2017 年。

陕西历史博物馆:《风引薤歌·陕西历史博物馆藏墓志萃编》,西安:陕西师范大学出版社,2017 年。

齐运通、杨建锋:《洛阳新获墓志二〇一五》,北京:中华书局,2017 年。

洛阳市文物考古研究院编:《洛阳市文物考古研究院藏石集粹·墓志篇》,郑州:中州古籍出版社,2020 年。

三、学术著作:

全汉昇:《唐宋帝国与运河》,上海:商务印书馆,1944 年。

陈寅恪:《唐代政治史述论稿》,北京:生活·读书·新知三联书店,1956 年。

陈垣:《二十史朔闰表》,北京:中华书局,1962 年。

陈寅恪:《隋唐制度渊源略论稿》,北京:中华书局,1963 年。

张金鉴:《中国文官制度史》,台北:华冈出版有限公司,1977 年。

岑仲勉:《金石论丛》,上海:上海古籍出版社,1981 年。

张舜徽:《周秦道论发微》,北京:中华书局,1982 年。

林安弘:《儒家礼乐之道德思想》,台北:文津出版社,1982 年。

李泽厚:《中国古代思想史》,北京:人民出版社,1985 年。

张泽咸:《唐五代赋役史草》,北京:中华书局,1986 年。

甘怀真:《唐代家庙礼制研究》,台北:台湾商务印书馆,1991 年。

张鹤泉:《周代祭祀研究》,台北:文津出版社,1993 年。

朱绍侯:《中国古代治安制度史》,开封:河南大学出版社,1994 年。

徐连达、朱子彦:《中国皇帝制度》,广州:广东教育出版社,1996 年。

辛德勇:《古代交通与地理文献研究》,北京:中华书局,1996 年。

章群:《唐代祠祭论稿》,台北:学海出版社,1996 年。

朱筱新:《中国古代的礼仪制度》,北京:商务印书馆,1997 年。

史念海:《唐代历史地理研究》,北京:中国社会科学出版社,1998 年。

牛致功:《唐高祖传》,北京:人民出版社,1998 年。

陈戌国:《中国礼制史·隋唐五代卷》,长沙:湖南教育出版社,1998 年。

黄永年:《唐代史事考释》,台北:台湾联经出版事业公司,1998 年。

李锦绣:《唐代制度史略论稿》,北京:中国政法大学出版社,1998 年。

杨鸿年:《隋唐两京坊里谱》,上海:上海古籍出版社,1999 年。

任爽:《唐代礼制研究》,长春:东北师范大学出版社,1999 年。

郑学檬:《中国赋役制度史》,上海:上海人民出版社,2000 年。

任士英:《唐肃宗评传》,西安:三秦出版社,2000 年。

吴玉贵:《中国风俗通史·隋唐五代卷》,上海:上海文艺出版社,2001 年。

周天游:《唐墓壁画研究文集》,西安:三秦出版社,2001 年。

杨志刚:《中国礼仪制度研究》,上海:华东师范大学出版社,2001 年。

吴丽娱:《唐礼摭遗——中古书仪研究》,北京:商务印书馆,2002 年。

李斌城:《唐代文化史》,北京:中国社会科学出版社,2002 年。

黄永年:《唐史史料学》,上海:上海书店出版社,2002 年。

刘永华:《中国古代车舆马具》,上海:上海辞书出版社,2002 年。

胡戟、张弓、李斌城、葛承雍主编:《二十世纪唐研究》,北京:中国社会科学出版社,
    2002 年。

何立平:《巡狩与封禅—封建政治的文化轨迹》,济南:齐鲁书社,2003 年。

王子初:《中国音乐考古学》,福州:福建教育出版社,2003 年。

甘怀真:《皇权、礼仪与经典诠释—中国古代政治史研究》,台北:台湾大学出版社,
    2003 年。

黄永年:《六至九世纪中国政治史》,上海:上海书店出版社,2004 年。

李庆:《日本汉学史》,上海:上海外语教育出版社,2004 年。

王仲荦:《隋唐五代史》,上海:上海人民出版社,2004 年。

刘后滨:《唐代中书门下体制研究公文形态·政务运行与制度变迁》,济南:齐鲁书社,
    2004 年。

吴宗国:《中国古代官僚政治制度研究》,北京:北京大学出版社,2004 年。

孙景喜:《中国古代皇家礼仪》,西安:陕西人民出版社,2004 年。

徐连达:《唐朝文化史》,上海:复旦大学出版社,2004 年。

蒙曼:《唐代前期北衙禁军制度研究》,北京:中央民族大学出版社,2005 年。

李星明:《唐代墓室壁画研究》,西安:陕西人民美术出版社,2005 年。

吕思勉:《隋唐五代史》,上海:上海古籍出版社,2005 年。

黄长著、孙越生、王祖望:《欧洲中国学》,北京:社会科学文献出版社,2005 年。

宁志新：《隋唐使职制度研究》，北京：中华书局，2005 年。

蔡尚思：《中国礼教思想史》，上海：上海古籍出版社，2006 年。

雷戈：《秦汉之际的政治思想与皇权主义》，上海：上海古籍出版社，2006 年。

王双怀主编：《中华日历通典》，长春：吉林文史出版社，2006 年。

黄正建：《中晚唐社会与政治研究》，北京：中国社会科学出版社，2006 年。

陕西历史博物馆：《唐墓壁画国际学术研讨会论文集》，西安：三秦出版社，2006 年。

杜文玉：《五代十国制度研究》，北京：人民出版社，2006 年。

勾利军：《唐代东都分司官研究》，上海：上海古籍出版社，2007 年。

严耕望：《唐代交通图考》，上海：上海古籍出版社，2007 年。

李锦绣：《唐代财政史稿》，北京：社科文献出版社，2007 年。

郭善兵：《中国古代帝王宗庙礼制研究》，北京：人民出版社，2007 年。

李怡：《唐代文官服饰文化研究》，北京：知识产权出版社，2008 年。

王双怀、贾云：《二十五史干支通检》，西安：三秦出版社，2011 年。

唐长孺：《唐书兵志笺正》，北京：中华书局，2011 年。

唐长孺：《魏晋南北朝隋唐史三论》，北京：中华书局，2011 年。

赖瑞和：《唐代中层文官》，北京：中华书局，2011 年。

余欣主编：《中古时代的礼仪、宗教与制度》，上海：上海古籍出版社，2012 年。

黄正建：《唐代衣食住行研究》，北京：中华书局，2013 年。

胡戟、刘后滨主编：《唐代政治文明》，西安：西安出版社，2013 年。

李俊方：《汉代皇帝施政礼仪研究》，北京：中华书局，2014 年。

康春华：《唐代蠲免政策研究》，北京：中国书籍出版社，2014 年。

朱溢：《事邦国之神祇：唐至北宋吉礼变迁研究》，上海：上海古籍出版社，2014 年。

于俊利：《唐代礼制文化与文学》，北京：中国社会科学出版社，2014 年。

李蓉：《隋唐军事征伐礼仪》，北京：国防工业出版社，2015 年。

拜根兴：《唐代朝野政治与文化》，北京：中国社会科学出版社，2016 年。

高明士：《中国中古礼律综论·法文化的定型》，北京：商务印书馆，2017 年。

王贞平：《唐代宾礼研究—亚洲视域中的外交信息传递》，上海：中西书局，2017 年。

赖瑞和：《唐代高层文官》，北京：中华书局，2017 年。

孙继民：《唐代行军制度研究》，北京：中国社会科学出版社，2018 年。

古怡青：《唐朝皇帝入蜀事件研究—兼论蜀道交通》，台北：五南图书出版股份有限公司，2019 年。

杜文玉：《唐宋时期职官管理制度研究》，北京：科学出版社，2020 年。

［日］仁井田升著，栗劲、霍存福、王占通、郭延德译：《唐令拾遗》，长春：长春出版社，1989 年。

［日］沟口雄三、小岛毅主编，孙歌等译：《中国的思维世界》，南京：江苏人民出版社，2006 年。

［日］金子修一著，肖圣中、吴思思、王曹杰译：《古代中国与皇帝祭祀》，上海：复旦大学出版社，2017 年。

［日］丸桥充拓著，张桦译：《唐代军事财政与礼制》，西安：西北大学出版社，2018 年。

［日］金子修一著，徐璐、张子如译：《中国古代皇帝祭祀研究》，西安：西北大学出版社，2018 年。

四、论文

1. 期刊论文

杨鸿年：《隋唐金吾之职掌》，《历史研究》1983 年第 5 期。

罗祖基：《我国古代扈从制度初探》，《史学集刊》1987 年第 3 期。

周作明：《秦汉车马御赐马制度管见》，《广西师范大学学报（哲学社会科学版）》1988 年第 2 期。

齐勇锋：《唐后期的北衙六军、飞龙、金吾、威远和皇城将士》，《河北学刊》1989 年第 2 期。

寒峰：《古代巡守制度的史迹及其图案化》，《中国史研究》1990 年第 3 期。

詹鄞鑫：《巡守与封禅—论封禅的性质及其起源》，《华东师大学报（哲学社会科学版）》1990 年第 3 期。

徐勇：《唐兴庆宫沉香亭遗址》，《历史教学》1991 年第 2 期。

卫心：《隋帝西巡》，《青海民族研究（社会科学版）》1992 年第 2 期。

李鸿宾、梁民：《唐高宗武后东巡及其政治的转化》，《理论学刊》1992 年第 2 期。

史延廷：《唐玄宗西幸心态及相关问题探讨》，《求是学刊》1993 年第 3 期。

吴宏岐：《隋唐帝王行宫的地理分布》，《中国历史地理论丛》1994 年第 2 期。

谢元鲁：《隋唐五代的特殊贵族—二王三恪》，《中国史研究》1994 年第 2 期。

赵澜：《〈大唐开元礼〉初探—论唐代礼制的演化过程》，《复旦学报（社会科学版）》1994 年第 5 期。

赵世超：《巡守制度试探》，《历史研究》1995 年第 3 期。

拜根兴：《试论唐代帝王的巡幸》，《南都学坛（哲学社会科学版）》1997 年第 1 期。

盖金伟：《唐代郊祀制度初论》，《新疆师范大学学报（哲学社会科学版）》1998 年第 3 期。

任爽：《唐代礼制略论》，《史学集刊》1998 年第 4 期。

任爽：《礼乐制度与唐代文化大一统局面的发展》，《求是学刊》1998 年第 4 期。

张国刚：《唐代禁卫军考略》，《南开学报》1999 年第 6 期。

吴宏岐：《隋唐帝王行宫的地域分布》，《中国历史地理论丛》1999 年第 2 期。

秦竹：《唐长安城南翠微宫废宫为寺的时间》，《中国历史地理论丛》1999 年第 4 期。

盖金伟：《论唐代郊祀与唐代社会生活》，《新疆师范大学学报（哲学社会科学版）》2000 年第 1 期。

方百寿：《唐代封禅活动特点评述》，《华侨大学学报（哲学社会科学版）》2000 年第 1 期。

王光照：《隋炀帝大业三年北巡突厥简论》，《安徽大学学报（哲学社会科学版）》2000 年第 1 期。

赵冬梅：《唐五代供奉官考》，《中国史研究》2000 年第 1 期。

介永强：《关中唐行宫考》，《中国历史地理论丛》2000 年第 3 期。

介永强：《唐代行宫文化透视》，《陕西师范大学学报（哲学社会科学版）》2001 年第 1 期。

介永强：《唐代行宫三题》，《唐都学刊》2001 年第 4 期。

孙晓晖：《唐代的卤簿鼓吹》，《黄钟》2001 年第 4 期。

李世龙：《中国古代帝王巡游活动述论》，《齐鲁学刊》2001 年第 4 期。

方百寿：《人类学视野下的〈大唐开元礼〉封禅仪式分析》，《甘肃社会科学》2002 年第 1 期。

艾尚连：《唐太宗北巡塞垣纪行诗并未亡佚》，《河北学刊》2002 年第 1 期。

张华松：《试探秦始皇东巡的原因与动机》，《东岳论丛》2002 年第 1 期。

方百寿：《人类学视野下的〈大唐开元礼〉封禅仪式分析》，《甘肃社会科学》2002 年第 1 期。

李德辉：《唐代陌刀的源流与历史作用》,《宁夏社会科学》2002 年第 2 期。

何磊：《武则天选择嵩山封禅原因初探》,《云南师范大学学报(哲学社会科学版)》2003 年第 5 期。

杨华：《论〈开元礼〉对郑玄和王肃礼学的择从》,《中国史研究》2003 年第 1 期。

赵红：《〈驾幸温泉赋校注〉补校》,《敦煌研究》2003 年第 4 期。

赵国光：《唐律中的关禁制度》,《中国历史学会史学集刊》2004 年第 35 期。

李岩：《帝王巡游与中国古代的旅游》,《广西社会科学》2004 年第 9 期。

杜文玉：《五代起居制度的变化及其特点》,《陕西师范大学学报(哲学社会科学版)》2005 年第 3 期。

吴丽娱：《营造盛世：〈大唐开元礼〉的撰作缘起》,《中国史研究》2005 年第 3 期。

刘安志：《关于〈大唐开元礼〉的性质及行用问题》,《中国史研究》2005 年第 3 期。

李训亮、谢元鲁：《贞观初年唐太宗宫禁防卫体系构建与道德重建——以唐太宗颁布的惩处隋末叛臣的三道诏书为例》,《西南民族大学学报(人文社会科学版)》2005 年第 6 期。

扬之水：《磁县湾漳北朝壁画墓卤簿图若干仪仗考》,《故宫博物院院刊》2006 年第 2 期。

迟乃鹏：《王建〈行宫词〉诗中的一处倒文》,《中国典籍与文化》2006 年第 4 期。

李振宏：《"天高皇帝近"：一个重要的中国思想史命题—雷戈〈秦汉之际的政治思想与皇权主义〉评介》,《史学月刊》2007 年第 10 期。

吴丽娱：《关于〈贞观礼〉的一些问题——以所增"二十九条"为中心》,《中国史研究》2008 年第 2 期。

吴宏岐：《隋唐行宫制度与宫廷革命——兼论陈寅恪"玄武门学说"之拓展》,《陕西师范大学学报(哲学社会科学版)》2008 年第 3 期。

吴丽娱：《关于〈贞观礼〉的一些问题》,《文史知识》2008 年第 9 期。

张国刚：《改革开放以来唐史研究若干热点问题述评》,《史学月刊》2009 年第 1 期。

周翰：《唐太宗的政治情怀——唐太宗巡幸诗初探》,《湖南师范大学社会科学学报》2009 年第 2 期。

朱溢：《唐至北宋时期的大祀、中祀和小祀》,《清华学报》2009 年第 2 期。

曾美月：《唐代鼓吹乐研究》,《乐府新声》2009 年第 2 期。

王瑜：《关于唐代"讲武礼"的几个问题—以唐代为中心》,《求索》2009 年第 4 期。

冉万里：《唐代舍宫为寺考略》,《西北大学学报(哲学社会科学版)》2009 年第 5 期。

王瑞来：《皇权再论》,《史学集刊》2010 年第 1 期。

刘全波：《唐高宗幸汾阳宫献疑》,《中国典籍与文化》2010 年第 4 期。

杜文玉、谢西川：《唐代起居制度初探》,《江汉论坛》2010 年第 6 期。

朱溢：《唐代孔庙释奠礼仪新探—以其功能和类别归属的讨论为中心》,《史学月刊》2011 年第 1 期。

朱溢：《隋唐礼制史研究的回顾和思考》,《史林》2011 年第 5 期。

杜文玉：《论唐大明宫延英殿的功能与地位—以中枢决策及国家政治为中心》,《山西大学学报(哲学社会科学版)》2012 年第 3 期。

吕博：《唐代德运之争与正统问题—以"二王三恪"为线索》,《中国史研究》2012 年第 4 期。

李锦绣：《方阵、精骑与陌刀—隋唐与突厥战术研究》,《晋阳学刊》2013 年第 4 期。

吴丽娱：《皇帝"私"礼与国家公制："开元后礼"的分期及流变》,《中国社会科学》2014 年第 4 期。

孙正军：《禅让行事官小考》，《史学集刊》2015 年第 2 期。

周善策：《封禅礼与唐代前半期吉礼的变革》，《历史研究》2015 年第 6 期。

李涛：《汉代皇帝施政礼仪中的儒家本色——评〈汉代皇帝施政礼仪研究〉》，《殷都学刊》2016 年第 1 期。

郭俊然：《汉代牛酒现象探析》，《北方论丛》2016 年第 6 期。

常彧：《释"身备三仗"》，《中国国家博物馆馆刊》2017 年第 1 期。

王子今：《秦二世直道行迹与望夷宫"祠泾"故事的剖分》，《史学集刊》2018 年第 1 期。

屈蓉蓉：《王贞平〈唐代宾礼研究〉》，《中国史研究动态》2018 年第 5 期。

古怡青：《试论唐代皇帝巡幸的乘舆制度》，《法制史研究》第 36 期，2019 年。

朱溢：《南宋大礼卤簿制度及其实践》，《人文论丛》2019 年第 2 期。

彭兆荣：《君仪有方—古代天子藉田礼之人类学研究》，《学术界》2019 年第 9 期。

李鸿宾：《礼典规约下多重视角的互动—王贞平教授〈唐代宾礼研究〉书后》，《国学学刊》2019 年第 2 期。

黎国韬、陈佳宁：《隋唐至宋金鼓吹制度沿革考》，《文化遗产》2020 年第 1 期。

鲁维铭、李令福：《秦汉复道、阁道、甬道考略》，《唐都学刊》2020 年第 1 期。

杨英：《改革开放四十年来的中古礼学和礼制研究》，《文史哲》2020 年第 5 期。

2. 辑刊论文

冯汉镛：《唐五代时剑南道的交通路线考》，载《文史》第 14 辑，中华书局，1982 年。

李得贤：《隋炀帝西巡道路中几个地名的考实》，载《唐史论丛》第 1 辑，陕西人民出版社，1988 年。

陈鹏程：《释卤簿》，载《文史》第 36 辑，中华书局，1993 年。

刘增贵：《汉隋之间的车驾制度》，载《"中央"研究院历史语言研究所集刊》第 63 本，第 2 分，1993 年。

郭锋：《试论唐代的太子监国制度》，载《文史》第 40 辑，中华书局，1994 年。

石云涛：《唐前期关中灾荒、漕运与高宗玄宗东幸》，载《魏晋南北朝隋唐史资料》第 13 辑，武汉大学出版社，1994 年。

拜根兴：《试论唐代的献食》，载《唐史论丛》第 7 辑，陕西师范大学出版社，1998 年。

张金龙：《〈中朝大驾卤簿〉所反映的西晋禁卫武官制度》，载《中华文史论丛》第 59 辑，上海古籍出版社，1999 年。

王文楚：《唐代洛阳至太原驿路再考》，载《文史》第 49 辑，中华书局，1999 年。

吴丽娱：《唐宋之际的礼仪新秩序———以唐代的公卿巡陵和陵庙荐食为中心》，载《唐研究》第 11 卷，北京大学出版社，2005 年。

吴丽娱：《兼融南北：〈大唐开元礼〉的册后之源》，载《魏晋南北朝隋唐史资料》第 23 辑，武汉大学出版社，2006 年。

［韩］金相范：《唐代讲武礼研究》，载《宋史研究论丛》第 7 辑，河北大学出版社，2006 年。

黄楼：《唐德宗"奉天定难功臣"、"元从奉天定难功臣"杂考》，载《魏晋南北朝隋唐史资料》第 24 辑，武汉大学出版社，2008 年。

李玉生：《唐令与礼的关系析论》，载《唐史论丛》第 10 辑，三秦出版社，2008 年。

吴丽娱：《唐代礼仪使与大礼仪使》，载《中国社会科学院历史研究所学刊》第 5 集，商务出版社，2008 年。

马冬：《唐代大驾卤簿服饰研究》，载《文史》第 87 辑，中华书局，2009 年。

胡耀飞：《五代十国功臣号研究》，载《魏晋南北朝隋唐史资料》第 27 辑《唐长孺先生百年诞辰纪念专辑》，武汉大学出版社，2011 年。

杜文玉：《唐大明宫内的几处建筑物的方位与职能—以殿中省、翰林院、学士院、金吾仗院、望仙观为中心》，载《唐史论丛》第 19 辑，三秦出版社，2014 年。

梁克敏：《隋唐时期皇帝巡幸洛阳探析》，载《乾陵文化研究》第 8 辑，三秦出版社，2014 年。

周鼎：《唐代"陪位出身"考》，载《唐史论丛》第 17 辑，三秦出版社，2014 年。

吴丽娱：《从唐代礼书的修订方式看礼的型制变迁》，载《中国古代法律文献研究》第 8 辑，社科文献出版社，2015 年。

王博：《唐代讲武礼实施背景新考》，载《隋唐辽宋金元史论丛》第 6 辑，上海古籍出版社，2016 年。

刘昭慧：《初唐(643—706)公主墓道"卤簿出行"壁画与身分》，载《"国立"台湾大学美术史研究集刊》第 41 辑，2016 年。

伊沛霞、段晓琳译：《大驾卤簿：皇家胜景和北宋开封的视觉文化》，载《历史文献研究》第 38 辑，华东师范大学出版社，2017 年。

高明士：《从军礼论隋唐皇帝亲征》，载《隋唐辽宋金元史论丛》第 8 辑，上海古籍出版社，2018 年。

罗彤华：《唐朝宫门的开与闭》，载《唐研究》第 24 卷，北京大学出版社，2019 年。

李效杰、王永平：《唐代宾礼与亚洲格局—读〈唐代宾礼研究：亚洲视域中的外交信息传递〉》，载《唐史论丛》第 31 辑，三秦出版社，2020 年。

3. 论文集

高明士：《论武德到贞观礼的成立—唐朝立国政策的研究之一》，载《第二届国际唐代学术会议论文集》，文津出版社，1993 年。

李斌城：《唐代上朝礼仪初探》，载《唐文化研究论文集》，上海人民出版社，1994 年。

张国刚：《唐代的北衙六军述略》，载《唐代政治制度研究论集》，文津出版社，1994 年。

[日]金子修一：《关于魏晋到隋唐的郊祀、宗庙制度》，载《日本中青年学者论中国史·六朝隋唐卷》，上海古籍出版社，1995 年。

孙机：《两唐书舆服志校释稿》，载《中国古舆服论丛》，文物出版社，2001 年。

范巧英：《唐墓壁画中所见的仪仗用具》，载《唐墓壁画研究文集》，三秦出版社，2006 年。

[日]久保田和男撰，郭勇译：《关于北宋皇帝的行幸—以在首都空间的行幸为中心》，载《宋代社会的空间与交流》，河南大学出版社，2008 年。

朱溢：《论唐宋时期的武庙释奠礼仪》，载《中古时代的礼仪、宗教与制度》，上海古籍出版社，2012 年。

罗彤华：《唐代皇帝巡幸之仪卫》，载《中国历史文化新论—高明士教授八秩嵩寿文集》，元华文创股份有限公司，2020 年。

古怡青：《制作女皇帝：武则天巡幸与祀典改革》，载《中国历史文化新论—高明士教授八秩嵩寿文集》，元华文创股份有限公司，2020 年。

4. 学位论文

梁煌仪：《周代宗庙祭礼之研究》，台湾政治大学中文研究所博士学位论文，1986 年。

王美华：《唐宋礼制研究》，东北师范大学博士学位论文，2004 年。

罗林燕：《浅论唐代复除制度》，云南师范大学硕士学位论文，2004 年。

刘俊虎：《西汉诸帝巡幸与社会政治》，南京师范大学硕士学位论文，2005 年。

李松：《唐代旅游研究》，安徽师范大学硕士学位论文，2005 年。

[韩]崔圭顺：《中国历代帝王冕服研究》，东华大学服装学院博士学位论文，2006 年。

马冬：《唐代服饰专题研究—以胡汉服饰文化交融为中心》，陕西师范大学博士学位论文,2006 年。

洪吉:《北魏皇帝的巡幸》,华东师范大学硕士学位论文,2007 年。

李俊生:《武德贞观年间给复探析》,北京师范大学硕士学位论文,2008 年。

史冠华:《秦汉巡狩考述》,西北大学硕士学位论文,2008 年。

刘洋:《唐代宫廷乐器组合研究》,中国艺术研究院博士学位论文,2008 年。

王玉成:《唐代旅游研究》,河北大学博士学位论文,2009 年。

高文文:《唐代巡狩制度研究》,陕西师范大学硕士学位论文,2009 年。

张明娜:《先秦斋戒礼研究》,台湾大学中国文学系博士学位论文,2010 年。

杨洁:《隋唐排箫初探》,天津音乐学院硕士学位论文,2011 年。

付婷:《隋代巡行制度研究》,陕西师范大学硕士学位论文,2012 年。

牛敬飞:《五岳祭祀演变考论》,清华大学博士学位论文,2012 年。

王苗:《唐代功臣号研究》,中央民族大学硕士学位论文,2012 年。

胡倩:《论唐代鼓吹乐的兴盛》,温州大学硕士学位论文,2013 年。

吕博:《"君之大柄"与"圣人之履"——礼与唐代政治变迁诸问题研究》,武汉大学博士学
   位论文,2014 年。

杨阳:《唐代宾礼研究》,陕西师范大学硕士学位论文,2014 年。

张爱麾:《唐宋皇帝卤簿研究》,内蒙古科技大学包头师范学院硕士学位论文,2014 年。

华信辉:《唐代帝王旅游活动研究》,西南大学硕士学位论文,2015 年。

吴阳:《唐代功臣分类探究》,西北大学硕士学位论文,2015 年。

李丽艳:《唐代宾礼研究—以〈大唐开元礼〉为研究视角》,辽宁大学硕士学位论文,
   2015 年。

侯晓晨:《唐代宗朝研究三题》,西北大学硕士学位论文,2017 年。

倪晨辉:《"为邦之道"与唐宋令典研究—以〈卤簿令〉、〈衣服令〉、〈乐令〉复原为中心》,吉
   林大学博士学位论文,2017 年。

五、外文论著

Howard J. Weehsler. "offerings of Jade and Silk: Ritual and Symbol in the Legitimation
   of the Tang Dynasty". New Haven: Yale University Press, 1985.

David McMullen. "Bureaucrats and cosmology: the ritual code of T'ang China", by David
   Cannadine and Simon Price. Rituals of Royalty, Power and Ceremonial in Traditional
   Societies, Cambridge U. P, 1987.

Terry F. Kleeman. "Mountain Deities in China: The Domestication of the Mountain God
   and the Subjugation of the Margin". Journal of the American Oriental Society, No.
   2,1994.

Mark Edwardlewis. "The feng and shan sacrifices of Emperor Wu of the Han, in State
   and court ritual in China". edited by Joseph P · Mcdermott. United Kingdom:
   Cambridge University Press, 1999.

Patricia B. "Taking Out Grand Carriage: Imperial Spectacle and the Visual Culture of
   Northern Song Kaifeng". Asia Major, No. 12,1999.

Victor Cun rui Xiong. "Sui-Tang Chang'an: A Study in Ubran History of Medieval
   China, Ann Arbor: Center for Chinese Studies". University of Michigan, 2000.

崔珍烈:《唐代皇帝巡幸의성격—巡幸빈도기간장소활동의통계적분석을중심으로》,载《大东

文化研究》，제72십。

아주대：《唐前期皇帝行幸의威仪》，《中国中古世史研究》20辑，2008年。

菊池英夫：《六朝军帅の亲军についての一考察》，《东洋史研究》18卷1号，1959年。

越智重明：《领军将军と护军将军》，《东洋学报》44卷1号，1961年。

井上光贞：《东アジア世界における仪礼と国家》，东京：学生社，1982年。

渡边孝：《唐・五代における衙前の称号について》，《东洋史论》6卷，1988年。

松浦千春：《汉より唐に至る帝位继承と皇太子—谒庙の礼を中心に》，《历史》第80辑，1993年。

松浦千春：《唐代后半期の即位仪礼について》，《一关工业高等专门学校研究纪要》28号，1993年。

仁井田升著，池田温编代表：《唐令拾遗补》，东京：东京大学出版会，1997年。

野田有纪子：《日本古代の卤簿と仪式》，《史学杂志》107卷8号，1998年。

野田有纪子：《日唐の"卤簿图"こついて》，池田温：《日中律令制の诸相》，东京：东方书店，2002年。

小林聪：《汉六朝时代における礼制と官制の关系に关する一考察—礼制秩序の中における三公の位置づけを中心に》，《东洋史研究》60卷4号，2002年。

中村裕一：《隋唐王言の研究》，东京：汲古书院，2003年。

中村裕一：《唐令逸文の研究》，东京：汲古书院，2005年。

松浦千春：《禅让仪礼试论—汉魏禅让仪式の再检讨》，《一关工业高等专门学校研究纪要》40号，2005年。

松元保宣：《唐王朝の宫城と御前会议：唐代听政制度の展开》，京都：晃洋书房，2006年。

田头贤太郎：《金吾卫の职掌とその特质—行军制度との关系を中心に—》，《东洋学报》卷88第3号，2006年。

金子修一：《中国古代皇帝祭祀の研究》，东京：岩波书店，2006年。

马彪：《古代中国帝王の巡幸と禁苑》，《アジアの历史と文化（山口大学人文学部）》15卷，2011年。

田丸祥干：《汉代における三驾卤簿の形成》，《国学院大学大学院纪要》文学研究科43卷，2011年。

目黑杏子：《前汉武帝の巡幸—祭祀と皇帝权力の观点から》，《史林》94卷4号，2011年。

田丸祥干：《魏晋南朝の礼制と三驾卤簿》，《古代文化》64卷3号，2012年。

福岛惠：《唐前半期における马の域外调达—宦官"刘元尚"墓志を中心に》，鹤间和幸、村松弘编：《马が语る古代东アヅア世界史》，东京：汲古书院，2018年。

后　记

　　本书是在博士学位论文基础上几经修改完成的，可作为本人在隋唐五代史研究中的阶段性成果。

　　2010年我入暨南大学历史系随勾利军师攻读博士学位，当时也算努力，但没有具体方向，恩师建议我做礼制史或佛教医学史，几经慎思，选择了礼制史。在反复阅读史料中，对唐武德七年(624)六月的仁智宫事件尤感兴趣，由李渊在行宫的各种举措引发系列思考，进而对皇帝出行中的宫禁扈卫、中枢决策与政务运作的制度建设方面的资料格外关注。后经恩师几经点播，便有了"唐代皇帝行幸礼仪制度研究"的选题。

　　感谢勾利军师的悉心指导与谆谆教诲，恩师是位美丽优雅、气质非凡的女学者，不仅在隋唐史研究方向造诣颇深，且深通文化史学、心理史学、医疗史学、哲学等多个研究领域，触类旁通相得益彰，使得恩师能以宏阔的学术眼光来指导学生研究。科研之外，恩师的授课总能别出心裁，融会贯通，其水平之高乃业界公认，这使得她能频繁往来于世界各地传播中华优秀传统文化。几经恩师点播，我的授课水平也提高很快，一入职就站稳了讲台，并能形成独特的授课风格，颇受学生喜爱。借小书付梓之际向恩师表达深深的感谢，并祝愿她永远健康，永远快乐！

　　学业的顺利完成离不开拜根兴师在读博期间给予的鼓励和帮助，恩师不仅帮我搜集韩国文献并多次提供写作资料，还不停嘱托在穗师友给予关照；刘永连老师的热情鼓励与无私帮助也是我努力前行的动力，在此向两位老师表达深深的感谢。同时还要感谢在学期间，张其凡老师、刘正刚老师、张廷茂老师、陈广恩老师、屈文军老师的殷殷教诲，余音绕梁让人如沐春风。

　　毕业论文的修改得益于答辩评委提出的诸多切实可行的修改意见，感谢杜文玉老师、陈长琦老师、曹家齐老师、范立周老师、王棣老师的辛勤付出。孙继民师先后通读了毕业论文和结项成果，并组织讨论，提出了新的修改思路和修改意见，对于书稿的系统修改有着莫大帮助，在此表达深深的感谢。上海三联书店郑秀艳编辑的细致工作，使小书得以顺利出版；我的硕士生段肖艳、周彧、狄歌等曾帮我核对资料，在此一并感谢。

学术研究的持之以恒离不开河南师范大学领导老师们的多方提携与热切关照，在此向给予帮助的各位领导老师致以崇高的敬意与深深的感谢。学院领导和同事们的激励和帮助也是我前行的动力，一并感谢。父母放弃难得的清闲远离家乡来豫帮我带娃，尽心尽力，毫无怨言；相濡以沫的妻子用宽容大度与无私付出让我们家一直和和美美，朝气蓬勃，这些都能使我有充足的时间教书育人与努力专研，一并感谢。

最后表达深深的祝福，祝愿父母身体健康；祝愿恩师们福寿安康；祝愿给予热切帮助的各位领导老师幸福如意；祝愿维哲、赫喧两位小朋友健康快乐的成长；祝愿我和秀杰都能在自己的学术道路上坚持奋斗，生生不息！

张 琛

2022 年 1 月 20 日

于河南师大崇德楼 300 室

图书在版编目(CIP)数据

唐代皇帝行幸礼仪制度研究/张琛著.—上海：上海三联书店,2022.10
ISBN 978－7－5426－7768－6

Ⅰ.①唐⋯　Ⅱ.①张⋯　Ⅲ.①礼仪－制度－研究－中国－唐代　Ⅳ.①K892.98

中国版本图书馆 CIP 数据核字(2022)第 124692 号

唐代皇帝行幸礼仪制度研究

著　　者 / 张　琛

责任编辑 / 郑秀艳
装帧设计 / 一本好书
监　　制 / 姚　军
责任校对 / 张大伟　王凌霄

出版发行 / 上海三联书店
　　　　　　(200030)中国上海市漕溪北路 331 号 A 座 6 楼
邮　　箱 / sdxsanlian@sina.com
邮购电话 / 021－22895540
印　　刷 / 上海惠敦印务科技有限公司

版　　次 / 2022 年 10 月第 1 版
印　　次 / 2022 年 10 月第 1 次印刷
开　　本 / 710mm×1000mm　1/16
字　　数 / 520 千字
印　　张 / 29.75
书　　号 / ISBN 978－7－5426－7768－6/K·671
定　　价 / 128.00 元

敬启读者,如发现本书有印装质量问题,请与印刷厂联系 021－63779028